Philip Agee

CIA INTERN

Tagebuch 1956–1974

Aus dem Englischen übersetzt
von Heinrich Berenberg-Gossler
und Thomas Schmid

Europäische Verlagsanstalt

Titel der Originalausgabe: Inside the Company
© by Penguin Books, England 1975

Die Deutsche Bibliothek – CIP-Einheitsaufnahme

Agee, Philip:
CIA Intern : Tagebuch 1956–1974 / Philip Agee.
Aus dem Englischen übers. v. Heinrich Berenberg-Gossler und Thomas Schmid. – Neuaufl. – Hamburg: Europ. Verl.-Anst., 1993
Einheitssacht.: Inside the Company <dt.>
ISBN 3-434-50016-2

© 1993 by Europäische Verlagsanstalt, Hamburg
Erstausgabe: Hamburg 1979
Umschlaggestaltung: MetaDesign Berlin:
Uli Mayer (Reihenkonzeption),
Heike Nehl (Titelgestaltung)
Motiv: Das Umschlagphoto von Denis Rolfs zeigt die vermutlich von der CIA präparierte Schreibmaschine, mit der Philip Agee abgehört wurde.
Signet: Dorothee Wallner nach Caspar Neher „Europa" (1945)
Herstellung: DIE HERSTELLUNG
Satz: Steffen Hahn, Kornwestheim
Druck und Bindung: Graphischer Großbetrieb Friedrich Pustet, Regensburg
Printed in Germany 1993

Inhalt

Vorwort zur Neuauflage 1993	VII–XXXV
Einleitung	7
Vorwort	13
Teil I: Ausbildung	15
Teil II: Ecuador	101
Teil III: Uruguay	261
Teil IV: Mexiko	387
Teil V: Danach	433
Anhang 1	464
Anhang 2	501

Vorwort zur Neuauflage 1993

Dies ist die dritte deutsche Auflage von *Inside the Company: CIA Diary*, für deren Erscheinen zum jetzigen Zeitpunkt, nach den folgenschweren Veränderungen in der ganzen Welt, meiner Meinung nach viel spricht. Es ist die Geschichte meiner Zeit bei der amerikanischen Central Intelligence Agency in den fünfziger und sechziger Jahren, auf dem Höhepunkt des Kalten Krieges, und schildert Hunderte von Geheimoperationen, von denen die meisten in Lateinamerika stattfanden. Ziel dieser Aktivitäten war es, Gesellschaftssysteme zu stabilisieren, die damals zutiefst ungerecht und somit instabil waren und die es auch heute noch sind. In der Zwischenzeit ist es weder in Lateinamerika noch in anderen Regionen der Dritten Welt zu grundlegenden Reformen gekommen, noch zu Veränderungen in den Beziehungen zu den Vereinigten Staaten und den Industriemächten überhaupt, und so sind „stabilisierende" Operationen, wie sie in diesem Buch beschrieben werden, zweifellos bis in die neunziger Jahre hinein nötig geblieben. Und insofern die Sicherheitsdoktrin der Vereinigten Staaten für die neunziger Jahre und darüber hinaus die gleiche Vormachtstellung verlangt wie in der Vergangenheit, selbst nach Wegfall der sowjetischen „Bedrohung", werden die ebenso in diesem Buch beschriebenen manipulativen, schmutzigen politischen Kriege auf absehbare Zeit ein Bestandteil des außenpolitischen Standardrepertoires der Vereinigten Staaten bleiben.

Dem deutschen Leser bietet das Tagebuch vielleicht Anlaß, über die traditionell enge und oftmals auf einseitiger Abhängigkeit beruhende „Partnerschaft" zwischen Deutschland und den Vereinigten Staaten nachzudenken. Trotz der historischen Veränderungen, die sich in Europa seit Mitte der achtziger Jahre vollzogen haben, sieht die amerikanische Sicherheitspolitik gegenwärtig und auf absehbare Zeit vor, daß die Vereinigten Staaten die einzige Supermacht der Welt bleiben. Darüber hinaus verlangt die herrschende Sicherheitsdoktrin, daß die Vereinigten Staaten in der Lage sein müssen, etwaige Rivalen auf globaler Ebene oder sogar nationale Regionalmächte und internationale Koalitionen, die der Vormachtstellung der USA gefährlich werden könnten, zu verhindern; dies gilt auch für die derzeitigen Verbündeten. Eine solche Politik könnte ohne die Methoden, die im folgenden geschildert werden, gar nicht auskommen, weder in Deutschland noch im restlichen Europa, wo sie schon in der Vergangenheit auf breiter Front zum Einsatz kamen.

Dieses Buch, das erstmals 1975 in London veröffentlicht wurde, war die erste ungeschminkte Darstellung der CIA aus der Feder eines ehemaligen Einsatzbeamten. Nach zwölf Jahren bei der CIA, die ich größtenteils in Lateinamerika verbracht hatte, beschloß ich aus zweierlei Gründen, ein Buch zu schreiben. Zunächst glaubte ich naiv, das Offenlegen der kriminellen Aktivitäten der CIA könnte genügend Druck in den Vereinigten Staaten erzeugen, um ihnen ein für allemal ein Ende zu machen. Der zweite Grund war Solidarität. Ich wollte den Menschen dabei helfen, sich selbst und ihre Organisationen gegen eine Infiltration durch die CIA zu verteidigen. Inzwischen habe ich eingesehen, daß mein erstes Ziel unrealistisch war. Das zweite jedoch glaube ich erreicht zu haben.

Dieses Buch zu schreiben, hieß nicht einfach, sich hinzusetzen und Erinnerungen zu Papier zu bringen. Vielmehr wollte ich die Ereignisse genau rekonstruieren, um aufzuzeigen, wie die CIA, meine Kollegen und ich, im Verborgenen bestimmte Vorfälle in verschiedenen Ländern manipuliert hatten. Die umfassenden Recherchen, die Ermittlung von Namen, Daten und Orten, nahmen insgesamt drei Jahre in Anspruch. Die Menge der Details ließ Beamte der CIA vermuten, ich hätte während meiner gesamten Dienstzeit Aktenkopien angelegt. In Wirklichkeit jedoch hatte ich weder Akten angelegt noch Notizen gemacht, und als ich die CIA verließ, hatte ich nicht die Absicht, ein Buch zu schreiben oder anderweitig an die Öffentlichkeit zu gehen. Der Entschluß zu schreiben kam erst, nachdem ich einige Jahre darauf ein Doktorandum im Bereich Lateinamerikastudien an der *Universidad Autónoma de México* begonnen hatte, und führte mich von Mexiko nach Europa, wo ich über fünfzehn Jahre meines Lebens verbrachte, ohne auch nur ein einziges Mal in die Vereinigten Staaten zurückzukehren.

Die CIA hatte schon sehr früh erfahren, daß ich an einem Buch arbeitete, und ergriff daraufhin verschiedene Maßnahmen, um herauszufinden, was ich schrieb, und um mich am Schreiben zu hindern. In Paris, wo ich mich zu der Zeit aufhielt, wurde ich auf der Straße von Geheimdienstagenten auffällig verfolgt und observiert, und zwar derart, daß ich mich dadurch eingeschüchtert fühlen und Angst bekommen sollte. Aus diesem Grund suchte ich ein Versteck und tauchte unter.

Aber die folgenreichste Maßnahme der CIA war der Einsatz zweier junger Amerikaner, die sich mit mir anfreundeten: ein junger Mann, der sich als Journalist ausgab, und eine junge Frau, die behauptete, Erbin eines großen Vermögens zu sein. Damals war ich beinahe mittellos, ich mußte den Gürtel von Tag zu Tag enger schnallen, um meine Recherchen weiterführen zu können. Die beiden gaben mir Geld und gaben vor, meine Arbeit zu unterstützen, während sie gleichzeitig Einzelheiten über das Buch von mir zu erfahren suchten. Sie schenkten mir sogar eine Schreibmaschine. In dieser fand ich eines Tages einen kleinen Sender, mit dessen Hilfe die CIA das Versteck hatte ausfindig machen können, in dem ich lebte. Ironie des Schicksals: Ohne das Geld der CIA, das mir über die beiden Amerikaner zufloß, hätte ich vielleicht nicht weitermachen können. So aber half mir das Geld, meine Arbeit in Paris abzuschließen und die Recherchen in London fortzusetzen, wo ein Autorenvertrag mit *Penguin Books* meine finanziellen Probleme endgültig löste.

Einige Jahre nach der Veröffentlichung strengte ich vor einem Bundesgericht unter Berufung auf den *Freedom of Information Act* (verfassungsmäßiges Recht auf Informationsfreiheit) eine Klage an und mußte erfahren, daß die CIA bereits bei Erscheinen des Buches das Justizministerium ersucht hatte, Anklage gegen mich zu erheben wegen Verrats von Staatsgeheimnissen. Aus den Verfahrensunterlagen, die ich vom Justizministerium erhielt, ging hervor, daß bei der ersten Durchsicht meiner CIA-Akten zur Vorbereitung der Anklageschrift erstaunliche Tatsachen ans Licht gekommen waren.

Aus „Sicherheitsgründen" waren die Unterlagen stark zensiert. Dem unzensierten Text war jedoch zu entnehmen, daß die Justizbeamten die CIA hatten wissen lassen, bestimmte Aktionen in den frühen siebziger Jahren gegen mich, als ich an diesem Buch arbeitete, seien illegal gewesen. Sie waren der Ansicht, im Falle einer Anklage und strafrechtlichen Verfolgung aufgrund der in Strafverfahren vorgeschriebenen Offenlegung des Beweismaterials („criminal discovery procedure") würde ich Zugang zu allen Unterlagen haben, die das „illegale Vorgehen" der CIA gegen mich betrafen. Die CIA wünschte, diese Informationen auf keinen Fall freizugeben, so daß eine strafrechtliche Verfolgung unterblieb. Aus den Unterlagen ging weiter hervor, daß das

Justizministerium erwogen hatten, in diesem Zusammenhang Anklage gegen CIA-Beamte zu erheben, sich schließlich aber doch dagegen entschieden hatte.

Zehn Jahre lang habe ich mich erfolglos bemüht, bei den Bundesgerichten die Einzelheiten des „illegalen Vorgehens" der CIA zu erfahren. Es gab Hinweise auf eine kriminelle Verschwörung oder einen Aktionsplan, der jedoch nie ausgeführt worden war. Ich dachte, man hätte mich vielleicht entführen wollen, um mich in die USA zurückzubringen, oder man hätte mir Drogen unterschieben wollen, die dann CIA-Kollaborateure einer spanischen oder französischen Polizeieinheit bei mir „entdeckt" hätten. 1991 bestätigte ein ehemaliger CIA-Kollege, der inzwischen nicht mehr dort arbeitete, meinen schlimmsten Verdacht: die CIA hatte Anfang der siebziger Jahre ernsthaft erwogen, mich „verschwinden" zu lassen. Kein Wunder, daß sie sich heute, zwanzig Jahre nach diesem Komplott, immer noch weigert, mir Genaueres mitzuteilen, und zwar mit ausdrücklichem Einverständnis des Bundesgerichts.

Ich fand außerdem heraus, daß im CIA-Hauptquartier in Langley, Virginia, eine Arbeitsgruppe zur „Schadensbegrenzung" gegründet worden war, wie es intern heißt, nachdem bekannt geworden war, daß ich an diesem Buch arbeitete. Zu diesem Zweck erstellte die Arbeitsgruppe eine Liste aller CIA-Aktivitäten, von denen ich vielleicht Kenntnis hatte, damit alle Operationen eingestellt werden konnten, die ich publik machen würde. Doch waren sie nicht sicher, wieviel ich tatsächlich wußte, und beendeten offenbar auch viele Operationen, von denen mir nichts bekannt war. Zwei ehemalige CIA-Beamte haben über diese Aktivitäten geschrieben, die allesamt Anfang der siebziger Jahre stattfanden, zur Zeit jener Aktionen, die mein „Verschwinden" in die Wege leiten sollten. Sie ließen durchblicken, eine nicht unwesentliche Anzahl von CIA-Operationen in Lateinamerika sei damals abgebrochen worden, was einen Verlust von mehreren Millionen Dollar bedeutet habe.

Nachdem ich so viele Anstrengungen der CIA, dieses Buch zu verhindern, aus nächster Nähe miterlebt hatte, erfüllte es mich mit Genugtuung, es bereits kurz nach seinem Erscheinen in England und den Vereinigten Staaten und später auch in anderen Ländern in den Bestsellerlisten wiederzufinden. Schließlich wurde es in siebenundzwanzig Sprachen übersetzt, und selbst heute, siebzehn Jahre danach, ist es immer noch gefragt und steht auf den Leselisten vieler Hochschulseminare.

Von den vielen Rezensionen wurde die der *Washington Post* dem Buch am ehesten gerecht. Der Kritiker, ein ehemaliger Freiwilliger von Kennedys Friedenskorps, der seinen Dienst in Chile absolviert hatte, schrieb: „Agee hat uns den bislang vollständigsten Bericht über die Auslandsaktivitäten der CIA geliefert. Mit erschöpfender Detailfülle zeichnet er ein erschreckendes Bild der amerikanischen Außenpolitik als ein Netz aus Betrug, Heuchelei und Korruption ... Material für Hunderte von lateinamerikanischen Watergates".

Auch die CIA rezensierte dieses Buch, und zwar in ihrem geheimen hausinternen Fachblatt *Studies in Intelligence*. Unter Berufung auf das verfassungsmäßige Recht auf Informationsfreiheit erhielt ich ein Exemplar der Rezension, in der folgendes zu lesen ist:

„Die folgenschwerste Enthüllung heikler Informationen liegt in seiner akkuraten Beschreibung der Operationen der einzelnen Stützpunkte unter Nennung ihrer Kryptonyme. Seine Beschreibung des *modus operandi* des Geheimdienstes hat auch außerhalb Lateinamerikas Gültigkeit ... Dieses Buch wird die CIA treffen wie ein schwerer Schlag einen lebenden Organismus: Zwar werden einige Bereiche weniger stark in Mitleidenschaft gezogen werden als andere, doch zweifellos wird die Institution insgesamt einen schweren Rückschlag erleiden. Eine beträchtliche Zahl von CIA-Mitarbeitern wird von ihren regulären Aufgaben abgezogen werden müssen, um sich auf die akribische und zeitraubende Arbeit konzentrieren zu können, den ihrem Lateinamerika-Programm entstandenen Schaden zu beheben."

Ein solches Eingeständnis war durchaus nicht verwunderlich, da die CIA schon seit langem die Bedeutung von Büchern erkannt hatte und insgeheim die Veröffentlichung von mehreren tausend Büchern in Auftrag gegeben oder lanciert hatte. In einer in den siebziger Jahren vom Senat veröffentlichten CIA-Propagandaschrift hatte ein Experte der CIA geschrieben: „Bücher unterscheiden sich von anderen Propagandamedien in erster Linie dadurch, daß ein einziges Buch Geisteshaltung und Handlungsweise eines Lesers mehr als jedes andere Medium entscheidend beeinflussen kann." Es bedarf keiner Erklärung, warum die CIA sich jahrelang bemüht hat, das Erscheinen dieses Buches zu verhindern und den Autor zu diskreditieren.

Ohne unbescheiden zu sein, kann ich wohl behaupten, daß dieses Buch ein „Klassiker" ist, was die folgenden Geschichten illustrieren mögen.

Ende 1991 brachte Norman Mailer mit einem für amerikanische Verhältnisse durchaus nicht ungewöhnlichen Publicity-Aufwand einen neuen Roman auf den Markt: *Harlot's Ghost*. Ein Buch, über dem Mailer länger als sieben Jahre gebrütet hatte. Es ist die fiktive Lebensgeschichte eines CIA-Einsatzbeamten vor dem Hintergrund tatsächlicher Ereignisse und historischer CIA-Persönlichkeiten aus den fünfziger und sechziger Jahren. In diesem Roman gibt Mailer als eine der Hauptquellen *CIA intern* an und als wir uns Anfang 1992 kennenlernten, bestätigte Mailer noch einmal, was er bereits in Interviews gesagt hatte: daß bestimmte Sequenzen in seinem 1310 Seiten Wälzer, unter anderen das Ausnutzen einer Dreiecksbeziehung im KGB-Büro in Uruguay durch einen CIA-Beamten, direkt aus *CIA intern* stammten.

Mich selbst freut es, daß Mailer sich von meinem Buch hatte inspirieren lassen, manche Kritiker waren allerdings nicht begeistert. Der Kolumnist David Corn von *The Nation*, Amerikas ältester durchgängig erscheinender Zeitschrift, warnte die Leser vor dem hohen Ladenpreis und dem Gewicht des Romans. „Wenn Sie Ihren Geldbeutel schonen und einen Muskelkater vermeiden wollen", schrieb er, „dann gehen Sie lieber in ein Antiquariat und besorgen sich ein vergilbtes Exemplar von Philip Agees *CIA intern*. Es gibt bis heute keinen besseren Einblick in das Innenleben der CIA."

Ebenfalls Ende 1991 versammelten sich in Washington, D.C., mehr als 600 Personen zu einem Bankett im Hilton Hotel. Obwohl diese Veranstaltung angekündigt worden war als „Traditionstreffen" der Angehörigen des *Office of Strategic Services* (Amt für strategische Maßnahmen), dem Vorläufer der CIA aus der Zeit des Zweiten Weltkriegs, waren unter den Gästen auch Robert Gates, derzeitiger Chef der CIA, und mehrere ehemalige Chefs und hochkarätige CIA-Beamte der letzten Jahrzehnte. In Wirklichkeit handelte es sich bei dieser Zusammenkunft um eine Feier nicht nur zu Ehren der Organisation der „Alten Herren" des amerikanischen Geheimdienstes, sondern auch zu Ehren der Organisation der „Neuen Herren".

Was Wunder, daß eine Rede des ehemaligen CIA-Chefs und damaligen amerikanischen Präsidenten George Bush den Höhepunkt des Abends bildete. Wie am folgenden Morgen in der *Washington Post* zu lesen war, lobte Bush die CIA in den höchsten Tönen und verurteilte scharf das Attentat von 1975 auf Richard Welch, den Chef des CIA-Stützpunktes in Athen. Die Geschichte ist zwar alt, aber bis heute unvergessen. Der

Mord geschah, als Welch eines Abends von einer Weihnachtsfeier in seine Residenz zurückkehrte, kurz bevor Bush die Leitung der CIA übernahm. Danach setzte die CIA, allen voran Bush, mit Unterstützung ihrer Freunde in den Medien alle Hebel in Bewegung, um mir die Schuld an dem Attentat in die Schuhe zu schieben, obwohl mir Welch nie begegnet war und obwohl sein Name in meinem Buch nicht auftaucht.

Aber die Veröffentlichung dieses Buches im Juni 1975 und die Ermordung Welchs im selben Jahr fielen zusammen mit der Bildung von CIA-Untersuchungsausschüssen in Senat und Repräsentantenhaus. Die Ermittlungen ergaben über Monate hinweg sensationelle Enthüllungen über kriminelle Aktivitäten der CIA, darunter Mordkomplotte gegen Staatsoberhäupter wie Fidel Castro und den Sturz der Allende-Regierung in Chile. Mit einem Mal gab es eine realistische Hoffnung auf Gesetzreformen, die die Befugnis des Präsidenten einschränkten, die CIA für unsaubere und verbrecherische Zwecke zu mißbrauchen.

Bush und andere „Kalte Krieger" hingegen weiteten die Vorwürfe gegen mich auf die Kongreßabgeordneten und Senatoren aus, die die Ermittlungen leiteten, und beschuldigten uns, die „moralische Verantwortung" für Welchs Tod zu tragen. Die Angriffe waren so hart und bösartig, daß alle Reformvorschläge abgeschmettert werden konnten, die CIA-Operationen weiterliefen wie bisher und die Ermittlungsleiter aus Senat und Repräsentantenhaus bei der nächsten Wahl ihren Sitz im Kongreß verloren.

Auf dem „Traditionstreffen" 1991 in Washington erinnerte Bush sich daran, Welchs Sohn nach dem Attentat besucht zu haben: „Was hätte ich diesem jungen Mann denn sagen sollen? Wozu war sein Vater gestorben? Damit ein rücksichtsloser Ideologe mehr Bücher verkaufen kann."

Für den Fall, die Tagespolitik oder das vorgerückte Alter seiner Zuhörer hätten die Identität dieses „rücksichtslosen Ideologen" aus dem Gedächtnis auch nur eines der Anwesenden getilgt, fuhr Bush fort: „Solange ich lebe, ich werde niemals Philip Agee und seinesgleichen vergeben, die mutwillig das Leben von Geheimdienstbeamten, die treu ihrem Vaterland dienten, aufs Spiel gesetzt haben." Daraufhin sagte jemand aus dem Publikum: „Recht so! Die gehören allesamt an die Wand gestellt."

Bush meinte natürlich diejenigen von uns, die zu der Überzeugung gekommen waren, die einzig wirksame Methode, die Aktivitäten der CIA zu bekämpfen – insbesondere ihre Unterstützung von Folter, politischem Mord und dem Sturz unliebsamer demokratischer Regierungen –, sei, die Operationen der CIA und ihre Mitarbeiter bloßzustellen. Mein Buch folgt diesem Prinzip. George Bush wußte, und wußte es, als Welch ermordet wurde, daß das Attentat auf das Konto einer griechischen Terroristengruppe namens „Revolutionäre Organisation 17. November" ging. In seiner Funktion als CIA-Chef muß ihm ebenfalls bekannt gewesen sein, daß die Gruppe nach dem Attentat verlauten ließ, sie habe schon Welchs Vorgänger im Visier gehabt und ihr Motiv sei es gewesen, Rache zu nehmen für die Rolle, die die CIA bei Aufbau und Stützung der griechischen Militärdiktatur in den Jahren 1967 bis 1974 gespielt habe.

Bush wußte auch, daß die CIA Welch gewarnt hatte, in das Haus seines Vorgängers zu ziehen, das bei Stadtrundfahrten durch Athen als „Residenz des CIA-Chefs" erwähnt wurde. Und selbstverständlich war Bush auch diese Tatsache bekannt: Kein Angehöriger der CIA ist je bedroht, angegriffen oder umgebracht worden, weil sein Name von mir oder einem damaligen Kollegen veröffentlicht worden war. Die Enttarnung bewirkte lediglich, daß jemand für die CIA weniger nützlich war – nichts anderes hatten wir beabsichtigt.

Schließlich mußte Bush wissen, daß das 1982 erlassene „Gesetz zum Schutz der Identität von Geheimdienstbeamten" *(The Intelligence Identities Protection Act)*, das später als „Anti-Agee-Gesetz" bekannt wurde, die Enttarnung von Undercover-Agenten zu einem Staatsverbrechen erklärte. Ein Verstoß dagegen kann zehn Jahre Gefängnis und eine Geldbuße von 50.000 Dollar bedeuten. Schon vor Inkrafttreten dieses Gesetzes hatten wir aufgehört, „Namen zu nennen", und zwar nicht aufgrund eines Sinneswandels, sondern um zu verhindern, daß ein Gesetz durchkam, das Rechtsexperten für eine klare Verletzung des verfassungsmäßig garantierten Rechts auf freie Meinungsäußerung hielten.

Warum also benutzte Bush das Attentat auf Welch nach so vielen Jahren dazu, mich und andere Gegner der CIA, die meine Überzeugung teilen, namentlich anzugreifen? Warum verschaffte er uns so großzügig Publicity und damit die unausgesprochene Anerkennung der Wirksamkeit unseres Protestes? Meiner Ansicht nach deshalb, um mit Hilfe des zu einem Menetekel aufgebauten Tods von Welch die immer noch rührige und wachsende Bewegung, zusammengesetzt aus Einzelnen und aus Organisationen, gegen den Einsatz des staatlichen Geheimdienstes zum Zweck politischer Unterdrückung und Intervention im Ausland, in Verruf zu bringen. Vielleicht hatte Bush dabei die organisierte Gruppe ehemaliger CIA- und FBI-Beamter im Sinn, Mitarbeiter des Außen- und Verteidigungsministeriums und anderer Sicherheitsbehörden, bei deren Aufbau ich mitgeholfen habe. Diese „Association of National Security Alumni" (Vereinigung ehemaliger Mitarbeiter der nationalen Sicherheitskräfte) mit Sitz in Washington, D.C., geht regelmäßig an die Universitäten und zu Gemeindeversammlungen, um den organisierten Widerstand zu fördern, in dem die Öffentlichkeit über die häßliche Geschichte der CIA, insbesondere darüber, wie sie die Menschenrechte weltweit mit Füßen tritt, aufgeklärt wird. Zusätzlich geben wir eine Informationsschrift *Unclassified* heraus, die sich mit den nicht abreißenden Enthüllungen und Skandalen der nationalen Sicherheitspolitik befaßt. Selbstverständlich sind die Bemerkungen von Bush uns eine Bestätigung, daß wir „das Richtige tun".

Bush richtete sich aber zugleich damit gegen Kongreßabgeordnete und Beamte der Bundesjustizbehörden, die die CIA in letzter Zeit erneut angegriffen hatten. Einer von ihnen ist der New Yorker Senator Daniel Patrick Moynahan, der einen Gesetzesentwurf zur Abschaffung der CIA und zur Verteilung ihrer Aufgaben auf Außen- und Verteidigungsministerium einbrachte. Ein anderer ist Richter Lawrence Walsh, der als Sonderstaatsanwalt mit der Untersuchung der illegalen Waffenlieferungen an den Iran und der Verschiebung der Profite an die von der CIA unterstützten „Contra"-Terroristen beauftragt worden war, die in den achtziger Jahren den Sturz der sandinistischen Regierung in Nicaragua betrieben hatten.

In den Wochen, die Bushs Rede beim Traditionstreffen vorausgingen, hatte Walsh Anklage erhoben gegen einige Schlüsselfiguren des von der Reagan-Bush-Regierung unterstützten „Contra"-Krieges, hauptsächlich deshalb, weil diese vor dem Kongreß die Unwahrheit gesagt oder Informationen zurückgehalten hatten: Elliot Abrams, stellvertretender Außenminister für die westliche Hemisphäre, Alan Fiers, Mitte der achtziger Jahre Chef der CIA-Sondereinheit ›Mittelamerika‹, Duane Clarridge, während der achtziger Jahre CIA-Chef der Lateinamerika-Operationen, und Clare George, in der fraglichen Zeit stellvertretender CIA-Operationschef. Wäre er noch am Leben, nähme William Casey, CIA-Chef in den achtziger Jahren, auf der Liste der Angeklagten sicherlich den Spitzenplatz ein. Und würde der Gerechtigkeit Genüge getan, dürfte wohl auch Bush selbst auf der Liste stehen: wegen der Waffenlieferungen an die Contras, die während seiner Amtszeit als Vizepräsident 1984 bis 1986 von seinem Büro aus organisiert wurden, als solche Nachschublieferungen vom Kongreß gesetzlich untersagt waren.

In der fünfundvierzigjährigen Geschichte der CIA hatten noch nie so viele Spitzenbeamte mit Gefängnisstrafen zu rechnen, weil sie ihre Pflicht erfüllt hatten – so jedenfalls sahen sie es. Gegen viele andere, Berichten zufolge fast fünfzig Personen, unter ihnen auch Robert Gates, der neue Chef der CIA – ermittelte Richter Walsh noch 1991. Bushs Position dazu geht aus Bemerkungen hervor, die in derselben Rede fielen, in denen er erneut Enthüllungen über CIA-Operationen mit der persönlichen Sicherheit von Beamten in Zusammenhang brachte: „Wir werden keinesfalls hinnehmen, daß jemand Staatsgeheimnisse durchsickern läßt, die das Leben unserer Sicherheitsbeamten in Gefahr bringen könnten."

Bush nahm das „Traditionstreffen" auch zum Anlaß für ein Loblied auf Robert Gates, seinen Kandidaten für den Posten des CIA-Chefs, der gerade eine dreiwöchige, zum Teil hinter verschlossenen Türen geführte Vernehmung durch den Senatsausschuß zur Untersuchung geheimdienstlicher Angelegenheiten *(Senate Intelligence Committee)* hinter sich hatte und noch nicht von allen Senatsmitgliedern bestätigt worden war. Gates sollte einige Wochen später vom Senat gebilligt werden, doch am Abend des „Traditionstreffens" reagierte Bush voller Wut auf die sensationellen Enthüllungen, die Gates als inkompetenten, bürokratischen Karrieristen und als einen unprofessionellen Geheimdienstbeamten darstellten. Schlimmer noch, die Anhörungen hatten deutlich gemacht, daß die CIA seit ihrer Gründung 1947 ihrer eigentlichen Aufgabe nie gerecht geworden war: die sowjetische Bedrohung richtig einzuschätzen.

Die Vereinigten Staaten haben nicht nur Hunderte von Dollarmilliarden für Verteidigung verschleudert, weil die CIA die Verteidigungsausgaben der Sowjetunion zu hoch veranschlagte. Die CIA war auch nicht in der Lage, den Bankrott und drohenden Zusammenbruch der Sowjetunion rechtzeitig zu erkennen. Berücksichtigt man weiter, daß die CIA in vielen Fällen nachrichtendienstliches Material im Sinne der jeweiligen politischen Strategie „frisierte", läßt das nur den Schluß zu, daß die CIA durch die Anhörungen mehr denn je in Mißkredit geraten war. Einmal mehr „hatten wir es", wie in der *Washington Post* zu lesen war, „mit einem hocherregten George Bush zu tun, dessen Stimme sich überschlug und der seine Wut kaum zurückhalten konnte", als er sagte: „Zu viel haben wir uns in den vergangenen Wochen anhören müssen, zu viel Unfaires und Unwahres anhören müssen über die Unfähigkeit unserer Geheimdienste [den Umsturz in der Sowjetunion vorauszusehen], und zu wenig haben wir gehört von dem entscheidenden Beitrag, den die CIA zu diesem Sieg der Freiheit geleistet hat ... Ich habe endgültig die Nase voll von diesen Leuten in der politischen Arena, und, ja, auch in den Medien, die nichts Besseres zu tun haben als zu nörgeln, zu kritisieren und die dann hinterher auch noch alles besser wissen."

Bush hatte Grund, enttäuscht zu sein, und das nicht nur wegen der fatalen Enthüllungen. Seine Popularität sank rapide, als die amerikanische Wirtschaft wieder Schwäche zeigte und in die schlimmste Rezession seit der Großen Depression in den dreißiger Jahren geriet.

Bush sah sich noch einer anderen Gefahr gegenüber: der Entscheidung des von den Demokraten beherrschten Repräsentantenhauses, Ermittlungen in einer Angelegenheit anzustellen, die Mitte der achtziger Jahre unter dem Namen „October Surprise" (Oktober-Überraschung) bekannt geworden war. Dabei handelt es sich um Aussagen, gestützt von Beweismaterial aus unterschiedlichen Quellen, darüber, daß Beamte des Reagan-Bush-Teams während des Präsidentschaftswahlkampfs 1980 eine geheime Absprache mit dem Iran getroffen hätten, die amerikanischen Botschaftsangehörigen, die seit 1979 als Geiseln festgehalten wurden, erst nach der Novemberwahl freizulassen. Dadurch hätte man Präsident Carter um den diplomatischen Triumph gebracht, der die Wahl zu seinen Gunsten hätte entscheiden können. Das Reagan-Bush-Team habe als Gegenleistung die Zusage gegeben, im Falle eines Wahlsiegs den Iran, der sich damals im Krieg mit dem Irak befand, mit Waffen zu beliefern. Kaum jemand war jedoch so optimistisch oder naiv zu glauben, man werde zulassen, daß die Ermittlungen in Sachen „October Surprise" zu einer neuen Regierungskrise vom Ausmaß des Watergate-Skandals in den siebziger Jahren führten. Die Untersuchung des Kongreßausschusses zur Iran-Contra-Affäre Ende der achtziger Jahre zeigten eindeutig, daß sich die politische Klasse in Washington, und zwar quer durch alle Parteien hindurch, nicht noch einmal eine Legitimationskrise zumuten wollte, wie die, die Richard Nixon zum Rücktritt gezwungen hatte.

Der Versuch von George Bush, mich im Jahre 1991 nocheinmal mit dem Attentat auf Welch in Verbindung zu bringen und meine Glaubwürdigkeit zu untergraben, ist eine Fortsetzung dessen, was die CIA schon vor vielen Jahren begonnen hatte. Nicht einmal bis zur Veröffentlichung von *CIA intern* wartete man damit. Ein halbes Jahr vor Erscheinen des Buches, während ich noch an den letzten Seiten saß, brachte die *New York Times* auf der Titelseite einen groß aufgemachten Artikel über einen ehemaligen CIA-Beamten, der 1972 irgendwo in Lateinamerika verzweifelt und in betrunkenem Zustand dem sowjetischen KGB alles erzählt habe, was er wußte.

Dieser ehemalige Beamte war natürlich kein anderer als ich selbst, und sofort tauchte ein Heer von Journalisten auf, um sich meine Version der Geschichte anzuhören. Weder hatte ich je mit den Sowjets gesprochen, noch war ich 1972 in Lateinamerika gewesen. Das war der erste Versuch der CIA, mich noch vor der Veröffentlichung des Buches in Mißkredit zu bringen, und seitdem haben mich die Medien eigentlich immer wieder angegriffen.

Als Bush Anfang 1976 CIA-Chef wurde, waren die englische und die amerikanische Ausgabe bereits seit einem Jahr auf dem Markt, und auch die ersten Übersetzungen erschienen mittlerweile. Jedesmal, wenn es in einer neuen Sprache – Französisch, Italienisch, Holländisch oder Schwedisch – veröffentlicht wurde, reiste ich in die jeweilige Hauptstadt, um eine Pressekonferenz zu geben und mit Journalisten über die CIA-Präsenz in dem betreffenden Land zu diskutieren. Daß sich dadurch die Aufmerksamkeit auf die Undercover-„Diplomaten" und die Aktivitäten der CIA konzentrierte, sorgte für zusätzliche Unruhe.

Im September 1976 flog ich auf Einladung des jamaikanischen Rates für Menschenrechte nach Jamaika. Die Insel war damals erschüttert von politischer Gewalt, Mordanschlägen und anderen Maßnahmen, die die sozialdemokratische Regierung von Michael Manley ins Wanken bringen sollten. Viele glaubten in diesen Vorfällen Ähnlichkeiten mit den Ereignissen in Chile einige Jahre zuvor zu erkennen, als der CIA eine Kampagne gelungen war, die den Militärputsch gegen die Regierung Salvador Allendes auslöste. Auch ich war der Überzeugung, daß die CIA versuchte, die Regierung Manley – Wahlen standen kurz bevor – zu Fall zu bringen, und sagte das bei öffentlichen Kundgebungen und in den Medien.

Nach dieser Reise, die die Operationen der CIA empfindlich gestört hatte, wurde Manley durch einen überwältigenden Wahlsieg in seinem Amt bestätigt. Wie ich einige Jahre später aus Unterlagen der FOIA erfuhr, war George Bush in Washington mit Präsident Ford und Henry Kissinger, dem damaligen Außenminister zusammengetroffen, um jeder „Stör"-Aktion meinerseits einen Riegel vorzuschieben. Danach flog Kissinger zweimal inoffiziell nach London, um mit der britischen Regierung über meine Jamaika-Reise zu sprechen. Einige Wochen später, im November 1976, leiteten die Briten ein Ausweisungsverfahren gegen mich ein.

Trotz meines Protests, den meine Anwälte und viele politische Freunde unterstützten, wurde ich im Juni 1977, nachdem ich fast fünf Jahre lang in England gelebt hatte, gezwungen, das Land zu verlassen. Dieser Ausweisung folgten Verfahren in Frankreich, in den Niederlanden, in Deutschland und Italien; Norwegen ließ wissen, man werde mich gar nicht erst einreisen lassen. Alle diese Länder, NATO-Verbündete, warfen mir vor, eine „Gefahr für die öffentliche Ordnung" zu sein, und alle waren unter Druck gesetzt worden.

Im Jahr 1979, kurz nachdem die Angehörigen der US-Botschaft in Teheran als Geiseln genommen worden waren, erklärte Carters Außenministes Cyrus Vance meinen amerikanischen Paß für ungültig. Zur Begründung wurde angeführt, meine Aktivitäten bedeuteten „schweren Schaden für die nationale Sicherheit und die Außenpolitik der Vereinigten Staaten." Der Oberste Gerichtshof bestätigte das Recht der Regierung, aus Gründen der nationalen Sicherheit einen Paß zu verweigern oder für ungültig zu erklären. Mein Vergehen bestand darin, die Wahrheit ausgesprochen zu haben.

Mehr als fünfzehn Jahre betrat ich die Vereinigten Staaten nicht. Anwälte und Freunde hatten mich gewarnt, daß ich unter Umständen einen langen und kostspieligen Prozeß, vielleicht sogar eine Gefängnisstrafe zu erwarten hätte. Aber 1987 beschloß ich, das Risiko einzugehen – und die Regierung unternahm nichts gegen mich. Obwohl ich weiterhin in Europa lebte, reiste ich während der folgenden fünf Jahre häufig in die Vereinigten Staaten, um Vorträge an Universitäten zu halten und bei politischen Veranstaltungen und Solidaritätskundgebungen zu sprechen. Überall traf ich Personen, die wie ich verurteilten, daß ein Präsident nach dem anderen der CIA Kompetenzen eingeräumt hatte, und die auch die nach wie vor florierende Rüstungswirtschaft und die Mißachtung grundlegender Menschenrechte kritisierten.

Die neunziger Jahre sind eine Zeit des Übergangs, der großen Chancen und der großen Gefahren, in den Vereinigten Staaten wie auch anderswo. Für viele Amerikaner ist die schwerste Bedrohung der zunehmende Rassismus und Fremdenhaß, wobei eine auf die „nationale Sicherheit" fixierte Regierung in zunehmendem Maße faschistische Züge annahm, die Freiheit des einzelnen unterdrückte und Konformität erzwang, um den Staat zu „reinigen" und Widerspruch bereits im Keim zu ersticken. Andererseits besteht die große Chance darin, dem Militarismus ein Ende zu setzen, indem die finanziellen Mittel umverteilt und für Programme eingesetzt werden, bei denen der Mensch im Vordergrund steht, und zur Lösung sozialer Probleme, unter denen Amerika insgesamt leidet.

Es vergeht kaum ein Tag, an dem man nicht an die letzte große Übergangsperiode erinnert wird, an die Jahre zwischen dem Ende des Zweiten Weltkriegs 1945, und an den Beschluß im Jahre 1950, eine dauerhafte Rüstungswirtschaft zu installieren. Damals begann ein Wettrüsten, das 40 Jahre währte. Die Lebensfähigkeit der eigenen Wirtschaft war damals wie heute das wichtigste Anliegen der Regierung. Der Krieg hatte das Land schließlich aus der Großen Depression der dreißiger Jahre geführt, und schon 1944 war die industrielle Produktion doppelt so hoch wie vor dem Krieg, obwohl zehn Millionen Männer und Frauen im Militärdienst eingesetzt waren. Bei Kriegsende war die Zahl der Arbeitslosen mit 600.000 verschwindend gering. Aber am Ende des Jahres 1949 war das Bruttosozialprodukt um 20 % gesunken und die Zahl der Arbeitslosen auf 4,7 Millionen angestiegen. Was mußte getan werden, um eine neue Depression zu verhindern? Manche meinten, das Hauptproblem bestünde darin, daß nicht genügend Waren exportiert würden, um die Wirtschaft in Gang zu halten, da die Produktionskapazitäten weit größer waren als die Konsummöglichkeiten. Und in Westeuropa, dem größten Exportmarkt für amerikanische Waren, gab es nicht genug Devisen, um die Importe zu tätigen, die die US-Wirtschaft dringend benötigte. Dieses finanzielle Ungleichgewicht wurde als „dollar gap" (Dollarloch) bezeichnet. Es mußte ein Weg gefunden werden, genug Dollar aus den Vereinigten Staaten nach Europa zu transferieren, um das Loch zu stopfen und durch europäische Importe aus den USA eine exportorientierte Wiederbelebung der amerikanischen Wirtschaft zu erzielen.

Obwohl der Marshall-Plan in den Jahren 1947 bis 1949 beim Wiederaufbau des westlichen Nachkriegseuropa geholfen hatte, war es infolge des „dollar gap" dennoch nicht gelungen, das Ungleichgewicht zu korrigieren. Deshalb beschloß die Truman-Regierung Anfang des Jahres 1950, sowohl in den Vereinigten Staaten als auch in Westeuropa die Militärausgaben drastisch zu erhöhen, um so die heimischen Wirtschaftsprobleme zu lösen. In diesem Zusammenhang sollte das Problem des „dollar gap" durch Bereitstellung von „Rüstungsmitteln für den Aufbau der Verteidigung" (keine Darlehen) seitens der Vereinigten Staaten ausgeschaltet werden, mit denen die europäische Wiederaufrüstung innerhalb der NATO-Struktur finanziert werden sollte. Die geschätzten Kosten beliefen sich auf jährlich annähernd 50 Milliarden Dollar, ein gewaltiger Anstieg gegenüber dem amerikanischen Verteidigungsetat von 13 Milliarden Dollar im Jahr 1950. Die Entscheidung für die Wiederaufrüstung war das Ergebnis einer umfassenden Analyse der internationalen und der nationalen Lage, die 1950 von Paul Nitze erstellt worden war, dem damaligen Leiter des politischen Planungsstabes im Außenministerium. Das 67 Seiten lange Schriftstück mit dem Titel „NSC-68" wurde fünfundzwanzig Jahre unter Verschluß gehalten, jedoch durch einen verwaltungstechnischen Irrtum 1975 zur Veröffentlichung freigegeben und dann im *Naval War College Review* publiziert. Es wurde zur Grundlage für den Kalten Krieg und das vierzigjährige Wettrüsten.

Präsident Truman wurden die erhöhten Finanzmittel zunächst nicht bewilligt, die für die NSC-68-Programme erforderlich gewesen wären, da es sowohl im Kongreß als auch in der breiten Öffentlichkeit Widerstand gegen die Remilitarisierung gab. Die Situation änderte sich jedoch, als im Juni 1950 nordkoreanische Truppen in Südkorea einfielen. Die Vereinigten Staaten erwirkten bei der UNO mehrere Resolutionen des Inhalts, daß internationale Militärverbände die nordkoreanischen Truppen vertreiben und die Grenze zwischen den beiden koreanischen Staaten am 38. Breitengrad wiederherstellen sollten – das war die Grenzlinie, als das Land 1945 geteilt worden war.

Die Truman-Regierung schickte umgehend Streitkräfte nach Südkorea, und im September 1950 hatten sich die nordkoreanischen Truppen hinter den 38. Breitengrad zurückgezogen. Truman jedoch ließ es dabei nicht bewenden. US-Truppen fielen anschließend in den Nordteil des Landes ein und rückten schnell in Richtung des Flusses Yalu vor, der die Grenze zwischen Nordkorea und China bildete, wo die Kommunisten unter Mao ein Jahr zuvor die Macht übernommen hatten. China drohte,

militärisch einzugreifen, wenn die amerikanischen Truppen ihren Vorstoß nach Norden nicht beendeten. Als Truman diese Drohung ignorierte, schickte China eine große Anzahl Truppen über den Yalu, setzte dem Vormarsch der Amerikaner ein Ende und zwang die USA zum Rückzug. Im November 1950 war die amerikanische Presse voll von Artikeln mit Fotos amerikanischer Soldaten, die durch Eis und Schnee vor den vorrückenden chinesischen Truppen flüchteten. Truman nutzte die Gunst der Stunde, um das NSC-68-Programm voranzutreiben. In einer Rede Anfang Dezember, die landesweit im Rundfunk ausgestrahlt wurde, rief er den nationalen Notstand aus und bezichtigte voller Pathos die Sowjetunion, die Schuld am Krieg zu haben. „Unsere Familien, unsere Nation, alles woran wir glauben, ist in großer Gefahr. Und diese Gefahr geht von den Herrschern der Sowjetunion aus."
In den darauffolgenden Wochen gelang es Truman, für seine Remilitarisierungspläne die Zustimmung des Senats zu erhalten. Bis zum Jahr 1952 hatte sich der Rüstungsetat mit 44 Milliarden Dollar mehr als verdreifacht, und die Stärke der Streitkräfte hatte sich auf 3,6 Millionen verdoppelt. Das war der Anfang einer kontinuierlichen Rüstungswirtschaft. Kurz darauf machte John Foster Dulles, Außenminister der Eisenhower-Regierung, seine berühmte Bemerkung über die Wirksamkeit des Wiederaufrüstungsprogramms. Natürlich, erklärte er, würde es zu einem Wettrüsten mit der Sowjetunion kommen, aber die USA seien reicher als die Russen, die als erste den Bankrott erklären würden. (Mancher wird zweifellos einwenden wollen, auch die Vereinigten Staaten seien bankrott gegangen – auf politischer, wirtschaftlicher, sozialer und auf moralischer Ebene – es fehle lediglich der Tropfen, der das Faß zum Überlaufen bringt.)
Parallel zur Wiederaufrüstung beschwor die Truman-Regierung das Schreckgespenst einer sowjetischen Bedrohung für Westeuropa als Rechtfertigung für die amerikanische Finanzierung der Wiederaufrüstung Europas herauf – unter allen Umständen sollte das Programm zur „Verteidigungshilfe" das „Dollarloch" stopfen. Im Außenministerium zum Beispiel begründete Edward Barrett, der damalige stellvertretende Minister für Öffentliche Angelegenheiten und Vorsitzender von Trumans „Psychological Strategy Board" (Kommission für psychologische Strategien), das sogenannte „Project Truth" (Projekt Wahrheit), eine nationale und internationale Einschüchterungskampagne, die mit der „Bedrohung" durch den Kommunismus und die Sowjetunion arbei-

tete. Um eine Atmosphäre der „permanenten Krise" zu schaffen, war Barrett auf die kontinuierliche Unterstützung durch die Medien angewiesen und bekam sie auch. Sein Erfolg setzte sich fort, als er vom Außenministerium zur Columbia University wechselte, deren renommierte *School of Journalism* er von 1956 bis 1968 als Dekan leitete.

In Wahrheit war die Sowjetunion damals immer noch damit beschäftigt, die Trümmer eines Krieges zu beseitigen, in dem sie 20 Millionen Menschen verloren hatte. Obwohl durchaus Spannungen und Bitterkeit das Verhältnis der Westmächte und der Sowjets bestimmte, gab es keinerlei Anhaltspunkte dafür, daß die Sowjets die Absicht hatten, in Westeuropa einzumarschieren. Und obwohl sie bereits 1949 ihren ersten nuklearen Sprengsatz gezündet hatten, verfügten sie Anfang der fünfziger Jahre weder über die Waffen noch über die Abschußmöglichkeiten, um einen strategischen Angriff auf die Vereinigten Staaten durchführen zu können.

Der Versuch, der Bevölkerung den Kalten Krieg zu „verkaufen", war zwar unaufrichtig, bedeutete jedoch keineswegs eine Abkehr von den politischen Realitäten in den Vereinigten Staaten. Historiker haben gezeigt, daß Täuschungsmanöver seitens der Regierenden bereits mit dem Verfassungskonvent von 1787 begannen, als sich fünfundfünfzig Männer unter höchster Geheimhaltung in Philadelphia versammelten und dort, ohne dazu autorisiert zu sein, ein neues Regierungssystem entwarfen. Es sollte über fünfzig Jahre dauern, bis erstmals bekannt wurde, was die „Gründerväter" in dieser Versammlung im einzelnen gesagt hatten. Aus ihren überaus erfolgreichen Bemühungen, die Staatsgewalt zu zentralisieren und einer Führungselite die Kontrolle über die Politik vorzubehalten, ging ein Dokument hervor, dessen graphische Gestaltung bereits das eklatanteste Täuschungsmanöver bedeutet: Wahrscheinlich hat jeder Student schon einmal eine Abbildung der Verfassungsurkunde in einem Lehrbuch gesehen und festgestellt, daß die ersten drei Wörter „Wir, das Volk" dreimal so groß geschrieben sind wie der übrige Text. Gleichwohl hatten die Verfasser gut 95 % der damaligen Erwachsenenbevölkerung aus dem politischen Prozeß ausgeschlossen und nur den verbleibenden 5 % das Recht eingeräumt, diese Urkunde anzuerkennen oder abzulehnen.

In jüngerer Zeit war es Edward Bernays, bekannt als der Begründer der Öffentlichkeitsarbeit, der sogenannten Public Relations-Branche, der die Notwendigkeit kalkulierter Täuschungsmanöver im öffentlichen Leben erkannte und befürwortete. In seinem klassischen Werk *Propaganda* von 1927 schreibt Bernays: „Die gezielte und kluge Manipulation der Gewohnheiten und Ansichten der Massen ist ein wichtiger Faktor in einer demokratischen Gesellschaft. Diejenigen, welche diesen verborgenen Mechanismus der Gesellschaft manipulieren, stellen eine unsichtbare Regierung, die die eigentliche herrschende Kraft unseres Landes ist ... Es ist die intelligente Minderheit, die Propaganda kontinuierlich und systematisch einsetzen muß." Jeder gutinformierte Mensch, der sich mit den amerikanischen Medien beschäftigt, wird täglich Beispiele für die Anwendung von Bernays' Prinzipien finden, in allen großen Zeitungen und Zeitschriften, ebenso wie im Rundfunk und im Fernsehen.

Während der Übergangszeit zwischen 1945 und 1950 faßte die Truman-Regierung das amerikanische Militär in einem neuen Verteidigungsministerium zusammen. Dies geschah auf der Basis des 1947 erlassenen „Gesetzes zur Nationalen Sicherheit", das gleichzeitig den Nationalen Sicherheitsrat als höchstes politisches Entscheidungsgremium für auswärtige Angelegenheiten und für die innere Sicherheit einrichtete. Dieses Gesetz sah vor, daß der Präsident den Vorsitz des Sicherheitsrates übernahm und daß ihm der Vizepräsident, der Außenminister und der Verteidigungsminister automatisch als Mitglieder angehörten. Weitere ad-hoc-Mitglieder konnte der Präsident ernennen.

Eben dieses Gesetz zur Nationalen Sicherheit begründete auch die *Central Intelligence Agency* als ersten staatlichen zivilen Geheimdienst in Friedenszeiten. Hauptaufgabe der CIA sollte es sein, weltweit für die nationale Sicherheit Informationen zu sammeln, zu analysieren und diese an die politisch Verantwortlichen weiterzureichen, angefangen beim Präsidenten und den Mitgliedern des Nationalen Sicherheitsrates. Um diesen Auftrag erfüllen zu können, richtete die CIA in US-Botschaften und US-Militärstützpunkten im Ausland geheime Büros ein. Der Prozeß der Sammlung, Analyse und Verbreitung nachrichtendienstlichen Materials wurde unter der Bezeichnung „*Foreign Intelligence*" (Auslandsspionage), kurz FI, bekannt.

Auch führte die CIA von Anfang an Operationen ganz anderer Art durch, die das Gesetz zur nationalen Sicherheit undeutlich als „weitere Funktionen und Aufgaben im Zusammenhang mit nachrichtendienstlichen Tätigkeiten, die der Nationale Sicherheitsrat von Zeit zu Zeit in Auftrag gibt" bezeichnet. Bei der ersten Zusammenkunft des Sicherheitsrates im Oktober 1947 unter dem

Vorsitz von Truman, einen Monat, nachdem er das Gesetz unterzeichnet hatte, wurde der Beschluß gefaßt, für eine geheime Intervention der CIA bei den für April 1948 angesetzten italienischen Parlamentswahlen 10 Millionen Dollar beiseite zu schaffen. Warum 10 Millionen Dollar amerikanischer Steuergelder, um heimlich Einfluß auf die italienischen Parlamentswahlen nehmen zu können? Die italienische Linke (Sozialisten, Kommunisten und andere) hatte knapp zwanzig Jahre lang das Rückgrat des Widerstands gegen den Faschismus gebildet und war nach seinem Zusammenbruch 1944 mit großem Prestigegewinn wieder erstarkt. Sie hatte eine Koalition gebildet, um die Parlamentswahlen 1948 zu gewinnen, die ersten landesweiten Wahlen seit dem Zweiten Weltkrieg. In Washington befürchtete man, diesmal könne das italienische Volk der Linken zum Sieg verhelfen; um das zu verhindern, beschloß die Truman-Regierung, die konservativen Christdemokraten zu unterstützen.

Das Geld der CIA wurde über Scheinorganisationen, über italoamerikanische Organisationen in den Vereinigten Staaten und über den Vatikan nach Italien eingeschleust. Das Ergebnis: ein leichter Sieg für die Christdemokraten.

Es war jedoch nicht das letzte Mal, daß den italienischen Christdemokraten geheime Zuschüsse von der CIA zuflossen. Im Verlauf der folgenden fünfundzwanzig Jahre erhielt die Partei etwa 100 Millionen Dollar von der CIA, auch dann noch, als Italien eines der wohlhabendsten Länder der Welt geworden war. Noch im Jahr 1975 gab Presseberichten zufolge Präsident Ford seine Zustimmung zu einer Zahlung von sechs Millionen Dollar an die Christdemokraten für die für Juni 1976 angesetzten Parlamentswahlen.

Nach der Operation anläßlich der italienischen Wahlen 1948 waren ähnliche CIA-Operationen bald auf der ganzen Welt gängig. Der CIA-Untersuchungsausschuß des Kongresses hatte aufgedeckt, daß Wahloperationen die häufigste Variante jener geheimen politischen Interventionen waren, die man *„Covert Action"* (Geheimoperation), kurz CA, nannte. Auf diese Weise wurde die CIA benutzt, um die Machtorgane anderer Länder zu beeinflussen und zu manipulieren: Regierungen und politische Parteien, das Militär und die Geheimdienste, Gewerkschaften, kulturelle Vereinigungen, Berufsverbände, Frauengruppen und religiöse Gruppen, Jugend- und Studentenorganisationen und die Medien. Der Leser wird in meinem Buch viele Beispiele von Operationen finden, wie sie auch in Lateinamerika durchgeführt wurden.

Paramilitärische Operationen wurden zu einer anderen häufig angewandten Spielart von *Covert Action*-Interventionen. Im Normalfall wurden dabei kleine oder größere Gruppen irregulärer Militärverbände, wie z. B. Guerrillas, rekrutiert, ausgebildet und in Marsch gesetzt, um in den Zielländern Aufstände anzuzetteln und Sabotageakte, Attentate und Terroranschläge auszuführen. Solche und ähnliche Operationen gibt es bereits seit Gründung der CIA Ende der vierziger Jahre. Zumeist von Westdeutschland aus gelenkt, richteten sie sich gegen sämtliche Länder Osteuropas einschließlich der Sowjetunion. Ziel der Operationen war unter anderem, den Wiederaufbau zu verzögern, um für einen möglichst unvorteilhaften Kontrast zu dem von den Vereinigten Staaten finanzierten Wiederaufbau in Westeuropa zu sorgen. Das ging etwa zehn Jahre so, bis diese Operationen schließlich reduziert wurden, weil sie keinen nennenswerten Erfolg zeitigten und die Vereinigten Staaten nicht offen intervenieren wollten, als es dann tatsächlich zu Volksaufständen kam, wie zum Beispiel in Ungarn 1956. Paramilitärische Operationen wurden schon früh auf andere Teile der Welt ausgeweitet, u. a. gegen China nach dem Sieg der Kommunisten 1949, gegen Indonesien 1958, gegen Kuba 1961 (Schweinebucht) und noch Jahre danach, und gegen Nicaragua in den achtziger Jahren (Contras), was für 1 % der Bevölkerung den Tod bedeutete – 30.000 Menschen. (Die entsprechende Zahl für die Vereinigten Staaten wäre 2,5 Millionen Tote.)

„*Counter Intelligence*" (Gegenspionage), kurz CI, ist die dritte wichtige Kategorie der Operationstheorie und -praxis der CIA. Die wichtigsten CI-Aktivitäten heißen „*Liaison Operations*" (Bündnisoperationen). Darunter fallen sämtliche Aktivitäten der CIA im Verbund mit den Geheim- und Nachrichtendiensten anderer Länder. Der britische Geheimdienst, der sogenannte MI-6, war in den Anfangsjahren der CIA deren wichtigster Verbündeter und Partner bei vielen paramilitärischen Operationen gegen Osteuropa.

Beinahe vom ersten Augenblick an richtete die CIA „unterstützende" Sicherheits- und Nachrichtendienste für ihre *Liaison*-Operationen ein. Einer der ersten Dienste dieser Art operierte in Griechenland, wo die CIA nach dem Sieg der von den Vereinigten Staaten unterstützten Konservativen im Bürgerkrieg 1947–1949 den KYP gründete. Dieser Geheimdienst war eines der Hauptinstrumente, mit deren Hilfe sich die Rechte in Griechenland zwanzig Jahre lang an der Macht hielt. Als 1967 das Machtmonopol der Konservativen in Gefahr geriet, organisierten CIA und KYP einen Militärputsch, der in Griechenland ein siebenjähriges neofaschistisches Regime einleitete. Der erste Chef dieser Militärdiktatur war Oberst George Papadopoulos, bis zu diesem Zeitpunkt der wichtigste leitende KYP-Verbindungsoffizier zum CIA-Stützpunkt in Athen. In der Zeit des „Obristen-Regimes" wurde die Folter institutionalisiert, und Tausende waren gezwungen, ins politische Exil zu gehen.

Es gibt viele andere Beispiele dafür, wie die CIA in anderen Ländern Geheimdienste gegründet oder als Instrumente zur politischen Kontrolle und Repression benutzt hat. Im Iran gründete sie nach dem erfolgreichen Sturz der demokratisch gewählten bürgerlichen Regierung im Jahr 1953 die SAVAK, und dieser Geheimdienst sorgte dafür, daß der Schah praktisch wie ein Militärdiktator fünfundzwanzig Jahre herrschen konnte. Ähnlich war es in Guatemala, wo die CIA nach dem Sturz der bürgerlichen Regierung 1954 Geheimdienste installierte, um die von ihr errichtete Militärdiktatur zu schützen. Aus diesen Diensten gingen dann die berüchtigten Todesschwadronen hervor, die seitdem mit ständiger Unterstützung der CIA für den Tod von über 150.000 Guatemalteken verantwortlich sind. Ein weiteres Beispiel für die weltweiten Aktivitäten der CIA ist Südkorea. Zweifellos hat die CIA auch in El Salvador den Geheimdienst und die Todesschwadronen des Landes unterstützt, die während des Bürgerkrieges in den achtziger und Anfang der neunziger Jahre an die 75.000 Menschen ermordet haben.

Angesichts des Zusammenbruchs der Sowjetunion und der Umbrüche der neunziger Jahre entwickelte sich in den Vereinigten Staaten eine Diskussion über die Zukunft der CIA und den Rest des aufgeblähten amerikanischen „Geheimdienst-Apparates". Zusammengenommen verbrauchten die verschiedenen Geheim- und Nachrichtendienste einen geschätzten Betrag von 30 bis 35 Milliarden Dollar pro Jahr, das sind etwa 10 % des gesamten Verteidigungsetats. Durch den Wegfall der sowjetischen Bedrohung mußten sie damit rechnen, daß ihr Budget, ihr Personal und ihre Aufgaben gewaltig schrumpfen würden und damit auch ihre Macht und Bedeutung.

In mancher Hinsicht hatten die Probleme der CIA und anderer amerikanischer Nachrichtendienste Anfang der neunziger Jahre Ähnlichkeit mit den Problemen, mit denen die führenden Militärs konfrontiert wurden, angefangen bei der Identifikation tatsächlicher und potentieller Gefahren für die nationale Sicherheit der Vereinigten Staaten – wobei die „nationale Sicherheit", wie immer, nicht vom einfachen Bürger, sondern von der politischen und wirtschaftlichen Elite definiert wird. Ganz oben auf der Gefahrenliste der CIA stehen Terrorismus, islamischer Fundamentalismus, die Verbreitung von Massenvernichtungswaffen, der Drogenhandel und die damit verbundene Gewalt, sowie regionale, ethnische und nationale Konflikte.

Einige Angehörige der CIA und anderer Geheimdienste behaupteten, die Welt sei nach dem Zusammenbruch der Sowjetunion weitaus instabiler, unberechenbarer und sogar gefährlicher geworden. Sie argumentierten, gerade jetzt sei die Ausweitung und Verbesserung der nachrichtendienstlichen Tätigkeiten erforderlich und daß die Bewältigung dieser Aufgabe wegen der finanziellen und personellen Kürzungen immer schwerer werde. Das war zweifellos auch die Position von George Bush, und Presseberichte über das von ihm genehmigte Budget für die Nachrichtendienste im Haushaltsjahr 1993 gingen davon aus, daß die Kürzungen wahrscheinlich nicht einmal 5 % betragen hätten.

Ähnliche Argumente waren aus dem Pentagon zu hören. So wurde beispielsweise im Februar 1992 der *New York Times* ein 70-seitiges Geheimpapier aus dem Verteidigungsministerium zugespielt, das die Planung der Militärausgaben für die kommenden zehn Jahre enthielt. Der Bericht skizzierte sieben mögliche Szenarien, auf die die US-Streitkräfte vorbereitet sein sollten und die Militärausgaben in unverändert enormer Höhe erforderlich machten. Ein Szenario war ein weiterer Krieg gegen den Irak, ein zweites ein weiterer Krieg gegen Nordkorea und ein drittes ein gleichzeitiger Krieg gegen den Irak und Nordkorea. Ein anderes Szenario skizzierte einen Krieg, in dem die USA einen baltischen Staat gegen ein wiedererstarktes und expansionistisches Rußland verteidigen, und ein anderes die Verteidigung von US-Bürgern im Falle einer Revolution auf den Philippinen, wiederum ein anderes die Verteidigung des Panama-Kanals gegen sogenannte „Narko-Terroristen". Das siebte Szenario war das mögliche Auftauchen eines „Gegenspielers auf globaler Ebene" oder einer „aggressiven expansionistischen" internationalen Koalition.

Im darauffolgenden Monat, am 8. März, berichtete die *New York Times*, diese Szenarien zukünftiger Kriege seien Beispiele für die Probleme, mit denen die Militärstrategen nach Maßgabe einer geheimen Militärpolitik konfrontiert wären, die schon bald vom Verteidigungsministerium für den Rest des Jahrhunderts abgesegnet werden sollte. Zusammen mit dem Geheimpapier über

Kriegsszenarien wurde der *Times* die Kopie eines geheimen 48-seitigen Strategiepapiers von einem Beamten des Verteidigungsministeriums zugespielt, der zu der Überzeugung gelangt war, daß die Diskussion über die militärische Planung nach dem Kalten Krieg öffentlich geführt werden müsse. Dieses Strategiepapier, offiziell „Defense Planning Guidance" (Leitfaden zur Verteidigungsplanung) genannt, war der *Times* zufolge das Ergebnis von Beratungen zwischen dem Präsidenten, dem Nationalen Sicherheitsrat und dem Verteidigungsministerium. Seine Bedeutung hinsichtlich einer Fortführung des US-Militarismus bis ins 21. Jahrhundert hinein stünde der des NSC-68-Dokuments – dem Startsignal für das Wettrüsten im Kalten Krieg – in nichts nach.
Das Ziel einer Vormachtstellung in der Welt, das aus diesem 1992 entstandenen Dokument deutlich hervorgeht, sollte sowohl die derzeit mit den USA befreundeten Staaten, etwa Japan und die NATO-Partner, als auch gegnerische Mächte alarmieren. „Unsere Strategie muß sich jetzt wieder darauf konzentrieren, ein für allemal auszuschließen, daß in Zukunft auf globaler Ebene ein Konkurrent auf den Plan treten kann ... Unser wichtigstes Ziel ist es, das Auftauchen eines neuen Gegenspielers zu verhindern, sei es auf dem Gebiet der früheren Sowjetunion oder anderswo ..." Es ist bemerkenswert, daß das Papier keinerlei Hinweis auf eine gemeinsame Beilegung von Konflikten durch die Vereinten Nationen enthält, obgleich zukünftige multilaterale Aktionen durch internationale Koalitionen, wie zum Beispiel im Golfkrieg, nicht ausgeschlossen werden. Und um den Erwerb von Atomwaffen durch potentielle Gegner zu verhindern, müßten die Vereinigten Staaten für einseitige Militäraktionen gerüstet sein.
Für Japan und Westeuropa würde das bedeuten, daß sie fest in sicherheitspolitische Vereinbarungen eingebunden wären, in denen die Vereinigten Staaten die Federführung hätten. Zwar wird kein Land namentlich genannt, es heißt jedoch, die Vereinigten Staaten müßten „die Interessen der hochentwickelten Industrienationen soweit berücksichtigen, daß wir diese nicht dazu ermutigen, unsere Führungsrolle anzuzweifeln oder gar zu versuchen, die bestehende politische und wirtschaftliche Ordnung umzustoßen ... Wir müssen die Mechanismen aufrechterhalten, die potentielle Gegenspieler schon von dem Gedanken abschrecken, eine bedeutendere regionale oder globale Rolle spielen zu wollen."
Und was muß geschehen, um Europa, mit Deutschland an der Spitze, zu hindern, unabhängiger Herr und Gebieter über das

XXIX

eigene Territorium zu werden? Es ist „von grundlegender Bedeutung, die NATO als wichtigstes Werkzeug zur Verteidigung und Sicherheit des Westens zu erhalten, und ebenso als Instrument der Einflußnahme durch die Vereinigten Staaten ... Wir wollen verhindern, daß es zu ausschließlich europäischen Sicherheitsvereinbarungen kommt, was die NATO und vor allem die integrierte Kommandostruktur der Allianz untergraben würde ... Eine erhebliche amerikanische Präsenz in Europa ist von lebensnotwendiger Bedeutung ..."
Mit diesen beiden Dokumenten rechtfertigte die Regierung Bush die Forderung an den Kongreß, von 1993 bis 1997 1,2 Billionen Dollar für Verteidigung zu genehmigen, bei einer derzeitigen Truppenstärke von 1,6 Millionen und der Möglichkeit, sie in kürzester Zeit zu erhöhen („reconstitution"). Etwa 150.000 amerikanische Soldaten sollten in Europa stationiert bleiben, der größte Teil, wie bisher, in Deutschland.
Bushs Antrag für diese fünf Jahre lag lediglich 3 % unter den Haushaltsansätzen vor dem Wegfall der sowjetischen Bedrohung – den Veränderungen „von beinahe biblischem Ausmaß", wie Bush sich ausdrückte. Anders formulierte es General Colin Powell, der Leiter des Generalstabs: „Die eigentliche Gefahr, der wir uns jetzt gegenübersehen, ist die Bedrohung durch das Unbekannte, durch die Ungewißheit ..., nicht vorbereitet zu sein auf eine Krise oder einen Krieg, den niemand vorhergesehen, mit dem niemand gerechnet hat."
Offensichtlich suchte das Establishment im militärischen Bereich wie im Bereich der Nachrichtendienste nach neuen Wegen, um seine Machtposition zu rechtfertigen, indem immer neue Gefahren heraufbeschworen wurden, die an die Stelle der sowjetischen Bedrohung getreten seien. Sollten diese Bemühungen Erfolg haben, wird auch in den neunziger Jahren ein Umbau der amerikanischen Wirtschaft zugunsten friedlicher, menschenfreundlicher Zwecke verhindert und eine Umverteilung der Finanzmittel unmöglich gemacht werden, die für die Lösung der gewaltigen und verheerenden sozialen und wirtschaftlichen Probleme, die die Vereinigten Staaten gegenwärtig heimsuchen, nötig sind. Die entscheidende Frage ist, ob die 1950 begonnene permanente Rüstungswirtschaft und das auf die nationale Sicherheit fixierte Staatswesen Bestand haben werden oder nicht.
Eine Wiederwahl Bushs 1992 hätte grundlegende Veränderungen in Bezug auf die politischen Prioritäten der Nation in den kommenden vier Jahren mit Sicherheit so gut wie unmöglich gemacht.

Und die Alternative der Demokraten? Nachdem der von den Demokraten beherrschte Kongreß Bushs Verteidigungshaushalt mit seinen minimalen Kürzungen abgelehnt hatte, verabschiedete er im März einen eigenen Verteidigungshaushalt für die kommenden fünf Jahre, der die von Bush ohnehin anvisierten Kürzungen lediglich verdoppelte, also immer noch auf ein Minimum beschränkte; Bush machte dennoch von seinem Vetorecht Gebrauch. Da die Senatoren, Kongreßabgeordneten und Bush selbst 1992 wiedergewählt werden wollten, konnten nur wenige die politisch negativen Folgen eines Verlustes von Arbeitsplätzen in der Rüstungsindustrie oder die Schließung weiterer Militärstützpunkte riskieren. Anfang April hielt Bush seine Kürzungspläne in Höhe von 3 % für die nächsten fünf Jahre noch aufrecht, und die jüngste Forderung der Demokraten belief sich auf bloße 5 %.
Andere, die nicht der Regierung angehören, forderten eine Umschichtung der für die Verteidigung Westeuropas und Japans gegen die Sowjetunion aufgewendeten Gesamtkosten – etwa 150 Milliarden Dollar bzw. die Hälfte des Verteidigungsetats für 1992 – auf Inlandsinvestitionen (Bildung, Wohnungsbau, Gesundheitswesen, Infrastruktur, Umschulung und Umrüstung von Industriebetrieben). Währenddessen hatte General John Galvin, der ranghöchste NATO-Offizier, ganz im Sinne der Pläne der Regierung Bush vor einem Senatsausschuß Anfang März erklärt, daß 150.000 amerikanische Soldaten in Europa stationiert bleiben müßten. Der Grund? „Der Wegfall der sowjetischen Bedrohung bedeutet für Europa noch keine Garantie für Frieden und Stabilität ... regionale Spannungen ... die Ungewißheit ..."
Die gute Nachricht: Die Vereinigten Staaten verfügen nicht mehr über die Mittel, um der ganzen Welt ihren Willen aufzuzwingen. Das Wettrüsten, an dem die Sowjetunion bankrott gegangen ist, hat die Vereinigten Staaten in den achtziger Jahren gleichzeitig zum größten Schuldnerland der Welt werden lassen. Zinszahlungen auf die Staatsverschuldung machen inzwischen den größten Posten im Staatshaushalt aus, der 1992 ein Defizit von 400 Milliarden Dollar aufweisen wird. Ohne Finanzierungshilfen in Höhe von 54 Milliarden Dollar aus Deutschland, Japan und anderen Ländern wären die Vereinigten Staaten nicht in der Lage gewesen, den Golfkrieg zu inszenieren – in dem viele nichts weiter sehen als einen gewinnorientierten Feldzug der amerikanischen Streitkräfte, ein Exportgeschäft wie jedes andere.
Trotzdem, wenn sich die amerikanische Politik nicht tiefgreifend ändert, wird der Irak wohl kaum das letzte Land der Dritten Welt

gewesen sein, in dem die Vereinigten Staaten militärisch eingreifen, um sicherzustellen, daß die Hüter der „lebenswichtigen Ressourcen" weiterhin gespalten bleiben und manipulierbar sind. Ebensowenig wird es die letzte Intervention gewesen sein, unliebsame nationalistische oder nicht-konforme Regierungen zu zerschlagen oder einzuschüchtern, wie die Überfälle auf Grenada und Panama und die Bombeneinsätze gegen Libyen deutlich zeigen. Die Frage wird lauten: Inwieweit kann Amerika auf eigene Faust handeln und inwieweit wird es auf die Unterstützung eben jener Mächte angewiesen sein, die es beherrschen will?

Das Tauziehen um die amerikanischen Ausgaben für Rüstung und Nachrichtendienste nach dem Ende des Kalten Krieges wird mit Sicherheit sowohl innerhalb als auch außerhalb der Regierung weitergehen, als Teil einer sich ausweitenden Diskussion über die politischen Prioritäten und wachsenden innenpolitischen Probleme. Eine Tatsache jedoch, die bisher kaum Beachtung gefunden hat, ist jener Teil des Kalten Krieges, der noch lange nicht zuende ist. Niemand wird leugnen, daß der Kalte Krieg von Anfang an zwei Dimensionen hatte. Die Ost-West-Dimension war immer eine militärische Abgrenzung zwischen den Vereinigten Staaten und ihren NATO-Partnern auf der einen und der Sowjetunion und deren Verbündeten auf der anderen Seite. Aber daneben gab es auch eine Nord-Süd-Dimension, wo die Gefechte tatsächlich stattfanden, wie zum Beispiel in Vietnam. Der Kalte Krieg Nord gegen Süd – der Krieg gegen Sozialismus, Nationalismus und die Unabhängigkeitsbewegungen in der Dritten Welt – wird sich mit Sicherheit auf unbestimmte Zeit fortsetzen, solange sich an der Politik der Ersten Welt, insbesondere der Politik der Vereinigten Staaten, nichts ändert. Von Tag zu Tag wächst die Abhängigkeit der Vereinigten Staaten und ihrer Verbündeten in der Ersten Welt von den Ressourcen, Märkten und Arbeitskräften in der Dritten Welt. Diese Nord-Süd-Beziehung bringt für die armen Länder eine ständige Verschlechterung der Handelsbedingungen mit sich. Die aus dieser Beziehung resultierende Schuldenkrise, die bereits 1982 ein kritisches Stadium erreicht hatte, hat seitdem für einen kontinuierlichen Abfluß von Nettovermögen aus den armen in die reichen Länder gesorgt. Einer Studie zufolge, die auf Erhebungen der *Organization for Economic Cooperation and Development* – Organisation für wirtschaftliche Zusammenarbeit und Entwicklung – (der gängige

Euphemismus für das Kartell der reichen Länder) beruht, betrug der Nettogewinn für den Norden zwischen 1982 und 1990 ca. 418 Milliarden Dollar; das entspricht, gemessen am Dollarkurs von 1991, der sechsfachen Summe dessen, was der Marshall-Plan für den Wiederaufbau Europas nach dem Zweiten Weltkrieg kostete. Dieser Nettotransfer ergab sich aus monatlichen Zins- und Tilgungszahlungen der Schuldnerländer, die im Durchschnitt 12,5 Milliarden Dollar betrugen und für den Gesamtzeitraum von neun Jahren 1,3 Billionen Dollar. Solche Zahlungen waren nur möglich durch die Anhäufung neuer Schulden in den armen Ländern, die Ende 1990 um 61 % höher waren als 1982.

Es gibt ganze Berge von statistischem Material über das menschliche Leid und die Umweltzerstörung, welche die von der Weltbank und dem Internationalen Währungsfond verfügten Sparprogramme anrichten, nur um dieses System beibehalten und so effektiv wie möglich machen zu können. André Gunder Frank schrieb schon vor Jahren, daß sich die „Entwicklungsländer" dieser Erde in Wahrheit jeden Tag im Vergleich zu den reichen stärker „rückentwickeln". Selbst die *New York Times* stellte Ende 1991 fest, daß 90 % der Bevölkerung Lateinamerikas entweder arbeitslos oder unterbeschäftigt sind, während gleichzeitig die Zahl derer, die unter der Armutsgrenze leben, auf 44 % der Bevölkerung in der jeweiligen Region angestiegen ist.

Dennoch gibt es in allen armen Ländern die bekannten Eliten, die nach wie vor in Wohlstand leben, ebenso wie die entsprechenden Gruppen in den reichen Ländern des Nordens. In diesem grundlegend ungerechten und instabilen System werden die Menschen sich immer wieder um Veränderungen, Gerechtigkeit und Gleichstellung bemühen. Sie werden das System des Freien Marktes ablehnen, das ihnen nur Massenelend gebracht hat und das das Leben und die Arbeitskraft eines Menschen als die wichtigste Ware auf dem Markt betrachtet und damit zurecht den vom Markt diktierten Höhen und Tiefen unterliegt. Und diese Menschen werden Widerstand leisten gegen politische Repression, die nichts anderes ist als der Kleister, der instabile Systeme notdürftig zusammenhält.

Politische Bewegungen in den armen Ländern, die die Veränderung der „alten Weltordnung" anstreben, werden in Washington als Gefahr für die Stabilität der Vereinigten Staaten betrachtet, denn sie dienen jenen als Beispiel, die ähnliche Veränderungen in den Vereinigten Staaten herbeiführen wollen, einer nicht weniger ungerechten und von Grund auf instabilen Gesellschaft. D. h.

auch in Zukunft werden die traditionellen amerikanischen Strategien erforderlich sein: die nachrichtendienstliche Überwachung „gefährlicher" Bewegungen, die Unterstützung politischer Repression, der Einsatz von Militärberatern, wie es gegenwärtig in Südamerika der Fall ist, und wenn nötig auch offene militärische Gewalt. Dabei wird die CIA meiner Meinung nach eine ähnliche Rolle spielen wie bei den in diesem Buch geschilderten Ereignissen.

Und die Alternative? Bedauerlicherweise sind in den frühen neunziger Jahren die Chancen für einen grundsätzlichen Wandel in der amerikanischen Außen- und Innenpolitik nicht allzu hoch, trotz der unverkennbaren Möglichkeiten, die sich angesichts der Veränderungen in Osteuropa eröffnet haben. Republikaner wie Demokraten scheinen entschlossen, in absehbarer Zeit nichts in einem Staat zu ändern, in dem die nationale Sicherheit an erster Stelle steht und der sich auf eine permanente Rüstungswirtschaft stützt.

Neben der Fortführung einer Hochrüstung, die noch aus der Zeit des Kalten Krieges stammt, dehnt die Regierung ihre Sicherheitsprogramme auch auf die Universitäten aus. Ein Beispiel dafür ist der 1991 vom Kongreß verabschiedete „National Security Education Act" (Gesetz zur Ausbildung von Sicherheitsbeamten). Dieses Gesetz stellt einen Beitrag von 150 Millionen Dollar als „Startkapital" für die Entwicklung und Erweiterung von Studienprogrammen an Hochschulen bereit – Sprach- und Landeskunde, Stipendien, Auslandsstipendien –, um die nächste Generation von Bürokraten eines allein auf die nationale Sicherheit fixierten Staates auszubilden. Bemerkenswert ist die Tatsache, daß dieses Programm nicht vom Bildungsministerium, sondern vom Pentagon, der CIA und anderen Sicherheitsorganen verwaltet werden soll.

Es gibt ganz gewiß in den Vereinigten Staaten eine bedeutende Bewegung, die einen grundlegenden Wandel anstrebt: ein Ende des Militarismus und die Lösung der inneren Probleme, was durch den massenhaften Widerstand gegen den Golfkrieg deutlich wurde. Sie setzt sich aus vielen Millionen Menschen zusammen, die in zunehmendem Maße die Rechtmäßigkeit einer Regierung und eines politischen Systems in Frage stellen, das offensichtlich korrupt, geldgierig, inkompetent und selbstsüchtig ist. Diese Bewegung ist mir in fast allen Teilen des Landes begegnet. Aber noch mangelt es ihr an Organisation und Ausgereiftheit. Und sie muß sich tagtäglich mit einer Medienmafia auseinandersetzen, die auf den Spuren eines Edward Bernays so wirkungsvoll die Fakten des Zeitgeschehens und der Geschichte zensiert, verzerrt, unterdrückt und manipuliert. Trotz alledem lebt und wächst diese Bewegung und verschafft sich auf vielerlei Art Gehör, so zum Beispiel durch die enorme Wirkung und das Echo auf den Film „JFK" von Oliver Stone, in dem die These aufgestellt wird, Präsident Kennedy sei von Leuten aus der eigenen Regierung ermordet worden.

Dieses Buch enthüllt die geheimen Manipulationsmethoden der CIA und zeigt, wie sie durchgeführt wurden. Es ist ein Buch, das die amerikanische Regierung Ihnen vorenthalten wollte. Aber eine Warnung vor subversiven Büchern ist durchaus angebracht, ehe man mit der Lektüre beginnt. Man sollte dabei an die Worte des Abgeordneten Harold Velde aus Illinois denken, der in den fünfziger Jahren dem Repräsentantenhaus angehörte, als ich während meines Universitätsstudiums von der CIA rekrutiert wurde.
Velde hielt im Repräsentantenhaus eine Rede gegen fahrbare Bibliotheken für die amerikanische Landbevölkerung und tat das, indem er die Ausführungen der CIA über die von Büchern ausgehenden Gefahren fast im Wortlaut wiederholte. Unter anderem bemerkte er: „Wenn man die Bildung amerikanischer Bürger durch solche Bibliotheksdienste weiter vorantreibt, dann könnte das die politische Einstellung schneller ändern als alles andere. Die Grundlage des Kommunismus und des sozialistischen Einflusses ist die Bildung der Menschen."

Aus dem Amerikanischen übersetzt von Sabine Saßmann

Einleitung zur deutschen Ausgabe

Wenn irgendeiner wissen sollte, was nationale Sicherheit heißt, dann ich. In weniger als zwei Jahren haben mich sechs westeuropäische Länder entweder ausgewiesen oder mir aus Gründen der nationalen Sicherheit den dauernden Aufenthalt verweigert. Keine dieser Regierungen hat mitgeteilt, durch welches Verhalten ich ihre Sicherheit gefährden würde. Die Sicherheitsbehörden in England, Frankreich, der Bundesrepublik Deutschland, Holland, Norwegen und Italien haben sich entweder geweigert, konkrete Gründe zu nennen oder nur vage Entschuldigungen angegeben wie z. B. den Hinweis, daß eine Aufenthaltserlaubnis für mich die Beziehung zu freundschaftlich verbundenen Ländern gefährden könnte.
Jeder kennt natürlich die wirklichen Gründe. Es handelt sich darum, daß ich meine Tätigkeit fortsetze und über illegale Methoden der CIA (US Central Intelligence Agency) schreibe und spreche. Keine der Regierungen war in der Lage, diese Gründe zuzugeben, denn meine Arbeit war gewissenhaft, legal und durch alle Prinzipien der Konvention über Menschenrechte geschützt: durch das Recht, Informationen zu sammeln und zu verbreiten, durch das Recht, einen Beruf auszuüben, durch das Recht, seine Meinung frei auszusprechen, durch das Recht, an der Regierungspolitik Kritik zu üben, durch das Recht, freizügig von Land zu Land zu reisen.
Unspezifizierte Sicherheitsgründe wurden benutzt, um mir diese meine Rechte zu verweigern, während mein Status als Ausländer es jedem Land leichtmachte, mich auszuweisen oder cierten die CIA und ihre Freunde in den Medien eine Kampagne gegen meine Person, in der Hoffnung, daß dadurch die Aufüberraschend. Überraschend war nur, daß Großbritannien vier Jahre wartete, bevor es mit meiner Ausweisung jene Entwicklung in Gang setzte, in deren Verlauf ich mich immer wieder gezwungen sah, mein soeben gefundenes Exil aufzugeben.
1974, Monate, bevor dieses Buch zum ersten Male erschien und zwei Jahre vor meiner Ausweisung aus Großbritannien lancierten die CIA und ihre Freunde in den Medien eine Kampagne gegen meine Person, in der Hoffnung, daß dadurch die Auf-

merksamkeit von dem abgelenkt würde, was ich tatsächlich über die CIA zu sagen hatte. Die auf die Person gerichtete Ablenkung sollte die Leute davon abhalten, mich ernst zu nehmen. Es hieß, ich sei verschwenderisch, ein Trinker, der schlimmste Verräter seit Kim Philby. Es hieß, ich sei ein russischer, ein kubanischer oder ein kommunistischer Agent. Außerdem sei ich für den Tod des CIA-Chefs in Athen verantwortlich, auf den 1975 ein Anschlag verübt worden war. Diese Lüge wurde immer wieder veröffentlicht. Jede neue Ausweisung oder jedes neue Aufenthaltsverbot brachte einen zusätzlichen „Beweis". Aber die Kampagne hatte keinen Erfolg. Die Leute nahmen mich ernst. Ich wurde in viele Länder eingeladen, Vorträge zu halten, während in derselben Zeit dieses Buch in zahlreichen Sprachen erschien. Sogar offizielle Untersuchungen in Washington unterstützten die Glaubwürdigkeit dessen, was ich über die CIA gesagt hatte. Auch die Bemühungen der CIA und ihrer Freunde, zu verhindern, daß ich in Westeuropa einen Platz zu leben fand, blieben schließlich erfolglos.

Im Mai 1978, sechs Monate nachdem ich eine Nacht im Gefängnis von Hamburg verbracht hatte und nach Holland ausgewiesen worden war, kehrte ich nach Hamburg zurück, um mit meiner Frau zu leben, die dort schon viele Jahre wohnt. Wie vorauszusehen, forderte das Innenministerium in Bonn die Ausländerpolizei vom Hamburg auf, meinen Antrag auf Aufenthaltsgenehmigung zurückzuweisen, obwohl es keine Fakten gab, die eine solche Zurückweisung rechtfertigen könnten. Im November 1978 erhielt ich die Aufenthaltsgenehmigung. Bis dahin hatte ich zwei Jahre darum gekämpft, an einem Ort in stabilen Verhältnissen leben zu dürfen.

Freilich: Die Aufenthaltsgenehmigung stand kaum in meinem Paß, als eine neue Serie von Lügen in der westdeutschen Presse erschien. Es handelte sich um Auszüge aus einem kürzlich in London veröffentlichten Artikel des rechtsorientierten Journalisten Robert Moss, eines Mannes mit wohlbekannten CIA-Verbindungen. Sogar die konservative Zeitung „Spectator" in London warnte, er solle nicht zu ernst genommen werden. Der Angriff war so abwegig, daß „Die Welt" meine ausführliche Gegendarstellung abdrucken mußte.

Auf der anderen Seite: Die Genauigkeit meines Buches wurde von der CIA in ihrem hausinternen Journal ‚Studies in Intelligence' selbst anerkannt. Die persönlichen Angriffe, die Ausweisungen und Aufenthaltsverbote, die in der Absicht erfolgt waren, die Wahrheit zu unterdrücken, haben nicht dazu geführt, die Aufmerksamkeit vom wirklichen Thema — der heimlichen illegalen Subversivtätigkeit der CIA — abzuziehen. Die Wahrheit ist, daß ich fast zwölf Jahre im Rahmen geheimer CIA-Operationen gearbeitet habe, die entscheidend zur nationalen Sicherheit meines Landes beitragen sollten; dieser Auftrag bildete gleichzeitig ihre Rechtfertigung. Im Laufe der Jahre kam ich zu einem neuen Verständnis dessen, was nationale Sicherheit meint. Ich beschloß, meine Erfahrungen in Geheimoperationen zu benutzen, um diese Bedeutung zu illustrieren. Von 1960 bis 1969 arbeitete ich für die CIA in Lateinamerika. Ich war an praktisch allen üblichen und natürlich auch einigen ungewöhnlichen Operationen beteiligt, Unsere Arbeit bestand darin, über die Institutionen der Macht in diesen Ländern Informationen zu sammeln und diese Informationen im amerikanischen Sinne zu beeinflussen, sie zu manipulieren und im besten Sinne der Vereinigten Staaten zu ‚benutzen'. Das Objekt unserer Bemühungen waren politische Parteien, Militär und Sicherheitsdienste, Gewerkschaften, Berufsorganisationen, kulturelle Organisationen, die Jugend- und Studentenbewegung und die öffentlichen Medien.

Für uns stand immer fest, wer unsere Freunde waren. Wir sorgten für sie, wir unterstützten und stärkten sie und versuchten, ihre Interessen mit unseren zu verbinden. Wir kannten unsere Feinde, und wir arbeiteten hart daran, ihre Organisationen subversiv zu durchdringen, sie zu spalten, zu schwächen, zu zerstören Mit Hilfe der Polizei- und Sicherheitsorgane organisierten wir die Unterdrückung und Verfolgung linker und revolutionärer Gruppen, je nachdem, für wie gefährlich wir sie hielten. Für uns waren diese Aktivitäten sowohl für die nationale Sicherheit unseres Gastlandes als auch der Vereinigten Staaten ein wesentlicher Beitrag.

Als ich 1957 in die CIA eintrat und noch einige Jahre später, akzeptierte ich blind den Mythos, daß Amerika immer recht habe. Seit Woodrow Wilson betrieben wir eine Außenpolitik, geboren aus Unschuld und Desinteresse, innerhalb derer wir versuchten, die amerikanischen Errungenschaften und Träume außerhalb unserer Grenzen zu verbreiten, eine liberale internationale Ordnung zu etablieren, die auf demokratischen Grundsätzen und amerikanischer Führung ruhen sollte. Dies System sollte einen ‚dritten Weg' darstellen zwischen der alten kolonialen Ausbeutung und der stärker werdenden antikapitalistischen Bewegung. Viele von uns waren damals jung und naiv; vor Vietnam, vor Watergate und vor den anderen Skandalen

der siebziger Jahre.
Noch während ich für die CIA arbeitete, veränderte sich mein Verständnis von nationaler Sicherheit. Wir predigten liberale Reformen innerhalb des kapitalistischen Systems als Mittel, die großen Ungerechtigkeiten, die Not und das Elend zu eliminieren, das wir um uns herum sahen. Freilich: Je erfolgreicher wir traditionelle Machtstrukturen stärkten, desto unmöglicher wurden irgendwelche bedeutungsvollen Reformen. Indem wir unsere ‚Freunde' unterstützten und unsere ‚Feinde' zerschlugen, leisteten wir einen Beitrag, die Situation zu verschlimmern.
Ich erkannte allmählich, daß nationale Sicherheit in den Ländern, in denen ich arbeitete, die Sicherheit eines kleinen Teils der Bevölkerung war, derjenigen nämlich, die das Land kontrollierten: der Industrie, des Handels, der Banken, der gehobenen Berufsgruppen und der Regierungen. In erster Linie wurden durch unsere Operationen die multinationalen Konzerne geschützt, die den Reichtum vieler Länder entweder in mein Land exportierten oder dorthin, wo er am meisten Gewinn erbrachte.
Es führte kein Weg an der Erkenntnis vorbei, daß die Operationen der CIA die Sicherheit und die Interessen der amerikanischen Machtstrukturen stärkten, besonders der multinationalen Konzerne, der Rüstungsindustrie und der Funktionäre und Politiker, die ihnen dienten. Ich begann zu erkennen, daß das nicht die Sicherheit der meisten Bürger war, weder der USA noch anderer Länder.
‚Nationale Sicherheit' als ein Konzept, das die Sicherheit aller Menschen umfassen sollte, ist nach meiner Auffassung ein Mythos. Ich verließ die CIA, da ich nicht mehr wünschte, ein Sicherheitsoffizier für Institutionen zu sein, die für Ausbeutung und Not mitverantwortlich waren. Ich beschloß, meine Erfahrungen zu verbreiten, zu schreiben und Vorträge zu halten. Deshalb betrachten mich die Regierungen, die mit den USA freundschaftlich verbunden sind, als Bedrohung ihrer nationalen Sicherheit.
Nichts erklärt für mich klarer den Mythos der nationalen Sicherheit als das Verständnis von illegalen Geheimoperationen und der Weise, in der sie den Interessen der Elite dienen, die innerhalb der nationalen Machtstrukturen die Kontrolle ausüben. Seit Ende des Weltkrieges 1945 haben alle amerikanischen Regierungen – ohne Ausnahme – insgeheim die Gesetze und die Menschenrechte von Millionen in der Welt verletzt, um

ihre Interessen zu schützen. Geheime Interventionen müssen als integraler Bestandteil der Regierungspolitik angesehen werden und nicht als Aktivitäten, die getrennt davon und um ihrer selbst willen unternommen werden. Sie begründen eine Zerstörung der liberalen Ordnung, die sie vorgeben zu schützen. Von dort ist es kein weiter Weg zu der Rechtfertigung des unglücklichen amerikanischen Luftwaffensoldaten, die Zerstörung einer vietnamesischen Stadt sei ‚der einzige Weg, sie zu erhalten'.

Sensationsbedürfnis und Intrigen dürfen nicht die intime Integration der geheimen Operationen in die offizielle nationale Politik verdunkeln. Ein umfassendes Verständnis erfordert die Entmystifizierung dieser geheimen Operationen. Es ist notwendig, die Aura von Allwissen und Macht zu beseitigen, den natürlichen Schutz aller Geheimdienste.

Es ist wichtig, geheime Operationen nicht nur wegen ihrer historischen Bedeutung zu verstehen. Solche Operationen wurden auch 1978 fortgesetzt, wie der Direktor der CIA selbst zugegeben hat. Sie werden fortgesetzt in dem Maße, in dem das kapitalistische und liberale System keinen Erfolg hat. Die andauernde ökonomische Rezession, die Arbeitslosigkeit und die fortgesetzte Inflation sind die Anzeichen der Krise, auf die auch die CIA reagiert. Geheime Operationen sollen die Spannungen, die aus dem wachsenden Abstand zwischen dem Reichtum der Staaten im Norden und der Armut der Staaten im Süden entstehen, ‚beruhigen'.

William Colby, der ehemalige Direkor der CIA, und noch immer ein Verteidiger von Geheimoperationen, gab vor einiger Zeit dem „Playboy"-Magazin ein Interview. Auf die Frage, was er als größte Gefahr für Amerika ansehe, sagte er, das Verhältnis zur Dritten Welt bestimme alles. Dreiviertel der Erde gehören zur Dritten Welt. Ein großer Teil davon sei hungrig und lebe in großer Armut. Diese Menschen seien im wachsenden Maße unzufrieden mit dem Abstand zwischen unserem Reichtum und ihrer Armut.

Schließlich: Geheime Operationen des CIA versuchen, die Bewegung in Richtung auf den Sozialismus zu verlangsamen, die so viele Formen seit dem Zweiten Weltkrieg angenommen hat. Das Ergebnis: wachsendes Leiden der armen Völker und sich greifende politische Repressionen. Illegale geheime Interventionen gefährden den Weltfrieden, weil sie eine Ursache und ein Ergebnis der internationalen Konfrontation und der internationalen Spannungen sind, die sie zu einem guten Teil selbst verschuldet haben.

Hamburg 1978 Philip Agee

Vorwort

Dies ist der Bericht über die zwölfjährige Laufbahn eines CIA-Beamten, der mit geheimen Operationen betraut war; der Bericht endet im Frühjahr 1969. Das Buch soll etwas Licht werfen auf die geheimdienstliche Tätigkeit, die die US-Regierung mittels der CIA und im Namen der nationalen Sicherheit in der Dritten Welt entfaltet. Es wird in dem Bericht von den konkreten Leuten und Organisationen, die an diesen Aktivitäten beteiligt waren, die Rede sein; und auch der politische, ökonomische und soziale Kontext wird dargestellt werden. Außerdem werde ich berichten, wie ich selber damals meine CIA-Tätigkeit gesehen habe und welchen Einfluß sie auf mein Familienleben hatte. Warum ich mit diesen Enthüllungen über meine ehemalige CIA-Tätigkeit jetzt an die Öffentlichkeit trete, das wird aus dem Text klarwerden. Natürlich kann ich mich nicht an alle Details aus diesen zwölf Jahren erinnern. Um dieses Buch schreiben zu können, habe ich in den letzten vier Jahren intensive Recherchen angestellt und so meine Erinnerung wieder aufgefrischt.

Die Beamten einer CIA-Station im Ausland arbeiten als Team; oft sind sie an ganz verschiedenen Aktivitäten beteiligt. Dabei werden sie von einer ganz beträchtlichen Zahl einheimischer Agenten und Mitarbeiter unterstützt. Ich werde mich in meinem Bericht nicht auf meine eigene Tätigkeit beschränken, sondern versuchen, die Gesamtaktivitäten des Teams darzustellen, denn alles, was von einem solchen Team betrieben wird, hat das gleiche Ziel.

Sowohl der einzelne Beamte als auch das ganze Team arbeiten gleichzeitig an mehreren Projekten; daher wäre in meinem Bericht die übliche Erzählform sehr problematisch. Ich habe mich daher zur Tagebuchform entschieden: so wird die schrittweise Entwicklung der verschiedenen Aktivitäten klar, und gleichzeitig bewahrt der Bericht einen Hauch von Aktualität (ich habe den Text in den Jahren 1973 und 1974 niedergeschrieben). Diese Methode hat natürlich auch ihre Mängel: sie verlangt vom Leser, daß er, von Tagebucheintragung zu Tagebucheintragung springend, oft ganz verschiedenen Strängen folgen muß.

Ich glaube aber trotzdem, daß es die beste Methode ist, unsere Tägigkeit darzustellen. Verschiedene Operationen konnte ich aufgrund unzureichender Dokumente nicht mehr genau datieren. Ich habe mich immer um eine möglichst genaue Datierung bemüht; wo sie nicht ganz exakt ist, wird der Inhalt meiner Aussagen dadurch in keinem Fall beeinträchtigt. In einigen Fällen habe ich verschiedene Ereignisse in meinen Tagebucheintragungen ein oder zwei Tage vorgezogen bzw. sie später folgen lassen. Auch in diesen Fällen wird der Inhalt nicht beeinträchtigt. In der „New York Review of Books" vom 30. Dezember 1971 wird aus einer der seltenen Ansprachen des damaligen CIA-Chefs Richard Helms vor dem Nationalen Presseclub zitiert. Zur Rechtfertigung der geheimen CIA-Operationen sagte er dort: „Sie müssen uns vertrauen. Wir sind ehrenwerte Leute." Ich bitte den Leser, diese Worte bei der Lektüre des Buches in Erinnerung zu behalten. Und ich bitte ihn weiterhin, zu bedenken, daß die CIA-Operationen auf direkte Instruktionen des Präsidenten hin stattfinden, daß sie innerhalb der CIA in allen Details und auf allen Ebenen gebilligt werden, und daß sie auch außerhalb der CIA − auf der Ebene von stellvertretenden Ministern oder höher noch − gebilligt und gedeckt werden. Und schließlich bitte ich den Leser, nicht zu vergessen, daß diese Operationen, die ich hauptsächlich am Beispiel Lateinamerikas beschreibe, genauso in den Ländern des Fernen Ostens, des Nahen Ostens und Afrikas durchgeführt wurden. Und ich möchte annehmen, daß sich daran nichts geändert hat.

London, Juni 1974

Teil I

South Bend, Indiana
April 1956

Es kommen jetzt Hunderte von Unternehmen an die Universität: sie suchen fertige Studenten für ihre Betriebe. Ich hatte mich noch nicht für ein Gespräch gemeldet – aber trotzdem schon mein erstes und wohl auch einziges gehabt. Zu meinem Erstaunen sprach mich ein Mann von der CIA an, der extra aus Washington gekommen war, um mich für das Anfänger-Trainingsprogramm des Geheimdienstes zu gewinnen. Virginia Pilgrim muß mich bei ihm empfohlen haben. Ich hatte schon ganz vergessen, daß sie von einem solchen Programm gesprochen hatte, als sie uns letztes Jahr in Tampa besuchte.
Gus, der Mann von der CIA, fragte mich, wie es bei mir mit dem Militärdienst aussehe; als ich meinte, früher oder später wäre ich wohl dran, schlug er mir eine Kombination mit der CIA-Ausbildung vor. Für Leute, die das Anfänger-Trainigsprogramm (Junior Officer Trainee; JOT) machen und noch nicht beim Militär waren, arrangiert die CIA Spezialkurse bei der Armee oder Luftwaffe; diese Kurse werden in Wirklichkeit von der CIA kontrolliert und durchgeführt. Es dauert etwa ein Jahr, bis man das Offizierspatent bekommt, und danach muß man noch ein Jahr beim Militär dienen. Dann führt Washington das JOT-Programm weiter, und schließlich bekommt man einen Posten im Washingtoner Hauptquartier der CIA. Nach den Aussagen von Gus würde es etwa fünf oder sechs Jahre dauern, bis ich bei Geheimoperationen in Übersee eingesetzt werden könnte. Ich dachte mir: so lange will ich nicht warten, um was zu werden.
Gus wußte eine ganze Menge über mich: über meine Tätigkeit in den Gremien der studentischen Selbstverwaltung, meine akademischen Auszeichnungen und anderes. Ich sagte ihm, am liebsten wäre ich Vorsitzender der Feierlichkeiten zu Washingtons Geburtstag im Februar gewesen; dort wurde General Curtis Lemay mit dem vaterländischen Verdienstorden ausgezeichnet. Ich erzählte Gus, diese Feierlichkeiten seien der wichtigste

praktische Ausdruck des Mottos der Universität Notre-Dame: „Für Gott, unser Land und Notre-Dame." Er meinte: Für den Fall, daß ich meine Pläne ändern sollte, könnte ich ja die Sache mit der CIA im Auge behalten. Ich versprach, mich an die CIA zu wenden, wenn es mit meinem Militärdienst aktuell werden sollte, aber Gus betonte, daß sie nur Leute nehmen würden, die sich für eine Laufbahn bei der CIA entschieden hätten. Nichts für mich also.
Ich glaube, daß die CIA sehr eng mit dem eben erwähnten General Lemay und seinem Strategischen Luftwaffenkommando zusammenarbeitet. Die wichtigste Passage aus Lemays Rede während der Feierlichkeiten lautete:
„Unser Patriotismus muß ein intelligenter Patriotismus sein. Er muß tiefer reichen als blinder Nationalismus oder oberflächlich emotionaler patriotischer Eifer. Immer wieder müssen wir die sich ständig verändernden Bedingungen und Entwicklungen der Weltpolitik studieren und begreifen. Dieses Verständnis muß in gesunde moralische Konsequenzen einmünden. Und wir müssen immer darauf achten, daß diese Konsequenzen sich auch in unserer offiziellen Regierungspolitik ausdrücken ... Wenn wir unser Vertrauen in Gott, unsere Freiheitsliebe und in die globale Überlegenheit unserer Luftwaffe behalten — dann, denke ich, können wir vertrauensvoll in die Zukunft blicken."

Tampa, Florida
Dezember 1956

Es war ein Fehler gewesen, sich für ein Jura-Studium an der Universität von Florida zu entscheiden. Ich fühlte mich ausgeschlossen, unbehaglich, ich konnte mich in den Cliquen und ihrer Vertraulichkeit nicht zurechtfinden. Ein Asket bin ich deshalb noch lange nicht. Mein Unbehagen hatte andere Gründe — ich glaube, ich wußte nicht so recht, warum ich eigentlich Jura studieren sollte; vielleicht lag es auch daran, daß es mir nach vier Jahren bei den Jesuiten und vier Jahren in Notre-Dame schwerfiel, mich in weltlichen Zusammenhängen zurechtzufinden. Jedenfalls merkte ich, daß etwas nicht stimmte, und blieb nur drei Monate auf der Universität.
Ich setzte mich mit der Musterungsbehörde in Verbindung und erfuhr, daß ich in etwa sechs Monaten eingezogen würde. Das sind ziemlich traurige Aussichten: zwei Jahre verlorene Zeit, vergeudet mit Tellerwaschen und Kartoffelschälen. Ich werde

auf jeden Fall noch ein paar Monate bei meinen Eltern leben und versuchen, ein bißchen Geld zu sparen. Denn als Rekrut verdient man nur achtzig Dollar im Monat, und das reicht gerade eben für Kneipe und Zigaretten.
Immer noch ist mir völlig unklar, welchen Beruf ich wählen soll. Mein Vater und mein Großvater fangen gerade an, ihren Betrieb beträchtlich auszuweiten und rechnen fest damit, daß auch ich einsteige. Ich weiß, daß ich da eine Menge Geld verdienen könnte. Trotzdem kann ich mich für diesen Job nicht begeistern. Ich hätte gern mit meinem Vater oder Großvater darüber geredet – aber das hätte dann so ausgesehen, als wäre ich mir zu gut für etwas, womit sie ihr ganzes Leben zugebracht haben. Bloß keine übereilten Entscheidungen! Ich habe noch sechs Monate Zeit, mit ihnen zusammenzuarbeiten. Dann kommen zwei Jahre Armee.

Tampa, Florida
Februar 1957

Ich muß irgendwie versuchen, um die zwei verlorenen Jahre beim Militär herumzukommen und schrieb deshalb an die CIA, erinnerte an mein Treffen mit Gus und fragte, ob sie mich brauchen können. Ich bekam Anmeldeformulare, schickte sie ausgefüllt zurück und muß jetzt erst mal warten.
Wir werden bald sehen, was für eine Alternative das ist, bei der CIA zu arbeiten. Es bedeutet drei statt zwei Jahre Militärdienst – aber man wird Offizier und das bedeutet mehr Geld, bessere Arbeit (insbesondere bei der CIA) und viel Zeit, sich Gedanken zu machen.

Washington DC
April 1957

Ich wurde für ein Gespräch mit dem JOT-Büro nach Washington gebeten; das Büro befindet sich in Quarters Eye in der Nähe des Potomac. In der Empfangshalle wartete ich, bis eine Sekretärin kam und für mich einen Besucherpaß mit Namen, Adresse und Zweck des Besuches ausfüllte. Die Frau am Empfang fügte noch die Uhrzeit hinzu und versah den Ausweis mit einem großbuchstabigen Stempel: MUSS BEGLEITET WERDEN. Dann bekam ich eine Ansteckmarke aus Plastik, und mir wurde eingeschärft, daß ich sie auf CIA-Gelände immer zu tragen hätte. Die Sekretärin unterschrieb, daß sie für mich verantwortlich sei, dann folgte ich ihr in das JOT-Büro.

Der Mann, mit dem ich sprach, hieß Jim Ferguson. Etwa eine halbe Stunde lang sprachen wir über Notre-Dame, das Geschäft meiner Eltern und über mein Interesse an einer Tätigkeit im Ausland. Er sagte, sie hätten eine Reihe von Tests und Interviews vorbereitet, die von leitenden Offizieren des JOT-Programms, einschließlich des Chefs Dr. Eccles durchgeführt würden. Sollten diese Tests und Interviews ein positives Ergebnis haben, dann zögen sie erst einmal vollständige Informationen über mich und mein bisheriges Leben ein; das könnte etwa sechs Monate dauern. Weil es bei mir aber das drängende Problem der Einberufung gebe, könne man meinen Fall vielleicht beschleunigt durchziehen; er hoffe das Beste für mich.

Wieder draußen gab mir die Sekretärin ein Blatt Papier, auf dem Gebäude, Büros und Termine für die Tests eingetragen waren, die alles in allem drei Tage in Anspruch nehmen würden. Sie erklärte mir: in jedem Gebäude hätte ich mich beim Empfang zu melden; von dort würde dann jemand telefonisch aus dem Büro herangerufen, für das ich angemeldet war; dann würde ich in die Besucherliste eingetragen. Sie erklärte mir noch einmal, daß ich immer die Besuchermarke zu tragen und sie beim Verlassen zusammen mit dem rosa Besucherausweis abzugeben hätte. Um zu den verschiedenen Gebäuden zu kommen, könnte ich die interne Buslinie der CIA benutzen.

Schon während meines ersten Besuches im JOT-Büro fiel mir sofort das kumpelhafte Verhalten der CIA-Leute untereinander auf. Vermutlich weil sie eine ganz bestimmte Insider-Sprache verwendeten. Niemand sprach von der „CIA", oder der „Central Intelligence Agency" oder auch nur der „Agency". Immer, wenn von der CIA die Rede war, hieß es: „die Firma". Meine erste Verabredung hatte ich im Nord-Gebäude beim medizinischen Stab; danach pendelte ich zwischen dieser Abteilung und einem Büro im „Recreation and Service Building" am Ohio Drive. Dieses zweite Büro nannte sich: „Einschätzung und Beurteilung" (Assessment and Evaluation; A and E). Obwohl es so aussah, als kümmere sich der medizinische Stab um Probleme der physischen und geistigen Gesundheit und die „A and E"-Abteilung um die speziellen Qualifikationen, die für geheimdienstliche Tätigkeit erforderlich sind, hatte ich doch oft den Eindruck, als gäbe es eigentlich keinen großen Unterschied zwischen beiden Abteilungen. Die Prozedur war ungeheur erschöpfend: endlose Stunden mußte ich damit zubringen, Eignungs-, Neigungs- und Persönlichkeitstests auszufüllen. Ich hatte früher einmal über die komplizierten Testverfahren gelesen, die während des Zweiten Weltkriegs vom Büro des Strategischen Oberkommandos entwickelt worden waren; jetzt sah ich, daß diese Testverfahren nach wie vor angewandt wurden. Stanford, Minnesota, Strong, Wechsler, Guilford, Kudor, Rorschach — einige dieser Tests werden mündlich durchgeführt, andere schriftlich. Am schlimmsten war das Gespräch mit dem Psychiater des medizinischen Stabs — er hat mich fast verrückt gemacht.

Am dritten Tag, im Laufe des Nachmittags, war schließlich alles vorbei. Ich hatte noch ein paar Stunden, bis ich mich im JOT-Büro zurückmelden mußte, und beschloß, mir ein wenig die Gegend anzusehen. Am Blinden-Stand holte ich mir einen Sandwich und fuhr dann mit dem Bus zum ,,Executive Office Building". (Diese Blinden-Stände — Sandwich-Bars, die von Blinden betrieben werden — gibt es dort praktisch in jedem Gebäude. Vermutlich ist das ein guter Job für die Blinden, die sonst kaum Arbeit finden. Und die CIA hat nichts dagegen, weil diese Leute keine Geheimpapiere lesen können. So hat jeder seinen Vorteil.)

Ich fuhr zum Washington-Monument. Von der Spitze des Denkmals aus konnte ich all die Gebäude sehen, in denen die Geschicke unseres Landes gelenkt werden, von wo aus — angesichts ernstester Bedrohungen von außen — die Unantastbarkeit unseres Landes verteidigt wird, wo der pluralistische Widerstreit verschiedenster Interessen seine Harmonie findet. Hier oben mußte ich mir eingestehen, daß mein langfristiges Ziel die Mitarbeit in Regierungsgremien war. Es stört mich nicht, daß es mir dabei materiell vielleicht schlechter gehen wird als meinen Eltern oder daß ich ohne ein Netz freundschaftlicher Beziehungen zu Nachbarn und Umgebung werde auskommen müssen. Die Arbeit bei der ,,Central Intelligence Agency", womöglich noch im Ausland, wird mir intime Kenntnisse über Arbeitsweise und Entscheidungen befreundeter und feindlicher Regierungen vermitteln und mir eine anregende und spannende Atmosphäre verschaffen; der Job wird mich außerdem intellektuell herausfordern. Ich werde Soldat sein im Kampf gegen die weltweiten Versuche des Kommunismus, die persönlichen und allgemeinen Freiheiten zu untergraben, ein Patriot, der sein Leben der Erhaltung und Verteidigung unseres Landes und unserer Lebensart widmet.

Ich verließ das Denkmal, ging an dem Halbrund amerikanischer Flaggen am Eingang vorbei und begab mich wieder nach Quartes Eye. Ich fühlte mich jetzt so zuversichtlich und selbstbewußt wie noch nie seit meiner Ankunft. Nach der üblichen Prozedur — Eintragen, rosa Ausweis, Ansteckmarke und Begleitung — wurde ich wieder von Ferguson empfangen. Er teilte mir mit, die ersten Testergebnisse sähen sehr positiv aus. Während wir auf Dr. Eccles warteten, sagte mir Ferguson noch, er wollte mir kurz das militärische Ausbildungsprogramm darstellen, für das er mich vorgeschlagen habe. Vorher warnte er mich allerdings noch: das Programm fiele unter die Geheimhaltung, und ich dürfe mit niemandem darüber reden. Auf seine Aufforderung hin unterschrieb ich eine Erklärung, in der ich zur Kenntnis nahm, daß alle Informationen, die ich hier bekommen habe, unter die Geheimhaltung fallen, und in der ich mich verpflichtete, mit niemandem außerhalb der CIA darüber zu reden. Ferguson umriß kurz das militärische Ausbildungsprogramm. Wenn meine Sicherheitsüberprüfung abgeschlossen sei, würde ich nach Washington zurückgerufen und zur Luftwaffe kommen. Nach dreimonatiger Grundausbildung würde ich dann bei der ersten sich bietenden Möglichkeit einer Klasse an der Schule für Offizierskandidaten (Officer Candidate School; OCS) zugewiesen; beides fände auf der Lackland-Basis der Luftwaffe in San Antonio, Texas, statt. Nach der OCS würde ich auf eine andere Basis der Luftwaffe versetzt — dann schon, wenn ich Glück hätte, zu einer Geheimdienst-Abteilung der Luftwaffe. Ferguson erklärte mir, daß die CIA die Einstellung von Leuten, die die OCS hinter sich hätten, nicht kontrollieren würde — statt dessen aber sei es neuerdings üblich, daß die Ausbildung während des militärischen Pflichtjahrs nur noch von Leuten durchlaufen wird, die für die CIA bestimmt sind. Nach dem einen Jahr bei der Luftwaffe werde ich zu einer Luftwaffen-Einheit in Washington, einer geheimen Spezialeinheit der CIA, versetzt. Von dem Zeitpunkt an würde meine formelle CIA-Ausbildung beginnen.

Die Sekretärin erschien und teilte mit, Dr. Eccles würde auf mich warten. Ich wußte, daß er die entscheidende Instanz war und hatte mich entsprechend auf das Treffen vorbereitet. Virginia hatte mir erzählt, daß es ohne die Zustimmung von Eccles nicht möglich sei, eingestellt zu werden. Er war etwa sechzig Jahre alt, buschige Augenbrauen, Brillenträger, autoritätsheischender Blick. Er fragte mich, warum ich Offizier bei der CIA werden wollte, und als ich antwortete, ich würde mich sehr für die auswärtigen Angelegenheiten der USA interessieren, versuchte er mir die Sache auszureden. Außenpolitik sei eine Sache für Diplomaten; die Aufgabe eines Offiziers der CIA bestünde allein darin, Informationen zu sammeln und sie an andere, die Politik machen, weiterzugeben. Er meinte, ich sollte es vielleicht doch einmal beim Außenministerium versuchen. Ich antwortete, das sei vielleicht richtig, aber ich wisse noch nicht genug über die CIA, um jetzt schon eine Entscheidung treffen zu können: ich würde lieber erst einmal das Ausbildungsprogramm der CIA mitmachen, dann könne man ja sehen. Darauf hielt er mir einen kleinen Vortrag: sie hätten kein Interesse an Leuten, die sofort nach Beendigung ihrer Militärzeit die CIA wieder verlassen würden. Sie suchten nur Leute, die auch bei der CIA Karriere machen wollen. Danach sprach er plötzlich in gütigem Großvaterton zu mir und meinte, man müsse erst mal sehen, was die Sicherheitsüberprüfungen ergäben. Er gab mir die Hand und sagte, sie hätten Interesse an mir. Geschafft! Ich gehöre dazu – fast zu einfach ging das!

Ich ging wieder zurück in Fergusons Büro: er erklärte mir das Ausbildungsprogramm weiter. Niemals würde ich offen als CIA-Mann in Erscheinung treten, und ich dürfe niemandem erzählen, daß ich vielleicht bei der CIA eingestellt würde. Falls meine Sicherheitsüberprüfung positiv ausgehen sollte, würden sie es organisieren, daß ich sofort nach meiner Rückkehr nach Washington als Zivilist vom Luftwaffenministerium angestellt werden würde – und zwar bei einer Luftwaffeneinheit, die der CIA angegliedert sei. Ein paar Wochen später würde ich dann von der Luftwaffe eingezogen und zur Grundausbildung nach Lackland geschickt. Während meiner Zeit bei der Luftwaffe würde ich wie jeder andere Wehrpflichtige behandelt, und niemand würde von meiner Verbindung zur CIA wissen. Dies Geheimnis für mich selber zu behalten, das sei selbst ein Teil der Ausbildung: ich müsse es lernen, zwei Leben zu leben. Ein Verstoß gegen diese Regel könne meine Entlassung aus der CIA zur Folge haben. Bei welchen Operationen ich später eingesetzt werden würde, das hänge auch davon ab, wie gut es mir gelinge, meine Verbindung zur CIA zu verbergen. Daheim in Florida müsse ich über diese Pläne vollkommenes Stillschweigen bewahren; kämen neue Nachrichten von der Musterungsbehörde, soll ich mich mit Ferguson in Verbindung setzen.

Ich empfinde bereits eine gewisse Genugtuung darüber, daß ich ein Geheimnis mit mir rumtrage und daß ich dabei bin, einem sehr exklusiven Club mit sehr exklusiver Mitgliedschaft beizutreten. Auf meine Art werde ich so etwas wie ein Snob. Während meiner Arbeit bei der CIA werde ich tatsächlich ich selbst sein: eine reale, ehrenwerte Person. Draußen werde ich das Geheimnis in mir rumtragen, wer ich wirklich bin und was ich mache. Mein Doppelleben hat begonnen.

Washington DC
Juli 1957

Gott sei Dank! Die Sicherheitsüberprüfung war schon vor meiner Einberufung abgeschlossen: positiv. Beladen mit Büchern, Plattenspieler, Platten und Tennisschlägern fuhr ich nach Washington. Georgetown ist eine Gegend, die von CIA-Leuten bevorzugt wird; so zog ich, zusammen mit einigen ehemaligen Klassenkameraden, die an der Universität Georgetown studieren wollten, dorthin. Meine Freunde wissen natürlich nicht, daß ich für die CIA arbeite – das wird also der erste Test sein, ob ich mit meinem Doppelleben klarkomme.
Auf dem JOT-Büro erfuhr ich von Ferguson, für wen ich arbeite. Mein „Arbeitgeber" ist das Luftwaffenministerium, Kommandozentrale des Hauptquartiers, Research and Analysis Group (Gruppe Nachforschung und Analyse), Luftwaffenstützpunkt Bolling, Washington. Er nannte mir die Namen meines Kommandanten (eines Obersten der Luftwaffe) und meines unmittelbaren Vorgesetzten (eine Majors); beides fiktive Personen. Ich muß mir alles genau einprägen, damit ich es Leuten, die ich treffe, herunterhaspeln kann. Mein Telefon auf dem Stützpunkt Bolling ist direkt mit der Central Cover Division (Zentralstelle für Tarnung) der CIA verbunden; dort sitzen am anderen Ende der Leitung ein paar Telefonisten, die jeden Morgen darum würfeln, wer heute den Oberst und wer den Major spielen soll. Ich unterschrieb noch eine weitere Erklärung, deren Wortlaut mich zu ewiger und vollständiger Verschwiegenheit verpflichtet. Dann wurde ich von Ferguson zu meiner ersten Arbeitsstelle in der 16. Straße Nr. 1016 geschickt. Ich ging schnell hinüber, offenbar erwartete mich aber niemand. Schließlich wurde ich in den vierten Stock gerufen und in der Anwärterabteilung willkommen geheißen. Alles, was wir zu tun haben, ist Aktenmappen falten; ansonsten lösen wir Kreuzworträtsel.
In der sogenannten Anwärterabteilung sind alle CIA-Anwärter zusammengefaßt, bei denen die Sicherheitsüberprüfungen noch nicht abgeschlossen sind: alle warten auf den gleichen glückli-

chen Augenblick — die Prüfung durch den Polygraphen bzw. den Lügendetektor. Wir sind ungefähr dreißig Leute. Einige sind schon über einen Monat hier, sie sind die schlimmsten Gerüchtemacher. Die Prüfung durch den Polygraphen, das „technische Interview", wie es offiziell heißt, scheint für einige ein richtiges Trauma zu sein. Auch hier wurde uns wieder auferlegt, mit niemandem über den „Poly" zu reden — um so wildere Gerüchte gingen natürlich um. Es hieß, es werde einem da irgendein kreuzförmiges Gerät an der Brust befestigt — einige der Frauen fürchteten sich davor — man werde hauptsächlich über seine homosexuellen Erfahrungen befragt — davor fürchteten sich einige der Männer. Von Nervenzusammenbrüchen, ambulanten Behandlungen, ja sogar von Selbstmord war die Rede. Jeder weiß, was ihm bevorsteht, wenn er sich zu einem Gespräch im Gebäude 13 einzufinden hat.

Washington DC
Juli 1957

Nach zwei Wochen wurde ich schließlich aufgerufen. Wie dumm von mir zu glauben, ich könnte die Maschinen überlisten! Gestern wurde ich mit dem Polygraphen getestet, heute bin ich auf einem anderen Stockwerk untergebracht, zusammen mit anderen, die dasselbe auch schon hinter sich haben. Wir wurden von denen, die noch zum Test müssen, getrennt, damit wir nichts verraten können. Nach dem Test erfährt man nichts über das Ergebnis — man muß warten; die Stimmung ist entsprechend mies.
Ecke 23. Straße und Constitution Avenue rief der Busfahrer Gebäude 13 aus und zeigte auf einen Bautenkomplex: provisorische, barackenartige Gebäude, dahinter — in Richtung Watergate — ein Parkplatz. Alles ist von hohen, mit Maschendraht verstärkten Zäunen umgeben; auf den Zäunen sind, nach außen hin, Stacheldrahtrollen befestigt. Vor allen Fenstern das gleiche Drahtgitter, an jedem dritten oder vierten Fenster eine Klimaanlage. Keines der Fenster geöffnet; das Ganze gleicht einer uneinnehmbaren Festung.
Ganz kurz mußte ich am Empfang warten, dann wurde ich von einem etwa 35jährigen Mann begrüßt — adretter, glattrasierter Typ. Er führte mich in eine Vorhalle, öffnete eine Tür, und wir traten in einen kleinen schallisolierten Raum. Es stand dort einer der üblichen bequemen Ledersessel, wie sie in allen Re-

gierungsbehörden stehen; an seinem Kopfteil befand sich ein kastenartiges Gerät — ich konnte Zifferblätter, Millimeterpapier und seltsame, ganz dünne Metallnadeln erkennen. Um mich nicht zuviel von dem Apparat sehen zu lassen, bugsierte der Mann mich sofort in den bequemen Sessel, holte sich einen einfachen Stuhl und pflanzte sich direkt vor mir auf. Der Interviewer teilte mir mit, daß ich jetzt die letzte Phase der Sicherheitsüberprüfungen erreicht hätte; würde ich diese Prüfung bestehen, könnte ich Geheimnisträger werden und würde natürlich von der CIA eingestellt. Er versicherte mir, daß alle Angestellten der CIA sich der Detektorprüfung unterziehen müßten, auch Dulles, und das nicht nur einmal bei der Einstellung, sondern auch später in regelmäßigen Abständen. Dann forderte er mich auf, eine vorbereitete Erklärung zu unterschreiben: darin bestätigte ich, daß ich mich diesem Test freiwillig unterzöge und — ungeachtet des Ergebnisses — niemandem gegenüber später wegen dieses Tests Ansprüche geltend machen würde. Ohne nachzudenken unterschrieb ich diese Verzichterklärung und noch eine zweite, in der ich versprach, mit niemandem über die Fragen oder irgendwelche anderen Details des Interviews zu reden.

Dann gingen wir die Fragen durch; ich hatte immer mit „ja" oder „nein" zu antworten. Ob mein Name Philip Burnett Franklin Agee sei? Ob ich am 19. Januar 1935 geboren wurde? Ob ich jemals einen anderen Namen oder eine andere Identität benutzt hätte? Ob ich jemals Mitglied einer der subversiven Organisationen, die auf den offiziellen Listen des Generalstaatsanwaltes stehen, gewesen sei? Ob ich je Kommunist oder Mitglied einer kommunistischen Organisation gewesen sei? Ob ich je im Ausland gewesen sei? In einem kommunistischen Land? Ob ich je mit offiziellen Regierungsvertretern eines kommunistischen Landes Kontakt gehabt hätte? Ob ich je für eine fremde Regierung gearbeitet hätte? Ob ich je von irgend jemandem aufgefordert wurde, mich für die CIA zu bewerben? Ob ich irgend jemandem außerhalb der CIA erzählt hätte, daß ich zum Geheimdienst will? Ob ich irgendwann einmal homosexuelle Kontakte gehabt hätte? Ob ich jemals Drogen genommen hätte? Ob ich heute Beruhigungsmittel genommen hätte?

Dieses Gespräch, das dem eigentlichen Test vorausging, dauerte über eine Stunde, denn der Interviewer erklärte jede Frage sehr ausführlich, notierte sich alle genannten Namen, Daten, Ortsangaben und stellte dabei viele Fragen in umformulierter

Form neu – immer aber so, daß mit „ja" oder „nein" geantwortet werden mußte. Er erklärte mir, daß der Lügendetektor in der CIA ausschließlich von der Sicherheitsabteilung benutzt werde; diese Sicherheitsabteilung sei dafür verantwortlich, daß niemand eingestellt werde, der für die CIA ein Sicherheitsrisiko darstelle oder im Auftrag eines fremden Geheimdienstes arbeite. Außerdem versicherte er mir, daß all meine Antworten streng vertraulich behandelt würden und zu den Akten der Sicherheitsabteilung kämen, wo sie allein den dort arbeitenden Sicherheitsbeamten zugänglich wären. Ich traute mich nicht, ihn zu fragen, wie viele Beamte das wohl seien, die zu diesen Akten Zugang hätten, merkte aber, daß mich ein ungutes Gefühl beschlich: was, wenn in einer der vielen schallschluckenden Platten in diesem Raum ein geheimes Mikrophon installiert ist, über das unser Gespräch aufgezeichnet wird? Ich begann mich zu fragen, ob sich bei mir schon die ersten Anzeichen von Paranoia zeigen würden – von der viele sagen, sie gehöre zum Persönlichkeitsbild des tüchtigen Geheimdienstlers.

Jetzt konnte der Test beginnen. Der Polygraph besteht aus drei Geräten, die am Körper des Befragten befestigt werden und über Leitungen oder Kabel mit dem kastenförmigen Apparat verbunden sind. Jedes dieser Geräte mißt physiologische Veränderungen, die durch drei bewegliche Nadeln aufgezeichnet werden. Das erste ist ein Gerät zur Blutdruckmessung; es wird entweder am Arm oder am Bein befestigt; das zweite ein gewelltes Gummiband von etwa 5 cm Breite, das sehr eng um den Oberkörper herum angelegt und im Rücken zusammengeknüpft wird; das dritte ist eine Elektrodenvorrichtung, die mit Hilfe von über den Handrücken gezogenen Fäden an den Innenflächen der Hände befestigt wird. Das erste Gerät mißt Puls und Blutdruck, das zweite den Atemrhythmus, das dritte Veränderungen in der Perspiration. Ich wurde an die Maschine angeschlossen und aufgefordert, ständig auf die gegenüberliegende Wand zu blicken, sehr ruhig zu bleiben und jede Frage nur mit „ja" oder „nein" zu beantworten. Der Interviewer saß hinter mir an der Anzeigetafel des Geräts und konnte nur meinen Kopf von hinten sehen. Er sprach mich von hinten an, und ich sprach zur Wand.

Bei dem Gespräch vor dem Test hatte ich einige Fragen nicht ganz korrekt beantwortet, teils weil ich etwas gegen dieses Eindringen in mein Privatleben hatte, teils weil ich nicht glaubte, die Maschine könnte mir wirklich auf die Schliche kommen. Wie dumm und einfältig! Als der Blutdruckmesser sich aufblies, merkte ich, daß mein Puls schneller ging und daß meine Hände plötzlich ziemlich schwitzten. Ich versuchte, mir im Kopf im voraus die Fragen vorzustellen, auf die ich reagieren sollte und begann angestrengt die Löcher in den Deckenplatten zu zählen — so wollte ich mich ablenken. Der Interviewer ging die Fragen sehr langsam durch und machte nach jeder Frage eine kleine Pause. Ich antwortete immer brav mit „ja" oder „nein". Am Schluß kam er plötzlich mit einer unerwarteten Frage: ob ich immer wahrheitsgemäß geantwortet hätte? Ein übler Trick. Ich sagte „ja" und ein paar Sekunden später sank der Druck des Blutdruckmessers.

Ich hörte Papierrascheln: der Interviewer sah sich den Papierstreifen an, während ich ruhig dalag. Er meinte, ich könne mich ruhig ein bißchen bewegen, aber wenn es für mich nicht allzu unbequem sei, solle ich doch nach Möglichkeit sitzen und an dem Apparat angeschlossen bleiben. Na schön. Er stand an dem Apparat hinter meinem Rücken und fragte mich, woran ich bei der Antwort auf die Frage gedacht hätte, ob ich irgend jemand von meinem Versuch, in die CIA zu kommen, erzählt hätte. Nichts Besonderes. Wieder diskutierten wir darüber — wieder ohne Ergebnis. Er kam zu der Frage nach meinen homosexuellen Erfahrungen. Dann zu den Drogen. Er ging alle Fragen einzeln durch und bestand mit zunehmender Dringlichkeit darauf, daß ich mich an das erinnern müßte, was ich beim Beantworten der Fragen gedacht hätte; ohne meine Kooperationsbereitschaft würde man nie zu einem erfolgreichen Ergebnis kommen. Erfolgreich? Ich wußte nicht: meint er erfolgreich für sich, oder erfolgreich für mich. Sicher wäre das nicht dasselbe. Ich wollte bei meinen Halbwahrheiten bleiben, es waren schließlich keine Lügen. Außerdem hatte ich gehört, man könne den Detektor überlisten, wenn man nur standhaft bei seinen Antworten bleibt.

Wieder gingen wir alle Fragen durch. Ich antwortete brav mit „ja" oder „nein", und die leise kratzenden Nadeln gingen auf und ab. Angestrengt zählte ich die Löcher in den Deckenplatten und gewann wieder Selbstvertrauen. Der Druck des Blutdruckmessers sank wieder, und es begann wieder die Diskussion nach dem Test. Diesmal entdeckte er, daß ich bei zwei weiteren Fragen „Schwierigkeiten hätte". Ich wiederholte alles, bestand darauf, daß ich die Wahrheit gesagt hätte und daß ich nur an die Frage und wie ich sie wahrheitsgemäß beantworten könnte, gedacht hätte. Und ich hätte sie wahrheitsgemäß beantwortet!

Der Interviewer sagte, wir würden alle Fragen noch einmal durchgehen, die beiden ersten Durchläufe wären nicht übermäßig gut gewesen; er betonte noch einmal, ich könne nur eingestellt werden, wenn ich den Test erfolgreich durchlaufen hätte. Ob es irgend etwas gäbe, was ich sagen oder klarstellen wolle? Nein, nichts. Ich hätte die Wahrheit gesagt – vielleicht sei ja etwas mit der Maschine nicht in Ordnung. Das saß. Seine Stimme wurde merklich kühler und abweisender. Der Blutdruckmesser wurde wieder in Gang gesetzt, und wir gingen noch einmal alle Fragen durch. Danach meinte er, ich hätte ganz offensichtlich Schwierigkeiten. Mit einer abschließenden Geste entfernte er die drei Geräte von meinem Körper.

In diesem Moment bekam ich Angst und fürchtete, nicht eingestellt zu werden. Als ich ihm gerade meine Halbwahrheiten gestehen wollte, sagte er mir, er würde mich jetzt allein lassen, ich könnte noch einmal fünf oder zehn Minuten über alles nachdenken. Er schloß den Deckel des Polygraphen, nahm die Papierstreifen und verließ den Raum. Ich stand auf und sah nach meiner Uhr, die ich vorher auf den Apparat hinter dem Stuhl gelegt hatte. Ich war jetzt schon länger als zwei Stunden in Gebäude 13. Der Interviewer war jetzt mindestens zwanzig Minuten weg; während dieser zwanzig Minuten entschloß ich mich, ihm die volle Wahrheit zu erzählen. Warum sollte ich – aus einem komischen Stolz heraus oder in dem illusionären Glauben, den Detektor überlisten zu können – meinen zukünftigen Job gefährden? Als dann aber plötzlich die Tür aufging und mein Interviewer zurückkam, bekam ich doch wieder Angst davor, die Täuschung zuzugeben. Ich beschloß, bei meinen alten Antworten zu bleiben. Außerdem hatte ich vorher gehört, daß der Test bei Kandidaten, die Schwierigkeiten gehabt oder gemacht hätten, noch ein oder zwei Mal wiederholt würde. Sollte es diesmal schiefgehen, könnte ich das ja später noch ausbügeln.

Noch zwei Mal gingen wir an diesem Tag die Fragen durch. Beide Male bestand der Interviewer darauf, daß ich mit denselben Fragen Schwierigkeiten hätte und forderte mich inständig auf, ehrlich zu antworten – egal wie schwierig oder unangenehm das für mich sei. Schließlich sagte er, wir seien fertig. Ich fragte, ob ich bestanden hätte: er äußerte sich skeptisch, er wisse es noch nicht, ich würde aber von der Sicherheitsabteilung informiert werden, wenn meine Akten und die Testergebnisse bearbeitet seien. Er klang ziemlich pessimistisch; als ich das Gebäude verließ, befürchtete ich, sie würden mit mir nicht

mal mehr einen zweiten Test machen. Ich war fix und fertig: zu Hause angekommen, ging ich nach ein paar Drinks sofort ins Bett und schlief zwölf Stunden durch.
Am nächsten Morgen rief ich Virginia an, ich wäre wohl bei dem Test durchgefallen. Sie beruhigte mich: ich brauchte mir keine Sorgen zu machen, sie würden die Leute immer glauben machen, sie wären durchgefallen. Das beruhigt zwar einstweilen — auf die Dauer aber ist die Warterei quälend. Keiner der Kandidaten, mich eingeschlossen, macht jetzt noch Witze über den Polygraphen, und keiner ist so unbekümmert, mit anderen über seinen Test zu reden. Wir sitzen alle ungeduldig herum.

Washington DC
Juli 1957

Bald konnte ich es nicht mehr aushalten. Nach drei Tagen Warten rief ich Ferguson an: ich wollte gestehen, daß ich gelogen hatte und mich bereit erklären, den Test noch einmal zu machen. Bevor ich irgend etwas sagen konnte, rief er, er hätte eine gute Nachricht für mich und ich sollte doch in sein Büro kommen. Der Ton in seiner Stimme gab mir endlich Gewißheit: ich hatte bestanden!
Im JOT-Büro teilte mir Ferguson mit, er habe meine Einstellung bei der Luftwaffe eingeleitet, es würde aber noch drei bis vier Wochen dauern. In der Zwischenzeit soll ich an einem Schulungskurs über internationalen Kommunismus teilnehmen; wenn dann noch Zeit ist, soll ich in den organisatorischen Aufbau der CIA eingeführt werden. Das sind zwar keine Kurse, die ich nach meiner Rückkehr besuchen muß, nützlich sind sie aber trotzdem — wenn auch nur sehr elementar. Über die Sekretärin ließ er mir eine neue Plakette aushändigen, ich darf jetzt das Gelände betreten und verlassen, ohne mich jedesmal einzutragen. Außerdem arrangierte er für mich eine Verabredung mit Colonel Baird, dem Chef der Ausbildungsabteilung.
Das Treffen mit Baird verschlampte ich; nachdem ich dafür im JOT-Büro getadelt worden war, traf ich ihn schließlich doch noch in seinem Büro im Gebäude T-3 (einer der Behelfsbauten am Potomac-Park). Ich wußte noch nicht, wie wichtig dieser Mann war — 1950 hatte er unter der direkten Leitung des damaligen CIA-Chefs, General Walter Bedell Smith, das JOT-Programm ausgearbeitet. Seit der Detektor-Test positiv ausgegangen war, begrüßte mich hier jeder mit „Willkommen an Bord";

ganz so, als wäre das die offizielle Begrüßungsformel für die Neuen.

San Antonio, Texas
Weihnachten 1957

Zum Weihnachtsessen gingen Tony und ich in den Speisesaal; es war der Tiefpunkt eines ohnehin schon beschissenen Tages. In einer Woche, genaugenommen zu Silvester, melden wir uns beim OCS (Schule für Offizierskandidaten). So lange müssen wir uns noch irgendwie durchschlagen, obwohl wir beide völlig abgebrannt sind.

Nur drei von uns sind für diese Ausbildungsklasse vorgesehen: Tony (er kommt aus Princeton), Bob (aus Williams) und ich. Vor ein paar Tagen trafen wir uns in der Stadt in einem Hotel mit den sechs JOT-Leuten, die den Kurs am OCS direkt vor uns begonnen hatten. Der Kurs teilt sich in drei Monate untere und drei Monate obere Stufe: die beiden kommen jetzt in die obere Stufe, und das bedeutet, daß sie uns schleifen. Das ist ganz normal und außerdem aus Tarnungsgründen wichtig.

Bei dem Treffen und seiner Vorbereitung hielten wir uns an die Sicherheitsvorschriften, die uns Ferguson bei seinem Besuch im Oktober eingeschärft hatte. Niemand darf sich anmerken lassen, daß er den andern schon von früher kennt, auch die kleinsten Anzeichen von Kumpanei sind verboten. Das gilt für alle mit dem dreifachen X; in allen ihren Dokumenten stehen nach dem Namen in Klammern drei X: auf diese Weise wissen die Vorgesetzten bei der Luftwaffe immer, wann sie es mit angehenden CIA-Leuten zu tun haben.

San Antonio, Texas
Juni 1958

In ein paar Tagen werde ich zum Second lieutenant befördert – es sei denn, der OCS-Kommandant kommt zu dem Schluß, ich hätte ihn zu sehr beleidigt. Das kam so: Vor ein paar Wochen rief er mich zu sich und teilte mir mit, es bestünden gute Chancen, daß ich ein reguläres Offizierspatent, nicht nur eines für die Reserve, bekäme – nur die sechs besten OCS-Absolventen bekommen reguläre Offizierspatente. Jemandem, der bei der Luftwaffe Karriere machen will, kann nichts Besse-

res passieren, er ist dann praktisch unkündbar. Der Kommandant fügte hinzu, es sehe so aus, als würde ich der Beste des Lehrgangs. Genau das aber konnte ich überhaupt nicht gebrauchen; in panischer Angst rief ich Ferguson an, der mir riet, das reguläre Patent abzulehnen. Das erzählte ich dem Kommandanten; er aber war der Meinung, das würde nicht gerade dazu beitragen, das Geheimnis meines Doppellebens zu bewahren (er war im Stab der OCS der einzige, der von meiner Verbindung zur CIA wußte). Ich müßte schon annehmen. Ich sah, daß so nichts zu machen war und beschloß, eines meiner akademischen Papiere zurückzuhalten: das würde mich in der Wertung ein paar Punkte kosten. Der Kommandant mußte das akzeptieren. Ein Affront war es trotzdem.
Laut Befehl sollte ich mich beim Taktischen Luftwaffenkommando melden. Besser hätte es gar nicht kommen können: ich werde als Geheimdienstoffizier bei einer Kampfabteilung eingesetzt, die in unmittelbarer Nähe von Los Angeles stationiert ist.

Victorville, California
Juni 1959

Ich muß wieder nach Washington zurück. Es war ein wunderbares Jahr – herrlich, immer wieder die endlosen Straßen nach Mexiko, San Francisco, Yosemite und Monterey entlangzufahren. Schließlich bekam ich auch einen festen Posten: ich bildete Piloten im Zielabwurf aus; wir hatten gerade die F 104 bekommen, und in China gibt es genügend Ziele für Nuklearangriffe. Ich wurde auch darin ausgebildet, mich allein in einem feindlichen Land durchzuschlagen, denn bei diesen Operationen muß man im Ernstfall immer mit dem Abschuß über Feindesland rechnen. Während dieser ganzen Zeit habe ich nur einen großen Fehler gemacht, mich nämlich freiwillig in Reno, Nevada, bei der Ausbildungsschule für Überlebenstraining zu melden; dort mußten wir – mitten im Januar – wochenlange Schneemärsche machen, immer mit Schneeschuhen an den Füßen, fürchterlich!
Seit dem letzten Sommer habe ich mich fast jedes Wochenende mit Janet, meiner Freundin aus meiner Studienzeit, getroffen. Ihr habe ich gestanden, daß ich für die CIA arbeite und später gerne ins Ausland gehen würde. Wir haben schon oft über Heirat geredet, waren uns aber nie ganz sicher gewesen.

**Washington DC
September 1959**

Wir haben nicht lange hin und her überlegt; ich war gerade einen Monat aus Kalifornien zurück, als wir beschlossen, nicht mehr länger zu warten und zu heiraten. Meine militärische Tarneinheit ist jetzt eine Luftwaffen-Geheimdienstabteilung auf dem Luftwaffenstützpunkt Bolling in Washington. Die geheime Telefonnummer hatte sich inzwischen geändert, aber am anderen Ende der Leitung sitzen immer noch dieselben zwei Telefonisten, die jeden Morgen darum würfeln, wer heute Oberst und wer Major spielt.

Ferguson sagte, ich würde wahrscheinlich nicht vor Juni oder Juli nächsten Jahres entlassen; dieser Zeitpunkt würde genau mit dem Ende des JOT-Ausbildungsprogramms zusammenfallen.

Im JOT-Programm an der OCS sind alle zusammengefaßt, die gerade meine Klasse, die darüber und die darunter besuchen. In diesen Klassen sind über 60 Leute, aber nur ungefähr fünfzehn fallen unter das JOT-Programm (darunter nur sechs Frauen). Die Anfänger-Klassen finden im „Recreation and Services"-Gebäude statt; in demselben Gebäude wurde ich vor zwei Jahren in der Abteilung „Einschätzung und Beurteilung" getestet. Die „A and E"-Tests sind jetzt noch langwieriger als damals – ich muß mich wieder der ganzen Prozedur unterwerfen.

Zu Beginn des Trainingskurses gab es eine feierliche Veranstaltung mit Reden von Allan Dulles, Oberst Baird und anderen; wir wurden mit hehren Gefühlen vollgepumpt, und alle waren voll des Lobes, daß wir uns entschlossen hätten, ihnen nachzueifern in einem Leben voller Selbstverleugnung, stiller Opferbereitschaft und Entschlossenheit, daß wir uns entschlossen hätten, die unbekannten und unerkannten Soldaten auf den Schlachtfeldern der Gegenwart zu werden. Es klang alles ungeheuer romantisch. Jeder hier im Raum sei einer, der von den Hunderten oder gar Tausenden von JOT-Bewerbern schließlich übriggeblieben sei. Die Chefs der CIA versuchten, uns den Job schmackhaft zu machen: wir würden jetzt den zweitältesten Beruf der Welt (vielleicht sogar den ältesten, das könne man nicht so genau sagen) ergreifen; wenn wir dabei irgendwie ein schlechtes Gefühl oder Gewissen hätten – wir könnten ganz beruhigt sein: schon aus der Bibel gehe hervor, daß kein Geringerer als Gott selbst die Spionage erfunden habe. So viel zum moralischen Problem.

Und es ging weiter: Unser Land hätte die Lektion von Jericho vergessen. Im Jahre 1929 habe der damalige Außenminister H. L. Stimson eine verfassungswidrige Geheimdienstaktion, die unter dem Namen Black Chamber bekannt wurde, mit der Begründung abgebrochen, „es könne nicht Sache von Gentlemen sein, anderer Leute Post zu lesen". Bis zum Angriff auf Pearl Harbor habe es daraufhin in den USA so gut wie keine Geheimdiensttätigkeiten mehr gegeben. Dann aber kamen die Helden des OCS (Büro für geheime Dienste); und noch im Krieg folgte die Entscheidung von Präsident und Kongreß, das Risiko einer zweiten Überraschung vom Format Pearl Harbor nicht mehr einzugehen: das militärische Frühwarnsystem sollte nicht mehr wie vor dem Krieg vernachlässigt werden. So wurde 1947 die nichtmilitärische Organisation CIA gegründet: sie sollte eine zentrale Instanz zur Verarbeitung aller Geheimdiensterkenntnisse aus dem Ausland sein, in der zusätzlich alle irgendwie verfügbaren Erkenntnisse über die Situation im Inland zentralisiert und ausgewertet werden sollten.

Nach zwei Jahren, in denen ich bei der Luftwaffe fast nichts mit der CIA zu tun gehabt hatte, waren solche Worte ziemlich anregend und spannend. Das JOT-Büro bietet jetzt Sprachkurse für alle Interessierten an. Janet und ich belegten den Spanisch-Kurs, der an drei Abenden in der Woche stattfand.

Washington DC
Oktober 1959

Wir haben gerade einen Monat Schulung über Kommunismus und sowjetische Außenpolitik hinter uns; danach lernen wir etwas über die nationalen Sicherheitsorgane, von denen die CIA ein Teil ist, und ihren organisatorischen Aufbau. Fast jeder von uns will sich später Geheimoperationen zuwenden; das bedeutet, daß man irgendwo außerhalb von Washington, an einem Ort, der „die Farm" genannt wird, eine sechsmonatige Spezialausbildung zu absolvieren hat. Ich teilte Ferguson mit, daß auch ich auf „die Farm" wolle – er machte aber keine Zusagen.

Besonders interessant waren die Vorträge und Vorlesungen über den Kommunismus. Philosophische Probleme bleiben ausgeklammert – der dialektische Materialismus wurde nicht einmal erwähnt. Statt dessen konzentriert man sich auf die Sowjetunion. Das ist ein ganz praktischer Ansatz, denn alle Aktivitäten der CIA richten sich letztlich gegen die sowjetische Expansionspolitik, die von der Kommunistischen Partei der Sowjetunion, der KPdSU, gesteuert wird. Im leninistischen Parteikonzept, insbesondere in seinem elitären und konspirativen Charakter, und in den Schwierigkeiten der KPdSU, den tatsächlichen Pragmatismus mit der Ideologie in Einklang zu bringen (die sowjetische Gewaltherrschaft über nationale Minderheiten, die Neue Ökonomische Politik, die Zwangskollektivierung, die Liquidierung der Kulaken, die Ideologie vom Vaterländischen Krieg, der Hitler-Stalin-Pakt) – an alldem wurde ausschließlich der Aspekt der Erhaltung, Stärkung und Expansion der sowjetischen Machtgelüste betrachtet.

Ein weiteres Schwergewicht dieser Schulungen liegt auf der Analyse der Abhängigkeit und Unterwürfigkeit der kommunistischen Parteien der Satellitenstaaten wie des Westens gegenüber der KPdSU; weil es nicht sehr plausibel klingt, mußte uns richtig eingehämmert werden, daß die Sowjets immer und überall predigen: die erste Pflicht eines jeden Kommunisten, gleich welcher Nationalität, sei es, die Sowjetunion zu verteidigen. Organisationen wie die Komintern oder die Kominform hätten zu ihrer Zeit diesem Ziel gedient – das zentrale Organ dieser Politik sei aber nach wie vor das KGB. Deshalb wurde natürlich auf die Darstellung des sowjetischen Sicherheitssystems, von der Tscheka bis in die Gegenwart, großer Wert gelegt.

Am spannendsten waren die Schriften der kommunistischen Überläufer: Louis Budenz, Howard Fast, Der Gott, der keiner war, Krwchenko, Gousenko, Petrov. Die härteste Kritik am sowjetischen System aber stammt von Milovan Djilas: er kritisiert insbesondere die Doktrin der leninistischen Partei. Während des Kurses teilten wir uns eines Tages in kleine Gruppen auf und sprachen mit Peter Deriabin – dem bisher ranghöchsten KGB-Mann, der in den Westen geflohen ist. Wir sprachen mit ihm nicht direkt, sondern über Fernsehmonitoren, aus zwei Gründen: so konnte er uns nicht sehen (das dient unserer Sicherheit) – und er selber war vermummt und sprach über einen Dolmetscher (das dient seiner Sicherheit, denn er lebt in der Gegend von Washington).

Die zentrale These dieser Schulung lautet schlicht: alle Versuche der Sowjetunion, überall in der Welt kommunistische Diktaturen an die Macht zu bringen, dienten nur dem Ziel der sowjetischen Expansion – die wiederum für die Sowjets notwendig sei, um im eigenen Land an der Macht bleiben zu können. Unser Land sei der zentrale Angriffspunkt der Sowjetunion, die Sowjets hätten ja oft genug gesagt, der Weltfriede sei unmöglich, solange die USA nicht besiegt seien. Als nächstes werden wir jetzt studieren, wie die amerikanischen Sicherheitsbehörden, insbesondere die CIA, aufgebaut sind und wie sie der sowjetischen Herausforderung entgegentreten wollen.

Washington DC
November 1959

Eines wurde bei all diesen Sitzungen immer wieder herausgestellt: die CIA mache keine Politik. Aufgabe der CIA sei es einzig und allein, Informationen und Erkenntnisse zu beschaffen, auf deren Grundlage dann der Präsident und andere Politiker ihre Entscheidungen treffen können. Die CIA sei lediglich ausführendes Organ und sammle Imformationen, die erst außerhalb der CIA praktische Verwendung finden. Und immer wieder: die CIA mache keine Politik.

Mehrere Wochen lang hörten wir Vorlesungen und lasen Dokumente über die Funktionsweise der nationalen Sicherheitsorgane. Wichtigstes Dokument ist das Nationale Sicherheitsgesetz aus dem Jahre 1947; auf der Grundlage dieses Gesetzes wurde der Nationale Sicherheitsrat (National Security Council; NSC) als höchstes Sicherheitsorgan eingeführt. Den Vorsitz hat der Präsident. Folgende weitere Mitglieder sind vom Gesetz vorgeschrieben: der Außenminister, der Verteidigungsminister, der Chef des „Büros für zivile und militärische Mobilisierung" und der Vizepräsident. Wann immer der Präsident es für notwendig hält, können als Mitglieder der Generalstaatsanwalt oder der Finanzminister hinzugezogen werden. Der Vorsitzende des Vereinigten Generalstabs der Streitkräfte (Joint Chiefs of Staff; JCS) und der Chef der Geheimdienste (Director of Central Intelligence; DCI) haben im NSC Beobachterstatus.

Der Nationale Sicherheitsrat (NSC) hat seinen eigenen Stab und eigene Büros im Gebäude des Exekutivbüros, direkt neben dem Weißen Haus. Außerdem gibt es drei wichtige Unterorgane, die dem Nationalen Sicherheitsrat zuarbeiten: die Planungsabteilung, die Abteilung zur Koordination der Operationen (OCB; Operations Coordination Board) und der Beratungsausschuß des Geheimdienstes (IAC; Intelligence Advisory Committee). Die Planungsabteilung des NSC hat hauptsächlich die Aufgabe, das Material für die Sitzungen des NSC zusammenzutragen und über die Ausführung der NSC-Entscheidungen zu wachen. Die Abteilung zur Koordination der Operationen (OCB) hat für die CIA ganz besondere Bedeutung: sie hat die Aufgabe, diejenigen praktischen CIA-Operationen, die über die Sammlung von Informationen hinausgehen, zu überprüfen und zu verbessern; gemeint sind damit Propaganda, paramilitärische Operationen und politische Kriegführung. Die OCB besteht aus dem Chef der Geheimdienste, dem stellvertretenden Außenminister, dem stellvertretenden Verteidigungsminister und zu speziellen Zwecken jeweils hinzugezogenen Mitgliedern auf Staatssekretärsebene.

Der Beratungsausschuß des Geheimdienstes (IAC) ist so etwas wie eine ständig tagende Gruppe von Chefs aller Geheimdienstabteilungen; den Vorsitz hat der Chef der Geheimdienste, Mitglieder sind der stellvertretende Direktor der CIA, die Geheimdienstchefs von Heer, Marine, Luftwaffe und des Vereinigten Generalstabs der Streitkräfte, der Chef der Abteilung Geheime Ermittlungen (Intelligence and Research; INR) im Außenministerium sowie der Direktor der Nationalen Sicherheitsbehörde (National Security Agency). Wenn erforderlich, werden zu den Sitzungen des IAC der Chef der Geheimdienstabteilung des FBI sowie der Chef der Atomenergie-Kommission hinzugezogen. Aufgabe des IAC ist es, die jeweils anfallenden geheimdienstlichen Aufgaben an die Organisation weiterzuleiten, die dafür am besten geeignet ist; so steht es jedenfalls auf dem Papier. Außerdem hat er die Aufgabe, Überschneidungen und Leerläufe in der geheimdienstlichen Tätigkeit der verschiedenen Organe zu vermeiden. Dem IAC sind verschiedene Gruppen, die aus Vertretern aller Geheimdienstorgane zusammengesetzt sind, untergeordnet: der Ausschuß der Nationalen Etat-Kommission (Board of National Estimates), das Nationale Komitee zur Kontrolle der Geheimdienste (National Intelligence Survey Committee) und die Ordnungsbehörde (Watch Committee). Den Vorsitz hat in allen drei Gruppen ein CIA-Beamter.

Durch das nationale Sicherheitsgesetz von 1947 wurde die Institution des Chefs der Geheimdienste (DCI) als dem höchsten Geheimdienstler im Nationalen Sicherheitsrat (NSC) geschaffen; gleichzeitig wurde die CIA als die Organisation aufgebaut, die die Zentralisierung, die zentrale Auswertung sämtlicher nationaler Geheimdienstaktivitäten gewährleisten sollte. Nach dem Gesetz hat die CIA fünf Funktionen:

1. Beratung des Nationalen Sicherheitsrates (NSC) bei allen Problemen, die bei der geheimdienstlichen Tätigkeit der

Ministerien und der Geheimdienste auftauchen und die Fragen der nationalen Sicherheit betreffen.
2. Dem Nationalen Sicherheitsrat (NSC) Empfehlungen und Vorschläge für die Koordinierung dieser geheimdienstlichen Aktivitäten zu machen.
3. Alles geheimdienstliche Wissen, das Fragen der nationalen Sicherheit berührt, zusammenzutragen, zueinander in Beziehung zu setzen und auszuwerten sowie dafür zu sorgen, daß diese Erkenntnisse und Analysen innerhalb der Regierung an die zuständigen Ministerien weitergeleitet werden.
4. Zum Nutzen aller bestehenden Geheimdienste zusätzliche Aufgaben, die für alle Geheimdienste nützlich sein können, auszuführen — soweit der Nationale Sicherheitsrat (NSC) der Meinung ist, diese Aufgaben sollten besser zentralisiert werden.
5. Anderen Aufgaben und Verpflichtungen, die geheimdienstlicher Natur sind und Fragen der nationalen Sicherheit betreffen, nachzukommen, die jeweils vom Nationalen Sicherheitsrat (NSC) angeordnet werden.

Der Chef der Geheimdienste (DCI) wurde in den Schulungskursen als ein Mann dargestellt, der zwei Hüte trägt. Einmal ist er der zentrale geheimdienstliche Ratgeber des Präsidenten und des Nationalen Sicherheitsrates (NSC); zweitens ist er Direktor der CIA. Formelle Befehle erhält der Chef der Geheimdienste vom Nationalen Sicherheitsrat durch Dokumente der Geheimhaltungsstufe 1; sie heißen Nationale Sicherheits- und Geheimdienstdirektiven (National Security Council Intelligence Directives; NSCIDs). Diese Direktiven werden vom Chef der Geheimdienste durch Ausführungsbestimmungen in Kraft gesetzt, die an die jeweilige Geheimdienstinstanz (dazu zählt auch die CIA) gerichtet sind; diese Ausführungsbestimmungen heißen Direktiven des Chefs der Geheimdienste (Director of Central Intelligence Directives; DCIDs). Wir mußten all diese Dokumente studieren: die Nationalen Sicherheits- und Gedienstdirektiven (NSCIDs), die Direktiven des Chefs der Geheimdienste (DCIDs) und die speziellen CIA-Dienstvorschriften. Mit diesen Bestimmungen und Direktiven wird alles geregelt, was geheimdienstliche Tätigkeit angeht: von geheimer Nachrichtenermittlung im Ausland über politische, psychologische und paramilitärische Operationen bis zur nachrichtentechnischen Tätigkeit der Geheimdienste. All diese Dokumente sowie der organisatorische Aufbau der Geheimdienste machen eines ganz klar, nämlich daß alles, was die CIA macht, auf Instruktionen des Präsidenten und des Nationalen Sicherheitsrates (NSC) zurückgeht. Die CIA trifft keine eigenen politischen Entscheidungen und handelt nie in Eigenverantwortung. Mit anderen Worten: *sie ist ein Instrument des Präsidenten.* In den Kursen behandelten wir auch die Frage, ob und inwieweit der Kongreß die geheimdienstlichen Aktivitäten, insbesondere die der CIA, kontrollieren kann. Die entscheidenden Aussagen dazu sind im Nationalen Sicherheitsgesetz von 1947 sowie in dessen verbesserter Fassung, dem CIA-Gesetz von 1949, enthalten. Durch diese Gesetze wird der Chef der Geheimdienste (DCI) beauftragt, für den Schutz der „Quellen und Methoden" der geheimdienstlichen Tätigkeit der USA zu sorgen; durch die gleichen Gesetze werden der Chef der Geheimdienste sowie der Haushaltsausschuß davon entbunden, dem Kongreß über Organisation, Funktionsweise, personelle Zusammensetzung und Ausgaben der CIA Rechenschaft abzulegen; das Budget der CIA wird in den Budgets anderer Exekutivorgane mitgeführt – ohne kenntlich zu sein. Tatsächlich kann der Chef der Geheimdienste jede ihm notwendig erscheinende Summe der CIA zuweisen, seine Unterschrift genügt. Diese Ausgaben, die außerhalb der Kontrolle durch Kongreß oder den „Bundesrechnungshof" (General Accounting Office) stehen, und – theoretisch – von niemandem außerhalb der Exekutive geprüft werden können, heißen „Posten ohne Beleg". Mit diesen Gesetzen hat sich der Kongreß den Einblick in die CIA-Aktivitäten selbst verbaut – wenn auch vier kleinere Unterausschüsse vom Chef der Geheimdienste hin und wieder über wichtige Vorhaben und Operationen informiert werden. Es sind dies die Senatsunterausschüsse für Fragen der Streitkräfte und der Haushaltsgenehmigung: die Reden des Sprechers dieser Ausschüsse, Senator Richard Russell, müssen in den Anfänger-Trainingsprogrammen (JOT) der CIA gelesen werden.

Mehrmals in den letzten Jahrzehnten stand die völlige Handlungsfreiheit und Autonomie der CIA unter Beschuß. Im Jahre 1955 schlug die Hoover-Kommission zur Untersuchung der geheimdienstlichen Tätigkeit, die von General Mark Clark geleitet wurde, die Bildung eines ständigen „Untersuchungs- und Kontrollausschusses des Kongresses" vor; er sollte die CIA genau kontrollieren, wie der Kongreßausschuß für Atomenergie die Atomenergie-Behörde kontrolliert. Die von Clark geleitete Kommission war der Ansicht, die Senatsunterausschüsse für Fragen der Streitkräfte und der Haushaltsgenehmigung wären nicht in der Lage, die CIA wirkungsvoll zu kontrollieren. Das Problem wurde schließlich 1956 ganz im Sinne der CIA gelöst: Präsident Eisenhower bildete ein eigenes Rechenschaftskomitee zur Kontrolle der CIA: die „Beratungsgruppe des Präsidenten für Fragen nachrichtendienstlicher Aktivitäten im Ausland", die 1961 umbenannt wurde in „Entscheidungsgruppe des Präsidenten für Fragen nachrichtendienstlicher Aktivitäten im Ausland"; den Vorsitz in dieser Gruppe hat James R. Killian, der Direktor des Massachusetts Institute of Technology (MIT). Diese Gruppe kontrolliert die CIA, ohne irgendwie die Öffentlichkeit darüber zu informieren — genau das, was verhindert werden sollte. Unsere Schulungsleiter haben uns sehr offen die Gründe dafür genannt: je genauer der Kongreß über diesen ganzen Komplex informiert ist, desto größer wird die Gefahr, daß Geheiminformationen durch Indiskretionen einzelner Politiker in die Öffentlichkeit dringen. Außerdem würde so die Zusammenarbeit mit den Geheimdiensten anderer Länder, z.B. Großbritanniens, unnötig erschwert. Der Kongreß hätte ganz gut daran getan, auf seine Kontrollfunktionen zu verzichten — seine Aufgabe bestünde allein darin, die notwendigen Gelder zu bewilligen.

**Washington DC
Dezember 1959**

Von Anfang an wurden wir während des Trainingsprogramms immer wieder zu strikter Geheimhaltung ermahnt. Es werde unsere Aufgabe sein, das militärische Potential und die Ziele des Gegners zu ermitteln — egal ob es sich um den Kreml, eine sowjetische Fabrik für Nuklearwaffen, ein Raketenforschungszentrum oder ein Treffen irgendeiner obskuren kommunistischen Partei in Afrika handele. Da aber unsere Erkenntnisse über den Feind naturgemäß begrenzt seien, komme der Sicherung unseres geheimdienstlichen Wissens allergrößte Bedeutung zu. Es hieß: Wir haben kein Interesse daran, daß der Feind weiß, was wir über ihn wissen — denn dann kann er sich darauf einrichten, und unser Wissen wird nutzlos. Daher muß unser geheimdienstliches Wissen durch einen undurchdringlichen Wall nach außen hin gesichert werden. Das nennt man in Geheimdienstkreisen Sicherheit. Die Instrumente dafür: strenge Kontrollen an den Eingängen der Sicherheitsgebäude, Wachen, Erkennungsmarken, vergitterte Fenster, Panzerverschluß von Dokumenten, Polygraphen, Hintergrund-Untersuchungen, Strafen für die Verletzung der Geheimhaltungspflicht, Kenntnisstreuung und das „need-to-know"-Prinzip.

Kenntnisstreuung bedeutet: rigorose Arbeitsteilung, so daß ein einzelner oder eine Gruppe, die mit einer Aufgabe betreut sind, nicht weiß, womit andere Abteilungen des Geheimdienstes befaßt sind. Die Informationslücke zwischen verschiedenen Agenten oder Agentengruppen, die dadurch entsteht, wird nach Maßgabe des „need-to-know"-Prinzips überbrückt; jeder bekommt nur die Informationen, die er unbedingt braucht, um in seiner Operation voranzukommen. Die CIA ist strikt nach dem Prinzip der Kenntnisstreuung organisiert, um die Informationen maximal zu schützen.

Der organisatorische Aufbau der CIA ist reichlich kompliziert. An der Spitze der Pyramide stehen die Exekutivbüros; es sind dies: das Büro des CIA-Direktors, das des stellvertretenden Direktors, des Generalinspekteurs, des Chefs der Rechtsabteilung, des Chefs der Kontrollabteilung und des Chefs der nachrichtendienstlichen Abteilung.

Unter den Exekutivbüros stehen vier stellvertretende Zentralstellen, die jeweils für verschiedene Tätigkeitsbereiche verantwortlich und nach dem Titel des jeweiligen Stellvertretenden Direktors benannt sind. Es sind: das DDI, geleitet vom Stellvertretenden Direktor/Geheimdienst (Deputy Director, Intelligence); das DDP, geleitet vom Stellvertretenden Direktor/Planung (Deputy Director, Plans); das DDS, geleitet vom Stellvertretenden Direktor/Unterstützung (Deputy Director, Support); das DDC, geleitet vom Stellvertretenden Direktor/Koordination (Deputy Director, Coordination). Das DDC, so hieß es, sei nur eine kleine Abteilung, die sich mit organisatorischen Problemen befaßt; weiter wurde in der Schulung nicht mehr darauf eingegangen. Die drei anderen stellvertretenden Zentralstellen aber sind das Rückgrat der CIA.

Das DDI ist das Organ, wo Operationsziele gesetzt, Informationen gesammelt, ausgewertet und miteinander verglichen werden und auch das fertige Ergebnis geheimdienstlicher Tätigkeit erarbeitet wird. Das DDI besteht aus verschiedenen Büros, die jedes für sich koordinierende Funktion im gesamten geheimdienstlichen Bereich haben. Es sind: das Büro für laufende Geheimdienstaufgaben (Office of Current Intelligence; OCI); das Nationale Etatbüro (Office of National Estimates; ONE), das Büro für geheimdienstliche Basistätigkeit (Office of Basis Intelligence; OBI), das Büro für wissenschaftliche Geheimdienstarbeit (Office of Scientific Intelligence; OSI), das Büro für Untersuchung und Auswertung (Office for Research and Reports; ORR), das Zentralbüro für Hinweisvermittlung (Office of Central Reference; OCR), das Büro für Operationen (Office of Operations; OO), der Rundfunk-Informationsdienst/ Ausland (Foreign Broadcast Information Service; FBIS) und das Nationale Zentrum zur Auswertung von Filmmaterial (National Photographic Interpretation Center; NPIC). In einer schriftlichen Arbeit mußten wir an Beispielen darstellen, wie diese verschiedenen Büros an eine Aufgabe herangehen. Einige der Büros wurden uns gezeigt. Übrigens: 80 % der Informationen, die in die endgültige Fassung der Geheimdienstberichte einfließen, stammen aus öffentlich zugänglichen Quellen — wissenschaftlichen oder technischen Zeitschriften, Reden von Politikern und anderen öffentlich zugänglichen Dokumenten. Nur die restlichen 20 % werden durch die Tätigkeit der Agenten oder mittels besonderer Techniken zusammengestellt; natürlich sind gerade diese Informationen von besonderer Bedeutung und Aufschlußkraft.

Die Stelle in der CIA, die die geheimen Informationen sammelt, ist das DDP — auch bekannt unter dem Namen Geheimabteilung (Clandestine Services; CS). Es hat eine Zentralstelle, der in fast allen Ländern der Welt Operationsbasen und Stützpunkte untergeordnet sind. Zwar wurden wir über den Aufbau der Znetralstelle des DDP informiert, Details über die Durchführung von geheimen Operationen aber sollten wir erst sehr viel später erfahren. Nur die von uns, die später beim DDP arbeiten wollten oder sich schriftlich zum Einsatz in jedem beliebigen Land bereit erklärten, sollen das spezielle Fortbildungsprogramm auf der „Farm" mitmachen. Alle, die nicht im Bereich des DDP arbeiten wollten, erhalten eine andere Spezialausbildung im Hauptquartier der CIA.

Die Geheimabteilung (CS) ist in zwei Bereiche aufgeteilt: die operativen Abteilungen und die auswertenden Abteilungen (operating divisions; senior staffs). Die operativen Abteilungen sind mit der Tätigkeit in geographisch aufgeteilten Gebieten und mit bestimmten Spezialaufgaben betraut. Die auswertenden Abteilungen befassen sich mit der Koordinierung und Auswertung aller operativen Aktivitäten und sind noch einmal nach inhaltlichen Kriterien, entsprechend den Arbeitsgebieten der Gesamt-CIA, aufgeteilt. Es gibt drei auswertende Abteilungen: den Stab für Geheimdienstarbeit im Ausland (Foreign Intelligence; FI), den Stab für psychologische Kriegführung

und paramilitärische Aktionen (Psychological Warfare and Paramilitary; PP) und den Stab für Gegenspionage (Counter-Intelligence; CI). Der FI-Stab befaßt sich mit der Sammlung geheimdienstlicher Informationen; der PP-Stab mit Interventionstätigkeit und der CI-Stab mit dem Schutz und der Absicherung der Tätigkeit der FI- und PP-Stäbe. Der Unterschied zwischen Sammlung und Intervention besteht darin, daß bei der Sammlung keine Spuren hinterlassen werden sollen, während Interventionen immer sichtbare Auswirkungen haben.
Ein Beispiel für die Sammlung geheimdienstlicher Informationen wäre die Tätigkeit eines Agenten im sowjetischen Verteidigungsministerium, der über die Militärplanung der Sowjetunion berichtet. Ein Beispiel für Interventionstätigkeit wäre eine antikommunistische Intellektuellen-Zeitschrift, die von der CIA finanziell unterstützt und von einer exilrussischen Organisation mit Hauptquartier in Paris gemacht und verbreitet wird. Die Sammlung von Informationen entspricht dem Bedürfnis des DDI, das damit seine Analysen erstellt – die wiederum dem Nationalen Sicherheitsrat (NSC) und anderen Interessenten (z.B. Militärabteilungen oder auch dem Außenministerium) zugute kommen. Interventionstätigkeit bedeutet Kontrolle, Anleitung und Unterstützung von Einzelpersonen oder Organisationen, die sich dem Kampf gegen den Kommunismus widmen. Dazu gehören Gewerkschaften, Jugend- und Studentenorganisationen, berufsständische Organisationen etwa von Journalisten oder Anwälten, Industrieverbände, Politiker, politische Parteien und Regierungen. Unter Interventionstätigkeit fällt auch die Ausbildung und Unterstützung irregulärer Streitkräfte und bewaffneter Einheiten – wie z.B. antikommunistische Guerillatruppen in Tibet oder Vietnam und Saboteure in Rotchina. Die CI-Tätigkeit geht in zwei Richtungen: einmal hat sie die Funktion, die CIA vor der Infiltration durch feindliche Geheimdienste zu schützen, zum andern die Funktion, die Geheimdienste anderer Länder zu infiltrieren, um zu ermitteln, welche Operationen von dort gegen die CIA geplant werden.
Die nach geographischen Gesichtspunkten unterteilten Einheiten des DDP sind jeweils innerhalb eines bestimmten Gebiets für alle Aktivitäten der Geheimabteilung verantwortlich. Für folgende Gebiete gibt es Einheiten: Westeuropa einschließlich Kanadas, Osteuropa, Sowjetrußland, Naher Osten, Afrika, Ferner Osten und die westliche Hemisphäre. Jede dieser Einheiten wird von einem Direktor und einem Stellvertretenden Direktor geleitet; in den Büros dieser Einheiten gibt es Abtei-

lungen, deren Aufgabe es ist, sich laufend über die FI-, PP- und CI-Operationen in der jeweiligen geographischen Zone zu informieren. Innerhalb jeder Einheit ist die geographische Zone in Untereinheiten aufgeteilt, die sich entweder mit einem oder mehreren Ländern oder mit speziellen thematischen Problemen befassen. Ist eine Untereinheit mit mehr als einem Land befaßt, dann gibt es für jedes Land noch ein Einzelreferat. So beschäftigt sich die Osteuropa-Untereinheit Polen allein mit polnischen Problemen, während in der Einheit westliche Hemisphäre die Untereinheit Zentralamerika sechs verschiedene Referate für sechs verschiedene Länder umfaßt.

Die Einheiten und Untereinheiten der Geheimabteilung, die im Hauptquartier sitzen, haben mehrere Aufgaben: sie müssen – innerhalb ihrer jeweiligen Zone – die Operationsbasen und Stützpunkte im Ausland unterstützen, und sie müssen die Auswertungsabteilungen und das DDP über alle geheimdienstlichen Tätigkeiten in diesen Ländern auf dem laufenden halten (das betrifft sowohl Informationssammlung als auch Interventionstätigkeit). Eine Einheit im Hauptquartier muß den Operationsbasen und Stützpunkten Personal zur Verfügung stellen, Spezialisten für besondere Ausbildungsprogramme beschaffen und vor allem die bei den praktischen Operationen anfallenden Papierarbeiten erledigen. Für jeden Agenten, jede Operation oder jeden Bericht an das Hauptquartier muß dort das entsprechende Material aufgestöbert, zusammengestellt und ausgewertet werden. Die Einheiten haben dafür zu sorgen, daß dieser riesige Papierfluß richtig gelenkt wird, daß die Materialien innerhalb der Geheimabteilung an die richtigen Stellen weitergeleitet werden, um dort bearbeitet, ergänzt und beurteilt zu werden. Berichte über Interventionen befassen sich mit den Techniken, wie man an Informationen herankommt; aber auch bei der Bearbeitung von Informationssammlungen sind spezielle Techniken notwendig: zur Entzifferung von Texten der grammatikalischen und syntaktischen Analyse, der Quellenforschung: denn auch das kann für die Geheimabteilung, das DDI oder für irgendein anderes Organ des Geheimdienstes von Interesse sein. Die Aufarbeitung von Berichten über Interventionen oder Informationssammlungen ist Aufgabe von speziell dafür abgestellten Offizieren der jeweiligen Einheiten.

Innerhalb der Geheimabteilung gibt es vier weitere Einheiten, die für alle bisher nicht genannten Aufgaben verantwortlich sind. Die Einheit Internationale Organisationen (IO) überwacht die weltweiten Beziehungen der CIA zu Gewerkschaften, Jugend- und Studentenorganisationen, berufsständischen Organisationen und zu Nachrichtenagenturen und Massenmedien. All diese Aktivitäten koordiniert die Einheit Internationale Organisationen zusammen mit dem Stab für psychologische Kriegführung und paramilitärische Aktionen (PP) und mit den jeweils betroffenen Einheiten und Untereinheiten. Kontakte zwischen der CIA und Vertretern dieser Organisationen werden entweder von einem Offizier der IO oder, wenn es gerade um eine ganz bestimmte Intervention geht, von einem Offizier der betreffenden Operationsbasis hergestellt.

Die Einheit Technischer Dienst (Technical Services Division; TSD) unterstützt die Interventionen und Operationen der Einheiten in allen Zonen: sie entsendet Spezialisten für Abhörtechnik, Fotografie, Einbruchstechniken, unsichtbare Schriften, geheimes Öffnen und Schließen von Briefen, Verkleidung, geheime Aufbewahrungstechniken, Schriftanalyse, Personenidentifizierung durch Speichelanalyse (z.b. an Zigarettenkippen) usw. Diese Spezialisten bilden entweder die jeweiligen Agenten in den betreffenden Techniken aus oder führen die Operationen selber durch. Die Einheit Technischer Dienst (TSD) unterhält in mehreren Ländern Stützpunkte. Außerdem läuft im TSD ein kontinuierliches Forschungsprogramm zur Verbesserung der eigenen Techniken und zur Entwicklung von Schutzmaßnahmen und -techniken gegen ausländische Geheimdienste, allen voran den KGB

Die Einheit D befaßt sich zusammen mit der Nationalen Sicherheitsbehörde (National Security Agency; NSA) mit dem Dechiffrieren von Codes. Wenn es im Rahmen irgendeiner Operation notwendig wird, gegen die Nachrichtentechnik fremder Länder vorzugehen, wendet sich die NSA an andere Geheimdienstabteilungen, wie z.b. die des Militärs (gerade sie sind auf Aktionen gegen die militärische Nachrichtentechnik vor allem der kommunistischen Länder spezialisiert). Oder die NSA wendet sich an die Einheit D, die in diesen Fragen für die Verbindung zwischen CIA und NSA zuständig ist. Die Einheit D stellt bei der Planung von Operationen ihr Expertenwissen zur Verfügung: Code-Spezialisten oder spezielle Technologien zur Entschlüsselung von Codes. Auf den ersten Blick sieht es so aus, als wäre die Einheit D die Einheit der Geheimabteilung (CS), wo die meiste Geheimniskrämerei betrieben wird; tatsächlich aber sind, genau wie bei der Einheit Internationale Organisation (IO), ihre Aktivitäten stets mit den Einheiten aller Zonen und den Kommandanten der Operationsbasen im Ausland abgesprochen.

Die Einheit Nachrichtenintegration (Records Integration Division; RID) hat für die Geheimabteilung die gleiche Bedeutung, die das Zentralbüro für Hinweisermittlung (OCR) für das DDI hat. Ihre Aufgabenverteilung unterscheidet sich freilich etwas von der des OCR – entsprechend den speziellen Bedürfnissen des DDP. Natürlich hat die CIA keinerlei Ausgaben gescheut, um sich von IBM das beste und entwickeltste System zur Speicherung und Abrufung von Nachrichten und Informationen liefern zu lassen. Das Speichersystem ist gegliedert nach Themen, Unterthemen und nach den jeweiligen Ländern. Millionen Namen sind gespeichert und können in Sekundenschnelle abgerufen oder ermittelt werden, und durch ein bestimmtes verschlüsseltes Klassifikationssystem können ebenso schnell durch einfachen Knopfdruck auf Mikrofilm aufgezeichnete Dokumente abgerufen und kopiert werden. Die Einheit Nachrichtenintegration (RID) ist praktisch die zentrale Sammelstelle aller Daten aus Nachrichtensammlung und Interventionen im Rahmen der Geheimabteilung (CS); die RID versorgt die Zentrale des DDP und alle seine Operationsbasen mit den notwendigen Informationen.

Das DDS hat für die CIA Zuträger- und Unterstützungsfunktion, ein Großteil seiner Arbeit dient dem DDP. Als CIA-Kandidaten im Trainingsprogramm (JOT) sind wir dieser Einheit zugeordnet. Die wichtigsten Unterorgane des DDS sind: Abteilung Personal, Abteilung Sicherheit, Abteilung Ausbildung und Training, Abteilung Finanzen, Abteilung Nachrichtentechnik und Abteilung Logistik. Alle diese Unterorgane sind für die CIA von großer Bedeutung. Die meisten von uns aber haben daran kein Interesse – wir wollen eine Spezialausbildung und später einen Arbeitsbereich beim DDP.

Vor ein paar Tagen wurde die Liste derer verlesen, die sich für die „Farm" qualifiziert haben; fast alle waren dabei, ich auch. Dann erhielten wir genauere Informationen und Instruktionen über die bevorstehende Ausbildungszeit. Das offizielle Code-Wort für die „Farm" ist ISOLATION (alle Code-Wörter werden in Großbuchstaben geschrieben); die „Farm" selbst ist ein geheimes Trainingslager, das – unter militärischer Bewachung – vom Ausbildungsbüro geleitet wird.

Man gab uns eine Telefonnummer in Washington: wenn man dort anruft, wird man direkt mit ISOLATION verbunden; die Leitung ist für Familienangehörige bestimmt, kann aber nur in

Notfällen benutzt werden. Schließlich teilte uns der Beamte, der uns die Instruktionen gab, mit, wie der Stützpunkt heißt und wo er liegt. Er legte allergrößten Wert darauf, daß wir den Decknamen des Stützpunktes streng geheimhalten müßten und mit niemandem über seine wahre Bedeutung reden dürften. Tatsächlich ist nie von ISOLATION die Rede; in allen Gesprächen und sogar bei ganz formellen Instruktionssitzungen heißt es immer nur: die „Farm".

**Camp Peary, Virginia
Januar 1960**

Camp Peary liegt auf dem Weg nach Richmond ungefähr fünfzehn Autominuten von Williamsburg entfernt; am Eingang steht ein ganz normales, mit Militärpolizei besetztes Wachhaus. Wir zeigten der Wache unsere CIA-Kennmarken, und unser Fahrer wurde ganz genau instruiert, wie er zum JOT-Gelände kommt. Nach der Begrüßung durch den Kommandanten des Stützpunktes wurden wir vom Sicherheitsoffizier darüber informiert, was hier erlaubt und was verboten ist. Hier finden gleichzeitig immer mehrere Trainingsprogramme statt; dabei werden teilweise auch ausländische Agenten ausgebildet, die nicht die leiseste Ahnung haben, daß sie sich auf dem Gebiet der USA befinden. Sie werden „schwarze" Kursteilnehmer genannt und bewegen sich nur in Zonen, die streng vom JOT-Gebiet und Zonen mit „normaler" Funktion getrennt sind. Von Zeit zu Zeit hörten wir aus der Ferne Schüsse, Explosionen und das Geräusch von Flugzeugmotoren.

Laut Anordnung müssen wir uns immer auf dem JOT-Gelände aufhalten, andere Zonen durften wir nur bei Ankunft und Abfahrt betreten; von Zeit zu Zeit findet das Training auch in anderen Zonen statt, dann würden wir mit dem Bus hingefahren werden. Wir wurden angehalten, nirgends auf dem Stützpunkt leere Zigarettenschachteln, Bierdosen oder anderes liegenzulassen, denn das könnte den „Schwarzen" Aufschluß über ihren wahren Aufenthaltsort geben. Außerdem müssen wir auf dem Stützpunkt Uniform tragen.

Schulung und praktische Ausbildung würden sehr oft auch nachts stattfinden — es würde also wenig Zeit für abendliche Fahrten nach Williamsburg bleiben. Wir alle sind offiziell Angehörige von Abteilungen des Verteidigungsministeriums in Washington — auf ISOLATION gelten wir als zeitweilig vom

Verteidigungsministerium nach Camp Peary versetzt. Der Sicherheitsoffizier gab uns Namen und den telephonischen Nebenanschluß eines Armee-Obersten im Pentagon: dort sollten wir in dem — sehr unwahrscheinlichen — Fall anrufen, daß wir auf Camp Peary unsere wahre Identität ausweisen müßten. Diese Pentagon-Leitung ist auf Camp Peary mit dem Verwaltungsgebäude verbunden, wo ein CIA-Beamter den Obersten spielt. Der Stützpunkt befindet sich in einer sehr waldreichen Gegend und ist von einem hohen Gitterzaun umgeben, der mit Stacheldraht versehen ist. Weithin sichtbar stehen Warnschilder: „Staatliches Sperrgebiet. Kein Zutritt!"
Jeder von uns bekam ein Mitglied des Ausbildungsteams als Vertrauensperson und Ratgeber zugewiesen; an ihn sollten wir uns von Zeit zu Zeit wenden, um unsere Stärken und unsere schwachen Punkte zu diskutieren. Meiner hieß John Allen, er war früher lange Zeit bei der Einheit Naher Osten in Kairo stationiert. Die inhaltliche Gliederung der Ausbildungskurse entspricht der üblichen organisationsinternen Aufteilung: Geheimdienstarbeit im Ausland (Foreign Intelligence; FI) zur Informationssammlung; Gegenspionage (Counter-Intelligence; CC); psychologische Kriegführung und paramilitärische Aktionen (Psychological Warfare and Paramilitary; PP). Außerdem werden wir relativ gründlich mit den Techniken für Geheimoperationen und -einsätze, „Handwerkszeug" genannt, vertraut gemacht. Schließlich werden noch — auf ISOLATION und in der Umgebung — manöverartige Übungen stattfinden, in denen Kriegs- und Operationssituationen simuliert werden.
Alle Geheimoperationen finden in einem ganz bestimmten politischen Kontext statt; daher ist es bei den Übungen erst einmal das Wichtigste, durch bestimmte Faktoren „das richtige Klima für Operationen" zu schaffen. Zu diesen Faktoren gehören: ist die entsprechende Regierung, in deren Einflußgebiet die Operation stattfindet, den USA freundlich oder feindlich gesonnen? Wie hoch ist das technische und organisatorische Niveau des einheimischen Geheimdienstes oder anderer Geheimdienste, die hier operieren? Was ist bekannt über die Ziele dieser Geheimdienste, was anzunehmen? Wie schlagkräftig, verankert und in der Subversion geschult sind die örtliche kommunistische Partei oder andere revolutionäre Organisationen? Welches sind die Besonderheiten der Landessprache, der Kleidung, der Sitten und Gebräuche? Wie ist die allgemeine politische Atmosphäre, herrscht ein repressives oder eher ein liberales Klima?
— All diese objektiven Bedingungen spielen bei Geheimopera-

tionen eine Rolle, sie gehen daher in Planung und Ausführung der Operationen ein. Einen Agenten in das Verteidigungsministerium in Bagdad einzuschleusen ist natürlich etwas ganz anderes als dieselbe Operation in Paris, Prag oder Bogotá. Dem jeweiligen Geheimnis- oder Schwierigkeitsgrad entsprechen die angewandten Techniken und Methoden (dabei sind die Selbstschutzmaßnahmen entsprechend groß oder klein); nur aus der Analyse des „Umfelds der Operation" wird klar, ob ein Operationsziel realistisch ist und wie es erreicht werden kann. Dabei muß dauernd die Stärke des Gegners im Auge behalten werden.

Auf der Basis dieses „Operationsumfelds" wird für jede CIA-Station eine Art Charta oder allgemeine Ausführungsbestimmungen ausgearbeitet; dieses Dokument heißt „Related Missions Directive" (RMD). Es legt die Prioritäten und Ziele fest und ist genaugenommen nichts anderes als die Direktive des Chefs der Geheimdienste an den Kommandanten der jeweiligen CIA-Station. In jedem Land mit offizieller sowjetischer Präsenz, d.h. mit Botschaft oder Handelsmission, legt das RMD als wichtigstes Ziel die Infiltration der sowjetischen Vertretung fest; das geschieht entweder durch Anwerbung des Botschaftspersonals oder auf technischem Wege. In der Prioritätenliste folgen dann die Regierungen Rotchinas und anderer kommunistischer Länder, dann revolutionäre Bewegungen verschiedener Länder sowie ausländische Regierungen, egal ob sie eine US-freundliche oder -feindliche Politik verfolgen. Durch das RMD werden auch Operationen des Stabs für geheimdienstliche Tätigkeit innerhalb des Geheimdienstes sowie des Stabs für psychologische Kriegführung und paramilitärische Aktionen festgelegt. Wenn eine CIA-Station beim Hauptquartier die Genehmigung für neue Operationen oder die Weiterführung bestehender erbittet, wird dort die Entscheidung entsprechend den Bestimmungen des RMD getroffen.

In der CIA werden nie richtige Namen, sondern immer Tarnwörter oder Pseudonyme verwendet. Es gibt sehr viel Standard-Bezeichnungen; wenn man einen CIA-Text liest, muß man bei jedem Tarnwort die entsprechende Liste aufschlagen; dort steht eine Zahl – was sich hinter dieser Zahl verbirgt, erfährt man erst aus einer zweiten Liste. Die Liste mit den Tarnwörtern und die mit den wirklichen Namen werden nie im gleichen Safe aufbewahrt. Die Tarnwörter bestehen aus zwei Buchstaben, die eine allgemeine Kategorie oder allgemein den Ort signalisieren; die folgenden Buchstaben bilden mit den zwei ersten ein Wort oder sind selbst ein Wort. Die Tarnbezeichnung für die Regierung der USA ist z.B. ODYOKE. Für das Außenministerium ODACID, für das Verteidigungsministerium ODEARL, für die Marine ODOATH, für das FBI ODENVY. Die Tarnbezeichnungen aller Regierungsstellen beginnen mit den Buchstaben OD. Das Tarnwort für CIA lautet KUBARK und die aller Unterabteilungen der CIA beginnen mit den Buchstaben KU. Die Geheimabteilung: KUDOVE; der Stab für Geheimdienstarbeit im Ausland: KUTUBE (das ist auch die Gattungsbezeichnung für FI-Operationen); der Stab für Gegenspionage: KUDESK (gilt auch für CI-Operationen); der Stab für psychologische Kriegführung und paramilitärische Aktionen: KUCAGE. Das Tarnwort für jedes Land außerhalb der USA, jeden Agenten und jede Operation, die in dem betreffenden Land stattfindet, beginnt mit denselben zwei Buchstaben: AE für die Sowjetunion, BE für Polen, DI für die CSSR, DM für Jugoslawien, SM für Großbritannien, DN für Süd-Korea usw. AELADLE, AEJAMMER und AEBROOM sind Tarnbezeichnungen für verschiedene Operationen gegen die Sowjetunion.

Die Tarnwörter ersetzen die wirklichen Namen und haben die Funktion, in der schriftlichen Korrespondenz die wahre Identität von Personen oder Ortsangaben zu schützen. Sie tauchen nur in Dokumenten der Geheimabteilung auf. Die Einheit für Nachrichtenintegration setzt die Tarnbezeichnungen für jeden neuen Agenten und jede neue Operation fest; dabei werden immer als Anfangsbuchstaben die beiden für das entsprechende Land gebräuchlichen Lettern genommen. In besonderen Fällen, in denen Operationen oder die Tätigkeit von Agenten sich auf mehrere Länder erstrecken, werden gesonderte Tarnbezeichnungen verwandt; das betrifft besonders Operationen im Zusammenhang mit international verbreiteten Studentenorganisationen und Gewerkschaften. Taucht in der Korrespondenz ein Name auf, für den es noch kein Tarnwort gibt, wird an diese Stelle des Textes das Wort IDENTITY gesetzt und der wirkliche Name wird in einer getrennten Akte mitgeschickt; der Adressat kann diesen Namen dann in den Text einsetzen.

Alle KUDOVE-Beamten, die an Operationen beteiligt sind, erhalten ein Pseudonym, das aus Vorname, Abkürzung des zweiten Vornamens und Nachname besteht; dieses Pseudonym wird genauso benutzt wie eine Tarnbezeichnung — es hat die Funktion, für den Fall, daß Post verlorengeht oder gestohlen wird, die wahre Identität des betreffenden Beamten zu schützen. Bei

Pseudonymen wird der Nachname immer in Großbuchstaben geschrieben. Als Beispiel: Rodney J. PRINGLE.
Auf den ersten Blick wirkt das alles ziemlich verwirrend und kompliziert — ganz so, als müßte man eine ganz neue Sprache lernen. Dieses Code-System gibt aber auch der Arbeit eines CIA-Manns einen gewissen Reiz; es trägt dazu bei, eine neue, institutionelle Identität herauszubilden. Man entwickelt ein richtiges Insider-Bewußtsein.

Camp Peary, Virginia
Februar 1960

Drei- oder viermal die Woche ist körperliches Training: Basketball, Squash, Volleyball, Gewichtheben. Außerdem werden wir in Selbstverteidigung ausgebildet: wie man einen Gegner entwaffnet, ihn mit bloßen Händen kampfunfähig macht oder sogar tötet; wir lernen eine Körper- und Schlagtechnik, die dem Karate und Judo verwandt ist. Unser Ausbilder war früher auf Saopan im Südpazifik, einem anderen geheimen Stützpunkt des Ausbildungsbüros. Zuerst wollte niemand glauben, daß er wirklich Burt Courage heißt.
Im Unterricht haben wir die verschiedenen Arten geheimdienstlicher Tätigkeit im Ausland (FI bzw. KUTUBE), die von der Geheimabteilung durchgeführt werden, kennengelernt. Obwohl diese Operationen und Nachforschungen das Ziel haben, die Stärke und politischen Ziele ausländischer Regierungen, besonders derer, die den USA gegenüber eine feindliche Haltung einnehmen, zu erforschen, liegt es eigentlich auf der Hand, daß sich diese Tätigkeit mehr auf Geheimdienstarbeit als auf die Auswertung öffentlich zugänglicher Quellen erstreckt. Ein Ziel dieser Arbeit ist es, die Staatsgeheimnisse fremder Länder auszuspionieren. Darüber hinaus ist es Aufgabe der Geheimabteilung, möglichst genaue und vollständige Informationen über das weltweite Netz des sowjetischen Imperialismus, d.h. über die verschiedenen kommunistischen Parteien und ihnen nahestehende Organisationen zu beschaffen. Ausgenommen aus diesem weltweiten Operationsplan der Geheimabteilung sind Großbritannien, Australien, Kanada und Neuseeland: diese Länder haben mit den USA ein Abkommen getroffen, in dem sich alle Beteiligten formal bereit erklären, auf den Territorien der anderen Länder ohne ausdrückliche Genehmigung keine Geheimoperationen durchzuführen. Dagegen ist das Ausspionieren aller an-

deren Länder, ihrer politischen Gruppen und Parteien und ihrer wissenschaftlichen, militärischen und ökonomischen Geheimnisse eine ganz normale Sache. Geheimdienstliche Tätigkeit im Ausland (FI) hat ihren Ursprung im Informationsbedürfnis US-amerikanischer Politiker. Genauer spezifiziert sind diese Bedürfnisse in den umfangreichen Aufgabenkatalogen, die von den verschiedenen Sektionen des DDI, die auch die abschließende Informationsverarbeitung besorgen, zusammengestellt werden. Diese Aufgabenkataloge sind auch im RMD der jeweiligen CIA-Station enthalten. Eine CIA-Station ist meistens mit dem CIA-Büro in der Hauptstadt einer fremden Macht identisch. In anderen größeren Städten des Landes befinden sich oft CIA-Büros, die der Zentralstation untergeordnet sind; sie heißen Basen. In den meisten Ländern gehören die Stationen und Basen zur politischen Abteilung der Botschaften oder Konsulate; in der Regel sind einige CIA-Beamte aus Tarnungsgründen formell in anderen Abteilungen, wie z.b. der Wirtschafts- oder konsularischen Abteilung, beschäftigt. In einigen Ländern freilich — Panama und Deutschland sind Beispiele — befinden sich die CIA-Stationen direkt auf US-amerikanischem Militärgelände, und nur der Kommandant und eine möglichst kleine Zahl von CIA-Beamten haben diplomatischen Status. Die meisten anderen laufen offiziell als zivile Bedienstete des Verteidigungsministeriums, die einer bestimmten Militärbasis zugewiesen sind.
Aufgabe einer CIA-Station ist es, die verschiedenen Wege und Methoden festzulegen, mit denen die gewünschte Information zu beschaffen ist, und dem Hauptquartier die geeignetste Methode vorzuschlagen. Dieser Tätigkeitsbereich heißt in der CIA-Sprache „Zielen". Seinen schriftlichen Niederschlag findet dieses „Zielen" bei jeder Operation in der sog. Richtlinie für Feldprojekte (Field Project Outline), die in der Station erarbeitet wird. Sie umfaßt alle operationalen Details: Zweck des gewünschten Ergebnisses, spezielles Ziel, Namen der beteiligten Agenten, Bestimmung der notwendigen technischen Mittel, Festlegung der notwendigen Unterstützung durch das Hauptquartier oder andere Stationen, Überlegungen zu Sicherheit und Geheimhaltung, eine Einschätzung des sogenannten Risiko-Potentials, des möglichen Skandals also für den Fall, daß die Operation in der Öffentlichkeit bekannt wird, und einen Kostenvoranschlag.
Je nachdem, wie teuer eine Operation und wie hoch die Geheimhaltungsstufe ist, wird diese Richtlinie im Hauptquartier

auf höherer oder niederer Ebene genehmigt — die Skala geht vom Leiter der Abteilung über Ressortbeamte der Stellvertretenden Direktoren der Planung bis zu DDP und sogar bis zum Chef der Geheimdienste. Es gibt Operationen, die der Genehmigung von Stellen außerhalb der CIA bedürfen; das sind in der Regel Interventionsoperationen des Stabs für psychologische Kriegführung und paramilitärische Aktionen (PP), die der Operativen Koordinierungskammer (Operations Coordination Board) des Nationalen Sicherheitsrates (NSC) unterstehen. Sie werden in der Regel auf Staatssekretärsebene entschieden. Operationspläne zur Informations- und Nachrichtensammlung werden gewöhnlich für die Dauer eines Jahres genehmigt und können danach verlängert werden. Der Antrag auf Verlängerung ist fast identisch mit der Richtlinie für Feldprojekte; er enthält außerdem sämtliche Details über den Erfolg der Operation während dieses einen Jahres, nämlich Ergiebigkeit, Kosten, Sicherheitsprobleme, Antrag auf Hinzuziehung neuer Agenten und eine Begründung für die Weiterführung des Projekts. Operationen, die gescheitert sind, weil sie zu keinen Ergebnissen geführt haben, durch einen öffentlichen Skandal kompromittiert wurden oder schlicht gegenstandslos geworden sind, werden eingestellt; das geschieht über einen Antrag auf Projekteinstellung, den die Station an das Hauptquartier schickt. Dieses Dokument enthält die detaillierten Gründe für die Einstellung des Projekts, Informationen über die Weiterverwendung der einzelnen Agenten und der finanziellen Mittel, Überlegungen zu Fragen der Sicherheit und der Geheimhaltung und Anträge auf Unterstützung durch andere Stationen oder das Hauptquartier.

Der Schriftwechsel, die Kommunikation zwischen den Stationen, Basen und dem Hauptquartier ist der Lebensnerv der CIA. Es gibt zwei Grundtypen: Berichte über Operationen und Berichte über Informationssammlung. Die Kommunikation über Operationen umfaßt Probleme der Sicherheit und Geheimhaltung, Finanzen, Methoden der Agententätigkeit, technisches und sonstiges Niveau der Operationen (ohne daß von den Inhalten selber die Rede wäre), Vorschläge für Erweiterung oder Einstellung der Operation, Nachfragen nach neuer Ausrüstung, Berichte über die Einsatzfreudigkeit der Agenten — kurz alles, was mit der Durchführung der Operation zu tun hat. Bei jeder Operation fordert das Hauptquartier alle drei Monate einen Bericht über die Fortschritte der Operation an; in der Regel aber nehmen Stationen und Basen sehr viel häufiger Kontakt zum Hauptquartier auf.

Berichte zur Informationsbeschaffung über Operationen in überseeischen Gebieten gehen beim Hauptquartier in Form eines Feldinformationsberichts (Field Information Report; FIR) ein; er enthält in der Regel Fakten und Informationen zu einem bestimmten Thema, die meist aus verschiedenen Quellen zusammengestellt wurden. FIR-Berichte werden in den CIA-Stationen auf Spezialmatrizen geschrieben und erst im Hauptquartier vervielfältigt und verteilt. Diese Berichte enthalten in ihrem Kopfteil den Namen des betreffenden Landes bzw. der betreffenden Länder, den Gegenstand des Berichts, eine Beschreibung der Informanden (wobei deren wahre Identität sicherheitstechnisch geschützt ist), eine Einschätzung ihrer Verläßlichkeit und der inhaltlichen Qualität des Berichts. Dann folgt der Hauptteil des Berichts; er enthält detaillierte Kommentare und Einschätzungen. Die FIR-Berichte werden im Hauptquartier mit Code-Nummern der Geheimabteilung versehen, damit sie elektronisch abrufbar sind. Kopien gehen z.b. an Abteilungen des DDI, das Außen- oder Verteidigungsministerium, das FBI oder das Weiße Haus.

Sowohl die Berichte über Operationen, wie die über Informationsbeschaffung werden auf diplomatischem Wege oder über Telefon und Funk an das Hauptquartier oder andere Stationen weitergegeben. Fast alle Stationen oder Basen haben eine eigene hochleistungsfähige Funkanlage; oft aber wird auch das offizielle Funknetz benutzt.

Wie werden die Informationen beschafft, die in die Berichte des Stabs für Geheimdienstarbeit im Ausland (FI) einfließen? In aller Regel durch bezahlte Agenten. Auf höchster Ebene sind das Politiker, Wissenschaftler, Ökonomen oder Militärs, die selber genau die Ereignisse und Entwicklungen produzieren, die die CIA haben will. Solche Leute aber, die selber Entwicklungen bestimmen, sind in der Regel selten bereit, der CIA oder der US-Regierung die Geheimnisse ihres Landes zu verraten. Einige gibt es allerdings, die davon überzeugt werden können, daß ihre Interessen und die der USA so verwandt, ja eigentlich identisch sind, daß es nichts schaden kann, der CIA die gewünschten Informationen zu geben. Meistens aber müssen andere Wege eingeschlagen werden. Z. B.: Pläne und Reden hoher offizieller Funktionsträger werden meist schriftlich ausgearbeitet und sind einer ganzen Reihe niederer Funktionsträger, Beamten und Mitarbeiter zugänglich. Solche Leute können aus ganz verschiedenen Gründen ihre Vorgesetzten hintergehen und mit der CIA zusammenarbeiten. Und dann gibt es die dritte Ebene möglicher Agenten: sie haben lediglich Zugang zum Zielgebiet, nicht aber zu den Dokumenten selbst. Diese Leute können geschult werden: wie man in Räumen, in denen wichtige Besprechungen stattfinden, Abhöranlagen installiert, wie man Safes knackt oder Dokumente heimlich fotografiert. Schließlich gibt es noch die Leute, die bei Operationen Hilfsfunktionen ausüben können, ohne selber Zugang zu den Quellen zu haben. Das sind die sog. Hilfsagenten, die Häuser oder Appartements anmieten, Autos kaufen, als Kuriere fungieren und zahlreiche andere Zuträgerarbeiten erledigen.

Soweit die Operationen, die Primärquellen von höchster Bedeutung und zugleich höchster Geheimhaltungsstufe betreffen.

Daneben gibt es eine zweite Kategorie von Operationen, die ebenfalls äußerst wichtig sind: die Unterstützungsoperationen. Oft ist nur dadurch der Zugang zu Primärquellen möglich. Solche Operationen bedeuten im einzelnen: Überwachung und Beschattung von Personen; Observationsposten, die das Kommen und Gehen bestimmter Personen überwachen; die verschiedensten Methoden geheimer Fotografie; Abfangen von Post; Zugang zu wichtigen Statistiken, zu den Identifikations-Karteien der Polizei oder anderer Sicherheitsorgane, zu Passagierlisten von Eisenbahn, Flug- und Schiffahrtsgesellschaften und zu Frachtlisten; Abhörtechniken bei Gesprächen, Telefonen und Telegrafen. Diese Operationen befassen sich zuweilen mit der Beschaffung von Informationen hoher Geheimhaltungsstufe — meist aber dienen sie zur Identifizierung und Herausfindung von Personen, die wir brauchen und die als CIA-Agenten angeworben werden sollen. Solche Operationen sind unerläßlich, um bei bestimmten Zielpersonen herauszubekommen, aus welchen Motiven heraus sie die Zusammenarbeit mit uns akzeptieren oder ablehnen könnten. Daher wird versucht, möglichst viel über diese Personen in Erfahrung zu bringen: über ihre Stärken und Schwächen, ihre Probleme, Zielvorstellungen und Ambitionen, ihre Feindschaften, ihre Fehler und wunden Punkte.

Und es gibt noch einen weiteren Typ von FI-Operationen, der in der gesamten freien Welt weit verbreitet ist und der auf der Zusammenarbeit zwischen der CIA und dem Geheimdienst, sowie anderen Sicherheitsorganen fremder Länder beruht; ihr Zweck ist der Austausch von Informationen, gemeinsame Operationen und natürlich das allen gemeinsame Ziel, den jeweils anderen Geheimdienst zu infiltrieren. Informationsaustausch findet immer nach einer generellen Richtlinie statt: man rückt nichts raus, solange es nicht unbedingt notwendig wird. Da aber ausländische Geheimdienste immer darauf drängen, Informationen zu bekommen, und das meist von ärmeren Ländern geschieht, deren Geheimdienst selber nicht viel zu bieten hat, lautet die zweite Regel: mit allen Mitteln den Informationsvorsprung wahren, das Gleichgewicht immer zugunsten der CIA bewahren!

Eine dritte Regel betrifft ein wichtiges Prinzip bei der Durchführung gemeinsamer Operationen: Informationen, die von einem Geheimdienst an einen zweiten weitergegeben wurden, können von diesem ohne Zustimmung des ersten Geheimdienstes nicht an einen dritten weitergegeben werden. Das hat natürlich den Zweck, die Sicherheit der Operationen und die Geheimhaltung von Informationen zu gewährleisten und die bestehende Verbindung zwischen den zwei Geheimdiensten zu verbergen. Wenn z.B. das britische Gegenstück der CIA, das MI-6, eine bestimmte Information an die Londoner CIA-Station weitergibt, darf diese die Information nicht an den holländischen Geheimdienst weitergeben – auch wenn die Information für den holländischen Geheimdienst von höchster Bedeutung ist. Vielmehr müßte die Londoner CIA-Station dem MI-6 vorschlagen, die Information direkt an die Holländer zu geben (was ja schon geschehen sein kann), oder die CIA-Station muß bei dem MI-6 um Erlaubnis fragen, die Information weiterzugeben. Sollte das Mi-6 zustimmen, so würde es darauf bestehen, dem holländischen Geheimdienst gegenüber nicht als Quelle genannt zu werden. Es kommt immer darauf an, die wahren Quellen möglichst weitgehend zu verbergen.

Die wichtigste Verbindung der CIA zu einem ausländischen Geheimdienst ist die zum MI-6 – Tarnbezeichnung SMOTH. Fast zehn Jahre sind seit dem Verschwinden von Burgess und Maclean vergangen, und SMOTH hat konsequenterweise seine lockeren, völlig veralteten Geheimdienstmethoden seitdem erheblich verbessert. Zum inneren Kreis ausländischer Geheimdienste, die mit der CIA zusammenarbeiten, gehören die Geheimdienste von Kanada, Australien und Neuseeland – wenn auch die CIA relativ wenig Informationen von ihnen bekommt. Ausgezeichnet ist die Zusammenarbeit mit den Holländern, weil sie Operationen gegen gemeinsame Ziele rückhaltlos unterstützen; das gleiche gilt für den italienischen Geheimdienst, der im Auftrag der CIA-Station in Rom Telefone anzapft oder Briefverkehr überwacht. Anders sieht es mit dem westdeutschen Geheimdienst aus: man kann davon ausgehen, daß er völlig von den Sowjets infiltriert ist; seit dem Amtsantritt von de Gaulle ist auch das Verhältnis zum französischen Geheimdienst problematisch geworden: es gibt zwischen den beiden Geheimdiensten keine Vertrauensbasis mehr.

Theoretisch sollen CIA-Stationen keine gemeinsamen Operationen mit anderen Geheimdiensten machen, wenn man irgendwie auch ohne Hinzuziehung fremder Hilfe zu dem gleichen Ergebnis kommen kann (das gilt nicht für die Geheimdienste Großbritanniens, Kanadas, Australiens und Neuseelands). Operationen, die ohne Kenntnis oder Mitarbeit anderer Geheimdienste durchgeführt werden, werden „unilateral" genannt, die anderen „bilateral". Bei der Analyse der Kooperation der CIA mit ausländischen Geheimdiensten wurde uns sehr schnell klar, daß der größte Teil der FI-Erkenntnisse in Westeuropa von den jeweiligen Geheimdiensten der Länder stammt; das betrifft besonders Operationen wie Überwachung des Reiseverkehrs, Telefonabhören, Beschattung, Postüberwachung und die Infiltration kommunistischer Parteien. In den unterentwickelten Ländern freilich sind die Geheimdienste aufgrund ihres niedrigen technologischen Niveaus kaum selbständig in der Lage, effektive Nachforschungen anzustellen.

Eine weitere Aufgabe ist die Infiltration der ausländischen Geheimdienste durch die CIA. Aus vielen Gründen, nicht zuletzt zum Selbstschutz der CIA, ist es eine strenge Richtlinie der CIA-Politik, immer wieder Agenten befreundeter Geheimdienste für die CIA-Arbeit anzuwerben. Diese Agenten bzw. zukünftigen Agenten werden in der Regel von den CIA-Offizieren ausgesucht und ermittelt, deren Aufgabe es ist, zum Informationsaustausch, zur Ausbildung ausländischer Agenten und zur Erarbeitung gemeinsamer Operationspläne mit dem jeweiligen ausländischen Geheimdienst zusammenzuarbeiten. So ist der Fall vorstellbar, daß die CIA-Station ein Programm zum Informationsaustausch mit dem ausländischen Geheimdienst laufen hat, gemeinsam Telefone abhört – und gleichzeitig ein oder zwei der ausländischen Agenten für die CIA angeworben hat. Allerdings gehört die Infiltration ausländischer Geheimdienste mehr zum Aufgabenbereich der Gegenspionage.

Allgemein kann man also sagen: FI-Operationen haben die Aufgabe, Informationen über Stärke und Ziele ausländischer Regierungen, besonders derer, die ein gespanntes oder feindliches Verhältnis zu den USA haben, zu sammeln. Höchstes Ziel aller FI-Operationen ist es, einen Agenten im Kreml zu plazieren oder anzuwerben, der Zugang hat zum Entscheidungsprozeß der Sowjetspitze. Diese Traumoperation würde es möglich machen, von hier aus alle kommunistischen Aktivitäten zu überblicken: von der Sowjetspitze über die politischen, wissenschaftlichen und ökonomischen Geheimnisse aller anderen kommunistischen Regierungen bis hinunter zur obskursten kommunistischen Partei und jedem revolutionären Grüppchen der extremen Linken.

Zur Unterweisung in den verschiedenen Gebieten von FI-Operationen gehören auch praktische Übungen, die entweder auf ISOLATION oder in den umliegenden Städten wie Hampton, Norfolk, Newport News und Richmond stattfinden. Meine Hauptaufgabe bestand aus einer Reihe von Treffen mit einem Führer einer nationalistischen Oppositionspartei. Ich spielte die Rolle eines Beamten einer CIA-Station, der als Diplomat getarnt ist, mein Ausbilder mimte den ausländischen Politiker. Es ging dabei um die Probleme eines Entwicklungslandes; sehr behutsam mußte ich ihm klarmachen, daß die wahren Interessen seines Landes ganz eng mit denen der USA verbunden sind, daß er nur seinem Land und seiner Partei hilft, wenn er mit uns zusammenarbeitet. Noch ein Treffen und ich werde ihm Geld anbieten.

Camp Peary, Virginia
März 1960

Gegenspionage-Operationen (CI oder KUDESK) unterscheiden sich von FI-Operationen: sie sind defensiver Natur, dazu bestimmt, CIA-Operationen vor Enttarnung oder Infiltration durch den Gegner zu schützen. Zu den Feinden gehören in diesem Fall alle Geheim- und Sicherheitsdienste der Welt, vom KGB bis zur städtischen Polizei von Nairobi. Viele Länder trennen ihre Geheimdiensttätigkeit im Ausland von der im Inland (ähnlich der Trennung von FBI und CIA); daher richten sich die Gegenspionage-Operationen immer gegen beide Organisationen.

Die Gegenspionage-Aufgaben der CIA beginnen beim Sicherheitsbüro des DDS: es ist für die persönliche Sicherheit der CIA-Agenten verantwortlich. Die Verwendung von Decknamen und das Prinzip der Kenntnisstreuung dienen zum Schutz von Geheimoperationen: der wahre Auftraggeber der CIA-Agenten soll verschleiert werden, die Operationen sollen unentdeckt bleiben. Dasselbe gilt für den Schutz von Organisationen, Gebäuden, Appartements, Autos, Flugzeugen, Schiffen und Finanzierungsmethoden. Die Verwendung von Decknamen und andere Methoden der Verschleierung sollen den Operationen den Schein der Legitimität verleihen. Das Prinzip der Kenntnisstreuung sorgt dafür, daß möglichst keine weiteren Operationen beeinträchtigt werden, wenn eine einzelne auffliegt.

Ob ein möglicher Agent tatsächlich eingestellt wird, wird über eine Prozedur der CI entschieden, die sich „Überprüfung der Einsatzeignung" nennt. Ganz egal, was die zukünftigen Aufgaben des Agenten sein und welcher Geheimhaltungsstufe sie zugehören werden, dieses Prüfungsverfahren steht in jedem Fall am Anfang des Kontakts zwischen der CIA und einem Agenten, der aus einem fremden Geheimdienst angeworben wird. Das Verfahren beginnt schon bei der Auswahl und vorläufigen Anwerbung des Agenten und reicht über Nachforschungen in den Karteien der Stationen und des Hauptquartiers bis zum Beschaffen gründlicher Hintergrundinformationen durch den CI-Stab des DDP.

Kein Agent kann von einer CIA-Station bei praktischen Operationen eingesetzt werden, wenn dafür nicht die Genehmigung der zentralen Zulassungsstelle vorliegt. Die Anträge auf Zulassung werden von den CIA-Stationen gestellt; begründet und umrissen werden sie in einem Dokument, das den Namen „Fragebogen zur Personenerfassung" trägt. Es besteht aus zwei Teilen. Der erste Teil ist ungefähr sieben Seiten lang und enthält die wichtigsten biographischen Daten wie Namen, Geburtstag und -ort, Namen der Eltern, anderer Familienmitglieder, besuchte Schulen, bisherige Arbeitsverhältnisse, Eheverhältnisse, militärische Laufbahn, jetzige oder frühere Staatsbürgerschaft, Mitgliedschaft in politischen Organisationen, Hobbies, besondere Qualifikation, möglicher Drogenkonsum sowie sonstige Schwächen. Dieser erste Teil sagt nichts darüber aus, für welche Operationen der zukünftige Agent ausersehen ist oder für welche er sich interessiert. Teil zwei hat ungefähr die gleiche Länge und enthält detaillierte Angaben über die zukünftigen Aufgaben des Agenten; aus diesem Dokument sind die wahre Identität des zukünftigen Agenten sowie alle Angaben, die eine Identifizierung ermöglichen könnten, gestrichen. Die beiden Teile werden immer getrennt voneinander aufbewahrt und sind nur über das schon erwähnte Code-System zusammenzubringen; im zweiten Teil taucht lediglich die Tarnbezeichnung des zukünftigen Agenten auf. Hier finden sich eine genaue Beschreibung der zukünftigen Bestimmung, der Methoden, mit denen die Angaben aus Teil eins ermittelt und verifiziert wurden, des weiteren der Deckname des CIA-Agenten, der den Mann ausgesucht und angeworben hat, und eine Einschätzung aller Risiken und Vorteile.

Die Beamten der zentralen Planungsstelle unterziehen alle diese Informationen im Hauptquartier einer genauen Prüfung und entscheiden sich dann endgültig für Zulassung oder Ablehnung. Falls keine größeren Probleme mehr auftauchen, bekommt der Agent eine vorläufige Zulassung, die auf sechs Monate befristet ist; nach Ablauf dieser Zeit erfolgt die endgültige Zulassung, die freilich erst nach weiteren zusätzlichen Nachforschungen durch die Station und den CI-Stab ausgestellt wird.

Über jeden einzelnen Agenten werden Karteien angelegt; sie beginnen immer mit der Zahl 201, gefolgt von fünf bis acht weiteren Zahlen. Die Kartei 201 enthält alle vorhandenen Dokumente über einen Agenten; die ersten Dokumente sind in der Regel der Fragebogen zur Personenerfassung und der Antrag auf vorläufige Zulassung. Auch die Kartei 201 ist in zwei Teile aufgetrennt, die aus Sicherheitsgründen an verschiedenen Orten gelagert werden. Der eine Teil enthält Dokumente mit den richtigen Namen, der andere verwendet nur Tarnbezeichnungen und enthält Informationen über Operationen. Wenn ein Teil der Kartei in fremde Hände fällt, dann bleibt so entweder die wahre Identität des Agenten oder die Operation, mit der er befaßt ist, verborgen.

Zum Schutz der CIA vor feindlicher Infiltration werden alle Agenten regelmäßig aus der Sicht der CI eingeschätzt und überprüft, ebenso prüft das Hauptquartier regelmäßig ihre Akten. Zusätzlich müssen sich alle Agenten von Zeit zu Zeit der Prüfung durch den Polygraphen unterziehen. In der CIA-Sprache heißt das „gefluttert" werden – denn die Tarnbezeichnung für den Polygraphen ist LCFLUTTER. Die Agenten werden im Sicherheitsbüro des Hauptquartiers von denselben Bamten „gefluttert", die in Gebäude 13 angehende CIA-Beamte mit dem Polygraphen bearbeiten. Meist reisen sie zu zweit in einer bestimmten geographischen Zone in den verschiedenen Ländern herum und führen in periodischen Abständen ihre Prüfungen durch; in wichtigen oder schwerwiegenden Fällen tauchen sie freilich zuweilen ganz unvermutet auf.

Der Polygraph gelangt im Diplomatengepäck des Außenministeriums getarnt zu den CIA-Stationen; er befindet sich in einem eleganten Koffer von Doppelgröße, der meist karamelfarben ist und von der Firma Samsonite hergestellt wird. Diese Koffer sehen völlig unverdächtig aus. Ohne die geringste Schwierigkeit gelangt der Polygraph auf diese Weise in die Botschaften und an seine Einsatzorte. Die Agenten werden an einem völlig sicheren Ort, wenn nötig unter Hinzuziehung eines Dolmetschers, „gefluttert", wobei die Fragen sich in der Regel immer mit dem gleichen Komplex befassen: wem hast du etwas über deine Beziehungen zur CIA erzählt, welche Kontakte hast du zu fremden Geheimdiensten? Zweck dieser Kontrollen ist es in erster Linie, Doppelagenten zu ermitteln; sie sind aber auch dazu da, die Zuverlässigkeit des Agenten bei seinen Berichten und in seinem Umgang mit Geld zu überprüfen.

Infiltration kommunistischer Parteien
Darunter fallen alle Anstrengungen, sämtliche kommunistischen Parteien sowie sämtliche linksextremen revolutionären Bewegungen der Welt zu infiltrieren. Ihr Ziel ist es, möglichst umfassende Kenntnisse über alle revolutionären Organisationen außerhalb des kommunistischen Blocks zu erwerben – also über Schlagkraft, Verankerung, militärische Bedeutung, Ziele und Strategie, Funktionäre, Mitglieder, Schwächen, internationale Verbindungen. Die Zentralstelle im Hauptquartier, von der aus diese sogenannten „CP"-Operationen geplant werden und die für die Durchführung verantwortlich zeichnet, ist die Abteilung Internationaler Kommunismus des CI-Stabs. Zuweilen befassen sich die CP-Operationen auch mit offiziellen Funktionären kommunistisch regierter Länder, da die wichtigen Regierungsfunktionäre dieser Länder immer auch Parteimitglieder sind. Meist aber fallen solche Aktivitäten eher in die Kompetenz der Abteilungen, die auf die Sowjetunion und ihre Satellitenstaaten angesetzt sind.
Mit welchen Mitteln eine CIA Station an die Infiltration einer kommunistischen Partei oder irgendeiner revolutionären Organisation herangeht, hängt von den Rahmenbedingungen, unter denen die Operation stattfindet, ab, insbesondere von dem Grad der Repression, unter der die revolutionäre Linke zu leiden hat. Ein anderer wichtiger Faktor ist das allgemeine wirtschaftliche und kulturelle Niveau des Landes, denn dieses Niveau drückt sich auch in der Operationsfähigkeit und Verletzbarkeit der revolutionären Gruppen aus. Allgemein gilt: Je mehr die staatlichen Sicherheitsorgane eine kommunistische Partei zwingen, im Untergrund zu operieren, desto schwerer

ist es, sie zu infiltrieren. Arbeitet z. B. eine kommunistische Partei völlig im Untergrund, dann gibt es keine offene Möglichkeit, sie zu infiltrieren. Andererseits: Unter je ärmlicheren Verhältnissen die Parteimitglieder leben müssen, desto leichter ist es, sie zu gewinnen; das hängt in der Regel vom allgemeinen wirtschaftlichen Entwicklungsniveau des Landes ab. Ein Kommunist in La Paz ist eher dazu bereit, gegen Geld für die CIA zu spionieren, als ein Kommunist in Paris. Am Anfang jedes CP-Programms steht daher eine genaue Analyse der Rahmenbedingungen. Das nächste ist dann das Studium aller offen zugänglichen Materialien der Partei. Im Falle einer großen und offiziellen kommunistischen Partei, wie der italienischen oder französischen, kann dieses Material sehr umfangreich – es kann aber auch sehr begrenzt sein, wie im Falle kommunistischer Parteien, die im Untergrund arbeiten müssen (Beispiel: Paraguay). Die Untersuchungen richten sich auf die Parteipresse, Reden führender Funktionäre, Propagandamaterialien, Aktivitäten ihrer Basisorganisationen und Abhängigkeit von der Moskauer Parteilinie. Die Unterwanderung kommunistischer Parteien und anderer revolutionärer Organisationen gehört zum täglichen Handwerk fast jeder CIA-Station. Die betreffenden Agenten sind Mitglieder der revolutionären Organisationen und berichten über verborgene Kommunikationskanäle an die Station. Sie können auf verschiedene Arten angeworben werden. Der erste Typ eines solchen Agenten ist der Überläufer: er ist ein Parteimitglied, das aus Geldnöten, ideologischer Enttäuschung oder anderen Motiven heraus sich entscheidet, der US-Regierung seine Dienste anzubieten. Den ersten Kontakt stellt er entweder dadurch her, daß er direkt in die amerikanische Botschaft oder das Konsulat kommt oder er wählt einen etwas verschwiegeneren Weg, um sich vor dem Erwischtwerden und der Rache der Partei zu schützen. Es gehört zu den Pflichten des Chefs einer CIA-Station, dafür zu sorgen, daß der Sicherheitsoffizier der Botschaft (der dem Außenministerium unterstellt ist) die Leute am Empfang (in der Regel sind es Einheimische) und die Wachtposten davon in Kenntnis setzt, daß von Zeit zu Zeit etwas nervöse Leute auftauchen könnten, die nicht ihren Namen preisgeben wollen und mit irgend jemandem aus der Botschaft ganz allgemein über ,,Politik" zu sprechen wünschen. In einem solchen Fall wird in der Regel ein offizieller Vertreter des Außenministeriums, der Offiziersrang hat und in der politischen Abteilung arbeitet, benachrichtigt; dieser führt dann mit dem angeblichen oder tatsächlichen Überläufer ein unverbindliches Privatgespräch – wobei er die meiste Zeit seinen Gesprächspartner reden läßt. Durch diese Methode wird die Identität der Beamten der CIA-Station geschützt. Der Botschaftsoffizier informiert nach dem Gespräch einen Agenten der CIA; auf dieser Basis wird über die Glaubwürdigkeit des Überläufers und über die Ratsamkeit eines direkten Kontakts zwischen dem Überläufer und einem CP-Beamten der CIA-Station entschieden. Vor diesem ersten Kontakt werden aber in jedem Fall gründliche Basis- und Hintergrund-Nachforschungen angestellt, um jede nur mögliche Provokation oder Intrige im voraus zu erkennen. Wenn der Überläufer zuverlässig erscheint und der Kontakt hergestellt ist, beginnt eine ganze Reihe langer Gespräche, in denen er ausführlich seine bisherigen politischen Aktivitäten sowie die Gründe dafür, daß er mit den Amerikanern Kontakt aufgenommen hat, darlegen muß. Daraufhin werden seine Fähigkeiten und seine Bereitschaft, gegen seine bisherige Partei als Spion zu arbeiten, eingeschätzt; früher oder später folgt die Überprüfung durch den Polygraphen. Dann wird die Klärungsprozedur für eine vorläufige Zulassung als Agent eingeleitet. Wenn alles gutgeht, werden für den neuen Agenten die geheimen Kommunikationswege festgelegt, und eine neue Unterwanderungsoperation kann beginnen.

Eine andere Methode, kommunistische Parteien oder Bewegungen zu unterwandern, besteht darin, daß einer, der nicht Kommunist ist, angeworben wird und den Auftrag erhält, in die Partei einzutreten und sich in ihr emporzuarbeiten. Dieser Ansatz ist sehr aufwendig und langwierig – nur als allerletztes Mittel wird deswegen darauf zurückgegriffen.

Wohl am schwierigsten ist die Anwerbung von bekannten und prominenten Mitgliedern revolutionärer Organisationen. Der Erfolg solcher Operationen hängt von der Zuverlässigkeit und Brauchbarkeit des Materials ab, das von anderen Unterwanderungsoperationen stammt; denn nur bei genauesten Recherchen wird man die Schwächen des zukünftigen Agenten sowie die eigenen Erfolgschancen ausmachen können. Alle CIA-Stationen sind ständig dabei, Agenten anzuwerben; bevor die Entscheidung fällt, ob der Rekrutierungsversuch gemacht wird oder nicht, ist schon umfangreiches Aktenmaterial gesammelt.

Es gibt zwei Arten der Anwerbung: die „heiße" und die „kalte". Bei der „heißen" Anwerbung macht ein CIA-Agent der Station, in der Regel kein Unterwanderungsagent, dem Betreffenden den Vorschlag – manchmal nach sehr langen Kontakten, manchmal aber auch sehr schnell; der Agent weiß vorher, wofür der Betreffende eingesetzt werden soll bzw. kann es sehr schnell erfahren. Die „kalte" Anwerbung nimmt ein CIA-Beamter oder -Agent vor; oft unter falschem Namen oder er wird eigens aus einem benachbarten Land oder vom Hauptquartier angefordert. Er wird den Betreffenden auf der Straße oder in seiner Wohnung ansprechen, ohne vorher schon Kontakt mit ihm gehabt zu haben. Diese Methode kann danebengehen — dann nämlich, wenn das Informationsmaterial des Agenten über die Schwächen und dunklen Stellen im Leben des Betreffenden unzureichend oder falsch ist. Deshalb ist es für den CIA-Mann in diesem Fall ratsam, über einen brauchbaren Fluchtplan zu verfügen.

Bei beiden Methoden wird vorher vereinbart, wie man sich — falls plötzlich notwendig — an einem sicheren Ort trifft, und wie man nach dem Treffen die Verbindung aufrechterhält — letzteres für den Fall, daß die Zielperson zuerst ablehnt, es sich später aber anders überlegt. Die „kalte" Anwerbung kann, in großem oder kleinem Maßstab, auch so vor sich gehen, daß die Zielperson Briefe oder Nachrichten erhält, in denen das CIA-Interesse an ihrer politischen Arbeit und der Vorschlag zur Zusammenarbeit mitgeteilt wird. Als Kontakt kann ein unverdächtiges Postfach, z. B. in den USA, dienen; oder aber auch eine bestimmte Identifizierungsnummer, die jeder erhält, der als zukünftiger Agent in Betracht kommt. Meldet sich die Zielperson über diese Nummer, so nimmt ein CIA-Beamter unter strengen Sicherheitsvorkehrungen Kontakt mit ihr auf.

Schließlich gibt es noch eine weitere Methode: man hört die Wohnungen oder Treffpunkte von Parteifunktionären ab. Solche Operationen können nur dann erfolgreich durchgeführt werden, wenn man genügend Informationen über Personen, Örtlichkeiten und die wichtigen Treffpunkte besitzt. Da die Arbeitsweise revolutionärer Organisationen häufig äußerst konspirativ ist, sind solche Informationen oft nicht erhältlich. Das Abhören ist aber auf jeden Fall die brauchbarste und effektivste Methode — denn es fehlt der sogenannte menschliche Faktor, der in den Berichten von Agenten oft genug durchschlägt und zu Übertreibungen und Fehlinformationen führt.

Von Fall zu Fall wird das CP-Programm mit Hilfsoperationen bestimmter Einheiten aus der CIA-Station unterstützt. So machen Überwachungs- und Beschattungsgruppen die geheimen Treffpunkte aus, die abgehört werden sollen. Durch das Abfangen der Post kommen die CP-Einheiten in den Besitz wichtiger Parteikorrespondenz. Observationsposten können die Teilnehmer von Geheimtreffen identifizieren oder die Abhöranlagen installieren und bedienen. Durch das Anzapfen von Telefonen erhält man umfangreiche Informationen über Funktionäre der Partei und über die Lebensgewohnheiten der Spitzenfunktionäre. Durch Einbrüche kann man in den Besitz von Dokumenten und Mitgliederlisten gelangen. Infiltration und Nachrichtenbeschaffung sind nur ein Teil der Aktivitäten gegen revolutionäre Organisationen. Daneben gibt es die offensiven Methoden, wie z. B. psychologische oder paramilitärische Operationen. Dazu gehört: das Unterbringen von antikommunistischer Propaganda in den Massenmedien, das Arrangieren von Verhaftungen wichtiger Parteifunktionäre, die Veröffentlichung gefälschter Parteipropaganda, die dann der Partei zugeschrieben wird und es der Partei zuweilen sehr schwermacht, sich davon zu distanzieren; weitere Methoden: die CIA stellt Schlagertrupps auf, die Parteifunktionäre bedrohen oder zusammenschlagen; Versammlungen werden mit Stinkbomben und anderen Mitteln aufgelöst; und schließlich: befreundete Geheimdienste werden dazu benutzt, gegen revolutionäre Organisationen vorzugehen. Wir wollen uns zunächst auf diesen letzten Aspekt beschränken – auf die anderen Methoden werden wir später noch zu sprechen kommen.

Gemeinsame Operationen mit befreundeten Geheimdiensten
Strenggenommen haben alle Operationen, die gemeinsam mit anderen Geheimdiensten durchgeführt werden, Kompromißcharakter und sind daher gefährlich; denn schon allein durch die Tatsache, daß es eine solche Verbindung gibt, muß die CIA eine Gegenleistung erbringen: sie muß zumindest die Identität eines CIA-Beamten preisgeben. Dann gibt es zwei Grundprinzipien bei allen Operationen und Kontakten mit anderen Geheimdiensten: erstens, so etwas wie einen befreundeten Geheimdienst kann es nicht geben; zweitens, es ist davon auszugehen, daß alle Geheimdienste, mit denen die CIA Kontakt hat, von den Sowjets oder revolutionären Organisationen des Landes unterwandert sind. Daher haben alle Operationen, die die CIA zusammen mit anderen Geheimdiensten durchführt, von vornherein Kompromißcharakter und sind von Anfang an gefährdet. Aus diesem Grund tragen etliche CIA-Berichte den Vermerk NOFORN oder NO FOREIGN DISSEM: das bedeutet, daß sie grundsätzlich nur US-Behörden zugänglich sein dürfen. Diese Vermerke werden so auf die Akten verteilt, daß

ein ausländischer Geheimdienst im Rahmen eines normalen Austauschprogramms an keinerlei wichtige Nachrichtenquellen herankommt. Warum nimmt die CIA dann überhaupt Kontakte mit anderen Geheimdiensten auf? Gemeinsame Operationen werden natürlich nur deswegen durchgeführt, weil sie nützlich sind. Die beschränkten Möglichkeiten einer CIA-Station werden dadurch erweitert – so unzuverlässig und problematisch diese Erweiterung auch sein mag; für die CIA ergibt sich die Möglichkeit, andere Geheimdienste zu unterwandern. Und außerdem kann die CIA-Station über den jeweils lokalen Geheimdienst viel leichter Verhaftungen und Razzien durchsetzen. Die CIA unterstützt lokale Sicherheitsabteilungen, wie z. B. die Polizei, indem sie Geld, Ausrüstungsmaterial und Ausbildungspersonal zur Verfügung stellt. Dadurch gelangt die CIA-Station natürlich auch an Informationen, die ihr sonst, z. B. aufgrund des eigenen Personalmangels, verschlossen bleiben. Will man z. B. Reisekontrollen durchführen, dann müssen sämtliche Unterlagen der Fluglinien, Schiffsgesellschaften sowie der lokalen Einwanderungsbüros kontrolliert werden. Oft ist es viel einfacher, über den betreffenden lokalen Geheimdienst an diese Informationen heranzukommen, als wenn man gezwungen wäre, die Passagierlisten sämtlicher Reise- und Fluggesellschaften zu kontrollieren. Oder: Das Telefon-Abhören ist durch einheimische Geheimdienste sehr viel einfacher durchzuführen, insbesondere, wenn mehrere Leitungen abgehört werden sollen. Oder: Dem lokalen Geheimdienst fällt es nicht schwer, Post abzufangen – für die CIA-Station wäre das eine langwierige Prozedur: sie müßte in den betreffenden Postbehörden einen Agenten anwerben. Und der allergrößte Vorteil: wenn es irgendeinen Skandal gibt, hängt der lokale Geheimdienst und nicht die CIA drin.
In der Regel wird der Kontakt vom Chef der jeweiligen CIA-Station zusammen mit dem Chef des lokalen Geheimdienstes ausgehandelt. In manchen CIA-Stationen gibt es ganze Abteilungen, deren einzige Aufgabe die praktische Zusammenarbeit – sowohl auf der Ebene von Operationen als auch auf der der Nachrichtenermittlung – mit dem einheimischen Geheimdienst ist. Generell gilt natürlich, daß dem anderen Geheimdienst so wenig Mitarbeiter der CIA-Station wie möglich bekannt sein dürfen – im Idealfall also nur die Beamten, die direkt mit der Zusammenarbeit beauftragt sind.
Einige nationale Geheimdienste sind so rückständig, daß sie

offener Unterstützung durch die US-Regierung bedürfen. Dafür gibt es die „International Cooperation Administration" (ICA; sie wurde später umbenannt in: „Agency for International Development"; AID); ihre technische Hilfsprogramme umschließen in vielen Ländern auch die sogenannten „Public Safety Missions" (Aufträge zur Gewährleistung der öffentlichen Sicherheit); sie werden von US-Technikern in Zusammenarbeit mit den örtlichen Polizeibehörden durchgeführt. Ziel dieser Aktionen ist es, die Operationsfähigkeit der lokalen Behörden zu erhöhen; es geht dabei um Nachrichtentechnik, Spionage, Verwaltung, Nachrichtenschutz und -auswertung, Öffentlichkeitsarbeit und Verbrechensbekämpfung. Diese Missionen zahlen sich natürlich auch für die CIA aus: sie erhöhen den Schutz der CIA-Beamten, deren Aufgabe es ist, mit den Geheimabteilungen von Polizei und anderen Organen des betreffenden Landes zusammenzuarbeiten. Oft kommt es vor, daß Beamte der CIA-Station unter falscher Identität direkt beim militärischen Abschirmdienst des Landes arbeiten; ebenso ist es möglich, daß CIA-Beamte, getarnt als Geschäftsleute, Touristen oder wohlhabende Leute, die zurückgezogen leben, mit den örtlichen Geheimabteilungen zusammenarbeiten.

Wenn die CIA über die „Public Safety Missions" und andere Tarnorganisationen ausländischen Geheimdiensten bei der Aufrüstung hilft, dann nicht nur, um deren Schlagkraft zu verbessern. Vielmehr wird die Operationsplanung der ausländischen Geheimdienste vom zuständigen Kontakt-Beamten der CIA so beeinflußt bzw. gesteuert, daß der Geheimdienst Operationen übernimmt, zu denen die CIA-Station aus personellen oder anderen Gründen nicht in der Lage ist. Mit anderen Worten: Die lokalen Geheimdienste werden von der CIA funktionalisiert, und dazu ist es nötig, daß man den fremden Geheimdienst aus den Operationen, zu denen man selber in der Lage ist, heraushält.

Sehr wichtig sind auch die persönlichen Beziehungen zwischen den Kontaktbeamten der CIA und ihren Kollegen in den ausländischen Geheimdiensten; denn es gehört auch zur Aufgabe der Kontaktbeamten der CIA, unter den Agenten des fremden Geheimdienstes diejenigen ausfindig zu machen und zu prüfen, die für die Anwerbung durch die CIA in Frage kommen. Dafür macht der CIA-Beamte für seinen Kollegen aus dem anderen Geheimdienst Geld locker; obwohl das Geld offiziell strikt nur für Operationen verwandt werden darf, wird geradezu damit gerechnet, daß der andere davon auch etwas in die eigene Tasche steckt. Der Geheimagent oder Polizist des anderen Landes soll sich mit der Zeit an ein kleines Taschengeld gewöhnen — er ist dann nicht mehr nur in Fragen technischer Kooperation und Ausrüstung, sondern auch ganz privat von der CIA-Station abhängig. In vielen Ländern gehören die Sicherheitsbeamten zu den am schlechtesten bezahlten Staatsdienern und lehnen deshalb nur selten Bestechungsgelder ab. Schritt für Schritt wird der Betreffende jetzt dazu gebracht, Aufträge durchzuführen, die er niemandem, vor allem nicht seinen Vorgesetzten, mitteilen darf. So fängt er allmählich an, auch Interna aus seinem eigenen Geheimdienst und Informationen über die eigene Regierung zu berichten. Wenn alles klappt, fühlt er sich bald in erster Linie der CIA verpflichtet; schließlich kommt daher ja auch das Geld. Diese Infiltration ausländischer Geheimdienste ist oft von großem Nutzen für die CIA, denn häufig sind die Geheimdienste mit der wichtigste Faktor der politsichen Stabilität des Landes. Informationen von solchen Agenten sind in der Situation eines drohenden Putsches oft von unschätzbarem Wert für die CIA'

Die letze Möglichkeit ist schließlich, daß angeworbene Agenten fremder Geheimdienste selbständig Unterwanderungsoperationen durchführen. Das ist das höchste Ziel der Politik der Unterwanderung. Abgeworbene Beamte ausländischer Geheimdienste können auch dazu beitragen, Operationen ihres Geheimdienstes aufzudecken, die sich gegen die Arbeit der CIA-Station richten. Auch das ist ein sehr günstiger Fall.

Operationen gegen die Sowjetunion und ihre Satellitenländer
Operationen gegen die Sowjetunion und ihre Stallitenregierungen haben auf lange Sicht die Funktion, zuverlässige Informationen zu sammeln, nicht Gegenspionage zu betreiben. In vielen Fällen aber sind die beiden Arten von Informationen, FI und CI, so eng miteinander verflochten, daß sie praktisch nicht voneinander zu trennen sind. Das kommt daher, daß es in den genannten Ländern ungeheuer schwierig ist, Operationen zu landen, denn die Abwehrdienste kommunistischer Länder arbeiten außerordentlich gut. Kommen einmal Informationen aus der UdSSR und ihren Satellitenländern, dann sind das in der Regel Zufallserfolge, die wenig mit der systematischen Ziel- und Rekrutierungsarbeit der CIA zu tun haben. Solche Erfolge sind viel eher das Ergebnis subjektiver Entwicklungsprozesse kommunistischer Funktionsträger, die in einer nicht voraus-

sehbaren Druck- oder Streßsituation plötzlich überlaufen. Mit anderen Worten: Solche Agenten rekrutieren sich in der Regel selber.

Auf der anderen Seite ist es außerhalb des sowjetischen Einflußbereichs relativ leicht möglich, Kontakt zu sowjetischen und osteuropäischen Funktionären aufzunehmen, und im Laufe der Jahre hat die CIA ausgefeilte Methoden entwickelt, sich solchen Leuten zu nähern. Daraus resultierende Operationen sind meist mehr vom CI- als vom FI-Typ; das heißt: sie dienen meist mehr dem eigenen Schutz als der Nachrichtenermittlung. Das heißt natürlich nicht, daß solche Operationen weniger aggressiv wären.

Prinzipiell versucht jede CIA-Station, über Mittelsmänner das Gelände rings um eine Sowjetbotschaft herum aufzukaufen. Die Grundstücke, die als Basis der CIA-Aktionen am erfolgversprechendsten erscheinen, werden dann entweder gekauft oder griffbereit gehalten. Da die sowjetischen Botschaften oft auf sehr großen Grundstücken stehen, mehrere Häuser umfassen und meist von hohen Mauern umgeben sind, kann es vorkommen, daß sieben oder acht Grundstücke an das der sowjetischen Botschaft angrenzen. Die Häuser auf diesen Grundstücken dienen als Observationsposten und beherbergen die erforderliche technische Ausrüstung. Wenn man z.B. weiß oder vermutet, daß die Sowjets in ihrer Botschaft eine elektronische Dechiffriermaschine haben, versucht man von den angrenzenden Grundstücken aus, Strahlen aufzufangen, um die Botschaften entziffern zu können. Solche Operationen werden mit Unterstützung der „National Security Agency" durchgeführt. Die meiste Zeit aber dienen die Observationsposten der Routinearbeit: um herauszubekommen, ob sich auf dem Gelände der sowjetischen Mission KGB- oder GRU-Einheiten (GRU ist der militärische Geheimdienst) befinden, oder wie die Hierarchie innerhalb der sowjetischen Vertretung verläuft.

Wo immer es möglich ist, werden sämtliche Eingänge sowie die Gärten des sowjetischen Geländes rund um die Uhr observiert. Dazu braucht man mindestens drei bis vier Observationsposten. Auf jedem Observationsposten sitzen Agenten, oft als älteres Ehepaar getarnt; sie führen über alles genauestens Buch: über das Kommen und Gehen jedes einzelnen Botschaftsangestellten, darüber, wer an den häufigen Gesprächen im Garten teilnimmt, über Eigenarten und Charakteristika der Gesprächsteilnehmer usw. Sehr häufig wird auch photographiert: um aktuelle Photos vom Botschaftspersonal zu haben. Sehr viel schwieriger und weniger erfolgversprechend ist eine andere Methode: die Unterhaltungen im Garten werden in Großaufnahme gefilmt und Agenten, die gut Russisch können, sollen dann anhand der Lippenbewegungen die Gespräche entschlüsseln. Die Aufzeichnungen des Observationspostens werden dann mit den abgehörten und übersetzten Telefongesprächen verglichen. Eine weitere Standard-Operation gegen alle sowjetischen und sonstigen kommunistischen Vertretungen im Ausland ist das Abhören mittels Wanzen — was freilich nicht immer möglich ist. Durch diese Methoden erhalten die CIA-Beamten die notwendigen Kenntnisse über die Funktionsabläufe und die täglichen Gewohnheiten innerhalb der sowjetischen Kolonie; diese Kenntnisse sind die Basis jeder Operation.

Das Sammeln von Informationen über Diplomaten aus der UdSSR und anderen kommunistischen Ländern beginnt freilich schon lange, bevor diese in dem betreffenden Land eintreffen. Der erste Hinweis auf einen neuen kommunistischen Agenten im westlichen Ausland kommt fast immer in dem Moment, in dem das sowjetische Außenministerium bei der betreffenden Botschaft in Moskau wegen eines Visums vorstellig wird. Die Botschaft wird das Visum erteilen und dann das eigene Außenministerium von dem Vorgang in Kenntnis setzen oder sie wird die ganze Angelegenheit gleich ans Außenministerium weiterleiten; das hat dann über das Einreisevisum zu befinden. Dieser Informationsaustausch läuft oft verschlüsselt: als diplomatischer Schrift- oder Funkverkehr. Die National Security Agency fängt diese Botschaften ab, dechiffriert sie und gibt sie an die Zentrale der CIA weiter; dort wird sofort geprüft, ob es über den betreffenden sowjetischen Funktionär schon Informationen und eine Akte gibt. Alle gewonnenen Informationen werden dann an die CIA-Station des Landes weitergeleitet, in dem der sowjetische Funktionär akkreditiert werden soll.

Noch bevor dieser eintrifft, hat die CIA-Station schon alles verfügbare Material über ihn und seine Familie — wenn möglich sogar ein Photo von ihm. Diese Informationen über diplomatische Funktionäre aus der UdSSR und anderen kommunistischen Ländern wurden bei früheren Auslandsaufenthalten des Betreffenden gesammelt, stammen aus dechiffrierten Nachrichten, aus anderen nachrichtentechnischen Quellen oder sind einfach Zufallsprodukte. Gibt es überhaupt kein Material über den neuen Mann, dann wird eine neue Akte eröffnet, und die CIA beginnt, die Geschichte des Mannes zu erforschen.

Ziel aller dieser Operationen ist es, Diplomaten aus der Sowjetunion und ihren Satellitenländern als Spione anzuwerben; das ist natürlich nur möglich, wenn man Kontakt mit ihnen aufnimmt. Beim Ermitteln von Informationen über die Zielperson und beim Herstellen des ersten Kontakts fällt die wichtigste Aufgabe dem sogenannten „Kontakt-Agenten" zu. Kontakt-Agenten sind Leute, die – aus vielerlei Gründen – in der Lage sind, persönliche Kontakte zu kommunistischen Funktionären herzustellen; sie schaffen der CIA die Voraussetzungen für eine möglichst genaue Observierung der Zielpersonen. Außerdem muß ein Kontakt-Agent in der Lage sein, die Zielperson sehr vorsichtig und langsam in Gespräche zu verwickeln – auf diese Art erfährt man, ob sie ideologische Zweifel hat, erfährt man ihre charakterlichen Schwächen, ihre persönlichen Probleme, ihre persönlichen Vorlieben und Abneigungen. Es kann passieren, daß die Sowjets versuchen, den Kontakt-Agenten selbst anzuwerben, daß er also ein Doppelagent wird; das kommt aber nur sehr selten vor, denn ein solcher Schritt wirft für den Betreffenden derart viele Sicherheitsprobleme auf, daß er ihn in den meisten Fällen lieber unterläßt. Als Kontakt-Agent kommt jeder in Frage, der das Interesse der Zielperson auf sich lenken kann: ein Beamter des amerikanischen Außenministeriums, ein Diplomat eines dritten Landes, jemand, der das gleiche Hobby wie die Zielperson hat, oder jemand mit einer attraktiven Ehefrau.

In den meisten Ländern sind die ausländischen Diplomaten in der Regel Mitglieder eines Clubs, der jeden Monat Diners, Veranstaltungen, Ausflüge und ähnliches organisiert. Beamte des US-Außenministeriums bzw. als Diplomaten getarnte CIA-Beamte sind natürlich Mitglieder solcher Clubs und können auf diese Weise ganz unverdächtig mit sowjetischen Diplomaten Kontakt aufnehmen. Beabsichtigt eine CIA-Station, mittels eines Beamten aus dem Außenministerium Kontakt mit einem sowjetischen Diplomaten aufzunehmen, so muß sie vorher die ausdrückliche Erlaubnis der Botschaft einholen; denn es müssen ausreichende Sicherheitsvorkehrungen getroffen werden – schließlich ist jeder kommunistische Diplomat fast mit Sicherheit auch Geheimdienstbeamter. In einigen Fällen versuchen auch CIA-Beamte, direkt den Kontakt mit sowjetischen Diplomaten herzustellen. Solche Versuche sind aber meist nicht so effektiv wie der Einsatz von Kontakt-Agenten, in deren Gesellschaft die Zielperson sich gelöst und womöglich einige Blößen gibt.

In den Botschaften und Missionen kommunistischer Länder

sind in der Regel auch einige wenige Einheimische angestellt; sie arbeiten als Gärtner, Putzfrauen, manchmal auch als Chauffeure. Diese Leute werden von den Botschaften nach sehr strengen Kriterien ausgewählt und müssen ihrem kommunistischen Arbeitgeber gegenüber absolut loyal sein. In einigen Fällen gelingt aber auch die Anwerbung dieser Leute.
Sehr wichtig für die CIA ist das Installieren von Abhöranlagen in den Vertretungen der kommunistischen Länder. Das glückt allerdings nur in den seltensten Fällen, z.b. dann, wenn ein angeworbener Mitarbeiter der Vertretung eine Wanze plazieren kann. Ein Umstand kommt dabei der CIA zunutze: die Russen, Chinesen und die anderen kommunistischen Länder eröffnen im westlichen Ausland immer mehr Botschaften, Konsulate und Wirtschaftsmissionen – und immer brauchen sie dazu Räume und Gebäude. Wenn bekannt wird, daß ein kommunistisches Land eine neue Mission eröffnen will, setzt die CIA sofort alle Hebel in Bewegung um herauszubekommen, wo genau die Vertretung sitzen wird, und – wenn möglich – sofort Abhöranlagen zu installieren. Die Mitarbeiter kommunistischer Botschaften, Konsulate und Missionen leben meist auf dem offiziellen diplomatischen Gelände – nur einige wenige bewohnen Privatappartements. Wann immer es sinnvoll und ergiebig erscheint, versucht die CIA natürlich auch diese Privatwohnungen abzuhören.
Fast alle CIA-Stationen verfügen über eigene Beschattungstrupps, die mit Kameras, Autos und Funkgeräten ausgestattet sind. Ihre wichtigste Aufgabe ist die Beschattung kommunistischer Geheimdienstleute; dadurch werden die Gewohnheiten dieser Agenten ermittelt und mit etwas Glück ihre Verbindungsleute.
In der CIA-Zentrale werden alle diese Operationen aufs genaueste von der Abteilung Sowjetrußland (SR) des DDP überwacht und kontrolliert. Dort sitzen die Kommunismus-Spezialisten der CIA. Ein Großteil der Geheimdienstkorrespondenz über Operationen gegen die Sowjetunion ist mit der Tarnbezeichnung REDWOOD versehen; das bedeutet, daß Initiative und Kontrolle dieser Aktion von der Abteilung SR ausgehen. In bestimmten Fällen kann die Tarnbezeichnung auch REDCOAT lauten; das bedeutet, daß an Initiative und Kontrolle der Aktion auch die zuständige Einheit beteiligt wird, in deren Tätigkeitsbereich die entsprechende Operation stattfindet. Von der Abteilung SR werden außerdem eine ganze Reihe anderer Operationen, die von weltweiter Bedeutung sind, koordiniert.

Anfang der 50er Jahre startete die CIA das Programm REDSOX. Es ging dabei um die Infiltration von CIA-Agenten in die Sowjetunion und andere kommunistische Länder. Das Programm war ein jämmerlicher Reinfall. Dennoch wird auch heute noch, wenn es notwendig erscheint, diese Methode angewandt — meist dann, wenn man gerade einen russischen Emigranten an der Hand hat, von dem bekannt ist, daß er Selbstmordneigungen hat. Das REDSKIN-Programm hat sich dagegen bis heute sehr gut bewährt, wenn auch einige Agenten dabei draufgegangen sind. Dabei handelt es sich um das Einschleusen von Agenten als normale Reisende: als Touristen, Geschäftsleute, Wissenschaftler, Journalisten — praktisch jeder kommt dafür in Frage, der auf legalem Wege in die Sowjetunion oder ein anderes kommunistisches Land einreisen kann und bereit ist, Geheimdienstaufträge auszuführen.

Außerdem gibt es noch das sogenannte REDCAP-Programm, ein maschinell und systematisch arbeitendes Verzeichnis aller sowjetischer Staatsangehörigen, die ins Ausland reisen: Wissenschaftler, Techniker, Militärberater, Wirtschaftsfachleute und Diplomaten. Natürlich dienen alle diese Berufsgruppen als Tarnung für Geheimdienstbeamte. Das ZOMBIE-Programm — es läuft nach demselben System — verzeichnet alle Staatsbürger aus nichtsozialistischen Ländern, die in den Ostblock einreisen, und das ZODIAC-Programm schließlich erfaßt alle Bürger sowjetischer Satellitenstaaten, die in den Westen reisen. Die Aktivitäten der SR-Abteilung konzentrieren sich auf internationale Wirtschafts- und Technik-Kongresse, über die im voraus Ankündigungen an die entsprechenden Stationen in der ganzen Welt hinausgehen, mit Umschreibung der Art des Treffens und der Aufforderung, einen Vertrauensmann oder ein Mitglied der Station für die Teilnahme am Kongreß bereitzustellen, die Kontakte zu den Sowjets oder den Kollegen aus den Satellitenstaaten herstellen sollen.

Unsere praktische Ausbildung geht weiter. Wöchentlich einen Nachmittag üben wir mit den Ausbildern in nah gelegenen Ortschaften Beschattungstechniken und „Agententreffs". Meine Aufgabe bestand darin, den Beamten eines verbündeten Geheimdienstes dazu zu überreden, gegen Bezahlung und ohne Wissen seiner Vorgesetzten Aufträge für mich zu erledigen.

Das Training zur Infiltration kommunistischer Parteien zielte darauf, dem Agenten den Rücken zu stärken, d. h. ihn zu ermutigen, eine aktivere Rolle der Partei — die er ja schließlich verachtet — zu übernehmen. Die Sowjet-Operation bestand in einigen Treffs mit den Diplomaten eines „dritten" Landes (in meinem Fall ein Inder), mit dem Ergebnis seiner Rekrutierung als Kontaktagent für einen KGB-Beamten. Ich bekam einen Fall, in dessen Verlauf ich einen widerspenstigen Wissenschaftler rekrutierte, der an einem wissenschaftlichen Kongreß teilnehmen sollte. Vor und nach der Reise trafen wir uns zu Instruktions- bzw. Auswertungszwecken. Seine Hauptaufgabe bestand darin, freundschaftliche Kontakte zu einem sowjetischen Kollegen aufzunehmen, von dem wir wissen, daß er Zugang zu militärischen Geheimsachen hat. Ich hoffe, daß sich die beiden auf weiteren Konferenzen begegnen werden; vielleicht kann mein Agent dabei den sowjetischen Wissenschaftler anwerben.

Camp Peary, Virginia
April 1960

Bei psychologischen paramilitärischen Operationen – sie laufen unter der Bezeichnung PP oder KUCAGE – liegt der Schwerpunkt auf Aktionen, im Unterschied zu FI- oder CI-Operationen, die eher der Sammlung von Informationen dienen und bei denen die Zielpersonen möglichst nichts von ihrer Beschattung merken sollen. Operationen vom Typ PP oder KUCAGE dagegen sind immer auf sichtbare Effekte angelegt. Allerdings darf nicht erkennbar sein, daß die CIA oder die US-Regierung dahinterstecken, sondern das Ganze soll nach Möglichkeit irgendeiner anderen Organisation oder Person in die Schuhe geschoben werden. Diese Operationen, die 1947 im Rahmen des „national security act" unter der Bezeichnung „zusätzliche Dienstleistungen von allgemeinem Interesse" vom Kongreß abgesegnet wurden, sind in vieler Hinsicht empfindlicher als Sammeloperationen. Normalerweise entscheidet über sie der Stab für psychologische und paramilitärische Operationen beim DDP. Wenn aber das Projekt sehr teuer ist oder besonders außergewöhnliche Methoden angewendet werden sollen, müssen der OCB (das entspricht der Ebene von Staatssekretären), der NSC („national security counsel") oder gar der Präsident persönlich grünes Licht geben.

PP-Operationen sind natürlich riskant. Fast immer mischt sich die CIA dabei in die inneren Angelegenheiten eines Landes ein, mit dem die USA normale diplomatische Beziehungen unterhalten. Wenn herauskommt, wer dahintersteckt, kann das sehr

unangenehme diplomatische Folgen nach sich ziehen. Für Operationen zum Sammeln von Informationen trifft das nicht zu, denn wenn die entdeckt werden, drücken die meisten ausländischen Regierungen beide Augen zu. Derartige Operationen gelten auf der ganzen Welt als geheimdienstliche Routineübungen. Wichtigste Regel bei der Planung von PP-Operationen ist daher das „plausible Alibi", und das ist immer nur dann möglich, wenn man vorher dafür gesorgt hat, die ganze Angelegenheit jemandem anders als der US-Regierung zuzuschieben.
PP-Programme gibt es für praktisch jede CIA-Station. Sie unterscheiden sich jeweils nach Art der im Gastland vorhandenen Bedingungen. Psychologische Kriegführung umfaßt: Propaganda (unter der schlichten Bezeichnung „Medien"), Arbeit in Jugend- und Studentenorganisationen, in Arbeiterorganisationen (Gewerkschaften etc.), in Berufsverbänden, kulturellen Vereinigungen und politischen Parteien. Beispiele für paramilitärische Operationen sind: Eindringen in verbotenes Gelände, Sabotage, ökonomische Manipulationen, Nötigung von Personen, militärische Unterstützung aus der Luft und von der See, Waffenhandel, Ausbildung und Unterstützung kleiner bewaffneter Verbände.

Medienoperation
Die Rolle der CIA im Rahmen des Propaganda-Programms der USA wird von der Propagandaabteilung am Hauptquartier in drei Kategorien unterteilt: weiß, grau und schwarz.
Weiße Propaganda ist offen erkennbares Produkt einer Regierungsstelle, etwa des US-Informationsbüros (USIA). Graue Propaganda wird scheinbar von Leuten oder Organisationen betrieben, die nicht wissen, daß hinter ihren Informationen die US-Regierung steht, und die deshalb das Propagandamaterial produzieren, als ob es auf ihrem eigenen Mist gewachsen sei. Schwarze Propaganda besteht aus Material ohne Absender oder das Material wird einer nicht existenten Quelle zugeschrieben oder aber es handelt sich um gefälschtes Material, das einer tatsächlichen Quelle zugeschrieben wird. Die CIA darf als einzige Dienststelle der US-Regierung Operationen mit schwarzer Propaganda durchführen. Mit grauer Propaganda dürfen auch Behörden wie etwa die USIA umgehen. Das sogenannte „grey law" allerdings — enthalten in einer der vom National Security Council (NSC) herausgegebenen Geheimdienstrichtlinien — schreibt anderen Behörden die Anfrage bei der CIA vor, ehe sie mit grauer Propaganda umgehen dürfen.

Die für graue und schwarze Propaganda eingesetzten Vermittler sollten nach Möglichkeit nicht wissen, daß das Material von der CIA oder der US-Regierung stammt, teils um größere Wirkungen zu erzielen, teils um die Zahl der Personen, die Bescheid wissen, so gering wie möglich zu halten und das Enthüllungsrisiko zu mindern. Auf diese Weise können Verleger, Politiker, Geschäftsleute etc. Propaganda treiben – auch gegen Bezahlung – ohne zu wissen, wer sie im konkreten Falle am Gängelband führt. Natürlich sind darunter immer einige, die im Bilde sind, weshalb die CIA-Terminologie zwischen „informierten" und „blinden" Agenten unterscheidet.

Wie für alle PP-Operationen gilt auch für Propaganda-Operationen die Sicherheitsvorschrift, daß Zahlungen für geleistete Dienste nicht über CIA-Beamte laufen dürfen, die unter offizieller Tarnung arbeiten, etwa als Beamte des Außenministeriums. Damit soll das „plausible Alibi" gewährleistet werden. Außerdem verringert sich die Gefahr peinlicher Schwierigkeiten für die jeweilige US-Botschaft, falls die Regierung des Gastlandes irgend etwas herausbekommt. Stattdessen werden derartige Aufgaben an CIA-Beamte mit nichtoffizieller Tarnung delegiert: zum Beispiel Geschäftsleute, Studenten etc.

Beamte mit nichtoffizieller Tarnung pflegen auch die Kontakte mit angeworbenen Agenten, um dem Beamten mit offizieller Tarnung größtmöglichen Schutz zu gewährleisten. Sogar Treffen zwischen „Offiziellen" und „Nichtoffiziellen" sollten so heimlich wie möglich stattfinden. Dahinter steht die Absicht, die Botschaft zu schützen und die Agenten im Glauben zu lassen, sie würden von Privatfirmen bezahlt.

Propagandaspezialisten aus dem Hauptquartier haben uns in ISOLATION besucht und uns die Papiermassen vorgeführt, die sie als Propagandamaterial in der ganzen Welt versenden. Einiges befaßt sich ausschließlich mit lokalen Spezialproblemen, der Rest kann häufig überall in der Welt verwendet werden. Als die Vorführung beendet war, hatte sich eigentlich niemand unter uns so recht für diesen Teil geheimdienstlicher Arbeit erwärmt – es bedeutet einfach zuviel Papierkram. Das Interessanteste an der Propaganda ist offensichtlich die Kunst, die Art und Weise der Behandlung wichtiger Vorgänge in den verschiedensten Ländern miteinander zu koordinieren. Auf diese Weise erscheint das Problem kommunistischer Einflußnahme in einem Land als internationale Angelegenheit, im anderen unter der Rubrik „einer bedroht – alle bedroht". Ein Beispiel: Die CIA-Station in Caracas telegrafiert Nachrichten über eine heimliche

kommunistische Verschwörung an die Station in Bogotá, die die Angelegenheit über einen örtlichen Propagandaagenten publik macht; dieser behauptet, seine Informationen von einem nicht näher identifizierten venezolanischen Regierungsbeamten zu beziehen. Die Informationen können jetzt der kolumbianischen Presse entnommen und den CIA-Stationen in Quito, Lima, La Paz, Santiago und − möglicherweise − Brasilien übermittelt werden. Einige Tage später erscheinen in den dortigen Zeitungen Leitartikel, und der Druck auf die venezolanische Regierung, Sanktionen gegen die Kommunisten einzuleiten, verstärkt sich automatisch.
Es existiert natürlich noch eine Unmenge weiterer Möglichkeiten sowohl graue wie schwarze Propaganda an den Mann zu bringen; Bücher, Magazine, Radio, Fernsehen, Wandparolen, Flugblätter, Predigten, politische Reden und die Tagespresse. In Ländern, wo Flugblätter und Wandparolen wichtige Propagandamedien darstellen, sollten die Stationen über heimliche Druckereien, Verteilungsmöglichkeiten und Agententeams verfügen, die Slogans auf Mauern pinseln. Radio ‚Free Europe‘ und Radio ‚Liberty‘ sind die bekanntesten Medien für graue CIA-Propaganda gegen die Sowjetunion.

Jugend- und Studentenoperationen
Nach Beendigung des 2. Weltkrieges begann die kommunistische Partei der Sowjetunion mit der Durchführung eines breitgefächerten Propaganda- und Agitationsprogramms. Einer der ersten Schritte war die Gründung der Internationalen Studentenorganisation (IUS) und des Weltverbands der demokratischen Jugend (WFDY), die beide über ihren jeweiligen Tätigkeitsbereich Anhänger in möglichst vielen Ländern mobilisieren sollten. Diese Organisationen wirkten unter dem Mantel internationaler, überparteilicher Kampagnen (in Form pazifistischer, antikolonialistischer und antinuklearer Initiativen) für Politik und langfristige Zielsetzungen der KPdSU. Für diese Kampagnen wurden sowohl im kapitalistischen Westen als auch im Ostblock überall Anhänger aktiviert. Ende der vierziger Jahre begann die US-Regierung mit Hilfe der CIA, diese Bündnisse als getarnte Satellitenorganisationen der KPdSU zu denunzieren, um auf diese Weise nichtkommunistische Mitglieder zu verunsichern. Darüber hinaus betreibt die CIA vielerorts Operationen, um andere Gruppen davon abzuhalten, sich den internationalen Verbänden anzuschließen. Möglichst viele versuchte sie unter Kontrolle zu bekommen, indem sie führende Köpfe

der entsprechenden Organisationen anwarb oder Agenten einschleuste. Selbst dann, wenn eine Gruppe sich bereits entweder der IUS oder der WFDY angegliedert hatte, konnte sie entweder überredet oder ganz einfach gezwungen werden, ihre Mitgliedschaft aufzugeben.

Zusätzlich begann die CIA auf nationaler und internationaler Ebene Konkurrenzorganisationen zu gründen. Zwei internationale Verbände wurden speziell zu dem Zweck geschaffen, den von der Sowjetunion unterstützten Organisationen das Wasser abzugraben: das Koordinationssekretariat nationaler Studentenverbände (COSEC) mit Sitz in Leyden und der Weltjugendverband (WAY) mit Sitz in Brüssel. Oberste Planung, Führung und Aufgabenverteilung werden von der internationalen Organisationsabteilung beim DDP am CIA-Hauptquartier geleitet. Wie IUS und WFDY fördern COSEC und WAY Reisen, Kulturveranstaltungen und Wohltätigkeitseinrichtungen; gleichzeitig arbeiten sie aber auch als Propagandabüros der CIA — ganz besonders in unterentwickelten Ländern. Außerdem haben sie beratende Funktionen bei einigen UNO-Organisation, z. B. der UNESCO, und sie sind darüber hinaus an das Förderungsprogramm für Spezialorganisationen der UNO angeschlossen.

Eine wichtige Aufgabe der Jugend- und Studentenoperationen der CIA besteht in der Auswahl, Einschätzung und Anwerbung von Jugend- oder Studentenfunktionären, die dann als langfristig tätige Agenten sowohl für Auslandsspionage wie auch für PP-Operationen eingesetzt werden können. Von der CIA geförderte und geschätzte Organisationen sind natürliche Ausgangspunkte für Operationen der verschiedensten Art und Weise. Auch hier gilt besonders für unterentwickelte Länder, daß über COSEC und WAY-Programme Agenten angeworben werden können, die verläßliche CIA-Werkzeuge sind und es vor allem auch dann bleiben, wenn sie längst die berufliche und gesellschaftliche Stufenleiter erklettert haben.

Neben COSEC und WAY kann die CIA auch über katholische Studenten- und Jugendverbände auf nationaler und internationaler Ebene Operationen durchführen, beispielsweise über „Pax Romana" und den Internationalen Katholischen Jugendverband. Auch Christdemokraten und nichtkommunistische sozialistische Organisationen arbeiten für die CIA. Vor allem in Ländern mit straff kommunistisch oder radikal geführten Gruppierungen kann sich die CIA stets auf katholische oder christdemokratische Studenten- und Jugendorganisationen verlassen.

Agenten, die in irgendeinem Land von der dortigen CIA-Station über Jugend- und Studentenoperationen kontrolliert werden — auch diejenigen aus dem internationalen Programm der vom Hauptquartier aus gelenkten Nationalen Studentenvereinigung (NSA), dem US-amerikanischen Studentenverband — können auch auf internationaler Ebene eingesetzt werden, ebenso wie Agenten auf internationaler Ebene jederzeit auf nationaler Ebene Agenten fördern und eine bestimmte politische Richtung beeinflussen können. Beide Ebenen kontrollieren sich auf diese Weise gegenseitig.

Im wesentlichen dank fortgesetzter CIA-Tätigkeit mußte die Zentrale der WFDY 1951 ihre Zentrale in Frankreich schließen und nach Budapest umziehen. Der IUS wurde seit ihrer Gründung in Prag, 1946, gar nicht erst erlaubt, eine Zentrale in der freien Welt zu eröffnen. Außerdem werden sowieso mittlerweile sowohl WFDY als auch IUS als Ostblockorganisationen betrachtet, und alle Anstrengungen, außerhalb des Blocks Seminare oder Konferenzen abzuhalten, wurden stets erfolgreich von COSEC und WAY torpediert. So hat beispielsweise die WFDY erst ein einziges Mal — 1959 in Wien — Weltjugendfestspiele diesseits des Eisernen Vorhangs organisieren können, und damals wurde das Ganze prompt sehr wirkungsvoll von CIA-kontrollierten Jugend- und Studentenverbänden gestört. Die IUS hat noch nie einen Kongreß in der freien Welt abgehalten. Aber noch wichtiger ist, daß auch die Mitgliedsorganisationen außerhalb des Ostblocks immer stärker unter den Einfluß von COSEC und WAY geraten.

Gewerkschaftspolitik

Die Gewerkschaftspolitik der CIA ist, wie die Jugend- und Studentenoperationen, zu verstehen als Reaktion auf die Politik der KPdSU seit dem 2. Weltkrieg, als Reaktion auch auf die Ausbreitung internationaler Volksfrontverbände. 1945 wurde in Paris auf Anregung der britischen, nordamerikanischen und sowjetischen Gewerkschaftsdachverbände, TUC, CIO und sowjetischer Gewerkschaftsrat, der Weltgewerkschaftsverband (WFTU) geschaffen. Die ständigen Querelen zwischen kommunistischen Gewerkschaftsführern — die den Verband zu einer antikapitalistischen Propagandamaschine umzufunktionieren gedachten — und zwischen den Funktionären aus der freien Welt — die auf einer rein wirtschaftspolitischen Zweckbestimmung der WFTU beharrten — erreichten 1949 ihren Höhepunkt über die Frage, ob die WFTU den Marshallplan unterstützen sollte. Als die Kommunisten — darunter neben sowjetischen auch französische, italienische und lateinamerikanische Funktionäre — sich weigerten, den Marshallplan abzusegnen, traten TUC und CIO aus und gründeten noch im selben Jahr den Freien Internationalen Gewerkschaftsverband (ICFTU), als nichtkommunistische Alternative. Gründungsmitglieder waren neben TUC und CIO auch der amerikanische Gewerkschaftsverband AFL und weitere nationale Dachverbände. CIA-Operationen sorgten 1951 für die Ausweisung der Pariser WFTU-Zentrale, die sich darauf im sowjetischen Sektor von Wien niederließ. 1956 mußte sie gezwungenermaßen von Wien nach Prag übersiedeln.

Die ICFTU schuf regionale Organisationen für Europa, den Fernen Osten, Afrika und die westliche Hemisphäre, aus denen sich nationale, nichtkommunistische Gewerkschaftszentren bildeten. Die ICFTU wurde und wird nach wie vor von der CIA auf allen drei Ebenen — ICFTU, regional, national — gefördert und gesteuert. Die Gewerkschaftspolitik der CIA wird auf höchster Ebene von folgenden Leuten getragen: George Meany, Präsident der AFL, Jay Lovestone, Chef der AFL-Außenabteilung und Irving Brown, Repräsentant der AFL in Europa — lauter ausgezeichnete Mitarbeiter, die genau über alles Bescheid wissen. Auch auf regionaler Ebene hält die CIA die Fäden in der Hand: So leitet etwa Serafino Romualdi den Interamerikanischen Gewerkschaftlichen Regionalverband (ORIT) in Mexico City. Auf nationaler Ebene schließlich — wiederum besonders in Entwicklungsländern — ist es Aufgabe der einzelnen CIA-Stationen, nationale Gewerkschaftszentren zu fördern und unter Kontrolle zu bekommen.

In der Gewerkschaftsabteilung der internationalen Organisationsabteilung beim Hauptquartier endlich werden die Richtlinien betreffs Förderung, Steuerung und Kontrolle aller Gewerkschaftsoperationen zentral ausgearbeitet und zusammengefaßt.

Die politische Marschrichtung bei Gewerkschaftsoperationen ähnelt derjenigen, die bei Jugend- und Studentenoperationen zum Zuge kommt.

1. Die WFTU, ihre regionalen und nationalen Außenstellen, werden als Vorposten Moskaus denunziert;
2. Durch Operationen örtlicher CIA-Stationen sollen kommunistisch oder linksextremistisch beeinflußte Gewerkschaften geschwächt und unterdrückt, gleichzeitig nichtkommunistische Gewerkschaften gebildet oder, wo schon vorhan-

den, gefördert werden.
3. Die ICFTU wird nicht nur von oben, sondern auch von der Basis her gestützt, denn auch ihre nationalen Gewerkschaftszentren werden von der CIA beeinflußt oder kontrolliert. Einen weiteren Zutritt zur Gewerkschaftsbewegung verschafft sich die CIA über die Internationalen Gewerkschaftssekretariate (ITS), welche die Interessen ihrer Mitglieder auf der Ebene bestimmter Industriezweige vertreten, während sich in den nationalen Gewerkschaftszentren Arbeiter verschiedenster Industrien organisiert haben. Das ITS-System arbeitet spezialisierter und zum Teil auch wirkungsvoller. Für die Ziele der CIA ist es deshalb häufig ein geeigneteres Medium als die ICFTU, deren innere Struktur lediglich nach Aufteilung in regionale und nationale Abteilungen sich gliedert. Steuerung und Kontrolle liegen bei dem Beamten eines der jeweiligen Sekretariate; sie helfen bei Gewerkschaftsoperationen gegen Arbeiter eines bestimmten Industriezweigs. Sehr häufig sind die CIA-Agenten in einem der Sekretariate amerikanische Gewerkschaftsfunktionäre, Repräsentanten etwa der US-Zweigstelle des Sekretariats, denn das Sekretariat erhält normalerweise von seiner entsprechenden US-Industriegewerkschaft die meiste Unterstützung. So etwa funktioniert die American Federation of State, County and Municipal Employees (amerikanischer Verband für Angestellte in Bund, Ländern und Gemeinden) als fünfte Kolonne der CIA bei Operationen innerhalb der Public Services International (Internationale Vertretung für öffentliche Bedienstete), dem ITS Sekretariat für Regierungsangestellte mit Sitz in London. Ebenso gewährt die Retail Clerk International Association (die US-Gewerkschaft für Einzelhandelsangestellte) Zugang zur International Federation of technical Employees, dem entsprechenden ITS-Sekretariat. Und auf die gleiche Weise kontrolliert die CIA auch über die Communication Workers of America die Post, Telegraph and Telephone Workers International (PTTI), das ITS-Sekretariat für Angestellte im Fernmeldebereich. Für die Petroleumindustrie schuf die CIA das entsprechende ITS-Sekretariat, die International Federation of Petroleum and Chemical Workers (IFPCW), mit Hilfe der US-Gewerkschaft für Arbeiter im petrochemischen Sektor, (Oil-Workers International Union) in eigener Regie. In Entwicklungsländern werden Gewerkschaftsoperationen der jeweiligen CIA-Stationen häufig als Regionalprogramme des ITS getarnt. Mit der katholischen Gewerkschaftsbewegung verfahren wir meistens genauso. Die einzelnen Aktivitäten laufen dann über

den Internationalen Christlichen Gewerkschaftsverband, IFCTU. Für Spezialaufgaben innerhalb der sozialdemokratischen Gewerkschaften bedienen wir uns der israelischen Ihistadruth. Über die Gewerkschaftsoperationen gibt es immer wieder Streitigkeiten zwischen DDP-Regionalabteilungen und entsprechenden Stationen einerseits und der internationalen Organisationsabteilung (IOD) andererseits. Meist handelt es sich dabei um juristische Finessen und Koordinationsfragen. Die auf internationaler und regionaler Ebene arbeitenden Gewerkschaftsagenten (beispielsweise in ICFTU, ORIT, ITS) erhalten ihre Anweisungen von Beamten des IOD; entweder direkt aus Washington oder über die jeweils übergeordneten Stationen wie Paris, Brüssel oder Mexico City. Wenn ihre Tätigkeit in einem speziellen Land, zum Beispiel Kolumbien, nicht genau mit der Station Bogotá abgesprochen ist, können diese Stellen entweder das Unternehmen abblasen oder sich mit besonderen Zweckbestimmungen für die Gewerkschaftsoperationen der Station Bogotá oder auf anderen Programmen in die Operationen einschalten.

Wann immer IOD-Gewerkschaftsspezialisten irgendein Land besuchen, muß der dortige Stationschef, der für CIA-Aktivitäten im ganzen Land verantwortlich ist, benachrichtigt werden. Andernfalls könnte der IOD-Agent andere Projekte der Station gefährden.

Die Unterstützung von IOD-Agenten kann für die Gewerkschaftsprogramme einer Station von großem Nutzen sein. Normalerweise verfügt der Agent, als Folge seiner Rangstellung auf nationaler oder regionaler Ebene, über enormes Prestige bei den eingeborenen Gewerkschaftsfunktionären, die ziemlich heftig um sein Wohlwollen bemüht sind, denn das bedeutet möglicherweise Reisen, Ausbildungsurlaub oder Einladungen zu Konferenzen und was sonst noch in der Macht des Agenten steht. Entsprechend kann der Agent jederzeit bei den lokalen nichtkommunistischen Gewerkschaftsführern ein- und ausgehen und Kontakte der Station zu diesen Leuten knüpfen. Die Kontakte selbst werden meist nach und nach über dritte Personen hergestellt, damit der IOD-Agent geschützt ist, falls neue Operationen andere Beziehungen erforderlich machen sollten. Die jeweiligen CIA-Stationen können Unterstützung vom IOD anfordern, um neuen politischen Richtungsschwenks und neuen Programmen in irgendeinem Lande über den IOD-Agenten und seinen Einfluß zur Durchsetzung zu verhelfen. Auch das geschieht, ohne daß der jeweilige Gewerkschaftsboß am Ort – selbst wenn er Stationsagent ist – über die CIA-Zugehörigkeit des entweder international oder regional zuständigen Funktionärs, als welcher ihm der IOD-Agent vorgestellt wird, Bescheid weiß.

Will man die Effektivität all dieser Operationen bemessen – angesichts der vielen Dollarmillionen, die sie verschlingen, ist das ein heikler Punkt –, muß man auf jeden Fall den Wert berücksichtigen, den die prowestliche Indoktrination durch Seminare, Konferenzen und Bildungsprogramme besitzt, nicht zu reden von dem antikommunistischen Effekt der ganzen Sache.

Jedenfalls ist der Einfluß der WFTU in der freien Welt beträchtlich zurückgegangen, obwohl einige führende nationale Verbände in nichtkommunistischen Ländern ihr nach wie vor angeschlossen sind.

Operationen gegen den Weltfriedensrat (WPC)
CIA-Operationen gegen den 1949 in Paris gegründeten Weltfriedensrat haben den Zweck, die Propagandakampagne gegen die USA und ihre Verbündeten, insbesondere in der Frage der Militärbündnisse, zu neutralisieren. Obwohl keine Konkurrenzorganisationen gegründet wurden, versucht die CIA über Propagandaoperationen den Weltfriedensrat als kommunistische Propagandafront anzuprangern. Ein gewisser Erfolg war die 1951 erzwungene Übersiedlung der Zentrale von Paris nach Prag. Seit 1954 freilich residiert der Weltfriedensrat wieder in Wien. Daneben laufen Versuche, außerhalb des Ostblocks organisierte Kongresse oder sonstige Konferenzen, für die der Weltfriedensrat die Schirmherrschaft übernommen hat, zu verhindern. Das geschieht über Medien, Studenten, Jugendorganisationen, Gewerkschaften und vor allem über politische Agenten.

Journalisten
Die 1946 in Kopenhagen gegründete internationale Journalistenorganisation (IOJ) vereinigte Mitglieder aus Ost und West. Obwohl ursprünglich London Sitz der Zentrale war, fand der zweite Kongreß in Prag statt, wohin man auch das Hauptquartier der Organisation zu legen beschloß. Dem Beispiel der nationalen Verbände aus den USA, England und Belgien folgend, waren bis 1950 die nichtkommunistischen Mitglieder fast vollständig aus der Organisation ausgetreten, deren Aktivitäten damit generell auf Länder hinter dem Eisernen Vorhang beschränkt wurden.
Neben Propaganda gegen die IOJ und Bemühungen, Organisa-

tionskonferenzen in westlichen Hauptstädten zu verhindern, wurde mit Hilfe der CIA eine alternative Vereinigung für die freie Welt gegründet: 1952 wurde vom Weltjournalistenkongreß der Internationale Journalistenverband (IFJ) wiederhergestellt, der 1946 bei der Gründung der IOJ aufgelöst worden war.

Die CIA nutzt den IFJ vor allem als Rekrutierungs- und Einsatzbasis für Propagandaagenten. Darüber hinaus bedienen sich die einzelnen CIA-Stationen der regionalen IFJ-Filialen, um vor Ort Kommunisten und kommunistenfreundliche Presse zu bekämpfen und Unterwanderungsversuche der IOJ — in Entwicklungsländern besonders häufig — abzuwehren.

Rechtsanwälte

Unter Anwesenheit von Rechtsanwälten aus 25 Ländern wurde 1946 in Paris die Internationale Vereinigung demokratischer Rechtsanwälte (IADL) gegründet. Von Anbeginn unter prokommunistischem Einfluß — besonders von französischer Seite aus — verlor die IADL sehr schnell den Großteil ihrer nichtkommunistischen Mitgliedschaft, mußte 1950 aus Frankreich verschwinden und eröffnete ihre Zentrale in Brüssel, wo sie seitdem geblieben ist.

Die IADL funktioniert hauptsächlich als propagandistisches Medium für die wichtigsten ideologischen Thesen der KPdSU seit dem Kriege: Frieden und Antikolonialismus.

Zur Gründung einer Gegenorganisation fand 1952 in West-Berlin ein internationaler Juristenkongreß statt, auf dem ein ständiges Komitee zur Enthüllung kommunistischer Willkür im östlichen Deutschland gebildet wurde. 1955 wurde das Komitee zur internationalen Juristenkommission (ICJ) mit Sitz in Den Haag, seit 1959 in Genf, befördert. Die ICJ setzt sich aus 25 prominenten Rechtsanwälten aus aller Welt zusammen; in der Hauptsache stellt sie Nachforschungen an und veröffentlicht Untersuchungsberichte; thematischer Schwerpunkt ist internationale Rechtspflege. Abgesehen von ihrem Nutzen als Konkurrenz zur IADL lanciert die CIA über die ICJ Propaganda zu passenden Themen wie zum Beispiel Menschenrechtsverletzungen im kommunistischen Block (Ungarn 1956, Tibet 1959). Rechtsgutachten der ICJ über andere Länder — Südafrika zum Beispiel — dienen, vom Blickwinkel der CIA aus, als öffentlichkeitswirksame Beweise der Integrität dieser Organisation. In einigen Ländern gewährleisten die Regionalzweigstellen der ICJ den CIA-Stationen Zugang zu Richtern, Staatsanwälten und anderen prominenten Juristen. Von hier aus sind jederzeit ausgezeichnete Kontakte zur jeweiligen politischen Führung herstellbar (1).

Politische Operationen
Die sogenannten politischen Operationen sind ein weiterer PP-Operationstyp zur Eindämmung kommunistischer Expansion. Mit ihrer Hilfe soll eine fremde Regierung zur Übernahme einer ganz bestimmten Politik gegenüber den Kommunisten gedrängt werden. Sie stehen im Zusammenhang mit Aktivitäten zur Erforschung kommunistischer oder linker Einflüsse in irgendeinem Land der Welt, ihre Anwendung knüpft sich freilich an eine Reihe bestimmter Bedingungen; diese Operationen beinhalten häufig die Finanzierung und Manipulation der Karrieren ausländischer Politiker, die zur Durchsetzung der gewünschten Politik und entsprechender Maßnahmen geeignet erscheinen. Umgekehrt sollen über diese Operationen nicht selten Politiker ausmanövriert werden, die für eine unerwünschte Politik verantwortlich sind.

Obwohl die politischen Operationen, als man nach dem 2. Weltkrieg damit begann, noch hauptsächlich der Finanzierung antikommunistischer Parteien in Frankreich und Italien dienten, hat sich ihr Schwergewicht seit den späten vierziger Jahren mehr und mehr in Entwicklungsländer verlagert, in denen ökonomische und soziale Bedingungen ein günstiges Klima zur Ausbreitung kommunistischer Tendenzen erzeugen. Wesentliche Faktoren bei politischen Operationen sind Parteien, Politiker und hohe Militärs, obwohl auch bei anderen Organisationen tätige Agenten — Studenten, Gewerkschafter, Jugendfunktionäre — jederzeit für die speziellen Ziele politischer Operationen eingesetzt werden können.

Um an politische Geheiminformationen zu gelangen und Kontakte zu potentiellen Agenten für politische Operationen herzustellen, haben die meisten Stationen laufende Programme zur Behandlung von Politikern, egal ob aus Opposition oder Regierung. Der Zugang zur jeweils politischen Szene ist für CIA-Beamte unter diplomatischer Tarnung kein Problem, denn auf Cocktailpartys, Empfängen, in Clubs und bei anderen Gelegenheiten treffen sie dauernd auf die für sie interessanten Personen. Beamte des Außenministeriums und Botschafter erleich-

---

1) 1967 wurde entdeckt, aus welcher Quelle die finanziellen Hilfsmittel der ICJ stammten. Seitdem sind Maßnahmen ergriffen worden, um weiteren Einfluß von seiten der CIA zu unterbinden.

tern ebenfalls die Ausdehnung der Stationskontakte. Wenn eine bestimmte einheimische Kontaktperson hilfreich für die Ziele der Station erscheint, erfolgt im Hauptquartier die Sicherheitsüberprüfung und Erlaubnis zum Beginn der Operation. Der Beamte, der den Kontakt herstellt, beginnt dann mit der finanziellen Hilfe für Kampagnen oder zur Förderung der Gruppe oder Partei, in der die betreffende Person aktiv ist. Es ist erwünscht und geschieht eigentlich immer, daß die Person einen Teil des Geldes für sich persönlich verwendet und auf diese Weise von der Station als Einkommensquelle nach und nach abhängig wird. Schließlich, wenn alles klappt, beginnt der Politiker Vertrauliches über seine Partei oder Regierung mitzuteilen; sitzt er in der Regierung, wird er bald auch in der Kommunismusfrage von der Station gesteuert werden.

Weil politische Unsicherheit in unterentwickelten Ländern ein Dauerzustand ist, sind die Verantwortlichen für die zivile und militärische Sicherheit Schlüsselfiguren für Informationen und Operationsprojekte. Sie werden häufig von der Station in Operationen einbezogen (die CIA hat sie schon im Griff, wenn sie bei Amtsantritt den ungestörten Fortgang einer Operation stillschweigend tolerieren) und unterliegen ständiger Beobachtung durch die Station. Wenn der geeignete Moment da ist, werden sie für ganz bestimmte Aufgaben herangezogen. Sollten sie aus dem Amt scheiden, finanziert die CIA den Ausbau ihrer Karriere oder sorgt mit kleinen Geldsummen für den Fortbestand der Kontakte.

Wichtigstes Ziel geheimdienstlicher Anwerbungstätigkeit sind hohe Militärs, denn bei politischen Konflikten haben sie meistens das letzte Wort. Stationsbeamte bewerkstelligen die Kontakte; bisweilen schlicht über einen Empfang bei US-Militärattachés oder in der US-amerikanischen Militärmission. Manchmal können auch die Verbindungen zu örtlichen Geheimdiensten zur Herstellung solcher Kontakte nützlich sein. CIA-Beamte übernehmen auch die Kontaktierung ausländischer Offiziere, die zur Ausbildung in die USA kommen. Wie für Zivilpolitiker existieren auch Stationsprogramme zur Anwerbung hoher Miltärs entweder für Spionagezwecke oder für politische Operationen.

Die Operationen sind eigentlich genauso verwirrend vielfältig wie die Politik selbst. Ganz oben auf der Prioritätenliste stehen Manipulationen gegen sowjetische Diplomaten und Wirtschaftsfachleute, deren Ausweisung auf diese Weise provoziert werden soll. Für die CIA arbeitende Politiker sollen nach Mög-

lichkeit bei der Ausweisung „unerwünschter Personen" nachhelfen. Ihr Einfluß wird ebenfalls benötigt, um der Ausbreitung wirtschaftlicher und diplomatischer Beziehungen mit den Sowjets wirksam entgegenzutreten. Außerdem wird erwartet, daß sie gegen Linke und Kommunisten im eigenen Lande scharf durchgreifen. Letzten Endes heißt das: Verbot der entsprechenden Parteien, Verhaftung oder Verbannung ihrer Führer, Schließung ihrer Büros und Publikationsorgane, Demonstrationsverbot etc. Derartig großangelegte Operationen verlangen die Mitarbeit sowohl antikommunistischer Bewegungen als auch der jeweiligen Regierung. Wenn möglich, verwendet die CIA für beide denselben Agenten.
Aber es geht nicht nur um Bestechung und Kontrolle einheimischer Politiker. In Situationen, die als gefährlich für die Interessen der USA betrachtet werden, führt die CIA Operationen vom Umfang allgemeiner Wahlen durch und benutzt dabei ganze Parteien als Instrumente, um in eigener Regie Kandidaten aufzubauen – solche, die Bescheid wissen, aber auch Ahnungslose. Derartige, Millionen verschlingende Projekte, beginnen manchmal schon ein Jahr, bevor die Wahl überhaupt ansteht. Die dabei verwendeten Methoden: Propaganda- und Public-Relations-Kampagnen, Aufbau zahlreicher Wählerinitiativen, Fonds zur finanziellen Unterstützung (häufig US-Geschäftsleute), regelmäßige Wählerlisten, Bildung von Schlägertrupps zur Einschüchterung Oppositioneller, Provokationen und Gerüchte zur Verleumdung unerwünschter Kandidaten, Einrichtung von Fonds, um Wähler und Stimmenzähler einzukaufen. Besteht die Aussicht, daß mit Hilfe von Verfassungsverletzungen oder Staatsstreichen US-Interessen noch effektiver durchgesetzt werden können, schrickt die CIA auch davor nicht zurück. Obwohl sie dabei hauptsächlich auf der antikommunistischen Masche reitet, sind Geld und Devisen oft genauso erfolgreiche Mittel, um einen Putsch herbeizuführen. Eine beliebte Methode läuft folgendermaßen: Zunächst explodieren in regelmäßigen Zeitabständen Bomben, die jedesmal ein Agent gelegt hat. Massendemonstrationen sind die Folge; schließlich greift das Militär ein, um Ruhe und nationale Einheit wiederherzustellen. Politische Operationen waren in hohem Maße mitbeteiligt, als 1953 im Iran und 1958 im Sudan Militärputschs dieser Art stattfanden.

Paramilitärische Operationen
Reichen konventionelle politische Operationen nicht aus, um

die politische Situation eines Landes kurzfristig wirkungsvoll zu verändern, greift die CIA zu Mitteln, bei denen das Konfliktrisiko ungleich höher ist, militärische Aktionen etwa, die aber nicht als US-gesteuert erkennbar sein sollten. Obwohl auch die Armee paramilitärische Einheiten für den Kriegsfall bereithält, ist im allgemeinen die CIA über die Richtlinien des National Security Council (NSC) von der US-Regierung mit paramilitärischer Kriegführung beauftragt. Diese Operationen sind besonders faszinierend; sie beschwören die Erinnerung an die heroische Zeit des OSS (Vorläufer der CIA im 2. Weltkrieg) – Guerillakrieg, heimliche Fallschirmabsprünge hinter den feindlichen Linien etc. Camp Peary ist eine der wichtigsten Ausbildungsstätten für paramilitärische Operationen.

Die CIA muß immer wieder Agenten in verbotene Areale – zum Beispiel gewisse Teile Sowjetrußlands, Chinas und anderer kommunistischer Länder – einschleusen: aus der Luft, von der See her oder über Land. Die Agenten, meist Einwohner dieser Gebiete, erhalten Kleidung, Papiere und müssen sich zur Tarnung eine bestimmte erfundene Geschichte einprägen. Wenn die Infiltration über Land erfolgt, müssen sie eventuell schwerstbewachte Grenzen unbemerkt überwinden. Entsprechendes Training findet auf einem begrenzten Areal in Camp Peary statt, wo auf einer Strecke von etwa einer Meile Grenzeinrichtungen aufgebaut sind, die denen kommunistischer Länder täuschend ähnlich sehen: Zäune, Wachtürme, Hunde, Alarmanlagen, Patrouillen. Infiltrationen vom Wasser her erfordern ein Mutterschiff, üblicherweise ein Frachter, der der CIA oder einer Tarnreederei gehört und sich bis auf wenige Meilen der Küste nähert. Darauf wird ein weiteres Fahrzeug – irgendein kleiner Außenborder – eingesetzt, der bis auf eine Meile an den Strand heranfährt, von wo aus ein Schlauchboot mit leisem Außenbordmotor die Agenten an den Strand befördert. Schlauchboot und Hilfsgeräte werden unmittelbar nach der Landung vergraben, um später wieder zur Flucht benutzt zu werden. Das andere Fahrzeug fährt zum Mutterschiff zurück. Für Infiltrationen aus der Luft muß das Gebiet unbemerkt überflogen werden. Dafür besitzt die CIA ungekennzeichnete Lang- und Kurzstreckenflugzeuge, zum Beispiel den vielseitig verwendbaren Heliocourier, der für Ein- und Ausflüge, Landungen und Fallschirmabsprünge gleichermaßen geeignet ist. In Camp Peary dient ein abgegrenztes Areal am York River zur maritimen Ausbildung; andere Teile der Basis werden als Landebahn und Absprungzonen verwendet.

Wenn ein Agent oder ein Team erst einmal sicher in einer verbotenen Gegend abgesetzt worden sind, müssen sie eine ganze Reihe von Aufgaben erfüllen. Meist handelt es sich dabei um das Verstecken von Waffen, Sende- und Sabotagematerial zur Benutzung durch ein späteres Team oder die Durchführung von Sabotageakten mit brennbarem oder explosivem Material, das Tage, Wochen, oft sogar erst Monate später in die Luft gehen soll. Zur Sabotageausrüstung gehören Öl- und Benzingemische, um Fahrzeuge und Druckerpressen kaputtzukriegen, Haftminen zum Schiffeversenken, brennbares und explosives Material, das wie Brot, Lampen, Puppen oder Steine geformt und bemalt werden kann. Die Sabotageausbilder („Burn and blow-boys" werden sie genannt) haben uns einige eindrucksvolle Kostproben aus ihrem Arsenal gezeigt. Einiges ist so trickreich konstruiert, daß keine Spuren hinterlassen werden. Außer zur Sabotage werden Infiltrationsteams gebraucht, um zu fotografieren und tote Briefkästen anzulegen, in denen Filme, Dokumente und kleine Behälter gelagert werden. Der Rückzug erfolgt entweder auf dem Anmarschweg oder auf einer ganz anderen Route.

Die Wirtschaftssektion beim PP-Stab ist eine Unterabteilung für paramilitärische Operationen: ihr Aufgabenbereich umfaßt Sabotage gegen Schlüsselindustrien, Blockierung wichtiger Importe in das feindliche Land — Erdöl beispielsweise. Wenn letzteres nicht immer klappen sollte, werden die zum Export bestimmten Agrarprodukte oder das Verpackungsmaterial (Säcke für kubanischen Zucker) verseucht oder Ersatzteile für Traktoren, Busse und Lastwagen beschädigt.

Weil dieser heimliche Wirtschaftskrieg mit dem Ziel geführt wird, die Wirtschaftslage im bekämpften Lande zu verschlimmern, laufen neben derartigen Operationen außer Sabotage gleichzeitig Propagandaaktionen und Mobilisierungskampagnen in den von der CIA kontrollierten Massenorganisationen (Gewerkschaften, Jugend- und Studentenverbänden), um befreundete Länder am Verkauf wichtiger Güter in das bekämpfte Land zu hindern. Auch wird an US-Firmen appelliert, den Verkauf bestimmter Produkte absichtlich zu drosseln, meist aber sind für diese Zwecke politische Operationen der CIA-Stationen vor Ort erfolgversprechender. Auch die Waffenlieferungen, mit denen die CIA Untergrundarmeen hilft, werden in der Abteilung für paramilitärische Operationen koordiniert. Obwohl die Stabsabteilung für Luft- und Marineunterstützung die laufenden CIA Aktionen zur Förderung von Aufstandsbewegungen überwacht (Air America und Civil Air Transport im Fernen Osten sind entsprechende Tarngesellschaften), garantiert auch das Verteidigungsministerium ein paar zusätzliche Hilfsquellen, beispielsweise über die Luftwaffe. Operationen dieser Art bildeten den Hintergrund der Invasion in Guatemala, 1954 (passenderweise lief sie unter der Tarnbezeichnung LCSUCCESS), des tibetanischen Widerstands gegen die Chinesen, 1958-59, und der Rebellion gegen das indonesische Sukarno-Regime, 1957-58. Über sie laufen gegenwärtig Ausbildung und Unterstützung südvietnamesischer und laotischer Widerstandsverbände sowie in zunehmendem Maße Sabotage und paramilitärische Aktionen gegen das Castro-Regime auf Kuba. Die Abteilung für Luft- und Marineunterstützung arrangiert auch Flugblattabwürfe als flankierende Maßnahmen bei paramilitärischen Operationen.

Eine weitere Unterabteilung paramilitärischer Operationen sind die sogenannten militanten Aktionen, bei denen durch Schlägertrupps, welche die Station aus ehemaligen Polizisten oder Ordnern befreundeter Parteien rekrutiert, die Versammlungen und Demonstrationen kommunistischer und linksextremistischer Kräfte gestört und Sympathisanten eingeschüchtert werden sollen. Der Technikstab beim DDP hält für diese Zwecke eine ganze Reihe von Waffen und sonstigen Geräten bereit: schauderhafte Stinkbomben, die in Versammlungsräume geworfen werden; ein feines Pulver, das unsichtbar am Tagungsort ausgestreut wird und den Effekt von Tränengas annimmt, wenn es im Verlauf der Versammlung aufgewirbelt wird; Tabletten können mit einem leichtentzündbaren Pulver behandelt werden, das bei der Berührung mit Feuer dicken Rauch freisetzt, dessen Wirkung diejenige von Tränengas bei weitem übertrifft. Geschmacklose Substanzen auf Nahrungsmitteln führen zur Veränderung der Hautfarbe. Einige Tropfen einer klaren Flüssigkeit stimulieren Zielpersonen, ungehemmt und entspannt zu reden. Es gibt unsichtbares Juckpulver, das auf Steuerräder und Klobrillen gestreut wird, unsichtbare Salben, die Hautverbrennungen hervorrufen, chemisch behandelten Tabak, der, in Form von Zigaretten oder Zigarren, zu Atembeschwerden führt.

Bei der PP-Abteilung wird immer wieder darauf hingewiesen, daß Agenten auch dann noch möglichst viel Informationsmaterial liefern sollten, wenn sie lediglich bei PP-Operationen (im Unterschied zu Operationen zur Beschaffung von Informationen) eingesetzt werden. Die Entscheidung darüber, ob PP-Operationen fortgesetzt oder abgebrochen werden, hängt nicht zuletzt auch von ihrem Ergänzungswert für reine Informationsbeschaffungsprogramme ab. Kein PP-Agent darf also die Beschaffung und Weiterleitung geheimer Informationen als Nebenprodukt seiner Arbeit vernachlässigen. Freilich besteht die Beziehung zwischen CIA und Agenten zumeist in der Art lockerer Zusammenarbeit, weshalb PP-Agenten behutsam überredet werden müssen, regelmäßig über Geheiminformationen Bericht zu erstatten. Mit ein bißchen Glück können selbst einigermaßen einflußreiche Funktionäre dazu bewegt werden, wenn man ihnen vorsichtig zu verstehen gibt, daß ihre finanzielle Unterstützung auch von der Erfüllung dieser Informationspflichten abhängt.

Die Finanzierung psychologischer und paramilitärischer Operationen ist eine knifflige Angelegenheit. Ob die Projektvorschläge in der Station oder im Hauptquartier ausgearbeitet werden, hängt davon ab, wer von beiden die Operation vorschlägt oder durchführt. Die Projektvorschläge enthalten, neben den bereits erwähnten, FI-Operationen betreffenden, Elementen, ein Gutachten über eventuell gebotene Einschaltung anderer Regierungsbehörden wie Außen- oder Verteidigungsministerium. Bei Bedarf werden weitere Einzelheiten betreffs Finanzierung, Personal, Ausbildung, Nachschub oder Tarnung mitgeteilt.

Über den Verlauf von Routineoperationen werden dreimal pro Jahr — in besonderen Fällen auch häufiger — Berichte verschickt. Über PP-Operationen eingegangene Geheiminformationen werden auf demselben Wege, wie die von FI-Operationen stammenden, übermittelt.

Ein ewiges Problem ist die Finanzierung politischer Operationen, vor allem solcher, an denen Gewerkschaften, Studenten, Jugendverbände und ähnliche Organisationen beteiligt sind. Unter Umständen läuft das alles über Stiftungen, die zu CIA-Zwecken gegründet wurden. Bevor jedoch die eine oder andere Methode angewandt wird, muß eine Entscheidung darüber erfolgen, wohin die Gelder fließen. Wenn sie für eine der internationalen Organisationen, beispielsweise WAY, bestimmt sind, bestünde die Möglichkeit, eine der angeschlossenen amerikanischen Organisationen einzuschalten und das Geld als angebliche Schenkung dieser Organisation auszugeben. Zur Übergabe kann aber auch ein „Strohmann" verwendet werden, eine Person also, die den Betrag entweder als Geschenk auf eigene Rechnung oder auf Kosten ihrer Firma ausweisen kann. Bei dieser Lösung zahlt der Strohmann zumeist an den amerikanischen Ableger des internationalen Verbands, für den das Geld letztlich bestimmt ist. Wird direkt gezahlt, so fließen die Beiträge für gewöhnlich an den Generalsekretär oder Schatzmeister der Organisation, meist „informierte" Agenten. Die Entscheidung darüber, welche Methoden angewendet werden, beruht auf einer Reihe von Überlegungen. Erstens müssen Sicherheit und Tarnung gewährleistet sein; zweitens muß geklärt sein, wie man sich am besten vergewissert, daß der oder die Empfänger anschließend auch genau das tun, wofür sie bezahlt wurden. Zahlungs- und Finanzierungsmethoden sind gleichzeitig als wirkungsvolles Gängelband für Operationsagenten gedacht. Firmen oder Stiftungen, die als getarnte Finanzierungsinstitute der CIA arbeiten, haben ihren Sitz meist in den USA oder in Ländern wie Liechtenstein, den Bahamas oder Panama, wo das Geschäftsgeheimnis wohlbehütet und Kontrolle durch die Regierung minimal ist.

Camp Peary, Virginia
Mai 1960

Abwechselnd trainieren wir geordneten Rückzug, Flucht, Grenzüberquerung, maritime Infiltration und Fallschirmabsprünge, Schießübungen mit Pistole, Gewehr, Maschinenpistole. Wenn im Juli der reguläre JOT-Kurs endet, wird noch ein dreiwöchiger Spezialkursus für paramilitärische Operationen angehängt, für den sich 10 – 15 von uns freiwillig gemeldet haben. Diese Leute sollen danach bei laufenden Operationen gegen Vietnam, Laos und Kuba eingesetzt werden.
Der Ausbilder, der bei FI-Übungen meinen fiktiven Partner mimte – er spielte einen nationalistischen Parteiführer –, drehte völlig durch, als wir politische Operationen simulierten. Ohne mein Wissen lief er herum, versuchte Kollegen zum Sturz der Regierung zu überreden und erzählte ihnen auch noch, er arbeite für die US-Botschaft. Das kam dem Botschafter (einem anderen Ausbilder) zu Ohren, und ich mußte ihn überreden, mich nicht nach Hause zu schicken. Dann zahlte ich dem Agenten eine großzügige Abfindung und machte mich an einen seiner Parteichargen heran.
Die verschiedenen Sicherungstechniken (auch „Handwerkszeug" genannt), mit denen wir bei Nachtübungen vertraut gemacht werden, sollen das Pannenrisiko bei Operationen mindern. Wir üben nicht, was bei einer geheimen Operation (FI, SI oder PP)

gemacht wird, sondern wie man sie durchführt. Als Sicherungstechnik bezeichnet man alles, was speziell dazu dient, eine Geheimaktion eben geheimzuhalten. Für welche Form der Sicherungstechnik man sich entscheidet, richtet sich nach einer genauen Analyse des Areals, wo das Unternehmen stattfinden soll — also Einschätzung der Bedingungen, die den Grad der Geheimhaltung bestimmen: wie schlagkräftig ist der Geheimdienst, mit dem wir es zu tun haben; wie stark sind die Organisationen, gegen die sich unsere Operationen richten. Je gefahrloser und unkomplizierter die Bedingungen im Operationsgebiet sind, desto einfacher fallen die Sicherheitsvorkehrungen aus, desto größer wird die Bewegungsfreiheit für die CIA-Beamten.

Wie bereits gesagt wurde, dienen die Sicherungstechniken der Sicherheit und Geheimhaltung einer Operation; schließlich steht auch das Leben einiger Menschen auf dem Spiel. Zu den Sicherungstechniken gehören unter anderem: das Vorgehen bei der Auswahl von Treffpunkten; Gegenbeschattung vor und nach geheimen Treffs; Verkleidung; Sicherheits- und Gefahrensignale vor geheimen Treffs; Versteckvorrichtungen; Vorsichtsmaßregeln bei Telefongesprächen; Absicherung gegen mögliche Lauschvorrichtungen an Treffpunkten; Einsatz von „Strohmännern" oder Mittelspersonen zur Vermeidung häufiger Kontakte zwischen Agenten und CIA-Beamten; Kommunikationstechniken.

Auch Tarnung gehört letzten Endes zu den Sicherungstechniken, denn sie gibt der geheimen Operation einen oberflächlich legitimen Anstrich. So dienen zum Beispiel Stiftungen als getarnte Finanzierungseinrichtungen, Fluglinien als Tarnorganisationen zur Luftunterstützung paramilitärischer Operationen. Außenministerium, Verteidigungsministerium und Ministerium für internationale Zusammenarbeit dienen zu Tarnzwecken als Arbeitgeber von CIA-Beamten. Die Art und Weise der Verständigung mit Agenten ist das vielleicht empfindlichste Sicherheitselement einer Operation. Wirksamste, aber zugleich auch riskanteste Verständigungsmethode ist das direkte Treffen zwischen CIA-Beamten und Agenten. Sie verlangt ausgeklügelte Sicherungs- und Tarnungsvorkehrungen. Als Treffpunkt kommen in Frage: Hotels, angemietete Wohnunge, Fahrzeuge, Unterführungen, Parks, einsame Waldstücke, beliebte Ausflugsziele für Touristen.

Normale Verständigung mit dem Agenten läuft auch über Mittelsmänner oder tote Briefkästen (in hohlen Bäumen etc.). Für Blitzkontakte — zur Übergabe einer Botschaft beispielsweise —

können öffentliche Toiletten oder Fußgängertunnels benutzt werden, denn dort herrscht ständiger Personenverkehr, der feindliche Beschattung erschwert.

In verbotenem Territorium (Ostblockländer) läuft der Kontakt zu Agenten meist über kodierte Radiosendungen, die der Agent mit ganz gewöhnlichen Radios abhören kann. Der Agent selbst schreibt seine Berichte zunächst in unsichtbarer Schrift und versendet sie mit der normalen Post an eine Sammeladresse in einem nichtkommunistischen Land. Direkte Kontakte finden nur in Notfällen oder dann statt, wenn der Agent in nichtkommunistische Länder ausreisen darf. Eine ganze Anzahl raffinierter Sicherungstechniken kommt bei diesen Kontakten zum Einsatz, um Schutz vor Entdeckungen zu gewährleisten und Vorgänge wie beispielsweise die Leerung eines toten Briefkastens, die Ankündigung oder den Aufschub eines Treffens, frühzeitig anzukündigen.

Damit in den Agentenberichten stets eine sorgfältige Abstufung der mitgeteilten Fakten in die Kategorien Gerüchte, Meinung, Quellenangabe, korrekte Daten, Ort und Namen, stets gewährleistet bleiben, ist für FI-Operationen innerhalb feindlicher Länder dauerndes Training erforderlich. Ein Stab von Ausbildungsbeamten, die mehrere Sprachen beherrschen, arbeitet in der Tarnungszweigstelle der Ausbildungsabteilung. Sie reisen herum und führen auf Anfrage der Station spezielle Operationslehrgänge durch. Das Personal der Technikabteilung ist häufig mit der Ausbildung von Agenten beschäftigt, ebenso wie das Kommunikationsbüro, welches Agenten im Umgang mit Funkgeräten und Kodierungsapparaten unterrichtet.

Agentenkontrolle ist eminent wichtig; nur wenn sie perfekt klappt, kann der Agent zum wirkungsvollen Instrument der CIA werden. Jeder Agent hat einen anderen Charakter, und nicht jeder ist immer bereit, genau das zu tun, was wir von ihm verlangen; man muß ihn bearbeiten, ihm schmeicheln, ihm drohen.

Als Agenten werden nur Leute bezeichnet, welche die CIA benutzt – meist handelt es sich um Ausländer. Niemals wird der Begriff Agent im Zusammenhang mit CIA-Angestellten verwendet, die als Operationsbeamte – „Einsatzbeamter" ist die übliche Bezeichnung – an einer Station tätig sind. Wir alle werden zu Einsatzbeamten und nicht zu Agenten ausgebildet.

Die CIA-Terminologie kennt verschiedene Agententypen: so arbeiten etwa bei einigen Operationen unter der Führung eines einzelnen mehrere Agenten entweder zusammen als Team oder getrennt in verschiedenen Bereichen. Der übergeordnete Agent, der die ganze Sache, beispielsweise eine Beschattungsoperation, unter Leitung der Station durchführt, wird im allgemeinen als „Führungsagent" bezeichnet, seine Untergebenen (Boten, Chauffeure etc.) gelten als „Hilfsagenten". „Einsatzagenten" werden Personen genannt, die uns mit Geheiminformationen versorgen, zum Beispiel Spione in kommunistischen Parteien; sogenannte „Unterstützungsagenten" dagegen führen Aufträge durch, die zwar mit Operationen zu tun haben, sie gelangen aber nicht selbst an Geheiminformationen; sie mieten zum Beispiel Wohnungen an, in denen später Einsatzagenten und Einsatzbeamte der Station einander treffen können.

Einsatzbeamte müssen dauernd die Augen nach neuen Agenten offenhalten, um laufende Operationen zu perfektionieren und neue, effektivere Operationen anzukurbeln. Beim sogenannten „agent spotting" werden potentiell neue Agenten unter die Lupe genommen. Als „agent development" bezeichnet man das Überprüfungsverfahren, über das „agent assessment" schließlich wird entschieden, ob und wie der Agent wirkungsvoll eingesetzt werden kann. Wenn am Ende all dieser Prozeduren nichts gegen eine Anwerbung spricht, wird das formelle Überprüfungsverfahren mit der Operationsgenehmigung vom Hauptquartier abgeschlossen. Je nachdem, für welchen Operationstyp ein Agent benötigt wird, kann die Agentenanwerbung auf sehr unterschiedliche Weise erfolgen.

Unter gewissen Umständen geschehen Agentenanwerbungen im Namen der CIA; das ist insbesondere dann der Fall, wenn für PP-Operationen US-Staatsangehörige oder hohe Persönlichkeiten angeworben werden sollen. Häufig aber kann verschleiert werden, daß die CIA Regie führt, die Zielperson soll lediglich Vermutungen haben. Bei anderen Gelegenheiten sind Anwerbungen „unter falscher Flagge" zweckmäßiger; die Zielperson wird in dem Glauben gelassen, sie arbeite für einen anderen Geheimdienst oder überhaupt eine ganz andere Organisation. Anstatt die CIA-Urheberschaft bei Anwerbungsversuchen freizugeben, lohnt es sich auch, beispielsweise kommunistische Parteimitglieder in Entwicklungsländern unter Zwang zu rekrutieren — zum Beispiel über Drohungen und Repressionen, die scheinbar der einheimische Geheimdienst ausübt. Für den Anfang ist dieses Vorgehen auf alle Fälle besser und sicherer. Später, wenn der Agent über Bestechungsgelder und andere Mittel fest unter Kontrolle ist, kann man ihn immer noch über seinen wahren Arbeitgeber aufklären.

Weiß ein Agent über seinen Auftraggeber Bescheid, entwickeln sich praktisch in jedem Fall zwischen dem Agenten und dem für ihn zuständigen Einsatzbeamten persönliche Beziehungen. Ein Agent kann sehr viel leichter kontrolliert werden, wenn man ihn zur Zusammenarbeit überredet und nicht durch Drohungen zwingt. Daher betonen die Ausbilder immer wieder den Wert eines persönlichen Arbeitsklimas zwischen Agent und Einsatzbeamten, wobei freilich der CIA-Mann stets die Oberhand behalten und jeden Anlaß peinlichst vermeiden muß, der dem Agenten irgend etwas in die Hand gibt – Fälle, bei denen CIA-Beamte zum Beispiel in Liebesaffären verwickelt wurden, sind gar nicht so selten.

Ein behutsamer Umgang mit Bestechungsgeldern gewährleistet immer noch die beste Agentenkontrolle, ohne daß sich der Agent als Söldner behandelt und beleidigt fühlt; schließlich haben fast alle Operationen irgend etwas mit Geld zu tun. Straffe und sichere Führung von Agenten – insbesondere PP-Agenten – hängt größtenteils von der Persönlichkeit des Einsatzbeamten und der des Agenten ab. Die doppelte Notwendigkeit – straffe Kontrolle bei guter persönlicher Zusammenarbeit – ist ein echtes Dauerproblem. Eine der wichtigsten Fähigkeiten, über die ein Einsatzbeamter der CIA verfügen muß, besteht daher in der kühlen und geschickten Manipulation von Menschen. Darüber ist sich hier jeder im klaren, und niemandem sind bisher irgendwelche Gewissensbisse gekommen.

Will man einen Agenten loswerden, weil er nicht mehr gebraucht wird, kann das recht peinlich und kompliziert sein. Vieles hängt von den Gründen und davon ab, ob das Verhältnis in beiderseitigem Einvernehmen beendet wird. Wenn die Möglichkeit der Entlassung von Anfang an mit dem Agenten abgesprochen ist, wird eine finanzielle Abfindung ausgehandelt, deren Höhe sich scheinbar nach den der CIA geleisteten Diensten richtet. Unterschwellig jedoch richtet sich die Abfindungssumme nach dem möglichen Schadenrisiko, das ein mit seiner Abfindung unzufriedener Agent darstellen könnte. Auch hier also werden die Führungsqualitäten des ehemals mit der Führung des Agenten betrauten Einsatzbeamten sich niederschlagen. Häufig versuchen Agenten, wenn sie ihre Abfindung verschleudert haben, wieder auf die Gehaltsliste der CIA zu gelangen. Auf die Frage, wie drastisch sich unter schwierigen Umständen die Entlassung eines Agenten gestalten könnte, mochte der Ausbilder keine klare Auskunft geben, ließ allerdings durchblicken, daß eventuell auch „Notlösungen" in Frage kämen.

Camp Peary, Virginia
Juni 1960

Die letzten Wochen verbrachten wir meist in Laboratorien, um Grundkenntnisse auf den vier wichtigsten technischen Gebieten zu erwerben: Audiotechnik, Fotografie, Korrespondenzmanipulation und Geheimschrift. Audiotechnik beinhaltet das Anzapfen von Telefonleitungen und Lauschangriffe. Bei der sichersten und allgemein üblichen Methode, Telefone anzuzapfen, werden die entsprechenden Schaltungen im Telegrafenamt durch einen Agenten oder über eine Anfrage beim einheimischen Geheimdienst hergestellt. Unter Umständen sind sogenannte ,,off the line"-Unterbrechungen ratsamer. (Dabei handelt es sich um Schaltungen, die irgendwo zwischen Telefon und Telegrafenamt montiert werden.) Es gibt kleine Sender, die in Telefone eingebaut werden können. Das TSD (die Technikabteilung) hat einen derartigen Sender von der Größe eines Bleistifts entwickelt, der, an Telefondrähte angeschlossen, Impulse zu nahegelegenen Horchposten sendet. Telefone und Telefondrähte sind auch für Lauschangriffe nützlich. Bei der sogenannten ,,hot mike"-Technik wird die Sprechmuschel des Telefons präpariert, um alle im Raum geführten Gespräche zu empfangen (auch wenn das Telefon nicht benutzt wird) und über die Telefondrähte weiterzuleiten.

Bei der einfachsten und verläßlichsten Technik — der sogenannten ,,mike and wire"-Technik — führt eine Leitung von einem verborgenen Mikrophon zu einem Horchposten mit Verstärker und Lautsprecher. Hundertprozentig ist das allerdings auch nicht, denn das Mikrophon könnte entdeckt werden, und da die Leitung eine sichere Spur zum Horchposten herstellt, könnte der dort sitzende Agent eventuell eine böse Überraschung erleben. Deshalb werden Mikrophon und Leitung meist an einen verborgenen Sender angeschlossen, der entweder das Hausstromnetz anzapft oder mit Batterie arbeitet. Dessen Impulse weden dann im Horchposten empfangen.

Vor allem bei Lauschangriffen auf sowjetische, chinesische und sonstige Ostblockeinrichtungen, wo ständig Sicherheitsüberprüfungen stattfinden, bei denen weitreichende Ortungsgeräte eingesetzt werden, sollten Abhörsender mit Schaltvorrichtungen ausgestattet sein. Wenn solche Prüfungsteams — häufig unter diplomatischer Tarnung — in der Stadt auftauchen, sollten alle Sender abgeschaltet sein. Die CIA-Stationen müssen sich

deshalb über das Auftauchen möglicher Überprüfungsbeamter ständig untereinander informieren. Eine der üblichen Installationstechniken von Radiosendern läuft über das Stromnetz anstatt über Luftwellen. Das Ganze ist sehr bequem, kann leicht geschaltet werden, und Antriebsprobleme gibt es auch nicht, aber ein geeigneter Horchposten ist schwer zu finden, weil die elektrischen Sendeimpulse über Stromtransformatoren nicht hinwegspringen können. Bei der Installierung von Lauschgeräten müssen häufig Fußböden, Decken und Wände angebohrt werden. Das TSD hält dafür ein großes Bohrerarsenal bereit, sogar einige Diamantengewinde. Bohrungen freilich sind nichts für Laien. Selbst Spezialisten vom TSD haben schon irreparable Schäden angerichtet und viel zu große Löcher durch Wände und Decken der jeweiligen Zimmer hindurchgebohrt. Bohrarbeiten erfordern feinste Kalkulation und endlose Geduld. Für das nachträgliche Verbergen von Wanzen hält das TSD eine Spezialausrüstung mit schnelltrocknender Gipsmischung, an die 50 Klebechips und geruchlose, schnelltrocknende Farbe bereit. Die Ausrüstung für Horchposten zum Abhören von Telefonen umfaßt meistens „Revere"-Tonbandgeräte und ein angeschlossenes Gerät, welches das Tonband in Gang setzt, wenn das Telefon klingelt oder abgenommen wird. Die Nummern, die vom abgehörten Telefon aus angerufen werden, können auf einem parallellaufenden Papierband aufgezeichnet werden. Bei anderen Audiotechniken können auch Kurzwellenempfänger – etwa vom Typ des beim Militär verwendetn SRR-4 mit 50 bis 200 MHz Reichweite, Kopfhörer und alle möglichen Tonbandgeräte benutzt werden. Wenn Schalter zum Einsatz kommen, gehört noch ein Koffer mit einem Sender zum Horchposten, der über eine bestimmte Frequenz an-, über eine andere Frequenz abschaltet. Die Schalter selbst funktionieren leider sehr unzuverlässig.
Im Rahmen der TSD-Forschungs- und Entwicklungsprogramme auf dem Gebiet der Audiotechnik sollen vorhandene Instrumente perfektioniert werden (die oben beschriebene Schalttechnik beispielsweise, die Entwicklung eines Minimikrophons oder eines Senders, der in unscheinbaren Behältern angebracht wird); gleichzeitig sollen auch neuere Techniken entwickelt werden. So könnte zum Beispiel, indem man über die Telefondrähte Stromstöße leitet, das ruhende Telefon in ein Mikrophon verwandelt werden – ein „hot mike", ohne daß dafür langwierige Einbauten erforderlich wären. Noch im Entwick-

lungsstadium befindet sich ein weiteres faszinierendes Verfahren: der Gebrauch von Infrarotstrahlen, die von Fensterscheiben zurückgeworfen und mit einem Gerät empfangen werden, das die im zum Fenster gehörigen Raum geführten Gespräche aufzeichnet, die von den Schwingungen der Fensterscheibe übertragen werden.

Eine weitere Technik betrifft getarnte Minimikrophone, wie jenes im Adlerschnabel des Großen Siegels, das die Sowjets dem amerikanischen Botschafter in Moskau überreichten, der es in seinem Büro aufstellte. Das Mikrophon besteht aus einem Gegenstand in der Form eines Plastiklöffels, der über Radiowellen auf bestimmter Frequenz aktiviert wird. Der Löffel sendet dann ein anderes Radiosignal, welches die von Stimmen verursachten Schwingungen enthält und mit einem entsprechenden Gerät empfangen werden kann. Auf das von den Sowjets präparierte Große Siegel kamen die Ausbilder anläßlich einer Vorführung von Audiogeräten zu sprechen und gaben dabei zu, daß uns in diesen Techniken die Russen weit voraus sind.

Im Fach Fotografie lernten wir den Umgang mit verschiedensten Kameras für allgemeine Zwecke und zum Abfotografieren von Dokumenten. Obwohl sich die winzige Minox für Agentenzwecke am besten eignet, ziehen die Ausbilder 35-mm-Kameras, Leica, Exacta, vor. Geübt wurde u. a. natürlich heimliches Fotografieren mit Kameras, die in Aktentaschen oder sonstigen unverdächtigen Behältnissen verborgen sind. Man kann sie sogar unter dem Hemd verstecken und die Linse als Krawattennadelknopf tarnen. Die Ausbildung in der Dunkelkammer betraf Filmauswahl und Entwicklungstechniken. Bei den nachfolgenden praktischen Übungen konnten wir das alles selbst ausprobieren.

Reichlich langweilig sind die Techniken zum heimlichen Öffnen und Wiederverschließen von einfachen Briefen oder Diplomatenpost, „Flaps and Seals" (F and S genannt). Eine ganze Woche verbrachten wir über Heizplatten, Teekesseln und lauter seltsam geformten elfenbeinernen Dingern, mit denen vorsichtig Briefumschläge geöffnet werden können. Am besten geht das mit Hilfe eines Apparates von der Größe einer Aktenmappe, der, in Schaumgummi eingebettet, ein erhitzendes Element enthält. Legt man ein feuchtes Löschblatt darauf, so entsteht Dampf und wenn der Brief auf dieses Löschblatt gelegt wird, vergehen kaum Sekunden, bevor er sich leicht öffnen läßt.

Geheimschrift (SW) wird zum Verbergen geheimer Texte auf scheinbar harmlosen Briefen oder Tarndokumenten verwendet.

Drei verschiedene Methoden gibt es: das sogenannte flüssige Verfahren, Paustechnik und I-Punkt-Verfahren. Beim flüssigen Verfahren werden Chemikalien — meist als Pillen getarnt — in Wasser zu einer klaren Tinte aufgelöst. Die Nachricht wird auf möglichst hochwertiges Papier geschrieben. Dabei benutzt man mit Hilfe einer Rasierklinge angespitzte Wattestäbchen: vor und nach der Niederschrift wird das Papier mit einem weichen Tuch gerieben, und zwar beidseitig in allen vier Richtungen, damit die Schrift tief im Papiergewebe verborgen bleibt. Das Papier der fertigen Botschaft wird mit Dampf befeuchtet und in einem dicken Buch gepreßt. Wenn dann nach dem Trocknen auch mit Hilfe ultravioletter Strahlen keine Spuren feststellbar sind, wird ein Tarnbrief oder irgendeine nichtssagende Botschaft auf das Papier geschrieben.
Paustechnik funktioniert mit normalem, chemisch imprägniertem Papier. Das Durchschlagpapier wird zwischen zwei Blätter gelegt. Mit gleichmäßigem Druck wird die Nachricht geschrieben und vom Durchschlagpapier, das mit einer Chemikalie behandelt ist, unsichtbar auf das darunterliegende Papier transportiert. Der Tarnbrief wird später auf die andere Seite geschrieben. Empfängt ein Agent einen solchen SW-Brief, braucht er nur einen entsprechenden chemischen Entwickler mit Wattestäbchen auf das Papier aufzutragen, damit die Schrift erscheint.
Zum I-Punkt-Verfahren gehört eine kleine Kameraausrüstung, mit der eine abfotografierte Seite auf die Größe eines I-Punkts reduziert werden kann. Das winzige Negativ kann dann auf einen I-Punkt innerhalb des Schriftbildes einer ganz normalen Botschaft geklebt werden. Obwohl die zum technischen Verfahren notwendige Ausrüstung Verdacht erregen könnte, ist das Verfahren selbst absolut sicher; freilich kostet es viel Zeit und zum Ablesen braucht man ein Mikroskop.
Geheime Nachrichten können im Klartext oder verschlüsselt geschrieben werden. Die SW-Zweigstelle beim TSD sammelt ständig Informationen über die Postzensur im Ausland, um SW-Operationen maximalen Schutz zu gewährleisten. Die konkreten Bedingungen, unter denen der Agent arbeitet, sind für die Details bei SW-Korrespondenz ausschlaggebend: soll der Tarnbrief an Adressen im Inland, im Ausland, an eine Postfachadresse oder die eines Unterstützungsagenten gehen; soll der Absender korrekt, falsch oder überhaupt nicht angegeben werden; was steht im Tarnbrief; Sicherheitszeichen müssen verwendet werden, deren Nichtangabe ein Hinweis darauf wäre, daß der

Brief unter Kontrolle eines feindlichen Geheimdienstes geschrieben wurde.
Auch über Mittel und Wege, Geheimschrift von verdächtiger Korrespondenz zu entfernen, verfügt die SW-Abteilung. Bei der Prozedur wird der entsprechende Brief zwischen zwei feuchten Papieren so lange gepreßt, bis sich genug chemische Substanz auf den Papieren abgesondert hat, um das Ganze zu entwickeln. Der verdächtige Brief kann in den Postverkehr zurückgeschleust werden, ohne die geringste Spur aufzuweisen.
Die Ausbilder gaben uns auch ein paar Kostproben ihrer Methoden beim Safe-Knacken und Einbrechen. Das ist freilich absolute Spezialistenarbeit, und die Techniker vom TSD reisen lieber selbst in die Länder, wo derartige Jobs anstehen. Als einfache Einsatzbeamte lernen wir lediglich das Nötigste, um vorauszuplanen und zu wissen, wann die TSD-Techniker gebraucht werden.
Vor ein paar Wochen wurde ich aus der Luftwaffe entlassen und bin jetzt normaler Angestellter beim Luftwaffenministerium, wie vor drei Jahren, als ich nach Washington kam. Meine Tarnung funktioniert nach wie vor als der übliche Pentagonschwindel mit Major und Oberst als fiktiven Vorgesetzten. Aber mein Offizierspatent – ich bin jetzt First Lieutenant – kann ich behalten, denn ich werde, obwohl nur zur Tarnung, weiterhin einer Reserveeinheit der Luftwaffe zugehören.
Letzte Woche kam Ferguson vom Hauptquartier und empfing mich mit langen Reden über den steigenden Bedarf an Einsatzbeamten in der Western Hemisphere Division. Anscheinend verursachen Castro und seine kubanische Revolution in Lateinamerika immer größeres Kopfzerbrechen. Ich bin schwer enttäuscht, denn ich hatte mich auf Mantel-und-Degen-Abenteuer in Hongkong oder Wien gefreut. Aber Ferguson meinte, ich könne Versetzung beantragen, wenn es mir nach 6 Monaten immer noch keinen Spaß macht. So wie es aussieht, werden 10 bis 15 von uns zur Western Hemisphere Division versetzt; so schlimm kann's also nicht sein. Außerdem werden sich die stundenlangen Übungen im Sprachlabor endlich auszahlen.

Teil II

**Washington DC
Juli 1960**

Nach Abschluß der Ausbildung und ein paar Tagen Urlaub meldete ich mich wieder bei Ferguson, der mich offensichtlich nicht erwartet hatte, denn ich mußte einige Stunden warten, bis er mich ins venezolanische Büro der WH-Abteilung (Western Hemisphere Division) schickte. Dort arbeiten außer mir noch ein Abteilungsleiter und eine Sekretärin. Wir gehören zu Filiale 3 der WH-Abteilung, und unser Aufgabenbereich umfaßt die sogenannten Bolivar-Länder: Venezuela, Kolumbien, Ecuador, Peru, Bolivien; zusätzlich bearbeiten wir noch die Dutch Islands, Aruba, Curacao, British Guayana und Surinam. Zu Filiale 1 gehören Mexiko und Zentralamerika, zu Filiale 2 die Karibik, Filiale 4 bearbeitet Brasilien und Filiale 5 den sogenannten „Cono Sur" mit den Ländern Uruguay, Paraguay, Argentinien und Chile. Für Kuba sorgt eine Spezialabteilung, deren paramilitärischer Stab einen ganzen Flügel am Quarters Eye beansprucht. Offenbar planen sie eine Art Wiederholung der Guatemala-Invasion, aber Einzelheiten sickern nicht durch. Was sonst noch zur WH-Abteilung gehört, ist in Barton Hall nahe Ohio Drive und Potomac untergebracht.
Die WH-Abteilung ist die einzige beim DDP, die nicht in den Gebäuden beim großen Bassin residiert, und allmählich bekomme ich den Eindruck, daß sie vom Rest des DDP etwas schief angesehen wird. Offenbar ist über der räumlichen Trennung vom übrigen DDP der Eindruck entstanden, die WH-Abteilung sei eine Domäne von Oberst J. C. King. Er ist schon seit Jahren Chef der Abteilung. Aus Gesprächen mit Kameraden aus Camp Peary, die bei anderen Abteilungen untergebracht sind, erfuhr ich, daß die WH-Abteilung ihren schlechten Ruf vor allem deshalb genießt, weil die Mehrzahl der leitenden Beamten der Abteilung — Filialleiter, Sektionschefs im Ausland — einer verschworenen Gemeinschaft ehemaliger FBI-Beamter angehört, die 1947 zur CIA stießen, als diese die bis dahin vom FBI aus-

geübte Geheimdiensttätigkeit in Lateinamerika übernahm. Es ist wirklich geheim: Wir sind allgemein bekannt unter dem Spitznamen „Schnüffler-Abteilung". Und das, obwohl bei uns die besten Operationen zur Infiltration kommunistischer Parteien in Lateinamerika laufen. Vor allem über WH-Aktivitäten gelangte die CIA an die Rede Chruschtschows vor dem XX. Parteitag heran. Die Rede konnte daraufhin sofort veröffentlicht werden, was die Sowjets in einige Verlegenheit stürzte, gar nicht zu reden von der Guatemala-Invasion. Aber die Palme für absolute Gespensteraktionen geht ein für allemal an die Osteuropaleute — alte Hasen aus Wien und Berlin. Na ja, wenn Castro gestürzt ist, werden wir weitersehen.

Ich bin nicht gerade begeistert von meiner Arbeit. Auf meinem Schreibtisch stapeln sich alte Briefe und Telegramme, um die sich niemand kümmert, und die ich jetzt entziffern soll — total frustrierend! Ich muß andauernd Leute mit Fragen belästigen: Was bedeuten die Abkürzungssymbole der einzelnen Abteilungen auf den Aktendeckeln, wer macht was, was ist wichtig, was ist unwichtig? Meine Hauptbeschäftigung ist die Bearbeitung von Personenüberprüfungen und Berichten.

Die Berichte muß ich auf Orthographie, Tipp- und Interpunktonsfehler hin untersuchen. Dann werden sie gedruckt und an alle CIA- oder Regierungsstellen geschickt, die daran interessiert sein könnten. Wegen all dieser Formalien habe ich aus den Berichten kaum jemals irgend etwas Inhaltliches entnehmen können. Ich muß mich zu Hause hinsetzen und selbst etwas über Venezuela und Lateinamerika lesen, damit ich aus den Berichten überhaupt irgend etwas erfahren kann. Alles, was ich bisher über Lateinamerika weiß, ist die allgemeine Feindseligkeit den USA gegenüber, die allerdings beim Dollar aufhört. Meine Erfahrungen beschränken sich auf Vergnügungsreisen nach Havanna und an die mexikanische Grenze. Ein bißchen wenig für einen künftigen Einsatzbeamten in Südamerika.

Noch langweiliger als die Berichte sind die Personenüberprüfungen. Meine erste betraf einen gewissen José Diaz, und ich hatte keine Ahnung, wie viele Leute so heißen. Auf meine Anfrage bei der Zentrale für Personalakten (RID) jedenfalls erhielt ich über tausend Hinweise auf Leute dieses Namens, weil ich vergessen hatte, Geburtsdaten, Geburtsort und andere nähere Einzelheiten bei meiner Anfrage im RID anzugeben.

Die weitaus meisten Personalüberprüfungen führen wir für die venezolanische Standard-Oil-Tochter durch. Der Sicherheitsbeamte der Gesellschaft, ein ehemaliger FBI-Mann, läßt alle

Venezolaner von der CIA überprüfen, bevor sie eingestellt werden.

Washington DC
August 1960

Gestern morgen fragte mich der Filialleiter C. Harlowe Duffin, ob ich an einem Überseejob Interesse hätte, da in Quito, Ecuador, nächsten Monat ein Operationsbeamter versetzt würde. Wenn ich Lust hätte, wäre da sicherlich was zu machen. Allerdings sagte er, daß über Personalentscheidungen, die Auslandsjobs betreffen, erst geredet werden darf, wenn sie getroffen sind. Solange er es nicht erlaubt, darf ich mit niemandem darüber sprechen. Schon nächsten Monat! Ich werde allerdings nicht sofort fahren. Zunächst muß ich intensiv Spanisch lernen, dann ins Außenministerium — es müssen erst noch eine Menge Details geklärt werden.
Ich schnappte mir erst einmal ein Buch über Ecuador und las, anstatt zu arbeiten. Alles sehr spannend. Bananenrepublik und Unterentwicklung — dafür ist Ecuador offenbar ein klassisches Beispiel! Von inneren Gegensätzen zerrissen, beherrscht von einer privilegierten Oligarchie, wurde es ein Spielball seiner größeren Nachbarn, die sich riesige Gebiete einverleibten, welche Ecuador nicht zu verteidigen in der Lage war. Wichtigstes internationales Thema, demgegenüber alles andere in Ecuador verblaßt, sind Peru und das 1942 unterzeichnete Protokoll von Rio, mit dem sich Peru die Annexion von mehr als einem Drittel jenes Gebiets, das Ecuador bis dahin als nationales Territorium betrachtet hatte, bestätigen ließ. Im Juli und August 1941, nachdem mehrmonatige Verhandlungen gescheitert waren, überrannten peruanische Truppen die Verteidigungslinien im Süden und im westlichen Amazonasgebiet. Obwohl natürlich auch eine peruanische Version der ganzen Geschichte existiert, konnte Ecuador dennoch nie verwinden, daß es quasi unter Zwang das Protokoll von Rio unterzeichnen mußte. Die USA befanden sich bereits im Krieg mit Europa und brauchten Frieden auf ihrer lateinamerikanischen Flanke. Obwohl der peruanische Sieg von 1941 nur vorläufiger Schlußpunkt hinter einer Serie von Auseinandersetzungen ist, deren Ursachen teilweise noch aus der spanischen Kolonialepoche datieren, wird das Protokoll von Rio im besiegten und gewaltsam verstümmelten Ecuador seither als nationale Schande betrachtet, die noch keine Generation weit zurückliegt. Die US-Regierung ist tief ver-

strickt in diese Angelegenheit, denn wir waren es, die das Protokoll aushandelten, und wir tragen auch nach wie vor die Verantwortung für seine Einhaltung – gemeinsam mit den Garantiemächten Brasilien, Argentinien und Chile.
Ein Schlüssel zum Verständnis des Landes liegt in Ecuadors regionaler Aufteilung in Sierra und Küstenregion. Der östliche Landesteil, unwirtliches, von den Quellflüssen des Amazonas durchzogenes Dschungelgebiet, spielt mit seiner spärlichen Bevölkerung keine nennenswerte Rolle. Vor einigen Jahren wurde dort nach Erdöl gebohrt, aber der Erfolg rechtfertigte nicht die Kosten einer Pipeline über die Anden. Das Andenhochland (die Sierra) und die pazifische Küstenregion halten sich, was Ausdehnung und Bevölkerungsdichte betrifft, in etwa die Waage. Die spezifischen Interessen ihrer Bewohner freilich liegen traditionell miteinander in Konflikt.
Die bürgerliche Revolution erreichte Ecuador im Jahre 1895. Prominentestes Opfer wurde die Kirche, denn die hinter der Revolution stehenden bürgerlichen Kräfte der Küstenregion entrissen die politische Führung der konservativen Grundbesitzerschicht der Sierra. Kirche und Staat wurden getrennt, konfessionsfreie Schulen, Zivilehe und Scheidung eingeführt und ausgedehnte Besitztümer der Kirche konfisziert. In der Folge wurde die politische Szenerie von der Liberalen Partei beherrscht. Auch die konservative Grundbesitzeraristokratie wurde liberal unterwandert. Für die Masse der Bevölkerung änderte sich nichts; innerhalb der etablierten Machtstrukturen blieb für sie kein Platz. Dennoch wäre es falsch, die politische Geschichte Ecuadors im 20. Jahrhundert als ein weiteres trauriges Beispiel für das übliche lateinamerikanische Hin und Her zwischen Liberalen und Konservativen um das Recht auf Amtsmißbrauch abzutun. Natürlich gehört in Ecuador auch das zur Politik, aber es wird doch noch einiges mehr geboten. Immerhin hat das Land einen der schillerndsten lateinamerikanischen Politiker dieses Jahrhunderts hervorgebracht: José Maria Velasco Ibarra. Gerade vor zwei Monaten wurde er wiedergewählt – zum vierten Male! Und das, obwohl er noch nie länger als eine Legislaturperiode regiert hat, wobei zwei seiner drei bisherigen Regierungen vorzeitig vom Militär gestürzt wurden.
Auf der politischen Bühne Ecuadors ist Velasco eine Art Alleinunterhalter: ein glänzender Redner, dessen Rhetorik auf die Massen unwiderstehlich wirkt. Er pflegt gewisse autoritäre Neigungen und teilt die Macht nur sehr widerwillig mit dem Kongreß. Seine Politik ist genauso unberechenbar wie sein wildes

Temperament. Bei zahlreichen Gelegenheiten hat er die widersprüchlichsten Positionen eingenommen, dadurch jedoch immer wieder von den verschiedensten Parteien Rückendeckung erhalten. Die diesjährige Juniwahl gewann er mit der größten Mehrheit, die je ein ecuadorianischer Präsident auf sich vereinigen konnte, und er schaffte diesen Erfolg in unnachahmlicher Manier. Als unabhängiger Kandidat ins Rennen gegangen, machte er sich zum Sprecher der verarmten Massen und griff in wüsten Tiraden die regierende Oberschicht des Landes an, die geschlossen hinter den liberalen und konservativen Kandidaten stand. Neben tiefgreifenden wirtschaftlichen und sozialen Veränderungen verlangte er den Sturz der regierenden Oligarchie und des politischen Bonzentums sowie eine gerechtere Verteilung des Bruttosozialprodukts. Auf der Woge dieses populistischen Programms schwimmend, vereinigte Velasco schließlich fast 400 000 Stimmen auf seine Person; ein sagenhafter Erfolg. Seit er in scharfen Worten die Annullierung des Protokolls von Rio verlangt hat, ist er sogar zum Heros der ecuadorianischen Nationalisten aufgestiegen.

Die Amtseinführung ist für September vorgesehen. Die Station in Quito allerdings wagt keine Voraussagen darüber, wie lange Velasco durchhalten wird. Die Tatsache, daß die letzten drei ecuadorianischen Präsidenten nacheinander unbeschadet über die Runden gekommen sind, könnte nach Jahren der Unsicherheit als mögliches Indiz wiedergewonnener und politischer Stabilität interpretiert werden. Die Legislaturperiode soll drei Jahre dauern, aber angesichts der Tatsache, daß Velasco bereits der 70. Präsident in 130 Jahren ecuadorianischer Unabhängigkeit ist, dürfen Zweifel angemeldet werden.

Washington DC
August 1960

Duffin rief mich endlich zu sich, um mir mitzuteilen, daß Edwin Terrell, der Chef der Filiale, mit meiner Nominierung einverstanden sei, und daß auch Oberst Kings Büro zustimmend reagiert habe. Der Beamte, der im Augenblick noch meine Position innehat, wird im September als Chef zur Basis Guayaquil versetzt, und die Station möchte möglichst sofort Ersatz haben. Der WH-Personalbeamte hat für mich einen spanischen Intensivkurs mit Tutor arrangiert, damit ich so bald wie möglich nach Quito aufbrechen kann. Getarnt werde ich als stellvertretender

Attaché der politischen Abteilung an der US-Botschaft, d.h., ich genieße Diplomatenstatus und bin als Außendienstbeamter für das Außenministerium tätig. Duffin schickte mich noch zu Rudy Gomez, dem stellvertretenden Chef der WH-Abteilung, der über alle routinemäßigen Versetzungen entscheidet. Offenbar bin ich einer der ersten aus unserem Lehrgang, die auf eine Außenstation versetzt werden – vor mir ist nur noch Christopher Thoren, der noch in diesem Monat an die US-Botschaft bei den Vereinten Nationen geht.

Washington DC
August 1960

Das nähere Studium Ecuadors ist zwar anregend, zugleich aber auch ernüchternd. Der neue, im Juni gewählte Kongreß, trat schon am 10. August zusammen, obwohl Velasco erst am 1. September sein Amt antritt. Die Taktik der im Kongreß anwesenden Velasquisten ist ein Indiz dafür, daß der neuen Regierung die Verfolgung der Anhänger des scheidenden Präsidenten Ponce weitaus mehr am Herzen liegt als die Aufgabe, das Land zu regieren. Die Velasquisten sind im Kongreß zwar stark vertreten, haben aber keine absolute Mehrheit. Bei der Kongreßeröffnung aus Anlaß der traditionellen Jahresbotschaften von Präsident Ponce und dem Vorsitzenden des obersten Gerichtshofes jedenfalls wurde Ponce von den Schmähungen und Verhöhnungen der auf der Zuschauertribüne versammelten Velasquisten derart überschüttet, daß von seiner dreieinhalbstündigen Rede kein Wort zu verstehen war.
Die gegen Ponce vorgetragenen Attacken der Velasquisten sind jetzt besonders ausgeprägt, weil diese sich für die Repressalien, mit denen die Regierung ihren Wahlkampf torpedierte, rächen wollen. Damals wurden bei dem schlimmsten Zwischenfall anläßlich einer Demonstration der Velasquisten am 19. März fünf Menschen getötet und mehrere verletzt. Mit der Demonstration sollten Velascos Ankunft in Quito – er lebte mehrere Jahre im selbstgewählten argentinischen Exil – und der Beginn seiner Wahlkampagne gefeiert werden. Die Kampagne selbst richtete sich dann (neben der Propaganda für Velascos Programm) gleichermaßen gegen Ponce und die traditionelle Oligarchie des Landes. Obwohl im Zentrum von Velascos Programm Vorschläge für eine gerechtere Verteilung des Bruttosozialprodukts sowie für eine effizientere Verwaltung stehen, häufen sich die

Zweifel an Velascos persönlicher Integrität und seiner Fähigkeit, die Macht der ungefähr 100 Familien zu brechen, die seit Generationen das Land kontrollieren. Nichtsdestoweniger war das Volk begeistert über das, was es von Velasco zu hören bekam, denn soziales Unrecht und Armut schreien in Ecuador zum Himmel. Das Land ist, gemesssen am jährlichen Pro-Kopf-Einkommen, das zweitärmste Südamerikas. Das Pro-Kopf-Einkommen beträgt 220 Dollar — etwa ein Drittel des argentinischen und nur ein Zehntel desjenigen in den USA —, aber selbst dieser lächerliche Betrag ist sehr ungleichmäßig verteilt. Die obersten ein Prozent der Bevölkerung verfügen über ein mit US-Standards vergleichbares Einkommen, während zwei Drittel der ecuadorianischen Bevölkerung nur etwa monatliche 10 Dollar für die ganze Familie verdienen. Diese Schichten, größtenteils Indianer und Mischlinge, sind von der Geldwirtschaft ausgeschlossen, vollständig marginalisiert, ohne die geringste soziale oder wirtschaftliche Integration und spielen im nationalen Leben keine Rolle.

Mit Ausnahme derjenigen, die der Vorwurf trifft, herrscht breite Übereinstimmung, daß die Wurzel des extremen Unterschieds zwischen arm und reich in der Verteilung des Grundbesitzes zu suchen ist. Wie in anderen Ländern gehört der beste Boden Ecuadors einigen Großgrundbesitzern, die wenig Landarbeiter beschäftigen, und die deshalb wesentliche Schuld an der wachsenden Arbeitslosigkeit in den Städten trifft. Die Kleinbauern erwirtschaften nur winzige Einkommen, die von Qualität oder Ausdehnung ihres Bodens abhängig sind. Selbst an der Küste, wo auf kleinen und mittelgroßen Plantagen die devisenbringenden Exportprodukte Bananen, Kaffee, Kakao und Reis angebaut werden, sind bei schwankenden Preisen, Marktengpässen, spärlichen Krediten und schlechter technischer Ausstattung die Existenzbedingungen für Lohnarbeiter äußerst prekär.

Deshalb sind eine umfassende Landreform und die Erschließung stabiler Exportmärkte vorrangige Ziele bei der wirtschaftlichen Entwicklung. Erst dann darf an Investitionen für Schulen, Krankenhäuser, Wohnungsbau und ähnliches gedacht werden. Die Symptome in Ecuador sind für ein armes Land typisch: schlechte Ernährung, verbreitetes Auftreten schwächender Erkrankungen durch Darmparasiten aus verdorbenem Trinkwasser. In diesem Jahr konnten 370 000 Kinder nicht zur Schule gehen, weil keine für sie da ist. Bei einer Gesamtbevölkerung von 4,3 Millionen fehlt es an 580 000 Wohnungen.

Nach Wegen aus dieser Misere sucht man im In- und Ausland. Von größter Bedeutung ist die Auslandshilfe, die dem Land zum Teil von der International Cooperation Administration (ICA) zufließt; die Gesellschaft unterhält zusätzlich eine technische Hilfsmission in Ecuador. Voraussetzung für eine wirksame Selbsthilfe ist die Bereitschaft der Regierung, ein Reformprogramm aufzustellen und der verbreiteten Korruption entschlossen einen Riegel vorzuschieben. Es existiert bereits eine Bewegung zur Abschaffung des „Huasipungo", einer besonders üblen Form des Pachtvertrags. Die Landwirtschaftspolitik der Regierung zielt jedoch, und das mit kümmerlichem Erfolg, auf die Suche nach immer neuen Anbauflächen.
Eine Drosselung des Bevölkerungswachstums — es beträgt augenblicklich jährlich 3.1 Prozent — wäre dringend geboten, wird jedoch durch tradierte Vorstellungen und die Politik der katholischen Kirche behindert.

Washington DC
September 1960

Seit einigen Wochen lerne ich rund um die Uhr Spanisch, entweder mit einem Tutor in Arlington oder im Sprachlabor. Bis November werde ich vermutlich richtig drin sein. Dann steht ein Orientierungslehrgang am Foreign Service Institute auf dem Programm, der vom Außenministerium organisiert wird. Nach wie vor aber melde ich mich jeden Morgen bei Duffin und verschaffe mir weitere Hintergrundinformationen bei der Abteilung für Ecuador.
Velasco ist mittlerweile Präsident. Die Amtseinführung gestaltete sich insofern anders als die vorhergegangenen, weil der scheidende Präsident, Ponce Enriquez, erstmals zurückschlug. Etwa eine Stunde vor Beginn der Zeremonie übergab er die Präsidentenschärpe dem Vizepräsidenten, der dann die formale Machtübergabe vornahm.
Unmittelbar danach enthob Velasco 48 hohe Militärs ihrer Posten und stellte sie zur Disposition des Verteidigungsministers, was dem ersten Schritt zur Versetzung in den Ruhestand gleichkommt. Die meisten sind Parteigänger Ponces. Velasco begann außerdem, die Nationalpolizei zu säubern. Den Anfang machte er mit zwei der dienstältesten Obristen — nebenbei fungieren sie auch als die wichtigsten Verbindungsagenten unserer Station. Sie wurden verhaftet und angeklagt, an den Vorkomm-

nissen vom 19. März an prominenter Stelle beteiligt gewesen zu sein.
Ein sehr viel ernsterer Vorgang war die erzwungene Abreise des Operationsbeamten unserer Station, der als Spezialist für öffentliche Sicherheit an der United States Operations Mission (USOM) – sie gehört zum ICA-Programm – getarnt war. Unser Stationsbeamter Bob Weatherwax hatte bei den Ausschreitungen am 19. März an vorderster Front die Polizeitruppen dirigiert und konnte aufgrund seines blonden Haars und der roten Gesichtsfarbe – er hat etwas von einem Albino – leicht identifiziert werden. Velasco war kaum im Amt, als Jim Noland, der Stationschef, von Jorge Acosta Velasco, dem Neffen des Präsidenten (er ist kinderlos) und erklärtem Liebling der Familie, den Wink erhielt, Weatherwax solle für einige Zeit das Land verlassen, um nicht in die Nachforschungen zur Affäre um den 19. März hineingezogen zu werden. Acosta ist mit beiden, Noland und Weatherwax, eng befreundet und sein Hinweis war lediglich ein hilfreicher Tip, keine offizielle Benachrichtigung. Jedenfalls war Noland sofort einverstanden, und Weatherwax langweilt sich jetzt – bis zu seiner Rückkehr – in Washington.
Hinter den Säuberungsmaßnahmen steht hauptsächlich Manuel Araujo Hidalgo, der als Abgeordneter für die Provinz Pinchincha (die Region um Quito) in die Deputiertenkammer gewählt wurde und jetzt Innenminister ist. Er wurde ernannt, nachdem Velasco seinen ersten Innenminister schon nach einer Woche gefeuert hatte. Araujo mußte seinen Sitz als Deputierter aufgeben, aber er ist offensichtlich unbestrittener Führer der Velasquistenhorden.
Araujo ist Linksextremist und eifriger Verteidiger der kubanischen Revolution – also genau der falsche Mann für die wichtigste Aufgabe im Punkte innere Sicherheit. Besonders feindlich benimmt er sich den USA gegenüber, und die Station hegt Befürchtungen, er könnte das Programm für öffentliche Sicherheit torpedieren, denn er kommandiert die Nationalpolizei. Die tatsächliche Gefahr ist die, daß all unsere Anstrengungen, der Regierung einen wirksamen Sicherheitsapparat im Rahmen der Vorbereitungen zur 11. interamerikanischen Konferenz in die Hand zu geben, umsonst gewesen sein könnten. Die Konferenz soll in sechs Monaten beginnen. Seit Velascos Erklärung, das Rio-Protokoll sei für ihn null und nichtig – sie war Teil seiner Regierungserklärung –, sind die Spannungen gewachsen, und es wird befürchtet, der Streit über das Problem könnte die

interamerikanische Konferenz scheitern lassen. Die Ecuadorianer stehen in diesem Punkt zweifellos geschlossen hinter Velasco, der ihn auch dazu benutzt, jede Kritik an seinem Regierungsstil für unpatriotisch und einer befriedigenden Regelung des Grenzproblems mit Peru abträglich zu qualifizieren. Die eigentlich hinter Ponce stehenden Konservativen und Christdemokraten haben sich bisher noch nicht offen gegen Velasco ausgesprochen.

Washington DC
Oktober 1960

Aus den Akten über Operationen der Station Quito geht deutlich hervor, wie überaus sorgfältig die spezifischen Bedingungen, unter denen Operationen stattfinden, immer wieder von neuem überprüft und eingeschätzt werden. Diese vorbereitenden Untersuchungen bilden stets einen unentbehrlichen Aktionsrahmen: obwohl auch von Sicherheit, Tarnung etc. die Rede ist, dreht sich das Wichtigste um den Feind, mit dem wir es zu tun haben.

Kommunistische Partei Ecuadors (PCE)
Obwohl seit Ende des Weltkriegs legal, hat es die PCE dennoch nie geschafft, jene 5 000 Unterschriften zusammenzubringen, die zur Aufstellung von Kandidaten bei den allgemeinen Wahlen berechtigen. Pedro Saad, der Generalsekretär der Partei, konnte dennoch von 1947 bis Juni letzten Jahres einen Sitz im Senat, und zwar als von der Küstenregion delegierter Senator für Gewerkschaftsangelegenheiten, behaupten. Er erlitt dann allerdings eine Niederlage, die über eine politische Operation der Basis Guayaquil gesteuert wurde. Im ecuadorianischen Senat sitzt eine ganze Reihe solcher „Senatoren mit Sonderfunktion", die einzelne Interessengruppen aus Küstenregion und Sierra vertreten. Beispielsweise Gewerkschaften, Handel, Erziehung, Landwirtschaft, Militär. Laut Schätzungen der CIA-Station sind etwa 1000 Mitglieder in der Partei organisiert und weitere 1000 vermutlich in der Kommunistischen Jugend Ecuadors (JCE). Fast alle Mitglieder des Nationalen Exekutivkomitees der PCE wohnen in Guayaquil. Hinsichtlich der chinesisch-sowjetischen Spannungen steuert die zentrale Führung der Partei einen sowjetischen Kurs. Allerdings beginnen einzelne Führer in der Sierra, vor allem in Quito, immer offener die militan-

tere chinesische Position zu unterstützen.

Bei den diesjährigen Wahlen bildete die PCE zusammen mit dem linken Flügel der Sozialisten und der sogenannten „Sammlungsbewegung der Kräfte des Volkes" (CFP) ein Wahlbündnis zur Unterstützung eines linken Präsidentschaftskandidaten — des Rektors der Universität Guayaquil —, der dann allerdings ganze 46 000 Stimmen erhielt, sprich: 6 Prozent. Dennoch wäre es falsch, die Stärke der PCE lediglich auf der Grundlage enttäuschender Wahlergebnisse zu beurteilen, denn die Partei übt starken Einfluß auf Gewerkschaften sowie Studenten- und Jugendverbände aus.

Sozialistische Partei Ecuadors (PSE)

Obwohl größer als die PCE, hat die Sozialistische Partei jahrelang in der Führung der Gewerkschaftsbewegung mit den Kommunisten zusammengearbeitet. Seit kurzem jedoch ist sie gespalten in einen rechten Flügel, der mit der liberalen Partei ein Wahlbündnis zur Unterstützung der letztlich erfolglosen Präsidentschaftskandidatur Galo Plazas einging, sowie in einen linken, der sich, wie schon gesagt, mit PCE und CFP verbündete. Die linken Sozialisten sind USA-feindlich eingestellt und bilden auch deshalb eine Gefahr für die Interessen der USA, weil sie, neben massiver Unterstützung der kubanischen Revolution, das Prinzip der gewaltsamen Revolution auf ihre Fahnen geschrieben haben. Erfolgreich sind sie freilich nur bei den Gewerkschaften und in intellektuellen Kreisen. Der Präsident des ecuadorianischen Gewerkschaftsverbandes ist selbst linker Sozialist, desgleichen der aus der Sierra delegierte Senator für Gewerkschaftsangelegenheiten.

Ecuadorianischer Gewerkschaftsverband (CTE)

Die 1944 von Kommunisten und Sozialisten gegründete CTE ist der mit Abstand mächtigste Gewerkschaftsverband in Ecuador und Mitglied des Weltgewerkschaftsverbandes (WFTU). Obwohl zunächst Pedro Saad, der PCE-Generalsekretär, präsidierte, übernahm Ende der vierziger Jahre ein Sozialist den Vorsitz, und dabei ist es bisher geblieben. Die Kommunisten stellten jedoch stets die Nummer zwei, und es wird allgemein vermutet, daß sie inzwischen eine dominierende Rolle spielen, wenn nicht gar die völlige Kontrolle über die CTE ausüben. Wie es heißt, liegt die Mitgliederzahl der CTE bei ungefähr 60 000 — das sind zwar weniger als 10 Prozent der ansonsten schlecht organisierten gewerkschaftlichen Kräfte des Landes, aber es reicht aus, um uns eine ganze Menge Ärger zu bereiten.

Ecuadorianischer Studentenverband (FEUE)
Dem Beispiel der traditionell linksradikalen Studentenverbände Lateinamerikas folgend, hat die FEUE — der größte Studentenverband Ecuadors — häufig, eigentlich ständig, unter dem Einfluß von PCE, JCE und Linkssozialisten gestanden. Die sehr lautstark vorgetragenen Kampagnen des Verbandes richten sich gegen die Präsenz der USA in Ecuador und Lateinamerika. Hauptangriffspunkte sind die amerikanischen Firmen. Die kubanische Revolution dagegen wird begeistert gefeiert. Bei geeigneten Anlässen ist die FEUE imstande, für Streiks, Demonstrationen oder Propagandakampagnen neben den Studenten auch Fachhochschüler zu mobilisieren. Hinter ihr stehen linke Professoren und Verwaltungsbeamte der fünf staatlichen Universitäten in Quito, Guayaquil, Porto Viejo, Cuenca und Loja.

Revolutionäre Jugend Ecuadors (URJE)
1949 wurden die Jugendverbände der Kommunisten, Sozialisten und der „Sammlungsbewegung der Kräfte des Volkes" zwecks Gründung der URJE zusammengelegt, seit diesem Zeitpunkt die wichtigste linksaktivistische Jugendorganisation. Sie beteiligt sich an Demonstrationen, organisiert Trupps, die Mauerslogans pinseln, druckt Flugblätter, inszeniert Einschüchterungskampagnen — kurz, jegliche Form revolutionärer Agitation. Obwohl die URJE abstreitet, ein kommunistischer Stoßtruppverband zu sein, steht für die Station fest, daß sie unter linkskommunistischer Kontrolle steht, und sie hält die URJE für die bei weitem gefährlichste Keimzelle für Terror und bewaffneten Aufstand. In Guayaquil ist sie stärker als in Quito vertreten; in beiden Städten sind etwa 1 000 Mitglieder organisiert. Selbstverständlich nimmt der Verband vorbehaltlos Partei für die kubanische Revolution, und einige seiner Führer waren bereits auf Kuba — wahrscheinlich zur Guerillaausbildung.

Feindliche Regierungselemente
Die velasquistische Bewegung, ein heterogenes populistisches Gebilde, läßt in ihrem politischen Spektrum Schattierungen von linksextrem bis rechtsradikal erkennen. Innenminister Manuel Araujo Hidalgo ist unser prominentester Feind in der Regierung, in der allerdings noch weitere gefährliche Leute, wie zum Beispiel der Erziehungsminister und andere, mit weniger

entscheidenden Ressorts sitzen. Die Station unterhält ein ständiges Programm, mit dessen Hilfe linke Unterwanderung in der Regierung aufgespürt werden soll. Die Ergebnisse werden regelmäßig dem Hauptquartier, dem Botschafter und dem Außenministerium übermittelt. Von der Regierung einmal abgesehen, regieren revolutionäre Sozialisten als Bürgermeister die Provinzhauptstädte Ambato und Esmeraldas.

Die kubanische Botschaft
Neben dem Botschafter arbeiten vier weitere Beamte in der kubanischen Botschaft. Über direkte Hilfeleistungen der Botschaft für revolutionäre Organisationen in Ecuador weiß die Station keine näheren Einzelheiten, aber häufige Kontakte lassen wenig Zweifel darüber. Araujo darf ohne weiteres als ihr U-Boot in der Regierung bezeichnet werden. Außerdem wird sie von Linken im ganzen Lande unterstützt. Die CIA versucht die Botschaft und das Konsulat in Guayaquil, wo außer dem Konsul niemand sonst arbeitet, zu infiltrieren. Hauptaufgabe ist es jedoch, mit Hilfe von Propaganda und politischen Operationen einen völligen Abbruch der diplomatischen Beziehungen mit Kuba herbeizuführen.

Die tschechische Botschaft
1957 brach Ecuador seine Beziehungen mit der Tschechoslowakei ab. In der letzten Woche vor seinem Abgang jedoch empfing Präsident Ponce den tschechischen Geschäftsträger für Brasilien, und das Ergebnis dieser Unterredung war die Wiederaufnahme der Beziehungen. In einigen Wochen werden die Tschechen wahrscheinlich versuchen, eine Botschaft in Quito einzurichten, in der dann natürlich auch ihre Geheimdienstbeamten arbeiten werden.
Gegen all diese Einrichtungen, Organisationen und Personen richten sich die Operationen der Station in Quito und die der Basis Guayaquil. Allgemeine Prioritäten und Ziele sind als Richtlinien im RMD für Ecuador enthalten:

Priorität A
Sammlung und Übermittlung von Nachrichten über Stärke und Absichten kommunistischer und anderer US-feindlicher Organisationen, inklusive internationaler Unterstützungs- und Kontrollorgane sowie verwandter Strömungen in der ecuadorianischen Regierung.
Ziel 1: Technische und/oder von Agenten getragene Infiltra-

tion der kommunistischen Partei, der sozialistischen Partei, der kommunistischen Jugend (JCE), der revolutionären Jugend Ecuadors (URJE) sowie verwandter Organisationen auf höchster Ebene.
Ziel 2: Technische und/oder von Agenten getragene Infiltration der kubanischen Botschaft.

Priorität B
Sammlung und Übermittlung von Nachrichten über die Stabilität der ecuadorianischen Regierung sowie Stärke und Absichten oppositioneller Gruppierungen.
Ziel 1: Anwerbung von Agenten auf höchster Ebene der Regierung, der Sicherheitskräfte und der herrschenden politischen Organisationen.
Ziel 2: Anwerbung von Agenten oder sonstigen Informanden aus oppositionellen Gruppierungen, vor allem aus den Reihen oppositioneller Militärs.

Priorität C
Propaganda und psychologische Kriegführung:
1. Ausstreuen von Informationen und Meinungen zur Bekämpfung US-feindlicher bzw. prokommunistischer Propaganda.
2. Neutralisierung kommunistischer bzw. linksradikaler Einflüsse in wichtigen Massenorganisationen, bzw. Hilfestellung bei der Formierung rivalisierender Organisationen unter nichtkommunistischer Führung.

Ziel 1: Selektion geeigneter Propagandamedien
Ziel 2: Unterstützung demokratischer Führer der politischen, gewerkschaftlichen, studentischen und jugendlichen Massenorganisationen, insbesondere dort, wo kommunistischer Einfluß am stärksten ist (FEUE, CTE) und wo demokratische Führer zum Widerstand gegen kommunistische Unterwanderung ermutigt werden können.

Ein umfangreiches Programm also für eine vergleichsweise kleine Station und Basis, obwohl das Budget der CIA für Ecuador in diesem Jahr immerhin über 500 000 Dollar beträgt. Bei der Station in Quito arbeiten: Stationschef James B. Noland, der stellvertretende Stationschef (die Stelle ist augenblicklich vakant und soll erst im nächsten Jahr wieder besetzt werden), ein Operationsbeamter (mein künftiger Job), ein Nachrichtenbeamter, John Bacon, bei dem einige der wichtigsten Operationen zusammenlaufen, ein Verbindungsbeamter, eine Verwaltungs-

assistentin (sie erledigt die Buchführung und arbeitet zusätzlich als Sekretärin für Noland) und eine Schreibsekretärin. Die gesamte Station ist getarnt als politische Abteilung der Botschaft. Lediglich Bob Weatherwax arbeitet unter dem Deckmantel des Programms für öffentliche Sicherheit bei der USOM.
Ebenfalls getarnt als politische Abteilung arbeitet die Basis Guayaquil beim dortigen US-Konsulat. Neben dem Chef Richard Wheeler (mein Vorgänger in Quito) sitzen dort ein Operationsbeamter, ein Verwaltungsassistent, der auch Kommunkationsprobleme regeln soll und eine Schreibsekretärin.
Die allgemeinen Richtlinien des RMD werden durch eine Reihe von Operationen erfüllt, bei denen angeworbene Agenten eingesetzt werden; in der Folge sollen zunächst die von Quito aus laufenden Operationen und dann diejenigen, welche die Basis Guayaquil plant, vorgestellt werden:

Foreign Intelligence and Counter Intelligence in Quito (FI-CI)
ECSIGIL: Das ist unsere wichtigste Operation zur Unterwanderung der kommunistischen Partei. Sie wird von zwei Agenten getragen, Parteimitglieder und enge Mitarbeiter von Rafael Echeverria Flores, dem wichtigsten PCE-Führer in der Sierra. Bei den Agenten handelt es sich um Mario Cardenas − Tarnbezeichnung ECSIGIL-1 − und Luis Vargas − Tarnbezeichnung ECSIGIL-2. Vor vier Jahren kamen sie aus Enttäuschung über die Partei von selbst in die Botschaft, ließen sich anwerben und liefern seither Informationen. Obwohl sie dicke Freunde sind − sie kamen gemeinsam zur Station −, müssen sie Abstand voneinander halten, denn wenn einer der beiden auffliegt, soll der andere dadurch nicht in Schwierigkeiten geraten. Außerdem soll die Trennung sie daran hindern, heimlich bei ihrer Agententätigkeit zusammenzuarbeiten.
Cardenas wird über einen V-Mann dirigiert, Mario Cabeza de Vaca, Milchproduzent in Quito, der im 2. Weltkrieg in der US-Armee kämpfte, deshalb auch die US-Staatsbürgerschaft erhielt, später jedoch nach Ecuador zurückkehrte. Er ist mit einer Amerikanerin verheiratet, die die Feinkosthandlung leitet, in der Botschaftsangehörige einkaufen können. Vargas wird über einen anderen V-Mann dirigiert, Miguel Burbano de Lara, Manager der Pan American-Grace Airways am Flughafen Quito. Die V-Männer sollten einander möglichst nicht kennen, obwohl beide wissen, daß sowohl Vargas als auch Cardenas Agenten sind. Sie treffen sich jeweils allein mit John Bacon, der die ganze Operation leitet. Obwohl keiner der beiden Agenten eine

wichtige Schlüsselposition in der Partei einnimmt, sind sie doch über ihre engen Kontakte mit Echeverria über die wichtigsten innerparteilichen Entscheidungen in Quito bestens unterrichtet. Sie erhalten Informationen über praktisch alles, was in der PCE läuft, und aus der Quelle ECSIGIL kommen daher auch wöchentlich etwa sechs für Washington bestimmte Berichte aus Ecuador.

ECFONE: Eine weitere Agenten-Infiltration der PCE, die über einen V-Mann läuft, der selbst über Politik und Absichten der Regierung Velasco berichtet. Die Anwerbung des PCE-Agenten Atahualpa Basantes Larea, ECFONE-3, ist ein besonders interessanter Erfolg, den die Station kürzlich erzielte. Anfang 1960 bereiteten die Führer der Velasco-Bewegung Velascos Rückkehr aus Buenos Aires und die anschließende Präsidentschaftskampagne vor. Einer von ihnen, Osvaldo Chiriboga, ECFONE, belieferte die Station mit Informationen über die Fortschritte der Kampagne. Eines Tages erwähnte er nebenbei, daß er seinen alten Freund Basantes getroffen habe, einen ehemaligen Aktivisten der PCE, der sich jedoch zurückgezogen habe und nun finanziell in der Klemme stecke. Noland wies Chiriboga an, Basantes zu einer aktiveren Rolle in der PCE zu überreden und sich von ihm gleichzeitig über Reaktionen der Partei auf Velascos Wahlkampf informieren zu lassen. Von Anfang an wurde alles unternommen, um die Beziehung zwischen Basantes und Chiriboga so heimlich und diskret wie möglich zu gestalten, und Noland gab Chiriboga kleine Geldsummen für Basantes Beratertätigkeit – ein klassisches Beispiel dafür, wie man einen Agenten nach und nach finanziell von der Station abhängig macht. Basantes konnte ohne Schwierigkeiten erneut in der PCE aktiv werden und lieferte schon bald wertvolle Informationen. Chiriboga machte die Kontrolle über den Agenten perfekt, indem er behutsam von harmlosen zu immer brisanteren Aufträgen überging. Obwohl Basantes ursprünglich nur bis zu den Juniwahlen eingesetzt werden sollte, konnte Chiriboga ihn davon überzeugen, daß seine ,,Ratschläge" weiterhin dringend benötigt würden: Basantes macht weiter.

ECOLIVE: Hierbei handelt es sich um die Infiltration der Revolutionären Jugend Ecuadors (URJE). Der Agent, ECOLIVE-1, war kürzlich von selbst in der Botschaft aufgetaucht. Auf seine Begabung für Infiltrationsaufgaben hält man offenbar große Stücke. Er soll nicht nur in die PCE, sondern später auch in weitere revolutionäre Organisationen eingeschleust werden. Zur Zeit berichtet er über Aktivitäten und Pläne der URJE, die of-

fenbar dabei ist, Solidaritätsdemonstrationen für Velasco zu organisieren, um diesem bei seinen Attacken gegen das Rio-Protokoll den Rücken zu stärken.
ECCENTRIC: Der Agent Dr. Felipe Ovalle ist Arzt, war schon im 2. Weltkrieg für das FBI tätig und hat seither ständig mit der US-Regierung zusammengearbeitet. Obwohl kolumbianischer Abstammung, lebt er schon seit vielen Jahren in Ecuador und betreibt eine bescheidene Arztpraxis. Die Patienten verdankt er größtenteils der US-Botschaft, die ihn in die Liste derjenigen Ärzte aufgenommen hat, zu denen ecuadorianische Visabewerber zwecks medizinischer Untersuchung geschickt werden. Aus seiner Personalakte geht hervor, daß er keinen Nachweis über die Herkunft seines Doktortitels führen kann – er will ihn an einer kolumbianischen Universität erworben haben. Immerhin hat er es mittlerweile zum Leibarzt Velascos gebracht, mit dem ihn seit Jahren eine enge Freundschaft verbindet, und er berichtet der Station regelmäßig über seine wöchentlichen Audienzen beim Präsidenten. Von Zeit zu Zeit springt dabei etwas für Washington Interessantes heraus, meist aber sind die Nachrichten längst nicht so brisant wie diejenigen anderer Agenten.
ECAMOROUS: Wichtigster Teil der Sicherheitsvorkehrungen für die Interamerikanische Konferenz ist die Ausbildung und Ausrüstung der Geheimdienstabteilung innerhalb der Nationalpolizei. Die Abteilung läuft unter der Bezeichnung „Abteilung für Spezialaufgaben beim Polizei-Hauptquartier". Chef ist Polizeihauptman José Vargas, ECAMOROUS-2, der eine Spezialausbildung in seiner Heimat und beim CIA-Hauptquartier hinter sich hat. Weatherwax, unser Einsatzbeamter, arbeitet praktisch ausschließlich mit Vargas zusammen, der Schwierigkeiten bekam, als neulich bekannt wurde, er sei Führer eines Geheimbundes junger provelasquistischer Polizeioffiziere. Derartiges ist bei Polizei und Militär eigentlich verboten.
Obwohl wir alles mögliche versuchen, sieht es so aus, als könne Vargas nicht allzuviel für uns tun. Immerhin hat er uns drei oder vier untergeordnete Agenten zugeführt, die über linksextremistische Umtriebe in seiner Heimatstadt Riobamba, einer Provinzhauptstadt in der Sierra, und in Esmeraldas, Provinzhauptstadt in der Küstenregion, berichten.
Berichte aus diesen Quellen kommen über Vargas direkt zur Station, denn auf höherere ecuadorianischer Regierungsebene besteht offenbar wenig Interesse an derartigen Informationen. Außerdem muß Vargas sich vorsehen, denn Araujo befehligt

als Innenminister auch die Nationalpolizei. Unter diesen Umständen ist geheimdienstliche Tätigkeit für einen Polizeioffizier eine ziemlich riskante Angelegenheit.

Die Station wird sich die zur Abwicklung der Interamerikanischen Konferenz notwendigen Geheiminformationen wohl selbst mit Hilfe einseitiger Operationen beschaffen müssen, aber bevor solche Informationen dann an Vargas weitergegeben werden können, müssen sie verschlüsselt werden, um den Informanden zu schützen. Obwohl es sich bei ECAMOROUS im strikten Sinne um eine Verbindungsoperation — also eine Operation, die gemeinsam mit einem befreundeten Geheimdienst durchgeführt wird — handelt, wird jener Teil, der tatsächlich mit geheimdienstlicher Tätigkeit zu tun hat, von der Station in eigener Regie abgewickelt. Außer Spesen für untergeordnete Agenten und persönliche Unkosten erhält Vargas von Noland ein festes Gehalt. Die Station hat Vargas außerdem einiges an technischer Ausrüstung überlassen — Fotoausrüstung, Abhörgeräte — und seinen Cheftechniker Luis Sandoval ausgebildet.

Vargas ist noch jung und ziemlich skrupellos, alles in allem aber ein netter, williger, intelligenter Kerl. Obwohl er für eine langjährige Infiltration der Polizei die besten Voraussetzungen mitbringt, könnte er in naher Zukunft auch für andere Operationen verwendet werden. Ohne Zweifel bedeutet ihm die Station mehr als seine eigenen Dienstvorschriften, und er ist jederzeit bereit, unter dem Deckmantel seiner Position CIA-Aufträge durchzuführen.

ECOLE: Wichtigste Operation zur Infiltration der Polizeidienststellen, die nicht mit geheimdienstlichen Aufgaben beschäftigt sind. Außerdem erhalten wir über diese Operation Informationen aus dem ecuadorianischen Gewerkschaftsverband (CTE). Der Hauptagent, Oberst Wilfredo Lugo, ECOLE, arbeitet für die US-Regierung, seit er im 2. Weltkrieg für das FBI Nazis jagte. Seit 1947 ist er für die Station in Quito tätig und wurde im Gefolge der personellen Säuberungen bei Velascos Amtsantritt zum Personalchef im Hauptquartier der Nationalpolizei befördert.

Im Gegensatz zu den relativ offenen Kontakten zwischen Noland, Weatherwax und Vargas wird die Verbindung mit Lugo sehr diskret behandelt. Über ihn hoffen wir den Sicherheitsdienst zu infiltrieren. In Krisenzeiten haben seine Informationen unschätzbaren Wert, denn von seiner Position aus gelangt er an Informationen über Regierungspläne und kann aus den

Befehlen für Militär- und Polizeieinheiten frühzeitig erfahren, wie die Regierung auf unvorhergesehene Ereignisse zu reagieren gedenkt.

Mit der Zeit hat Oberst Lugo außerdem mehrere Agenten angeworben, die über kommunistische und ähnliche Umtriebe berichten. Zwei dieser Agenten werden gerade auf die CTE angesetzt. Ihre Berichte haben zwar nicht die Brisanz der PCE-Informationen, die wir über Agenten wie Cardenas, Vargas oder Basantes erhalten, aber sie bleiben für den Fall auf der Gehaltsliste, falls den wichtigeren Agenten etwas zustoßen sollte. Auch Oberst Lugo erhält von Noland ein monatliches Gehalt.

ECJACK: Vor ungefähr zwei Jahren richtete die Armee den sogenannten ecuadorianischen Militärgeheimdienst (SIME) ein und stellte Oberstleutnant Roger Paredes, ECJACK, an die Spitze. Dieser nahm bald darauf mit Noland Kontakt auf. Paredes wurde bereits vor einigen Jahren in Fort Leavenworth bei der US-Armee ausgebildet. 1959 jedoch, enttäuscht über die mangelnde Regierungshilfe für SIME, machte er Noland den Vorschlag, sich völlig aus der Armee zurückzuziehen und statt dessen einen Full-time-Job bei der Station zu übernehmen. Schon damals existierte SIME eigentlich nur auf dem Papier, und bis heute hat sich daran kaum etwas geändert.

Paredes überraschte Noland mit seinem Vorschlag zu einem Zeitpunkt, als die Station dahinterkam, daß ihr Fahndungs- und Beschattungsteam fortwährend Berichte und Ausgabenbelege fälschte. Das alte ECSERUM-Team wurde also gefeuert, und Paredes nahm seinen Abschied bei der Armee, um ein neues aufzubauen. Gegenwärtig leitet er ein 5-Mann-Team, das full-time mit Fahndungs- und Beschattungsaufträgen in Quito unterwegs ist. Außerdem führt er zwei Agenten in Loja, einer wichtigen Stadt im Süden der Sierra, die ihn über lokale Umtriebe der Kommunisten auf dem laufenden halten.

Oberstleutnant Paredes leitet die gesamte Operation und benutzt den SIME als Deckmantel und scheinbaren Auftraggeber seiner Agenten, von denen u.a. einer im Innenministerium als Leiter der Abteilung für Personalausweise arbeitet. Da alle Staatsbürger einen offiziellen, von der Regierung ausgestellten Personalausweis bei sich tragen müssen, kann uns dieser Agent auf Anfrage Namen, Geburtsort, Namen der Eltern, Beruf, Adresse, Foto etc. von praktisch jedem Ecuadorianer durchgeben. Diese Daten braucht die Station für ihre LYNX-Liste, auf der etwa 100 Kommunisten und aktive Linksextremisten stehen, die die Station für besonders gefährlich hält. Eine solche Liste muß bei allen der WH-Abteilung angegliederten Stationen geführt werden, für den Fall, daß eine der jeweiligen Regierungen im Krisenfalle um Unterstützung bei der Verhaftung gefährlicher Personen bittet (oder von der US-Regierung gebeten wird). Das ECJACK-Team verbringt einen Teil seiner Zeit über der Auflistung von Adressen und Arbeitsplätzen, um die LYNX-Liste ständig auf dem neuesten Stand der Dinge zu halten.

Darüber hinaus beschattet das Team kubanische Botschaftsangestellte und identifiziert oder überwacht Personen, die die Botschaft betreten. Die Station räumt ein, daß diese Aktivitäten ziemlich plump und indiskret sind, aber es mangelt in dieser Hinsicht offenbar an Trainingsmöglichkeiten, Fahrzeugen und wahrscheinlich auch an Abhörgeräten. Über die engen Kontakte, die Paredes mit anderen Offizieren des SIME unterhält, kann die Station diesen Geheimdienst ausspionieren und die Berichte des US-Majors ergänzen, der als geheimdienstlicher Berater beim Rat für Militärhilfe tätig ist.

ECSTASY: Der Abteilungsleiter für eintreffende Luftpostsendungen beim Hauptpostamt in Quito, ECSTASY-1, legt alle Sendungen aus Kuba, den Ostblockländern und China für seinen Bruder, ECSTASY-2, beiseite, der sie zur CIA-Station bringt. John Bacon, der Nachrichtenbeamte, bearbeitet die Briefe und gibt sie noch am selben Tag zurück, damit sie wieder in den regulären Postverkehr eingeschleust werden können. Die Bezahlung dieser Agenten erfolgt nach dem Akkordsystem. Bearbeitung dieser Post heißt natürlich, daß sie geöffnet und gelesen wird. Wichtige Briefe werden fotokopiert. Bacon schickt jede Woche per Eilboten das Wesentlichste aus dem Inhalt geöffneter Post ans Hauptquartier oder an weitere Stationen, die sich dafür interessieren könnten.

Da die meisten dieser Briefe von Ecuadorianern stammen, die sich auf Reisen in den anhand der Briefmarken erkennbaren Ländern befinden, können wir feststellen, wer in kommunistische Länder reist und was für potentiell neue Gefahren die Rückkehr der betreffenden Personen mit sich bringen könnte. Wir erhalten auch Anhaltspunkte zur Anwerbung von Ecuadorianern, die zum Besuch kommunistischer Länder eingeladen wurden oder die ein Stipendium, beispielsweise für die Moskauer Universität für Völkerfreundschaft, erhalten haben. Manchmal auch schreiben Einwohner kommunistischer Länder an Ecuadorianer, die schon einmal dort waren. In jedem Falle muß dabei auf Anzeichen einer möglichen politischen Desillusionierung geachtet werden, um den Absender eventuell als Agenten in seiner Heimat anzuwerben. Die Operation verschlingt einen großen Teil der Zeit des zuständigen Stationsbeamten, denn täglich gehen etwa 30 bis 40 Briefe ein. Dennoch bringt sie wertvolle Hinweise, und außerdem sind an ihren Ergebnissen auch die DDP-Abteilungen für Kuba, Sowjetrußland, den Ostblock und China interessiert.

ECOTTER: Auch dies ist eine Operation, die die Station in die Lage versetzt, die Reisetätigkeit verdächtiger Personen in und außerhalb Quitos zu kontrollieren. ECOTTER-1, ein Angestellter beim zivilen Luftfahrtbüro am Flughafen Quito, leitet sämtliche Passagierlisten an ECOTTER-2 weiter, der sie in die Station bringt. Die Passagierlisten treffen einen Tag nach ihrer Ausstellung bei der Station ein und werden zurückgegeben, wenn ECOTTER die nächsten bringt. Jeder Stationsbeamte muß sie bis dahin gelesen haben.

ECOTTER-1 hat mit dem Einwanderungsinspektor abgesprochen, auf der Liste speziell zu vermerken, wenn irgendwo im Paß eines Reisenden ein kommunistisches Visum auftaucht. Das wird sofort ans Hauptquartier gemeldet und in den Stationsakten festgehalten. Jegliche Reisetätigkeit irgendwie verdächtiger Personen – meistens ecuadorianischer Kommunisten – wird ans Hauptquartier weitergemeldet. Außerdem benachrichtigt die Station entsprechende CIA-Stationen in den Ländern, die als Reiseziel oder Zwischenstationen auf den Passagierlisten angegeben sind.

ECTOSOME: Wichtigster Stationsagent für Geheiminformationen über die Tschechen. Er heißt Otto Kladensky und ist Oldsmobile-Vertreter in Quito. Seine Berichte sind seit der Ausweisung der Tschechen vor drei Jahren selten geworden, aber jetzt, nach Wiederaufnahme der Beziehungen, wird er zweifellos wieder Kontakt zu den Tschechen aufnehmen, wenn sie erst einmal ihre Botschaft in Quito eröffnet haben. Momentan berichtet er über die gelegentlichen Besuche tschechischer Wirtschaftsfunktionäre. Außerdem stellt er die Verbindung zu einem auf höchster Ebene in die Velasquistenbewegung eingeschleusten Agenten her, ECOXBOW-1.

ECOXBOW: Schon vor Auftakt der diesjährigen Wahlkampagne begann Noland, sich intensiv um einen ehemaligen Oberstleutnant der Armee, Reinaldo Varea Donoso, ECOXBOW-1, zu kümmern, den er über Kladensky kennengelernt hatte, mit dessen Hilfe Varea – ein in Militärkreisen wichtiger Führer der Velasquisten – dann auch angeworben werden konnte. Via

Kladensky erhielt Varea großzügige Finanzspritzen, um seine Kandidatur für einen Sitz im Senat erfolgreich zu gestalten. Im August wurde Varea zum Vizepräsidenten des Senats gewählt. Er berichtet über Sympathien für Velasco in den Reihen der Militärs und unterhält regelmäßige Kontakte mit dem Verteidigungsministerium und den wichtigsten militärischen Einheiten. Für ecuadorianische Verhältnisse ist das Gehalt, welches die Station Varea zahlt — 700 Dollar monatlich — sehr hoch, aber die hochbrisanten Informationen über die Politik der Regierung und ihre innere Stabilität rechtfertigen diesen Betrag. Im Projekt sind auch Geldmittel enthalten, um ein Zimmer im neuen Luxushotel „Quito" (es wurde extra für die Interamerikanische Konferenz gebaut) zu bezahlen. Es dient als Treffpunkt für Kladensky und Varea. Noland trifft sich zwar ebenfalls von Zeit zu Zeit mit Varea, im übrigen ist er jedoch bestrebt, die Beziehung so diskret wie möglich zu gestalten und den Kontakt über Kladensky herzustellen.

AMBLOOD: Anfang des Jahres wurde die Operationsbasis Miami (Tarnbezeichnung JMWAVE) als Hilfsbasis für die gegen das Castro-Regime auf Kuba laufenden Operationen eingerichtet. Die Station in Havanna trifft schon jetzt Vorbereitungen für den ungestörten Fortgang ihrer Operationen von Miami aus, wenn die diplomatischen Beziehungen erst einmal abgebrochen sind und die Botschaft in Havanna geschlossen wird. In diesem Zusammenhang wurde die Station Quito um Deckadressen gebeten, mit denen die auf Kuba eingesetzten Agenten in Geheimschrift korrespondieren können. Oberstleutnant Paredes, der Chef des Beschattungsteams, mietete einige Postfächer für die Briefe eines in Santiago de Cuba tätigen Agententeams. Chef des Teams ist Luis Toroella, AMBLOOD-1, ein ehemaliger kubanischer Regierungsbeamter, der in den USA ausgebildet wurde und jetzt eigens für die AMBLOOD-Operation wieder nach Kuba ging.

Die Nachrichten für Kuba werden in Miami in Geheimschrift abgefaßt, per Eilboten nach Quito geschickt, wo Francine Jacome, ECDOXY, in Ecuador verheiratete Amerikanerin, einen Tarnbrief schreibt. Sie erledigt gelegentlich kleinere Aufträge für die Station. Die Nachrichten aus Kuba werden ebenfalls nach dem flüssigen SW-System geschrieben. Paredes holt sie bei der Post ab und bringt sie zur Station. Von da aus werden sie zur JMWAVE-Basis in Miami geschickt.

Psychologische und paramilitärische Operationen in Quito (PR)
ECURGE: Wichtigster Propagandaagent der Station ist Gustavo Salgado, ein Exkommunist mit dem Ruf des brillantesten liberalen Journalisten im ganzen Lande. Mehrmals wöchentlich erscheinen seine Kolumnen in „El Comercio", der größten Tageszeitung in Quito. Für eine Reihe weiterer Zeitschriften schreibt er unter Pseudonym.

Auswahl und Richtlinien für die Behandlung internationaler und ecuadorianischer Themen bestimmt John Bacon in der CIA-Station, der auch diese Operation leitet. Seine Anweisungen bilden die Grundlage für die jeweiligen Artikel des Agenten. Auch propagandaträchtige Themen aus anderen Ländern vermittelt das Hauptquartier nach Quito, damit Salgado auf Wunsch der jeweiligen CIA-Stationen auch Kommentare über Ereignisse in anderen Ländern schreiben kann, die, vor Veröffentlichung, an Ort und Stelle abschließend redigiert werden.

Salgado ist besonders nützlich zur Veröffentlichung von Informationen, die die Infiltrationsagenten aus der PCE und ähnlichen Gruppierungen liefern, ebenso für Enthüllungen über kommunistische Unterstützung umstürzlerischer Aktivitäten. Bezahlt wird er auf Akkordbasis.

ECELDER: Flugblätter und Handzettel stellen in Ecuador wesentliche Propagandamedien dar. Zur heimlichen Produktion dieser Art „Wegwerfinformationen" läuft die ECELDER-Operation. Die Arbeit teilen sich fünf Brüder, die ansonsten anderen Berufen nachgehen. Zusammen leiten sie als Familienunternehmen eine kleine Druckerei. Die Familie heißt Rivadeneira, und bei den Brüdern handelt es sich um Marcelo, Jorge, Patricio, Rodrigo und Ramiro. Sie haben einen guten Ruf in Quitos Basketball-Kreisen, denn sie sind die Stützen des Teams der großen katholischen Schule, La Salle, des traditionellen Basketball-Rivalen der größten nichtkonfessionellen Schule, Mejia. Noland, ebenfalls aktiver Basketballspieler, bewerkstelligt den Kontakt, wenn die Dienste der Druckerei benötigt werden.

John Bacon schreibt für gewöhnlich den Text der Flugblätter, den Salgado redigiert. Sind sie gedruckt, übernimmt ein geheimes Team die Verteilung. Die ECELDER-Druckerei ist ein ordentliches Unternehmen und erhält regelmäßig Aufträge aus Handelskreisen. Für die Handzettel der CIA-Station werden fiktive Druckerei-Symbole benutzt. Die Verwendung derartiger Symbole für sämtliche Druckschriften ist in Ecuador gesetzlich vorgeschrieben. Die Druckerei verfügt auch über die in den kommunistischen und anderen linken Druckereien verwendeten Symbole, für den Fall, daß die Station diesen Gruppen etwas in die Schuhe schieben will.

ECJOB: Ein aus Studenten der katholischen Universität bestehendes, vom Agenten ECJOB-1 geleitetes Team übernimmt die Verteilung der ECELDER-Flugblätter. Weil die Flugblätter mit gefälschten Druckereisymbolen und ohne offizielle Genehmigung erscheinen, muß das schnell und effizient über die Bühne gehen. Gewöhnlich mietet man einige Lastwagen, die durch die belebten Straßen Quitos fahren und wirft die Flugblätter einfach in die Menge. Ein paar Mal wurden bereits Mitglieder des Teams verhaftet, aber ECJOB konnte sie jedesmal ohne weiteres wieder freikaufen. Außer ihm selbst weiß niemand im Team, daß die US-Botschaft hinter der ganzen Operation steht. Das Team wird auch für das Anbringen von Wandparolen gebraucht, ein weiteres Propagandamedium, das in Ecuador sehr wichtig ist. Meist arbeitet das Team in den frühen Morgenstunden und malt auf Anweisung der Station entweder Slogans oder überstreicht und verstümmelt die Parolen kommunistischer bzw. prokommunistischer Herkunft. Dabei müssen sie ständig auf der Hut vor Zusammenstößen mit Teams von der Gegenseite sein, die manchmal unterwegs sind, um den Antikommunisten, die ihre Arbeit zunichte machen, auf die Schliche zu kommen.

ECACTOR: Bei dieser wichtigsten antikommunistischen Operation versucht die Station über Bestechung ausgewählte Führungskräfte aus der konservativen bzw. christlich-sozialen Partei in die Hand zu bekommen. Die Operation begann bei unserem wichtigsten Infiltrationsagenten in der Ponce-Regierung, Renato Perez Drouet, damals Generalsekretär der Verwaltung, mittlerweile wieder als Manager seines Reisebüros in Quito tätig. Über Perez finanziert die Station antikommunistische Propaganda und politische Aktionen der christlich-sozialen Bewegung, deren Führer Perez ist.

Vor Auftakt der Wahlkampagne von 1960 wurde Noland von Perez auf einen jungen Ingenieur aufmerksam gemacht, Aurelio Davila Cajas, ECACTOR-1, um den er sich fortan zu kümmern begann.

Davila intensivierte seine Arbeit in der konservativen Partei, und im Juni wurde er mit kräftiger finanzieller Hilfe der Station als Abgeordneter der abgelegenen, dünnbesiedelten Amazonasprovinz Napo in die Deputiertenkammer gewählt. Seine

Karriere gilt innerhalb der konservativen Partei als die bislang spektakulärste. Davila pflegt engen Kontakt mit der katholischen Kirchenführung, als deren politischer Arm die konservative Partei gilt; er ist ausgesprochen militanter Antikommunist, und nicht zuletzt ist Noland der Ansicht, Davila vertrete einen sehr klugen Standpunkt in der Frage sozialer Reformen. Augenblicklich hilft ihm die Station beim Aufbau einer eigenen politischen Lobby, die sich vor allem unter den Studenten der katholischen Universität profilieren soll. Die Verbindung zwischen Noland und Davila stellt normalerweise Renato Perez her. Im Notfall übermittelt die Stationssekretärin Barbara Swegle Geld und Nachrichten. In Davilas Apartmenthaus, wo auch der Agent lebt, hat sie eine Wohnung gemietet.

Ebenfalls über Renato Perez geriet Noland an Rafael Arizaga, der als Agent ECACTOR-2 angeworben werden konnte. Arizaga ist die wichtigste Figur der konservativen Partei in Cuenca, der drittgrößten Stadt in Ecuador. Über diesen Agenten finanzierte Noland die Kandidaten der Konservativen in Cuenca — unter ihnen auch dessen Sohn, Carlos Arizaga Vega, ECACTOR-3, der in den Provinzrat von Azuay — so heißt die Provinz, in der Cuenca liegt — gewählt wurde. Die Kontakte mit diesem Teil der ECACTOR-Operation sind ein problematisches Kapitel. Steht ein Treffen an, reist Noland normalerweise selbst nach Cuenca, obwohl der führende Agent eigentlich nach Quito kommen sollte. Das Geld für dieses Projekt wird für antikommunistische Propaganda, Studentenpolitik an der Universität Cuenca und militante Straßenaktionen der konservativen Jugendgruppen verwendet.

Seit kurzem arbeitet auch in Ecuadors viertgrößter Stadt, Ambato, einer weiteren Provinzhauptstadt in der Sierra, ein Agent für die Ziele der CIA. Es handelt sich um Jorge Gortaire, ECACTOR-4, einen Armeemajor im Ruhestand, der kürzlich von seinem Posten beim Interamerican Defense Board aus Washington zurückgekehrt ist. Gortaire steht auf der schwarzen Liste für Offiziere, die mit Ponce sympathisieren. 1956 wurde er zum Senator für Angelegenheiten der Streitkräfte gewählt, aber schon vor Ablauf der Legislaturperiode trat er seinen Posten in Washington an. In Washington knüpfte ein Beamter vom Hauptquartier, der speziell für Auswahl und Anwerbung potentieller Agenten aus dem Kreis der Delegierten beim Defense Board zuständig ist, erste Kontakte. Berichte über Gortaire gingen an die Station in Quito. Noland hat jetzt Verbindung mit Gortaire aufgenommen, und die Filiale für Ecuador ist noch mit der Routineüberprüfung beschäftigt. Gortaire soll in Ambato antikommunistische Aktionen und Propaganda leiten. Dieser Agent ist deshalb besonders wichtig, weil der Bürgermeister von Ambato revolutionärer Sozialist ist und in den dortigen Verwaltungsapparat lauter Linksextremisten eingeschleust hat. Für uns ist Gortaire außerdem sehr wertvoll, weil er einer der Kandidaten für den Posten des Verteidigungsministers ist, sollte Ponce die nächste Wahl gewinnen. In der Zwischenzeit soll er auch über Gerüchte und Nachrichten berichten, die auf Unruhe im Oberkommando der Streitkräfte schließen lassen.

ECOPTIC: Wie schon erwähnt, sind die Sozialisten in zwei rivalisierende Lager gespalten: die Demokratisch-Sozialistische Partei Ecuadors (PSE) und die Revolutionäre Sozialistische Partei (PSR). Bei seiner Arbeit im Sportverein der Universität, von wo aus eine der besten professionellen Fußball-Mannschaften Ecuadors gesponsort wird, traf Noland auf Manuel Naranjo, ECOPTIC-1, den Chef der PSE, den er schließlich anwerben konnte. Mit finanzieller Hilfe durch die Station wurde Naranjo — ein brillanter Ökonom — im Juni für die Provinz Pinchincha in die Deputiertenkammer gewählt. Die Finanzhilfe läuft weiter, damit — wie die anderen — auch dieser Agent seine eigene Parteilobby aufbauen kann, um den Kurs der Partei in seinem Sinne zu beeinflussen und — abgesehen vom Kampf gegen die PSR — Themen wie Kommunismus und Castro in die Debatte werfen zu können.

ECBLOOM: Gewerkschaftsoperationen sind der schwache Punkt im Operationsprogramm der Station Quito, obwohl politische Agenten wie Aurelio Davila und Manuel Naranjo dafür gute Eigenschaften mitbringen. Aber Velasco verfügt über enormen Rückhalt bei der Arbeiterklasse und den Armen, und deshalb verläßt sich Noland weiterhin auf seinen altgedienten Agenten in der Velasquistenbewegung, Jose Baquero de la Calle. Baquero liebäugelt selbst mit dem Amt des Präsidenten und ist Führer des rechten Flügels bei den Velasquisten, der der Kirche nahesteht. Im Augenblick ist er Arbeits- und Wohlfahrtsminister. Noland hofft, daß mit seiner Hilfe die nichtkommunistischen Gewerkschaftsverbände gestärkt werden können. Seine enge Anlehnung an die Kirche beschränkt allerdings seine diesbezüglichen Möglichkeiten auf das von der Kirche kontrollierte katholische Gewerkschaftszentrum (CEDOC, ein vergleichsweise kleiner Verband, der sich lediglich auf Handwerkskreise konzentriert). Noland zahlt Baquero ein Gehalt und weitere Summen zum Ausbau einer eigenen politischen Lobby sowie für Nachrichten aus Velasquisten- und Regierungskreisen.

ECORT: Studentenoperationen werden überwiegend von der Basis Guayaquil aus geleitet, mit Ausnahme der wichtigsten antikommunistischen Studentenzeitung Ecuadors, „Voz Universitaria", die von der Station Quito finanziert und gesteuert wird. Operationsagent ist Wilson Almeida, ECORT-1, der Verleger des Blattes. Almeida gibt der Zeitung einen liberalen Touch, weil die katholische Studentenbewegung bereits von Renato Perez von der christlich-sozialen Bewegung und von Aurelio Davila von den Konservativen unterstützt wird. Das ECORT-Blatt soll Propaganda gegen Kuba und kommunistische Unterwanderung der FEUE treiben.

FI-CI (Foreign Intelligence-Counter Intelligence) in Guayaquil
ECHINOCARUS: In letzter Zeit häufen sich die Anzeichen einer Spaltung innerhalb der PCE über das Dilemma: revolutionäre Gewalt oder friedlicher Weg zum Sozialismus. Die Führungsgruppe um Pedro Saad, den Generalsekretär, befürwortet eine langfristig angelegte Politik, um die Massen zu gewinnen, während die Führung in der Sierra – dort ist Rafael Echeverria Flores, Chef des Provinzkomitees von Pinchincha, der führende Kopf – dafür ist, so bald wie möglich mit bewaffneten Guerillaaktionen und revolutionärem Terror zu beginnen. Entsprechend den geographischen Strukturen des Landes sind also auch die Kommunisten in Sierra und Küste gespalten. Die Basis Guayaquil soll die Gruppe um Saad beobachten.
Unter den paar Infiltrationsoperationen der Basis läuft noch die beste über ECHINOCARUS-1, einen Agenten, der zwar über dem Niveau der normalen Parteizellen rangiert, jedoch keinen Einblick in die Geheimnisse von Saads Zentralkomitee hat. Die Basis ist noch auf der Suche nach einem wirklich erstklassigen Agenten oder will sonst versuchen, über technische Infiltration einige Ergebnisse zu erzielen. Fallstudien zu diesem Zweck sind bereits angelaufen.
ECLAT: Parallel zur Beschattungsoperation ECJACK in Quito arbeitet in Guayaquil das ECLAT-Team, bestehend aus fünf Agenten, die alle Zugang zu Personalakten bei Regierungs- und Polizeistellen haben. Das Team leitet ein ehemaliger Armeeoffizier, der bei Gelegenheit auch Informationen weiterleitet, die er in Kreisen seiner ehemaligen Kollegen in der Küstengarnison aufgeschnappt hat. Wie in Quito ist auch in Guayaquil

das Beschattungsteam für die LYNX-Liste zuständig, um jederzeit schnelles Zuschlagen bei gefährlichen linksradikalen Aktivitäten zu gewährleisten.
ECAXLE: Die meisten politischen Nachrichten erhält die Basis von Al Reed, einem Amerikaner, der den größten Teil seines Lebens in Guayaquil verbracht hat und dort einen geerbten Familienbetrieb leitet, der allerdings mehr schlecht als recht geht. Trotzdem verfügt er nach wie vor über enge Beziehungen zu führenden Persönlichkeiten aus Wirtschaft und Politik.

PP-Operationen in Guayaquil
ECCALICO: Die etwas dürftigen Ergebnisse aus FI-Operationen macht die Basis Guayaquil über ihre Studenten- und Gewerkschaftsoperationen wett. ECCALICO ist eine Gewerkschaftsoperation, bei der die Basis eine Organisation auf die Beine stellte, um Pedro Saad Anfang des Jahres bei der Wahl des Senators für Gewerkschaftsangelegenheiten in der Küstenregion zu besiegen. Dieselbe Organisation bildet den Kern eines Gewerkschaftsverbandes für die Küstenregion, der demnächst gegründet werden soll.
Hauptagent der Operation ist Emilio Estrada Icaza, Generaldirektor einer der größten Banken des Landes. Die wichtigsten ihm unterstellten Agenten: Adalberto Miranda Giron, Führer der Angestelltengewerkschaft für die Provinz Guyas und von der Basis aufgebauter Kandidat, der Saad besiegte, Victor Contreras Zuniga, antikommunistischer Gewerkschaftsführer aus Guayaquil und Enrique Amador Marquez, ein weiterer antikommunistischer Gewerkschaftsführer. Über Estrada finanzierte die Station Mirandas Wahlkampagne, die hauptsächlich das Ziel der Bildung und Registrierung neuer antikommunistischer Gewerkschaften in den Küstenprovinzen, vor allem in Guayas (Guayaquil), verfolgte. Die Wahl basiert auf einem Punktesystem, welches sich nach der Anzahl der Mitglieder in den beim Wahlausschuß registrierten Gewerkschaften richtet. Obwohl es sich bei den im Verlauf der Operation registrierten neuen Gewerkschaften in Wahrheit größtenteils um Freizeitclubs der großen Gesellschaften handelt, hinter denen, von Estrada personifiziert, das Management steht, hat der Wahlausschuß die Proteste der CTE und anderer kommunistisch beeinflußter Gewerkschaften zurückgewiesen, ja, kurz vor der Wahl disqualifizierte er sogar auf Veranlassung der ECCALICO-Agenten etwa 15 Gewerkschaften, die hinter Pedro Saad standen, und der Wahl Mirandas stand nichts mehr im Wege.

Blair Moffet, Chef der Basis Guayaquil, wurde für diese Operation vom Hauptquartier mit Lob überhäuft, denn der Generalsekretär der PCE verlor auf diese Art und Weise seinen Sitz im Senat, den er seit Ende der vierziger Jahre inne hatte.

Den weiteren Plänen der Basis zufolge, soll jetzt die Bildung eines großen Gewerkschaftsverbandes für die Küstenregion vorangetrieben werden, wobei dieselben Gewerkschaften, Agenten etc., die schon bei den Wahlen dabei waren, die Grundlage bilden sollen. Wie schon bei der Wahlkampagne sollen CIA-Gewerkschaftsprogramme und Repräsentanten der ORIT ebenfalls zum Zuge kommen. Mit letzteren allerdings hat die Basis noch keine Verbindung aufgenommen. Auf lange Sicht zielt die Strategie bei Gewerkschaftsoperationen auf die Schwächung der kommunistisch und sozialrevolutionär dominierten CTE sowie gleichzeitig auf die feste Verankerung einer von der CIA kontrollierten demokratischen Gewerkschaftsstruktur in Ecuador.

ECLOSE: Die Operationen für Universitätswahlen, mit dem Ziel, den ecuadorianischen Studentenverband (FEUE) unter Kontrolle zu bekommen, ECLOSE, läßt die Basis in Guayaquil über Alberto Alarcon laufen, einen in der liberalen Partei aktiven Geschäftsmann. Zu verschiedenen Zeitpunkten werden jedes Jahr an den fünf Universitäten neue Funktionäre für die FEUE gewählt. Außerdem findet jährlich ein Konvent statt, wenn der Sitz der FEUE turnusgemäß von einer zur anderen Universität wechselt. Alarcon betreut Agententeams, die bei den Wahlversammlungen auftreten, ausgerüstet mit Propaganda und viel Geld, um Stimmen zu kaufen oder auf irgendwelche Art und Weise die Wahl kommunistischer bzw. prokommunistischer Kandidaten zu verhindern.

Dadurch konnte die FEUE über Jahre hinweg vor den Kommunisten geschützt werden, obwohl auf nationaler Ebene deren Einfluß nach wie vor stark ist. Auch einige der regionalen FEUE-Verbände sind kommunistisch unterwandert. Darüber hinaus waren bisher alle Versuche, die FEUE von der kommunistischen internationalen Studentenunion in Prag (IUS) abzuspalten und der CIA-kontrollierten COSEC in Leyden anzugliedern, fruchtlos.

**Washington DC
November 1960**

Es herrscht Krisenstimmung, denn der wichtigste Durchbruch, den wir in Quito bei der Operation gegen die Kubaner erzielten, ist gefährdet. Im Oktober bot der Chauffeur der kubanischen Botschaft — ein Kommunist — über eine Mittelsperson der US-Botschaft seine Dienste an und wurde sofort von der Station in Beschlag genommen. Seine Motive sind zwar rein finanzieller Natur, aber dennoch waren seine Berichte bisher immer korrekt.

Das Dumme ist nun, daß der Agent, ECALIBY-1, vor ein paar Wochen ein Treffen versäumte und auch zu späteren Terminen nicht erschien. Blair Moffet, Chef der Basis Guayaquil, der bis zu meiner Ankunft in Quito aushilft und den Fall behandelt, hat sogar die Adresse des Agenten herausbekommen, aber keiner seiner Nachbarn hat den Chauffeur in letzter Zeit gesehen. Moffet befürchtet, der Chauffeur sei in ernsten Schwierigkeiten, denn laut Berichten der Leute vom ECJACK-Beschattungsteam hat er sich auch in der kubanischen Botschaft nicht blicken lassen. Im Augenblick kann Moffet nichts tun, als die Ausweichtreffpunkte abzuklappern und sich dabei vor kubanischen Provokationen in acht zu nehmen.

Die Kampagne für den Abbruch der diplomatischen Beziehungen mit Kuba ist festgefahren, denn Innenminister Manuel Araujo, ein glühender Verehrer der kubanischen Revolution, ist zuständig für das Programm, mit dem die Regierung Ponce verleumdet und die Regierungsstellen von Ponceanhängern säubert. Bisher war Araujo dabei ziemlich erfolgreich; jedenfalls ausreichend, um unsere politischen Agenten bei den Christsozialen und Konservativen, unsere einzige Pressure-Group gegen die Beziehungen mit Kuba, ständig in die Defensive zu manövrieren. Darüber hinaus brachte er es fertig, mit seinen Kampagnen der Regierung auch noch einen patriotischen Anstrich zu geben, denn die Spannungen über das Rio-Protokoll und den Grenzstreit mit Peru verschärfen sich ständig.

Im vergangenen Monat beispielsweise beschuldigte Araujo die Jugendorganisation der Konservativen, mit deren Hilfe Aurelio Davila politische Operationen der CIA-Station durchführt, des Verrats, weil sie die Partei zu entschiedener Oppostion gegen Velasco zu drängen versuche. Daraufhin wurde Araujo in die Deputiertenkammer zitiert, um sich gegen den von konservativer Seite erhobenen Vorwurf des Verfassungsbruchs zu verteidigen, denn nichts anderes seien seine Bemerkungen über angeblichen Verrat. Die Sitzung dauerte von 10 Uhr abends bis 5 Uhr früh. Araujo verwandelte sie in ein weiteres Tribunal über die Korruptionsauswüchse unter der Ponce-Verwaltung und erhielt auch noch Rückendeckung von den kreischenden Velasquisten auf der Zuschauertribüne. Er ging schließlich so weit, auch die 48 entlassenen Militärs des Verrats zu bezichtigen. Angesichts des ohrenbetäubenden Beifallsgebrülls, mit dem die Zuhörer Araujos Ausführungen begleiteten, sahen sich schließlich die konservativen, christsozialen, liberalen und sozialistischen Abgeordneten gezwungen, die Sitzung zu verlassen, obwohl ursprünglich der Minister verhört werden sollte.

Araujos neuerlich erhobene Beschuldigung hat für große Unruhe bei den Streitkräften gesorgt, und der Verteidigungsminister und Velasco selbst haben eilig dementiert, daß irgendein hoher Offizier unter dem Verdacht stehe, Verrat begangen zu haben. Seit diesen Ereignissen vom Anfang Oktober haben die Velasquisten den Patriotismus in der peruanischen Frage angeheizt und gleichzeitig weitere Sympathien für die Regierung mobilisiert. Am 20. Oktober organisierte die FEUE die bislang angeblich größte Massendemonstration, die Quito je sah. Studenten, Regierungsbeamte und Leute verschiedenster politischer Couleur marschierten gemeinsam zu einer Kundgebung ins Fußballstadion von Quito, wo Velasco und andere Redner das Protokoll von Rio verdammten.

Anfang November wurde Araujo erneut vor die Deputiertenkammer zitiert, um den Konservativen Rede und Antwort zu stehen. Den Weg von seinem Amtssitz zum Parlamentsgebäude legte Araujo auf einer gebrechlichen Mähre zurück, die, wie er sagte, angeblich von Ponces Innenminister (einem Christsozialen und engen Mitarbeiter der CIA-Station) für 30 000 Sucres – das sind ungefähr 2 500 Dollar – der Polizei verkauft wurde, wobei der ehemalige Minister seinen Bruder als Verkäufer vorgeschoben habe. Schließlich forderte Araujo, man solle das elende Klappergestell ausstopfen und im Museum als Denkmal für das Ponce-Regime aufstellen.

Während seines Ritts vom Ministerium zum Kongreß versammelte sich hinter Araujo eine große Anhängerschar. Der Anblick dieses häßlichen kleinen Mannes – er ist kaum über 1,50 m groß und trägt einen Spitzbart –, der gleichzeitig die Ponce-Elite der Lächerlichkeit preisgibt: das alles macht ihn bei den verarmten Massen ungeheuer populär. Noch am selben Tag griffen Velasquisten einen Demonstrationszug konservativer Stu-

denten an und die Polizei, deren Dienstherr Araujo ist, warf sich erst einmal auf die Studenten, ehe sie den velasquistischen Mob freundlich aufforderte, auseinanderzugehen.
Tags darauf hätte Araujo um ein Haar unser ECJOB-Team enttarnt, das die Flugblätter der Station verteilt. Vier aus dem Team verteilten gerade Handzettel gegen den Kommunismus und Castro, als sie von Araujo bemerkt wurden, der zufällig vorbeikam und persönlich die Verhaftungen vornahm. Unsere Agenten wurden angeklagt, Flugblätter ohne Impressum verteilt zu haben (die ECELDER-Druckerei hatte versäumt, eines der gefälschten Symbole zu benutzen). Der Teamchef konnte sie dieses Mal nicht freikaufen, und so mußte Noland unseren Agenten Aurelio Davila bitten, seinen Einfluß als Abgeordneter geltend zu machen.
Die Station hat eine Kampagne zum Sturz Araujos angekurbelt, die aber nicht so recht in Schwung kommen will. Über Davila lassen wir Flugblätter zirkulieren, in denen Araujo als Kommunist und Kubaner-Freund angeprangert wird, aber unser Agent in den Reihen der Velasquisten, Baquero, der Arbeitsminister und Reinaldo Varea, der Senatspräsident, konnten Velasco nicht dazu bewegen, Araujo fallenzulassen. Die Kampagne stößt außerdem auf Hindernisse, weil gleichzeitig Velascos Feldzug gegen die Konservativen und Christsozialen in vollem Gange ist. Dadurch ist der Wert unserer Agenten bei den Velasquisten gleich Null. Unsere Agenten auf der Rechten, wie beispielsweise Davila, achten peinlich darauf, lediglich Araujo als Kommunisten zu beschimpfen und Velasco von jeglicher Kritik auszusparen.
Trotzdem hatten unsere Leute vor ein paar Tagen wieder einmal das Nachsehen. Die Christsozialen hatten eine Kranzniederlegung organisiert, auf der eines Studenten gedacht werden sollte, der unter einer der früheren Velasco-Regierungen umkam. Damals hatte die Polizei eine bestreikte Schule gestürmt. Am Tag bevor die Zeremonie und ein anschließender Schweigemarsch stattfinden sollten, bezeichnete Araujos Sekretär das Ganze als Provokation zu dem Zweck, Zusammenstöße zwischen katholischen Studenten und der Regierung vom Zaun zu brechen. Als der Schweigemarsch den Platz der Unabhängigkeit vor dem Präsidentenpalais erreichte, erschienen mit Knüppeln und Steinen bewaffnete Velasquisten, vertrieben die Marschteilnehmer und zerfledderten die Kränze am Fuß des Unabhängigkeitsdenkmals. Als Velasco, der irgendwo anders eine Rede gehalten hatte, zum Palast zurückkehrte, wurde er vom Velas-

quistenpöbel begeistert gefeiert. Weitere Zusammenstöße folgten am Nachmittag, als der Mob durch die Straßen zog, um auseinanderzuprügeln, was noch vom Marsch der Christsozialen übriggeblieben war, dem inzwischen auch berittene Polizei schwer zugesetzt hatte, obwohl die Regierung Repressalien gegen oppositionelle Kundgebungen lieber ihren Anhängern als der Polizei überläßt. Die bereits im Kongreß erprobten Methoden bewähren sich also auch auf der Straße.

Damit noch nicht genug, hat Araujo jetzt auch noch einen unserer Gewerkschaftsagenten ausgewiesen: John Snyder, interamerikanischer Repräsentant der Post, Telegraph and Telephone International (PTTI), der seit drei Jahren die ecuadorianischen Angestellten beim Post- und Telegrafenamt organisiert. Araujo beschuldigte ihn, für den Beginn der Interamerikanischen Konferenz Streiks zu planen. In Wahrheit aber steckt die CTE hinter der Ausweisung, denn Snyder war sehr erfolgreich. Jose Baquero de la Calle, unser Arbeitsminister, mußte tatenlos zusehen — sein Einfluß auf Velasco kann sich mit dem Araujos nicht messen.

Auch die Krise um den Grenzstreit mit Peru steht der Kampagne gegen Araujo im Wege. Im September schickte Velasco seinen Außenminister zur UNO-Vollversammlung, um das Rio-Protokoll erneut zu verurteilen, weil zum Zeitpunkt der Unterzeichnung noch peruanische Truppen in Teilen Ecuadors gestanden hätten. Der Minister fügte hinzu, man werde die Angelegenheit auf der Interamerikanischen Konferenz zur Sprache bringen. Delegationen der Garantiemächte, unter ihnen auch die USA, trafen sich im Oktober in Rio de Janeiro, gaben jedoch kein Abschlußkommuniqué heraus. Aus Unterlagen des Außenministeriums in der Abteilung für Ecuador geht jedoch hervor, daß der unilaterale Vorstoß Ecuadors zur Kündigung des Abkommens verworfen wurde.

Bevor ich dem Foreign Service zugeteilt wurde, mußte ich in den vergangenen zwei Wochen noch einen Spezialkurs für Gewerkschaftsoperationen absolvieren. Obwohl der Kurs auf Gewerkschaftsspezialisten der mittleren Karriere zugeschnitten ist, wurde ich dem Kurs dennoch zugeteilt, um die Teilnehmerquote abzurunden. Der Ausbildungsbeamte von der WH-Abteilung beruhigte mich allerdings: nur weil der Kurs in meinen Zeugnissen auftauche, heiße das noch lange nicht, daß ich sofort Gewerkschaftsoperationen in eigener Regie zu leiten hätte.

Nominell ist der Kurs eine Veranstaltung der Ausbildungsabtei-

lung, aber die Ausbilder sind alles Leute von 10/4 (Filiale 4 der internationalen Organisationsabteilung), die sich im Verlauf des Kurses dauernd mit Einsatzbeamten aus den verschiedenen Ländern über den richtigen Einsatz der Gewerkschaftsagenten stritten, die alle in der 10. Abteilung unter Cord Meyer gesteuert werden. Die Beamten der WH-Abteilung äußerten sich samt und sonders abfällig über die ORIT, den der ICFTU angegliederten Gewerkschaftsdachverband für Lateinamerika. ORIT sei ein hoffnungsloser Fall; der Ruf des Verbandes sei der denkbar schlechteste, die Organisation selbst völlig ungeeignet zur Koordination nichtkommunistischer Gewerkschaften in Lateinamerika; aber George Meany und Serafino Romualdi haben die CIA-Bosse anscheinend davon überzeugt, daß mit ORIT noch etwas anzufangen sei. Die WH-Abteilung muß sehen, wie sie damit zurechtkommt. Besonders hervorgehoben wurde demgegenüber der Wert von Agenten in den verschiedenen ITS-Sekretariaten, auf die zumindest in Lateinamerika die CIA beträchtlichen Einfluß ausübt. Lloyd Hawkins, einer der leitenden Sekretäre der International Federation of Petroleum and Chemical Workers (IFPCW) demonstrierte die verschiedenen Möglichkeiten, die es ihm gestatten, bei der gewerkschaftlichen Organisierung lateinamerikanischer Arbeiter, die im kritischen petrochemischen Sektor beschäftigt sind, ein gewichtiges Wort mitzureden. Auch die International Federation of Plantation, Agricultural and Allied Workers (IFPAAW) verfügt über erheblichen Einfluß in Lateinamerika. Der Verband wurde mit Hilfe eines anderen westlichen Geheimdienstes gebildet und war wesentlich an der Unterdrückung kommunistischer Unruhen beteiligt, die seit dem 2. Weltkrieg in Malaya aufflammten. In Lateinamerika erfüllt die IFPAAW einen ähnlichen Zweck, weil sie den Rückhalt, den die Guerilla traditionell bei den Bauern hat, entscheidend schwächt, indem sie überall Gewerkschaften gründet bzw. bestehende unterstützt, solange diese lediglich Landreformen und Produktionsgenossenschaften anvisieren.
Im großen und ganzen läuft die Gewerkschaftspolitik der CIA auf die Gründung strikt unpolitischer Verbände hinaus, in denen Klassenkampfideologien nichts zu suchen haben.
Heute ging ich zum letzten Mal ins Büro, um mich abzumelden und mir in der Personalabteilung ein Pseudonym geben zu lassen, daß ich für die nächsten 3o Jahre für CIA-interne Korrespondenz verwenden muß: Eilbriefe, Telegramme, Berichte etc. Dieses Pseudonym wird auch auf Beförderungsurkunden und

Zeugnissen anstelle meines richtigen Namens auftauchen. Ich unterschrieb, daß ich bei meiner Arbeit für die CIA stets das mir zugeteilte offizielle Pseudonym benutzen werde — es lautet: JEREMY S. HODAPP.

**Quito, Ecuador
6. Dezember 1960**

Endlich im Lande! Unsere trödelnde DC-7 brauchte mit Zwischenlandungen in Panama und Cali sieben Stunden, aber Janet und ich flogen erster Klasse; Regierungsbeamte kommen bei langen Flügen in den Genuß dieser Vergünstigung.
Als wir Quito anflogen, herrschte klare Sicht, und die Sonne schien. Durch das Fenster konnten wir schneebedeckte Vulkane und grüne Täler unterscheiden. Die an den Bergflanken gelegenen Anbauflächen schienen mir fast senkrecht abzufallen. Wie die Leute wohl bei derartigem Neigungswinkel pflügen mögen? Man hört ja recht viel über die Anden, aber der Anblick dieser atemberaubenden Szenerie hat etwas Überwältigendes.
Am Terminal in Quito, einem ultramodernen Bauwerk, soeben für die Interamerikanische Konferenz fertiggestellt, holte uns Blair Moffet ab und gab uns Orientierungsbroschüren der Botscaft, in denen hauptsächlich von ecuadorianischen Gesundheitsrisiken die Rede ist. Dann fuhr er uns zu einem feinen Hotel in einer Wohngegend, nicht ganz einen Block von der Botschaft entfernt. Später gingen wir mit den Nolands zu einer Party im Hause der Familie, der die meisten Kinos in Quito gehören. Alle dort schienen irgendwie verwandt oder verschwägert. Unter den Gästen befand sich auch Velascos Neffe, Jorge Acosta, einer unserer wichtigsten Freunde in der Regierung. Er leitet den nationalen Planungsstab, nicht gerade ein gewaltiger Posten, aber als Liebling der Familie Velasco ist er frühzeitig über alle Entscheidungen unterrichtet, die im Kabinett fallen. So gab er gerade kürzlich den Hinweis, Bob Weatherwax, als Beauftragter für Öffentliche Sicherheit bei der USOM getarnter CIA-Beamter, könne ohne Risiko wieder nach Ecuador zurückkehren. Die Spannungen in der politischen Szenerie haben seit letzter Woche einen kritischen Punkt erreicht. Am 1. Dezember begann der Stadtrat von Quito, der fest in den Händen der Liberalen ist, seine neue Sitzungsperiode. Dabei kam es zu ernsthaften Ausschreitungen zwischen liberalen und ve-

lasquistischen Pöbelhaufen, und als schließlich Araujos Polizei einschritt, galt deren erste Tränengasgranate dem liberalen Bürgermeister.

Morgen wollen die Garantiemächte ihre gemeinsame Erklärung veröffentlichen, die Ecuadors Forderungen nach einer Annullierung des Rio-Protokolls zurückweist. Noland meint, daß uns dann einiges bevorsteht.

Quito
8. Dezember 1960

Ich soll die Operation übernehmen, die bisher Blair Moffet leitete, damit dieser nach Washington heimkehren kann, aber Blair will davon so lange nichts wissen, ehe er nicht erfahren hat, was mit dem Chauffeur der kubanischen Botschaft los ist. Die Erklärung zum Rio-Protokoll war ein Schlag ins Gesicht all jener, die bei den zahlreichen Demonstrationen mitmarschiert waren und so viele Hoffnungen mit Velascos Amtsantritt verknüpft hatten. Für morgen ist auf dem Platz der Unabhängigkeit eine gewaltige Demonstration geplant.

Quito
9. Dezember 1960

Ich bin jetzt erst seit vier Tagen in Quito, aber schon heute erlebte ich zum ersten Mal einen Angriff auf die US-Botschaft. Ich verließ erst spät mein Hotel, und der Manager warnte mich bereits, die Botschaft werde mit Steinen beworfen. Als ich ankam, standen draußen nur noch kleine, Parolen brüllende Grüppchen. Ich benutzte den Hintereingang und konnte feststellen, daß bereits einige Fenster zu Bruch gegangen waren.
Den ganzen Tag über liefen die Telefone heiß, weil uns die Agenten ständig über Bewegungen von URJE-Mitgliedern auf dem laufenden hielten, die immer wieder zurückkehrten, um die Botschaft anzugreifen. Araujos Polizei hielt sich vollständig heraus und überließ dem Pöbel das Terrain. Vom obersten Stockwerk aus, wo die Station untergebracht ist, schaute ich mir das Ganze an. Während die Steine flogen, konnte man immer wieder den Slogan „Kuba, Rußland, Ecuador!" hören. Angriffen ausgesetzt waren auch das vom US-Informationsbüro geleitete ecuadorianisch-nordamerikanische Kulturinstitut, die

peruanische Botschaft und das US-Konsulat in Guayaquil. Während die Ausschreitungen noch im vollen Gange waren, unterbrachen fast alle in Quito verkehrenden Autobusse ihren Fahrplan und versammelten sich im Norden der Hauptstadt zu einem Korso zum Platz der Unabhängigkeit, in dessen Verlauf sie die Leute aufsammelten, die überall in die Innenstadt von Quito strömten. Tausende drängten sich schließlich auf den Platz, als die Kundgebung begann. Velasco und sein Außenminister schimpften auf das Rio-Protokoll, während Araujo die Aufnahme diplomatischer Beziehungen mit der Sowjetunion verlangte, falls Ecuador auf diesem Weg der Erfüllung seiner gerechten Forderungen ein Stück näher kommen könnte. Sprechchöre aus der Menge richteten sich immer wieder gegen die Garantiemächte und die OAS (Organization of American States).

**Quito
14. Dezember 1960**

Die Botschaft wird jetzt nur noch sporadisch attackiert. Der Polizeieinsatz ist besser, und es wurden sogar einige Militäreinheiten zum Schutz der Botschaft abkommandiert. Leute wie zum Beispiel Acosta, die kühlen Kopf bewahren, hatten den hitzigen Araujo offenbar an die eigentlichen Aufgaben der Polizei erinnert. Auch in anderen Städten wurden amerikanische Kultureinrichtungen angegriffen.
Zwei wichtige Gewerkschaften wurden gegründet. Allerdings wird im Moment lediglich eine der beiden von uns kontrolliert. In Guayaquil haben die ECCALICO-Agenten, die Mirandas Kampagne zum Sturz Pedro Saads als Gewerkschaftssenator leiteten, den Verband Ecuadorianischer Küstengewerkschaften (CROCLE) gegründet. Er soll vor allem den Einfluß der CTE in der Guayas-Provinz untergraben. Die beiden wichtigsten Agenten, Victor Contreras und Enrique Amador, sitzen im Exekutivkomitee; Contreras als Präsident. Der Repräsentant der ORIT war für die ganze Sache sehr nützlich, insbesondere bei der Beschaffung unverdächtiger Tarnungen für die Agenten. Als nächstes planen wir den Anschluß der CROCLE an ORIT und ICFTU, wo sie anstelle der kleinen und relativ wirkungslosen COG (Gewerkschaftsverband Guayas) einspringt, die bisher von der Basis Guayaquil unterstützt wurde.
Die Gewerkschaftsabteilung der USOM in Quito, die überall im Lande Kurse über „freie Gewerkschaftsbewegung" anbietet

– das ist ihre eigentliche Aufgabe –, hat erste Schritte zur Bildung eines nationalen nichtkommunistischen Gewerkschaftsverbandes getroffen. Unter ihrer Leitung wurde Anfang des Monats das „Koordinationskomitee für eine freie Gewerkschaft in Ecuador" gebildet. Über das Komitee sollen in den Provinzen des Landes provisorische Komitees entstehen, aus denen einmal die Provinzfilialen eines nationalen Dachverbandes hervorgehen könnten. Laut Vorstellungen der CIA-Station soll USOM diese ersten Anläufe überwachen. Später, wenn der neue stellvertretende Stationschef im Lande ist, werden wir vermutlich den nationalen Dachverband gründen. Vor einigen Tagen ist Bill Doherty eingetroffen, um den Schaden zu begutachten, der durch John Snyders Ausweisung entstanden ist. Doherty ist interamerikanischer Repräsentant der PTTI. Er brachte noch einen weiteren von der Abteilung 10 kontrollierten Gewerkschaftsagenten mit und wird über seine Beziehungen zur PTTI versuchen, der FENETEL, der Gewerkschaft für Angestellte im Telefon- und Telegrafenbereich, in puncto Organisationsfragen, Ausbildung etc. unter die Arme zu greifen, aber Araujo macht auch ihm das Leben schwer. Noland möchte nach Möglichkeit vermeiden, daß Baquero de la Calle, der Arbeitsminister, von unserer Verbindung mit Doherty erfährt. Gegen Araujo kann Baquero im Zweifelsfalle sowieso nichts ausrichten.

Aus Presseberichten geht hervor, daß einige Regierungen bereits an einer Verschiebung der Interamerikanischen Konferenz interessiert sind. Über die kürzlichen Unruhen ist offenbar allseits eine gewisse Verunsicherung entstanden. Radio und Presse in Kuba drängen Ecuador, dem kubanischen Beispiel zu folgen und das ganze interamerikanische Bündnissystem aufzukündigen.

**Quito
15. Dezember 1960**

Aurelio Davila, einer unserer wichtigsten Agenten im ECACTOR-Projekt, landete gestern einen schlau eingefädelten Coup: er organisierte eine Massendemonstration für Velascos Politik zum Rio-Protokoll, die zu einer schweren Schlappe für Araujo wurde. Studenten und Schüler der katholischen Schule und Universität marschierten gemeinsam zum Platz der Unabhängigkeit, wo sie Slogans gegen den Kommunismus anstimmten. Velasco befand sich auf der Tribüne, und der Verteidigungsminister hatte gerade mit seiner Ansprache begonnen, als einige wenige Gegendemonstranten in die Parole „Kuba, Rußland, Ecuador!" ausbrachen, die jedoch prompt von einem brausenden „Nieder mit dem Kommunismus!" übertönt wurden. Araujo, ebenfalls auf der Tribüne anwesend, stieg herunter und schloß sich den Gegendemonstranten an. Gleich darauf entwickelte sich eine Massenschlägerei, und Velasco mußte selbst ans Mikrophon, damit wieder Ruhe einkehrte. Er war sichtlich verärgert über Araujos eigenmächtige Provokation, die einen Schatten auf diese gewaltige Solidaritätsveranstaltung warf.

Auf Drängen von Davila und anderen konservativen Parteiführern verfaßte der Kardinal von Ecuador einen Hirtenbrief, der gestern veröffentlicht wurde. Der Kardinal, der es an Einfluß mit jedem Politiker aufnehmen kann, Velasco inbegriffen, warnte vor der drohenden Gefahr, die der Kommunismus für Religion und Vaterland bedeute und fügte hinzu, Ecuador müsse sich hüten, bei seinen Grenzstreitigkeiten auf kubanische oder russische Hilfe zu vertrauen.

Heute abend erlebte Quito eine weitere Solidaritätsdemonstration für Velascos Politik gegenüber Peru – diesmal allerdings von einer linken Organisation getragen, die sich Revolutionär-Liberale Volkspartei (PLPR) nennt und aus der Jugendorganisation der liberalen Partei hervorgegangen ist. Unter ihren Mitgliedern befinden sich aber auch zahlreiche Velasquisten. Außer Araujo sprach auf der Kundgebung noch Gonzalo Villalba, Vizepräsident der CTE, einer der kommunistischen Parteiführer in Quito. Sie forderten die Aufnahme diplomatischer Beziehungen mit den Sowjets und beschimpften die USA und die Konservativen.

Quito
16. Dezember 1960

Araujo ist weg vom Fenster! Am späten Nachmittag wurde im Präsidentenpalais bekanntgegeben, daß sein Rücktrittsgesuch angenommen worden sei, aber wir erhielten bereits am frühen Morgen die ersten Berichte, nach denen Velasco beabsichtige, Araujo zu entlassen. Während der letzten Wochen brachten wir permanent Propagandamaterial gegen ihn unter die Leute, aber ausschlaggebend war dann sein Verhalten auf der gestrigen Demonstration. Der Außenminister, der mit den USA auf gutem

Fuße steht, hatte ebenfalls an Araujos Stuhl gesägt, dessen offene Parteinahme für die Ziele der extremen Linken ein übriges tat.
Seit der Verkündung von Araujos Rücktritt häufen sich die Schlägereien zwischen seinen Anhängern – vor allem aus den Reihen der URJE – und Velasquisten, die gegen ihn eingestellt sind. Im Augenblick ist das Zentrum von Quito in Tränengasschwaden gehüllt, aber laut Agentenmeldungen beginnen sich die Unruhestifter zu zerstreuen.

Quito
22. Dezember 1960

Demonstrationen gegen Peru sind nach wie vor im Gange, aber der gegen die USA gerichtete Unterton ist verschwunden. Tatsächlich werden sie jedoch nach und nach von einer von katholischen Kreisen ausgehenden Sympathiekampagne für den Kardinal verdrängt, dessen Hirtenbrief gegen den Kommunismus ihm Attacken des revolutionär-sozialistischen Gewerkschaftssenators eingetragen hatte. Aurelio Davila leitet die Kampagne, die aus den Mitteln für das ECACTOR-Projekt finanziert wird. Mit dem Geld werden Briefe und Unterschriftenlisten in den Zeitungen veröffentlicht. Hinter den Veröffentlichungen stehen katholische Organisationen wie zum Beispiel der CEDOC (der Gewerkschaftsverband) und das Nationale Katholische Aktionskomitee, dessen Vizepräsident Aurelio Davila ist.
Heute erreichte die Kampagne einen Höhepunkt, als trotz Regens Tausende in den Straßen demonstrierten und Sprechchöre gegen Kuba, den Kommunismus und Rußland skandierten. Der Kardinal selbst trat bei der Abschlußkundgebung als Hauptredner auf und wiederholte seine im Hirtenbrief geäußerten Warnungen vor der kommunistischen Gefahr. Er ist schon fast neunzig, aber von unschätzbarem Wert für uns.
Ich habe meine erste Operation übernommen und mich zum ersten Mal mit einem echten Agenten getroffen – gewissermaßen meine Feuertaufe als geheimer CIA-Beamter.
Bei der Operation handelt es sich um ECJACK, das Beschattungs- und Fahndungsteam von Oberstleutnant Paredes. Daneben übernahm ich auch die Abwicklung der Geheimschriftkorrespondenz mit den Agenten auf Kuba. In ein paar Tagen will mich Noland mit Francine Jacome bekannt machen, die die Tarnbriefe schreibt.

Blair hat mir außerdem noch die ECFONE-Operation anvertraut. Der Hauptagent, Osvaldo Chiriboga, wurde soeben zum ecuadorianischen Geschäftsträger in Holland ernannt. Die Station in Den Haag will ihn dort auf Ostblockdiplomaten ansetzen. Wir mußten einen neuen Ostblockdiplomaten für Basantes, den Infiltrationsagenten in der Kommunistischen Partei, aussuchen, und Noland entschied sich für Dr. Ovalle, Velascos Leibarzt, um die Tarngeschichte, die von Anfang an diese Operation geschützt hat, nicht auffliegen zu lassen. Dr. Ovalle ruft uns an, wenn er Berichte von Basantes erhält, und ich hole sie dann in seinem Büro ab. Der Operation kommt gesteigerte Bedeutung zu, seit Basantes ins Provinzkomitee für Pinchincha gewählt wurde. Bei der abzusehenden Spaltung zwischen den PCE-Führungsgremien in Küstenregion und Sierra kommt das der Bedeutung eines Agenten im örtlichen Exekutivkomitee gleich.

Von den Beamten einer CIA-Station wird eigentlich immer erwartet, daß sie persönliche Beziehungen zu möglichst vielen einflußreichen Persönlichkeiten anknüpfen, egal ob aus Wirtschaft, Erziehungswesen, Fachkreisen, Politik. Die Diplomatentarnung für Beamte der WH-Abteilung erleichtert enorm die Pflege derartiger „Beziehungen"; durch die Stationsmittel für Unterhaltung, Club-Mitgliedsbeiträge und Unterhaltszuschüsse sind wir bessergestellt als die Kollegen vom Außenministerium. Noland erfreut sich offenbar größter Beliebtheit bei den Ecuadorianern. Er war früher als Footballstar, später als Trainer aktiv und verfügt über eine Menge persönlichen Charme und Energie. Seine Frau ist nationaler Golf-Champion und Exoffizier im „Women's Army Corps". Gemeinsam sind die beiden das aktivste Eheppar an der ganzen Botschaft und die Lieblinge der hiesigen amerikanischen Kolonie. Ihre guten Beziehungen sind das Resultat von Nolands politischen und sportlichen Aktivitäten. Gemeinsam mit seiner Frau ist er Mitglied im Golf- und Tennisclub von Quito.

Quito
30. Dezember 1960

Die Interamerikanische Konferenz wird aller Voraussicht nach verschoben. Peru will auf keinen Fall teilnehmen, weil Ecuador das Rio-Protokoll auf die Tagesordnung setzen möchte; zwischen Venezuela und der Dominikanischen Republik schwelt seit Trujillos Versuch, den venezolanischen Präsidenten Betancourt zu ermorden, eine ernste Krise. Die Beziehungen zwischen den USA und Kuba haben praktisch den Nullpunkt erreicht. Wir wissen alle, daß früher oder später die Invasion kommen muß. Aber vor Kennedys Amtsantritt wird mit Sicherheit nichts unternommen.

Perus Abbruch der Beziehungen mit Kuba läßt die Aussichten für die Konferenz auch nicht rosiger werden. Der Bruch ist zum Teil das Resultat einer Operation, welche die CIA-Station Lima im November durchführte. Dabei handelte es sich um ein Kommandounternehmen, in dessen Verlauf Exilkubaner die Kubanische Botschaft in Lima stürmten und mehrere Dokumente mitgehen ließen. Unter das authentische Material schmuggelte die Station auch einige vom TSD gefälschte Dokumente, darunter eine angebliche Liste von Peruanern, die von der kubanischen Botschaft regelmäßig Bestechungsgelder erhielten. Insgesamt belief sich die fiktive Summe auf monatlich 15 000 Dollar. Ein weiteres gefälschtes Dokument berichtete von einer erfundenen Kampagne der Kubanischen Botschaft zur Unterstützung der ecuadorianischen Position im Streit um das Rio-Protokoll. Weil kaum irgendjemand an die Echtheit der Dokumente glauben wollte, hatte die Station einige Schwierigkeiten, sie zu veröffentlichen. Vor einigen Tagen jedoch gab ein konservativer Abgeordneter sie im peruanischen Kongreß zu Protokoll, und gestern erschienen sie endlich auch in den Zeitungen. Die Kubaner hatten zwar protestiert und die Dokumente als Fälschungen bezeichnet, aber ein Überläufer aus ihrer Botschaft in Lima – bei der Razzia mit von der Partie und jetzt in CIA-Diensten – hat die Echtheit der TSD-Produkte „bestätigt".

Wir könnten hier jederzeit etwas Ähnliches aufziehen, aber Velasco würde wahrscheinlich nichts unternehmen. Er rechnet fest – nach unseren Schätzungen allerdings vergeblich – mit kubanischer Schützenhilfe gegen Peru.

Das rätselhafte Verschwinden des Chauffeurs der kubanischen Botschaft hat sich aufgeklärt. Er wollte dem Gärtner der Botschaft imponieren und erzählte ihm, daß er für uns arbeite. Der Gärtner lief prompt zu den Kubanern, die den Chauffeur feuerten. Der Chauffeur geriet in Panik und hat sich seitdem in irgendeinem Provinznest versteckt gehalten, überzeugt, die Kubaner wollten ihn umbringen. Gestern kam er in die Botschaft und traf sich mit Blair, der ihm eine bescheidene Abfindung zahlte. Mit dem Geld kann der Chauffeur wieder in sein Dorf zurückkehren und für eine Weile auskommen. Noland ist ziemlich sauer, weil er meint, Blair habe dem Chauffeur nicht genügend deutliche Sicherheitsmaßregeln eingeschärft. Zu dumm! Ich hatte insgeheim gehofft, auch diese Operation zu übernehmen. Blair kehrt jetzt nach Washington zurück.

Quito
4. Januar 1961

Seit dem Abbruch der Beziehungen zwischen Washington und Havanna ist der Beginn der Interamerikanischen Konferenz endgültig verschoben worden. Telegramme und Korrespondenzen, die früher nach Havanna gingen, werden jetzt zur JMWAVE-Station in Miami geschickt. Vor Ablauf der geplanten exilkubanischen JMARC-Invasion wird die Konferenz vermutlich nicht beginnen. Das Sicherheitsrisiko für eine Konferenz hier in Quito wird sich entscheidend vermindern, wenn der kubanischen Revolution erst einmal der Garaus gemacht worden ist. Zum einen haben wir nichts mehr von der kubanischen Hilfe für die URJE zu befürchten, zum anderen werden dann all diese Möchtegernrevoluzzer und Agitatoren nicht mehr so großspurig auftreten.
Weatherwax, unser Beamter für öffentliche Sicherheit, ist wieder im Lande. Über ihn hoffen wir endlich auch an Informationen aus den ländlichen Gebieten heranzukommen. Bislang wissen wir über das, was sich in diesen Gegenden tut, so gut wie gar nichts.

Quito
29. Januar 1961

Wir hatten eigentlich erwartet, am heutigen Jahrestag der Unterzeichnung des Rio-Protokolls wieder einmal in der Botschaft belagert zu werden, aber nichts dergleichen geschah. Statt dessen waren die Ecuadorianer mit sich selbst beschäftigt. In Guayaquil hielt der Außenminister eine Rede über das Grenzproblem. Als er anschließend zur Universität Guayaquil fuhr, wurde er auf dem Wege dorthin ausgebuht und als Verräter beschimpft. Araujo und seine Freunde aus der URJE sind finster entschlossen, ihn aus dem Amt zu jagen, denn er gilt als einer der Drahtzieher bei Araujos Entlassung; außerdem ist allgemein bekannt, daß er ein Freund der USA ist. Er war Mitglied jener

Kommission, die 1942 das Protokoll von Rio unterschrieb, und vor allem darauf haben sich seine Gegner eingeschossen. Von John Bacon übernahm ich mittlerweile die heimliche Postkontrolle im Rahmen der Operation ECSTASY. Er benutzte bislang völlig veraltete Techniken, die eine Menge Zeit kosteten, und ich habe erst einmal einen TSD-Techniker kommen lassen. Er soll die Dunkelkammer überholen, wo die Briefe bearbeitet werden. Eine SW-Spezialistin ist gleich mitgekommen. Sie soll mich ergänzungsweise in Schreib- und Entwicklungstechnik für die SW-Korrespondenz mit den Agenten auf Kuba ausbilden. Das Ganze ist bereits vorbei, und jetzt kann die Basis Miami die Botschaften gleich per Telegramm nach Quito übermitteln, wo ich sie dann schreibe und nach Kuba schicke. Umgekehrt entwickele ich die eintreffenden Sendungen aus Kuba und telegrafiere ihren Inhalt nach Miami.

Quito
1. Februar 1961

Velascos mangelhafte Toleranz gegenüber jeglicher Opposition könnte wieder einmal eine Krise vom Zaun brechen. Vor zwei Tagen, anläßlich der Eröffnungsfeier zum nationalen Ärztekongreß, gerieten er und der liberale Bürgermeister von Quito ziemlich heftig aneinander. Gestern, bei der Einweihung einer neuen Düngemittelfabrik, waren wieder beide anwesend. Die Velasquisten buhten, zischten und bewarfen den Bürgermeister schließlich mit Tomaten, so daß er die Zeremonie verlassen mußte. Weil seit gestern abend Solidaritätsdemonstrationen abwechselnd für Velasco oder den Bürgermeister durch Quito zogen, droht der Innenminister mit Sanktionen gegen Störer der öffentlichen Ordnung. Die Velasquisten erwähnte er allerdings mit keiner Silbe. Heute schloß er eine Radiostation in Quito unter dem Vorwand, sie habe die Frist zur Erneuerung ihrer Lizenz nicht eingehalten. Dieser Schritt erfolgte unmittelbar auf eine Meinungssendung, in deren Verlauf die Hörer aufgefordert wurden, beim Sender anzurufen und ihre Sympathie für den liberalen Bürgermeister zu bekunden. Der Minister selbst rief an, als die Sendung noch im Gange war, und seine Drohungen gegen die Radiostation wurden als Teil des Programms gleich mitgesendet. Kurz darauf wurde der Sender geschlossen. Heute abend demonstrierten wieder die Velasquisten.

Quito
15. Februar 1961

Gil Saudade, unser neuer stellvertretender Chef, ist vor kurzem eingetroffen. Er übernimmt die Gewerkschafts- und Studentenoperationen, aber die Medienoperation ECURGE bleibt weiterhin John Bacon anvertraut. Saudade und ich bereiten gemeinsam zwei Agenten vor, die zur lateinamerikanischen „Konferenz für nationale Souveränität, wirtschaftliche Autonomie und Frieden" fahren. Die Konferenz soll während der ersten Märzwoche in Mexico City stattfinden. Bei Gils Agenten handelt es sich um Juan Yepez del Pozo, jr., ECLURE-2, und Antonio Ulloa Coppiano, ECLURE-3. Bevor Saudade eintraf, kümmerte sich Noland bereits um die Agenten, mit dem Ziel, sie möglicherweise zu einem späteren Zeitpunkt anzuwerben. Außerdem finanzierte er ihre Anstrengungen, die Führung der Revolutionär-Liberalen Volkspartei (PLPR) an sich zu reißen, die viele Anhänger unter den jüngeren Velasquisten hat. Wir möchten über diese Partei die jugendlichen Radikalen behutsam von ihrer ewigen Begeisterung für die kubanische Revolution und ihrem ständigen Antiamerikanismus hinweg dirigieren. Gil will sichergehen, daß die Partei ihren dezidiert linken Charakter beibehält und auf der politischen Bühne Ecuadors als entschieden oppositionelle Kraft auftritt. Der Agent, bei dem alle Fäden zusammenlaufen, ist Juan Yepez del Pozo sen., Schriftsteller und Leiter des Soziologischen Instituts von Ecuador. Sein politischer Ehrgeiz ist beträchtlich. In der Partei hat er den Posten eines Chefberaters.

Schirmherr der Konferenz von Mexico City ist Lazaro Cardenas, der ehemalige linke Präsident. Die Konferenz selbst ist eine weitere Propagandaschau zugunsten der kubanischen Revolution. Da aus der ganzen westlichen Hemisphäre Kommunisten und Linke aller Schattierungen erwartet werden, wies das Hauptquartier schon vor einigen Monaten die Stationen an, Agenten vorzuschlagen, die auf der Konferenz herumspionieren könnten.

Neben Gils Agenten fliegt auch Basantes, unser hochkarätiger PCE-Infiltrant, nach Mexiko, worüber man sowohl im Hauptquartier, wie auch bei der Station in Mexico City sehr erfreut ist. Über Dr. Ovalle habe ich ihm einige Richtlinien geschickt. Er will sich, wenn nach Abschluß der Konferenz die Möglichkeit dazu besteht, um eine Einladung nach Kuba bemühen.

Über unsere Propagandaoperationen lancieren wir jetzt immer

häufiger kritische Kommentare über Kuba. Allgemeiner Tenor dabei ist die kommunistische Unterwanderungsgefahr, die der westlichen Hemisphäre aus Kuba drohe. Erst kürzlich wurden die Erklärungen von zwei führenden Exilkubanern, Manuel de Varona und Jose Miro Cardena, mächtig aufgebauscht. Mit den alarmierenden Nachrichten über die subversiven Aktivitäten der Kubaner befaßt sich auch ein Bericht von Kubanern aus Miami, dem zufolge Castro die Guerilla in Kolumbien mit Waffen versorge und dem zufolge auch Ecuador Waffen aus Kuba erhalte, die sich eines Tages gegen Peru richten sollten — all diese Geschichten tauchen in Bogotá bei der Zeitung „El Tiempo" auf. Quitos wichtigste Tageszeitung „El Comercio" druckte sie nach. Aus Havanna stammt die Geschichte, Castro habe neben Brasilien auch Ecuador zu seinem Einfallstor in Südamerika auserkoren. Außerdem soll er 200 000 Dollar in die Konferenz von Mexico City gepumpt haben.
Araujo war wider Willen ein äußerst hilfreicher Mitarbeiter bei unseren Operationen, denn er trat im kubanischen Fernsehen auf und versicherte die Kubaner der Unterstützung durch Ecuadors Volk und Regierung. Das wurde hier als starkes Stück empfunden, und sowohl Velasco als auch sein Innenminister beeilten sich, Araujos Höflichkeiten zu dementieren. Gustavo Salgado, der bekannte Kolumnist, lanciert alle diese Meldungen in unserem Auftrag. Außerdem sorgte er für die Veröffentlichung weiterer Propaganda zum exilkubanischen Überfall auf die Kubanische Botschaft in Lima vom vergangenen November. Kürzlich wurde der damalige Kommandochef von Agencia Orbe Latino Americano, einem CIA-eigenen Nachrichtendienst für ganz Lateinamerika mit Sitz in Santiago de Chile, interviewt. Er gab an, daß damals, außer der Liste von Peruanern, die von Kuba bezahlt würden, noch weitere Dokumente beschlagnahmt worden seien, aus denen hervorginge, daß Kuba mit Hilfe peruanischer und ecuadorianischer Provokateure einen bewaffneten Konflikt zwischen beiden Ländern herbeiführen wollte. Dadurch sollten nicht zuletzt die Voraussetzungen für einen kommunistischen Aufstand in Peru geschaffen werden. Natürlich handelt es sich auch bei diesen „Dokumenten" um CIA-Produkte. All diese Kampagnen sollen die öffentliche Meinung dahingehend manipulieren, daß sich nach Abschluß der Invasion auf Kuba die Reaktion in Grenzen hält. Die übrigen CIA-Stationen in Lateinamerika sind mit derselben Aufgabe beschäftigt, aber wir können antikubanische Propaganda zusätzlich auch noch an das Grenzproblem mit Peru knüpfen.

Quito
18. Februar 1961

Velasco reagiert äußerst heftig auf die Kampagne gegen seinen Außenminister, und einige Agentenberichte deuten bereits an, dies alles könne durchaus schon der Anfang vom Ende seiner vierten Präsidentschaft sein. Gestern morgen hatte der Außenminister einen angesehenen kolumbianischen Juristen (ein Befürworter der ecuadorianischen These, das Rio-Protokoll sei null und nichtig) zur Zentraluniversität begleitet. Bei ihrer Ankunft wurden sie von einigen hundert Studenten empfangen, die den Minister beschimpften und mit Tomaten bewarfen, von denen auch einige ihr Ziel erreichten. Schließlich aber konnte der Minister ins Gebäude flüchten, und der Kolumbianer durfte seine Rede halten. Velasco war außer sich, denn, obwohl lediglich der Minister angegriffen wurde, schadet der Skandal der ganzen Propagandakampagne gegen Peru, vor die er den Kolumbianer zu spannen gedachte. Heute ließ die Regierung fünf Mitglieder der URJE als Rädelsführer verhaften, aber das hat natürlich weitere Unruhen zur Folge.

Quito
20. Februar 1961

Die philosophische und juristische Fakultät, in denen URJE-Mitglieder tonangebend sind, begannen heute morgen einen unbefristeten Streik. Sie fordern den Rücktritt von Außen- und Innenminister. Das Streikkomitee erhält Unterstützung von der FEUE-Spitze in Quito, die zu einem 48stündigen Streik der gesamten Universität aufrief. Der Universitätsrat mit dem Rektor an der Spitze hat ebenfalls Proteste gegen die Regierung veröffentlicht. Nachdem heute morgen der Streik verkündet worden war, versammelte sich eine Horde Velasquisten (die meisten sind Regierungsangestellte in staatlichen Firmen und im Dienstleistungsgewerbe) vor dem in der Innenstadt gelegenen Gebäude der philosophischen Fakultät. Nach kurzem Wortwechsel mit den streikenden Studenten begann der Pöbel sie mit Steinen zu bewerfen, so daß sie ins Gebäude flüchten mußten. Fast den ganzen Vormittag lang kontrollierte der Mob die Straßen um die Fakultät und stieß immer wieder die wüstesten Gewaltandrohungen gegen die Studenten aus. Um 5 Uhr nachmittags versammelten sich die Velasquisten erneut, diesmal jedoch auf dem Platz der Unabhängigkeit, wo sie Velasco feierten und die Studenten beschimpften. Von dort marschierten sie schließlich zum Innenministerium, wo der Minister in einer Ansprache vom Balkon herab die Verhaftungen verteidigte, denn der Außenminister sei schließlich mit Tomaten beworfen worden.

Seit heute morgen der Streik begann, ließ ich das Fahndungs- und Beschattungsteam von Oberstleutnant Paredes durch die Innenstadt schwärmen. Paredes hat ihre Berichte übermittelt, die uns über die Bewegung der velasquistischen Radaubrüder informieren; es heißt, die Studenten könnten jederzeit gelyncht werden. Wir haben die Berichte ans Hauptquartier telegrafiert.

Noland wagt immer noch keine Voraussagen darüber, wie lange Velasco noch durchhalten wird – er meint, bevor das Militär unruhig werde, müsse erst einmal Blut fließen.

Quito
21. Februar 1961

Heute war Guayaquil Schauplatz von Auseinandersetzungen. Morgens griff eine Horde Velasquisten, hinter denen der Bürgermeister steht, eine Demonstration an, die URJE und FEUE gemeinsam organisiert hatten. Im Gegensatz zu Quito ist der dortige Bürgermeister ein einflußreicher Anhänger Velascos. Die Demonstranten mußten mehrmals in die schützenden Gebäude der Universität Guayaquil flüchten, als aus der Menge Schüsse abgefeuert wurden. Später schritt die Polizei ein und zerstreute die Kontrahenten mit Tränengas. Die Universitätsbehörde hat bei der Regierung protestiert und um Polizeischutz gebeten. Heute abend demonstrierten die Studenten erneut, und wieder fielen die Velasquisten über sie her. Schließlich kehrten die Demonstranten zu einer Kundgebung in die Universität zurück, und wer wohl trat dort als Hauptredner auf? Natürlich Araujo. Er war soeben aus Kuba heimgekehrt und wurde auf den Schultern der Studenten von seinem Hotel zur Universität getragen. In seiner Rede überhäufte er die Kubaner mit Lobeshymnen und berichtete über Demonstrationen in Havanna zum Gedenken an den ermordeten Patrice Lumumba. Manuel Naranjo, Nolands Agent bei den gemäßigten Sozialisten, konnte seine Partei dazu überreden, eine Erklärung zu veröffentlichen, in welcher die Rolle der URJE bei den jüngsten Studentenstreiks und bei den Tomatenwürfen auf den Außenminister scharf verurteilt wird. Wilson Almeida, der Herausgeber unserer Propagandazeitung für Studenten, „Voz Universitaria", veröffentlichte ebenfalls eine Erklärung gegen die URJE und für den Außenminister. Die von den Velasquisten kontrollierte Interessengemeinschaft der Einzelhändler schließlich meldete sich ebenfalls mit Ergebenheitsadressen an den Innenminister. Die mit Abstand wichtigste Nachricht des Tages allerdings kam aus der kubanischen Botschaft. Dort wurde eine Erklärung mit der Behauptung veröffentlicht, während der kommenden Heiligen Woche würden die Prozessionen von mehreren Grüppchen mit den Rufen „Viva Fidel, Kuba und Rußland!" gestört, was später einmal mehr der kubanischen Botschaft in die Schuhe geschoben werden solle. In der Erklärung wiesen die Kubaner außerdem die Behauptung zurück, wonach kürzlich etwa 60 kubanische Provokateure heimlich ins Land geschleust worden seien; Gefahr drohe Ecuador statt dessen von Agenten, die aus Peru einsickerten und von den US-Amerikanern bezahlt würden. Araujos Bemerkungen bei seinem Fernsehauftritt in Havanna seien als eine schlichte Bekundung der Solidarität zwischen Ecuador und Kuba zu verstehen, ganz in dem Sinne, wie sich Präsident Velasco bereits wiederholt geäußert habe. Die Erklärung ging auch auf die kubanische Fotoausstellung ein, die gegenwärtig in Quito zu sehen ist. Dabei handle es sich keineswegs um kommunistische Propaganda, wie rechtsgerichtete Kritiker glauben machen wollten, sondern lediglich um einen künstlerischen Ausdruck der kubanischen Revolution. Die Ausstellung werde von der CTE, dem Nationalen Kulturinstitut, der Zentraluniversität und der kubanischen Botschaft getragen. Des weiteren wurde behauptet, die in letzter Zeit stattgefundenen Provokationen verfolgten den Zweck, die guten Beziehungen zwischen Kuba und Ecuador zu torpedieren und Kubas Auftreten bei der Interamerikanischen Konferenz zu verhindern. Die wahren Drahtzieher säßen in der US-Regierung und erhielten Schützenhilfe von Peru, weil Kuba in der Frage des Rio-Protokolls den Standpunkt Ecuadors vertrete. Die Erklärung schloß mit Lobeshymnen auf Velasco. Soweit ich es überblicken kann, ist das eine für diplomatische Verhältnisse ausgesprochen ungewöhnliche Erklärung. Unsere Propaganda beginnt offensichtlich zu wirken. Noland will jetzt unsere politischen Agenten, zum Beispiel Renato Perez und Aurelio Davila, auffordern, gegen diese Einmischung in die Politik Ecuadors schärfstens zu protestieren

Quito
22. Februar 1961

Als Antwort auf die gestrige kubanische Presseerklärung ließ unser Botschafter heute eine eigene herausgehen, die in der Station viel belächelt wurde. Der Botschafter ließ verkünden, die einzigen von den USA bezahlten Agenten in Ecuador seien die von der ecuadorianischen Regierung eingeladenen Techniker, die alles täten, um den Lebensstandard des Volkes von Ecuador zu heben. Er fügte hinzu, entsprechend dem Programm für technische und wirtschaftliche Hilfe hätten die USA eine Politik der Ordnung, der Stabilität und des Fortschritts auf ihre Fahnen geschrieben. Er forderte Beweise für die von den Kubanern aufgestellten Behauptungen.
In Havanna erschien die Presseerklärung der kubanischen Botschaft in großer Aufmachung. Sie soll anschließend auf dem gesamten Kontinent verbreitet werden. Der Schwerpunkt liegt auf der Annahme, die Zusammenarbeit zwischen den USA und Peru sei Teil eines Plans mit dem Ziel, Kuba zu isolieren und schließlich von der Interamerikanischen Konferenz auszuschließen. Konkretes über diese Isolierungsbestrebungen taucht allerdings in den kubanischen Medien nicht auf, und genau an diesem Punkt werden wir demnächst mit unserer Propaganda fortfahren.
Heute kam es in Guayaquil zu den bislang schwersten Ausschreitungen. Die im Universitätsgebäude versammelten streikenden Studenten wurden von einer im Gegensatz zu neulich viel größeren Menschenmenge angegriffen. Velasquistische Studenten und Regierungsangestellte trieben die Streikenden schließlich aus dem Gebäude heraus. Noch am Vormittag wurden acht Personen ins Krankenhaus eingeliefert. Nachmittags explodierten am Stadtpalast zwei Bomben und richteten beträchtlichen Sachschaden an; immerhin wurde niemand verletzt. Eine weitere Bombe, die glücklicherweise nicht explodierte, soll durchs Fenster in das Büro des Bürgermeisters geworfen worden sein. Schon jetzt treffen die ersten Meldungen über Solidaritätsadressen für den Bürgermeister ein, der heute abend verkündete, Terroristen hätten versucht, ihn zu ermorden. Von der Basis Guayaquil hören wir, viele Agenten seien überzeugt, der Bürgermeister selbst habe die Bomben legen lassen.

Quito
23. Februar 1961

Heute erschien ein weiterer Hirtenbrief des Kardinals, diesmal von allen Erzbischöfen, Bischöfen und Vikaren des Landes unterzeichnet. Auch diesmal steckt Aurelio Davila dahinter, der während der letzten Wochen die Führung der Konservativen immer wieder mit der Bitte um einen neuen Hirtenbrief zum Kardinal gescheucht hatte. In der Botschaft des Kardinals werden alle Katholiken aufgefordert, die kommunistische Bedrohung Ecuadors entschlossen und wirksam zu bekämpfen. Die Kommunisten werden beschuldigt, die Grenzstreitigkeiten für ihre eigenen subversiven Aktivitäten auszunutzen. Kommunistische Machenschaften schließlich seien schuld an der schwachen Position Ecuadors beim Grenzproblem mit Peru.

Noch mehr Aufsehen erregte indessen die heute von der konservativen Partei erhobene Forderung nach Abbruch der diplomatischen Beziehungen mit Kuba. Es ist der bisher erste offizielle Schritt in dieser Richtung, und er beruft sich unter anderem auf die kubanische Presseerklärung von vor zwei Tagen. Der neuerliche Hirtenbrief und der Vorstoß der Konservativen gegen Kuba soll, ganz im Sinne Velascos, patriotische Gefühle für die Auseinandersetzung mit Peru mobilisieren, jedoch hinter dieser Fassade besteht ihr eigentlicher Zweck in der Diskreditierung der äußersten Linken und der Kubaner. Wir hoffen auf starken Widerhall in der öffentlichen Meinung, insbesondere bei den Katholiken, um URJE, Araujo, CTE, PCE und selbstverständlich die kubanische Botschaft endlich zu neutralisieren. Außerdem soll Velascos Kampagne gegen das Rio-Protokoll geschwächt und die Position seines Außenministers gestärkt werden. Hoffentlich können wir auch Velasco mit hineinziehen. Seine Kampagne gegen die politische Rechte allerdings hat die Feindseligkeiten derart aufgeheizt, daß er weiterhin Schwierigkeiten machen und beispielsweise wieder einmal auf unsere ECACTOR-Leute eindreschen könnte. In diesem Falle werden wir einfach fortfahren, mit Hilfe unserer gesamten Propagandamaschinerie den Linken jegliches Recht abzusprechen, in der Angelegenheit des Rio-Protokolls ein Wörtchen mitzureden.

Über dieselben politischen Agenten fördern wir das Zustandekommen einer antikommunistischen Bürgerallianz, die sich vor allem für einen Abbruch der Beziehungen mit Kuba und gegen die linksextremistische Regierungsunterwanderung stark machen soll. Eine entsprechende Unterschriftenaktion wird soeben abgeschlossen, und in ein paar Tagen soll die Allianz aus der Taufe gehoben werden.

Über Gustavo Salgado, seinen wichtigsten Medienagenten, bereitet John Bacon ein weiteres Programm vor, in dessen Verlauf mehrere Warnaufrufe gegen den Kommunismus, Kuba etc. als Zeitungsanzeigen lanciert werden sollen. Sie sollen möglichst knapp gehalten sein, und wenn Bacon schnell ist, können sie zwei, drei Mal pro Woche erscheinen. Träger der Aktion wird eine nichtexistente, sogenannte Ecuadorianische Antikommunistische Front sein, nicht zu verwechseln mit unserer Bürgerallianz, die zu einer echten Massenorganisation ausgebaut werden soll.

Quito
28. Februar 1961

In einer doppelseitigen Anzeige mit etwa 3 000 Unterschriften wurde heute die Gründung unserer ECACTOR-finanzierten antikommunistischen Bürgerallianz unter der Bezeichnung „Nationale Verteidigungsfront" verkündet. Nach dem Willen der Unterzeichner soll sie das Land gegen kommunistische Unterwanderung verteidigen. Als erster Schritt wird der vollständige Abbruch der Beziehungen mit Kuba gefordert. Obwohl allgemein bekannt ist, daß hinter der Allianz die äußerste politische Rechte steht, hofft Noland, daß sie manövrierfähiger als die politischen Parteien sein wird, weil sie ausschließlich Kuba und den Kommunismus im Visier hat. Möglicherweise kann sie als Pressure-Group Velasco zwingen, mit Kuba zu brechen, sowie URJE, Araujo, CTE und wie sie sonst noch alle heißen, endlich an die Kandare zu nehmen. Bis dahin bleibt uns allerdings noch eine Menge zu tun − im Verlauf einer Rede, die Velasco heute in einer der Provinzhauptstädte hielt, meinte er, der Kommunismus sei in Ecuador ohne Chance. Ebenfalls heute brach El Salvador als siebentes lateinamerikanisches Land mit Kuba.

Quito
5. März 1961

In Mexico City wurde heute die „Konferenz für nationale Souveränität, wirtschaftliche Autonomie und Frieden" eröffnet.

Drei der vier Delegierten aus Ecuador sind CIA-Agenten. Wenn die übrigen CIA-Stationen in Lateinamerika genauso erfolgreich wären ... nicht auszudenken, was wir dort alles anstellen könnten. Ob Basantes, mein PCE-Infiltrant, nach Kuba eingeladen wird, steht offenbar noch nicht fest.

Quito
7. März 1961

Der sowjetische Botschafter in Mexiko traf heute zu einer Good-will-Tour in Quito ein, um unter anderem über Ecuadors Wunsch nach Bananenexporten in die Sowjetunion zu verhandeln. Wir haben bereits ein antisowjetisches Krawall-und-Propaganda-Programm vorbereitet, das heute mit einer Presseerklärung der „Nationalen Verteidigungsfront" anlief. In der Erklärung wird die Ausweisung des Botschafters gefordert. Für die katholische Universitätsjugend verfaßte Davila eine weitere Erklärung, in der über die Dollar-Millionen gewettert wird, die vom Kreml alljährlich zur Unterwanderung Lateinamerikas aufgewendet würden. Das Budget für Ecuador bezifferte das Pamphlet auf exakt 250.721 Dollar und 5 Cent: mit diesem Geld zahlten die Russen angeblich Propaganda, Agitatoren, Gehälter, Mittelsmänner, Sabotageausbilder, Sprengstoff und Waffen.

Auch John Bacon hat seinen heutigen Warnruf dem Besuch des Botschafters gewidmet. Der Aufruf lautet:

„Ecuadorianer! Hütet Euch vor kommunistischen Agitatoren! Die offizielle sowjetische Zeitung heißt ‚Prawda'; auf spanisch – ‚Wahrheit'! Einer der schlimmsten Sarkasmen der jüngsten Geschichte.

Wenn wir den Schauspielern dieser Farce ihre Masken herunterreißen, werden wir sehen, was ‚Prawda' in Wirklichkeit heißt: nicht etwa die reine Wahrheit, sondern die verleumderischste, verzerrteste Karikatur der Wahrheit! Das ist Rußland; das ist der Kommunismus; für uns heißt das: Kuba und Fidel Castro. Die Schüler jener großen internationalen Betrüger, Meister der Verstellung und Unterwanderung, wollen Ecuador dieselben Methoden aufzwingen, die ihre eigenen Diktatoren anwenden. Zunächst heucheln sie Verantwortungsbewußtsein und waschen auch dann noch wie Pontius Pilatus ihre Hände in Unschuld, wenn uns schon die Explosionen ihrer Bomben in den Ohren dröhnen. Ecuadorianer! Hütet Euch vor Freundschaften, bei

denen die Ehre des Vaterlandes auf dem Spiel steht!"
Übrigens erfuhr der erstaunte John Bacon heute morgen aus der Zeitung, daß jene imaginäre „Ecuadorianische Antikommunistische Front", der seine Wachsamkeitsaufrufe zugeschrieben werden, neuerdings tatsächlich existiert. Sie wurde anscheinend erst vor kurzem gegründet, denn heute erschien ihre erste Erklärung unter dem Titel „Für Religion und Vaterland sind wir bereit zu sterben". Symbol der Gruppe ist ein Kondor, der mit seinen mächtigen Klauen Hammer und Sichel zerschmettert.

Quito
10. März 1961

Außer unserer „Nationalen Verteidigungsfront" wurden noch sechs weiteren antikommunistischen Organisationen sämtliche Demonstrationen gegen den sowjetischen Botschafter untersagt. Davila schickte gestern abend trotzdem ein paar Leute hinüber zum Hotel Quito, wo sie ein bißchen randalierten. Die sowjetische Delegation genießt freilich erheblichen Polizeischutz, weshalb es bisher noch ohne Ausschreitungen abging. Der Botschafter war beim Außenminister, traf sich mit dem Erziehungsminister und hatte auch ein Gespräch mit Velasco. Es wurde bekanntgegeben, daß eine ecuadorianische Handelsdelegation in Bälde die Sowjetunion besuchen soll. Die Regierung möchte Bananen, Panamahüte und Balsaholz exportieren und dafür Maschinen für Landwirtschaft und Straßenbau erhalten. Das gewaltige Polizeiaufgebot für den Botschafter schlachten wir für unsere Propagandakampagne aus. Wenn er die alten Kirchen aus der Kolonialzeit oder andere touristische Attraktionen besucht, ist sogar Kavallerie dabei.
Die wachsende Opposition gegen Velascos Wirtschaftspolitik könnte für diesen auf die Dauer zu einer sehr viel ernsteren Bedrohung werden als die Verärgerung über seine Kuba-Politik. Während der letzten drei Tage hat die sogenannte „Währungskommission" (vergleichbar dem US-amerikanischen ‚Federal Reserve Board') Velascos Wirtschafts- und Steuerpolitik scharf kritisiert – vor allem aufgrund des wachsenden Widerstands aus den Landwirtschafts-, Handels- und Industriekammern der Sierra. Das Problem resultiert wieder einmal aus der Konkurrenz zwischen Küstenregion und Sierra, die auch im ökonomischen Sektor unvermindert spürbar wird. Die Velasquistenfüh-

rer aus Guayaquil, deren Händen Velasco nach seiner Wahl die Währungspolitik anvertraute, hatten nichts Eiligeres zu tun, als eine Kampagne gegen die führenden Mitglieder des Währungsrates und gegen die Zentralbank in Gang zu setzen. Beide Gremien hatten unter Ponce bei festen Wechselkursen und ausgeglichener Handelsbilanz einen stabilitätspolitischen Kurs gesteuert. Dennoch behaupteten die Velasco-Anhänger von der Küste, eine derartige Politik behindere die wirtschaftliche Entwicklung des Landes. Daraufhin schlugen sie eine Erhöhung der Geldmenge vor. Als Velasco die Macht übernahm, übertrug er diesen Leuten die wichtigsten finanzpolitischen Positionen: Wirtschafts- und Entwicklungsministerium gingen ebenso in die Hände der Finanzkreise aus Guayaquil wie die Chefposten in Währungskommission und Zentralbank, deren ehemalige Vorsitzende zurücktraten.

Quito
11. März 1961

Die Friedenskonferenz in Mexico City ist vorbei. Von der dortigen Station erreichte uns ein Telegramm, Basantes habe es tatsächlich geschafft, eine Einladung nach Kuba zu erhalten. Er wird dort mindestens zwei bis drei Wochen bleiben und anschließend in Mexico City von einem Beamten der Station Miami verhört. Für die Arbeit unserer Agenten während der Konferenz fanden die Kollegen in Mexico City anerkennende Worte. Folgende Resolutionen wurden – wie abzusehen war – auf der Konferenz verabschiedet: Solidarität mit der kubanischen Revolution; Annullierung sämtlicher Verträge, die das Ziel einer Wiedereinführung der Monroedoktrin verfolgen; Widerstand gegen die Unterhaltung militärischer, technischer und wirtschaftlicher Missionen der USA in Lateinamerika; Verstaatlichung der Schwerindustrie und der ausländischen Firmen; Aufnahme kultureller und diplomatischer Beziehungen mit dem Sowjetblock und dem kommunistischen China; Unterstützung Panamas bei seinen Bemühungen, die nationale Kontrolle über den Kanal zu erlangen.

Quito
15. März 1961

Präsident Kennedys Rede vor den lateinamerikanischen Bot-

schaftern über die „Allianz für den Fortschritt" verursachte hier große Aufregung. Sie wurde fast einmütig positiv aufgenommen. Die Rede, die Castro am Tag darauf hielt, wenden wir gegen ihn: er hatte erklärt, daß die kubanische Revolution von Ecuador, Uruguay und Brasilien unterstützt werde. Über die Nationale Verteidigungsfront (eine antikommunistische politische Organisation, die von der CIA-Station Quito finanziert und kontrolliert wird) betreiben wir ständig Propaganda gegen Velascos Kubapolitik; vielleicht war das die Ursache für die Steinwürfe gegen das Haus von Ponce vor zwei Tagen. Die Täter entkamen. Vermutlich Velasquisten.
Ein anderer Teil unserer Propagandaarbeit läuft getarnt über die Kubaflüchtlinge. Wir erhalten sehr gute Berichte durch die Bulletins der wichtigsten Exilorganisation, der Revolutionären Demokratischen Front und die Erklärungen, die die Flüchtlinge bei ihrer Ankunft — zumeist in Guayaquil — abgeben. Bisher jedoch wollte Noland nicht in direkten Kontakt zu den Kubaflüchtlingen in Ecuador treten.
Noland finanziert den Aufbau der Christlichen Antikommunistischen Front in Cuenca, der drittgrößten Stadt Ecuadors. Hauptagent ist Raphael Arizaga (ECACTOR-2), ein Führer der dortigen Konservativen Partei, sowie dessen Sohn Carlos Arizaga (ECACTOR-3), der Mitglied des Regionalparlaments ist und sich ebenfalls aktiv an der Front beteiligen wird. Die Bildung der Front ist gerade bekanntgegeben worden.
Bacon löste das dadurch für ihn entstehende Problem, indem er seine nichtexistente (Propaganda-) Organisation in „Ecuadorianische Antikommunistische Aktion" (anstelle von „Front") umbenannte.

Quito
19. März 1961

Die Linken haben eine eigene Unterschriftenkampagne zur Unterstützung Velascos in der Frage der Aufrechterhaltung der Beziehungen zu Kuba durchgeführt. Vor zwei Tagen veröffentlichten sie eine Erklärung, in der sie die Verteidigungsfront beschuldigten, Peru durch die Forderung nach Abbruch der Beziehungen zu Kuba zu unterstützen. Der Stellungnahme folgten drei Seiten mit Unterschriften, darunter die Araujos und anderer Linker aus Politik und Kultur.
Gestern betonte Velasco in einer Rede zur Erinnerung an den

Tod einiger Anhänger vor zwei Jahren (bei seiner Ankunft in Quito zur Eröffnung seiner Wahlkampagne), daß Ecuador während seiner Präsidentschaft niemals mit Kuba brechen werde. Außerdem hob er hervor, daß Ecuador nicht kommunistisch sei. Er spielte jedoch auf einen gegen ihn gerichteten Umsturzplan an — zweifellos bezog er sich auf neuerliche Gerüchte über Konspirationen rechtsgerichteter Militärs. Araujo sprach auf derselben Veranstaltung. Wenn das so weitergeht, dann werden wir Velasco in der Kubafrage so weit isolieren, daß er in der Hauptsache nur noch von der extremen Linken unterstützt werden wird.

**Quito
27. März 1961**

Velasco wird langsam unberechenbar: zumindest teilweise ein Ergebnis unserer Propagandaarbeit. Am 23. März ließ er den früheren Armeeoberbefehlshaber unter Präsident Ponce wegen subversiver Tätigkeit verhaften. Zwei Tage später wurde er jedoch vom Bürgermeister von Quito im Verlauf des Haftprüfungstermins freigelassen. Die Regierung machte sich damit so lächerlich, daß Velasco seinen Innenminister entlassen mußte; er trat heute „aus gesundheitlichen Gründen" zurück. Bei der Ankündigung der Ernennung seines neuen Innenministers kritisierte Velasco die, wie er sich ausdrückte, ‚tendenziösen Berichte, die beinahe jeden Tag in der Presse erscheinen'. Wie üblich wies er auf die für ihn abgegebenen 400 000 Wählerstimmen hin und beschuldigte die Propagandisten, daß sie Unruhe zu stiften versuchten. Velascos Arzt, Dr. Ovalle, untersucht Velasco beinahe jede Woche. Er erzählte mir, daß Velasco ziemlich nervös sei aufgrund der Popularitätseinbußen, die er auf die rechtsgerichtete Kampagne gegen Kuba und den Kommunismus zurückführt.

Atahualpa Basantes, mein Mann in der PCE, der im Anschluß an die Friedenskonferenz von Mexico City nach Kuba gereist war, ist zurückgekehrt. Er flog über Mexico City zurück, wo er einem Offizier der Station Miami Bericht erstatten mußte. In seinem ersten Bericht, den ich gerade über Dr. Ovalle erhalten habe, gibt Basantes deutlich zu verstehen, daß ihm bewußt ist, daß er für die „Firma" arbeitet. Sicher durch sein Zusammentreffen mit CIA-Beamten in Mexico City.

Quito
2. April 1961

Gestern wählte das Berufsfußballerteam des Universitätssportvereins einen neuen Vorstand. Noland wurde einer der Direktoren. Manuel Naranjo, der Abgeordnete der Sozialistischen Partei, den Noland über den Universichtätssportverein kennenlernte und den er später rekrutierte, wurde zum Vereinspräsidenten gewählt. Es ist eine prestigeträchtige Angelegenheit für Noland, wenn er als Beamter der Amerikanischen Botschaft Vorstandsmitglied von Quitos erstem Fußballklub wird. Einerseits zeigt es seine Fähigkeit, sich in den richtigen Kreisen zu bewegen. Andererseits spielte sicher eine Rolle, daß er im Diplomatengepäck Sportkleidung und Ausrüstung für das Team besorgte und freigebig aus seinem Repräsentationsfonds beisteuerte. Wichtiger ist jedoch der Jahresparteitag der Sozialistischen Partei, der erste nach ihrer Spaltung in den gemäßigten Flügel und in die linksextreme Revolutionäre Sozialistische Partei. Naranjo wurde heute zum Generalsekretär gewählt, wir werden also in Zukunft noch mehr Einfluß ausüben können, um die Partei auf gemäßigtem Kurs zu halten. Naranjo und seine Genossen bezeichnen sich als Marxisten, lehnen aber die Begriffe des Klassenkampfes und der Diktatur des Proletariats ab. Es ist wichtig, daß wir Einfluß in einer Gruppe besitzen, die Leute mit sozialdemokratischer Orientierung anziehen wird.

Die Propagandaarbeit geht intensiv weiter. Die Organisation der Katholischen Universitätsjugend hielt gerade einen Kongreß ab, den wir über Davila zu finanzieren halfen. Der Kongreß sowie der Besuch einer Kongreß-Delegation beim Kardinal erreichten beträchtliche Publizität. Zum Abschluß wurde noch eine Erklärung gegen den Kommunismus und gegen Kuba verabschiedet.

Quito
4. April 1961

Velasco kämpft weiterhin gegen die rechtsgerichtete Kampagne gegen Kommunismus und Kuba. Er beschimpfte erneut die Nationale Verteidigungsfront und beschuldigte die rechtsgerichteten Parteien, die ‚Front' zu benutzen, um aus ökonomischen wie politischen Gründen das Volk gegen seine Regierung

aufzuwiegeln. Ihm antwortete später der stellvertretende Vorsitzende der Konservativen Partei (der zugleich dem Exekutivkomitee der Verteidigungsfront angehört) mit dem Vorwurf, daß Velasco sich bei seinen Angriffen gegen die ‚Front' von Emotionen leiten lasse. Außerdem erklärte er Velascos Anschuldigungen, die Front würde wie eine oppositionelle Partei manipuliert, für übertrieben.
Velascos Nervosität wird in einer neuerlichen Säuberung der Armeeführung und im heute erfolgten Rücktritt seines Verteidigungsministers deutlich. Der neue Minister stammt aus einer Velasquisten-Clique in Guayaquil. Seine Ernennung wird die Vorwürfe verstärken, der Präsident werde durch die Velasquisten-Oligarchie aus der Küstenregion manipuliert.

**Quito
15. April 1961**

Die Invasion gegen Kuba hat mit der Bombardierung kubanischer Flugplätze durch ‚Überläufer' begonnen. Auf dem Unabhängigkeitsplatz fand eine linksgerichtete Protestveranstaltung mit Araujo als Hauptredner statt. Bisher wurden jedoch noch keine Angriffe gegen die Botschaft unternommen. Noland verhandelte mit Oberst Lugo und Hauptmann Varga, um sicherzugehen, daß wir in den nächsten Tagen gut geschützt werden. Die Invasion wird der URJE und den anderen alle notwendigen Vorwände liefern, um uns mal wieder die Fenster einzuschmeißen.

**Quito
18. April 1961**

Heute ist die Invasion richtig ins Rollen gekommen, die Berichte sind jedoch widersprüchlich, und bis jetzt schweigt die Zentrale. In Quito und Guayaquil fanden jeden Tag gegen die USA gerichtete Unruhen statt. Zum Schutz der Botschaft, der USOM und des binationalen Kulturzentrums wurde die Armee gerufen. Den Mob hier in Quito führt Araujo an.
Davila versuchte, eine Demonstration zur Unterstützung der Invasion auf die Beine zu bringen. Seine Leute waren diesmal jedoch in der Minderheit und mußten von der Polizei beschützt werden. Die Hauptkirche der Jesuiten im Zentrum von Quito,

ein Denkmal der Kolonialzeit, wurde gestern während des URJE-Aufruhrs mit Steinen beworfen. Später am Abend explodierte eine Bombe im Garten der Boschaft. Die Lage könnte jedoch viel schlechter sein.

Quito
19. April 1961

Die Lage ist tatsächlich viel schlechter. Heute morgen erhielten wir eine Depesche mit Propagandarichtlinien — sie wurde an alle WH-Stationen (WH = Western Hemisphere, CIA-Abteilung für Lateinamerika) geschickt — mit Anweisungen darüber, wie die Schweinebucht-Invasion behandelt werden sollte. Der Depesche zufolge sollen wir die Invasion als eine Expedition darstellen, die einen Aufstand in den Escambray-Bergen mit Nachschub versorgen, keinesfalls aber irgendein Territorium erobern und verteidigen sollte. Noland zufolge bedeutet das, daß die ganze Sache fehlgeschlagen ist und im Hauptquartier einige Köpfe rollen werden. Ich habe ihn noch nie so mürrisch erlebt.

Die Nationale Verteidigungsfront brachte heute eine ansehnliche Demonstration zur Unterstützung der Invasion zustande, bei der Ansprachen gegen Castro und den Kommunismus gehalten wurden. Außerdem fand ein Marsch durch die Innenstadt von Quito statt, bei dem eine russische Fahne verbrannt wurde und Sprechchöre gegen Fidel, die URJE und gegen die Steinwürfe auf die Jesuitenkirche ertönten.

Ich mache mir Sorgen um die AMBLOOD-Agenten in Kuba. Presseberichte besagen, daß Tausende verhaftet wurden, manche einfach aufgrund des Verdachtes, keine Castro-Anhänger zu sein. Toroella verfügt über große Mengen von Geld, Waffen und Miami über Funk sw (secret writing), d. h. getarnte Korrespondenz via Quito.

Quito
24. April 1961

Es ist hauptsächlich den Anstrengungen von Davila zu verdanken, daß die antikommunistische Reaktion auf das Schweinebucht-Desaster die Linken von der Straße vertrieben hat. Vor drei Tagen gab es eine weitere Pro-Castro-Demonstration, dann

jedoch verbot die Regierung für eine Woche alle Demonstrationen unter freiem Himmel, um die Gemüter abzukühlen. Am 21. wurde der Aufbau der Ecuadorianischen Brigade zum Kampf gegen Castro bekanntgegeben und zum Beitritt aufgerufen. Angeblich haben sich bereits Offiziere, Studenten, Arbeiter, Krankenschwestern, Priester und Angestellte gemeldet.
Zufällig dient uns jetzt die traditionelle Prozession zur Schmerzensreichen Madonna als Vorwand, das Verbot von Demonstrationszügen unter freiem Himmel zu umgehen. Die Predigten richteten sich gegen die drohende Gefahr des Kommunismus, der das Land als Velasquismus verkleidet unterwandere. Gestern endeten die Feierlichkeiten mit einer Straßenprozession, an der sich Tausende beteiligten, die sie zu einer politischen Kundgebung gegen den Kommunismus und gegen die URJE machten.
Während der ganzen Aufregung hat Gil Saudade sich um eine seiner internationalen Organisationen gekümmert. Vorigen Monat kamen der Generalsekretär und der Geschäftsführer der International Commission of Jurists (ICI = internationale Organisation von Rechtsanwälten mit Hauptsitz in Genf, von der CIA als Propagandainstrument aufgebaut und kontrolliert) nach Quito, um den Grundstein für einen ecuadorianischen Ableger der ICJ zu legen. Der Besuch war Bestandteil einer Rundreise durch Lateinamerika. Es sollte Publicity für die Arbeit der ICJ gemacht werden und dort, wo es sie noch nicht gibt, sollten Ableger der ICJ gegründet werden.
Heute wurde die ecuadorianische Filiale der ICJ offiziell gegründet und Velasco zum Ehrenpräsidenten ernannt. Der Rektor der Zentraluniversität, ein liberal orientierter Unabhängiger, wurde Präsident des provisorischen Vorstands, dem auch der Präsident des Obersten Gerichtshofs von Ecuador angehört. Außerdem haben sich angesehene Anwälte und sonstige juristische Vereinigungen beteiligt, darunter der PLPR-Aktivist Carlos Vallejo Baez, der zusammen mit Yepez das von Saudade finanzierte Intelligenzblatt „Ensayos" herausgibt. Yepez wurde zum Generalsekretär der ICJ-Sektion ernannt.
Außerdem arbeitet Gil mit der Inter-American Federation of Working Newspapermen (IFWN) zusammen, die im vergangenen Jahr in Lima gegründet worden war, wobei die American Newspaper Guild als Deckmantel diente. Diese Organisation ist, im Unterschied zur Inter-American Press Society, die zum größten Teil aus Verlegern besteht, eher eine Art Gewerkschaft. Die IFWN dient der Förderung der Pressefreiheit und als In-

strument zur Verbreitung antikommunistischer Propaganda. Sie hat gerade ihre Jahreskonferenz in Quito abgehalten, bei der Erklärungen gegen Kuba und gegen die Rechtsdiktaturen Lateinamerikas abgegeben wurden. Außerdem forderte man ökonomische, soziale und politische Reformen. Am Kongreß teilnehmende US-Jounalisten wurden von uns eingesetzt, um mögliche neue Medienagenten für verschieden Stationen ausfindig zu machen, während gleichzeitig Saudade den Gastgeber, die Nationale Journalistenunion Ecuadors, einsetzte.

Quito
30. April 1961

Die USOM (CIA-Abteilung) leistete ihren Beitrag zur Überwindung der Schweinebucht-Blamage. Sie überreichte unserem Arbeitsminister, Banquero de la Calle, einen Scheck über eine halbe Million Dollar für Programme der Landkultivierung und Integration der Bauern und Landarbeiter. Bei der publicitywirksamen Zeremonie war Jorge Acosta anwesend, der Chef des National Colonization Institute. Acosta hat eine merkwürdige Beziehung zur Station. Die meisten von uns kennen ihn ziemlich gut: er ist mehr als nur ein „Kontakt". Da er jedoch nicht von uns bezahlt wird, ist er kein richtiger ‚kontrollierter Agent'. Dennoch berichtet er uns soviel er kann. Sein Problem ist, daß Velasco offenbar eher bereit ist, auf alle Unterstützung – außer die der extremen Linken – zu verzichten, als mit Kuba zu brechen. Nicht einmal Acosta kann diese Halsstarrigkeit überwinden.

Die Interamerikanische Konferenz wurde endgültig abgesagt. Velasco akzeptierte öffentlich einen gemeinsamen Vorschlag der Präsidenten von Kolumbien, Venezuela und Panama, wonach sie auf unbestimmte Zeit verschoben werden soll. Wir waren darüber nicht überrascht, da mittlerweile ernsthafte Sicherheitsprobleme bestanden.

Quito
5. Mai 1961

Heute wurde der Kardinal aus dem Nationalen Verteidigungsrat ausgeschlossen, der sich aus honorigen Bürgern zusammensetzt und als Beratungsgremium für die Verwendung des geheimen Verteidigungsetats fungiert. Der Ausschluß ist ganz offensichtlich eine Vergeltungsmaßnahme Velascos für die Kritik des Kardinals an der Haltung der Regierung zum Kommunismus. Bei der, vor allem unter den Armen und Ungebildeten, verbreiteten Sympathie für den Kardinal kann das die Machtbasis Velascos nur weiter untergraben.

**Quito
7. Mai 1961**

Wir haben soeben einen beachtlichen Durchbruch erzielt. Einer unserer wertvollsten PCE-Agenten, Luis Vargas, berichtete unlängst über Anfänge einer ernsthaften Guerilla-Aktivität. Er gehört zwar nicht selbst zu der Gruppe, die im Augenblick ausgebildet wird, aber seine enge Verbindung mit den Führern der Gruppe erbrachte wichtige Auskünfte. Die Anführer sind Raphael Echeverria Flores, PCE-Führer Nummer 1 in der Sierra, sowie Jorge Ribadeneira Altamirano, ebenfalls PCE-Führer in Quito und einer der wichtigsten URJE-Funktionäre. Das Training wurde von einem ausländischen Spezialisten geleitet, dessen Nationalität dem Agenten nicht bekannt war.
Vargas (der Agent) benachrichtigte die Station zur rechten Zeit, und Noland informierte Hauptmann Jose Vargas, den Chef der Geheimpolizei. Heute morgen stellte Leutnant Sandoval eine Falle, und im Verlauf des Vormittags konnten zwanzig Mitglieder der URJE auf einem Berg oberhalb von Quito verhaftet werden. Ribadeneira und Echeverria befinden sich unter den Verhafteten. Zu schade, daß der Ausländer kein Kubaner ist, aber der Propagandaeffekt wird ohnehin beträchtlich sein.

**Quito
9. Mai 1961**

Die Verhaftung der Guerillas wurde heute morgen in den Schlagzeilen gemeldet. Gestern veranstaltete der Staatssekretär des Ministerpräsidenten eine Pressekonferenz, auf der er den von der Nachrichtenabteilung verfaßten Polizeibericht verteilte. Auf Nolands Vorschlag hin beschrieb der Polizeibericht die Verhafteten als lediglich eine sehr kleine Gruppe unter vielen anderen, die an über das Land verstreuten geheimen Plätzen eine Guerilla-Ausbildung absolvierten. Der Polizeibericht, dem

zufolge die Ausbildung die Handhabung von Explosionswaffen, Guerilla-Kriegführung, Straßenkampf und Terrorismus umfaßte, wurde in den Presseberichten sehr wirkungsvoll aufgebauscht.
Der Ausländer ist Juan Alberto Enriquez Roncal, ein zweiunddreißigjähriger Bolivianer, der im letzten Monat nach Ecuador kam und vor seiner Ankunft in Quito in Guayaquil URJE-Mitglieder ausbildete. Er hat der Polizei alles gestanden, einschließlich der Durchführung von Ausbildungsveranstaltungen in Ribadeneiras Anwaltsbüro.

Quito
13. Mai 1961

Basantes, ein anderer PCE-Agent, berichtete, daß die PCE-Führung in Guayaquil (Pedro Saad und Co.) auf Ribadeneira und Echeverria wütend ist. Sie glauben, daß Enriquez möglicherweise ein Agent provocateur der CIA ist und daß Echeverria und Ribadeneira in eine Falle gelaufen sind.
Heute jedoch gestand der Guerilla-Ausbilder, daß er in Wirklichkeit Argentinier ist, sechsunddreißig Jahre zählt und den Namen Claudio Adiego Francia trägt. Er erzählte der Geheimpolizei, daß er kein Geld mehr hatte und die Guerilla-Ausbildung veranstaltete, um seine Reise fortsetzen zu können. Sein Reiseziel ist Kuba; er erklärte jedoch, daß er keine Einladung habe und erzählte viel von seinem Leben in der revolutionären Bewegung Argentiniens. Dann änderte er seine Story und erklärte, er hätte keine Guerilla-Ausbildung betrieben, sondern lediglich URJE- und PCE-Mitgliedern von seinen revolutionären Erfahrungen in Argentinien berichtet.
Diese neue Wendung hält die Geschichte in den Zeitungen: der ganze Fall ist sehr nützlich für unsere Unterschriftenaktion zur Begnadigung der Schweinebucht-Gefangenen. Diese Kampagne wurde von allen Stationen in ganz Lateinamerika getragen. In Quito haben die politischen Agenten des ECACTOR-Projekts die Petition verteilt: heute wurde das Telegramm mit dem Gnadengesuch an Castro, 7.000 Unterschriften, veröffentlicht.
Die Basis Guayaquil hat bei ihrer Arbeit unter den Studenten in den letzten Monaten eine Reihe von Erfolgen erzielt, die vor zwei Tagen in der Loslösung der FEUE von der in Prag residierenden Internationalen Studentenunion gipfelten.
Die heutige Abstimmung muß vom diesjährigen FEUE-Kon-

greß noch ratifiziert werden, aber inzwischen können die Beziehungen zwischen der FEUE und der von der Agency kontrollierten COSEC in Leyden schon gefestigt werden.

Quito
15. Mai 1961

Gestern wurde in Ambato eine kubanische Fotoausstellung unter der Schirmherrschaft der lokalen Sektion der Kubanischen Freundschaftsgesellschaft eröffnet. Die Eröffnungszeremonie fand im Rathaus statt. Die Erlaubnis hierfür hatte der Bürgermeister von Ambato, ein Mitglied der Revolutionären Sozialisten, gegeben. In seiner Rede ging der Bürgermeister so weit, den Kardinal von Quito einen Verräter zu nennen. Der kubanische Boschafter hielt eine heftige Rede gegen die USA.
Im Anschluß an die Reden verhinderte ein unerklärlicher Stromausfall die Vorführung eines Films über Kuba, und später drang eine Gruppe von ca. zwanzig Mann ins Rathaus ein und zerstörte den Großteil der Fotografien und Ausstellungsstücke.
Bei Ankunft der Polizei war die Zerstörung schon vollbracht und die Gruppe im Abmarsch. Bei ihrem Abzug schossen sie mit ihren Revolvern in die Luft. Keiner wurde verhaftet. Organisator des Überfalls war Jorge Gortaire, Oberst a.D. und Anführer der Christlich-Sozialen Bewegung in Ambato. Die sorgfältige Planung des Angriffs, insbesondere die Absprache mit der Polizei, war der Grund dafür, daß die Aktion ein solcher Erfolg wurde, auch für den Fall, daß der Bürgermeister zur Fortführung der Ausstellung weitere Fotografien aus Quito erhalten sollte.

Quito
22. Mai 1961

In Ambato wurde der Bürgermeister wegen seiner Bemerkungen über den Kardinal und wegen der Erlaubnis, die kubanische Fotoausstellung im Rathaus durchzuführen, von Mitgliedern des Stadtrates schwer gerügt. Bei der Beendigung der Ausstellung wiederholten jedoch der Bürgermeister sowie Araujo und CTE und KP-Sprecher allesamt die antiklerikale Polemik. Anschließend begannen sie einen Marsch durch die Straßen, stießen dabei aber auf eine katholische Gegendemonstration, die Gortaire organisiert hatte, und die mit Steinen, Keulen und Schußwaffen ausgerüstet war. Es folgte eine heftige Straßenschlacht. Obwohl Schüsse abgefeuert wurden, scheint niemand verletzt worden zu sein. Die sehr viel stärkere Gegendemonstration hatte leichtes Spiel mit den Linken. Einen Augenblick lang schwebte Araujo in Gefahr, gelyncht zu werden. Wenn die Polizei nicht eingeschritten wäre, hätte es sehr ernst werden können.

Inmitten all dieser Krisen gehen die Gewerkschaftsoperationen weiter, wenn auch nicht ohne Schwierigkeiten. Unsere Organisation in der Küstenregion, CROCLE, hat zwar kontinuierlich als Instrument der antikubanischen und antikommunistischen Propaganda gedient, aber unsere Agenten befehden sich untereinander und kommen so nicht zum Organisieren. Wir können jedoch nicht auf sie verzichten, bevor Gil Saudade in der Lage ist, einige seiner Agenten von der PLPR in die Führung des noch im Aufbau befindlichen nationalen Freien Gewerkschaftsbundes zu verlagern. Miranda, unser Gewerkschaftssenator für die Küstenregion, ist auch nicht brauchbar: er befehdet sich mit den CROCLE-Agenten. Jose Baquero schließlich, unser Arbeitsminister, neigt zur Förderung der kleinen und ineffektiven katholischen Gewerkschaft, der CEDOC, anstatt unsere sich entwickelnde nichtkonfessionelle Organisation zu unterstützen.

Die internationale Organisationsabteilung der Agency schickte uns bei zwei Gelegenheiten Agenten. Im März kamen William Sinclair, der interamerikanische Repräsentant der Public Service International (PSI) und William McCabe, ebenfalls PSI-Vertreter, um bei der Planung für einen Kongreß der städtischen Angestellten zu helfen, der einige Wochen später einen neuen Nationalen Bund städtischer Bediensteter aus der Taufe hob.

Außerdem kam ein Vertreter der International Federation of Plantation, Agricultural and Allied Workers (IFPAAW = Internationaler Bund der Plantagenarbeiter, Landarbeiter und verwandter Berufssparten), um zu sehen wieweit er bei der Organisierung der Landarbeiter in der Küstenregion Ecuadors nützlich sein könnte.

Quito
28. Mai 1961

Gestern traf Carlos Olivares, der Staatssekretär des kubanischen Außenministeriums und zugleich dessen wichtigster Trouble-Shooter, in Guayaquil ein. Er befindet sich auf einer ‚Goodwill'-Tour, um die kubanischen Beziehungen mit den südamerikanischen Staaten zu festigen, wobei er natürlich die Schweinebucht-Invasion ausbeutet. Heute wurde er von Velasco empfangen. Wir konnten jedoch noch keinen Bericht über ihr Treffen erhalten.

Olivares' Besuch fällt zusammen mit neuen Berichten über die beträchtliche Publizität, die in Kuba die jüngsten Reden des ecuadorianischen Botschafters an kubanischen Universitäten erhielt. Der kubanischen Presse zufolge attackierte der Botschafter die USA, wobei er unterstellte, daß Ecuador ebenso wie Kuba das Opfer des „willkürlichen, ungerechten und räuberischen amerikanischen Imperialismus" geworden sei. Diese Berichte haben neue Ausschreitungen gegen Velasco und seine Kubapolitik provoziert.

Die Agenten Salgado, Davila, Perez, Arizaga, Gortaire und die anderen setzen ihre Kampagne fort. Außerdem veröffentlicht John Bacon weiter alle zwei oder drei Tage seine „Warnrufe". Die Themen sind noch immer: die Schweinebucht-Gefangenen und die kürzlich in Quito verhafteten Guerillas. In Ambato hat Gortaire eine Antikommunistische Front auf die Beine gebracht, in der die Liberalen mit Konservativen und der faschistischen ARNE zusammenarbeiten.

Das ist das erste Mal, daß die Liberalen ernsthaft an einer antikommunistischen Front mitarbeiten. Ein weiterer Beweis für das Prestige und das Organisationstalent von Gortaire.

Quito
29. Mai 1961

Falls unsere Kampagne Velasco nicht dazu zwingt, das Richtige zu tun, dann tut das die sich verschlechternde ökonomische Situation. Heute trat der von Velasco selbst ernannte Präsident des Finanzausschusses aus Protest gegen die Schäden zurück, die der Volkswirtschaft aus der Ungewißheit bezüglich Kubas und des Kommunismus erwachsen.

Die Rückkehr zu einer Politik der Geldwertstabilität hat ebensowenig wie die sehr unpopuläre Einführung zahlreicher indirekter Steuern zu einer Senkung der Inflationsrate geführt, und während Velasco und seine Männer weiter von den berühmten „40 Jahren Velasquismus" reden, schlagen die Leute sich mit der Inflation herum. Ein Anzeichen dafür, wie sehr sich die Situation verschlechtert hat, ist der Kursrückgang des Sucre: von achtzehn Sucre pro Dollar vor sechs Monaten auf zweiundzwanzig pro Dollar heute.

Der zurücktretende Präsident des Finanzausschusses schrieb die Verschlechterung der ökonomischen Situation dem Vertrauensverlust zu, der aus Velascos Toleranz gegenüber dem Kommunismus im Innern und seiner zweifelhaften Politik gegenüber Kuba resultiere. Er insistierte darauf, daß Velasco zur Tat schreiten müsse, statt philosophische Statements von sich zu geben.

Er sprach von folgenden Problemen: die Aktivitäten des ecuadorianischen Botschafters in Kuba; die von der kubanischen Botschaft in Quito und vom kubanischen Konsulat in Guayaquil ausgehende Agitation; die Rede des kubanischen Botschafters in Ambato; das Fehlen einer klaren Abgrenzung Velascos vom Kommunismus.

Velasco ist durch diesen Rücktritt wirklich überrascht worden; Noland meint, er werde nicht ohne Folgen bleiben. Die Rücktrittserkärung hätte nicht besser sein können, wenn wir sie selbst geschrieben hätten.

Quito
30. Mai 1961

Endlich schreitet Velasco zur Tat: verschiedene auf die Velasco-Anhänger angesetzte Agenten berichteten, daß Velasco Olivares um die Rückberufung des kubanischen Botschafters gebeten hätte. Es handelt sich nicht um eine Persona-non-grata-Note, sondern einfach um einen stillen Abgang. Das ist ein bemerkenswerter Anfang, der zeigt, daß Velasco sich mit den Realitäten abfindet: er kann einfach den Druck nicht mehr länger ignorieren, der von den Christlich-Sozialen, den Konservativen, der katholischen Kirche und den anderen antikommunistischen Gruppierungen − und von uns − ausgeht. Sobald wir die Reisepläne des kubanischen Botschafters kennen, werden wir dafür sorgen, daß er seinen Abgang aus Ecuador nicht so schnell vergißt.

Auf der negativen Seite der Bilanz: heute ließ ein Richter Echeverria und Ribadeneira mangels Beweisen frei. Er ist der beste Freund der extremen Linken innerhalb des Gerichtswesens und war die letzte Hoffnung für die beiden. Zuvor war das Habeaskorpusverfahren für sie fehlgeschlagen, und die CTE-Kampagne für ihre Freilassung war nicht sehr effektiv. Der Richter verlangte von der Polizei die Originalquellen der Polizeiinformation, einschließlich der Namen der Informanten. Da wir die einzige Quelle sind, war damit das gerichtliche Verfahren zu Fall gebracht.

Quito
3. Juni 1961

Heute abend hielt Velasco eine sehr wichtige Rede. Auf einer Kundgebung versuchte er, eine politische Erklärung abzugeben, wie sie die Verteidigungsfront und die Rechtsparteien gefordert hatten. Er verkündete einen Liberalismus, der weniger Konflikt als vielmehr Kooperation zwischen den Klassen bedeutet. Den Kommunismus wies er zurück, pries die repräsentative Demokratie und beschrieb seinen eigenen Kurs als zwischen den Extremen von links und rechts stehend. Außerdem sagte er, daß der Kommunismus nicht durch polizeiliche Repression, sondern durch die Beseitigung von Elend, Hunger, Krankheit und Unwissenheit bekämpft werden sollte.
Die Wirkung unserer Kampagne zeigte sich, als er die Antikommunisten beschuldigte, sie versuchten ihm das Vertrauen des Volkes zu entziehen, indem sie unter dem Vorwand des Antikommunismus die 400.000 Ecuadorianer, die für ihn gestimmt hatten, spalteten.
Diese Rede, die der Vertreibung des kubanischen Botschafters auf den Fersen folgt, zielt auf eine Aufweichung unserer Kampagne. Unser Ziel jedoch ist der vollständige Abbruch der Beziehungen mit Kuba und nicht nur die Ausweisung des Botschafters. Vielleicht kommt uns die ökonomische Situation zur Hilfe. Der Sucre steht mittlerweile zum Dollar im Verhältnis dreiundzwanzig zu eins, gegenüber achtzehn zu eins vor sechs Monaten. Eine Kontroverse über die Inflation ist im Gange, besonders über die Preise für Medikamente, die zu den höchsten in ganz Lateinamerika gehören.

**Quito
7. Juni 1961**

Velascos Rede wurde überaus positiv aufgenommen. Sogar die Konservative Partei gab eine Erklärung heraus, die vorsichtige Zustimmung beinhaltet. Was die meisten Leute jedoch im Auge behalten, sind seine Taten, und wir haben noch lange nicht alles erreicht. Einen Tag nach Velascos Rede erklärte der Verteidigungsminister, Velasco vertrete eine klare antikommunistische Position – ein deutlicher Versuch, den Vertrauensschwund in der Bevölkerung zu stoppen, der aus der von uns kontrollierten antikommunistischen Kampagne resultiert.

**Quito
12. Juni 1961**

Die zurückliegende Woche, in der Velasco seine „antikommunistische" Rede hielt, war die erste einigermaßen ruhige Zeit seit meiner Ankunft. Im hektischen Tempo, als wir von Krise zu Krise schlingerten, habe ich kaum bemerkt, wie sehr sich mein Spanisch verbessert hat. Noland ist besonders erfreut über meine Fortschritte in der Sprache und über die Art und Weise, in der ich Freundschaften mit Ecuadorianern entwickelt habe, was natürlich ohne die Sprachkenntnisse gar nicht möglich gewesen wäre. Meistens habe ich meine Zeit damit verbracht, auf dem Golfplatz Leute zu treffen und kennenzulernen.

Janet ist, was die Sprache angeht, psychisch blockiert, und das ist ein Spannungsherd zwischen uns. Ihr Freundeskreis beschränkt sich auf diejenigen, die Englisch sprechen, das Sprachproblem behindert sie darüber hinaus im Umgang mit den Dienstboten und beim Einkaufen. Unglücklicherweise interessiert sie sich auch nicht für Politik. Aber das sind unbedeutende Schwierigkeiten, die, wie man mir sagte, auf Überseeposten üblich sind. Und sie verblassen gewiß vor der großen Neuigkeit: im Oktober erwarten wir unser erstes Kind. Wir hatten das nicht geplant, aber freuten uns beide über die Überraschung.

Der Arbeitsalltag ist anstrengend – auch in der Nacht oder am Wochenende; immer wenn etwas passiert, habe ich Dienst. Nach der Lektüre der Zeitungen beginnen wir jeden Morgen mit dem Schreiben und Verteilen von Papieren: bündelweise Mitteilungen über die Operationen, Geheimberichte, dringende

Telegramme. Noland besteht darauf, daß wir jeden Tag die Depeschen der chronologischen Abfolge nach durchlesen, so daß wir über alle Eingänge und Ausgänge auf dem laufenden sind. Das Material, sowohl das, was nach draußen gehen soll, wie das, was wir hereinbekommen haben, kommt so in Umlauf, daß jeder Beamte genau weiß, was die anderen tun, ihre Erfolge und Probleme kennt. Jeder von uns liest jeden Tag die Liste der Flugpassagiere, und Noland besteht darauf, daß wir außerdem die Depeschen des State Department und das vom Stab der Botschaft zusammengestellte Material lesen. Neben all diesem Lesen muß ich mit Agenten zusammentreffen, obwohl ich nur ungefähr fünf davon direkt treffe. Am schlimmsten ist das Schreiben von Geheimberichten, da hierbei der spezielle Sprachgebrauch und das Format eingehalten werden müssen.

Seit ich vor sechs Monaten hier angekommen bin, ist die propagandistische und politische Kampagne gegen Araujo, Kuba und den Kommunismus im allgemeinen eindeutig unser Hauptprogramm. Für den Großteil dieser Aktivitäten ist das ECACTOR-Projekt zuständig. Es kostet ca. 50.000 Dollar im Jahr, und an einem Ort wie Quito kann man für tausend Dollar in der Woche sehr viel kaufen. Unsere andere Hauptaktivität, das PCE-Infiltrations-Programm, hat kontinuierlich brauchbare Informationen beschert. Es steht außer Frage, daß Echeverria und seine Gruppe hier in der Sierra alles daransetzen, um bewaffnete Guerilla-Operationen vorzubereiten. Wir müssen weiter Druck auf Velasco ausüben, damit er mit Kuba bricht und die extreme Linke niederschlägt.

Quito
15. Juni 1961

Jorge Ribadeneira, der bei der Guerilla-Ausbildungsübung verhaftete URJE-Führer, wurde zu einem isolierten Vorposten im Amazonasdschungel geschickt, um seinen Wehrdienst abzuleisten. Seine Abwesenheit wird ein schwerer Schlag für die URJE-Führung in Quito und auch für die PCE sein.

Über Gustavo Salgado versuchen wir, die Guerilla-Verhaftungen vom letzten Monat mit den Exilberichten über Guerilla-Ausbildung in Kuba in Zusammenhang zu bringen. Die JMWAVE-Station in Miami übermittelte unlängst einen Artikel über die Ausbildung von Guerillagruppen in Havanna, die jeweils aus zehn bis fünfzehn Teilnehmern aus verschiedenen lateinamerikanischen Ländern bestehen sollen. Der Artikel wurde an Salgado weitergeleitet, der die Episode mit der Ausbildung von URJE-Mitgliedern vom letzten Monat hinzufügte und für die Veröffentlichung an zwei aufeinanderfolgenden Tagen zusammenstellte. Wir dürfen bei der Propagandakampagne gegen den Kommunismus und gegen Kuba das Gefühl für den Ernst der Lage nicht verlieren. Heute kündigte das Außenministerium an, daß der ecuadorianische Botschafter in Kuba zur Zufriedenheit des Auswärtigen Dienstes zurücktreten wird. Zweifellos unternimmt Velasco einen Versuch zur Beschwichtigung der Rechten, aber ihm bleibt nun faktisch nichts anderes mehr übrig.

Quito
16. Juni 1961

Unlängst wurde bekanntgegeben, daß Vizepräsident Arosemena am 18. Juni zu einem Besuch der Sowjetunion, der Tschechoslowakei und Polens aufbrechen wird. Wir wußten von dieser Reise schon seit einiger Zeit. Die Einladung erging vom Obersten Sowjet, und zur Reisegruppe werden noch einige Parlamentarier gehören. Formal gesehen, handelt es sich um eine private Reise ohne diplomatische oder kommerzielle Absichten, aber Arosemena ist für seine linken Ansichten bekannt – außerdem ist er Alkoholiker –, und irgendwelcher Schaden wird aus dieser Reise ganz bestimmt erwachsen.
Velasco ist gegen die Reise, weil am gleichen Tag, an dem Arosemena abreisen will, Adlai Stevenson ankommen wird und Velasco verzweifelt auf Wirtschaftshilfe rechnet. Stevenson befindet sich auf einer Rundreise durch Lateinamerika, um die Allianz für den Fortschritt zu fördern und die Scherben des Schweinebucht-Fiaskos aufzulesen. Velasco will ihm eine Liste von Forderungen überreichen. Sein Hilfeersuchen an Stevenson soll durch Arosemenas Reise nicht durchkreuzt werden, gerade nachdem er den kubanischen Botschafter vertrieben und seinen eigenen Botschafter in Kuba gefeuert hat, um gut Wetter zu machen.

Quito
20. Juni 1961

Arosemena flog wie vorgesehen ab. Velasco legte Stevenson die zur Entwicklung Ecuadors erforderlichen Unterstützungsmaßnahmen in einem siebzehnseitigen Memorandum dar, das für die Anfangsphase insgesamt auf eine Summe von etwa 200 Millionen Dollar kommt. Stevenson traf auch mit gemäßigten Führern der FEU-Sektion von Quito sowie mit Führern der freien Gewerkschaftsbewegung zusammen.

Quito
29. Juni 1961

Noland will jetzt zur effektiveren Beschattung der Kubaner die Telefone in ihrer Botschaft anzapfen und bat mich, die Sache in die Hand zu nehmen. Vor ein paar Tagen machte er mich mit Rafael Bucheli bekannt, dem Cheftechniker im Telegrafenamt von Quito. Bucheli ist ein alter Bekannter von Noland – sein Bruder (Tarnbezeichnung ECSAW) war unser wichtigster Agent in der Regierung Ponce, ehe er bei einem Autounfall ums Leben kam – und wird jetzt im Telegrafenamt die entsprechenden Schaltverbindungen herstellen. Das Amt, wo er sein Büro hat, bedient sowohl seine Wohnung als auch die kubanische Botschaft.

Quito
11. Juli 1961

Gestern gab der Kardinal einen antikubanischen Hirtenbrief heraus, der entschieden zu weit geht: wütendes, übertriebenes, fast hysterisches Wehgeschrei über Kuba und den Kommunismus. Er fordert alle katholischen Ecuadorianer zum Handeln auf, sagt aber nicht, was sie tun sollen. Die Erklärung ist derart gefühlsbetont, daß sie sich sehr wohl als Rohrkrepierer erweisen könnte, aber Noland hofft, die Leute um Davila, die auf unsere Veranlassung hin den Kardinal um den Hirtenbrief gebeten haben, wissen, was sie tun.
Heute ließen wir vom ECJOB-Team ein anonymes Flugblatt verteilen, in dem der Hirtenbrief scharf kritisiert wird. Wie vorauszusehen war, sind die katholischen Protestaktionen bereits in vollem Gange.

Quito
15. Juli 1961

Gestern gab die Regierung die Vereinheitlichung der Wechselkurse bekannt. In Zukunft werden die Importeure von Maschinen, Rohstoffen, Medikamenten und anderen wichtigen Gütern der Zentralbank beim Ankauf ausländischer Währung 20 % mehr Sucres pro Dollar zahlen müssen. Praktisch kommt das einer offiziellen Abwertung des Sucre gleich, die unmittelbar zu Preissteigerungen führen wird, da keine kompensatorischen Maßnahmen wie Steuererleichterungen oder Freibetragsregelungen getroffen wurden. Am stärksten wird davon die Landwirtschaft in der Sierra betroffen sein, die Preissteigerungen aber wird das ganze Land zu spüren bekommen.
Gleichzeitig mit der Vereinheitlichung der Wechselkurse wurde eine Reihe neuer indirekter Steuern bekanntgegeben: u. a. auf kohlensäurehaltige Getränke, Bier, Staatspapiere, Einkommen aus Kapitalvermögen. Natürlich wirken diese Steuern preistreibend oder drücken zumindest auf die Kaufkraft und stehen damit im Widerspruch zu Velascos jüngsten Erklärungen, die Steuern seien bereits zu hoch.
In Washington begrüßte der Internationale Währungsfonds in einer Erklärung die Vereinheitlichung der Wechselkurse. Das ist nicht weiter verwunderlich, denn schließlich war diese Maßnahme die Bedingung für die im letzten Monat angekündigte 10-Millionen-Dollar-Hilfe. In Ecuador dagegen erklärten sich alle wichtigen politischen Organisationen, aber auch Gruppen wie die FEUE und die CTE, gegen die Vereinheitlichung und die neuen indirekten Steuern.
Velasco hätte die neuen wirtschaftspolitischen Entscheidungen zu keinem ungünstigeren Zeitpunkt bekanntmachen können, denn das andere Ereignis des gestrigen Tages war die Rückkehr Arosemenas von seiner Moskaureise. Seine Anhänger, einschließlich der Führer der extremen Linken, hatten über eine Woche lang einen großen Empfang für ihn vorbereitet. Zum Flughafen von Quito kamen einige tausend, mit Araujo an der Spitze. Es wurden Spruchbänder getragen mit Slogans wie „Cuba si, Yankee no", „Nieder mit dem Imperialismus!" und „Wir fordern Beziehungen mit Rußland!".
Velasco wird stark um seine Balance kämpfen müssen. Vielleicht wird er mit Kuba brechen, um die Unterstützung der Rechten wiederzugewinnen, aber wir nehmen keine Wette an.

**Quito
23. Juli 1961**

Arosemena ist mittlerweile unangefochtener Führer der Opposition gegen Velasco. Obwohl Konservative und Christlich-Soziale ihre Opposition in der Frage des Kommunismus und Kubas fortsetzen, haben die neuen ökonomischen Maßnahmen FEUE, CTE, URJE, PCE und Revolutionären Sozialisten den perfekten Vorwand geliefert, sich hinter Arosemena zu stellen. Sogar die reaktionäre Radikalliberale Partei und die gemäßigte Sozialistische Partei unter unserem Agenten Manuel Naranjo haben sich durch die Unterstützung Arosemenas dem Oppositionsführer der extremen Linken angeschlossen.

**Quito
27. Juli 1961**

Gil Saudade, unser stellvertretender Chef, entschloß sich, für Velascos Verbleiben im Präsidentenamt die Zukunft seiner ECLURE-Partei (Revolutionäre Liberale Volkspartei) zu riskieren. Er hofft immer noch, die linken Velasco-Parteigänger Araujo abspenstig zu machen, auch wenn das offene und direkte Unterstützung für Velasco bedeutet. Vor einigen Tagen, bei der Eröffnung des ersten nationalen Parteitags in Quito, wurde Velasco zum Ehrenpräsidenten gewählt.
Mittlerweile bezahlt Gil den Parteivorsitzenden, Juan Yepez del Pozo jun., den Geschäftsführer, Antonio Ulloa Coppiano, den Justitiar, Carlos Vallejo Baez, und den führenden Kopf hinter der Operation, Juan Yepez del Pozo sen., der kein Amt innehat.
Saudade ist sehr zufrieden mit dem Parteitag, der gestern abend mit Velasco als Hauptredner zu Ende ging. Die Abschlußsitzung erhielt weite Publicity, und der Saal war gerammelt voll. Obwohl die Partei Velasco aus taktischen Gründen in seiner Kubapolitik unterstützen mußte, war Saudade doch darauf bedacht, daß Juan Yepez jun. in seiner Eröffnungsrede die PLPR als den Extremen von rechts und links entgegengesetzt beschrieb und hinzufügte, daß die Partei niemals dem Despotismus des Sowjetmarxismus zustimmen könnte.
Außerdem hat Gil auf dem Parteitag zwei neue Agenten gewonnen, die er beide in die freie Gewerkschaftsbewegung führen will, um die Kontrolle der Station bei der CROCLE-

Operation in der Basis Guayaquil sicherzustellen. Einer der neuen Agenten ist Matias Ulloa Coppiano, Bruder von Antonio Ulloa, dem PLPR-Geschäftsführer. Der andere Agent ist Ricardo Vazquez Diaz, ein Führer der PLPR-Delegation aus Guayaquil, einer der Parteitagssekretäre.

Quito
31. Juli 1961

Velasco und die Kubaner scheinen eine Gesellschaft für gegenseitige Hilfe einrichten zu wollen. Gestern wurde ein Interview mit dem neuen Botschafter veröffentlicht, in dem er behauptete, Kuba wäre das erste Land, das Ecuador in seiner Forderung nach einer Revision des Protokolls von Rio unterstütze. Der Botschafter verglich die gewaltsame Auferlegung des Protokolls mit der Auferlegung des Platt Amendments durch die USA und unsere Beibehaltung der Marinebasis Guantanomo. Heute veröffentlichte das Außenministerium eine Erklärung, in der Ecuadors Mißbilligung jeder Form von kollektiver oder multilateraler Intervention in Kuba betont wurde.
Unsere Technik-Station in Panama schickte Tonbandgeräte und Verstärker für die Abhöreinrichtung in der kubanischen Botschaft. Letzte Woche war der Tontechniker Larry Martin hier, um Raphael Bucheli in der Benutzung der Ausrüstung auszubilden. Bucheli zapfte die Verbindung im Amt mit Hilfe eines Assistenten an. Er und sein Assistent sind beide aktiv im Modellflugzeug-Verein von Quito. Ich werde beim Hauptquartier einen Katalog anfordern, damit sie ein paar Sachen auswählen können, die ich mit Diplomatengepäck bestellen kann. Über Geld werden wir später reden.

Quito
31. August 1961

Als Präsident des Kongresses ist Arosemena weiterhin Führer der Opposition gegen Velasco. Obgleich in beiden Häusern loyale Verlasquisten in Parlamentsämter gewählt wurden, ist das genaue Verhältnis der Parteien unklar wegen der Ungewißheit bezüglich der Überläufer von Velasco zu Arosemena — wie es bei Reinaldo Varea der Fall war, der zum Vizepräsidenten des Senats wiedergewählt wurde und sich zu Arosemena bekannt hat. Vor zwei Tagen lud Arosemena eine Delegation der CTE zu einer von ihm geleiteten gemeinsamen Sitzung des Kongresses ein. Die Mitglieder der Delegation baten den Kongreß, die Juli-Beschlüsse über die Vereinheitlichung des Wechselkurses und die neuen Steuern zu annullieren, andernfalls würde die CTE einen Generalstreik ausrufen.

**Quito
2. September 1961**

Seit seiner Ankunft in Quito korrespondiert Saudade mit der Station Bogota, die einen linken Flügel der Liberalen Partei, die Revolutionäre Liberale Bewegung (MRL) unterstützt. Die Erfahrung mit dem MRL in Kolumbien ist für Saudade hier wichtig gewesen, da er hofft, mit der PLPR einen ähnlichen Erfolg zu erzielen wie die Station Bogota mit dem MRL.
Vor einigen Wochen ließ Saudade Juan Yepez del Pozo den Führer des MRL, Alphonso Lopez Michelson, zu einem Besuch nach Quito einladen, um Erfahrungen auszutauschen und um die Organisationsarbeit der PLPR voranzutreiben. Saudade erwähnte natürlich nicht das Interesse der CIA an dem MRL, aber die Station Bogota sicherte die Annahme der Einladung zu. Ich frage mich, ob Lopez durchblickt und ob er in unmittelbarem Kontakt mit der Station Bogota steht, oder ob der Kontakt über andere MRL-Führer läuft.

**Quito
4. September 1961**

Arosemena arbeitet an seiner politischen Unterstützung durch die CTE. Heute bewilligte der Senat, auf sein Betreiben hin, der CTE 50.000 Sucres für ihre nationale Versammlung, die in diesem Monat in Ambato stattfinden soll. Die CTE antwortete mit Dankschreiben durch den Gewerkschaftssenator der Sierra, der zu den Revolutionären Sozialisten gehört, und lud Arosemena ein, bei der Abschlußsitzung der Tagung zu sprechen. Er sagte zu. Unsere PCE-Agenten berichten über die Freude in der Partei wegen Arosemenas Zusammenarbeit mit der CTE und der extremen Linken im allgemeinen — aber die Führer der Linken sind besorgt wegen seines Alkoholismus und werden sehr vorsichtig sein, um sich nicht durch eine allzu enge Verbindung mit Arosemena die Finger zu verbrennen.

Quito
25. September 1961

Ich weiß mittlerweile, was mit den Agenten in Kuba am anderen Ende der Geheimschriftverbindung passiert ist. El Comercio brachte heute morgen auf der ersten Seite einen Artikel über die Verhaftung von Luis Toroella und den anderen AMBLOOD-Agenten sowie einen Bericht über ihren Plan, Castro zu ermorden. Der Artikel ist eine Radiodepesche von Havanna und basiert auf der gestrigen Presseerklärung der kubanischen Regierung; natürlich bezieht sich die Schlagzeile des Artikels auch auf die Geheimverbindung Quito-Havanna. Offensichtlich haben die Agenten alles erzählt, aber der Bericht enthält nicht die Nummer des Postfachs in Quito, das unter Oberst Paredes echtem Namen angemietet ist. Ich schickte eine Eildepesche nach Miami, in der ich darum bat, uns zu informieren, ob die Nummer des Postfachs verraten wurde, weil sich Oberst Paredes dann tarnen müßte, um das Überwachungsteam zu schützen. Die Agenten sind zweifellos vor mehreren Monaten verhaftet worden, vielleicht zur Zeit der Schweinebucht-Invasion, aber Miami hätte uns das mitteilen sollen, damit wir das Postfach hätten aufheben und vielleicht die Aufzeichnungen mit dem Namen des Inhabers vernichten können. Ich hatte nicht gewußt, daß sie vorhatten, Castro zu ermorden, aber der Pressebericht deckte einen detaillierten Plan auf, dem zufolge in einem Hinterhalt in der Nähe des Sportstadions von Havanna Bazookas verwendet werden sollten. Für diese Operation muß der Radiokanal benutzt worden sein. Keine Anhaltspunkte darüber, wie sie gefangen wurden, hoffentlich nicht wegen meiner schlechten Geheimschrift-Technik. Ebenfalls keine Hinweise darauf, wann sie an die Wand gestellt werden — vielleicht sehr bald.

Quito
3. Oktober 1961

Die CTE setzte für gestern einen vierundzwanzigstündigen Generalstreik gegen die wirtschaftlichen Beschlüsse vom Juli an. Sie behauptet, daß sich 500 Gewerkschaften beteiligen würden. Mit ihnen solidarisierten sich die FEUE und die Sozialistische Partei von Manuel Naranjo. Velasco bezeichnete den Streik als eine Revolutionserklärung gegen seine Regierung und fügte hinzu, wenn die Steuern zurückgenommen würden, dann sei kein Geld mehr für Lehrer, Polizei und Militär da. In den letzten Tagen betrieb die Regierung eine Propagandakampagne gegen den Streik. Zahlreiche Gewerkschaften, in Wirklichkeit politische Organisationen der Velasquisten, haben Boykotterklärungen veröffentlicht. Aber die einzige wirkliche Gewerkschaft, die diesen Streik boykottiert, ist die katholische CEDOC und unsere eigene freie Gewerkschaftsbewegung einschließlich der CROCLE, die beide für die Zurücknahme der Steuern sind, aber gegen eine Stärkung der CTE.

Heute abend hielt Banquero de la Calle, unser Arbeitsminister, eine an die gesamte Nation gerichtete Radioansprache, in der er den Streik eine umstürzlerische politische Aktion nannte, die trotz aller Beteuerungen der CTE, der Streik sei aus rein ökonomischen und nicht aus politischen Gründen ausgerufen worden, nichts mit Gewerkschaftsangelegenheiten zu tun habe. Sie haben beide unrecht, da der Streik sowohl ökonomisch als auch politisch begründet ist, aber wir sind gegen ihn, weil er von der extremen Linken unterstützt wird.

Quito
4. Oktober 1961

Velasco ist wirklich unbegreiflich. Heute morgen verlief die Geschäftstätigkeit in Quito und Guayaquil größtenteils normal, und es war offensichtlich, daß der Streik nur teilweise erfolgreich sein würde. Am Nachmittag jedoch veranstalteten die berittene Polizei und die Armee einen derartigen Aufmarsch, daß alles geschlossen wurde, und nachmittags war der Streik in beiden Städten total. Wenn die Regierung nicht eine solche Atmosphäre des Schreckens erzeugt hätte, wäre der Streik vermutlich ein Fehlschlag gewesen. Es kam jedoch zu beträchtlichen Gewalttätigkeiten in den Provinzen, vor allem in Tulcan an der kolumbianischen Grenze. Dort wurden mehrere Personen getötet oder verletzt.

Quito
16. Oktober 1961

Das Büro für politische Sicherheit im Innenministerium hat ein Komplott erfunden, um die Oppositionsführer zu verhaften.

Die Angelegenheit ist so unwahrscheinlich, daß sie Velasco vermutlich schlechter dastehen läßt als je zuvor. In den letzten drei Tagen haben Agenten der politischen Polizei mehrere Führer der Opposition verhaftet.
Das Komplott wurde heute vom Sicherheitsdirektor bekanntgegeben, der die Abteilung für politische Sicherheit im Innenministerium leitet – eine Abteilung, von der wir uns wohlweislich ferngehalten haben. Die Führer des Komplotts entstammen sowohl der extremen Rechten als auch der extremen Linken. Eine beträchtliche Menge von Waffen, die aus Ländern hinter dem Eisernen Vorhang stammen und während der Razzien in den Häusern von Kommunisten gefunden worden sein sollen, wurden öffentlich ausgestellt. Kein denkender Mensch kann an solch eine billige Mache glauben, aber Velasco hofft offensichtlich, daß er damit den nötigen Rückhalt bei den Armen und Ungebildeten zurückgewinnen wird, falls er beschließen sollte, den Kongreß gewaltsam aufzulösen.
Als Antwort auf die Verhaftungen und auf das Komplott schlossen sich heute die Liberalen, die Konservativen, die Christlich-Sozialen, die demokratischen Sozialisten und die faschistische ARNE in einem Koordinationsbüro zusammen, um die Anmaßung diktatorischer Macht durch Velasco zu verhindern.
Beinahe unbemerkt trat heute Banquero de la Calle, unser Arbeitsminister, zurück. Velasco wollte ihn loswerden, daher ließ er ihn erst den Feuerwehrchef von Guayaquil wegen Veruntreuung von Geldern entlassen, desavouierte anschließend Banqueros Aktion und ließ damit unserem Agenten keine andere Wahl als den Rücktritt. Er war ein ineffektiver Minister und auch kein sonderlich brauchbarer Agent. Saudade ist nicht allzu traurig über seine Entlassung. Nun wird er versuchen, ihn von der „Gehaltsliste" zu streichen.

Quito
17. Oktober 1961

Gestern abend fand im Kongreß eine Schießerei statt, die das ganze Land in Aufruhr versetzte. Es gibt bereits Gerüchte über einen möglichen Militärputsch gegen Velasco.
Während einer Sitzung des Kongresses drängten sich gestern abend loyale Velasquisten auf den Galerien und begannen mit Orangen- und Bananenschalen zu werfen und die übelsten Be-

leidigungen auszustoßen. Loyale Velasco-Abgeordnete schlossen sich den Störenfrieden auf den Galerien an, und als Arosemena als Präsident der Versammlung die Polizei aufforderte, die Galerien zu räumen, weigerte sie sich, einzuschreiten. Von den Galerien begannen Steine zu fliegen, und einige Oppositionsabgeordnete suchten unter ihren Pulten Schutz, während andere einen Schutzschild um Arosemena bildeten.
Gegen ein Uhr morgens, als der Aufruhr bereits beinahe vier Stunden dauerte, wurden Schüsse von der Galerie abgefeuert, von denen einige direkt gegen Arosemenas Pult gerichtet waren. Dieser zog schließlich seinen Revolver, schoß ihn in die Luft leer und verließ das Kongreßgebäude. Er behauptete, daß sich auf den Galerien über vierzig Polizisten in Zivil mit ihren Dienstrevolvern befunden hätten.
Velasco stritt heute ab, daß er beabsichtige, eine Diktatur zu errichten, während die loyalen Velasco-Abgeordneten die Tumulte vom Vorabend als notwendig für die Erhaltung der ecuadorianischen Demokratie rechtfertigten. Arosemena erklärte heute, er wolle Velasco vor dem Obersten Gerichtshof wegen Mordversuchs anklagen. In Guayaquil sprengte die Polizei heute eine Kundgebung der FEUE gegen die Regierung unter Einsatz von Tränengas, wobei sie auch Warnschüsse in die Luft abfeuerte. Das kann nicht ewig so weitergehen.

**Quito
24. Oktober 1961**

Gestern trat der Innenminister zurück, um der politischen Befragung im Kongreß über die Repressionsmaßnahmen seit dem Generalstreik vor drei Wochen zu entgehen. Velasco ernannte Jorge Acosta zum Innenminister. Das ist ein großer Durchbruch für die Station, aber Noland glaubt, daß die Situation möglicherweise schon zu verfahren ist, als daß man auf eine produktive Zusammenarbeit mit Acosta hoffen könnte.
Heute unternahm Velasco schließlich den erwarteten Schritt, um die Unterstützung der Konservativen Partei zu erhalten. Noland hat Davila darauf verpflichtet, alles zu unternehmen, damit die Konservative Partei weiterhin den Bruch mit Kuba zur Bedingung ihrer Unterstützung macht. Daher wurde heute Velascos Angebot zur Übernahme des Arbeitsministeriums abgelehnt. Velascos Position wird schwächer.
Ich habe weder von der Agency noch vom State Department

irgendein Schreiben gesehen, aus dem hervorgeht, ob Velasco bleiben oder stürzen soll – klar ist nur, daß unsere Politik einen Abbruch der Beziehungen mit Kuba erzwingen soll. Die auf der Hand liegende Gefahr ist die, daß Velasco wegen seiner Halsstarrigkeit gestürzt wird und daß ein fügsamer Arosemena, der von der CTE, der FEUE und anderen unerwünschten Gruppierungen stark beeinflußt wird, an die Macht kommt. Darum ist Acostas Einfluß auf Velasco für einen Bruch mit Kuba wirklich von entscheidender Bedeutung.

Quito
27. Oktober 1961

Ich habe gerade eine neue Operation übernommen – die Abteilung des ECACTOR-Projektes in Tulcan. Noland hatte sich unregelmäßig mit einem Führer der dortigen Konservativen Jugendorganisation, Enrique Molina, getroffen, aber Führung und finanzielle Unterstüzung des Agenten waren schwierig, weil er nur selten nach Quito kommen konnte und Noland keine Zeit hat, nach Tulcan zu fahren: man braucht zwei Tage zur kolumbianischen Grenze und zurück.

Quito
3. November 1961

Gestern wurde der Ausnahmezustand über die Provinz Azuay (Hauptstadt ist Cuenca) verhängt, nachdem mindestens zehn Personen bei einem Volksaufruhr verletzt worden waren. Velasco entließ den Provinzgouverneur sowie andere leitende Regierungsbeamte und sandte Jorge Acosta, den amtierenden Innenminister, nach Cuenca. Die Reise von Acosta bewirkte lediglich noch mehr Proteste, was zu noch mehr Verhaftungen führte.
Velasco ist jetzt in Cuenca. Über Radio und Polizei kommen zahlreiche Berichte über neue schwere Ausschreitungen und Schießereien.

Quito
4. November 1961

In Cuenca gab es gestern mindestens zwei Tote und acht weitere Verletzte. Bei seiner Ankunft führte Velasco zu Fuß einen Demonstrationszug vom Flughafen in die Innenstadt — eine schwerwiegende Provokation gegen die Einheimischen, deren Feindseligkeit sich in Beerdigungskränzen und der schwarzen Trauerbeflaggung der Häuser widerspiegelte. Auf dem Wege wurden Velasco und sein Komitee verspottet, verhöhnt und schließlich mit Steinen und Knüppeln angegriffen. Als der Aufruhr niedergeschlagen war, folgten Schießereien, aber Velasco bestand darauf, die Militärparade abzunehmen. Später war er jedoch gezwungen, seine Ansprache in einem Saal abzuhalten, wo er die Führer der politischen Opposition für die Gewalttätigkeiten verantwortlich machte.
Jorge Acosta erreichte die Zustimmung Velascos zur Ausweisung eines weiteren Kubaners — diesmal ist es der Geschäftsträger der Botschaft, da sich der Botschafter selbst in Havanna aufhält. Nach einem Treffen mit dem kubanischen Geschäftsträger kündigte der Außenminister an, daß der Kubaner das Land verlassen werde. Er gab unklare Begründungen und deutete eine Verbindung zwischen bestimmten Figuren des politischen Lebens in Ecuador und der kubanischen Regierung an, betonte jedoch, daß die Heimkehr des Geschäftsträgers keine Veränderung der Politik gegenüber Kuba bedeute. Der Kubaner seinerseits erklärte, daß er freiwillig nach Kuba zurückkehre. Es ist klar, daß der Außenminister nur widerwillig Acostas Anordnung, den Kubaner auszuweisen, gefolgt war — und es ist gleichermaßen fraglich, ob dieser verzweifelte Schachzug, der auf die Unterstützung der Konservativen und anderer rechter Gruppen abzielt, erfolgreich sein wird. Acosta erzählte Noland, daß sich Velasco immer noch gegen einen vollständigen Abbruch der Beziehungen mit Kuba sperre. Er werde jedoch außerdem noch gegen den Vertreter von „Prensa Latina" vorgehen.
Endlich gute Nachrichten für Velasco: in Washington wurden zwei große Darlehen unterzeichnet, ein 4,7-Millionen-Dollar-Darlehen für die Entwicklung des Anbaus von afrikanischem Palmöl und für die Schafzucht sowie weitere 5 Millionen Dollar für den Bau von Mittelklasse-Wohnungen. Das ist zwar gut für die Publicity, aber rasche Erfolge sind dadurch nicht zu erwarten.

Quito
5. November 1961

Heute gab Jorge Acosta bekannt, daß der kubanische Geschäftsträger als Persona non grata ausgewiesen worden sei. Seine Richtigstellung wurde kontinuierlich über den Regierungsrundfunk ausgestrahlt. Die kubanische Botschaft bestand jedoch darauf (um das Gesicht zu wahren), daß dem Geschäftsträger die Ausweisung niemals mitgeteilt worden sei, während im Außenministerium versichert wurde, daß es sich um eine Ausweisung und nicht um eine freiwillige Rückkehr gehandelt habe.

Quito
6. November 1961

Wenn Velasco gehen muß, dann wird es jedenfalls kein friedlicher Abgang sein. Weitere Ausschreitungen heute, sowohl in Quito als auch in Guayaquil, wo elf Menschen getötet und mindestens vierzehn verletzt wurden − alles Studenten und Arbeiter.

Am Nachmittag trat der Kongreß zusammen, und Arosemena beschuldigte Velasco des Verfassungsbruchs. Eine Delegation der FEUE besuchte den Kongreß, um ihre Unterstützung zu demonstrieren. Heute nachmittag gegen 3 Uhr wurde das Kongreßgebäude von Armee-Einheiten abgeriegelt und die Telefonleitungen durchschnitten.

Heute morgen trat das gesamte Kabinett zurück, und Velasco, der erst mittags aus Guayaquil zurückkam, verbrachte den größten Teil des Nachmittags mit der Besichtigung von Armee-Einheiten. Er hielt eine Radioansprache, in der er Arosemena beschuldigte, sich zum Diktator zu erklären und fügte hinzu, daß er Arosemena als Vizepräsidenten entlassen würde.

Ich werde die Nacht hier in der Botschaft verbringen, um den Polizei- und Militärfunk abzuhören und die Anrufe der Agenten auf den Straßen entgegenzunehmen. Das Neueste ist: Arosemena und den anderen Abgeordneten wurde gestattet, das Kongreßgebäude gleich nach Mitternacht zu verlassen. Als sie dann zu Arosemenas Haus zogen, wurden sie von Velascos Sicherheitsdirektor verhaftet. Arosemena und die anderen wurden ins Gefängnis gebracht, verschiedene Agenten jedoch glauben, daß es sich um einen wohlüberlegten, wenn auch riskanten

Plan von Arosemena handle, um Velasco zu einer verfassungswidrigen Aktion zu treiben, was eine Erhebung des Militärs gegen ihn provozieren könnte.

Quito
7. November 1961

Für Velasco ist alles vorbei, aber die Nachfolge ist noch nicht entschieden. Gegen fünf Uhr morgens rebellierte das Pionierbataillon in Quito mit der Begründung, Velasco habe die Verfassung verletzt, indem er Arosemena verhaften ließ. Es wurde jedoch von loyalen Armee-Einheiten angegriffen. Um 8 Uhr morgens kam es zum Waffenstillstand, um die Toten und Verletzten zu bergen. Am späten Vormittag entschied das Armeeoberkommando, daß beide, Velasco und Arosemena, die Verfassung verletzt hätten. Es ernannte den Präsidenten des Obersten Gerichtshofes zum Präsidenten einer Interimsregierung. Arosemena führt seinen eigenen Kampf um die Präsidentschaft. Zusammen mit anderen Abgeordneten wurde er heute abend aus dem Gefängnis entlassen und ging sofort in das Parlamentsgebäude, wo er eine Sitzung einberief, auf der er selbst zum Präsidenten ernannt wurde.

Quito
8. November 1961

Arosemena hat es geschafft! Am Morgen wurde das Parlament von Fallschirmjägern und Panzern der Armee umstellt, aber am Nachmittag flogen Maschinen der Luftwaffe in niedriger Höhe über das Gebäude und schossen mit ihren Bordwaffen in die Luft, um die Armee-Einheiten einzuschüchtern. Als sich herausstellte, daß die Luftwaffe Arosemena und den Kongreß unterstützt, trat der Präsident des Obersten Gerichtshofes zurück – er war nur achtzehn Stunden lang Präsident –, und die Armee-Einheiten wurden vom Parlament abgezogen. Am späten Nachmittag billigte das militärische Oberkommando Arosemenas Präsidentschaft.
Während das Parlament am Vormittag noch belagert wurde, nominierte Arosemena ein zentristisches Kabinett aus zwei Liberalen, zwei Demokratischen Sozialisten, einem Christlich-Sozialen, einem Konservativen und drei Unabhängigen. Einer der

Sozialisten ist Manuel Naranjo, der zum Finanzminister ernannt wurde. Am Nachmittag traf sich Arosemena mit einigen Anhängern, darunter Araujo, den er als „großen Kämpfer" bezeichnete.

Quito
9. November 1961

Arosemena und sein neues Kabinett führten einen Demonstrationszug von vielen Tausenden vom Parlamentsgebäude zum Präsidentenpalast. In seiner Rede beschrieb er Velascos Regime als eines, das mit 400.000 Stimmen für Velasco begann und mit 4.000.000 Stimmen gegen ihn endete. Die aus unserer Perspektive wichtigste Bemerkung ist die Versicherung, daß die diplomatischen Beziehungen mit Kuba fortgesetzt werden sollen. Ein weiteres unheilvolles Anzeichen bei den Reden zum Amtsantritt Arosemenas war der Beitrag des CTE-Vorsitzenden, der den „Yankee-Imperialismus" attackierte, die kubanische Revolution pries und zur Bildung einer Revoluionären Volksfront aufrief. Die Gründung der Volksfront wurde bereits von unseren KP-Agenten gemeldet. Sie wird die CTE, die Revolutionären Sozialisten, die KP, die URJE, die Vereinigung der Indianer Ecuadors sowie eine neue Studentenorganisation, die Revolutionäre Studentenbewegung, umfassen. Außerdem sprach der Vorsitzende der FEU. Er berichtete von der Beteiligung der Studenten an Velascos Sturz. Obgleich er zu den Gemäßigten gehört und mit Unterstützung unserer Leute in Guayaquil gewählt wurde, ist die Opposition gegen Velasco in den letzten Monaten aus ökonomischen und anderen Gründen zu stark geworden, als daß Alberto Alacron und seine Agenten die gemäßigte FEUE-Führung an der Unterstützung von Arosemena hätten hindern können.

Quito
11. November 1961

Davila wurde für die außerordentliche Sitzungsperiode des Kongresses zum Präsidenten der Abgeordnetenkammer, Reinaldo Varea zum Vizepräsidenten des Senats gewählt. Er versicherte in seiner Rede, daß er lieber sterben wolle, als die gesetzlichen Normen „dieses neuen und unverdienten Amts" zu ver-

letzen. Der Kongreß vertagte sich dann für zwei Tage. Am Montag werden sie wieder zusammentreten, um den neuen Vizepräsidenten zu wählen. Diese Wahl ist sehr wichtig, da niemand weiß, wie lange Arosemena bei seinen regelmäßigen Zechgelagen im Amt bleiben kann. Noland glaubt, daß Varea, einer der führenden Kandidaten, gute Chancen hat. Der Rektor der Zentraluniversität, ein zu den Liberalen tendierender Unabhängiger, ist der Hauptbewerber und wird von der FEUE und der extremen Linken unterstützt.
Velasco wurde heute nachmittag mit einem Panagra-Flugzeug nach Panama verfrachtet. Das Land ist wieder ruhig, und Vandalismus und Geschäftsplünderungen haben ein Ende. Seit dem Generalstreik vom 4. Oktober sind mindestens zweiunddreißig Menschen ums Leben gekommen.

Quito
13. November 1961

Noland hat einen eigenen Coup gelandet. Am Wochenende rief ihn Varea an und bat um ein Zusammentreffen. Er wollte wissen, ob ihm Noland sagen könnte, von woher er Unterstützung für die Wahl zum Vizepräsidenten bekommen könnte, insbesondere ob Noland glaube, daß ihn die Konservativen unterstützen würden. Noland erklärte, daß er das glaube, aber er mußte natürlich vorsichtig sein, um keine Verbindung mit Davila oder anderen rechtsgerichteten Agenten aufzudecken.
Später traf sich Noland mit Davila, der ihn um Rat fragte, wen die Konservativen als Vizepräsidenten unterstützen sollten. Noland konnte Varea vorsichtig ins Spiel bringen, wobei er darauf hinwies, daß, wenn der Rektor der Zentraluniversität gewählt würde, der Vizerektor, ein Revolutionärer Sozialist, die Universität übernehmen würde. Davila versprach, die Konservativen zu einem Votum für Varea zu bewegen. Später trafen Davila und Varea zu einem Übereinkommen zusammen; Noland ist überzeugt, daß keiner von den beiden wußte, daß sich auch der andere mit ihm getroffen hatte.
Heute morgen kompromittierte eine Notiz in El Comercio, die von Gustavo Salgado lanciert wurde, den Rektor beträchtlich. Es handelte sich um eine der Kommunistischen Partei Ecuadors und der URJE zugeschriebene Unterstützungserklärung. Das Dementi wird zu spät kommen, da der Kongreß am Nachmittag wieder zusammentrifft, um den Vizepräsiden-

ten zu wählen. Auf den Galerien scharten sich die Aktivsten der CTE und FEUE und schrien nach der Wahl des Rektors. Davila hatte den Vorsitz inne. Beim ersten Wahlgang fehlten Varea zwölf Stimmen zur erforderlichen Zweidrittelmehrheit. Im nächsten Wahlgang wurde Varea gewählt. Die Leute von der FEUE und der CTE gerieten außer Rand und Band, bespuckten Davila und bewarfen ihn mit Steinen und Papier. Wie üblich weit und breit keine Polizei. Nachdem Davila seine Wahl zum Vizepräsidenten bekanntgegeben hatte, trat Varea in seiner Einführungsrede etwas allzu bescheiden auf: „Sie werden sehen, daß mir die Befähigung zum Vizepräsidenten der Republik abgeht. Ich bin voller Mängel, aber dagegen steht mein Leben, das ich mit Mäßigung und Aufopferung erfüllt habe. Mit der Hilfe Gottes können Sie und ich ein wenig zur Lösung der Probleme beitragen, die das Volk Ecuadors bedrängen." Noland erklärt, er würde Varea nun von siebenhundert auf tausend Dollar im Monat anheben mit der Aussicht auf noch mehr, wenn er es bis zum Präsidenten bringt.

Quito
17. November 1961

Arosemenas Regierung ist noch keine zwei Wochen im Amt, und schon gibt es deutliche Anzeichen für eine starke Beteiligung der Linken an seinem Regime. Die Posten auf mittlerer Ebene fallen zunehmend in die Hände von Marxisten und anderen Linken, die den USA auch dann noch feindlich gesonnen sind, wenn sie nicht formell mit der PCE oder den Revolutionären Sozialisten verbunden sind. Die anstößigen Ernennungen betreffen hauptsächlich den Ausbildungsbereich sowie das Wohlfahrts- und Sozialwesen, aber auch in den neuen Provinzregierungen von Guayaquil und Guayas sitzen viele Rote. Um diese Entwicklungen zu kontern, starten wir eine neue Runde politisch-propagandistischer Operationen über ECACTOR. Reinaldo Varea, der Vizepräsident, wird ebenfalls miteinbezogen, da er als Antikommunist bekannt ist. Er ist Oberstleutnant der Armee i. R. und studierte in Fort Riley und Fort Leavenworth in den USA. Außerdem war er ecuadorianischer Militärattaché in Washington und Berater des ecuadorianischen Vertreters im Interamerikanischen Verteidigungsrat, Staatssekretär im Verteidigungsministerium und später Verteidigungsminister.

Als einleitenden und etwas indirekten Anstoß veröffentlichte die CROCLE auf Veranlassung der Basis Guayaquil gestern in den Zeitungen eine halbseitige Erklärung über die kommunistische Gefahr und über die Willfährigkeit der CTE gegenüber der Prager WFTU. Sie forderte die Unterdrückung des Kommunismus, warnte vor der Aufnahme diplomatischer Beziehungen zur Sowjetunion und kündigte die Errichtung eines Bundes Freier Gewerkschaften Ecuadors als demokratsicher Alternative zur CTE an.
Die oberen Ränge der Nationalen Polizei wurden ebenfalls durcheinandergeschüttelt, Hauptmann Jose Vargas, Chef der Geheimpolizei, wird sicher gefeuert werden, da er als Anführer einer geheimen Pro-Velasco-Organisation innerhalb der Polizei bekannt ist. Wir hoffen jedoch, daß Luis Sandoval, Cheftechniker unter Vargas und ziemlich unpolitisch, im Amt bleiben kann.

Quito
20. November 1961

Die PCE-Mitglieder von Pinchincha haben gerade ein neues Provinzkomitee gewählt, wobei nicht nur Basantes wiedergewählt wurde, sondern auch noch Cardenas und Luis Vargas hinzugewählt wurden. Das ergibt für uns drei Agenten in einem achtköpfigen Gremium, das mit dem nationalen Zentralkomitee vergleichbar ist aufgrund des wachsenden Risses zwischen der Führungsgruppe aus der Küstenregion unter KP-Generalsekretär Pedro Saad und der Sierra-Führung unter Raphael Echeverria, dem Vorsitzenden des Provinzkomitees von Pinchincha.
Ich habe eine weitere Operation von Noland übernommen — diesmal handelt es sich um Oberst Oswaldo Lugo, unseren ranghöchsten Agenten in der Nationalpolizei. Gestern abend machte mich Noland mit Lugo bekannt. Dieser berichtete, daß er zum Chef der Nationalpolizei in der Südregion mit Sitz in Cuenca ernannt worden sei, und machte mich mit seinem Stiefsohn Edgar Camacho bekannt, einem Studenten, der uns als Verbindungsmann für die Berichte von Lugos Hilfsagenten in der CTE dienen wird.
Den Operationen der Basis Guayaquil wurde gestern ein schwerer Schlag versetzt, als der wichtigste Agent für Gewerkschaftsangelegenheiten und politische Nachrichtenarbeit plötzlich verstarb. Emilio Estrada Icaza war Direktor einer der größten Ban-

ken Ecuadors, Präsident einer Kunstdüngerfirma, früherer Bürgermeister von Guayaquil und ein bekannter Sammler präkolumbianischer Kunst. Über Estrada war die Basis in der Lage gewesen, Saad aus dem Senat zu vertreiben und dann die CROCLE-Organisation zu'gründen.

Quito
19. Dezember 1961

Vor der Weihnachtspause viel Arbeit. Für uns freilich wenig Erfreuliches. Vor drei Tagen trat Arosemena als Hauptredner beim Kongreß der CTE-kontollierten Vereinigung der Indianer Ecuadors auf. Er saß auf dem Podium zusammen mit dem CTE-Präsidenten, einem Revolutionären Sozialisten, sowie Carlos Rodriguez, dem für die Vereinigung der Indianer Ecuadors zuständigen KP-Organisator. Michael Lechon, ein Indianer und PCE-Mitglied, wurde zum Vorsitzenden der Vereinigung gewählt. In seiner Rede zu den Tausenden der extra für diese Zeremonie nach Quito gekarrten Indianern versprach Arosemena rasches Eingreifen zur Abschaffung des *Huasipungo*.
Die Operationen mit der Nationalpolizei befinden sich im Übergangsstadium. Jose Vargas wurde nicht nur vom Kommando der Geheimpolizei abgelöst, er wurde überdies zusammen mit anderen Mitgliedern der geheimen Velasco-Polizeiorganisation verhaftet. Glücklicherweise ist Luis Sandoval unbehelligt geblieben und wird in der Einheit weiterarbeiten. Seit Vargas' Entlassung habe ich ihn sehr viel häufiger getroffen. Bis wir den neuen Chef der Geheimpolizei, Major Pacifico de los Reyes, einschätzen können, wird Sandoval unser wichtigster Kontakt zur Geheimpolizei sein – er ist de facto ein bezahlter Agent. De los Reyes kam unter einem Vorwand zur Station, der mit einigen Ausrüstungsgegenständen zusammenhing, die wir Vargas gegeben hatten. Der Besuch sollte jedoch offensichtlich der Kontaktaufnahme dienen.
Die Gründung eines nationalen Freien Gewerkschaftsbundes macht weiter Fortschritte. Am 16./17. Dezember hielten die von der CROCLE geführten freien Gewerkschaften eine Versammlung zur Wahl des Organisationskomitees für den Gründungskongreß des nationalen Dachverbandes – der Ecuadorianischer Bund Freier Gewerkschaften (CEOSL) heißen soll – ab. Präsident der Versammlung war Enrique Amodor, einer der Gewerkschaftsagenten der Basis Guayaquil. Adalberto Miranda

Giron, der im letzten Jahr zum Gewerkschaftssenator für die Küste gewählte Agent der Basis, war einer der Hauptredner. Der Gründungskongreß wurde für Ende April des kommenden Jahres festgesetzt.

Nichtsdestoweniger erwachsen zwischen den freien Gewerkschaften hinter der Fortschrittsfassade ernthafte Probleme. Es geht hauptsächlich um die Frage der Absicherung von Posten und um bürokratische Eitelkeiten zwischen den Führern der verschiedenen Organisationen. Der Wettlauf um die besten Posten in der zu gründenden CEOSL erzeugt Eifersüchteleien und Reibungen. Anfang November kam der wichtigste Gewerkschaftsagent der IO-Abteilung für den Bereich Lateinamerika, Serafino Romualdi (AFL-CIO-Vertreter für Lateinamerika), nach Guayaquil und versuchte, die Wogen etwas zu glätten. Die Versammlung, die soeben zu Ende ging, war ein Ergebnis seines Besuchs, aber die verschiedenen Führer bekämpfen sich noch immer.

Nun, da es mit Velasco aus ist, muß Gil Saudades Revolutionäre Liberale Volkspartei zerfallen, wenn nicht gar vollständig verschwinden. Gil wird einige seiner Agenten aus dieser Partei, wie Matias Celloa, Carlos Vallejo und Ricardo Vasquez Diaz, so rasch wie möglich an der CEOSL-Organisation unterbringen, damit durch diese bezahlten Agenten Disziplin und Ordnung in der Organisation hergestellt werden. Andernfalls wird sie immer schwach bleiben und kein ernsthafter Gegenspieler der CTE werden.

Quito
23. Dezember 1961

Noland bringt den neuen Verwaltungsassistenten, Raymond Ladd, mit den Reiseagenten in Quito zusammen, damit er die Reiseüberwachungsoperation der Station übernehmen und ausdehnen kann. Neuer Hauptagent wird Patricio Ponce sein, ein alter Freund von Noland und prominenter Stierkämpfer, den Ladd so bald als möglich in ein Deckbüro plazieren wird.

Wenn ich einmal über die Aufregung und den ununterbrochenen Krisenzustand hierzulande im letzten Jahr nachdenke, so muß ich feststellen, daß wir nur zwei Ziele erreichen wollten, und daß wir beide verfehlt haben. Wir waren nicht in der Lage, einen Abbruch der diplomatischen Beziehungen zu Kuba zu erzwingen, und wir haben es nicht vermocht, die Regierung zum Einschreiten gegen die wachsende Stärke lokaler kommunistischer Gruppen und verwandter Bewegungen zu zwingen. Was Velasco anbelangt, so unternahmen wir keinen direkten Versuch, seine Regierung zu stürzen. Aber indem wir die Kampagne der Konservativen und der Christlich-Sozialen gegen Kuba und gegen den Kommunismus finanzierten, halfen wir ihnen zugleich, Velascos Machtbasis unter den Armen, die so überwältigend für ihn gestimmt hatten, zu zerstören.

Unsere Hauptaufgabe in den kommenden Monaten wird die Erneuerung der Kampagne gegen die Beziehungen zu Kuba mit Hilfe der Nationalen Verteidigungsfront und anderer Operationen sein, während wir sorgfältig die Unterwanderung der Regierung Arosemenas durch die extreme Linke sowie deren Vorbereitung zur bewaffneten Aktion beobachten müssen. Obwohl der zweite und der dritte Mann hinter Arosemena auf unserer Gehaltsliste stehen, kann man schwerlich behaupten, daß die gegenwärtige Sicherheitssituation eine Verbesserung gegenüber der Situation unter Velasco darstellt.

Die fundamentalen Gründe dafür, daß es überhaupt ein Sicherheitsproblem gibt, sind dieselben geblieben; die Konzentration des Reichtums und der Macht in den Händen von sehr wenigen und die Marginalisierung der Volksmassen. Eine solche extreme Ungleichheit kann die Menschen nur dazu ermutigen, zu extremen Lösungen Zuflucht zu nehmen. Es gibt jedoch noch kein Anzeichen für die Reformen, von denen jedermann spricht. Ich frage mich, ob es überhaupt noch dazu kommen wird. Das Verhalten meiner Freunde – seien sie nun blaublütige Konservative, neureiche Liberale oder Unabhängige – ist nicht sehr ermutigend. Ihr geringschätziges Wort für die Armen, die Velasco unterstützten – „Chusma" – zeigt, welche Distanz noch überwunden werden muß.*)

---

*) In der damaligen Propaganda der freien Welt nehmen sich die bislang von Agee geschilderten Prozesse und die Interventionen der CIA in Ecuador wie folgt aus:

„In Ecuador konnte der Fidelismus gerade daraus Kapital schlagen, daß eine Lateinamerikanische Schlichtungskommission (mit dem Segen der USA) den erwähnten Grenzkonflikt zugunsten Perus entschied. Präsident Velasco Ibarra hielt antiimperialistische Reden und wandte sich auch entschieden gegen jede Intervention in die Angelegenheiten Kubas. Trotz-

**Quito
2. Januar 1962**

Der kubanische Staatssekretär für Auswärtige Beziehungen, Carlos Olivares, ist wieder in Ecuador, diesmal um vor der OAS-Außenministerkonferenz in Punta del Este um Unterstützung zu werben. Auf der Konferenz hofft die US-Regierung eine gemeinsame Aktion gegen Kuba in Gang zu bringen — mindestens aber eine Resolution, daß alle Länder, die noch diplomatische Beziehungen mit Kuba aufrechterhalten, diese abbrechen sollten. Gestern traf Olivares in einem Badeort mit Arosemena zusammen. Arosemena bekräftigte erneut seine Politik der Nichteinmischung gegenüber Kuba. Heute erklärte er, Ecuador werde sich auf der Konferenz von Punta del Este gegen jedwede Sanktion gegenüber Kuba aussprechen.

**Quito
16. Januar 1962**

Vor zwei Tagen sollte der Nationalkongreß der URJE in Cuenca beginnen. In der Nacht zuvor explodierten jedoch vor zwei

---

dem war er vielen nicht radikal und procastistisch genug. Unter seinen linken Kritikern befanden sich u. a. auch Vizepräsident Arosema und vor allem Innenminister Araujo Hidalgo, der aus der Regierung ausschied, um innerhalb des ecuadorianischen Fidelismus eine maßgebende Rolle zu spielen. Als Vizepräsident Arosema im Sommer 1961 von seiner Rußlandreise zurückkehrte, wurde er von den Massen mit dem Ruf „Cuba-Si, Yanqis-No!", und Hochrufen auf Castro begrüßt. Im Herbst 1961 kam es zu einer politischen Krise, zu Streiks und Straßenkämpfen, zur Spaltung der Armee und zur Flucht Velasco Iberras. Sein Nachfolger wurde der bisherige Vizepräsident. Die Hauptursachen dieser Ereignisse waren innenpolitischer Natur, aber die Haltung zur kubanischen Revolution spielte ebenso wie in Brasilien auch in Ecuador eine Rolle."

Boris Goldenberg, Lateinamerika und die kubanische Revolution, Kiepenheuer & Witsch, 1963, p. 449. Das Buch wurde seinerzeit von der Bundeszentrale für politische Bildung verteilt (Anmerkung des Übersetzers).

Kirchenportalen in Cuenca Bomben. Die Bombenanschläge forderten keine Verletzten – unsere antikommunistischen Aktivisten unter Carlos Arizaga Verga waren vorsichtig –, aber am folgenden Tage, als der URJE-Kongreß beginnen sollte, fanden große ‚spontane' Demonstrationen gegen die Bombenanschläge statt. Um Blutvergießen zu vermeiden, wurde der URJE-Kongreß dann von staatlicher Seite verboten.
Gestern sandte die Revolutionäre Volksbewegung (die sich aus PCE, URJE und anderen linksextremen Organisationen zusammensetzt) eine Delegation zum Innenminister. Sie erzählten ihm, die Bombenexplosionen in Cuenca seien nicht ihr Werk, sie lehnten den Terrorismus als politisches Instrument ab.
Gil Saudade quält sich weiter mit seinen internationalen Organisationen. Diesmal geht es um den ecuadorianischen Ableger der World Assembly of Youth (WAY), den Nationalen Jugendverband. Ihm gehören Studenten, Arbeiter, Sportorganisationen, ländliche und religiöse Jugendgruppen, Pfadfinder und -finderinnen und die Rote-Kreuz-Jugend an. Gil leitet diese Operation über Juan Moeller, den Vorsitzenden der ecuadorianische Rote-Kreuz-Jugend. Er lancierte gerade einen anderen Führer der Rote-Kreuz-Jugend als Generalsekretär des Jugend-Verbandes.
In den kommenden Monaten wird die Hauptaufgabe in der Vorbereitung der ecuadorianischen Teilnahme an dem für August vorgesehenen WAY-Kongreß sowie in der Weiterleitung der Anweisungen der Zentrale an den ecuadorianischen Führer bestehen, damit dieser weiß, welche Angelegenheiten er unterstützen soll und welche nicht.

Quito
21. Januar 1962

Die Basis Guayaquil finanzierte die Demonstration von gestern. Tausende gingen auf die Straße, nachdem am Morgen eine Bombe am Portal einer der Hauptkirchen explodiert war – wiederum ohne Verletzte. Diese Bomben werden meist durch ein Kommando der Christlich-Sozialen gelegt, mit dem Ziel, Unruhe zu stiften. Man könnte denken, daß die Leute das durchschauen. Aber Reinaldo Perez, Nolands Hauptagent bei den Christlich-Sozialen meint, man könne diese Aktionen so lange als nötig fortsetzen. An der Demonstration in Guayaquil nahmen die Verteidigunsfront, unsere CROCLE-Organisation,

die Liberalen, die Konservativen, die Christlich-Sozialen und die faschistische ARNE teil.
In Riobamba fand gestern dank der Anstrengungen von Nolands neuem Agenten Davalos, ebenfalls eine antikommunistische Demonstration statt. Über Renato Perez und Aurelio Davila finanziert Noland außerdem Demonstrationen in Loja und anderen Provinzstädten, die in den nächsten Tagen stattfinden sollen.

Quito
31. Januar 1962

Die Konferenz von Punta del Este ging gestern zu Ende. Alle unsere Anstrengungen, Sanktionen gegen Kuba durchzusetzen, sind fehlgeschlagen, Aufgrund der Opposition von Ländern wie Ecuador. Sogar für den Beschluß, Kuba aus der OAS auszuschließen, stimmten nur 14 Länder, wobei u.a. Ecuador sich der Stimme enthielt.
Heute kündigte die Christlich-Soziale Bewegung formell ihre Mitarbeit in der Regierung Arosemena auf, und die Konservative Partei wird eine Erklärung gegen die Position der Regierung auf der Konferenz von Punta del Este abgeben. Der Außenminister, ein prominenter Christlich-Sozialer, wird zurücktreten oder seine Partei verlassen müssen.

Quito
28. Februar 1962

In diesem Monat haben die meisten politischen Parteien ihre Parteitage abgehalten, um mit den Vorbereitungen für die für Juni vorgesehenen Wahlen auf lokaler und Provinzebene sowie für den Kongreß zu beginnen. Wo immer das möglich ist, setzen wir Agenten ein, um Resolutionen gegen Kuba und lokale kommunistische Umtriebe durchzusetzen.
Manuel Naranjo war beim Parteitag der Sozialistischen Partei nur teilweise erfolgreich. Seine Partei beschloß, weiterhin mit den Liberalen in der Nationalen Demokratischen Front als gemeinsamen Wahlvehikel zusammenzuarbeiten. Die Erklärung zur Wiederherstellung der Front rief zum Kampf gegen die gegenwärtig in Ecuador operierenden totalitären Bewegungen auf — bekräftigte jedoch außerdem das Bekenntnis zur marxi-

stischen Philosophie als ‚der politischen und ökonomischen Realität Ecuadors adäquat'. Eine außenpolitische Erklärung, die zwei Tage nach der Beendigung des Parteitags abgegeben wurde, bekräftigte das Prinzip der Nichtintervention in Kuba zusammen mit der Opposition gegen den Ausschluß Kubas aus der OAS und gegen die Wirtschaftsblockade.

Die Konservative Partei veröffentlichte eine weitere Erklärung, in der sie Arosemena auffordert, alle Kommunisten und Prokommunisten aus der Verwaltung zu entlassen. Es gebe eine kommunistische Verschwörung zur Vorbereitung von Aufständen, die in Bälde überall im Lande losbrechen sollen. In der Provinz Azuay (Cuenca) wählten die Konservativen Carlos Arizaga Vega, einen der Hauptagenten unseres ECACTIR-Projekts, zum Vorsitzenden der Partei.

Außerdem versucht Araujo eine Organisation aufzubauen, die die linken Velasco-Wähler anziehen sol. Seine ‚Volksbewegung' hielt heute eine Versammlung zur Vorbereitung der Wahlen ab.

Nachdem Argentinien vor einigen Wochen auf dem Höhepunkt des zunehmenden militärischen Drucks auf Präsident Frondizi mit Kuba gebrochen hat, ist bereits eine Flut von neuen Gerüchten in Umlauf, wonach das ecuadorianische Militär mit Arosemena ähnlich verfahren werde. Diese Gerüchte kommen zumeist von der Rechten und stellen eine Art Suggestivpropaganda dar, die an das Militär adressiert ist. Diese Gerüchte könnten tatsächlich einige Wirkung haben – besonders da Argentinien knapp drei Wochen nach dem Bruch 150 Millionen Dollar von der Allianz für den Fortschritt erhielt. Nunmehr unterhalten nur noch Ecuador sowie fünf weitere lateinamerikanische Staaten diplomatische Beziehungen mit Kuba.

Quito
1. März 1962

Die Christlich-Sozialen versuchen weiter, im Militär Mißstimmung gegen die Linke zu schüren: sie unterwanderten eine Demonstration der FEUE und schrien Beleidigungen gegen das Militär, damit es so aussehe, als kämen sie von den Demonstranten selbst. Der Zug führte durch die Innenstadt zum Präsidentenpalast, wo Arosemena eine Rede hielt und die Anführer der Demonstration eine Petition überreichten, in der sie eine bessere Unterstützung der Universitäten durch die Regierung forderten. Die Situation ist tatsächlich ernst: die Professoren

der Zentraluniversität z.B. sind seit letzten Dezember nicht mehr bezahlt worden.
Der Plan der Christlich-Sozialen funktionierte perfekt. An der Spitze des Zuges marschierten der Vorsitzende der FEUE, der Rektor und der Vizerektor der Universität, der Erziehungsminister sowie der Innenminister. Am Präsidentenpalast waren kurz vor Beginn der Ansprachen Slogans zu hören, wie: „Tod der Armee!" und „Mehr Universitäten und weniger Armee!". Das Offizierskorps der Streitkräfte ist elektrisiert. Es kommen neue Gerüchte über mögliche militärische Reaktionen auf, die dieses Mal nicht von uns stammen.

Quito
3. März 1962

Gestern erklärten der Verteidigungsminister und die Chefs aller Streitkräfte, daß sie das lange Schweigen über die verschiedenen Aktivitäten, die dazu dienten, die Armee zu demoralisieren und sie von der ecuadorianischen Bevölkerung und seiner Regierung zu isolieren, brechen wollen. Der Erklärung zufolge werden diese Aktivitäten vom internationalen Kommunismus gesteuert und schließen Aktionen ein wie Rundfunk- und Pressekampagnen, Gerüchte, Streiks und Bummelstreiks, ländlichen Aufruhr, Ausbildung von Milizen und die FEUE-Demonstration am 1. März. Statt für bessere finanzielle Ausstattung zu demonstrieren, wurde der Protestzug der Erklärung zufolge zur Propaganda gegen die Streitkräfte mißbraucht. Die Erklärung schloß mit der Betonung der Entschlossenheit des Ministers und der Chefs der Streitkräfte, alles zu unternehmen, was zur Verteidigung der militärischen Institutionen erforderlich sei.
Die Erklärung des Militärs fiel günstigerweise zusammen mit einer Veranstaltung, die wir über Aurelio Davola finanzierten, und an der sich die Konservativen, die Christlich-Sozialen, die ARNE sowie die katholischen Jugend-, Frauen- und Arbeiterorganisationen beteiligten. Der Zweck der Veranstaltung bestand in der erneuten Forderung nach Abbruch der Beziehungen mit Kuba; Davila war der Hauptredner. Er schob die Schuld an den Beleidigungen des Militärs am 1. März auf die Kommunisten und Castroisten, die ihre eigenen Milizen aufzubauen versuchten. Außerdem beschuldigte er Arosemena, die Kommunisten zu decken. In seiner Eigenschaft als Präsident des

Abgeordnetenhauses sandte er eine Botschaft an den Verteidigungsminister und die Chefs der Streitkräfte, in der er sie seiner Unterstützung versicherte.

Quito
16. März 1962

Unseren Vizepräsidenten Reinaldo Varea hat ein schwerer Schicksalsschlag ereilt. Gestern gab die Regierung bekannt, daß die militärische Ausrüstung im Werte von einer Million Dollar, die Velascos Geheimkommission letztes Jahr in den USA gekauft hatte, sich als Schrott und wertloser Plunder herausgestellt hat. Varea ist in die Angelegenheit verwickelt, weil er als Vizepräsident des Senats Chef der Einkaufskommission gewesen war. Es wurden keine Beschuldigungen laut, etwa, das Geld sei unterschlagen worden, aber von einer amerikanischen Ersatzteilfirma um eine Million Dollar beschwindelt worden zu sein, ist ein Beweis völliger Inkompetenz. Es wurden Fotos von den Panzern und Truppentransportern veröffentlicht — einige ohne Motoren, andere ohne Räder, andere einfach am Auseinanderfallen.

Die KP hielt gerade einen ihrer seltenen Parteitage ab. Basantes und Cardenas nahmen als Mitglieder der Delegation von Pinchincha teil. Die Spaltung innerhalb der Partei über die Frage, ob man rasch zur bewaffneten Aktion schreiten oder weiterhin Massenarbeit machen solle, vertieft sich. Rafael Echeverria, der KP-Führer von Quito, ist der wichtigste Befürworter baldiger bewaffneter Aktionen, wenn auch Pedro Saad als Generalsekretär wiedergewählt wurde und die Kontrolle über die Partei behält. Leider wurde keiner unserer Agenten ins Zentralkomitee gewählt, zu dessen Mitgliedern dagegen in Zukunft auch der Indianerführer Miguel Lechon zählen wird.

Quito
28. März 1962

Die Militärgarnison von Cuenca unter Oberst Aurelio Naranjo sandte überraschend eine Botschaft an Arosemena, in der sie den Abbruch der Beziehungen mit Kuba und die Entlassung des linksstehenden Arbeitsministers binnen zweiundsiebzig Stun-

den forderte. Das ganze Land ist durch diese Revolte aufgerüttel, obwohl der Ausgang noch ungewiß ist, da sich keine weiteren Militäreinheiten angeschlossen haben.
Arosemena sprach heute nachmittag mit Vizepräsident Varea und der Presse. Er vertritt eine harte Linie und verspricht strenge Bestrafung der für die Rebellion Verantwortlichen. Die traditionellen Parteien unterstützen angeblich Arosemena und die Verfassung, aber die Konservativen haben eine Erklärung abgegeben, in der sie auf einem Bruch mit Kuba und der Tschechoslowakei sowie einer Säuberung der Verwaltung von Kommunisten bestehen. FEUE, CTE, URJE und andere linksextreme Gruppen unterstützen natürlich Arosemena. Der Schlüssel zur Situation liegt in der Reaktion des Verteidigungsministers und der Befehlshaber der Streitkräfte hier in Quito. Wir checken verschiedene Agenten, die Zugang haben, bekommen aber keine eindeutige Auskunft, da die militärischen Führer offenbar schwanken.
Die andere Sensation: Sturz des argentinischen Präsidenten Frondizi durch das Militär. Obgleich der unmittelbare Grund für den militärischen Staatsstreich im Sieg der Peronisten bei den Wahlen im letzten Monat zu suchen ist, werden wir den Coup in unsere Propaganda als Folge von Frondizis Widerwillen gegen den Bruch mit Kuba und seiner entgegenkommenden Politik gegenüber der extremen Linken ausschlachten.

Quito
29. März 1962

Die Krise hält an. Heute veröffentlichte die Garnison Cuenca die öffentliche Erklärung über die Notwendigkeit eines Bruchs mit Kuba und der Tschechoslowakei und einer Säuberung der Verwaltung von Kommunisten. Der Verteidigungsminister und der Stabschef der Streitkräfte sowie der militärische Oberbefehlshaber der Armee unterstützen den Befehlshaber von Cuenca indirekt, indem sie keine Truppen zur Niederwerfung der Rebellion entsenden.
In den meisten größeren Städten fanden heute Demonstrationen statt: in Quito zwei, eine für Arosemena und eine gegen ihn; in Guayaquil für Arosemena; und in Cuenca gegen ihn — dort trugen die Demonstranten Transparente mit der Aufschrift „Christkönig — ja; Kommunismus — nein". Arosemena versucht zurückzuschlagen, aber ohne das Militär ist er praktisch

machtlos. Das gesamte Kabinett bot heute seinen Rücktritt an. Er akzeptierte den Rücktritt des Innenministers (der die öffentliche Sicherheit vernachlässigt hatte), des Arbeitsministers (als Geste gegenüber den Rechten, die sich auf ihn als extremen Linken eingeschossen hatten) und des Wirtschaftsministers (einer der Köpfe der Kampagne der Konservativen Partei gegen den Kommunismus und gegen die Beziehungen zu Kuba).

Quito
31. März 1962

Es zeichnet sich eine Lösung ab. Die Konservativen beendeten heute formell ihre Beteiligung an Arosemenas Regierung. Gespräche zwischen Arosemena und der Nationalen Demokratischen Front — bestehend aus den Liberalen, den Christlich-Sozialen, den Demokratischen Sozialisten und Unabhängigen — sind im Gange. Eine der Bedingungen der Front für eine künftige Unterstützung Arosemenas ist der Bruch mit Kuba und der Tschechoslowakei.
Interessanterweise ist diese Lösung ein Ergebnis des Umstands, daß Varea, der Vizepräsident, für das militärische Oberkommando unannehmbar ist aufgrund seiner Verstrickung in die Waffenaffäre. Im anderen Falle wäre Arosemena wegen seiner Weigerung, mit Kuba zu brechen, möglicherweise zugunsten von Varea gestürzt worden. Die Liberalen und die anderen Mitglieder der Demokratischen Front erwarten eine Verbesserung ihrer Wahlchancen durch eine herrschende Position in der Regierung. Die Konservativen und die Christlich-Sozialen werden in der Lage sein, im Wahlkampf zu behaupten, daß der Bruch mit Kuba (falls er stattfindet) ihr Werk ist. Jedermann wird zufriedengestellt, außer Arosemena und der extremen Linken — obgleich Arosemena zumindest für den Augenblick im Amt bleiben wird. Letzte Nacht flog das Christlich-Soziale Bombenkommando doch noch auf. Kurz nach Mitternacht ließen sie eine Bombe im Haus des Kardinals explodieren (der in der Innenstadt nahe der Basilika schlief) und einige Stunden später bei der Antikommunistischen Front. Durch einen unglücklichen Zufall wurden die beiden Bombenleger festgenommen und gestanden gegenüber der Polizei, daß sie selbst Mitglieder der Antikommunistischen Front wären. Wenigstens haben sie die Spuren noch nicht auf die Christlich-Soziale Bewegung gelenkt, die die Bombenaktionen plante. All das verursachte

zwar viel Lärm, richtete aber wenig Schaden an und lieferte einen neuen Vorwand zu einer Solidaritätsdemonstration für den Kardinal.

Quito
1. April 1962

Die Krise ist überstanden, und die Kubaner sind am Kofferpacken. Heute wurde bekanntgegeben, daß die Nationale Demokratische Front in die Regierung eintreten und fünf Kabinettsposten übernehmen würde, außerdem würden die Beziehungen zu Kuba abgebrochen. Der neue Innenminister, Alfredo Albornoz, ist antikommunistischer Unabhängiger, den Noland persönlich kennt. (Sein Sohn ist ein Freund von Noland und mir; er ist Präsident des YMCA-Vorstandes, in dem ich im Januar Noland ablöste.)
Heute wurde der Abbruch der Beziehungen zu Kuba mit neuen antikommunistischen Demonstrationen und Umzügen in Quito und unten im Süden, in Loja, gefeiert. Die Konservativen und die Christlich-Sozialen unterstützen noch eine weitere massive Demonstration, die in drei Tagen zur Unterstützung des Kardinals stattfinden soll; trotz des Geständnisses der Bombenleger (das in den Tageszeitungen in eine kleine, obskure Notiz verbannt wurde).

Quito
2. April 1962

Endlich Erfolg. Heute stimmte das neue Kabinett in seiner ersten Sitzung mit Arosemena einstimmig für den Abbruch der Beziehungen mit Kuba, der Tschechoslowakei und Polen (das unlängst einen Vertreter nach Quito entsandt hatte, um eine Gesandtschaft zu eröffnen).
Heute nachmittag feierten wir den Sieg auf der Station mit Champagner, und das Hauptquartier sandte Glückwünsche.

Quito
4. April 1962

Die heutige Straßendemonstration der Christlich-Sozialen und der Konservativen war angeblich die größte in der Geschichte

Quitos. Zehntausende strömten durch die Straßen der Innenstadt zum Unabhängigkeitsplatz, wo der Kardinal, der als letzter Redner sprach, erklärte, daß er gemäß den Lehren Christi den Terroristen vergeben würde, die ihn zu töten versucht hätten. Aurelio Davila war einer der Organisatoren der Demonstration. Er arrangierte die Übergabe einer kubanischen Flagge an den Kardinal durch eine Delegation von Exilkubanern. (Die wichtigste Exilorganisation, das Revolutionäre Studentendirektorium, wird von der Station Miami gelenkt, und in einigen Ländern werden die lokalen Vertreter direkt von Beamten der Station geführt. In unserem Falle zieht es Noland jedoch vor, sie über Davila auf Distanz zu halten.)
Noland trifft sich bereits mit dem neuen Innenminister Alfredo Albornoz, um Informationen über kommunistische Pläne weiterzugeben, die wir von unseren Agenten erhielten. Heute bekamen wir von einem der Hilfsagenten von Jose Vargas die sensationelle Nachricht, daß Jorge Ribadeneira, einer der wichtigsten Führer der URJE, seine Anhänger zur sofortigen bewaffneten Aktion in einer ländlichen Gegend nahe der Küste aufgefordert hat. Als Noland mit dem Innenminister zusammentraf, erfuhr er, daß dieser ebenfalls Informationen über die Guerillaoperation besaß – sie konzentriert sich in der Nähe von Santo Domingo de los Colorados, einer Kleinstadt, die einige Autostunden von Quito entfernt in Richtung Küste liegt. Heute abend wird der Verteidigungsminister ein Bataillon Fallschirmjäger in das Gebiet entsenden, um die Guerillas zu binden.
Vorsichtshalber verbot der Innenminister alle öffentlichen Demonstrationen bis auf weiteres. Er und der Verteidigungsminister hoffen jedoch, die Guerillaoperation geheimzuhalten, bis die Stärke der Gruppe bekannt ist. Das könnte sich allerdings als unmöglich erweisen, da andere Agenten (zum Beispiel Oberstleutnant Paredes, der Chef des Überwachungsteams) bereits über die Mobilmachung bei den Fallschirmjägern zu berichten beginnen. Der Gedanke, es mit einer wohlorganisierten Guerillabewegung zu tun zu bekommen, ist einer unserer schlimmsten Alpträume wegen der Leichtigkeit, mit der die Nachrichten- und Verkehrsverbindungen zwischen der Küste und der Sierra unterbrochen werden können. Außerdem sind die schwierigen geographischen Verhältnisse in vielen Gegenden ideal für Guerillaoperationen, und wenn die ländlichen Indianer und die Bauern gewonnen werden könnten – einge-

standernermaßen keine einfache Aufgabe aufgrund der religiösen und anderen traditionellen Einflüsse –, würden die Guerillas über ein enormes Potential verfügen. Deshalb haben wir, um dieser Situation zuvorzukommen, beständig versucht, Aktionen der Regierung gegen die verschiedenen Gruppen der extremen Linken zu veranlassen.

Quito
5. April 1962

Die Kommunikation mit dem Agenten von Jose Vargas in der Guerillagruppe ist unmöglich geworden, und das Verteidigungsministerium bekommt kaum noch interessante Nachrichten aus dem Operationsgebiet. Unsere besten Informationen aus dem Verteidigungsministerium stammen von Major Ed Breslin, dem Geheimdienstmann bei der amerikanischen Militärstation. Obwohl er erst seit kurzer Zeit in Quito ist, arbeitet er mit den Leuten vom ecuadorianischen Militärgeheimdienst bereits viel erfolgreicher zusammen als sein Vorgänger. Noland und ich haben mit ihm sehr eng zusammengearbeitet, um neue Rekrutierungsmöglichkeiten innerhalb des militärischen Geheimdienstes auszumachen; unsere Beziehung zu ihm ist ausgezeichnet – er bildete die Panzereinheiten aus, die letztes Jahr in der Schweinebucht landeten. Breslin berichtet, daß die Guerillas keinen Widerstand leisten und mehrere Verhaftungen vorgenommen wurden.

Quito
6. April 1962

Heute morgen brachte die Presse die ersten Berichte über die Guerillaoperationen in Santo Domingo – sensationelle Darstellungen, die von 300 oder mehr Männern unter dem Kommando von Araujo sprachen. Der Verteidigungsminister erklärte jedoch später, daß dreißig Guerillas verhaftet wurden und man große Mengen Waffen, Munition und militärische Ausrüstung gefunden habe. Erste Berichte über die Verhöre besagen, daß die Guerillagruppe weniger als hundert Mitglieder umfaßt und daß Araujo nicht beteiligt ist. Die militärischen Operationen gehen jedoch weiter.
Obwohl auch aus den früheren Verhören hervorgeht, daß die

Guerillaoperation aufgrund der Revolte von Cuenca überstürzt wurde und nur sehr notdürftig geplant war, werden wir sie in unserer Propaganda als eine ernsthafte Bedrohung darzustellen versuchen. Die meisten Verhafteten sind junge URJE-Mitglieder, Anhänger von Jorge Ribandeneira, der wohl aus der PCE ausgeschlossen werden wird, falls, wie es scheint, das Exekutivkomitee unter Saad nichts mit der Operation zu tun hatte.

Quito
10. April 1962

Die Guerilla-Affäre von Santo Domingo ist erledigt. Sechsundvierzig Personen wurden nach kurzem Schußwechsel gefangengenommen. Um Pacifico de los Reyes dabei zu helfen, einen guten Eindruck in seinem neuen Job als Chef der Nachrichtenabteilung der National Polizei zu machen, habe ich ihm Informationen über viele der Verhafteten gegeben, die er gegenüber dem militärischen Vernehmungsteam als seine eigenen ausgeben kann.

Die propagandistische Auswertung ist nur teilweise erfolgreich. Der Verteidigungsminister erklärte, daß die beschlagnahmten Waffen nicht von der in der ecuadorianischen Armee verwendeten Art seien und daß sie aus dem Ausland stammen müßten — obwohl in Wahrheit praktisch alle Waffen konventionelle Gewehre, Jagdgewehre und M-1s aus Armeebeständen kamen. Die der Presse übermittelten Vernehmungsberichte unterstellen (fälschlich), daß die Operation sehr sorgfältig geplant und auf dem im letzten Monat abgehaltenen PCE-Kongreß gebilligt worden sei.

Die Pressekommentare tendieren jedoch zur Romantisierung der Operation. Die Teilnahme von vier oder fünf Mädchen wird beispielsweise sentimentalen Gründen zugeschrieben. Überdies behaupteten die Verhafteten, nachdem sie der Polizei überstellt waren und die Erlaubnis bekommen hatten, mit Rechtsanwälten zusammenzutreffen, daß sie lediglich in der Hoffnung, die Regierung Arosemena gegen den Putsch der Garnison Cuenca verteidigen zu können, nach Santo Domingo zur Ausbildung gekommen waren. Die FEUE richtete eine Kommission von Rechtsanwälten zur Verteidigung der Guerillas ein. Unglücklicherweise schlägt der frühzeitige öffentliche Alarm in Belustigung und sogar in Lächerlichkeit um.

Von weiterreichender Bedeutung werden zwei Umstände sein.

Erstens hat die Leichtigkeit, mit der die Guerillas aufgerollt wurden, dem ecuadorianischen Militär neue Zuversicht gegeben und mag wohl künftige Forderungen nach Unterdrückung der extremen Linken durch die Regierung ermutigen. Zweitens verschärft die Operation notwendig die wachsende Spaltung auf der extremen Linken, sowohl innerhalb wie außerhalb der KP, zwischen den Befürwortern frühzeitiger bewaffneter Aktionen und den Befürwortern der Fortsetzung langfristiger Massenarbeit.

Quito
23. April 1962

Gil Saudade hat eine weitere Frontorganisation für Propaganda eingerichtet. Sie wurde vor einigen Tagen gegründet und nennt sich ‚Komitee für die Freiheit der Völker'. Durch diese Gruppe will Gil Dokumente der ‚Europäischen Versammlung Unterdrückter Völker' publizieren sowie anderer von der CIA kontrollierter Organisationen, die sich mit Kampagnen für Menschenrechte und bürgerliche Freiheiten in den kommunistischen Ländern beschäftigen. Der Agent, über den er das Komitee errichtet, ist Isabel Robalino Bollo, die er über Velascos früheren Arbeitsminister, Jose Baquero de la Calle kennenlernte. Sie gehört zu den Führern des katholischen Arbeitszentrums und ist Gils Hauptagent für Operationen, die über diese Organisation laufen. Sie wurde zum Sekretär des Komitees ernannt, dem viele prominente liberale Intellektuelle und Politiker angehören.

Quito
27. April 1962

Die Kampagne für die Wahlen im Juni kommt in Fahrt. Eine Anzahl unserer Agenten wird kandidieren, bisher jedoch findet unsere wichtigste Wahloperation in Ambato statt, wo Jorge Gortaire, Oberst a. D. und Führer der Christlich-Sozialen, sich darum bemüht, den für die Wiederwahl kandidierenden Bürgermeister von der Revolutionären Sozialistischen Partei zu schlagen.
Gortaire ist außerdem Präsident des Rotary Clubs und Vorsitzender der Antikommunistischen Front in Ambato, die wir

über ihn finanzieren. Aufgrund seiner außergewöhnlichen Fähigkeiten präsentiert die Front eine Einheitsliste, die von den Konservativen, den Liberalen, den Christlich-Sozialen, von Unabhängigen und natürlich von der faschistischen ARNE getragen wird. Gil Saudade steht bei seinen zusammen mit der Basis Guayaquil durchgeführten Gewerkschaftsoperationen vor einem enormen Erfolg. Morgen beginnt der Gründungskongreß des Bundes freier Gewerkschaften, der CEOSL heißen wird. Gil ist sehr zuversichtlich, daß wir die Konflikte zwischen den Agenten der Basis in der CROCLE und seinen Agenten aus der Revolutionären Liberalen Volkspartei in den Griff bekommen werden. In den letzten Monaten sind die Agenten von der PLPR zunehmend aktiver geworden, und Gil rechnet mit ihnen als einem Gegengewicht zum spalterischen Regionalismus der CROCLE-Agenten.

Quito
1. Mai 1962

Die CEOSL — der Ecuadorianische Bund Freier Gewerkschaften — ist formell gegründet und wird von mehreren Agenten kontrolliert: Victor Contreras Zuniga ist Vorsitzender, Matias Ulloa Coppiano Sekretär für Auswärtige Beziehungen und Ricardo Vazquez Diaz Sekretär für Bildungsarbeit. Die Angelegenheit erhielt viel Publicity; es trafen Solidaritätsbotschaften ein von der ORIT in Mexico City, von der ICFTU und den Internationalen Gewerkschaftssekretariaten in Brüssel. Die Führer anderer von der CIA kontrollierter Gewerkschaften wie dem Uruguayischen Gewerkschaftsbund (CSU) wurden eingeladen.

Die Hauptaufgabe der ersten Sitzung bestand in der Verabschiedung des Aufnahmeantrags an die ICFTU und die ORIT, die gerade ein bedeutendes Ausbildungszentrum in Mexiko errichtet hat. Die CEOSL wird bald damit beginnen, Teilnehmer zu den Kursen der ORIT-Schule zu schicken, die von der Station Mexico City über Morris Paladino, den stellvertretenden Generalsekretär der ORIT, geführt wird, durch den die IO-Division zugleich die ORIT kontrolliert. Der neue Generalsekretär der ORIT, Arturo Jauregui, wurde nicht direkt angeworben, obgleich er im März hier war, um die Schule zu unterstützen. Unglücklicherweise erreichte die Auseinandersetzung zwischen den CROCLE-Agenten der Basis Guayaquil und der Operation

ECALICO von vor zwei Jahren einen neuen Höhepunkt. Adalberto Miranda Giron, dem Gewerkschaftssenator für die Küstenregion, wurde vor einigen Monaten von der Basis gekündigt, da einige zweifelhafte Geschäfte bekannt wurden. Auf der Gründungsversammlung der CEOSL wurde er als Verräter der Arbeiterklasse beschimpft. Dies ist der Anfang einer Kampagne, die ihn ganz aus der Arbeiterbewegung hinaustreiben soll.

**Quito
3. Mai 1962**

Die „Schrott-Affäre" ist zu Ecuadors Skandal des Jahrhunderts geworden und wird zunehmend von der Linken verwendet, um das Militär lächerlich zu machen. Heute gaben der Generalstabschef und der Armeeoberbefehlshaber eine gemeinsame Erklärung ab, in der sie sich gegen die Angriffe zur Wehr setzten, die CTE-Führer unlängst in ihren Reden zum 1. Mai und bei anderen Gelegenheiten vorgetragen hatten, in denen die Militärs mit der Schrott-Affäre in Zusammenhang gebracht wurden. Der Zweck der Kampagne sei letztlich, so warnten sie, die Auflösung der Streitkräfte. Die Empörung wächst im Militär auch angesichts neuerer Flugblätter und Wandparolen, in denen sie als „Schrott-Händler" bezeichnet werden. Eine neue Krise hat sich in den ländlichen Gebieten entwickelt. Sie zeigt in aller Deutlichkeit die Zurückgebliebenheit dieses Landes. In den letzten beiden Monaten versuchte die Regierung eine statistische Erhebung über die Landwirtschaft und ihren Viehbestand durchzuführen, um wirtschaftliche Planungen zu erleichtern. Es kam zu zahlreichen Indianeraufständen wegen der Gerüchte, die Erhebung wäre eine kommunistische Methode, um den Indianern ihr Vieh wegzunehmen. Bei verschiedenen Gelegenheiten gab es Tote und Verletzte, so z. B. in der Provinz Azuay, wo ein Lehrer und sein Bruder, die die Zählung durchführten, mit Macheten in Stücke gehauen wurden und nur das Eintreffen der Polizei das Verbrennen der Überbleibsel ihrer Körper verhinderte. Da die in ländlichen Gegenden praktizierenden Priester oftmals für diese Gerüchte verantwortlich sind, mußte die Regierung die Kirchenhierarchie bitten, alle Priester und sonstige Geistlichen anzuweisen, die Zählung, wo immer das möglich ist, zu unterstützen. In Azuay wurde die Viehzählung jedoch abgebrochen.

Man muß sich über die religiöse Strenge hierzulande wundern. Am Karfreitag vor zwei Wochen zogen Zehntausende Indianer und andere sehr arme Leute in der Prozession hinter den Bildern her, von Mittag an bis sechs Uhr abends — trotz heftigen Regens. Dasselbe Bild in Guayaquil und in anderen Städten.

Quito
12. Mai 1962

Die Aussichten von Renato Perez für den Stadtrat, von Aureliano Davila und von Carlos Arizaga Vega für die Abgeordnetenkammer stehen gut. Alfredo Perez Guerrero, Präsident der ICJ-Sektion und reformfreudiger Rektor der Zentraluniversität, führt die Abgeordnetenliste der Nationalen Demokratischen Front an (Liberale, Sozialisten und Unabhängige) und wird auch ohne unsere Hilfe gewinnen. Andere Kandidaten der Christlich-Sozialen Bewegung und der Konservativen Partei werden indirekt finanziert über Fonds, die an Perez und Davila gehen.

Quito
13. Mai 1962

Wir haben zwei wichtige Führer der Christlich-Sozialen in Quito neu rekrutiert. Ich bin mit den beiden neuen Fällen beauftragt.
Die erste neue Operation läuft über Carlos Roggiero, einen Hauptmann a. D., der zu den wichtigsten Vertretern der Christlich-Sozialen in der Nationalen Verteidigungsfront zählt. Roggiero ist der Chef der Christlich-Sozialen Kommandos für militante Aktionen und damit auch des geheimen Bomben-Kommandos. Ich habe damit begonnen, ihn auszubilden im Gebrauch verschiedener Methoden des Aufruhrs und der Zerstreuung von Menschenmassen, die ich von der TDS im Hauptquartier angefordert hatte. Über ihn werden wir ungefähr zehn Kommandos aufstellen, die aus fünf bis zehn Mann bestehen und zur Sprengung von Versammlungen und kleinen Demonstrationen sowie zur allgemeinen Straßenkontrolle und zur Einschüchterung der Kommunistischen Jugend, der URJE und ähnlichen Gruppen eingesetzt werden sollen.
Die andere neue Operation läuft über Jose Maria Egas, einen

jungen Rechtsanwalt, der ebenfalls ein führender Vertreter der Christlich-Sozialen in der Nationalen Verteidigungsfront ist. Egas macht eine rasche politische Karriere und ist ein wirklich fesselnder Redner. Über ihn werde ich fünf Gruppen aufstellen, bestehend aus vier oder fünf Leuten, die die Untersuchungsarbeit im Zusammenhang mit unserer „Subversiven Kontroll- und Überwachungsliste", früher bekannt als LYNX-Liste, leisten sollen. Das Überwachungsteam unter Oberstleutnant Paredes hat einfach nicht die Zeit, um die ganze Sache selbst durchzuführen und wird für andere Aufgabengebiete benötigt. Mit der unter Egas Kontrolle stehenden Gruppe werden wir kontinuierlich Wohnsitze und Arbeitsstellen überprüfen, so daß wir, wenn die Situation sich weiter verschlechtert und der Augenblick der Wahrheit gekommen ist, über die für sofortige Verhaftungen erforderlichen aktuellen Informationen verfügen. Wenn Egas' Arbeit sich bewährt, werden wir ihn im Hauptquartier ausbilden und die Operation sogar auf körperliche Überwachung ausdehnen. Als weitere Anstrengung zur Verbesserung der Nachrichtenbeschaffung über die extreme Linke, habe ich durch Raphael Bucheli und Alfonso Rodriguez eine zusätzliche Abhörleitung anbringen lassen. Die neue Abhöranlage wird sich am Haustelefon von Antonio Flores Benitez befinden, einem Hauptmann a. D., der aus mysteriösen Gründen Mitarbeiter des KP-Führers von Quito, Rafael Echeverria Flores, ist. Wir besitzen verschiedene Hinweise von den KP-Agenten Cardenas und Vargas, daß Flores eine Schlüsselfigur der Organisation ist, die Echeverria anscheinend außerhalb der eigentlichen KP-Struktur aufbaut.

Ich werde Flores eine Weile abhören, um zu sehen, ob sich irgend etwas Interessantes entwickelt — Edgar Camacho wird die Abschriften übernehmen, da Francine Jacome nur Zeit hat, die Araujo-Verbindung abzuschreiben. Der Abhörposten bleibt im Haus von Bucheli unter der dünnen Tarnung einer Elektrowerkstatt.

**Quito
21. Mai 1962**

Arosemena rächte sich für die Demütigung durch das Militär, als er gezwungen wurde, mit Kuba zu brechen. Vergangene Woche feuerte er den Verteidigungsminister, sandte den Befehlshaber der Armee als Militärattaché nach Paris und den Luftwaffenbefehlshaber als Militärattaché nach Buenos Aires. Es erfolgten sofortige Proteste der Christlich-Sozialen und der Konservativen wegen der Versetzung dieser unerschütterlich antikommunistischen Offiziere, und es werden neue Anschuldigungen bezüglich der kommunistischen Unterwanderung der Regierung laut. Dann trat der erst vor sieben Wochen ernannte Innenminister Alfredo Albornoz zurück und daraufhin alle anderen Minister der Nationalen Demokratischen Front. Es geht um Arosemenas Weigerung, zwei linke Beamte in Schlüsselstellungen, den Generalsekretär der Verwaltung und den Provinzgouverneur von Guayas zu entlassen, was er im vergangenen Monat versrprochen hatte, als die Front in die Regierung eintrat.

Gestern jedoch wurden neue Minister ernannt, nachdem Arosemena im geheimen ein weiteres Versprechen abgegeben hatte, den Gouverneur der Provinz Guayas abzusetzen. Der Generalsekretär der Verwaltung bleibt und mit ihm viele andere der gleichen Couleur. Unter den neuen Ministern befindet sich Juan Sevilla, einer meiner Golfpartner, der zum Minister für Arbeit und soziale Wohlfahrt ernannt wurde. Gil Saudade wird entscheiden, ob Sevilla nützlich sein könnte für seine Gewerkschaftsoperationen.

Quito
4. Juni 1962

Während der letzten Tage vor der gestrigen Wahl flackerten in verschiedenen Städten die traditionellen Unruhen auf. Die Rechte war ebenso gespalten wie das Zentrum und die Velasquisten: eine Unmenge Kandidaten im ganzen Land (mit Ausnahme der extremen Linken, die sich nicht an den Wahlen beteiligte). Die Konservative Partei gewann die meisten Sitze in der Abgeordnetenkammer (wenngleich keine Mehrheit) und siegte bei den meisten Stadt- und Provinzwahlen. Aurelio Davila, der den Wahlkampf der Konservativen in Quito managte, wurde zum Abgeordneten für Pinchincha gewählt. Renato Perez wurde auf der Liste der Christlich-Sozialen zum Stadtrat von Quito und Carlos Arizaga zum Abgeordneten der Konservativen Partei für die Provinz Azuay gewählt. Die Velasquisten erlebten ein Desaster, sie gewannen nur sechs Abgeordnetensitze und zwei Bürgermeisterämter — eines davon in Ambato. Jorge Gortaires dortiger Kandidat, von der Antikommunistischen Front getragen, wurde zweiter. Reinaldo Varea hat in der fortdauernden Kontroverse über die Schrott-Affäre schwere Schläge einstecken müssen. Der Fall färbt auf die gesamte politische Szenerie ab, und unglücklicherweise ist Vareas Verteidigung nicht gerade sehr geschickt. In wenigen Tagen wird er nach Washington reisen zur Behandlung seiner Magengeschwüre im Walter Reed Hospital — Davila wird ihn als Vizepräsidenten vertreten.

Quito
15. Juni 1962

Der Internationale Währungsfonds kündigte für Ecuador soeben einen weiteren Stabilisierungskredit in Höhe von fünf Millionen Dollar für die nächsten zwölf Monate an. Mit ihm soll die Zahlungsbilanz ausgeglichen werden. Die Hilfe ist natürlich gebunden an die Beibehaltung der vereinheitlichten Wechselkurse vom letzten Jahr, die zu Velascos Sturz beigetragen hatten. In diesem Monat laufen zwei Programme an, die Bestandteil eines neuen Versuches des US-Teams zur Abwehr kommunistisch gelenkter Aufstände sind. Zum einen handelt es sich um das Civic Action Programm der ecuadorianischen Streitkräfte und der US-Militärmission, das tatsächlich bereits seit einigen Jahren läuft, das aber jetzt ausgeweitet und institutionalisiert wird. Zweck der Civic Action ist es, durch Gemeindeentwicklungsarbeit von uniformierten Militäreinheiten zu demonstrieren, daß das Militär auf der Seite des Volkes steht, um die Anfälligkeit der Armen für kommunistische Propaganda und Rekrutierungsmethoden aufzuheben. Das soeben als das erste seiner Art in Lateinamerika angekündigte Civic Action Programm erfordert von der US-Militärmission Geldaufwendungen und Ausrüstung in Höhe von 1,5 Millionen Dollar sowie weitere 500 000 Dollar von der AID-Mission. Breitgestreute Publicity soll zur Propagierung dieser Projekte in anderen Gegenden dienen, um dort Interesse zu wecken und Projektvorschläge anzuregen.
Auf der Station werden wir mit Major Breslin, dem Intelligence-Berater der US-Militärmission, zusammenarbeiten. Er wird das Personal der Mission einsetzen, um die Projekte zu besichtigen und dort als eine Art Scouts zu arbeiten, die Augen offenzuhalten und über Anzeichen von Feindseligkeit, den Umfang der kommunistischen Agitpropaktivitäten sowie über die

allgemeine Effektivität des Programms zu berichten. Das andere neue Programm ist enger mit den regulären Operationen der Station verbunden und ist Washingtons Antwort auf die Mängel der gegenwärtig über die AID, die ORIT sowie die CIA-Stationen laufenden Gewerkschaftsprogramme. Das Problem hängt zusammen mit der Auseinandersetzung über die Effektivität der ORIT, besitzt aber eine darüber hinausgehende Dimension – es geht im wesentlichen darum, wie die Ausdehnung der gewerkschaftlichen Organisationsaktivitäten in Lateinamerika beschleunigt werden kann, um die Arbeiter von den durch die extreme Linke dominierten Gewerkschaften abzubringen und die kommunistische und castroistische Unterwanderung aufzuheben. Dieses neue Programm soll über das American Institute for Free Labour Development (AIFLD) laufen, das im letzten Jahr in Washington zur Ausbildung im Gewerkschaftswesen gegründet wurde. Die AIFLD wird von Serafino Romualdi geleitet, dem langjährigen Agenten der IO-Division, der als Executive Director eintrat und als Interamerikanischer Repräsentant der AFL-CIO zurücktrat. Die wichtigsten Mitarbeiter der Zentrale sind George Meany, J. Peter Grace und Joseph Beirne, Präsident der Communications Workers of America (CWA), dem größten Ableger der Post, Telegraph and Telephone Workers International (PTTI) in der westlichen Hemisphäre. AIFLD ist taktisch dem Vorbild der CWA-Ausbildungsschule in Front Royal, Virginia, nachgebildet, wo die Führer der PTTI-Filialen in Lateinamerika ausgebildet werden. Die tagtägliche Kontrolle der AIFLD wird jedoch über Romualdi und William Doherty, den früheren interamerikanischen Repräsentanten der PTTI und jetzigen AIFLD-Direktor für soziale Projekte, ausgeübt.

Führende Geschäftsleute stehen an der Spitze des Vorstands, so daß große Summen von AID-Geldern zur AIFLD gelenkt werden können und es den Anschein haben wird, daß das Institut mit den in Lateinamerika operierenden US-Firmen zusammenarbeitet. Nichtsdestoweniger ist das AIFLD vom juristischen Standpunkt aus eine private Nonprofit-Gesellschaft, und die Finanzierung wird über Stiftungen, Busineß und die AFL-CIO erfolgen. Prominente lateinamerikanische Liberale wie Jose Figueres, der frühere Präsident von Costa Rica und ein ebenfalls langjähriger Mitarbeiter der CIA, werden von Zeit zu Zeit im Vorstand tätig sein.

Die Hauptaufgabe der AIFLD wird in der Organisierung antikommunistischer Gewerkschaften in Lateinamerika bestehen. Da die Organisierung von Gewerkschaften durch die AID nur sehr behutsam finanziert werden kann (auch wenn das indirekt geschieht), wird die offizielle Aufgabe in der Erwachsenenbildung und in sozialen Projekten wie Arbeiterwohnungsbau, Kreditgenossenschaften und Kooperativen bestehen. Von allererster Bedeutung ist die Errichtung von Ausbildungsstätten in ganz Lateinamerika, die in vielen Ländern bereits von AID durchgeführten Kurse übernehmen und ausbauen werden. Die Ausbildungsprogramme der lokalen Institute in Lateinamerika werden Gewerkschaftsfunktionäre ausbilden, die, nachdem sie die Kurse absolviert haben, anschließend neun Monate nur mit dem Aufbau neuer Gewerkschaften beschäftigt sind, wobei ihr Gehalt und alle Unkosten vom lokalen Institut getragen werden.

Der aus den USA stammende AIFLD-Vertreter, der das Ausbildungsinstitut in Ecuador einrichten wird — der erste Kurs beginnt in drei Wochen —, ist zwar kein Agent, aber er wurde jedenfalls zu dem Zweck geschickt, Verzögerungen zu vermeiden. Wie dem auch sei, Gil Saudade sorgte dafür, daß Ricardo Vazquez Diaz, sein Bildungssekretär von der CEOSL, als Ecuadorianer mit der Durchführung der lokalen Ausbildungsprogramme beauftragt wurde. Carlos Vallejo Baez wird ebenfalls zu den Ausbildern gehören. Saudade wird eventuell entweder diesen ersten AIFLD-Vertreter rekrutieren, oder die Zentrale wird für die Entsendung eines überprüften Agenten sorgen.

**Quito
21. Juli 1962**

Gil Saudade hat eine weitere neue Operation lanciert — eine Organisation von Geschäftsleuten und Spezialisten zur Förderung ökonomischer und sozialer Reformen. Bürgerorganisationen dieser Art sind bereits von anderen Stationen gegründet worden und haben sich als sehr wirkungsvoll für die Propagandaarbeit und als Unterstützungsapparat bei Wahlen oder anderen politischen Operationen bewährt. Unsere Gruppe wird sich Center for Economic and Social Reform Studies (CERES) nennen und von zwei Agenten geleitet werden, Mario Cabeza de Vaca und Jaime Ponce Yepez.
Jaime Ponce ist der Shell-Vertreter in Quito und ein Freund

von Noland und mir. Die Station Bogota unterstützt uns, indem sie eine Delegation ihrer Reformgruppe schickt, dem Center of Studies and Social Action (CEAS). Sie sind gerade hier.

Quito
2. August 1962

Arosemena ist von einem Staatsbesuch in Washington zurück. Während seines wichtigsten Treffens mit Kennedy fühlte er sich völlig unbeschwert und demonstrierte, daß er alle US-Präsidenten von Washington an der Reihe nach nennen konnte. Ferner behauptete er, daß er sich die Präsidenten von Ecuador nicht merken könne, da es in den letzten fünfzig Jahren so viele gegeben habe. Kennedy war offensichtlich amüsiert, aber die Berichte des State Department über den Besuch sind düster. Dank Arosemena wurden die letzten der Guerilleros von Santo Domingo freigelassen. In den vergangenen Monaten sickerten sie langsam und mit wenig Publizität heraus, die Fälle werden einfach im bürokratischen Sumpf versinken. Einige der Guerilleros sind bereits zur weiteren Ausbildung nach Kuba gereist.
Die Telefonabhöranlage bei Antonio Flores Benitez erbringt mittlerweile bessere Informationen als irgendeiner unserer PCE-Infiltrationsagenten. Es gibt zehn oder fünfzehn Personen, die bei Flores anrufen und sehr wenig sagen, lediglich Code-Sätze, um Versammlungen zu arrangieren, wobei sie offensichtlich Code-Namen verwenden. Ich habe versucht, die Kontakte von Flores über das ECJACK-Überwachungsteam von Oberstleutnant Paredes zu identifizieren, aber die Arbeit geht sehr langsam voran, da Flores einfach nicht verfolgt werden kann – teilweise liegt das am geringen Umfang und niedrigen Ausbildungsstand des Teams, aber hauptsächlich daran, daß Flores ständig wachsam ist und Ablenkungsmaßnahmen trifft. Immerhin habe ich Raphael Echeverria, den wichtigsten PCE-Führer in Quito, als einen der heimlichen Kontakte identifiziert sowie einen der Unteroffiziere der Nachrichtenabteilung im Verteidigungsministerium, den Chef der Archivabteilung im Präsidialamt und den stellvertretenden Anführer der persönlichen Leibwache von Arosemena. Obwohl Flores vorsichtig ist, wenn er am Telefon spricht, war die Analyse der Abschriften sehr hilfreich, da seine Frau sehr geschwätzig wird, wenn er außer Haus ist. Aufgrund ihrer Sorglosigkeit konnten verschiedene wichtige Identifizierungen vorgenommen werden.

Mein Eindruck ist momentan, daß Flores, der kein PCE-Mitglied ist, als Informationssammelstelle einer Organisation funktioniert, die Echeverria weiterhin außerhalb der etablierten PCE-Struktur aufbaut. Wenn er ebenso erfolgreich in der Guerilla- und Terrorismusabteilung ist, dann werden wir die Organisation rasch zerschlagen müssen, bevor die bewaffneten Aktionen beginnen.
Zwei Polizeiagenten wurden auf neue Aufgabengebiete versetzt. Pacifico de los Reyes, der Chef der Geheimpolizei, reiste gestern zum FBI-Kurs in Quantico, Virginia, ab. Wir erhielten das Stipendium für ihn über die AID-Public-Safety-Abteilung. Er wird bis Ende des Jahres weg sein. Vor seiner Abfahrt fragte er mich, ob ich während seiner Abwesenheit mit der Geheimpolizei in Kontakt bleiben wolle. Er empfahl mir Luis Sandoval, den Cheftechniker der Police Intelligence, mit dem ich mich ohne Wissen von de los Reyes schon seit dem letzten Jahr getroffen habe. Er machte mich mit Sandoval bekannt, und irgendwie bewahrten wir beide ein ernstes Gesicht. Vor seiner Abreise wurde de los Reyes vom Hauptmann zum Major befördert. Mit dem Ausbildungsbüro im Hauptquartier werde ich eine spezielle Geheimdienst-Ausbildung im Anschluß an den FBI-Kurs arrangieren.
Oberst Oswaldo Lugo, unserer dienstältester und wichtigster Infiltrationsagent in der Nationalpolizei, wurde vom Distrikt Cuenca zurückversetzt als Chef des Vierten Distrikts mit Sitz in Guayaquil. Dieser neue Job gibt ihm den Befehl über alle Einheiten der Nationalpolizei an der Küste und bedeutet eine wichtige Erweiterung der Operationen der Basis Guayaquil. In einigen Tagen werde ich eine kurze Reise nach Guayaquil unternehmen, um Lugo mit dem Chef der Basis bekannt zu machen. Die Guerilla-Ausbildung in Kuba steht an vorderster Stelle in der Prioritätenliste der Zentrale für Lateinamerika. Es wurden Anweisungen an alle Stationen geschickt, in denen gefordert wird, Agenten in die zur Ausbildung nach Kuba gesandten Gruppen einzuschleusen. Bisher konnten wir keinen Agenten auftreiben, ich habe mich jedoch unlängst mit Pablo Maldonado, dem neuen Einwanderungsdirektor, getroffen, der seine Bereitschaft erklärt hat, durch administrative Verfahren die Einreise nach Kuba zu erschweren, so daß es möglich ist, von den Reisen früher Kenntnis zu erhalten. Maldonado, den ich über gemeinsame Freunde kennenlernte, will außerdem ebenfalls genaue Durchsuchungen der aus Kuba zurückkehrenden Ecuadorianer arrangieren.

Quito
10. August 1962

Der Kongreß eröffnete heute eine neue Sitzungsperiode. Er bestätigte, daß die Agrarreform eine seiner vordringlichsten Aufgaben sei. Der Senat wird von der Nationalen Demokratischen Front kontrolliert, während in der Abgeordnetenkammer die Konservative Partei ein leichtes Übergewicht hat, wenn sie von den zwei oder drei Abgeordneten der linken „Sammlungsbewegung der Volkskräfte" unterstützt wird. Die Konservativen wollen Vareas Rücktritt, und Noland hat keine Möglichkeit, das zu verhindern oder Varea zu retten. Nachdem Varea wegen des Schrottschwindels gestürzt ist, werden die Kosnervativen versuchen, Arosemena zu stürzen oder seinen Rücktritt wegen physischer Unfähigkeit zu erzwingen. Unseligerweise muß Varea zuerst gehen, da es beinahe unmöglich ist, Arosemena abzusetzen, solange Varea Vizepräsident ist.

Quito
29. August 1962

Nach einer viertägigen politischen Krise, in deren Verlauf alle Minister des Kabinetts zurücktraten, mußte Arosemena schließlich seinen linken Generalsekretär entlassen. Dies ist zweifellos ein bedeutender Sieg für die Konservativen und für die Christlich-Sozialen, wenngleich auch verschiedene Liberale und Sozialisten sich ebenfalls seit dem letzten Jahr der Kampagne gegen die Schlüsselfigur der Linken in der Administration angeschlossen haben.

Der einzige andere Rücktritt aus dem Kabinett, der angenommen wurde, ist der von Manuel Naranjo, Finanzminister und Nolands Agent, der die Demokratische Sozialistische Partei führt. Sein Rücktritt ist das Resultat der wachsenden Opposition in Geschäftskreisen gegen seine Austerity-Politik, obgleich er aufgrund seiner persönlichen Ehrenhaftigkeit und der Inangriffnahme der Steuerreform bekannt und geschätzt ist.

Die Situation verschlechtert sich für einen weiteren Agenten Nolands. Vor zwei Tagen beschloß die Abgeordnetenkammer die Anklage gegen Varea, wegen seiner Beteiligung beim Schrottschwindel — immer noch der wichtigste Streitpunkt der gegenwärtigen ecuadorianischen Politik. Er wird nicht angeklagt, irgendwelches Geld gestohlen oder beiseite geschafft zu haben,

sondern einfach der Nachlässigkeit und Unfähigkeit beschuldigt. Der damalige Verteidigungsminister wird von der Kammer zusammen mit dem Vizepräsidenten angeklagt. Carlos Arizaga Vega leitet die Angriffe.
Araujo ist nach einer im letzten Monat begonnenen Reise nach China in Guayaquil angekommen. Auf dem Flughafen wurden fünf Filmrollen über Straßenkampftechniken sowie Propagandamaterial beschlagnahmt. In China war er vom Vizepremier empfangen worden – wir werden versuchen zu ermitteln, ob er noch andere Unterstützung erhalten hat.

Quito
3. September 1962

Die Gewerkschaftsoperationen gehen mit den üblichen zweifelhaften Erfolgen weiter. Die CROCLE-Führung innerhalb der CEOSL setzte ihre Angriffe gegen Adalberto Miranda, den Gewerkschaftssenator von der Küste, fort, wegen seiner Geschäfte mit der Guayaquil Telephone Company. Nun beschuldigen sie ihn, in die Machenschaften der United Fruits-Filiale verwickelt zu sein, die mehrere Angestellte entließ, die Mitglieder der kürzlich der CROCLE und der CEOSL angegliederten Gewerkschaftsfiliale sind. Die gleichen CROCLE-Führer aus Guayaquil versuchten Miranda aus dem Senat ausschließen zu lassen, aber auch dieser Versuch schlug fehl. Der Basis zufolge ist die Kampagne gegen Miranda in gewisser Weise gerechtfertigt, aber momentan unerwünscht aufgrund ihres spalterischen Charakters. Die Basis will die CROCLE-Agenten bald entlassen, da sie außerdem auf der Beibehaltung ihrer regionalen Identität als CROCLE bestehen; im Gegensatz zu unseren Bemühungen, sie durch Provinzorganisationen des Küstengebiets zu ersetzen. Wenn es soweit ist, wird Gil Saudade seine Agenten aus Quito einsetzen, um die CEOSL voll unter Kontrolle zu bringen; im Augenblick bereitet er diese Entwicklung vor.

Quito
3. Oktober 1962

Über meine Arbeit mit Pablo Maldonado, dem Einwanderungsdirektor, die dem Versuch galt, die Reisen von Ecuadorianern nach Kuba zu unterbinden oder zu erschweren und bei der

Rückkehr ihr Gepäck sorgfältig zu überprüfen, habe ich den Staatssekretär des Innenministers, Manuel Cordova Galarza, kennengelernt, Maldonados unmittelbaren Vorgesetzten. Cordova drückte seine Bereitschaft aus, bei dem Versuch zu helfen, Reisen nach Kuba zu unterbinden, und erklärte, daß Jaime del Hierro, der Innenminister, ebenfalls eine wirksame Kontrolle einrichten lassen wolle.

Heute fuhr Cordova nach Cuenca, um einen makabren Zwischenfall zu untersuchen, der sich in einem Indianerdorf etwa zwanzig Kilometer außerhalb von Cuenca ereignete. Ein medizinisches Team der Andenmission, einer von der UNO unterstützten Organisation, die sich in verschiedenen Ländern der Aufgabe widmet, die ländlichen Indianer sozialen Fortschritt und Selbsthilfe zu lehren, unternahm gerade eine Rundreise durch verschiedene Dörfer, als es direkt außerhalb einer Gemeinde, die es bereits mehrere Male besucht hatte, auf sonderbare Feindseligkeit stieß. Sie hielten den Jeep an, und der Arzt und der Sozialarbeiter gingen zu Fuß weiter; die Krankenschwester und den Chauffeur ließen sie im Fahrzeug zurück. Im Dorf fanden der Arzt und der Sozialarbeiter die Indianer zum Gottesdienst versammelt vor. Als sie jedoch die Kirche betraten, wurden sie von den Indianern extrem feindselig begrüßt, die anfingen, sie herumzuschubsen. Als sie nach einiger Zeit nicht zurückgekehrt waren, verließ die Krankenschwester ebenfalls den Jeep und betrat das Dorf; sie wurde in der Kirche ebenfalls bedroht, als sie sich zu den anderen gesellte. Mittlerweile wurden die Indianer von einigen Anführern in Wut versetzt, die glaubten, die Leute von der Andenmission seien Kommunisten. Als die Sache immer bedenklicher wurde, floh das Team in die Sakristei. Sie wurden jedoch von den Indianern dorthin verfolgt, die sie umringten und nicht mehr entkommen lassen wollten. Der ältere Priester, der schon seit achtunddreißig Jahren in dieser Pfarrei ist, erschien, und das Team bat ihn, die Indianer davon zu überzeugen, daß sie keine Kommunisten seien, sondern einfach hier wären, um ihnen zu helfen. Der Priester weigerte sich einzugreifen, auch als das Team ihn auf Knien darum bat, er segnete sie nur und verschwand. Das Team wurde dann schwer geschlagen – die Krankenschwester verlor das Bewußtsein, während der Arzt und der Sozialarbeiter auf die Straße gezerrt wurden. Die Krankenschwester entkam, kehrte zum Jeep zurück und alarmierte eine Polizeipatrouille aus Cuenca. Als sie in das Dorf zurückkehrten, waren der Arzt und der Sozialarbeiter mit Steinen, Prügeln und Macheten um-

gebracht und ein Dorflehrer, der einzugreifen versucht hatte, ebenfalls angegriffen worden. Als die Krankenschwester mit der Polizei eintraf, waren die Indianer tatsächlich gerade dabei, ihn zu verbrennen, weil sie ihn für tot hielten.
Vorläufige Untersuchungen enthüllten, daß der Pfarrer die Indianer zuvor angewiesen hatte, sich der auf die Landwirtschaft und den Viehbestand bezogenen Zählung zu widersetzen, da es sich dabei um eine kommunistische Verschwörung handele. Der Priester streute ebenfalls das Gerücht aus, daß die Leute von der Andenmission Kommunisten seien. Er wird vermutlich zur Strafe in eine Art Kloster geschickt.
Arosemena belohnte Manuel Naranjo mit der Ernennung zum ständigen Vertreter Ecuadors in der Generalversammlung der Vereinten Nationen. Naranjo ist nach New York übergesiedelt, und Noland hat dafür gesorgt, daß Beamte des New Yorker Büros mit ihm Kontakt aufnehmen. Er wird für spezielle CIA-Operationen in der UNO verwendet werden.

Quito
7. Oktober 1962

In Brasilien werden heute Wahlen abgehalten. Sie bilden den Höhepunkt einer der größten politischen Operationen der WH-Division. Den größten Teil des Jahres haben sich die Station Rio de Janeiro und ihre zahlreichen Basen in den über das ganze Land verteilten Konsulaten in einer mehrere Millionen Dollar kostenden Kampagne für die Wahl von antikommunistischen Kandidaten für die Ämter auf der Ebene des Bundes, der Bundesstaaten und der Stadtparlamente engagiert. Hoffentlich werden diese Kandidaten eine Gegenkraft gegen den Linkstrend der Regierung Goulart bilden, die zunehmend von Kommunisten und anderen Linksradikalen im allgemeinen unterwandert wird.
Nach fünf Dienstjahren in Ecuador wird Noland im Dezember durch Warren L. Dean ersetzt, der im Augenblick stellvertretender Leiter der Station Mexico City ist. Niemand weiß hier irgend etwas über den neuen Chef, außer daß er ein früherer FBI-Mann ist, der Noland anwies, seine Hunde, die mit demselben Flug von Mexico City kommen werden, vor der üblichen Quarantäne zu bewahren.

Quito
15. Oktober 1962

Das Guerilla-Abenteuer von Santo Domingo hat seinen Abschluß gefunden, soweit es die PCE betrifft. Auf einer soeben beendeten Plenarsitzung des Zentralkomitees wurde Jorge Ribadeneira aus der Partei ausgeschlossen, aufgrund seiner ‚spalterischen' Tätigkeit in der URJE und weil er PCE- und JCE-Mitglieder zu Guerilla-Operationen veranlaßte. Ribadeneira war Kandidat des Zentralkomitees und Vollmitglied des Komitees der Provinz Pinchincha unter Raphael Echeverria. Unsere PCE-Agenten berichten, daß die Auseinandersetzung sich jetzt in die URJE verlagern wird, wo die Anhänger von Ribadeneira mit den von der PCE und Pedro Saad kontrollierten Kräften kämpfen. Man darf gespannt sein, wie das Zentralkomitee über die Parallelaktivitäten von Echeverria außerhalb der PCE denkt, da die Berichte weiterhin Vorbereitungen seiner Gruppe zur bewaffneten Aktion und zum Terrorismus enthüllen. Das erfahren wir über die ECWHEAT-Abhöranlage in Antonio Fores' Telefon.

Velasco spukt schon wieder auf der politischen Szene herum, und das Gespenst seiner Rückkehr für die 1964 stattfindenden Wahlen taucht bereits am Horizont auf. Durch den Orbe-Latinoamericano-Nachrichtendienst ließen wir Velasco unlängst in Buenos Aires interviewen. Er bekräftigte seine Pläne, im Januar 1964 zur Wahlkampagne zurückzukehren. Die Veröffentlichung des Interviews hat genau die beabsichtigte Aufregung verursacht, damit die ECACTOR-Agenten beginnen können, gegen eine Rückkehr oder Kandidatur zu intrigieren.

Noland hat einen neuen Velasquisten-Agenten, der ihn vor zwei Wochen in der Botschaft anrief, um ihm einige Bonbons über die Organisationsarbeit der Velasquistenführer hier in Quito anzubieten. Der neue Agent ist Medardo Toro, und er machte Noland ganz schön nervös aufgrund seiner Reputation als Gunman. Er gehörte zu den vier Männern, die wegen der Schüsse, die bei den Schießereien im Kongreß im Oktober letzten Jahres auf Arosemena abgegeben worden waren, verhaftet wurden. Er saß bis zum Februar, als der Oberste Gerichtshof die Sache fallenließ, im Gefängnis. Im April kam er wieder ins Gefängnis wegen Beleidigung Arosemanas, und im Mai bewarb er sich als Kandidat der Velasquisten für einen Abgeordnetensitz bei den Juni-Wahlen. Er verlor und sucht jetzt offensichtlich etwas, um sich wieder aufzurichten.

Quito
6. November 1962

Endlich gingen die Verfahren gegen Reinaldo Varea, die die politische Szenerie seit August beherrscht haben, zu Ende. Heute wurde er vom Senat freigesprochen, obwohl Velascos damaligem Verteidigungsminister auf zwei Jahre das Recht aberkannt wurde, ein öffentliches Amt zu bekleiden. Varea mag als Vizepräsident überlebt haben, aber seine politische Verwendbarkeit ist praktisch dahin.

Quito
20. Dezember 1962

Heute brach eine weitere Krise – die bisher übelste – aus. Präsident Allessandri von Chile unterbrach nach einem Besuch bei Kennedy seine Rückreise in Guayaquil für einen offiziellen Besuch bei Arosemena. Auf dem Flughafen war Arosemena so betrunken, daß er auf beiden Seiten gestützt werden mußte. Später mußte er während des Banketts einen Gast bitten, den Willkommenstoast zu übernehmen.
Die Nachricht über diese Schande lief wie ein Blitz durch das ganze Land. Carlos Arizaga Vega ist bereits dabei, Unterschriften zu sammeln, um für die Absetzung Arosemenas eine außerordentliche Sitzung des Kongresses einzuberufen.

Quito
28. Dezember 1962

Noland ist abgereist. Der neue Chef der Station, Warren Dean, hat keine Zeit verschwendet, um uns wissen zu lassen, wie er arbeitet. Neulich, als Noland noch da war, gingen Ray Ladd und ich aus, um den Nachmittag mit einigen Freunden in einer Bar mit etwas fragwürdigem Ruf, dem „Mirador", zu verbringen (man kann die ganze Stadt von dort überblicken). Am nächsten Tag hielt uns Dean während einer Stabsbesprechung eine Strafpredigt und ließ keinen Zweifel, daß er jederzeit wissen wolle, wo sich jeder einzelne von uns aufhalte. Danach nahm mich Noland noch einmal freundlich ins Gebet und warnte, daß meine etwas rauhen Gewohnheiten bei Dean nicht gut ankämen, und ich besser etwas diskreter auftreten solle.

Die wichtigsten Änderungen, die Dean bisher angekündigt hat, betreffen die Verstärkung der Aktivitäten zur Beschaffung von Informationen gegen die extreme Linke durch technische Operationen und durch die Rekrutierung neuer Agenten. Außerdem möchte er, daß ich meine Arbeit mit Major Pacifico de los Reyes, dem früheren Chef der Polizei-Nachrichtenabteilung, intensiviere, der gerade von seiner Ausbildung an der FBI-Akademie in Virginia und im Hauptquartier zurückgekehrt ist, wo er mehrere Wochen in geheimen Nachrichten-Operationen ausgebildet worden ist. Er wurde soeben zum Chef der Kriminalpolizei für Pinchincha ernannt, wird aber weiterhin die Nachrichtenabteilung überwachen.

Quito
12. Januar 1963

In Guayaquil beschloß letzte Woche eine nationale Konferenz der URJE den Ausschluß von Jorge Ribadeneira und neun anderen URJE-Führern, von denen die meisten in die Guerilla-Operation von Santo Domingo verwickelt waren. Die Ausschlüsse spiegeln die Kontrolle der PCE über die Versammlung wider. Die spezielle Anklage gegen die Ausgeschlossenen lautete auf Mißbrauch von 40 000 Dollar, die Ribadeneira und seine Gruppe von den Kubanern für Guerilla-Operationen in der Gegend von Quevedo anstatt in Santo Domingo erhalten hatten.

Der beste Bericht über die Versammlung kam von einem neuen Agenten der Basis Guayaquil, der zu den ausgeschlossenen URJE-Führern gehört. Obgleich der Agent Enrique Medina nicht mehr über die URJE berichten kann, wird die Basis sicherzustellen versuchen, daß er sich an der Organisation, die diese früheren URJE-Führer nunmehr bilden werden, beteiligt.

Quito
30. Januar 1963

Der unter Tarnung des Public-Safety-Projekts arbeitende neue Agent der Station ist angekommen. Dean beauftragte mich, seinen Kontakt zur Station zu übernehmen. Sein Name ist John Burke. Er ist der eifrigste Bursche, dem ich je begegnet bin. Er scheint zu glauben, daß er nächste Woche auf den Dachboden des Präsidentenpalais kriechen wird, um Arosemenas Schlafzimmer zu ‚verwanzen'. Sein Problem besteht darin, daß er sich während der Ausbildung den Arm brach und die Genesung die letzten anderthalb Jahre dauerte; er belegte mangels anderer Beschäftigung jeden von der Technical Services Division angebotenen Kurs. In den letzten Monaten sandte er der Station massenweise Abhör-, Foto- und sonstige technische Ausrüstung einschließlich etwa 200 Pfund Autoschlüssel — jeweils einen für jedes von Ford, General Motors und Chrysler seit 1925 gebaute Modell. Schließlich explodierte Dean angesichts dieser Ausrüstung und feuerte ein Telegramm ins Hauptquartier ab, in dem er darum bat, kein weiteres Stück technischen Geräts mehr zu schicken, wenn nichts ausdrücklich angefordert sei. Armer Burke! Er wird sowieso genug mit der direkten Polizeiarbeit zu tun haben. Im Rahmen des Public-Safety-Programms wird die AID dieses Jahr Waffen und Munition im Werte von einer Million Dollar an die Polizei liefern: 2 000 Gewehre mit einer Million Schuß Munition, 500 Revolver vom Kaliber 38 mit einer halben Million Schuß, etwa 6 000 Tränengasgranaten, 150 Anti-Riot-Gewehre mit 15 000 Granaten, ungefähr 2 000 Gasmasken, 44 mobile Radioeinheiten und 19 Radio-Basisstationen sowie Ausrüstung für Labor- und Untersuchungsarbeiten zur polizeilichen Ermittlung. Zusätzlich zur Ausbildung der nationalen Polizei hier in Ecuador wird das Public-Safety-Büro etwa siebzig Mann zur Interamerikanischen Polizeiakademie in Fort Davis in der Panamakanalzone schikken. Diese Akademie wurde von unserer Station in Panama im vergangenen Jahr gegründet und soll eine Hauptausbildungsstätte für Counter Insurgency werden, in gewisser Weise analog den Ausbildungsprogrammen der militärischen Hilfsprogramme.

Quito
15. Februar 1963

Wir haben einen Durchbruch bei der Beschattung der Araujo-Gruppe erzielt, indem wir kürzlich einen seiner engen Mitarbeiter rekrutierten, einen politischen Veteranen der Velasquisten namens Jaime Jaramillo Romero. Jaramillo wurde im vorigen Monat zusammen mit Araujo verhaftet, als sie in der Provinz Anhänger warben. Bald darauf kam er wiederholt in die politische Abteilung der Botschaft. Wir beschlossen, über Julian

Zambianco, den Operationsbeamten der Basis Guayaquil, vorsichtigen Kontakt zu ihm herzustellen. Da Dean ein großer Bewunderer des Lügendetektors ist, habe ich einen Befrager angefordert, der so schnell als möglich kommen soll, um Jaramillo zu testen. Wenn er sauber ist, werde ich ihn einem neuen Verbindungsmann übergeben, damit wir nicht für jeden Kontakt Zambianco nach Quito rufen müssen. Die telefonische Überwachung von Araujo läuft weiter, hat aber noch keine guten Informationen erbracht.

Auf der anderen Seite liefert die Telefonüberwachung bei Antonio Flores Benitez — einem der wichtigsten Mitarbeiter Echeverrias — noch immer ausgezeichnete Informationen. Flores bekommt offensichtlich sehr gute Informationen von seinen Agenten im Verteidigungsministerium, im Präsidentenpalais und bei der Polizei. Unser Problem besteht in der ungenügenden Überwachung von Echeverrias Plänen und seiner Terror- und Guerilla-Organisationen, obwohl wir einige Informationen von Mario Cardenas erhalten, einem unserer PCE-Infiltrations-Agenten, der Echeverria nahesteht. Auf Deans Anweisung untersuche ich drei neue Operationen zur besseren Überwachung von Echeverria. Zuerst werden wir versuchen, ein Abhörgerät in der Libreria Nueva Cultura zu installieren, dem PCE-Buchladen, der von Jose Maria Roura, dem PCE-Führer Nummer zwei in Quito und engen Vertrauten von Echeverria geführt wird. Die beiden treffen sich oft im Buchladen, der allgemein als Treffpunkt für PCE-Führer dient und in einem zur Straße hin gelegenen Raum im Erdgeschoß eines alten Hauses aus der Kolonialzeit in der Innenstadt von Quito liegt. Beim Durchforschen der Urkunden nach dem Eigentümer des Hauses entdeckte ich, daß es einem meiner Golfpartner, Ernesto Davalos, gehört. Davalos erklärte sich bereit, mir den Zutritt zu ermöglichen und aus Sicherheitsgründen für eine Tarnung während der Installation der Abhöranlage zu sorgen. Wir werden die Abhöranlage am Sonntag, wenn die Buchhandlung geschlossen ist, im darüberliegenden Raum anbringen. Für den Abhörposten hoffe ich, ein Büro in einem modernen, mehrstöckigen Gebäude zu bekommen, das quer gegenüber auf der anderen Straßenseite liegt. Von dort aus können wir auch die Besucher fotografieren und das Telefon überwachen. Zum zweiten werden wir versuchen, die Wohnung von Echeverria zu ‚verwanzen'. Er wohnt in einem ziemlich neuen Haus in der Innenstadt von Quito, aber es wird schwierig sein, für die Installation Zutritt zu bekommen. In der darunterliegenden Etage befindet sich der

Club de Lojanos (der regionale Club der Leute aus Loja). Von dort aus könnten wir nach oben bohren, um die Mikrophone und den Sender zu installieren. Diese Installation wäre sehr zeitraubend und schwierig, besonders dann, wenn Echeverria und seine Frau zu Hause sind. Cardenas glaubt jedoch, daß Echeverria bei sich zu Hause wichtige Treffen abhält und vielleicht seine gesamten Aktivitäten mit seiner Frau, einer Tschechin, diskutiert. Außerdem versuche ich, ein Apartment auf der gegenüberliegenden Straßenseite anzumieten, das als Abhör- und-Beobachtungs-Posten für diese Operation dienen könnte.
Die dritte neue Operation besteht in einer weiteren technischen Installation, und zwar gegen Antonio Flores Benitez. Er ist unlängst in ein modernes, vielgeschossiges Appartementhaus umgezogen, wo wir sowohl sein Telefon als auch eine Abhöranlage vom gleichen Horchposten aus überwachen könnten. Obwohl wenig Aussichten bestehen, für die Installation in sein oder in eines der umliegenden Apartments zu gelangen, wird in einigen Wochen ein schräg darüberliegendes frei. Ich werde dieses Apartment mieten, um von dort aus sein Telefon zu überwachen (lieber als über den Horchposten in Rafael Buchelis Haus) und werde später sehen, ob die Abhörtechniker seitlich nach unten bohren können oder ob wir die Abhörwanzen bei einem heimlichen „Besuch" anbringen müssen. Wir wissen bereits, daß Flores viele seiner Kontaktleute in seinem Apartment trifft, und daß er die meisten seiner Unternehmungen mit seiner Frau diskutiert − die darüber am Telefon klatscht, wenn er nicht zu Hause ist.

Guayaquil
31. März 1963

Am Freitag vor zwei Wochen flog ich runter von Quito, um jemanden zu rekrutieren, den ich seit ungefähr einem Jahr kenne und den der Chef der Basis, Ralph Seehafer, als Verbindungsmann zu einem seiner PCE-Infiltrationsagenten verwenden möchte. Die Rekrutierung verlief zufriedenstellend. Morgen werde ich den neuen Agenten, Alfredo Villacres, mit Seehafer bekannt machen.
Heute nachmittag rief er im Hotel an, um mich zu benachrichtigen, daß wir gestern nur knapp der Verwicklung in einen neuen Arosemena-Skandal entgangen waren. Anscheinend tauchten wenige Minuten, nachdem wir die ‚Cuatro y Media'-Bar ver-

lassen hatten, Arosemena und seine Leute auf. Die Geschichte ist mittlerweile in der ganzen Stadt bekannt. Arosemena fing damit an, die Kellner zu verhöhnen — sie sind hier alle homosexuell —, und befahl schließlich einem von ihnen, einen Lampenschirm aufzusetzen. Arosemena zog seine Pistole, die er immer bei sich trägt, aber anstatt den Lampenschirm wegzuschießen, schoß er dem Kellner in den Kopf. Niemand weiß sicher, ob der Kellner tot ist oder ob er im Krankenhaus liegt, jedenfalls wird Arosemenas Privatsekretär, Galo Ledesma (überall bekannt als ‚Veneno' [Gift] Ledesma) alles auf sich nehmen. Ledesma reiste heute anscheinend nach Pana ab, wo er abwarten wird, was hier passiert. Alfredo sagte, daß, wenn wir noch dagewesen wären, als Arosemena und seine Gruppe ankamen, wir hätten bleiben müssen, weil die Bar nur aus einem Raum besteht und Arosemena immer jedermann einzuladen pflegt, sich ihm anzuschließen. Ich kann mir das Gesicht des Botschafters vorstellen, wenn das passiert wäre und mein Name in die Geschichte verwickelt wäre: good bye, Ecuador!

**Guayaquil
2. April 1963**

Ich sollte heute morgen mit dem ersten Flug nach Quito zurückkehren, aber gestern entwickelten sich plötzlich interessante Dinge: Nachdem ich Villacres dem Chef der Basis beim Mittagessen vorgestellt hatte, kehrte Seehafer mit uns ins Konsulat zurück und bekam Besuch vom Chef des USIS-Büros. Der erzählte uns, daß am Morgen ein junger Mann ins Konsulat gekommen sei, nach jemandem gefragt habe, um über ‚Informationen' zu sprechen und schließlich zu ihm geschickt worden sei. Der Mann berichtete, daß er Peruaner sei und Informationen über die revolutionäre Bewegung in Peru und kubanische Beteiligung besitze. Der USIS-Chef berichtete, der Peruaner sei so nervös und verwirrt gewesen, daß es sich möglicherweise um einen Fall für den Psychiater handle, aber Seehafer bat mich, nach ihm zu sehen, falls ich nichts Besseres zu tun hätte. Wir vereinbarten mit dem USIS-Chef, daß er ihm meine Telefonnummer im Hotel geben sollte (der Peruaner wollte am Nachmittag ins Konsulat zurückkehren), um abends anzurufen.
Der Peruaner kam im Hotel vorbei, und wir unterhielten uns zwei oder drei Stunden lang. Ich machte reichlich Notizen, da ich keinen der Namen aus der peruanischen Szene kenne und

sandte am Morgen eine Depesche nach Lima und an die Zentrale. Enrique Amaya Quintana, so heißt er, ist mittlerer Funktionär der Bewegung der Revolutionären Linken (MIR). Er hat gerade zusammen mit mehreren hundert anderen MIR-Mitgliedern einen dreimonatigen Ausbildungskurs in Kuba beendet. Sie sickern jetzt alle wieder nach Peru ein, über Land von Ecuador und von Kolumbien aus.

Die bedeutsame Seite dieses künftigen Agenten — wenn er die Wahrheit sagt — ist die, daß er aus der MIR-Gruppe für eine spezielle Ausbildung zur Organisierung des Nachschubs und des Nachrichtenwesens ausgewählt wurde. Er zeigte mir ein Notizbuch voller Unterkunftsadressen in ganz Lateinamerika, an die die Geheimkorrespondenz geschickt werden soll. Darüber hinaus zeigte er mir ein Wörterbuch, das als Schlüssel zu dem Code-System dient, und das er bei der Geheimschrift- und Radiokommunikation mit Havanna benutzen wird.

Heute nachmittag erhielten wir Antwortdepeschen sowohl von der Zentrale als auch von Lima, die Amayas Status in der MIR bestätigten und uns ermahnten, ihn nicht entwischen zu lassen. Der MIR ist die wichtigste potentielle Guerilla-Organisation in Peru, die über Hunderte in Kuba ausgebildeter Mitglieder und fortgeschrittene Pläne zum bewaffneten Aufstand verfügt. Lima sandte eine Liste mit Fragen an Amaya, die ich heute abend mit ihm durchgehen werde; er ist wirklich ein Nervenbündel und will nicht mit einem Tonbandgerät arbeiten, aber ich werde weiterhin darauf bestehen, daß wir alles auf Band aufnehmen, so daß wir nicht von meinen Notizen abhängig sind. Auf diese Weise kann ich auch mehr aus ihm herausbekommen. Es wird nicht einfach sein, ihn dazu zu bringen, bei uns zu bleiben. Was er will, ist finanzielle Unterstützung, um seine Frau und sein Kind aus Peru herauszuholen und sich in einem anderen Land niederzulassen. Er sagt, er sei während seines Aufenthalts in Kuba desillusioniert worden, aber ich vermute, daß er nun, da es ernst wird, die Nerven verloren hat.

Quito
5. April 1963

Es scheint, daß die MIR-Geschichte die Leute in der ganzen Zentrale auffahren läßt. Nicht nur die Abteilungen für Peru und Ecuador — die Kuba-Abteilung und sogar die Sowjet-Abteilung werden eingeschaltet. Als Verbindungsmann und leitenden Beamten wählte ich Julian Zambianco, und gestern kam Wade Thomas von der Zentrale, um sich näher mit der Sache zu befassen – er ist Spezialist für Infiltrationsoperationen gegen kommunistische Parteien. Mittlerweile hatte ich jeden Tag eine Zusammenkunft mit Amaya vor dem Tonbandgerät und faßte die Ergebnisse in Depeschen an Lima und die Zentrale zusammen. Der Kerl ist bestimmt sauber – alles scheint aus ihm herauszukommen –, und gestern brachte ich ihn schließlich zu der Einwilligung, zumindest für kurze Zeit nach Peru zu seinen früheren Freunden zurückzukehren. Dem Tonfall der Depeschen aus Lima zufolge scheint Amaya ihre erste relevante Infiltration des MIR zu sein.

**Quito
12. April 1963**

Mario Cardenas, einer unserer besten PCE-Infiltrationsagenten, berichtete, daß Jose Maria Roura, Echeverrias wichtigster Mitarbeiter in Quito, ins kommunistische China abgereist ist, wo er Geld zu bekommen glaubt, das es der Echeverria-Gruppe endlich erlauben wird, mit der bewaffneten Aktion zu beginnen. Echeverria hat Cardenas angewiesen, sich für eine kurzfristige Reise nach Kolumbien bereitzuhalten, um das Geld und die Dokumente übernehmen zu können, die Roura, der sehr bekannt ist, nicht selber ins Land bringen will.
Wir diskutierten auf der Station, ob wir Jaime del Hierro, den Innenminister, oder Manuel Cordova, seinen Staatssekretär, benachrichtigen sollten, aber aus Sicherheitsgründen beschlossen wir, über Juan Sevilla, den Finanzminister, bei Rouras Rückkehr einen besonderen Beobachter postieren zu lassen. Sevilla, seit über einem Jahr mein Golfpartner, ergriff die Gelegenheit, ganz wie ich es mir vorgestellt hatte und beauftragte seinen Privatsekretär, Carlos Rendon Chiriboga, auf dem Flughafen bei Rouras Ankunft Ausschau zu halten. Jetzt können wir nur noch hoffen, daß Roura direkt nach Quito zurückkehrt, ohne in Kolumbien zwischenzulanden, so daß wir nicht gezwungen sind, Cardenas zu decken. Wenn wir durch Zufall erfahren, daß Roura in Guayaquil ankommen wird, dann kann Sevilla seinen Sekretär dorthin schicken, um Roura zu erwarten. Unterdessen treibe ich die Abhöroperation gegen Rouras Buchladen voran, und in einigen Tagen wird Larry Martin, der Abhörtechniker der Unterstützungseinheit an der Station Panama, eintreffen

und die Installation vornehmen.
Neben der Reise von Roura überwachen wir außerdem die Rückkehr Araujos. Er hält sich im Augenblick in Kuba auf, und vielleicht wird auch er Geld mit zurückbringen, obgleich die Chancen gering sind, daß er oder Roura so unvorsichtig sein werden, das Geld selbst mitzubringen. Um von seiner Rückkehr rechtzeitig benachrichtigt zu werden, ließ ich Zambianco wieder von Guayaquil heraufkommen, um Jaime Jaramillo einem neuen Verbindungsmann, Jorge Andino, Hotelbesitzer und Ecuadors bester Polospieler, zu übergeben. Andino ist eine weitere meiner frühesten Bekanntschaften, und auch er war bereit, uns zu unterstützen. Eines der Geheimnisse, die wir gegenwärtig enthüllen wollen, ist die Frage, ob es eine enge Verbindung zwischen Araujos und Echeverrias Gruppe gibt, da Echeverria verschiedene Hinweise dafür geliefert hat, daß er mit den Kubanern in Verbindung steht.

Quito
19. April 1963

Wir müssen uns über eine weitere wichtige Reise den Kopf zerbrechen — diesmal ist es Antonio Flores Benitez, Echeverrias Stellvertreter, der heute nach Kuba abflog. Wir können uns nicht vorstellen, warum Echeverria Flores nach Kuba gesandt haben könnte, während Araujo dort ist, und Roura sich in China aufhält. Rouras Chinareise erfolgte Cardenas zufolge ohne die Billigung des Exekutivkomitees der PCE in Guayaquil, und wenn Pedro Saad das herausbekommt, dann wird es ernsthafte Schwierigkeiten für Roura, der Mitglied des Zentralkomitees der PCE ist, und möglicherweise für Echeverria geben.
Es besteht nun kein Zweifel mehr, daß Echeverria seine Organisation außerhalb der Partej rasch ausbaut. Flores war sehr darauf bedacht, seine Reise nicht am Telefon zu erwähnen, aber seine Frau ließ es vor einigen Tagen herausrutschen. Wir überwachen das Telefon nunmehr über das schräg über dem von Flores gelegene Apartment. Rodriog Rivadeneira zog zusammen mit seinem Bruder Ramiro und seiner Mutter dort ein. Er und Ramiro werden die Abschriften erledigen. Die Verbindung war leicht herzustellen, da das ganze Haus von Telefondrähten durchzogen ist, und Rafael Bucheli und sein Assistent die Verbindung einfach im Hauptanschlußkasten im

Erdgeschoß anbrachten. Während Flores verreist ist, werden wir versuchen, die Abhöroperation in Gang zu bringen, obwohl der Techniker nicht davon begeistert ist, in einem derart schwierigen Winkel durch Stahlbeton hindurch zu bohren. Außerdem beschloß ich, Rodrigo Rivadeneira im Horch-und-Beobachtungs-Posten für die technische Operation gegen den PCE-Buchladen einzusetzen. Am Sonntag führten Larry Martin und ich die Installation vom darüberliegenden Raum aus durch, wobei Ernesto Davalos für Sicherheit und Tarnung sorgte. Die Abhörqualität ist gut (während Roura in China ist, übernimmt Echeverria den Buchladen), obwohl Straßenlärm zeitweise die Unterhaltung übertönt.

Rivadeneira mietete das über der Straße gelegene Büro und sitzt in einem falschen Klosett, das ich über Fred Parker, einen Unterstützungsagenten mit amerikanischer Staatsangehörigkeit, der eine Möbelfabrik in Quito besitzt, bauen ließ. Parker baute das Klosett so, daß es in Einzelteilen hereingeschafft werden konnte, und Rivadeneira sitzt darin und schaut durch eine getarnte Öffnung, beobachtet, nimmt auf Band auf, fotografiert Besucher der Buchhandlung und führt ein Notizbuch.

Ich hatte Glück, daß ich genau das richtige Apartment bekam, das auf der gegenüberliegenden Straßenseite etwas höher als das von Echeverria liegt. Dieser Beobachtungs-und-Horch-Posten (OP-LP) wurde gerade von Luis Sandoval gemietet, dem Cheftechniker der Geheimpolizei, der mein Angebot akzeptierte, für die nächste Zukunft full-time für uns zu arbeiten. Sandoval wird den Polizeidienst quittieren und zur Tarnung ein kommerzielles Fotostudio eröffnen. Ich habe ihm für den Anfang genügend Ausrüstung besorgt — später wird mehr dazukommen —, und er wird die von Rivadeneira im Buchladen aufgenommenen Fotos entwickeln und abziehen. Sobald wir die Möglichkeit haben, werden wir Larry Martin zurückholen und die Abhöranlagen in Echeverrias Apartment zu installieren versuchen.

Quito
24. April 1963

Gerade hat sich ein merkwürdiger Fall entwickelt, der unser erster wirklicher Durchbruch sein könnte. Es sieht jedoch so aus, als ob sich noch Schwierigkeiten ergeben könnten, weil Arosemena dazwischenfunkt. Vor wenigen Tagen erhielt die

Basis Guayaquil von einem ihrer Infiltrationsagenten die Information, daß dort eine Kubanerin die URJE-Mitglieder ausbildete. Die Basis leitete die Information weiter an Oberst Lugo, der für ihre Verhaftung sorgte. Ihr Name ist July de Cordova Reyes, zumindest steht das in ihren Dokumenten, und vielleicht ist dies der erste Fall einer kubanischen Ausbildungsmission in einem lateinamerikanischen Land, wo sie keine diplomatischen Missionen unterhalten — jedenfalls der erste Fall dieser Art in Ecuador.

Oberst Lugo berichtete jedoch, daß er nach ihrer Verhaftung angewiesen worden ist, kein umfassendes Verhör durchzuführen. Ich besprach die Sache mit Jaime del Hierro, dem Innenminister, um die große Wichtigkeit dieses Falles für die Enthüllung des Ausmaßes kubanischen Engagements zu betonen. Ich erklärte ihm, wir seien darauf vorbereitet, einen Experten aus Washington herbeizuschaffen, der beim Verhör assistieren könnte und nicht als Amerikaner erkennbar wäre. Alles, was ich erreichte, waren Ausflüchte, und wir kamen zu dem Schluß, daß Arosemena angeordnet hat, den Fall zu vertuschen. Vor zwei Tagen ordnete der Gouverneur von Guayas die Ausweisung der Kubanerin an.

Quito
1. Mai 1963

Etwas Erfolg in der Sache da Cordova. Am 27. April wurde sie nach Mexico City abgeschoben, erhielt jedoch keine Einreiseerlaubnis und mußte nach Guayaquil zurückkehren. Oberst Lugo kann mit der Befragung nicht fortfahren, bevor er kein Signal aus dem Ministerium bekommt. Daher werde ich die Angelegenheit noch einmal bei del Hierro oder bei Manuel Cordova vorbringen. Warren Dean ist zufrieden — er erzählte mir ganz vertraulich, daß Gustavo Diaz Ordaz, der mexikanische Ministerpräsident, völlig in der Hand des Chefs der Station sei, und ich dasselbe bei del Hierro erreichen solle. Dean zufolge führt der Weg dahin über Geld für die Geliebten der hohen Regierungsbeamten, die Miete für die „Casa Chica", Essen, Kleidung, Unterhaltung. In Mexiko, sagte er, organisierte der Chef der Station ein Auto für die Freundin des Ministerpräsidenten. Der mexikanische Präsident, mit dem der COS (= Chief of Station) ebenfalls eng zusammenarbeitet, bekam die Sache heraus und verlangte für seine Freundin ebenfalls ein

Auto. Das muß eine interessante Station sein.
Heute gingen nur die CTE und die katholische CEDOC auf die Straße, um den Tag der Arbeit zu begehen. An Stelle einer Parade, die nur sehr wenige auf die Beine gebracht hatte, wurde die CEOSL-Gruppe von unserem Botschafter zu einem Empfang in seiner Residenz eingeladen, auf dessen Höhepunkt Matias Ulloa als Entertainer auftrat.

**Quito
19. Mai 1963**

Roura ist ins Netz gegangen! Juan Sevilla, der Finanzminister, rief mich heute morgen an, um mir mitzuteilen, daß Roura bei seiner Ankunft auf dem Flughafen mit 25.000 Dollar in bar erwischt worden sei. Carlos Rendon, Sevillas persönlicher Sekretär, war am Flughafen und nahm die Leibesvisitation vor. Im Augenblick wird Roura incommunicado bei der Polizei festgehalten. Das Geld wurde beschlagnahmt. Ich schlug Sevilla vor, die Sensation durch eine Story zu ergänzen, daß bei Roura außerdem falsche Dokumente, kompromittierende Papiere und ähnliches gefunden worden seien. Das wird eine große Sache.

**Quito
21. Mai 1963**

Der Fall Roura ist die Supersensation in den Schlagzeilen! Jedermann im ganzen Land spricht darüber. Jaime del Hierro hat den Fall übernommen und hält die Idee mit den ‚kompromittierenden Papieren' aufrecht. Er erzählte vor der Presse, daß Rouras Dokumente bedeutsamer seien als das Geld und neue Berichte aus den USA ergänzten, wonach Che Guevara die Planung der Guerillakriegführung für mehrere lateinamerikanische Staaten einschließlich Ecuadors übernommen habe. Die Dokumente sollen außerdem einen ‚Geheimplan' zur Guerillakriegführung in Ecuador beinhalten.
Gestern abend fragte mich del Hierro, ob ich jemanden aus Washington besorgen könnte, der bestätigt, daß die Scheine gefälscht seien, da die Experten der hiesigen Zentralbank ihre Echtheit behaupteten. Ich glaube, daß er und seine Freunde das Geld behalten wollen, daher telegrafierte ich an das Hauptquartier, um zu sehen, was sich tun läßt.

Del Hierros Aktion verwirrt mich etwas wegen seiner plötzlichen Begeisterung. Vielleicht treibt ihn Sevilla stark vorwärts, da er ja für die Verhaftung verantwortlich war, obgleich del Hierro sich immer noch weigert, das Signal zum Verhör der Kubanerin July da Cordova Reyes zu geben.

**Quito
23. Mai 1963**

Del Hierro wird allmählich ängstlich, weil ihn die Presse und andere immer noch wegen der kompromittierenden Roura-Dokumente bedrängen. Es gibt natürlich keine, und nun rühren sich Rouras Rechtsanwälte. Nichtsdestoweniger halten sowohl del Hierro als auch Sevilla die Publicity weiterhin am Laufen, indem sie den Fall Roura als ein Beispiel für die Einfuhr fremder Ideologie zur Versklavung des Landes bezeichnen.

Rouras Verteidigung begann gestern mit der Veröffentlichung einer Erklärung, die zeigt, daß er besorgt ist wegen der Reaktionen von Saad und der PCE-Führung in Guayaquil. Er gab an, Guozi Shudian (Internationaler Buchvertrieb in Peking) habe ihn nach London eingeladen, und er sei unvorhergesehen und ohne Autorisierung durch die PCE abgereist. Wegen der kürzlich erfolgten Beschlagnahmung von zum Verkauf bestimmtem Material durch die Regierung, so erklärte Roura, habe er 25.000 Dollar für eine Druckerei zur Reproduktion des von Gouzi Shudian besorgten Materials erhalten. Seiner Erklärung zufolge flog er von London aus nach Peking. Er beschwerte sich über die Beschlagnahmung seiner Notizen von Besuchen in Kommunen und anderen Orten.

Roura wird zweifelsohne fürchterlichen Ärger mit der Partei bekommen — möglicherweise wird er wie Ribadeneira ausgeschlossen. Wichtiger noch ist, daß seine Verhaftung den Graben zwischen Saad und der Echeverria-Gruppe vertiefen wird.

**Quito
24. Mai 1963**

Roura hatte einen rundum schlechten Tag. Er gab eine formelle Erklärung vor Gericht ab, wonach er angeblich über das neue Druckereiprojekt mit jemandem namens Chan Kung Wen diskutiert habe. Das Geld wurde ihm, wie er erklärte, auf der

Heimreise in Bern von jemandem namens Po I Fo übergeben. Wir lassen diese unwahrscheinlichen Namen vom Hauptquartier prüfen — Rouras Phantasie kennt keine Grenzen. Seine Anwälte hatten außerdem einen Termin vor dem Staatsrat (der höchsten Körperschaft zur Appellation gegen die Verletzung der persönlichen Freiheitsrechte durch die Regierung), der Rouras Antrag auf Freilassung zurückwies und seine Anschuldigungen gegen Sevilla und del Hierro, sie hätten die Verfassung verletzt, zur Beratung vertagte. Nun wird er sich wegen der ‚Dokumente' und des Geldes verantworten müssen. Wir haben eine Menge Zeit, um für del Hierro die geeigneten Dokumente für den Gebrauch gegen Roura zu fabrizieren, aber zunächst arbeiten wir an etwas anderem.

John Bacon, der Protokollbeamte der Station, und ich schlugen Dean vor, ein belastendes Dokument zur Verwendung gegen Antonio Flores Benitez vorzubereiten — das Flores bei seiner Ankunft auf dem Flughafen untergeschoben werden soll. Das Dokument wird als Flores und Echeverrias eigener, für die Kubaner bestimmter Bericht über den Zustand ihrer Organisation und ihre eigenen Pläne zur bewaffneten Aktion aufgemacht. Wir beschreiben alles, was wir über die Organisation wissen, füllen den Bericht, wo das nötig ist, mit eigenen Phantasien auf der Basis der ECWHEAT-Telefonabhöranlage und der Berichte von Cardenas und Vargas, unseren besten Infiltrationsagenten in der Echeverria-Gruppe. Wir weisen besonders (für die spätere Propaganda) auf Flores Infiltrationsagenten im Verteidigungsministerium, in den Armeenachrichtenverbindungen, in der Leibwache des Präsidenten und in den Archiven des Präsidialamtes hin. Außerdem wollen wir Verbindungen zur Araujo-Gruppe und zu Gonzalo Sono Mogro erwähnen, der eine eigene Gruppe in der Handhabung von Gewehren und Explosionswaffen auszubilden scheint.

Quito
26. Mai 1963

Das war ein arbeitsreiches Wochenende! Bacon und ich beendeten gestern den ‚Flores-Report'. Er überbrachte ihn Mike Burbano, um ihm die endgültige Form zu geben, d. h. korrektes Spanisch und richtigen ‚commie'-Jargon. Burbano kennt diesen Sprachstil am besten, denn er ist Verbindungsmann für Vargas. Zweifellos haben wir ein wirklich aufregendes

Dokument verfaßt.
Bacon fügte dem Bericht eine allgemeine Analyse der politischen Szene Ecuadors an, mit einem passenden Angriff auf die PCE-Führung unter Saad wegen ihrer ‚reformistischen' Tendenzen. Er läßt darauf schließen, daß die Echeverria-Gruppe bereits Zuwendungen aus Kuba erhalten hat und der Report weiteres Geld lockermachen soll. Das Datum für den Beginn einer umfassenden Terrorkampagne wird Ende Juli sein, da wir bereits in einem Bericht erfahren haben, daß die CTE für diesen Zeitpunkt einen Generalstreik plant. Ziel der Bomben- und Guerilla-Angriffe werden die Wohnungen von Polizei- und Militäroffizieren sowie Schlüsselstellen der Versorgung wie Wasserwerke, Telefon- und Elektrizitätsgesellschaften sein.
Burbano schickte alles zurück, und ich tippte es heute morgen ab — insgesamt fünf Seiten auf dünnem blauen Kopierpapier. Dann ging ich zu Sevilla, der sofort einverstanden war und sagte, daß er Carlos Rendon einsetzen werde, denselben Sekretär und Zollinspektor, der Roura festnagelte. Als ich in die Botschaft zurückkam, bastelte Dean wie ein kleiner Junge. Er war hinüber ins ‚Favorita' gegangen, um eine Tube Zahnpasta zu kaufen und hatte drei Stunden damit zugebracht, die Zahnpasta auszudrücken und die Tube zu reinigen. Dann zerknitterte er die Papiere, bearbeitete sie ein bißchen mit seinem Schuh, faltete sie, so daß sie in die Tube paßten und verkündete, daß der Report absolut echt sei. Ich nahm die Tube mit dem sorgfältig hineingestopften Bericht und brachte sie zu Sevilla, der sie morgen an Rendon weitergeben wird, der soll sie dann, wenn möglich, Flores unterschieben. Rendon wird bis zu Flores' Ankunft den Flughafen nicht verlassen. Falls dieser über Kolumbien oder Guayaquil kommt, werden wir uns einen anderen Weg ausdenken, um das Dokument an den Mann zu bringen. Wie auch immer, die Sache müßte wirklich einiges ins Rollen bringen.

Quito
29. Mai 1963

Als Araujo gestern von seiner Kubareise zurückkehrte, gab es eine weitere Sensation. Schade, daß wir für ihn kein Dokument vorbereitet hatten, aber er tat genau das, was wir wollten. Sevillas Zollbeamte versuchten eine Leibesvisitation vorzunehmen, aber Araujo machte einen solchen Skandal, daß er zur

Durchsuchung ins zentrale Einreisebüro gebracht wurde. Er trug zwar nur einundvierzig Dollar bei sich und wurde später freigelassen — aber sein Geschrei auf dem Flughafen, die Revolution in Ecuador stehe bevor, wurde heute morgen in den Zeitungen an hervorgehobener Stelle ausgeschlachtet.

**Quito
2. Juni 1963**

Flores ist ins Netz gegangen, und wir haben einen weiteren großen Fall! Juan Sevilla und ich spielten heute morgen zusammen Golf, als ein Balljunge angerannt kam, um ihn ans Telefon zu rufen. Wir eilten ins Clubhaus, und der Anruf kam tatsächlich von Carlos Rendon, seinem persönlichen Sekretär, der uns mitteilte, daß Flores angekommen und der Betrug gelungen sei. Sevilla eilte zum Flughafen, und ich ging nach Hause, um abzuwarten. Er rief mich am Spätnachmittag an, und als ich bei ihm zu Hause ankam, erzählte er, daß Rendon Flores hatte ankommen sehen und sich daraufhin die Zahnpastatube in den Ärmel steckte. Als er Flores' Gepäck durchsuchte, ließ er sie vorsichtig herausfallen, ‚fand' sie schließlich, begann sie zu untersuchen, öffnete sie dann und ‚entdeckte' den versteckten Report.
Zusammen mit Flores kam ein anderer bekannter Kommunist, Hugo Noboa, an, bei dem in einer Geheimtasche 1 400 Dollar in bar gefunden wurden. Dieses Geld sowie Propagandamaterial und Schallplatten mit revolutionären Liedern wurden zusammen mit dem Flores-Report beschlagnahmt. Beide wurden unter Arrest gestellt und zum Verhör ins Amt für politische Sicherheit gebracht. Jetzt müssen wir die Publicity anlaufen lassen.

**Quito
3. Juni 1963**

Um diesen Fall müssen wir kämpfen. Heute jedenfalls erschien in der Presse lediglich eine kleine Notiz über die Verhaftung von Flores und Noboa, und der einzige Hinweis auf den ‚Flores-Report' bestand in der Erwähnung eines Mikrofilms, der in seinem Koffer gefunden worden sei. Den Berichten zufolge verwahrte sich Flores dagegen und erklärte, daß, falls irgendein

Mikrofilm bei ihm gefunden worden sei, man ihm diesen untergeschoben habe, und zwar entweder in San Juan/Puerto Rico, wo er einen Zwischenaufenthalt hatte, oder hier in Quito. Ich rief Juan Sevilla an, der mir erzählte, er glaube, Arosemena werde die ganze Angelegenheit einschließlich des gefälschten Dokuments unterdrücken. Deshalb befindet sich Flores, Sevilla zufolge, immer noch im Gewahrsam beim Amt für politische Sicherheit, anstatt in der Verhörabteilung der Polizei unter Major Pacifico de los Reyes. Er fügte hinzu, daß Innenminister Jaime del Hierro die Schlüsselfigur sei und daß ich ihn von der Bedeutung Flores' und des Dokuments überzeugen sollte. (Weder Sevilla noch del Hierro wissen, daß ich auch mit dem jeweils anderen zusammenarbeite.)

Quito
4. Juni 1963

Es besteht nunmehr kein Zweifel daran, daß Arosemena versucht hat, die Sache zu vertuschen und Flores zu beschützen, aber wir werden diese Absicht Stück für Stück durchkreuzen. Sevilla drohte mit seinem Rücktritt für den Fall, daß die Angelegenheit unterdrückt werde, und die Gerüchte über eine Kabinettskrise waren gestern und heute so stark, daß der Generalsekretär der Verwaltung ein öffentliches Dementi der Krise abgab.
Del Hierro rief mich heute zurück, und als wir uns in Cordovas Haus trafen, gab er mir den ‚Flores-Report' und bat mich, ihn auf seine Echtheit hin zu überprüfen, da er so schwerwiegend sei. Ich konnte ihn nicht einfach kurz ansehen und dann seine Echtheit behaupten, daher nahm ich ihn mit auf die Station zurück. Dean schäumte vor Wut, als ich ihm berichtete, und sagte, ich solle diesen Bericht irgendwie unter die Leute bringen. Er ist wirklich sehr ärgerlich über del Hierro, dem er unterstellt, die Veröffentlichung absichtlich zu verzögern, um die Liberale Partei vor Schwierigkeiten zu bewahren; das Dokument ist letzten Endes ziemlich blamabel für die Regierung, obwohl es primär die Echeverria-Gruppe entlarven soll.
Ein gutes Zeichen ist, daß Flores vom Amt für politische Sicherheit zur Polizei überstellt wurde, was ihn direkt unter den Einfluß von del Hierro bringt. In seiner Erklärung gab Flores lediglich an, daß er auf einer fünfundvierzig Tage dauernden Reise als Journalist (er schreibt für die linke Wochenzeitung

La Manana) in Europa gewesen sei und verschwieg seine Reise nach Kuba.

Quito
5. Juni 1963

Deans schlechte Laune hält an. Heute morgen verlangte er del Hierros private Telefonnummer im Ministerium, die ich ihm gab. Er rief del Hierro an und teilte ihm ärgerlich mit, das Dokument sei natürlich echt, und jeder Ecuadorianer solle es lesen. Dean war so vorsichtig, das Gespräch auf Band aufzunehmen für den Fall, daß del Hierro sich beim Botschafter beschweren sollte.

Dann schlug ich ihm vor, daß ich eine Kopie an Jorge Rivadeneira Araujo, den Bruder von Rodrigo Rivadeneira, der das Band mit den bei Flores abgehörten Telefonaten abtippt, weitergeben könnte. Jorge hat lange Zeit bei geheimen Druck-Operationen mitgemacht, zusammen mit seinen Brüdern, und schreibt für El Comercio, Quitos führende Tageszeitung. Normalerweise lancieren wir Propaganda nicht über ihn, aber Dean stimmte zu, da es der schnellste Weg ist, um Druck auf del Hierro auszuüben und die Freigabe des Originaldokuments zu erreichen. Das könnte meine Beziehungen zu del Hierro und Cordova zerstören, aber Dean ist das egal – er glaubt ohnehin, daß Arosemena und die Liberalen bald reif sind.

Quito
6. Juni 1963

Unser Vorgehen gegen del Hierro wirkte Wunder. Heute morgen rief mich Cordova vom Empfang der Botschaft aus an, und als ich nach unten kam, brachte er mich zu del Hierro, der in seinem Auto wartete und mir erklärte, daß er das Flores-Dokument dringend zurückbrauche, da die Presse irgendwie eine Kopie erhalten habe und er das Originaldokument heute freigeben wolle. Ich eilte wegen des Dokuments nach oben, brachte es del Hierro und erzählte es Dean, der vor Freude ganz außer sich ist.

Heute wies der Staatsgerichtshof, wie erwartet, formell die Beschwerde von Roura gegen del Hierro und Sevilla zurück. Roura ist jetzt erst mal für einige Zeit auf Eis gelegt, und Flores'

Chancen davonzukommen sind gleich Null. Morgen wird Sevillas formelle Erklärung vor dem Staatsgerichtshof in den Zeitungen veröffentlicht — eine volle Seite, die von uns bezahlt wird und Daten über die PCE enthält, z. B. Mitgliederzahlen und Rekrutierungsprioritäten, die ich an Sevilla zur Dokumentation weitergeleitet hatte.
Sowohl Mario Cardenas als auch Luis Vargas berichten, daß Echeverria durch diesen Schlag psychisch zusammengebrochen sei. Er befürchtet, im Zusammenhang mit den Verhaftungen von Roura und jetzt auch Flores sicherlich von der Saad-Führung der PCE gerügt, möglicherweise sogar ausgeschlossen zu werden und ist untergetaucht. Die Agenten versuchen herauszubekommen, wo.

**Quito
7. Juni 1963**

Die Sache ist endlich im Druck und die Sensation gewaltig. Es ist alles drin: die Beschreibung von Saad und der PCE-Führung in Guayaquil als ‚alte Bürokraten voller bourgeoiser Laster, die der Moskauer Linie gläubig ergeben sind und als Bremse der Revolution wirken'. Ferner: ‚Wir (die Echeverria-Gruppe) glauben an die Erfahrungen der kubanischen Revolution und die Notwendigkeit, den bewaffneten Aufstand vorzubereiten.' Über Araujo wird geschrieben, daß er über eine Anzahl ausgebildeter und bewaffneter Gruppen verfüge, und die Ribadeneira-Gruppe ist erwähnt als für ‚unsere' Zwecke möglicherweise nützlich. Alle kritischen Regierungsstellen, zu denen Flores seine erwähnten Kontakte unterhält, werden genannt — einschließlich des Präsidentenpalais —, und das Datum für den Beginn der Operationen (städtischer Terrorismus und ländliche Guerilla) ist mit Ende Juli angegeben, damit es mit ‚unserem' Drängen übereinstimmt, die CTE solle für diese Zeit einen Generalstreik ausrufen.
Als ob dieses Dokument für sich allein noch nicht ausreichte, kündigte die CTE zufällig genau gestern nachmittag einen Generalstreik für Ende Juli an. Unsere Agenten hatten berichtet, daß diese Ankündigung irgendwann erfolgen würde, und wir hatten sie in das Flores-Dokument eingebaut. Dieser Streikaufruf wurde heute in der Presse neben dem Flores-Dokument, zum Beweis von dessen Echtheit, veröffentlicht.

Quito
15. Juni 1963

Mehrere gute Nachrichten auf einmal. Erstens habe ich gerade meine zweite Beförderung seit meiner Ankunft in Quito erhalten; nach GS-11, was etwa einem Hauptmann im militärischen Dienst entspricht. Die andere ist die, daß ich zum Jahresende nach Montevideo, Uruguay, versetzt werde. Letzteres erfuhr ich gestern informell durch einen Brief von Noland. Ich hatte darum gebeten, nach Guayaquil als Chef der Basis versetzt zu werden, falls der Job vakant werden sollte, aber die Versetzung nach Montevideo stellt eine gute Nachricht dar, weil wir wieder in Küstennähe sein werden. Diese Berge sind letztlich doch niederdrückend, und außerdem sagt Noland, daß das Leben in Montevideo angenehm und die Operationen ausgezeichnet seien.
Die Treffen zwischen Zambianco und Medardo Toro, dem Gunman und Velasco-Anhänger, sind erfolgreich verlaufen, aber Dean ist nervös und darauf bedacht, rechtzeitige Nachrichten über Velascos Pläne zur Rückkehr zu den Wahlen im nächsten Jahr zu erhalten. Über Zambianco habe ich einen Plan ausgearbeitet, Toro nach Buenos Aires zu schicken unter dem Vorwand einer medizinischen Behandlung wegen seiner Rückenverletzung, die seit einigen Jahren eine Spezialbehandlung erfordert. Toro wird die Behandlung in Montevideo erhalten, aber auch Velasco in Buenos Aires kontaktieren und so eng wie möglich an ihm dranbleiben. Wir hoffen, daß Velasco Toro ins Vertrauen zieht und ihn als eine Art Sekretär und Mädchen für alles verwendet.
Warren Dean wird bald zu einem sechs- oder achtwöchigen Heimataufenthalt abreisen. Schade für Gil Saudade. Normalerweise übernimmt bei Abwesenheit des COS der Stellvertreter die Aufgabe als amtierender COS. Aber angesichts der ganzen gegenwärtigen Spannungen und Instabilität bat Dean um einen vorübergehenden Vertreter aus der Zentrale. Es wird Dave McLean sein. Während seines Aufenthalts in der Zentrale wird Dean auf zwei weitere Stellen für Einsatzbeamte unter Botschaftstarnung dringen.

**Quito
22. Juni 1963**

Heute endlich verkündete die Regierung ein Programm zur Einschränkung der Reisen nach Kuba, worauf ich seit dem vergangenen Jahr hingearbeitet habe. Von nun an ist die Einreise nach Kuba formell verboten, und in alle Pässe wird der Vermerk ‚Nicht gültig für Einreise nach Kuba' gestempelt. Dieses Programm ist das Werk von Pablo Maldonado, der mir erst kürzlich sagte, daß eine solch drastische Maßnahme sehr schwer durchzusetzen sei. Auf der anderen Seite weicht del Hierro noch immer allen meinen Bitten um Zugang zu der Kubanerin, die in Guayaquil ausgebildet hatte, aus — sie wird nunmehr nach Tulcan geschickt werden, das praktisch isoliert gelegen und ein Ort ist, von dem aus sie ‚entkommen' und über die Grenze nach Kolumbien verschwinden könnte.

**Quito
5. Juli 1963**

Die Kette der neueren Ereignisse, insbesondere die Fälle von Roura und Flores, haben eines der beabsichtigten Ergebnisse produziert. Auf einer Sondersitzung des PCE-Zentralkomitees wurde das gesamte Provinzkomitee für Pinchincha unter Echeverria abgelöst, wobei Roura aus der Partei ausgeschlossen und Echeverrias Mitgliedschaft suspendiert wurde. Jaime Galarza, einer der Vertreter Echeverrias, hat bereits einen Artikel veröffentlicht, in dem er behauptete, Pedro Saad, der PCE-Generalsekretär, stecke hinter den Enthüllungen im Flores-Dokument und hinter Rouras Verhaftung, da solche Informationen nur von einem hochgestellten Parteimitglied stammen könnten. Die Kampagne der letzten drei Monate zeitigt nebenbei noch andere Effekte. Die meisten unserer politischen Agenten, besonders die rechten im ECACTOR-Projekt, berichten über sich mehrende Stimmen, die einen Militärputsch gegen Arosemena weiteren Maßnahmen von seiten des Kongresses vorziehen würden. Auf dem gestrigen Empfang des Botschafters sprachen die Politiker immer wieder ihre Überraschung aus, daß die Vorbereitungen der Kommunisten bereits so weit gediehen seien. Außerdem schien jedermann besorgt über die drohende Rückkehr Velascos und die Wahrscheinlichkeit, daß er im nächsten Jahr wieder gewinnen würde. Einige Kongreßmitglieder sind eifrig bemüht, etwas gegen Arosemena zu unternehmen, aber viele erkennen, daß die Umstände Arosemena und seine Herrschaft über einen schwachen und gespaltenen Kongreß begünstigen.

**Quito
8. Juli 1963**

Die Operationen der Station Georgetown (British Guayana) haben soeben einen großen Sieg über den marxistischen Premierminister Cheddi Jagan erbracht. Jagan führte, seit er in den 50er Jahren an die Macht kam, diese Kolonie auf einen linksnationalistischen Weg, wobei er sich auf die Vorherrschaft der Inder gegenüber den dortigen Schwarzen stützte. Die Operationen der Station Georgetown konzentrierten sich über mehrere Jahre auf den Aufbau der lokalen Anti-Jagan-Gewerkschaftsbewegung, hauptsächlich über die Public Service International (PSI), das Internationale Gewerkschaftssekretariat für öffentliche Bedienstete. Als Tarnung dient die American Federation of State, County and Municipal Employees, die US-Sektion der PSI. Im vergangenen Jahr finanzierte die Station Georgetown eine Anti-Jagan-Kampagne wegen des Budgets, wobei es zu Ausschreitungen und einem Generalstreik kam, was wiederum eine britische Intervention zur Wiederherstellung der Ordnung herbeiführte. Im April dieses Jahres begann, von der Station finanziert und geleitet, ein weiterer lähmender Streik, der von der Gewerkschaft der öffentlichen Bediensteten Guayanas, dem lokalen PSI-Ableger, geführt wird, und der bis jetzt gebraucht hat, um Jagan erneut zur Kapitulation zu zwingen. Während des Streiks verfolgt William Howard McCabe, unser Hauptagent, außerdem die Interessen der International Federation of Plantation, Agricultural and Allied Workers (IFPAAW).

**Quito
11. Juli 1963**

Mit Arosemena ist es aus. Eine vierköpfige Militär-Junta hat die Macht übernommen.
Es begann gestern abend bei einem Bankett, das Arosemena für den Präsidenten der Grace Lines gab – W. R. Grace and Co. besitzt große Investitionen in Ecuador –, und zu dem hohe ecuadorianische Militärs eingeladen waren, da der Präsident von

Grace Lines ein Admiral a. D. der US-Navy ist. Während der Toasts gab Arosemena zunächst freundliche Kommentare zu den in Lateinamerika operierenden US-Firmen, aber dann beleidigte er unseren Botschafter durch spöttische Bemerkungen über die diplomatischen Vertreter der USA. Völlig betrunken benahm sich Arosemena unglaublich und verließ schließlich das Bankett und seine Gäste.

Heute morgen beschlossen die Befehlshaber der Streitkräfte während eines Treffens im Verteidigungsministerium, Arosemena durch eine Junta zu ersetzen. Gegen Mittag wurde das Präsidentenpalais von Panzern und Truppen umstellt. Ich ging hinunter zum Hotel Majestic, das gegenüber dem Präsidentenpalais liegt, wo Jorge Andino, ein Unterstützungsagent, dem das Hotel gehört, einen Raum besorgte, von dem aus ich die Aktion beobachten konnte. Außerdem überwachte ich den militärischen Nachrichtenfunk und berichtete über Telefon und Walkie-talkie an die Station, von der aus in kurzen Abständen Berichte über den Fortschritt des Coups an die Zentrale und nach Panama (für die dortigen Militärkommandos, die alle Berichte der CIA in Lateinamerika empfangen) durchgegeben wurden.

Es vergingen mehrere spannungsreiche Stunden, da Arosemena, der bekanntlich bewaffnet ist, sich weigerte, eine Abordnung der neuen Junta zu empfangen. Er blieb in den Wohnräumen des Präsidentenpalais, während die Juntamitglieder eintrafen und sich in den Amtsräumen des Palais an die Arbeit machten. Schließlich wurde Arosemena von einem Helfer entwaffnet, zum Flughafen gebracht und in eine Militärmaschine nach Panama gesetzt — wohin auch Velasco vor zwei Jahren geschickt worden war.

Während des Coups schlug das Militär eine linke Protestdemonstration nieder, was drei Tote und siebzehn Verwundete kostete, aber diese Zahlen werden möglicherweise sehr viel höher sein, sollte jemals eine genaue Zählung durchgeführt werden. Außerdem versuchte Reinaldo Varea vergebens, während des Coups, den Kongreß zusammenzurufen, um seine Nachfolge im Präsidentenamt sicherzustellen — aber das hat keinen Zweck mehr. Seine Karriere ist zu Ende.

Die Junta besteht aus den Befehlshabern der Armee, der Luftwaffe und der Marine sowie einem Oberst, der zuvor Sekretär des Nationalen Verteidigungsrates gewesen war. Der Marinebefehlshaber ist Juntachef, als einflußreichster Kopf der Junta gilt jedoch einhellig Oberst Marcos Gandara vom Verteidigungsrat. Diese Männer sind zweifellos Antikommunisten und werden endlich notwendige Maßnahmen treffen, um die extreme Linke auseinanderzutreiben, bevor sie mit ernsthaften bewaffneten Operationen beginnt.

Quito
13. Juli 1963

Die Junta hat keine Schwierigkeiten, ihre Macht zu konsolidieren. Von den Militäreinheiten im ganzen Land treffen Ergebenheitsadressen ein, die bürgerlichen Freiheiten sind suspendiert worden, und die Kommunisten und andere Linksradikale werden ausgehoben und ins Gefängnis gesteckt, mehr als hundert allein in Guayaquil. Der Kommunismus wird geächtet (die erste Maßnahme der Junta), die Zensur eingeführt, es herrscht Ausgehverbot von 9 Uhr abends bis 6 Uhr morgens, und die Wahlen im nächsten Jahr wurden abgesagt.

Bis zur formellen Anerkennung der Junta durch die USA werden noch einige Tage vergehen. Wir haben jedoch bereits damit begonnen, Daten von der Liste der Subversiven an Major Pacifico de los Reyes hier in Quito und an Oberst Lugo in Guayaquil weiterzugeben, die sie mit ihren Kollegen vom Militär bei den Verhaftungsaktionen verwenden. Im gegenwärtigen Augenblick werden wir weiterhin mit diesen Polizeiagenten zusammenarbeiten, und nach Deans Rückkehr und der Anerkennung der Junta durch die USA werden wir über neue Kontakte in der Regierung entscheiden.

Zur Ächtung des Kommunismus kommt noch hinzu, daß die Junta Reformen in Angriff nehmen will, wozu die Zivilisten nie imstande waren. In ihrer ersten Erklärung ließ die Junta verlauten, ihre Absicht sei die Wiederherstellung moralischer Werte, da das Land kurz vor Auflösung und Anarchie stehe. Ihre Herrschaft werde beschränkt sein auf die Zeit, die erforderlich sei, um die Welle von Umsturz und Terror zu stoppen und die dringendsten Schwierigkeiten des Landes zu beheben. Außerdem versicherte sie, daß ihre Regierung nicht oligarchisch sein, sondern eine Politik zur Wiederbelebung ökonomischer und sozialer Entwicklung betreiben werde, um den Lebensstandard zu heben — und zwar nicht nur durch Entwicklung, sondern auch durch Einkommensumverteilung. Zu den wichtigsten Prioritäten gehören Reformen der Landwirtschaft, des Steuerwesens und der öffentlichen Verwaltung.

Quito
31. Juli 1963

Die ersten drei Wochen der Juntaherrschaft waren für eine Militärdiktatur ziemlich mild, tatsächlich kann man nach den ganzen Krisen und Spannungen der letzten Monate sogar ein Gefühl der Euphorie verspüren.
Zumindest für den Augenblick erhält die Junta beträchtliche politische Unterstützung von den Konservativen, den Christlich-Sozialen und anderen – nicht formell als Parteien, aber als Individuen. Wie lange das anhalten wird, ist nicht abzusehen, da die Junta offensichtlich beabsichtigt, den Machtkampf zwischen Velasco und Ponce und die Instabilität, die ein solcher Caudillismo mit sich bringt, zu beenden. Außerdem wird die Junta beträchtliche Unterstützung aus dem Volk bekommen, da sie betont, daß sie Sonderprivilegien und die Herrschaft der Oligarchien abzuschaffen beabsichtigt und Projekte zur Gemeindeentwicklung, zum Wohnungsbau, zur Gesundheitsfürsorge und im Erziehungswesen verspricht.
Von unserem Standpunkt aus scheint die Junta, wenn sie sich nicht auf Dauer etabliert, ganz klar eine günstige, vorübergehende Lösung für die Probleme der Instabilität und der Umsturzgefahr zu sein, die die Entwicklung blockierten. Über die Durchführung der Reformen, die das Land braucht und massive Aktionen zur Unterdrückung der extremen Linken wird die Junta das Vertrauen wiederherstellen, die Kapitalflucht rückgängig machen und die ökonomische Entwicklung beleben.

Quito
15. August 1963

Dean ist von seinem Heimataufenthalt zurückgekehrt und beeilt sich, mit der Junta Verbindung aufzunehmen. Er hat bereits regelmäßig Zusammenkünfte mit Oberst Gandara, dem mächtigsten Junta-Mitglied, mit Oberst Aurelio Naranjo, dem Verteidigungsminister und Oberst Luis Mora Bowen, dem Innenminister. Als Köder für Gandara benutzt er die wöchentlichen Zusammenfassungen der geheimdienstlichen Ergebnisse über Lateinamerika und die ganze Welt (Deckname PBBAND), die er von der Zentrale jeden Freitag erhält und die am Wochenende übersetzt und am Montag an Gandara weitergegeben werden. Gandara hat bereits seine prinzipielle Zustimmung zu ei-

ner gemeinsamen Telefonabhöroperation erteilt, bei der wir die Ausrüstung und die Abschreiber besorgen und er die Verbindungen im Fernsprechamt besorgen und eine Tarnung für den Horchposten arrangieren wird. Sie haben vorläufig zugestimmt, den Horchposten in der Militärakademie zu postieren. Was Dean will, ist eine Telefonabhöroperation, die mit der von Mexico City konkurrieren kann, wo, wie er sagte, die Station dreißig Leitungen gleichzeitig überwachen kann. Nachdem diese Operation angelaufen ist, werden wir Rafael Bucheli für die Überwachung von kritischen politischen Leitungen ohne Wissen der Junta reservieren.
Gil Saudade wurde nach Curitiba in Brasilien versetzt (eine Einmannbasis im Konsulat), und sein Nachfolger, Loren Walsh, spricht kein Spanisch. Walsh, der von der Fernost-Abteilung nach einem Aufhenthalt in Karatschi zur WH versetzt worden war, mußte seinen Spanischkurs unterbrechen, um den abteilungsübergreifenden Counter Insurgency-Kurs zu besuchen, der mittlerweile für jeden Beamten obligatorisch ist, der Chef oder stellvertretender Chef einer Station wird. Das bedeutet für mich, daß ich die meisten Operationen Saudades übernehmen muß.
Im Augenblick gibt es etwa 125 politische Gefangene in Quito, und zwar nicht nur Kommunisten, sondern auch Velasquisten und Mitglieder der „Sammlungsbewegung der Kräfte des Volkes". Die Politik der Junta besteht darin, ihnen die Ausreise ins Exil zu erlauben, obgleich einige in der Lage sind, auf ihre früheren politischen Beziehungen gestützt, im Lande zu bleiben − eine Beurteilung, die in den meisten Fällen auf Informationen basiert, die wir an Oberst Luis Mora Bowen, den Innenminister, weitergereicht haben. Das Verfahren gegen diese Gefangenen und weitere in Guayaquil und anderswo wird wegen der Nachforschungen und Verhöre lange dauern.
An erster Stelle stehen im Reformprogramm der Junta die Universitäten und die Casa de la Cultura genannte nationale Kulturstiftung, die beide eine lange Tradition als Zentren linker und kommunistischer Agitation und Rekrutierung aufweisen. Verschiedene Operationen der Station und der Basis zielten auf die Ermutigung der Junta zur Universitätsreform; sie laufen über die von Alberto Alarcon in Guayaquil kontrollierten Agenten und die Studentenzeitung Voz Universitaria, die Wilson Almeida herausgibt. Gandara zufolge wird der erste Universitätsreformerlaß in wenigen Tagen erfolgen, mit der wichtigen

Verordnung, daß die studentische Beteiligung in der Universitätsadministration stark eingeschränkt wird.

Quito
30. August 1963

Bei Gewerkschaftsoperationen scheint immer alles drunter und drüber zu gehen, aber ab und zu machen sie das wieder gut, indem sie einen plötzlichen Erfolg bringen. Ricardo Vazquez Diaz, einer der Gewerkschaftsagenten, die ich von Saudade übernommen habe, erzählte mir gestern, daß seine Geliebte die offizielle Stenografin bei allen wichtigen Sitzungen des Kabinetts und der Junta sei, und daß sie angefangen habe, ihm Kopien zu geben, damit er sich für seine CEOSL-Arbeit gut informieren könne. Er gab mir einige Proben, und nachdem Dean sie gesehen hatte, wies er mich an, ihr über Vazquez ein Gehalt zu zahlen. Von jetzt an werden wir die Kopien der Sitzungsprotokolle noch vor den Teilnehmern erhalten. In der Botschaft werden wir sie nur dem Botschafter und dem Botschaftsrat zugänglich machen, in Washington werden für einen beschränkten Kreis Kurzzusammenfassungen erstellt, wobei auf besondere Anforderung der gesamte spanische Text zur Verfügung steht. Der Botschafter, meint Dean, ist sehr daran interessiert, zu sehen, wie die Mitglieder der Junta und des Kabinetts auf die Treffen mit ihm reagieren und möchte die Berichte zur Vorbereitung seiner Treffen mit ihnen verwenden. Möglicherweise werden wir versuchen, Vazquez' Geliebte, ECSIGH-1, direkt zu rekrutieren, aber im Augenblick muß ich die Sache sehr vorsichtig behandeln, um nicht die CEOSL-Operation zu gefährden. Vazquez versichert, daß er niemandem von den Berichten erzählt habe, was ich ihm glaube, da er es, wenn überhaupt, einem unserer CEOSL-Agenten erzählt hätte, der mir dann vermutlich davon berichtet hätte. Diese Berichte sind unschätzbar für die politische Nachrichtenarbeit – genau die Art von Nachrichten, die Geheimoperationen erbringen sollen.

Bei den Gewerkschaftsoperationen selbst haben wir ernsthafte Schwierigkeiten mit der neuen Regierung, teilweise als Ergebnis der Willkür der Junta – das Streikrecht wurde beispielsweise abgeschafft.

Die momentan schwierigste Angelegenheit hängt mit dem Versuch der Regierung zusammen, die Eisenbahnen zu reorganisieren, eine der vielen selbständigen staatlichen Einrichtungen, die zusammen etwa 45 Prozent der öffentlichen Einnahmen verschlingen. Der mit dem Eisenbahnwesen beauftragte Oberstleutnant favorisiert die katholische Eisenbahnergewerkschaft der CEDOC, die von COG und CROCLE gegen die andere Eisenbahnergewerkschaft unterstützt wird, die zur CEOSL gehört und ein Ableger der International Transport Workers Federation (ITF) in London ist.

Ich vereinbarte, daß Jack Otero, der stellvertretende Interamerikanische Repräsentant der ITF und einer unserer Gewerkschaftskontaktagenten, von Rio de Janeiro nach Quito kommen soll, um die CEOSL verteidigen zu helfen. Er ist mittlerweile hier, aber anstatt meinen Anweisungen zu folgen und die Angelegenheit mit Zurückhaltung zu betreiben, begann er mit der Androhung eines Boykotts der ecuadorianischen Produkte durch die ITF. Die Aussicht auf Schiffsladungen verfaulter ecuadorianischer Bananen, die in den Häfen der ganzen Welt herumliegen, provozierte Gegendrohungen der Junta, so daß wir Oteros Besuchsprogramm abkürzen mußten. Die ITF-Eisenbahnergewerkschaft wird vielleicht eine Weile leiden müssen, aber wir werden jetzt über Washington einzugreifen versuchen, vielleicht mit einem höherrangigen Agenten wie z. B. Andrew McClellan, der Serafino Romualdi, als dieser die AIFLD übernahm, in seiner Eigenschaft als Interamerikanischer Repräsentant der AFL-CIO ablöste. Was die Junta braucht, ist ein bißchen Unterricht in bezug auf den Unterschied zwischen der freien Gewerkschaftsbewegung und der CTE.

Der Innenminister ist sehr kooperativ und folgt unserem Rat betreffs der politischen Gefangenen. Wir haben jetzt ein Verhör-Spezialteam von den US Army Special Forces in der Kanalzone hergeholt: sie kommen von der dortigen Antiguerilla-Schule und helfen uns bei den Verhörberichten und den nachfolgenden Maßnahmen. Die Ergebnisse sind nicht besonders aufsehenerregend, aber sie liefern ausgezeichnete Akten.

Die Universitätsreform geht weiter. Die Universitäten von Loja und Guayaquil werden schon vorgenommen und die Zentraluniversität ist als nächste an der Reihe, d. h., es werden die Kommunisten und andere Linksradikale in der Universitätsverwaltung und in den Fakultäten gefeuert. Der nämliche Prozeß läuft in den Grund- und Sekundarschulen ab und liegt jeweils in den Händen des Militärgouverneurs der jeweiligen Provinz.

Quito
8. September 1963

Unsere Hilferufe an McClellan erwiesen sich als Eigentor. Er sandte ein Telegramm an die Junta, in dem er drohte, die AFL-CIO werde Anstrengungen unternehmen, das Hilfsprogramm der Allianz für den Fortschritt zu stoppen sowie an die OAS und die UNO zu appellieren, falls die Junta ihre Unterdrückung der Gewerkschaften nicht beendete. Nun wird die Junta die Koalitionsrechte der Eisenbahnarbeiter vollständig aufheben. Irgendwie müssen wir diese Entwicklung rückläufig machen.

Wir baten um den Besuch eines anderen hohen Gewerkschaftsfunktionärs aus Washington und setzten unsere Hoffnung auf William Doherty, den früheren lateinamerikanischen Repräsentanten der PTTI und jetzigen AIFLD-Mitarbeiter. Doherty gilt als einer unserer effektiveren Gewerkschaftsagenten, von dem Dean glaubt, daß er in der Lage sein könnte, die Haltung der Junta gegenüber unseren Organisationen zu ändern.

Vor kurzem sandte der CA-Stab zwei Einsatzbeamte zur Station Panama, um bei den Gewerkschaftsoperationen in der gesamten Hemisphäre zu assistieren, so wie das etwa Beamte der Technical-Services-Abteilung in Panama im gesamten Gebiet tun. Sie kamen für einen kurzen Besuch nach Quito, mehr zu ihrer eigenen Orientierung als aus einem anderen Grund, aber sie werden dafür sorgen, daß ORIT wegen dieser Probleme jemanden zur Junta schickt. Bill Brown zufolge, der einer dieser Gewerkschaftsbeamten ist, wurde unlängst Arturo Jauregui, der Generalsekretär der ORIT, voll als Agent rekrutiert, so daß er künftig wirkungsvoller instruiert werden kann. Zuvor wurde unsere Kontrolle der ORIT in Mexico City durch Morris Paladino, den stellvertretenden Generalsekretär der ORIT und Hauptvertreter der AFL-CIO im Vorstand, ausgeübt. Vielleicht erreichen wir, daß Jauregui selbst interveniert.

Außerdem hatten wir letzte Woche zwei Lügendetektor-Experten hier, um Agenten zu überprüfen. Ich beschloß, endlich mit Atahualpa Basantes, einem unserer PCE-Infiltrationsagenten, zusammenzutreffen, der schon seit 1960 berichtet, aber noch nie mit einem Beamten der Station direkt zusammengetroffen war, wobei ich den Lügendetektor als Vorwand benutzte.

Das Interview mit Basantes war interessant, da es zeigte, wie nützlich der LCFLUTTER nicht nur bei der Überprüfung der Ehrlichkeit bei den Berichten und der Verwendung der Fonds ist. Im Falle von Basantes ergab der Lügendetektor eine Fülle von Äußerungen über seine Motivation und seine Einstellung uns gegenüber und gegenüber seinen Genossen in der Partei — was, wie der Operator meint, gar nicht ungewöhnlich ist. Er ist sicherlich ein konfuser Mensch, der durch das Geld an uns gebunden, aber immer noch davon überzeugt ist, daß der Kapitalismus schädlich für sein Land ist. Warum arbeitet er für uns? Teilweise wegen des Geldes, aber er rationalisiert es mit dem Argument, die PCE-Führung sei korrupt. Von jetzt an werde ich versuchen, ihn mindestens einmal im Monat zu sehen. Seine Berichte sind in den letzten sechs Monaten schlampig geworden, hauptsächlich deshalb, weil Dr. Ovalle sehr ungeschickt ist im Umgang mit Agenten; ich werde deshalb einen neuen Verbindungsmann suchen. Anstatt einer Gehaltserhöhung, die unsicher sein könnte, habe ich der Bezahlung der Prämie einer neuen Lebensversicherung für Basantes zugestimmt — sie ist teuer, da er Ende vierzig und seine Gesundheit schlecht ist, aber sie wird ein weiterer Kontrollfaktor sein.

Der Lügendetektor-Operator, der mit mir zusammenarbeitete, ist Les Fannin. Fannin wurde 1960 in Singapur verhaftet, während er einen Kollaborateur testete, den die Station als Infiltrationsagenten bei der Polizei von Singapur rekrutieren wollte. Die CIA offerierte dem Premierminister von Singapur drei Millionen Dollar, und Außenminister Rusk schrieb sogar einen Entschuldigungsbrief, in der Hoffnung, Fannin freizubekommen. Trotzdem mußte er Monate im Gefängnis von Singapur absitzen.

Unter den gegenwärtigen Umständen wurden die Abhöroperationen gegen Echeverrias und gegen Flores Apartment unterbrochen. Früher oder später wird Flores ins Exil gehen, und Echeverria hält sich immer noch verborgen. Die Abhöroperation im PCE-Buchladen wurde ebenfalls abgeblasen, da die Junta den Buchladen direkt nach dem Coup geschlossen hatte; jetzt müssen wir die Abhöreinrichtungen wieder umständlich ausbauen.

Quito
20. September 1963

Dieser Monat war ein ständiges Kommen und Gehen: Agenten, Besucher und neues Stationspersonal. Zuerst traf der neue Operationsbeamte der Station ein — Morton (Pete) Palmer, der als Mitarbeiter der Wirtschaftsabteilung der Botschaft ge-

tarnt ist. Er ist fraglos eine ausgezeichnete Ergänzung, und ich fange bereits damit an, einige der CA-Operationen auf ihn zu übertragen. Dean wies mich an, mich um einen weiteren Besucher zu kümmern: Ted Shannon, früherer Chef der Station Panama und mittlerweile Chef des CI-Stabs in der Zentrale, der verantwortlich ist für die durch das AID-Public-Safety-Programm getarnten CIA-Beamten. Shannon hat die Interamerikanische Polizeiakademie in Panama gegründet, die, nebenbei gesagt, im nächsten Jahr unter neuem Namen nach Washington verlegt wird. Sie heißt dann Internationale Polizei-Akademie.
Manuel Naranjo wurde als UNO-Botschafter Ecuadors abgelöst und ist bereits zurückgekehrt. Die Zentrale war sehr beeindruckt von seiner Arbeit für uns in der UNO, und Dean hat denselben Eindruck: er wird Naranjo, der nun wieder zurück ist und in der Sozialistischen Partei arbeitet, für den Status eines Laufbahnagenten vorschlagen, was ein beträchtliches Einkommen, Sonderprivilegien, Arbeitsplatzsicherheit und Ruhestandsgehalt bedeuten würde.
Juan Sevilla, Arosemenas Finanzminister, ist der einzige aus unserem politischen Nachlaß in der alten Regierung, der von der Junta einen neuen Job bekam. Vielleicht war sein energisches Handeln in den letzten Monaten vor der Machtübernahme durch die Junta der Grund für seine Ernennung zum neuen Botschafter Ecuadors in Westdeutschland. Wir schicken seine Akte im voraus zur Station Bonn, für den Fall, daß sie ihn in Deutschland verwenden wollen.
Die Flitterwochen des Landes mit der Junta gehen ziemlich rasch zu Ende. Die traditionellen Parteien sind darüber besorgt, daß die Junta länger als zugestanden an der Macht bleiben könnte, und die massive Beförderungswelle im Offizierskorps war nicht sehr populär, insbesondere deshalb, weil zu den zuerst Beförderten die Juntamitglieder selbst gehörten: nun besteht sie aus einem Obersten, einem Admiral und zwei Generälen.

Quito
15. Oktober 1963

Sogar die AIFLD-Operation ist in Schwierigkeiten. Der Landesprogrammchef ist kein Agent, so daß wir ihn nicht direkt anleiten können (außer über Washington), damit sein Programm mit unserem richtig zusammenstimmt. Schließlich kam uns

Doherty zu Hilfe, um das AIFLD-Programm für uns in Ordnung zu bringen, aber noch ist er nicht so weit. Er wird dafür sorgen, daß Emilio Garza, der AIFLD-Mann in Bogota, ein rekrutierter und kontrollierter Agent, hierherkommt, um so lange als nötig dafür zu sorgen, daß das AIFLD-Programm in der Weise läuft, wie Dean es für richtig hält.
Letzte Woche wurden auch ein paar unserer Agenten von der Revolutionären Liberalen Volkspartei für einige Tage ins Gefängnis gesperrt. Sie hielten eine Versammlung ab, was gegen das Verbot der Regierung verstieß, keine politischen Versammlungen ohne vorherige Genehmigung abzuhalten. Unter den Verhafteten befanden sich Juan Yepez del Pozo jr., Carlos Vallejo Baez und Antonio Ulloa Coppiano. Sie wurden nur einige Tage festgehalten. Später gestanden mir Vallejo und Ulloa ein, daß sie das Ganze aus Publicity-Gründen inszeniert hatten. Pete Palmer wird diese Agenten im nächsten Monat übernehmen, damit sie das nächste Mal die Sache vorher mit uns diskutieren — anderenfalls können sie nicht damit rechnen, daß wir für sie bürgen, falls sich die Junta mit ihrer Freilassung Zeit lassen sollte.
Ein neuer Stationsbeamter ist angekommen: Jim Wall, ein alter Freund, der mit mir zusammen das Ausbildungsprogramm in Camp Peary durchlaufen hat. Er war gerade zwei Jahre unter nichtoffizieller Tarnung als Student in Santiago de Chile und wird ebenfalls einige meiner Operationen übernehmen — möglicherweise die politischen ECACTOR-Programme. Ebenso wie Palmer wird er durch die Wirtschaftsabteilung der Botschaft getarnt werden.

Quito
10. November 1963

Übermorgen werde ich versuchen, Jose Maria Roura zu rekrutieren, der seit Mai im Garcia-Moreno-Gefängnis schmort. Er wird die Erlaubnis erhalten, das Land zu verlassen und nach Guayaquil fliegen, dann nach Lima, La Paz und eventuell nach Chile.
Oberst Lugo war während der letzten Wochen in Quito. Er erzählte mir, daß die Verhörexperten der Polizei berichteten, Roura sei sehr deprimiert, sogar desillusioniert in bezug auf seine politische Vergangenheit. Außerdem ist er sehr um seine Familie besorgt, die völlig mittellos und auf die Wohltätigkeit

von Freunden angewiesen ist. Diese Information paßt zu dem, was wir über die Verhörprotokolle aus anderen Quellen erfahren haben sowie zu den Informationen über Rouras Familie, die wir von PCE-Infiltrationsagenten erhielten. Lugo deutete mir gegenüber an, daß Roura für einen Rekrutierungsversuch reif sein könnte, aber er ist dagegen, schon im Gefängnis damit anzufangen.
Nachdem wir die verschiedenen Möglichkeiten diskutiert hatten, bat mich Dean, die gleiche Maschine wie Roura von Guayaquil nach Lima zu nehmen und mein Glück im Flugzeug zu versuchen. Wir haben mit ECBLISS-1, dem Braniff-Manager in Guayaquil, Amerikaner und Unterstützungsagent der Basis, vereinbart, mir einen Platz neben Roura zu besorgen. Die Zustimmung der Zentrale traf soeben ein, und die Station Lima wird die dortige Polizei veranlassen, Roura einige Tage Aufenthalt zu gestatten, falls er das wünschen sollte, da er bis zum Weiterflug nach La Paz nur zwei Stunden Zeit hat. Für unsere Zwecke sollte ein mögliches Nachspiel nach dem Flug besser in Lima als in La Paz stattfinden. Wenn ich mit ihm spreche, werde ich ihn einladen, auf meine Kosten einige Tage in Lima zu bleiben. Nach all diesen Monaten in einem der finstersten Gefängnisse der Welt könnte er das wirklich akzeptieren. In jedem Falle lohnt sich das Risiko einer Szene im Flugzeug — Roura gilt als sehr reizbar —, da wir einen Infiltrationsagenten der Exilgemeinde in Santiago benötigen und Roura eine ausgezeichnete Informationsquelle wäre, falls er eventuell hierher zurückkehrt.

Quito
13. November 1963

Es lief nicht gerade perfekt, aber eine Katastrophe war's auch nicht. Ich nahm den Nachmittagsflug nach Guayaquil, und zu meiner Überraschung befand sich Roura auf dem gleichen Flug unter Polizeibewachung. Oberst Lugo hatte mir gesagt, daß Roura den Vormittagsflug nehmen würde, und ich wollte auf gar keinen Fall in Quito von Roura oder in irgendeiner Verbindung mit ihm gesehen werden. Die Absprachen der Basis mit dem Braniff-Manager waren perfekt — er wartete um drei Uhr morgens auf dem Flughafen auf mich und gab mir den Platz direkt neben Roura, der in dem Augenblick, wo er die Maschine betrat, von der Polizei freigelassen werden sollte.

Wieder im Flugzeug, erschrak ich, denn es saßen nur etwa zehn Passagiere in der Kabine. Die Stewardeß führte mich zu dem Sitz neben Roura, der dort bereits saß, und meine geplante Eröffnung der Geschichte fing an zu zerbröckeln. Ich hatte die Unterhaltung als irgendein anonymer Passagier, der mit einem anderen x-beliebigen Passagier ins Gespräch kommt, beginnen wollen. Ich wollte neben Roura sitzen für den Fall, daß der Flug stark besetzt wäre — damit sich niemand anderes neben ihn setzen könnte. Aber jetzt war die Sache allzu offensichtlich.
Nachdem ich mich neben Roura gesetzt hatte, begann ein scheinbar endloses Schweigen. Ich versuchte verzweifelt, mir einen neuen Vorwand auszudenken, um eine Konversation zu beginnen; einer von beiden mußte etwas sagen, da ich sichtlich aus einem bestimmten Grund hier saß. Plötzlich kam die Stewardeß zurück und schlug mir vor, mich vielleicht woanders hinzusetzen, wo ich auch schlafen könnte, da viele Sitzreihen leer waren. Das brachte Zeit. Ich ging zu einem anderen Sitz, vielleicht zehn Reihen weiter, und wurde langsam deprimiert. Wir rollten über die Startbahn und hoben ab. Die Minuten verstrichen, fünf, zehn, zwanzig und ich klebte immer stärker an meinem Sitz, erstarrte immer mehr und fing bereits an, mir Entschuldigungen dafür auszudenken, daß ich nicht mit Roura gesprochen hätte, z. B. schlechte Sicherheitsbedingungen. Aber irgendwie mußte ich das Eis brechen und stand schließlich auf, ging zu Rouras Platz zurück und sprang ins kalte Wasser.
Ich stellte mich unter einem falschen Namen vor, und als ich fragte, ob ich mit ihm sprechen könnte, willigte er gleichgültig ein. Ich setzte mich hin und, nachdem ich erst einmal angefangen hatte, gewann ich allmählich auch meine Routine zurück. Ich sei amerikanischer Journalist, der sich in den letzten Wochen in Ecuador aufgehalten hätte, um für eine Artikelserie die Probleme des Analphabetentums, der Krankheiten und der Armut zu untersuchen. Auf dem Flughafen hätte ich zu meiner freudigen Überraschung erfahren, daß er denselben Flug nehmen würde und überlegt, ob er wohl etwas dagegen hätte, die Probleme Ecuadors vom Standpunkt eines kommunistischen Revolutionärs zu diskutieren. Ich fügte hinzu, daß ich von seiner Verhaftung im Frühjahr gehört hätte und tat verwundert über eine derart willkürliche und unfaire Behandlung.
Wir verbrachten den Flug bei einem Kaffee und sprachen über Ecuador. Roura war offen und entspannt, und wir schienen

uns ein bißchen näherzukommen. Etwa zwanzig Minuten vor der Landung lenkte ich das Gespräch auf Rouras persönliche Situation. Er erzählte mir, daß er den Anschlußflug nach La Paz nehmen werde und von dort aus in einigen Tagen nach Santiago weiterreisen werde. Er war wegen seiner Familie besorgt und erwartete schwere Zeiten im Exil. Nun mußte ich meinen Vorschlag machen, so dezent wie möglich, aber deutlich genug für Roura. Ich erzählte, daß ich in Lima Freunde besuchen wolle, die mehr oder weniger den gleichen Beruf wie ich ausübten. Sie würden sich vielleicht auch gerne mit ihm unterhalten und ihm sicher ein Interviewhonorar anbieten, da sie für ein großes Unternehmen arbeiteten. Er war interessiert, erklärte aber, daß er von den Peruanern lediglich die Erlaubnis hätte, auf dem Flughafen den Anschlußflug abzuwarten. Ich sagte ihm, daß meine Freunde vielleicht die Erlaubnis, einige Tage in Lima zu bleiben, arrangieren könnten und daß er die Einreisebehörde fragen könnte, ob er nicht wenigstens den Tag über in Lima bleiben könne, um mit dem nächsten Flug am Abend oder am nächsten Tag nach La Paz zu fliegen. Vielleicht, so sagte ich ihm, könnte ein bißchen finanzielle Unterstützung für ihn und seine Familie in Quito arrangiert werden. Vielleicht könnte er sogar seine Familie nach Santiago kommen lassen. Ich fühlte, daß er auf den Köder ansprang und zu verstehen begann.

Als das ‚fasten seat belt' aufleuchtete, zog ich ein Papier hervor, auf das mein angenommener Name und die Nummer eines Postfachs in Washington getippt war. Ich erklärte ihm, daß ich in Lima im Hotel Crillon wohnen würde und er mich, wenn es ihm möglich wäre, einige Tage zu bleiben, dort anrufen sollte, damit wir unser Gespräch fortsetzen könnten. Andernfalls könne er mich jederzeit über das Postfach erreichen. Er sagte nicht, daß er die Flughafenbehörde um Aufenthaltserlaubnis bitten werde, sagte aber auch nicht nein. Ich glaubte, er würde sich entschließen zu bleiben. Als letzten Anstoß wollte ich noch etwas unternehmen, um ihm anzudeuten, daß ich Bescheid wüßte; ich hoffte mittlerweile, daß er kapierte, ich sei vom CIA und nannte ihn beim Abschied betont ‚Pepito', der Name, mit dem ihn die PCE-Genossen rufen. Zur Landung setzte ich mich auf meinen anderen Platz zurück.

Auf dem Flughafen ging ich auf den Eingang zu, wo ich mit dem für die Verbindung mit den Einreisebehörden zuständigen Beamten der Station Lima zusammentraf. Er hatte dafür gesorgt, daß Roura die Aufenthaltserlaubnis bekäme, falls er darum bitten sollte, und wenn nicht, sie ihm sogar angeboten würde — ohne natürlich den Verdacht aufkommen zu lassen, daß wir versuchten, Roura zu rekrutieren. Vom Inneren des Flughafengebäudes aus beobachteten wir das Braniff-Flugzeug, da Roura drinnen geblieben war. Schließlich erschien er, stieg die Stufen hinunter, aber plötzlich sauste er wieder hinauf zurück ins Flugzeug. In diesem Augenblick kamen zehn uniformierte Polizisten, die zum Flugzeug geeilt waren, an der Treppe an. Der Anführer bestieg das Flugzeug, und es folgte eine längere Pause. Der Beamte der Station Lima ging zu seinen Kontaktleuten bei der Flughafenpolizei, um herauszufinden, was passiert war. Ich ging zu den Büros der Station in der Botschaft, um auf Nachrichten vom Flughafen zu warten. Wenn Roura blieb, würde ich ins Crillon ziehen und auf seinen Anruf warten, falls er nach La Paz weiterreiste, würde ich den Nachmittagsflug der Avianca zurück nach Quito nehmen.

Als ich in der Botschaft ankam, hatten sie schlechte Nachrichten für mich. Roura war von der Polizei erschreckt worden, als sie auf ihn zustürzten, und befürchtete, daß irgend etwas Schlimmes passieren könnte. Im Flugzeug weigerte er sich, den Flughafen bis zum Weiterflug zu betreten. Im Terminal war er dann sehr nervös und einzig daran interessiert, den Flug nach La Paz nicht zu versäumen, mit dem er wie geplant weiterflog.

Der Chef der Station Lima entschuldigte sich für den Übereifer der Verbindungsleute — die auf das Flugzeug zukommende Polizei wollte Roura lediglich einen herzlichen Empfang bereiten, um ein sich auf mehrere Tage erstreckendes Einreiseangebot vorzubereiten. Die Station Lima verpfuschte die Operation — ich bin davon überzeugt, daß Roura geblieben wäre; jetzt können wir nur auf ein Telegramm oder einen Brief im Postfach warten. Andererseits denkt Dean an einen Nachbesuch bei Roura, sobald dieser erst einmal in Santiago ist.

Auf der Station Lima fragte ich nach dem Fortgang der MIR-Infiltrationsoperation — die ich in Guayaquil mit der Anwerbung von Enrique Amaya Quintana eingeleitet hatte. Der stellvertretende Chef der Station, Clark Simmons, einer meiner früheren Ausbilder in Camp Peary, ist mit der Angelegenheit beauftragt. Er sagte mir, Amayas Informationen seien pures Gold. Er deckte etwa zehn Basis-Camps und geheime Lager auf und kam hinter den Großteil der städtischen Infrastruktur der Gruppe sowie Details jeder Ausbildungs- und Planungsphase. Die Station Lima verfügt über ein Notizbuch mit Karten, Namen und Adressen, Fotografien und allem anderen, was in bezug auf den MIR wichtig ist, den die Station für die bedeutendste Umsturzgefahr in Peru hält. Das Notizbuch ist auf spanisch und wird immer auf den neusten Stand gebracht, so daß es im richtigen Augenblick dem peruanischen Militär übergeben werden kann.

**Quito
17. November 1963**

Es dauerte nicht lange, bis wir Klarheit bezüglich der Anwerbung Rouras hatten. Heute morgen kam ein spezialkodiertes Telegramm der Station La Paz, Roura sei zu einer geheimen Unterredung mit zwei führenden bolivianischen Kommunisten zusammengetroffen. Einer der beiden Bolivianer ist anscheinend Agent, obwohl die Quelle auch eine Abhöranlage sein kann. Bei dem Treffen berichtete er ihnen von meinem Anwerbungsversuch und sagte, er werde mich umbringen, falls wir uns noch einmal begegnen sollten. Dean glaubt jedoch, daß Roura vielleicht in einem halben oder in ein bis zwei Jahren seine Meinung ändern könnte. Zumindest weiß er, daß wir interessiert sind und hat die Nummer des Postfachs. Mir bleiben nur noch drei Wochen bis zur Abreise, und ich übertrage die Operationen auf die drei neuen Beamten und beende auch einige uninteressante Verbindungen – natürlich mit der Vorkehrung, daß wir sie später wieder aufgreifen können, falls das nötig werden sollte.

Unter den letzteren befindet sich Dr. Philip Ovalle, Velascos Hausarzt und Verbindungsmann zu Atahualpa Basantes, dem PCE-Infiltrationsagenten. Bevor ich die Verbindung stornierte, gelang es mir, den Botschafter dazu zu bewegen, Ovalle wieder auf die Liste der für die Visagenehmigung anerkannten Ärzte zu setzen (die Konsularabteilung hatte ihn gestrichen, da er einige Leute mit Syphilis in die USA geschickt hatte), sonst könnte er Schwierigkeiten machen. Die Chancen für ein Comeback Velascos sind mittlerweile so gering geworden, daß kein Grund mehr besteht, Zeit für Ovalle zu vergeuden, um Informationen über die Velasquisten zu bekommen. Ich rekrutierte einen neuen Verbindungsmann für Basantes, von dem ich glaube, daß er den Berichten des Agenten etwas nachhelfen kann. Es ist Gonzalo Fernandez, ein früherer ecuadorianischer Luftwaffenoberst, der Militärattache in London war, bevor er aus politischen Gründen zum Rücktritt gezwungen wurde. Außerdem beendete ich die Briefabfangoperation, die ich wieder übernommen hatte, als uns der Verwaltungsassistent vor einigen Monaten verließ. Die Agenten bekamen einen angemessenen Scheck, und wir vereinbarten ein Treffen alle zwei oder drei Monate, um sie für das von ihnen verbrannte Propagandamaterial zu bezahlen. Kein schlechtes Geschäft, einige hundert Dollar pro Tonne.

Tampa
10. Dezember 1963

Auf dem Heimflug verglich ich die gegenwärtige Situation Ecuadors mit der, die ich bei meiner ersten Ankunft dort vorgefunden hatte. Auf der Station Quito sind mittlerweile acht Beamte tätig, im Vergleich zu fünf bei meiner Ankunft, Gabe Lowe eingerechnet, der im kommenden Frühjahr eintreffen wird, um die letzte der neuen Stellen zu übernehmen, sowie zwei zusätzliche Sekretärinnen, mehrere weibliche Hilfskräfte und ein weiterer Kommunikationsbeamter. In Guayaquil sind nach wie vor nur zwei Beamte im Konsulat; dazu kommt aber noch ein außerhalb des Konsulats arbeitender Beamter. Dean plant gegenwärtig, noch weitere Beamte unter nichtoffizieller Tarnung hinzuzufügen, insbesondere in Guayaquil. Auch das Budget der Station ist beträchtlich gestiegen − von ca. 500 000 Dollar 1960 auf gegenwärtig beinahe 800 000 Dollar.

Die Operationen laufen mittlerweile reibungsloser. Das Counter-Insurgency-Programm wurde verbessert und half bei allen Verhaftungen, Verbannungen und bei den allgemeinen Repressionsmaßnahmen der Junta. Wir haben einige neue Operationen gestartet − insbesondere die neue Abhör-und-Nachrichten-Einheit der Streitkräfte, die Dean gerade aufbaut. Viele dieser Aktivitäten werden in Kooperation mit der Junta durchgeführt, die wir im Gegenzug über Polizei- und Armeeoffiziere sowie über die Hauptstenotypistin der Junta, die auf unserer Gehaltsliste steht, infiltriert haben. Es scheint, daß sich die Operationen im studentischen Bereich verbessern werden und unsere Gewerkschaftsoperationen, sowohl CEOSL als auch AIFLD, trotz aller Schwierigkeiten sich fest etabliert haben. Unsere besten PCE-Infiltrationsagenten haben überlebt, und wir haben noch einige hinzugewonnen, einschließlich derer von der Basis Guayaquil.

Was die allgemeine politische Situation anbelangt, so ist die Lage noch günstiger. Bei meiner Ankunft in Ecuador war Araujo Innenminister, und während zweieinhalb Jahren pfuschten die traditionellen Parteien viel herum und ermunterten das Volk, nach extremen Lösungen zu suchen. Alle Politiker, Velasco und seine Anhänger, die Konservativen, die Christlich-Sozialen, die Liberalen und die Sozialisten, hatten für kurzsichtige, sektiererische Interessen gekämpft, manchmal sogar unter Führung unserer Agenten oder enger Verbindungsleute. Aber sie schafften es nicht, auf demokratischem Wege die Reformen durchzuführen, die sie allesamt zumindest im Munde führten. Nunmehr können diese Reformen wenigstens als Dekrete eingeführt werden, und es scheint gewiß, daß die von der Junta aufgezwungene Ordnung das ökonomische Wachstum beschleunigen wird. Am dringlichsten ist nach wie vor eine Agrarreform. In einem Bericht, den UN-Food and Agricultural Organisation in diesem Jahr veröffentlichte, wird festgestellt, daß ca. 800 000 ecuadorianische Familien (das sind über drei Millionen Menschen) in bitterster Armut leben, während 1000 reiche Familien (900 Grundbesitzer und 100 Geschäftsleute) sich eines unmäßigen Reichtums erfreuen.

Teil III

Washington DC
8. Februar 1964

Beim ersten Besuch im neuen Gebäude der Zentrale in Virginia war ich unwillkürlich beeindruckt. Von Washington aus fährt man zwanzig oder dreißig Minuten den Potomac entlang, bei herrlicher Aussicht von der Autobahn, die an den Klippen vorbeiführt. Über der Ausfahrt zum Hauptquartier hängt ein Schild „Straßenbauamt" – als ob sich davon jemand täuschen ließe! Ich verbrachte zwei Tage mit dem für Ecuador zuständigen Beamten, um nachzutragen, was in den offiziellen Berichten niemals erscheint; außerdem informierte ich mich ein wenig über die organisatorischen Veränderungen im Hauptquartier. Die wichtigste Neuerung ist, daß vor kurzem ein neues Stellvertretendes Direktorium eingerichtet wurde, das DDS & T (Stellvertretendes Direktorium für Wissenschaft und Technologie). Es entstand aus der Zusammenlegung der Wissenschaftsabteilung (Office of Scientific Intelligence), und des Büros für Ermittlungen und Berichte (Office of Research and Reports), die beide dem Stellvertretenden Direktorium des Nachrichtendienstes unterstehen, mit verschiedenen anderen Dienststellen. Diese neue Einheit hat weltweit alles, was mit Informationen und der Festlegung von Prioritäten in den verschiedenen Schlüsselbereichen von Wissenschaft und Technologie zusammenhängt, übernommen, wobei natürlich besonderes Gewicht auf die Ergebnisse gelegt wird, die die Sowjets im Rüstungssektor erzielen. Außerdem ist die neue Abteilung für die Entwicklung neuer technischer Datensammlungssysteme verantwortlich. Das Stellvertretende Direktorium für Koordination wurde abgeschafft.
Die andere wesentliche Veränderung fand im DDP (Stellvertredendes Direktorium für Planung) statt, wo die ehemalige Abteilung für internationale Organisationen (International Organizations Division) und der Psychologische und Paramilitärische Stab (Psychological and Paramilitary Staff) unter dem neuen Namen Stab für Geheimaktionen (Covert Action Staff) zusam-

mengefaßt wurden. Die zentrale Koodinierung und Leitung aller CA-Operationen (Covert Action Operations = Geheimoperationen), die früher als PP-Operationen (Psychological and Paramilitary Operations = Psychologische und paramilitärische Operationen) bezeichnet wurden, liegt nun bei diesem Stab. Die Leute im neuen CA-Stab haben auch eine neue Terminologie entwickelt, die im Hauptquartier zu vielen Witzeleien Anlaß gibt, wobei dies vielleicht deshalb geschah, weil viele von ihnen die traditionellen Reibereien zwischen der Abteilung für Internationale Organisationen (IO Division) und den Abteilungen für die einzelnen geographischen Gebiete (geographical area divisions) seit langem kennen. Statt ihre Agenten weiterhin *Agenten* zu nennen, bezeichnen sie sie jetzt in ihren Memoranda und anderen Dokumenten beharrlich als „getarnte Mitglieder" (covert associates). Die Probleme, die bei der Kontrolle von Agenten auftauchen – die alten Probleme der IO-Abteilung, die nie gelöst wurden –, scheinen jetzt einfach dadurch verringert worden zu sein, daß man Personen, die für die CIA tätig sind, nicht mehr als Agenten bezeichnet.

Eine weitere Veränderung im DDP, die in Kürze in Kraft treten wird, ist die Verschmelzung der Abteilung Sowjetrußland (Soviet Russia Division) mit der Abteilung Osteuropa (Eastern Europe Division), wobei Griechenland allerdings ausgenommen wird und an die Abteilung Naher Osten (Near East Division) gehängt wird. Nun werden alle kommunistischen Länder Europas in der gleichen Abteilung (Area Division) behandelt, die den Namen Sowjetblock-Abteilung (Soviet Bloc Division) erhält. Außerdem wird das Losungswort für Aktionen der Sowjetblock-Abteilung von REDWOOD in REDTOD umgeändert. Ferner gibt es eine völlig neue Abteilung im DDP mit dem Namen Abteilung für Inlandsoperationen (Domestic Operations Division = DOD), die für die Nachrichtensammlung der CIA innerhalb der Vereinigten Staaten verantwortlich ist (natürlich über ausländische Ziele). Die DOD befaßt sich hauptsächlich mit der Rekrutierung von Amerikanern für Operationen, z.B. der Rekrutierung von Wissenschaftlern und Gelehrten zur Arbeit auf internationalen Konferenzen. Die DOD hat eine „Station" in Washington und in mehreren anderen Städten ein Büro.

In der Abteilung Westliche Hemisphäre (Western Hemisphere Division = WH Division) gibt es die große Neuigkeit, daß Colonel J. C. King* endgültig seinen Posten als Chef der Abteilung verliert. Seit der Invasion in der Schweinebucht wurden seine

Machtbefugnisse allmählich beschnitten, indem kubanische Angelegenheiten aus den regulären Entscheidungsprozessen der Abteilung rausgenommen wurden und King mit verschiedenen Beratern umgeben wurde, wie z. B. Dave McLean*, der bei der Machtübernahme der Junta Ausführender Chef der Station (Acting Chief of Station) in Quito war, und Bill Hood*, der im letzten Jahr den neugeschaffenen Posten eines Operationschefs (Chief of Operations) innehatte. King wird als Abteilungschef durch einen der ranghöheren Beamten ersetzt, die nach der Schweinebucht aus der Abteilung Fernost (Far East Division) in diese Abteilung versetzt wurden, Desmond Fitzgerald*, stellvertretender Chef der WH-Abteilung für Kubanische Angelegenheiten — ebenfalls eine Stellung, die nach der kubanischen Invasion neu geschaffen wurde. Der reguläre stellvertretende Chef der Abteilung, Ray Herbert*, wird weiterhin die Personalfragen und die Angelegenheiten, die nicht direkt mit Operationen gegen Kuba zusammenhängen, abwickeln.

Washington DC
10. Februar 1964

Ich verbrachte einen Abend bei den Nolands, die nicht weit vom Hauptquartier in McLean wohnen, das sich in letzter Zeit offenbar zu einer besonders beliebten Gegend entwickelt hat. Nach seiner Rückkehr ins Hauptquartier wurde Noland seinerzeit zum Chef der Brasilien-Filiale bei der WH-Abteilung ernannt. Seit Brasilien unter Goulart unaufhaltsam nach links abdriftet, ist das einer der wichtigsten Jobs hier. Er reiste im letzten Jahr mehrfach dorthin, und nach seinen Worten zu urteilen, gilt Brasilien unsere größte Sorge in Lateinamerika. Seit dem Ende der Krise um die Sowjetraketen auf Kuba hat Brasilien sich, im Vergleich zur Castro-Insel, zu einem weitaus gefährlicheren Krisenherd entwickelt.

Nicht gerade günstig für unsere brasilianischen Operationen war die parlamentarische Untersuchung der massiven Wahlmanipulationen von 1962. Sie begann bereits im letzten Mai und beschäftigt immer noch die Gerichte. Nachforschungen ergaben, daß im Verlauf der wichtigsten über die Station Rio laufenden Operationen, das „Brasilianische Institut für demokratische Aktionen" (IBAD) und eine verwandte Organisation mit Namen „Demokratische Volksaktion" (ADEP) während des Wahlkampfs mindestens zwölf, wahrscheinlich aber sogar 20

Millionen Dollar zur Aufstellung und Unterstützung antikommunistischer Kandidaten ausgegeben wurden. Bei acht der insgesamt elf Gouverneurswahlen in den Bundesstaaten tauchten Gelder ausländischer Herkunft auf; fünfzehn Kandidaten für den Posten eines Bundessenators, zweihundertfünfzig Kandidaten für einen Sitz in den bundesstaatlichen Parlamenten und etwa sechshundert Kandidaten für legislative Gremien wurden mit den Geldern bestochen. Das Endergebnis freilich war keineswegs glänzend, denn zwar wurden CIA-unterstützte Kandidaten in Sao Paulo und Rio Grande, beides sehr wichtige Bundesstaaten, zu Gouverneuren gewählt, aber im kritischen Nordoststaat Pernambuco machte ein linker Parteigänger Goularts das Rennen.

Die parlamentarische Untersuchungskommission konnten wir zwar einigermaßen im Zaum halten – fünf ihrer neun Mitglieder zählten selbst zu den Empfängern der Bestechungsgelder von IBAD und ADEP –, dennoch konnte der Skandal nur knapp vermieden werden, weil sich First National City Bank, Boston Bank und Royal Bank of Canada, die Quellen der Auslandsgelder, die in die Kassen von ADEP und IBAD geflossen waren, weigerten, ihre Bücher offenzulegen.

Washington DC
12. Februar 1964

In Montevideo werde ich vor allem für die Operationen gegen die Kubaner verantwortlich sein. Nur noch fünf Länder unterhalten in Lateinamerika diplomatische Beziehungen mit Kuba; in den Richtlinien der Station Montevideo kommt den antikubanischen Operationen die höchste Priorität zu, der einzige Fall in Südamerika, wo die sowjetische Botschaft zweitrangig ist. Grund dafür ist die bedenklich wachsende Stärke der Kommunisten in Uruguay. Vor allem bei den Gewerkschaften, wo der Einfluß der kubanischen Botschaft ganz offensichtlich wird. Darüber hinaus gibt es alarmierende Hinweise, daß die Kubaner von Montevideo aus die Aktivitäten der im Norden Argentiniens operierenden Guerilleros und Terroristen unterstützen. Um den Abbruch der Beziehungen mit Kuba voranzutreiben, tun wir unter anderem alles, um Venezuela bei seinem Konflikt mit Kuba den Rücken zu stärken. Venezuela hat Kuba der bewaffneten, heimlichen Intervention beschuldigt, seit letzten November an der Küste ausgedehnte Waffenverstecke

entdeckt wurden. Die Spur führte zu einem belgischen Waffenhändler, der behauptete, die Waffen an Kuba verkauft zu haben. Aus Gründen der Diskretion habe ich nicht weiter nachgefragt, aber in meinen Augen sah die ganze Geschichte von Anfang an ganz nach einer Operation der CIA-Station Caracas aus.
Um in Uruguay unser oberstes Ziel zu erreichen, den Abbruch der Beziehungen mit Kuba, müssen wir zunächst einmal, egal ob technisch oder mit Hilfe von Agenten, in die Kubanische Botschaft Montevideo eindringen, um an besseres Nachrichtenmaterial zu gelangen. Es laufen bereits eine Reihe wichtiger Operationen an, aber bislang ist es uns nicht gelungen, die Botschaft zu infiltrieren. Dabei mangelt es eigentlich nicht an Versuchen. Unter den im letzten Jahr angeworbenen Agenten befindet sich beispielsweise der kubanische Überläufer Rolando Santillana. Dummerweise arbeitete er erst seit kurzer Zeit in Montevideo, war auch nicht für den Geheimdienst tätig und konnte uns daher keine brisanten Informationen liefern. Immerhin konnten wir seinen Fall für Propagandazwecke ausschlachten.
Bei einer anderen Gelegenheit hätten wir fast den vermutlichen Geheimdienstchef der Kubaner in Montevideo rekrutiert: letzten Dezember, kurz bevor er nach Kuba zurückkehren sollte, tauchte Earle Perez Freeman – so heißt der Beamte – plötzlich in der US-Botschaft von Mexico City auf. Er hatte vorher in Montevideo einen Annäherungsversuch der CIA auf offener Straße abgewiesen und wartete nun in Mexiko auf das Flugzeug nach Kuba. Nach einer kurzen Besprechung mit Beamten der dortigen Station war er bereit, um politisches Asyl in den USA zu bitten. Der verantwortliche Beamte war Bob Shaw, einer meiner ehemaligen Ausbilder in ISOLATION, und im Hauptquartier rauft man sich jetzt noch über seine Sorglosigkeit die Haare. Nachdem er eine Militärmaschine organisiert hatte, mit der Perez ausfliegen sollte, fuhr ihn Shaw im Auto zum Flughafen. Auf dem Weg dorthin geriet der Kuabner offenbar in Panik, sprang aus dem Auto und verschwand in der Menge. Niemand kann sich bis heute erklären, wie Shaw die in solchen Fällen gültige Faustregel vergessen konnte: in derartigen Situationen muß die betreffende Person stets flankiert von zwei Beamten im Wagenfond sitzen. Hätte sich Perez zu einem früheren Zeitpunkt umentschieden, hätte dieser Lapsus vermieden werden können. In einer kontrollierten Situation hätte man ihn dann immer noch überreden können. Jedenfalls wären

eine plötzliche Panik und der Verlust sämtlicher Kontakte verhindert worden. Perez kehrte nach Havanna zurück, und es gibt keine Anzeichen dafür, daß die Kubaner von seinen Kontakten in Mexiko Wind bekommen haben. Trotzdem herrscht beim Hauptquartier die einhellige Meinung, daß sich die Station Mexico City in diesem Falle bemerkenswert dämlich angestellt hat — sie hielten es nicht einmal für nötig, die Station Montevideo zu konsultieren.

Unter den für eine Anwerbung in Frage kommenden kubanischen Botschaftsangestellten in Montevideo interessiert sich die Kuba-Filiale besonders für den Code-Beamten, den die Station als einen gewissen Roberto Hernandez identifiziert hat. Die Beamten der Abteilung D, die sich um die kubanischen Geheimdienstverbindungen kümmern, wissen, daß die Sowjets den Kubanern das Codierungsmaterial, mit dem die diplomatischen und geheimdienstlichen Korrespondenzen erledigt werden, zur Verfügung stellen. Bisher konnten wir noch nichts entschlüsseln. Im Hauptquartier will man für den Fall einer Anwerbung des Codebeamten Techniker schicken, die Schaltpläne und Material kopieren sollen. Dann könnte nicht nur die künftige Korrespondenz gelesen, sondern auch der Papierberg früherer Korrespondenz entziffert werden, der bei der National Security Agency für den Fall eines erfolgreichen Durchbruchs aufbewahrt wird.

Miami
14. März 1964

Vor vierzehn Tagen wurde mir ein zweiter Sohn geboren. Genau am vorausberechneten Tage und ohne die mindesten Komplikationen. Ich bin überglücklich. Wenn das Baby in ein paar Wochen reisefähig ist, kommen Janet und die Kinder nach. Ich fliege schon jetzt nach Montevideo, weil der Beamte, den ich ablöse, so schnell wie möglich abreisen will.
Hier in Miami legte ich einen Zwischenstopp ein, um fast den ganzen Tag lang über Mittel und Wege zu verhandeln, wie die JMWAVE-Station (Miami) uns bei Aktionen gegen die Kubaner in Montevideo behilflich sein könnte. Charly McKay, der JMWAVE-Beamte, der mich vom Flugzeug abholte, schlug vor, den Tag am Strand zu verbringen, dort ließe sich zwangloser über alles reden als in den Stationsbüros in der Luftwaffenbasis Homestead. Er war genau der richtige Mann für diese Art Ge-

spräche, denn Anfang der sechziger Jahre arbeitete er selbst bei der Station Montevideo und ist daher mit den dortigen Operationen bestens vertraut. Die wichtigste Operation, die Miami bislang mit Uruguay verbindet, ist das AMHALF-Projekt, mit dem drei uruguayische Diplomaten in Havanna zu tun haben: der Geschäftsträger Zuleik Ayala Cabeda, German Roosen, der Zweite Sekretär, und Hamlet Goncalves, der Erste Sekretär. Eigentlich soll keiner der drei etwas von den CIA-Verbindungen des jeweils anderen wissen, aber die Miami-Station vermutet, daß sie schon miteinander darüber gesprochen haben. In Havanna sollen sie bestimmten Kubanern Asyl verschaffen, sich toter Briefkästen annehmen, die von anderen Agenten benutzt werden, Devisen schmuggeln, den Hafen und Militärbewegungen observieren. Die Verbindung mit ihnen funktioniert normalerweise über Radiosender, aber außerdem fährt alle ein bis zwei Wochen mindestens einer der drei entweder nach Nassau oder nach Miami, um von Exilkubanern zurückgelassene Vermögenswerte und Juwelen aus dem Land zu schmuggeln. Diese nicht in erster Linie an die CIA geknüpften Tätigkeiten dienen auch zur Tarnung der Agenten. Gleichzeitig allerdings erhöhen sie das Risiko der Operation, sowieso schon hoch genug bei Agententätigkeit von Diplomaten in Ländern, wo sie akkreditiert sind. Jedenfalls müßte sich das Außenministerum gegenüber der Regierung von Uruguay schon einiges an Ausreden einfallen lassen, sollte die Operation eines Tages auffliegen.

Montevideo
15. März 1964

Gerry O'Grady, stellvertretender Chef der Station, traf mich am Flughafen. Gemeinsam fuhren wir zunächst ins Hotel und dann in seine Wohnung, die, sieben Stockwerke hoch über der Rambla gelegen, den Strand von Pocitos überblickt, wo wir am Nachmittag über unsere Erfahrungen plauderten. O'Grady hat früher bereits für die Fernost-Abteilung in Taipeh und Bangkok gearbeitet; ein netter Kerl.

**Montevideo
18. März 1964**

Ecuador als zweitkleinstes und Uruguay als kleinstes Land Südamerikas haben, außer ihrer geographischen Ausdehnung, wenig Gemeinsamkeiten: Uruguay befindet sich in einem unvergleichlich fortgeschritteneren Entwicklungsstadium; das Land ist in der Tat, was die gängigen Gemeinplätze über Lateinamerika betrifft, die große Ausnahme. Zusammengehalten durch ein modernes, großzügiges Wohlfahrtssystem, zeigt Uruguay nach außen hin die Fassade einer integrierten Wohlstandsgesellschaft. Keine Spur jener marginalisierten Indianermassen, die in schrecklichster Armut versinken; es fehlen die natürlichen geographischen Kontraste zwischen Küstenplantagen und Kleinbauern der Sierra; es gibt keine ständigen Krisen, die die politische Stabilität des Landes auf Dauer schwächen könnten, kein Massenanalphabetentum, keinen Militarismus, keine unverhältnismäßig hohe Geburtenrate. Schon jetzt kann ich in Uruguays Alltag eine ganze Reihe jener Segnungen entdecken, die sich hoffentlich als Ergebnis der Junta-Reformen eines Tages auch in Ecuador einstellen werden.
Hier scheint alles für den Wohlstand Uruguays zu sprechen: das Pro-Kopf-Einkommen beträgt etwa 700 Dollar und gehört zu den höchsten Lateinamerikas. Neunzig Prozent der Bevölkerung können lesen und schreiben; allein in Montevideo erscheinen zehn Tageszeitungen. Circa 85 Prozent der 2,6 Millionen Einwohner des Landes leben in den Städten, allein die Hälfte davon in Montevideo. Gesundheitswesen und Ernährung sind zufriedenstellend, soziale Sicherheit und Altersversorgung erscheinen überaus fortschrittlich geregelt. Die Bevölkerungsdichte beläuft sich auf lediglich ein Drittel des lateinamerikanischen Durchschnitts, und das Bevölkerungswachstum ist das niedrigste in Lateinamerika – es beträgt lediglich 1,3 Prozent. Besonders wichtig: die günstigen geographischen Gegebenheiten Uruguays erlauben die Nutzung von 88 Prozent des Bodens; meist als Weideland. Das Land ist ein Modell für politische Stabilität; die Militärs haben sich in diesem Jahrhundert völlig aus der Politik herausgehalten, und Uruguay genießt zu Recht seinen Ruf als „amerikanische Schweiz".
All diese angenehmen Bedingungen gehen auf José Batlle Y Ordoñez zurück, der 1903 zum Präsidenten gewählt wurde und mit Sicherheit zu den größten und einflußreichsten liberalen Reformern des Westens zählt. Er beendete die oft gewalttäti-

gen Konflikte zwischen Stadt und Land, die, wie in ganz Lateinamerika, im 19. Jahrhundert auch in Uruguay wüteten und führte eine Sozialgesetzgebung ein, die zu ihrer Zeit in der ganzen Welt keinen Vergleich zu scheuen brauchte: 8-Stunden-Tag; wöchentlich ein bezahlter Ruhetag; Arbeitsunfallversicherung; Mindestlöhne; Alters- und Sozialfürsorge; freie, nichtkonfessionsgebundene, vom Staat getragene Schulen. Um vor allem den Wohlstand der Arbeiter voranzutreiben, und gleichzeitig die Konzentration ökonomischer Macht in den Händen weniger einheimischer bzw. ausländischer Firmen unter Kontrolle zu bekommen, führte Batlle in den Bereichen öffentliche Dienste, Finanzen und in bestimmten Handels- und Industriesektoren Regierungsmonopole ein. Für die Politik erfand Batlle das Prinzip der sogenannten „Kopartizipation", das der Minderheitspartei der Blancos eine Beteiligung an der von Batlles eigener Colorado-Partei ausgeübten Macht erlaubte, und zwar über eine kollegiale Exekutive, in der Vertreter aus beiden Parteien tätig sein sollten. Dieses System sollte die Verantwortung aufteilen, das Entstehen kleiner Splitterparteien verhindern und die oft blutig ausgetragenen Machtkämpfe ein für allemal beenden. Uruguay genießt politische Stabilität und weitgehend soziale Integration. Eine Einkommensumverteilung wurde durch Subventionen, das soziale Wohlfahrtssystem und das Regierungsmonopol bei Handel, Finanzen und Dienstleistungen ermöglicht. All das verdankt das Land vor allem José Batlle.

Dennoch· Seit 1954 sinkt in Uruguay der Lebensstandard, das Bruttosozialprodukt ist ständig zurückgegangen, das industrielle Wachstum ebenfalls — sogar noch unter die sowieso schon sehr niedrige Bevölkerungswachstumsrate. Die Neuinvestitionen betragen nur 11 Prozent des Bruttosozialprodukts; möglicherweise ein Anzeichen für den Widerwillen der Uruguayer, bei ihren eingefahrenen Konsumgewohnheiten etwas zurückzustecken. Jedenfalls hat der sinkende Lebensstandard bei den mittleren und unteren Schichten der Bevölkerung zu permanenten Spannungen und Unruhen geführt. Beides schlägt sich in den häufigen, ausgedehnten Streiks nieder, die mit ihren lähmenden Auswirkungen heute die Alltagswirklichkeit in Uruguay bestimmen.

Was ist geschehen in dieser modernen Demokratie der Superlative? Seit Mitte der fünfziger Jahre ist der Ausgleich der sinkenden Weltmarktpreise für Uruguays wichtigste Exportgüter — Fleisch, Felle und Wolle — eines der ständigen Wirtschaftsprobleme des Landes. Der Rückgang bei den Exportgewinnen, die mittlerweile hinter die vor 30 Jahren erzielten Profite zurückgefallen sind, drosselten den Import, denn gleichzeitig stiegen auf dem Weltmarkt die Preise für Fertig- und Halbfertigprodukte, die Uruguay für seine eigene, während der Depression und der Prosperitätsperiode zwischen 1945 und 1955 entstandene Zulieferindustrie benötigte. Die Folgen: Inflation, Zahlungsbilanzdefizite, wirtschaftliche Stagnation, Arbeitslosigkeit (sie liegt jetzt bei 12 Prozent), Abwertung des Peso.

Zu einem gewissen Teil waren Uruguays gegenwärtige Schwierigkeiten unvermeidbar, denn die zurückliegende Prosperität gründete sich auf die ungewöhnlichen Absatzmärkte, die der Zweite Weltkrieg und der Koreakrieg schufen. Dennoch haben auch bestimmte Regierungsmaßnahmen nicht unwesentlich zur negativen Entwicklung beigetragen, vor allem die Einrichtung neuer Arbeitsplätze in der Verwaltung und bei den staatlichen Firmen, womit man der Arbeitslosigkeit zu begegnen gedachte. Seit in den dreißiger Jahren das sogenannte „Drei-zwei-System" eingeführt wurde (ein Verteilerschlüssel, der die Vergabe von Regierungsposten regelt: drei gehen an die Mehrheitspartei, zwei an die Minderheitspartei), kann man durchaus sagen, daß beide Parteien die Schuld an der Aufblähung des Verwaltungsapparats trifft. Die Zahl der Regierungsangestellten wuchs von 58 000 im Jahre 1938 auf 170 000 im Jahre 1955. Gegenwärtig liegt sie bei etwa 200 000. Aufgrund der großzügigen Pensionen und sonstigen Privilegien glaubt mittlerweile fast jeder im Lande ein Anrecht auf einen Verwaltungsposten zu besitzen. Dabei hinken die Gehälter so weit hinter der Inflation zurück, daß die meisten Regierungsangestellten sich nach einem zweiten Job umsehen müssen, um überleben zu können. Jedenfalls ist das Resultat dieser Misere ein ständig größer werdendes Loch in der Staatskasse, entstanden durch die Finanzierung einer Bürokratie, der immer wieder Unfähigkeit, Schlamperei, Papierkrieg, dauernde Abwesenheit, schlechtes Management, mangelhafte technische Ausrüstung und allgemeine Korruption nachgesagt werden.

Uruguay finanziert sein staatliches Wohlfahrtssystem, indem der Staat einen Teil der Exportprofite einstreicht. Das geschieht mittels überhöhter Wechselkurse: die Exporteure erhalten von der Zentralbank weniger Pesos, als ihr Produkt auf dem Weltmarkt tatsächlich wert ist. Die Differenz behält die Bank ein, um Regierungsprojekte zu finanzieren. Dieses indirekte Abgabensystem funktioniert gleichermaßen als Mittel zur Einkommensumverteilung und als Exportsteuer, die der Wettbewerbs-

fähigkeit der Landesprodukte auf dem Weltmarkt schweren Schaden zufügt. Darüber hinaus fühlen sich die Primärproduzenten, die Viehzüchter und Bauern, verprellt, weil sie mit derartigen Steuern praktisch allein die Regierungsbürokratie in Montevideo und das Wohlfahrtssystem tragen. Im Ergebnis haben sie sich während der letzten Jahre immer häufiger vom regulären Markt ferngehalten und es vorgezogen, ihre Wolle und ihr Vieh illegal über die offene Grenze in den Süden Brasiliens zu verkaufen.
Der Konflikt zwischen städtischen und ländlichen Interessen, angeheizt durch fallende Exportgewinne, zog abnehmende Produktivität und sinkenden Lebensstandard nach sich. 1958, nach fast 100 Jahren in der Rolle der Opposition, konnten die „Blancos" die allgemeinen Wahlen für sich entscheiden, im wesentlichen mit Hilfe einer landwirtschaftlichen Pressure-Group, allgemein bekannt unter der Bezeichnung „Bauern-Liga" oder schlicht „Ruralistas". Diese Koalition verabschiedete Programme, um den Export landwirtschaftlicher Produkte wieder anzukurbeln. Der Erfolg der Maßnahmen hielt sich freilich in Grenzen, und 1959 mußten umfangreiche internationale Kredite zur Deckung der Zahlungsbilanz aufgenommen werden. Der Internationale Währungsfonds verlangte Steuerreformen, mit deren Hilfe die Inflation gebändigt, die Handelsbilanz in Ordnung gebracht und der Export angeheizt werden sollten. Der Peso wurde abgewertet, das System der Exportabgaben gemildert, Importbeschränkungen eingeführt, der Verbrauchermarkt empfindlich eingeschränkt. Dennoch scheiterte das Programm. Nicht zuletzt waren daran die immer weiter steigenden Weltmarktpreise für Industrieprodukte schuld, während in Uruguay die Inflationsrate gleichermaßen weiterstieg und auch anderen Übeln nur unzureichend begegnet wurde. Der Peso, 1959 gegenüber dem Dollar von 1,5 auf 6,5 abgewertet, befindet sich in rasender Talfahrt. Momentan erhält man bereits 18 Pesos für einen Dollar. Der Anstieg der Lebenshaltungskosten, 1962 noch bei der erträglichen Marge von 15 Prozent, kletterte 1963 auf 33,5 Prozent. Trotz dieses stetigen Niedergangs konnten die Blancos die Wahl von 1962 wieder für sich entscheiden, allerdings nur deshalb, weil sie vor den Wahlen massenhaft neue Verwaltungsplanstellen einrichteten.
Möglicherweise noch verheerender als die Exportschwierigkeiten bei der Landwirtschaft und die unregelmäßige Politik der Einkommensverteilung wirkt sich die Schwächung der politischen Macht in Uruguay aus. Die kollegiale Exekutive, ur-

sprünglich als Instrument zur Aufteilung der Verantwortung auf die beiden großen Parteien und als Sicherung gegen autoritäre Exzesse gedacht, besteht aus neun Mitgliedern: sechs aus der Mehrheits-, drei aus der Minderheitspartei. In der Praxis freilich hat dieser Nationalrat bereits Züge eines dritten Parlaments angenommen, denn das Wahlsystem begünstigt die Herausbildung von Fraktionen bei den großen Parteien. Im gegenwärtigen Nationalrat beispielsweise zerfallen die sechs Mitglieder der Blanco-Partei in drei Fraktionen zu je drei, zwei bzw. einem Mitglied. Bei der Minderheitspartei der Colorados sieht es nicht besser aus: obwohl die Partei nur mit drei Ratsmitgliedern vertreten ist, sind selbst die noch in zwei Fraktionen zerstritten. Insgesamt also wird die Exekutive von fünf Fraktionen getragen, von denen jede ein eigenes Programm vertritt und über eine eigene Lobby verfügt. Um die Führungsqualitäten bzw. die Entschlußfreudigkeit dieser Kammer ist es daher denkbar schlecht bestellt. Die Fraktionen müssen sich immer wieder untereinander arrangieren; oft kommen dabei aus verschiedensten Anlässen die abenteuerlichsten Bündnisse ohne Rücksicht auf die traditionellen Abgrenzungslinien zwischen den Parteien zustande.

Die Legislative ist in ähnlicher Weise gespalten. Darüber hinaus funktioniert sie im wesentlichen als Selbstbedienungsladen für ihre Mitglieder. Aufgrund von Sonderverordnungen können sich die Senatoren und Abgeordneten jedes Jahr zollfrei einen neuen Privatwagen ausländischen Fabrikats anschaffen, dessen Wiederverkaufswert bei Uruguays inflationären Preisen meist auf der Stelle das Doppelte oder Dreifache des Einkaufspreises beträgt. Ein 1961 verabschiedetes Gesetz begünstigte die Politiker in ähnlicher Weise mit großzügigen Pensionen für Amtsträger, Staatskrediten für Abgeordnete und Sondervergünstigungen bei der Finanzierung von Eigenheimen.

Welche Lösungen, für die das Land doch eigentlich so viele gute Voraussetzungen bieten könnte, sind denkbar? Ein wenig Mäßigung ist dringend geboten, aber auch Reformen bei den staatlichen Unternehmen, auf den Farmen und vor allem in der Regierung.

Die achtundzwanzig staatlichen Unternehmen, die sogenannten autonomen Betriebe und dezentralisierten Dienste sind berüchtigt für ihre Unfähigkeit, Korruption und Verschwendung. Für ein so kleines Land wie Uruguay ist ihr wirtschaftlicher Einfluß enorm. Er erstreckt sich auf: Eisenbahnen, Flugverkehr, Lastwagen, Buslinien, Raffinerien, Tankstellen, Zementproduktion, Herstellung und Import von Alkoholika, Fleischverpackung, Versicherungen, Hypotheken- und Handelsbanken, Handelsschiffahrt, Hafenverwaltung von Montevideo, Elektrizität, Telefon- und Telegrafengesellschaften, Wasserwerke, Kläranlagen. Auch in der für Verschwendung und Korruption bekannten Zentralverwaltung — in ihr sind die einzelnen Ministerien zusammengefaßt — sind zweifellos dringend Reformen nötig.

Was die Landwirtschaft anbetrifft, so verlangen dort zwei Hauptprobleme nach einer Lösung: die Konzentration von Boden und Einkommen, der Kapitalmangel und infolgedessen die rückständige Technik. Ein paar wenige Großgrundbesitzer — nur etwa fünf Prozent — besitzen sechzig Prozent des Bodens; um weniger als zehn Prozent streiten sich etwa fünfundsiebzig Prozent der Farmer. Dieses Problem hat Batlle offenbar übersehen. Über vierzig Prozent des Bodens werden darüber hinaus unter miserablen Bedingungen ausgebeutet; dort stagniert die Kapitalvermehrung.

Bezüglich der Exekutive macht man sich Gedanken über eine Verfassungsreform und erwägt eine Rückkehr zum Präsidialsystem oder eine Beibehaltung des Kollegialsystems, bei dem aber dann die Mitglieder der Exekutive nur noch aus einer Partei gewählt werden dürfen.

Niemand weiß im Augenblick, wohin das Land mit diesen Problemen treibt; jedenfalls herrscht Übereinstimmung, daß Uruguay in einer tiefen politischen, wirtschaftlichen und moralischen Krise steckt.

**Montevideo
21. März 1964**

Unsere Station in Montevideo ist in der für WH-Stationen üblichen Weise besetzt. Neben dem Stationschef Ned Holman und O'Grady arbeiten vier Operationsbeamte (Sowjets, kommunistische Partei und verwandte Gruppierungen, Geheimoperationen, Kuba), ein Verwaltungsassistent, zwei Nachrichtenbeamte und drei Sekretäre. Alle sind als Angestellte der Politischen Abteilung bei der US-Botschaft getarnt. Daneben arbeiten außerhalb der US-Botschaft unter nichtoffizieller Tarnung noch zwei US-Bürger für uns, die wir als Vertragsagenten anwerben konnten. Sie werden als Einsatzbeamte bei bestimmten FI- und CA-Operationen eingesetzt.

Uruguays im Gegensatz zu Ecuador weit fortgeschrittenes Entwicklungsstadium zeigt sich ganz deutlich bei der Analyse der Operationsbedingungen, die hier weitaus verwickelter und feindseliger sind, als in ärmlichen und rückständigen Umgebungen. Obwohl die Ziele der Station denjenigen in Quito ähneln, sorgt der bessere Organisationsgrad des Gegners doch für erhebliche Unterschiede.

Kommunistische Partei Uruguays (PCU)
Im Unterschied zur gespaltenen, schwachen und von Fraktionskämpfen zerrütteten Kommunistischen Partei Ecuadors handelt es sich bei der PCU um eine wohlorganisierte, disziplinierte Partei, deren beträchtlicher Einfluß sich nicht an ihrem vergleichsweise geringen Stimmenanteil messen läßt. Dem Wahlgesetz (Ley de Lemas) ist es zum Teil zu verdanken, daß die PCU in den Parlamenten nur schwach vertreten ist. Ihr gehören nur drei von insgesamt einhundertdreißig Sitzen. Dennoch wird die Partei, vor allem aufgrund der sich ständig verschlechternden Wirtschaftslage in Uruguay, immer stärker. 1958 noch konnte die PCU nicht mehr als 27 000 Stimmen auf sich vereinigen (2,6 Prozent); 1962 waren es bereits 41 000 (3,5 Prozent). Laut Schätzungen der Station verdoppelte sich die Mitgliedschaft der PCU von 3000 im Jahre 1962 auf gegenwärtig 6000. Immerhin liegt das noch deutlich unter der von der Partei selbst behaupteten Zahl von 10 000 Mitgliedern.
Die Aktivitäten der PCU laufen im wesentlichen über ihren politischen Kampfverband, die Linke Befreiungsfront, besser bekannt unter dem Namen FIDEL (Frente Izquierda de Liberacion). Außer von der PCU wird FIDEL auch von der Revolutionären Bewegung Uruguays (MRO) und einer Anzahl weiterer linker Splittergruppen getragen. Ariel Collazo, Chef des MRO, sitzt in der Deputiertenkammer. Zusammen mit den drei PCU-Sitzen kommt FIDEL also auf insgesamt vier Abgeordnete.
Uruguays ungewöhnlich liberales politisches Klima erlaubt der PCU freie Hand bei ihren Aktivitäten in Gewerkschaften, Studentenorganisationen und politischen Kampfverbänden. Das Parteiorgan „El Popular" erscheint täglich und wird in ganz Montevideo verkauft — ein sehr wirkungsvolles Propagandainstrument für die Kampagnen der PCU, die sich gegen den „nordamerikanischen Imperialismus" und die Korruption bei den traditionellen bürgerlichen Parteien Uruguays richten. Viele kommunistische Parteien haben zunehmend Schwierigkeiten

mit dem kommunistischen Schisma zwischen Peking und Moskau. In der PCU sind sie kaum spürbar. Die Partei steuert einen unbeirrbaren Moskauer Kurs. Solidarität mit der kubanischen Revolution und Widerstand gegen jede Störung der diplomatischen Beziehungen, die Uruguay mit Kuba unterhält, gehören zu den wichtigsten Prioritäten im politischen Programm der PCU.

Uruguayischer Gewerkschaftsverband (CTU)
Seit ihrer Gründ vor etwa vierzig Jahren hat die PCU sich ständig um den Fortgang der Gewerkschaftsbewegung Uruguays gekümmert. 1947 erreichte ihr Einfluß einen Höhepunkt; die Partei kontrollierte damals um die sechzig Prozent der gesamten organisierten Arbeiterschaft. Nach dem Tode Stalins jedoch führten ideologische Zwistigkeiten zu einem spürbaren Rückgang des Parteiprestiges bei den Gewerkschaften, und die von der Station Montevideo unterstützte uruguayische Gewerkschaftsunion (CSU) gewann die Oberhand. Die CSU trat der ORIT und der ICFTU bei, aber als die uruguayischen Sozialisten absprangen, verlor sie an Einfluß, und die PCU übernahm wieder die Führung. Unter ihrer Regie wurde in den frühen sechziger Jahren die CTU geformt, heute die mit Abstand größte und wichtigste Gewerkschaft. Neben der PCU-Führung verfügen auch linke Sozialisten über einen gewissen Einfluß. Prioritäten der CTU-Politik: Solidarität mit den Kubanern und Opposition gegen die Wirtschaftspolitik der Regierung, insbesondere gegen die unter dem Druck des Internationalen Währungsfonds erfolgten Reformmaßnahmen (Abwertung, Austerity-Politik), die sich verheerend auf die mittleren und unteren Einkommensgruppen auswirken. Obwohl sich unter Uruguays Arbeiterschaft nur ein kleiner Prozentsatz Kommunisten findet, und die meisten Arbeiter die traditionellen Parteien wählen, ermöglicht der Einfluß von PCU und Linksradikalen in der CTU die Mobilisierung einiger hunderttausend Arbeiter, wahrscheinlich sogar die Hälfte der gesamten Arbeiterschaft Uruguays, denn die Beschwerden der Arbeiter sind keineswegs unberechtigt. Die Protestaktionen reichen von Sitzstreiks über kurzfristige, schwerpunktmäßige Bummelstreiks, bis hin zu unbefristeten Streiks, bei denen ganze Wirtschaftszweige lahmgelegt werden. Wie nicht anders zu erwarten, hat sich die CTU an den in Prag sitzenden Weltgewerkschaftsband (WFTU) angeschlossen.

Uruguayischer Studentenverband (FEUU)
Hier sieht es ähnlich wie bei den Gewerkschaften aus: die Kommunisten, innerhalb des Verbands nur eine kleine Minorität, üben die Kontrolle aus. Uruguay besitzt zwei Hochschulen: die Republikanische Universität mit ungefähr 14 000 und die Nationale Technische Hochschule (Universidad de Trabajo) mit ca. 18 000 eingeschriebenen Studenten, beide in Montevideo. Die Aktivitäten der FEUU konzentrieren sich auf die Republikaniche Universität, finden aber auch an den höheren Schulen Widerhall. Der Generalsekretär des Verbands ist Parteimitglied der PCU. Bei entsprechenden Anlässen könnten die Studenten jederzeit massenhaft für militante Straßendemonstrationen oder Streiks mobilisiert werden.

Sozialistische Partei Uruguays (PSU)
Obwohl die prokubanische PSU eine schwindende politische Kraft ist, die bei den letzten Wahlen auch noch ihre letzte Bastion innerhalb der parlamentarischen Gremien verlor, hat sie immer noch einen gewissen Rückhalt bei Intellektuellen, Schriftstellern und Gewerkschaften. Einer der wichtigsten innerparteilichen Konflikte dreht sich um das Dilemma: friedlicher oder gewaltsamer Weg zum Sozialismus. Unter Raul Sendic, dem Führer der Zuckerarbeiter von Bella Union hat sich eine revolutionäre Fraktion abgespalten, die jetzt eine eigene Aktivistenorganisation aufbaut. Ihr Einfluß ist dennoch schwach geblieben. Sendic selbst ist flüchtig. Man nimmt an, daß er sich in Argentinien versteckt hält.

Revolutionäre Bewegung Uruguays (MRO)
Obwohl die MRO in der FIDEL mit der Kommunistischen Partei zusammenarbeitet, hat sie stets ihre Eigenständigkeit bewahrt und gilt allgemein für weitaus militanter als die PCU. Weil sie den bewaffneten Aufstand predigt, hält man die MRO für gefährlich. Allerdings umfaßt sie lediglich ein paar hundert Mitglieder mit sehr begrenzten Einflußmöglichkeiten.

Trotzkisten und Anarchisten
Die Revolutionäre Arbeiterpartei (POR) unter Luis Naguil gehört zur Posadas-Fraktion in der Vierten Internationale. Sie zählt weniger als hundert Mitglieder und spielt fast überhaupt keine Rolle. Eine ähnliche Splittergruppe anarchistischer Prägung wird von den Brüdern Gatti, Mauricio und Gerardo angeführt. Sie operiert in Montevideo, aber die Station schenkt ihr kaum Beachtung.

Argentinische Emigranten
Seit Perons Sturz 1955 ist Uruguay ein sicherer Zufluchtsort für Peronisten, die in ihrer Heimat periodisch den schlimmsten Repressalien ausgesetzt sind. Weil die Station Buenos Aires bei ihren Unterwanderungsoperationen gegen die Peronisten, insbesondere die Linksradikalen, nicht besonders erfolgreich ist, hat die Station Montevideo mehrere gelungene Operationen gegen die Peronisten in Uruguay durchgeführt, bei denen unter anderem kubanische Hilfe für die Peronisten festgestellt werden konnte. Ein Lauschangriff auf die Wohnung Julio Gallego Sotos, eines exilierten peronistischen Journalisten, enthüllte heimliche Beziehungen Gallegos zum ehemaligen kubanischen Geheimdienstchef in Montevideo, Earle Perez Freeman — unserem Beinahe-Überläufer aus Mexico City. Tatsächlich hat unsere Station außerordentlich wichtige Untersuchungen über die reichlich komplizierten Gruppenbildungen innerhalb des Peronismus durchgeführt. Diejenigen, für welche sich die CIA interessiert, laufen unter der Bezeichnung „Linksperonisten und argentinische Terroristen". Gegenwärtig jedoch gibt es Anzeichen einer Entspannung zwischen Peronisten und argentinischer Regierung, und vermutlich schon bald wird sich die revolutionäre Wühltätigkeit der argentinischen Peronisten wieder nach Buenos Aires verlagern.

Paraguayische Emigrenten
Die Kommunistische Partei Paraguays (PCP) hat es weitaus schwerer als die argentinischen Extremisten, denn sie muß praktisch vollständig außerhalb Paraguays operieren und ist daher zur fast völligen Wirkungslosigkeit verdammt. Von ihren drei- bis viertausend Mitgliedern leben nur etwa fünfhundert in der Heimat. Dennoch besitzt die Partei einen politischen Kampfverband, die Einheitsfront zur nationalen Befreiung (FULNA), in der auch einige Nichtkommunisten, namentlich vom linken Flügel der liberalen Partei und aus der Febrerista-Bewegung — beide sind in Paraguay verboten — mitarbeiten. Die FULNA hat ihren Sitz in Montevideo.

Die Sowjetische Botschaft
In der Sowjetischen Botschaft Montevideo befinden sich Gesandtschaft, Handelsmission und ein TASS-Büro. Cirka zwanzig Beamte arbeiten in der Gesandtschaft, von denen aber lediglich acht auf der Diplomatenliste des uruguayischen Außenministeriums stehen. Bei dem Rest handelt es sich um Verwal-

tungs- oder Hilfsbeamte. Von zwölf Beamten wissen wir, daß sie für den sowjetischen Geheimdienst tätig sind, acht für das KGB (Staatssicherheit), vier für den GRU (militärischer Geheimdienst). Die Handelsmission sitzt in einem gesonderten Gebäude, wo sich auch die Privatwohnungen für Botschaftsangestellte befinden. Dort arbeiten fünf Beamte, bei zweien sind wir sicher, bei einem weiteren vermuten wir, daß er für das KGB arbeitet. Der TASS-Repräsentant ist sowieso ein bekannter KGB-Offizier. Insgesamt also kommen wir auf 16 Geheimdienstbeamte, in etwa die durchschnittliche Quote bei den Sowjetbotschaften in Lateinamerika.
Neben der US-Botschaft und der CIA-Station gibt es noch eine ganze Menge weiterer Ziele für Geheimdienstoperationen der Sowjets, allerdings fehlen uns, abgesehen von einigen sehr seltenen Ausnahmen, echte Beweise für die Aktivitäten der Sowjets. Ganz oben auf ihrer Prioritätenliste vermuten wir Unterstützungsmaßnahmen für PCU und CTU, Unterwanderung der Regierung und der linken Fraktionen in den traditionellen Parteien mit Hilfe einflußreicher Agenten; zu den sowjetischen Aktivitäten gehört auch Propagandaverteilung, unter anderem durch den Verlag Ediciones Pueblos Unidos, und mit Hilfe kultureller Unterwanderungsversuche mittels verschiedener Organisationen, beispielsweise der Gesellschaft für uruguayisch-sowjetische Freundschaft. Reisevergünstigungen vermitteln die Sowjets über das SAS-Büro in Montevideo. Einige ,,illegale" Geheimdienstbeamte sind unter falscher Nationalität und Identität ins Land geschleust worden.

Die kubanische Botschaft
Handelsmission und Botschaft liegen, wie bei den Sowjets, getrennt voneinander. Die kubanische Nachrichtenagentur Prensa Latina wird in Montevideo von Uruguayern und Argentiniern geleitet. In der Botschaft arbeiten neben dem Geschäftsträger vier weitere Diplomaten, alles bekannte bzw. mutmaßliche Geheimdienstleute. Die Handelsmission wird vom Attaché und seiner Frau geleitet — beide mutmaßlich für den Geheimdienst tätig. Im Unterschied zu unseren Informationen über die Sowjets verfügen wir über keinerlei Rahmenbeurteilung der kubanischen Spionagetätigkeit in Uruguay. Über die Organisationsstruktur ihres Geheimdienstes ist uns so gut wie überhaupt nichts bekannt.
Dennoch besitzt die Station Montevideo ein paar wertvolle Informationen über Zusammenarbeit zwischen Kubanern und ar-

gentinischen Revolutionären. Daneben gibt es Hinweise, daß von der kubanischen Botschaft aus die gegenwärtig im Norden Argentiniens operierende Guerilla unterstützt wird. Außerdem kümmern sich die Kubaner um PCU, CTU, FEUU, Künstler, Intellektuelle, Schriftsteller und Linke aus den traditionellen Parteien.

Andere kommunistische Botschaften
Die Tschechoslowakei, Polen, Bulgarien, Ungarn, Rumänien und Jugoslawien sind sämtlich in Montevideo diplomatisch vertreten. In puncto Gegenspionage erscheinen uns die Tschechen als besonders wichtig, aber da wir bedauerlicherweise an Personalmangel leiden, können wir kaum nennenswerte Operationen gegen irgendeines dieser Länder unternehmen.

Auch die Ostdeutschen unterhalten eine Handelsmission, aber andere Prioritäten lassen keine Zeit zur näheren Beschattung dieser Leute. Der Stationschef betreibt über den Innenminister ihre Ausweisung.

Beim Durchgehen der Akten und beim Lesen des Informationsmaterials über Uruguay wird mir langsam klar, daß es hier, was das Operationsklima anbetrifft, nicht so locker wie in Ecuador zugeht. Wir haben es mit sowjetischen, kubanischen und tschechischen Geheimdiensten zu tun, die oppositionellen Gruppen des Landes um die PCU und verwandte Gruppierungen besitzen ebenfalls ein ganz anderes Kaliber als ihre vergleichsweise zurückgebliebenen Kollegen in Ecuador. Sicherheit ist hier erstes Gebot bei Operationen, insbesondere in puncto Treffen und Verbindung mit Agenten. Immerhin sind die Uruguayer im allgemeinen nicht besonders amerikafeindlich eingestellt, und die enge Zusammenarbeit der Station mit Polizei und Sicherheitskräften garantiert einigermaßen günstige Operationsbedingungen.

Montevideo
22. Mai 1964

Jener typisch antikommunistische Charakter, der bei allen Stationen der WH-Abteilung gang und gäbe ist, zeichnete bis vor einem Jahr auch die politischen Operationen der Station Montevideo aus. Die wichtigste dieser Operationen trug Benito Nardone, Führer der „Ruralistas" und zwischen 1960 und 1961 Präsident von Uruguay. Weitere Operationen sollten die dominierende Rolle der Kommunisten und Linken bei Straßendemonstrationen, Manifestationen, Kundgebungen, kurz, dem politischen Tageskampf, einschränken. Unsere Schlägertrupps, in denen häufig nach Feierabend auch Polizisten mitmachten, jagten Versammlungen auseinander und terrorisierten auch sonst die Linke, wo sie nur konnten. Während der Verhöre, die unsere Verbindungsagenten durchführten, wurden Kommunisten und Linksextremisten gefoltert. Im Januar 1961, kurz vor Ablauf der Amtszeit Nardones als Vorsitzender des Nationalrats, erzielten wir einen beachtlichen Erfolg. Gemeinsam mit einem Ersten Sekretär der sowjetischen Botschaft wurde Mario Garcia Inchaustegui, der kubanische Botschafter, wegen angeblicher Einmischung in inneruruguayische Angelegenheiten ausgewiesen. Zwar hatte der Station eigentlich der vollständige Abbruch der diplomatischen Beziehungen vorgeschwebt, aber im Nationalrat war der Widerstand einiger Mitglieder leider nicht zu brechen.

Als Tom Flores 1960 seinen Dienst als Stationschef antrat, waren diese Operationen, ganz in der Art der ECACTOR-Projekte in Ecuador, intensiviert worden. Allerdings forderte der 1962 neu ernannte US-Botschafter Wymberly Coerr, Flores solle Schluß machen mit Nardone und den militanten politischen Operationen, in deren Verlauf es bereits einige Tote gegeben hatte, willkommene Märtyrer der Kommunisten für ihre Propagandakampagne gegen das „faschistische" Regime der Blancos. Flores weigerte sich, worauf Coerr ihn 1963 versetzen und die umstrittenen Operationen abbrechen ließ. Holman, der Flores ablöste, hat dennoch heimlich die Kontakte zu Nardone aufrechterhalten; freilich nur noch für Informationsbeschaffung. Nardone leidet im letzten Stadium an Krebs und scheidet daher für alle Operationen aus.

Über die Operationen der CIA in Montevideo geben die Stationsrichtlinien wie folgt Auskunft:

Priorität A
Sammlung und Übermittlung von Nachrichten über Stärke und Absichten kommunistischer und anderer US-feindlicher Organisationen, inklusive internationaler Unterstützungs- und Kontrollorgane.
Ziel 1: Technische und/oder von Agenten getragene Infiltration der diplomatischen Vertretungen Kubas, der Sowjetuion sowie weiterer kommunistischer Länder in Uruguay.
Ziel 2: Technische und/oder von Agenten getragene Infiltra-

tion der Kommunistischen Partei Uruguays, der Kommunistischen Jugend Uruguays, der Linken Befreiungsfront (FIDEL), des uruguayischen Gewerkschaftsverbandes, der Sozialistischen Partei Uruguays (revolutionärer Flügel), des uruguayischen Studentenverbandes, der revolutionären Bewegung Uruguays (MRO) sowie verwandter Organisationen auf höchster Ebene.

Ziel 3: Technische und/oder von Agenten getragene Infiltration der in Uruguay operierenden argentinischen Terroristen und Linksperonisten, der Kommunistischen Partei Paraguays, der paraguayischen Einheitsfront zur nationalen Befreiung (FULNA) und anderer in Uruguay operierender Emigrantenorganisationen.

Priorität B
Ausbau der Zusammenarbeit mit den uruguayischen Sicherheitskräften; insbesondere dem militärischen Geheimdienst und der Polizei Montevideo.
Ziel 1: Einsatz der befreundeten Dienststellen als Informationsquelle für eigenmächtig von der Station durchgeführte Operationen sowie zur Beschaffung von Informationen über die Regierungspolitik gegenüber den USA, bzw. kommunistischen Bewegungen in Uruguay.
Ziel 2: Ausbau des Nachrichtenaustauschs mit befreundeten Dienststellen, um die Regierung mit Informationen über Kommunisten und ähnliche politische Bewegungen in Uruguay zu beliefern, wenn möglich auch aus CIA-eigenen Quellen.
Ziel 3: Gemeinsame Operationen mit den uruguayischen Sicherheitsdiensten zur Ergänzung unilateraler Operationen; unter anderem zum Zweck der Effektivierung nachrichtendienstlicher Techniken bei den jeweiligen befreundeten Geheimdiensten.
Ziel 4: Ausbildungs-, Führungs- und Finanzhilfe, um den uruguayischen Sicherheitsdiensten beim Ausbau antikommunistischer Spionagetechniken zu helfen.

Priorität C
Geheimoperationen:
1. Informations- und Meinungsmanipulation zum Zwecke der Neutralisierung antiamerikanischer oder prokommunistischer Propaganda;
2. Neutralisierung des kommunistischen bzw. linksextremistischen Einflusses auf Massenorganisationen und Hilfestellung bei der Gründung alternativer Organisationen unter nichtkom-

munistischer Führung.
Ziel 1: Lancierung geeigneter Propaganda in Presse, Rundfunk und Fernsehen.
Ziel 2: Unterstützung demokratischer Führungspersonen in Gewerkschaften, Studenten- und Jugendorganisationen, insbesondere dort, wo kommunistischer Einfluß traditionell am stärksten auftritt (Studentenverband, Gewerkschaftsverband) und wo die Möglichkeit zur erfolgreichen Bekämpfung kommunistischer Unterwanderung besteht.

Foreign-Intelligence- und Counter-Intelligence-Operationen (FI – CI)
AVCAVE: Unter den vier Agenten, die wir in die Kommunistische Partei Uruguays eingeschleust haben, ist AVCAVE-1 der wichtigste. Er arbeitet auf mittlerer, die restlichen drei auf unterer Parteiebene. Die sehr mäßigen Erfolge der Station bei der Unterwanderung der Kommunistischen Partei, zieht man zum Vergleich einmal das Beispiel Ecuador heran, haben ihre Ursache im höheren Lebensstandard und dem Wohlfahrtssystem. Uruguays Kommunisten geht es einfach besser als ihren gehetzten, im Elend lebenden Kollegen aus den ferneren Ländern, sie sind daher weniger anfällig für Anwerbungen auf Söldnerbasis. Mindestens ebenso wichtig sind die weitaus abgestufteren Nuancierungen in der politischen Szenerie Uruguays, die straffe Parteiführung, die parteiinterne Geschlossenheit und die Erfolge der Kommunisten im Verlauf der letzten Jahre – angesichts des Wirrwarrs, den die traditionellen Parteien in Uruguay angerichtet haben, kann man hier und da sogar ein Fünkchen revolutionärer Hoffnung entdecken.
Nicht daß die Station keine Versuche unternommen hätte, auch auf höherer Ebene Agenten einzuschleusen: immer wieder haben wir es mit Briefen oder der sogenannten „kalten Anwerbung" auf offener Straße versucht – regelmäßig ohne Erfolg. An AVCAVE-1 konnten wir herankommen, weil er enge Beziehungen zu einer neuerdings sich bemerkbar machenden prochinesischen Fraktion innerhalb der Kommunistischen Partei unterhält. Er ist Mitglied im Distriktkomitee Montevideo, und über ihn kann die Station Einzelheiten der PCU-Politik in Erfahrung bringen, aber er hat keine Chance, an Interna aus dem innerparteilichen Machtzentrum, dem Sekretariat, zu gelangen. Immerhin ist AVCAVE-1 in der PCU-Zentrale als Wachposten tätig und kann sich auf diese Weise für uns nützlich machen.

AVPEARL: Schon seit Monaten versucht Paul Burns, der mit Operationen gegen die PCU befaßte Einsatzbeamte, Mittel und Wege zu finden, wie man in den Räumen der PCU-Zentrale, wo Sekretariat und andere wichtige Parteigremien tagen, Wanzen anbringen könnte. Über AVOIDANCE-9, einen der auf unterer Ebene spionierenden Infiltrationsagenten, der ebenfalls bei Gelegenheit den Wachdienst in der Parteizentrale versieht, haben wir uns Gipsabdrücke der Schlüssel zum Konferenzraum verschafft, von denen wir Kopien herstellen ließen. Allerdings wird die Parteizentrale rund um die Uhr bewacht, ein Umstand, der einen Einbruch mit anschließender langwieriger Installation der Abhörgeräte praktisch unmöglich erscheinen läßt.

AVOIDANCE-9 hat jetzt bei einem seiner Rundgänge die elektrischen Anlagen im Konferenzraum fotografiert, und die Station hat identische Steckdosen des knolligen, vorstehenden Typs, wie er in Uruguay gebräuchlich ist, nach Washington geschickt. Die TSD-Techniker beim Hauptquartier bauen Wanzen (Mikrofone, Transformatoren, Schalter, alles in Miniform) in identische Porzellansteckdosen eigenen Fabrikats ein. Die Minox-Fotografien aus dem Konferenzraum waren notwendig, um auch die letzten Einzelheiten der Steckdosen minuziös nachbauen zu können. Bei der abschließenden Installation braucht die ursprüngliche Steckdose lediglich mit dem TSD-Produkt ausgetauscht zu werden. Wenn alles klappt, wird über die Stromleitung bis zum ersten Transformator, der gewöhnlich in einer der städtischen Schaltstationen liegt, ein stereophones Signal gesendet.

Wir haben jetzt auch einen Plan der Stromversorgungsleitungen, um zu entscheiden, in welchen der zwischen PCU-Zentrale und erstem Transformator gelegenen Gebäude wir den Horchposten einrichten können, denn über den Transformator hinaus kann die Frequenz des Signals nicht weitergeleitet werden. Einige Agenten, die schon früher zu derartigen Aufgaben herangezogen wurden, sollen den Horchposten besetzen. AVOIDANCE-9 soll über den eigentlichen Zweck der Operation so wenig wie möglich erfahren, denn um seine Loyalität ist es nicht gerade bestens bestellt. Er hat es ausschließlich auf unser Geld abgesehen, und wir befürchten, er könnte die Station später erpressen, wenn wir ihn selbst die Wanzen installieren ließen und er Bescheid wüßte. Deshalb wurde AVCAVE-1, der weitaus zuverlässiger ist, angewiesen, sich freiwillig als Nachtwächter zu melden. Augenblicklich macht er zwei Nächte im Monat die Runde und hätte dann genügend Zeit, um unsere AVPEARL-Wanze einzubauen. Sie soll uns demnächst aus Washington zugeschickt und dann, vor der endgültigen Installation, noch einmal getestet werden.

AVBASK: Einziger Agent in der Revolutionären Befreiungsbewegung Uruguays (MRO) ist Anibal Mercader, ein junger Bankangestellter, den Michael Berger, mein Vorgänger, aussuchte und schließlich auch anwerben konnte. Im allgemeinen kommen seine Informationen aus mittlerer bis unterer Organisationsebene; zur Führung hat er keinen Kontakt. Allerdings ist er mit großem Eifer bei der Sache, und es besteht die Hoffnung, daß er in dieser doch relativ kleinen Organisation bald Karriere macht. Aber: Die MRO neigt zum Terror, und wir sind uns nicht ganz klar, wie weit wir Mercader, und wenn er noch so willig ist, bei der Durchführung gefährlicher Anschläge im Auftrag seiner Partei gehen lassen dürfen. Darüber hinaus ist er hin- und hergerissen zwischen der Möglichkeit in die USA auszuwandern, wo er mit seinem Beruf ein gutes Einkommen verdienen könnte, und dem weiteren Ausharren in Uruguay, verbunden mit ständiger Aufregung und Anspannung.

AVBUTTE: Hier handelt es sich um eine Unterstützungs- und Verwaltungsoperation für einen US-Bürger, der bei uns als Einsatzbeamter unter Vertrag steht. Er heißt Ralph Hatry und hat mit FI-Operationen zu tun. Getarnt wird er als Repräsentant der Firma Thomas H. Miner and Associates, eines Public-Relations- und Marketing-Unternehmens mit Sitz in Chicago, das auch schon in anderen Ländern CIA-Beamte getarnt hat. Hatry, er ist etwa 60 Jahre alt, kann bereits auf eine langjährige Tätigkeit für den US-Geheimdienst zurückblicken. Unter anderem arbeitete er, getarnt durch einen amerikanischen Ölkonzern, im Fernen Osten. Den unmittelbaren Hintergrund seiner Entsendung nach Montevideo bildeten langwierige, komplizierte Vertragsverhandlungen, in die auch Gerry O'Grady, der stellvertretende Stationschef, verwickelt wurde, und in deren Verlauf sich Hatry als überaus schwieriger Charakter herausstellte, der gleichwohl auf eine Reihe wertvoller Hintermänner und Gönner verweisen konnte. Von Thomas Karamessines, dem stellvertretenden Chef beim DDP, kam schließlich die Anweisung, Hatry irgendwo einen Job zu besorgen; seine Akte wurde herumgereicht und landete schließlich in der Filiale für Uruguay.

Seit Hatry im letzten Jahr nach Montevideo kam, hat die Station dauernd Ärger mit ihm, der meist über Hatrys persönliche Finanzen und seine permanenten Versuche entsteht, immer höhere Spesen herauszuschlagen. Holman, unser Stationschef, versucht Hatry so weit wie möglich auf Distanz zu halten, aber Hatry bemüht sich um das Gegenteil. Weil Berger der jüngste an der Station ist, wurde er dazu verdonnert, sich um Hatrys Operationen und seine Ansprüche der Station gegenüber zu kümmern. Über Hatry laufen vier Operationen: Postüberprüfungen, ein exilierter Politiker aus Paraguay, einige Agenten in der Kommunistischen Partei Paraguays und in der FULNA und Observationsaufgaben an der kubanischen Botschaft.

AVBALM: Agent bei dieser Operation ist Epifanio Mendez Fleitas, der exilierte Führer der paraguayischen Liberalen. Er ist hauptsächlich als Schriftsteller tätig und damit beschäftigt, den in Montevideo, Buenos Aires und Sao Paulo verstreuten Parteimitgliedern wenigstens annäherungsweise einen politischen Organisationsrahmen zu geben. Montevideo führt diese Operation durch, um der Station Asuncion die Überwachung der paraguayischen Emigranten zu erleichtern, sowie zur gleichzeitigen Absicherung für den Fall, daß diese Leute jemals wieder nach Paraguay kommen sollten. Außerdem nützt uns der Agent bei unseren Ermittlungen über den Grad des liberalen Engagements in der FULNA, der Anti-Stroessner-Front, die von den paraguayischen Kommunisten kontrolliert wird.

AVCASK: Auch diese Operation richtet sich gegen paraguayische Emigranten, insbesondere die Kommunistische Partei Paraguays (PCP) und die FULNA. Der wichtigste Agent, AVCASK-1, ist aktives Mitglied aus dem linken Flügel der liberalen Partei. Er berichtet über alle linken Strömungen in der Partei und dient nebenbei als Mittelsmann für zwei untergeordnete Agenten, AVCASK-2 und AVCASK-3. AVCASK-2 ist ebenfalls Mitglied der liberalen Partei, aber er ist hauptsächlich für die FULNA tätig und berichtet AVCASK-1 regelmäßig über diese Organisation und den Einfluß der paraguayischen Kommunisten. AVCASK-3, Mitglied der PCP, ist gerade dabei, sich dem paramilitärischen Flügel der Partei anzuschließen, wo bewaffnete Aktionen gegen das Stroessner-Regime vorbereitet werden. Von diesen drei Agenten weiß lediglich AVCASK-1, daß die Operation von der CIA ausgeht. Seine Mitgliedschaft in der liberalen Partei dient als Tarnung bei der Bezahlung und Instruktion der beiden anderen Agenten. Die jährlichen Kosten dieses Projekts belaufen sich auf etwa 5000 Dollar.

AVIDITY: Bei dieser Operation werden heimlich Briefe aus dem Sowjetblock, Kuba, dem kommunistischen China und gewissen anderen Ländern, je nachdem, wer der Adressat in Uru-

guay ist, geöffnet. Hauptagent ist AVANDANA, ein älterer Mann, der schon im zweiten Weltkrieg in Europa für uns arbeitete. Er bekommt die Briefe von AVIDITY-9 und AVIDITY-16, Angestellten beim Hauptpostamt Montevideo. AVANDANA trifft sich täglich mit einem der untergeordneten Agenten, um neue Briefe in Empfang zu nehmen und die bearbeiteten zurückzugeben. Die Bezahlung erfolgt je nach Anzahl der für wichtig befundenen Briefe. AVANDANA bearbeitet die Briefe bei sich zu Hause, wo er entsprechende fototechnische Geräte und Apparaturen zum heimlichen Öffnen der Briefe stehen hat.
AVBLINKER: Als die Station einen Observationsposten gegenüber der kubanischen Botschaft einrichtete, besetzte sie ihn mit AVENGEFUL-7, der Frau von AVANDANA, dem sie bei der Bearbeitung der AVIDITY-Korrespondenz hilft. Außerdem schreibt sie gelegentlich die bei der AVENGEFUL-Telefonabhöroperation aufgezeichneten Gespräche ab. Der Observationsposten wurde in einem großen Haus auf der anderen Straßenseite gegenüber der kubanischen Botschaft eingerichtet, die in Montevideos elegantem Stadtteil Carrasco liegt. Die Station bezahlt die Miete für AVBLINKER-1 und -2, ein amerikanisches Ehepaar, das in dem Haus lebt (der Ehemann ist Angestellter bei der uruguayischen Tochterfirma eines US-Unternehmens). AVENGEFUL-7 sitzt jeden Tag in einem der zur Straße gelegenen Räume im ersten Stock, fotografiert die Kommenden und Gehenden und führt ein Logbuch, in dem der Zeitpunkt des Betretens bzw. Verlassens der Botschaft festgehalten wird. Neben weiteren Notizen fügt sie dem Logbuch auch die vom Observationsposten aus geschossenen Fotos bei, die AVANDANA zu Hause entwickelt. Auch AVENGEFUL-7 hat bereits im zweiten Weltkrieg für den US-Geheimdienst gearbeitet, zeitweilig sogar hinter den feindlichen Linien. Neben ihrer Arbeit am Logbuch und mit der Kamera hilft sie auch dem AVENIN-Beschattungsteam. Vom Observationsposten aus signalisiert sie mit Hilfe eines Senders, wenn ein verdächtiges Subjekt die Botschaft verläßt. Die gesendeten Signale ändern sich je nachdem, ob die verdächtige Person mit dem Auto fährt, zu Fuß geht und welche Richtung sie einschlägt. Vier oder fünf Häuserblocks weiter ist das Beschattungsteam postiert und nimmt dann die Verfolgung auf.
AVENIN: Die Station unterhält zwei Beschattungsteams. Das älteste und beste, das AVENIN-Team, wird von Roberto Musso geleitet. Es besteht aus sieben Beschattungsagenten, einem Agenten in der staatlichen Elektrizitätsgesellschaft und einem

weiteren in der Telefongesellschaft. Letzterer versorgt uns mit Kopien kodierter Telegramme, die die Ostblockbotschaften auf dem Wege des normalen Postverkehrs versenden und empfangen. Fast alle Agenten sind Angestellte in der städtischen Verwaltung Montevideos. Instruktionen und Kontaktierung der Agenten erledigt Paul Burns in einem sicher getarnten Büro in der Nähe des Rathauses. Das Team ist gut ausgebildet und gilt als eines der besten in der WH-Abteilung. Es verfügt über zwei Sedan-Limousinen und einen Volkswagenbus, ausgerüstet mit einer Periskop-Kamera-Kombination mit Rundumsicht für Observationen und Aufnahmen. Getarnte Funkausrüstung gewährleistet ständigen Kontakt mit den anderen Fahrzeugen, mit dem Beobachtungsposten gegenüber der kubanischen Botschaft und mit den Agenten, die zu Fuß unterwegs sind und unter ihrer Kleidung winzige, batteriegetriebene Sende-und-Empfangs-Geräte tragen. Sie sind außerdem für heimliches Fotografieren auf offener Straße ausgebildet. Dabei benutzen sie als unverdächtige Päckchen getarnte automatische 35-mm-Kameras.

Das AVENIN-Team besteht seit Mitte der fünfziger Jahre. Den harten Kern bilden halbtags arbeitende Kriminalbeamte der uruguayischen Polizei. Bis die Station im letzten Jahr ein weiteres Team aufstellte, waren die AVENIN-Leute praktisch ausschließlich mit der Beschattung sowjetischer Geheimdienstbeamter beschäftigt. Ihre überraschende Entdeckung war eine Reihe geheimer Treffs zwischen einem Beamten des Außenministeriums von Uruguay und einem KGB-Offizier mit allem Drum und Dran: Geheimsignale, tote Briefkästen etc. Fotos und andere Beweismittel, die den Behörden von der Station zugespielt wurden, führten zur Ausweisung des sowjetischen Beamten und beträchtlichen Propagandaerfolgen für uns. Letztes Jahr wurde das Team umdirigiert und auf die Kubaner angesetzt, teils, weil diese gesteigerte Aufmerksamkeit erforderten, teils, weil die Mitglieder des Teams den Sowjets mittlerweile bekannt sein dürften.

Der AVENIN-Agent in der Elektrizitätsgesellschaft ist wertvoll, weil er Zugang zu den Listen aller Adressen hat, die an das Stromnetz von Montevideo angeschlossen sind. Diese Listen sind nicht nur hilfreich für die Identifizierung von Wohnungen oder Büros, die von beschatteten Personen betreten werden, sie werden auch zur Sicherheitsüberprüfung möglicher CIA-Treffpunkte herangezogen. Derselbe Agent läßt uns auf Anfrage die Baupläne sämtlicher Gebäude zukommen, die von der Elektrizitätsgesellschaft mit Strom beliefert werden. Diese Pläne benutzen wir bei der Planung von Lauschangriffen und Einbrüchen. Der Agent wird von uns auch auf Routineinspektionen geschickt, die er scheinbar im Auftrag der Elektrizitätsgesellschaft durchführt. Er kann sich auf diese Weise in praktisch jedem Haus, jeder Wohnung, jedem Büro in Montevideo in aller Ruhe nach Möglichkeiten zur Installation von Abhörgeräten umsehen.

AVENGEFUL: Bereits seit dem zweiten Weltkrieg, als noch das FBI Gegenspionage in Südamerika betrieb, läuft unsere Telefonabhöroperation über die Polizei von Montevideo (Tarnbezeichnung AVALANCHE). Gegenwärtig ist das die wichtigste gemeinsame Operation zwischen CIA-Station und uruguayischen Sicherheitskräften. Die nötigen Schaltungen werden auf polizeiliche Anweisungen in den Telegrafenämtern von Montevideo hergestellt. Vom Amt in der Innenstadt führt ein Kabel mit dreißig Paarleitungen zum Polizeipräsidium, in dessen oberstem Stockwerk sich der Horchposten befindet. Seine Besatzung besteht aus Cheftechniker Jacopo de Anda und den technischen Assistenten und Kurier, Juan Torres. Der Horchposten ist mit Tonbandgeräten für jede der dreißig Paarleitungen ausgerüstet. Torres arrangiert die jeweiligen Verbindungen zusammen mit den Telefontechnikern und übergibt täglich die Tonbänder einem weiteren Kurier, AVOIDANCE, der sie zu den Protokollanten bringt, die entweder zu Hause oder in abgesicherten Büros arbeiten. Derselbe Kurier bringt die fertigen Abschriften und alten Bänder wieder zu Torres zurück, und der schließlich läßt sie durch noch einen weiteren Kurier, der für den polizeilichen Geheimdienst arbeitet, zur Station bringen. Die Polizei also wickelt sowohl die Vermittlungen, als auch die Arbeit im Horchposten ab.

Kurier AVOIDANCE ist Agent der Station, worüber im Polizeipräsidium lediglich Torres Bescheid weiß. Keiner der Protokollanten ist der Polizei bekannt, aber Kopien werden der Polizei, außer in besonderen Fällen, in der Regel von der Station zugeschickt. Der Stationsbeamte, der ihn interessierende Personen telefonisch überwachen läßt, ist auch für die entsprechenden Protokollanten verantwortlich: so muß sich etwa der für die Sowjets zuständige Einsatzbeamte, Russell Phipps, um zwei ältere russische Emigranten kümmern, die, auf englisch, die Telefongespräche der sowjetischen Botschaft aufzeichnen; Paul Burns ist für die Protokollanten der PCU-Gespräche zuständig, etc. Die Protokollanten sollten nach Möglichkeit einander

nicht kennen.
Die Station, die technisches Gerät und Geldmittel für die Operation zur Verfügung stellt, hat direkten Kontakt mit dem Chef der Guardia Metropolitana –, gegenwärtig ist das Oberst Roberto Ramirez –, der im Polizeipräsidium für die Abhöroperationen die alleinige Verantwortung trägt. Gewöhnlich läßt er die Leitungen im Rahmen seiner Schmuggelbekämpfung anzapfen, was nicht zuletzt zur Tarnung unserer eher politischen Operation beiträgt. Torres und de Anda arbeiten unter der Aufsicht von Ramirez. Grünes Licht für derartige Operationen kommt gewöhnlich vom Innenminister und dem Polizeichef von Montevideo. Die Station ermuntert die Telefonabhörungen der Polizei im Rahmen der Schmuggelbekämpfung, denn das garantiert uns nicht nur Tarnung unserer eigenen Vorhaben, sondern für die Polizei ist die Bekämpfung der Schmuggler ein sehr lukratives Geschäft, und entsprechend groß ist die Angst vor einem innenpolitischen Skandal beim jeweiligen Innenminister, der dadurch natürlich erpreßbar wird.
Im Augenblick überwachen wir lediglich sieben Leitungen; unter anderem drei sowjetische (eine kommt aus der Botschaft, eine weitere aus dem Konsulat und noch eine verbindet die Botschaft mit der sowjetischen Handelsmission), zwei kubanische (Botschaft und Handelsmission), das Telefon eines argentinischen Revolutionärs, der enge Beziehungen mit den Kubanern unterhält und eine Leitung aus der PCU-Zentrale.
Weil so viele Personen daran beteiligt sind, ist die Sicherheit bei der AVENGEFUL-Operation ein ernstes Problem. Ehemalige Minister, Polizeichefs und ihre Untergebenen, Beamte der Guardia Metropolitana, der Kriminalpolizei, der Geheimdienststellen, Kopien der Tonbandprotokolle, die ins Polizeipräsidium gehen, sind ein Sicherheitsrisiko besonderer Art, und trotz wiederholter Hinweise von seiten der Station gibt es im Polizeipräsidium offenbar eine Menge undichter Stellen. Regelmäßig erscheinen in der PCU-Zeitung „El Popular" Enthüllungen polizeilicher Abhöroperationen. Bislang allerdings ohne Einzelheiten, die den Abbruch unserer eigenen Operation erzwingen könnten. Jedenfalls ist das Abhören von Telefonen in Montevideo ein sehr unsicheres Geschäft, aus dem sich jederzeit ein Skandal beträchtlichen Ausmaßes entwickeln könnte.
AVBARON: Unser einziger Agent in der kubanischen Botschaft ist ein Uruguayer, der bei der Station als PCU-Infiltrant auf niederer Ebene anfing. Er heißt Warner und ist Chauffeur an der Botschaft, wo auch seine Mutter als Köchin arbeitet. Vor

etwa zwei Monaten feuerten die Kubaner seinen Vorgänger, und die Station wies ihn an, sich über seine Mutter um den Job zu bewerben. Paul Burns, der sich um ihn kümmert, schickte ihn zu einem Schleuder-und-crash-Lehrgang, und im Handumdrehen hatten wir einen weiteren wichtigen Baustein innerhalb unseres Operationsprogramms gegen die Kubaner, denn Warners Mutter verschaffte ihm tatsächlich die Stellung, und seither genießt er das Vertrauen der Kubaner, obwohl er gleich am ersten Tag einen Unfall baute. Der Agent kommt zwar nicht an Dokumente oder brisante Informationen über kubanische Hilfe für ortsansässige Revolutionäre heran, aber seine Berichte enthalten dennoch wichtige persönliche Daten über Sicherheitsmaßnahmen zum Schutz von Botschaft und Handelsmission. Burns trifft den Agenten persönlich: entweder in einer gesicherten Wohnung oder im Auto.

ECFLUTE: Der einzige mögliche Doppelagent gegen die kubanische Botschaft ist Medardo Toro, ein Ecuadorianer, den die Station Quito nach Buenos Aires sandte, um dort den ehemaligen Präsidenten Velasco in seinem Exil auszuspionieren. Über Ricardo Gutierrez Torrens, einen kubanischen Diplomaten, den wir für den kubanischen Geheimdienstchef von Montevideo halten, hat Toro eine Verbindung zwischen Velasco und den Kubanern hergestellt, für die sich sowohl die Station Quito wie auch das Hauptquartier außerordentlich interessiert.

ABUSY-ZRKNICK: Im wichtigsten Fall von Gegenspionage gegen die Kubaner in Montevideo überprüfen wir die Post eines bekannten Unterstützungsagenten der Kubaner. Die Sache begann schon 1962, als wir kodierte Nachrichten aus Havanna an einen entweder in Lima oder La Paz sitzenden kubanischen Agenten abfingen. Der National Security Agency (NCA) ist es gelungen, die Nachrichten zu entziffern, die interessante Informationen, jedoch leider nicht die Identität des Agenten, der sie empfängt, verrieten. Eine der Nachrichten enthielt eine Deckadresse in Montevideo, die der Agent im Notfall anschreiben könnte. Beigefügt war ein spezielles Symbol zur Kenntlichmachung von Agentenpost. Der Adressat in Montevideo ist Jorge Castilla, ein bei der FIDEL aktiver Bankangestellter; als Signal dient die Unterstreichung der Worte ‚Edificio Panamericano'; in dem so bezeichneten Gebäude lebt Castilla. Wir vermuten, daß die Korrespondenz in Geheimschrift erfolgt. Um diese mögliche Verbindung zu überwachen, hat die Station den für das Edificio Panamericano zuständigen Briefträger angeheuert. Weil wir dem Briefträger, AVBUSY-1, das Symbol, das schließlich heimlich dechiffriert wurde, nicht verraten dürfen, muß der Stationsbeamte die gesamte Post für Castillo durchsehen, was reichlich zeitraubend ist. Bislang konnten wir noch keine Agentenpost abfangen, aber vom Hauptquartier erfuhren wir, daß in ähnlichen ZRKNICK-Fällen bereits kubanische Agenten identifiziert werden konnten. (ZRKNICK ist die Tarnbezeichnung für die Überwachung sämtlicher in Südamerika operierender Agenten.)

AVBLIMP: Die hiesige sowjetische Botschaft ist in einer großzügigen Villa untergebracht, die von Gartenanlagen und einer hohen Mauer umgeben wird. Um das Kommen und Gehen des Botschaftspersonals zu überwachen, insbesondere der Geheimdienstbeamten, betreibt die Station in einem nahegelegenen Hochhaus einen Observationsposten. Das Ehepaar, in dessen Wohnung sich der Posten befindet, teilt sich die Arbeit: Notierung der das Gebäude betretenden und verlassenden Personen, Fotografieren der Besucher, der Sowjets und, von Zeit zu Zeit, der Nummernschilder der von den Besuchern benutzten Fahrzeuge, per Funk Benachrichtigung des AVBANDY-Beschattungsteams, genau wie im Falle des AVENIN-Teams, das die Kubaner beschattet.

AVBANDY: Dieses 1963 zusammengestellte Beschattungsteam zur Überwachung der Sowjets und ihrer Kontaktpersonen besteht aus einem Teamchef (ein Major der Armee) und fünf weiteren Agenten. Das Team fährt zwei Sedan-Limousinen, ist technisch wie das AVENIN-Team ausgerüstet und dem AVBLIMP-Observationsposten angegliedert. Auf den Teamchef, AVBANDY-1, wurde die Station bei ihren gemeinsamen, mit dem militärischen Geheimdienst durchgeführten Operationen aufmerksam. Nach kurzer Überprüfung wurde er angeworben, um, ohne Wissen seiner Vorgesetzten, die Leitung des AVBANDY-Teams zu übernehmen. Augenblicklich durchlaufen die Agenten ein Intensivtraining unter der Anleitung von Exequiel Ramirez, einem Ausbildungsbeamten vom Hauptquartier und Spezialisten bei der Ausbildung von Beschattungsagenten. Nächsten Monat, wenn der Kurs beendet ist, hat das AVBANDY-Team ca. acht Wochen intensives Training hinter sich.

AVERT: Seit einigen Jahren besitzt die Station durch die Vermittlung von AVERT-1, einem Hilfsagenten, ein vom Sowjetischen Konsulat lediglich durch eine Mauer getrenntes Haus. Konsulat und AVERT-Haus bilden in der Tat ein einziges, in der Mitte geteiltes, dreistöckiges Gebäude. Es liegt in unmittelbarer Nachbarschaft der Sowjetischen Botschaft und blickt

rückwärtig auf den Hinterhof der Botschaft. Im Konsulat befinden sich außer den Büros noch die Wohnungen zweier russischer Familien und des Konsuls, der uns als KGB-Offizier bekannt ist. Das AVERT-Haus steht seit einigen Jahren leer und wird nur dann und wann von Technikern benutzt, um mit Hilfe hochsensibler Geräte Wellen und Strahlungen der sowjetischen Kommunikationstechnik aufzufangen. Im günstigsten Falle können wir mit Hilfe derartiger elektronischer Operationen kodierte Mitteilungen entziffern, aber bislang hatten wir in Montevideo damit noch keinen Erfolg.
Seit geraumer Zeit herrscht Ratlosigkeit, was mit dem AVERT-Grundstück geschehen soll. Man könnte dort einen zusätzlichen Horchposten einrichten, von wo aus wir dann auch den Garten der Sowjets beobachten können; wir könnten auch die Büros des Konsulats und die Wohnungen mit Wanzen bestücken oder aber den ganzen Kram verkaufen. Vorläufig behalten wir es für etwaige Operationen in der Zukunft, obwohl die Sowjets mit einiger Sicherheit längst wissen, wer ihre Nachbarn sind. Vermutlich haben sie bereits routinemäßig unsere Seite des Gebäudes mit Wanzen bestückt.

Kontaktagenten gegen die Sowjets
Das Kontaktagentenprogramm ist die gravierendste Schwachstelle bei unseren gegen die Sowjets gerichteten Operationen. Einheimische oder sonstige Personen sollen dabei persönliche Beziehungen zu sowjetischen Beamten knüpfen, um unsere persönlichen Daten zu vervollständigen und, falls sich dazu die Möglichkeit ergibt, Überläufer zu ermuntern und anzuwerben. Obwohl drei oder vier Agenten der Station Kontakt zu Sowjetbürgern haben, taugen diese Beziehungen nicht viel, und die Agentenberichte sind entsprechend dürftig.
AVDANDY: Wie schon angedeutet, ist ein Teil unseres Programms gegen Russen, Jubaner und andere kommunistische Länder der Vervollständigung und Überprüfung des fotografischen und biographischen Materials gewidmet, das wir über ihre Angestellten in Montevideo besitzen. Obwohl in den Operationsposten an der Kubanischen bzw. Sowjetischen Botschaft lauter gute Fotografen sitzen, können wir sie für diese Aufgaben nur in beschränktem Rahmen einsetzen, weil die Sicherheit der Observationsposten gefährdet werden könnte. Das uruguayische Außenminsterium dagegen erhält ständig Fotos aller in Montevideo akkreditierten Botschaftsangestellten, um ihnen Diplomatenpässe auszustellen, die ein jeder bei sich tra-

gen muß. AVDANDY-1 arbeitet im Außenministerium als mittlerer Beamter. Er versorgt Ned Holman, unseren Stationschef, mit Kopien sämtlicher Fotos und läßt auch mal ein paar andere Informationen durchsickern. Obwohl wir am liebsten auch die Pässe der kommunistischen Diplomaten kopieren würden, hat sich der Agent bislang standhaft geweigert, dieses zusätzliche Risiko auf sich zu nehmen und uns die eingereichten Pässe kurzfristig zu überlassen. Wenigstens ist er willig genug, die Protokollakten des Außenministeriums zum Fotokopieren herauszurücken. Obwohl das lediglich routinemäßigen Wert hat, ist es eine nützliche Sache.

ZRBEACH: Um der National Security Agency bei ihren Dekodierungsaufgaben zu helfen, postiert die CIA, nicht nur in der Nähe der Sowjetbotschaft, Techniker, die mit Hilfe hochsensibler Geräte Wellen und Funksprüche auffangen können. Die aufgefangenen Daten werden der NFA zur Bearbeitung geschickt. Das ganze Programm heißt ZRBEACH, und ein derartiges Technikerteam besitzen wir seit einigen Jahren auch in Montevideo. Es arbeitet im AVERT-Gebäude neben der Botschaft, aber sie können auch auf mobile Einsätze geschickt werden, um so nahe wie möglich an die Kodierungsmaschinen in den einzelnen Botschaften heranzukommen und die von der Maschine ausgehenden Strahlungen und Frequenzen einzufangen. Die ZRBEACH-Teams arbeiten im Auftrag der Abteilung D beim DDP und werden vor Ort jeweils vom Chef der CIA-Station beaufsichtigt. Als Ned Holman nach Montevideo kam, empfahl er schon nach kurzer Zeit, das ZRBEACH-Team, dessen Erfolge sich mehr als dürftig ausnahmen, abzuziehen. Im DDP wurde der Vorschlag befolgt, und während der letzten Wochen packte das Team seine Instrumentenkoffer. Einige Mitglieder sind bereits an andere CIA-Stationen versetzt worden. Fred Morehouse, der Teamchef von Montevideo, verläßt uns demnächst in Richtung Caracas.

AVBALSA: Gary O'Grady kümmert sich um den Kontakt zum hiesigen militärischen Geheimdienst; er trifft sich regelmäßig mit Oberstleutnant Zipitria, dem stellvertretenden Kommandanten. Holman trifft sich ebenfalls von Zeit zu Zeit mit Zipitria und, falls erforderlich, mit Oberst Carvajal, dem Kommandanten. Seit Jahren versucht die Station, den befreundeten Geheimdienst auf Vordermann zu bringen: sie hat Ausbildungslehrgänge arrangiert, die Ausrüstung des Geheimdienstes ergänzt und leistet auch finanziell jede erdenkliche Hilfe, aber der Erfolg nimmt sich vor diesem Aufwand geradezu lächerlich aus. Immer noch ist der Geheimdienst in der Hauptsache damit beschäftigt, Zeitungsausschnitte aus der lokalen Linkspresse zu sammeln. Einer Effektivierung der Zusammenarbeit steht die Tradition des uruguayischen Militärs entgegen, sich aus der Politik nach Möglichkeit herauszuhalten. So weigert sich beispielsweise Carvajal, ernsthaft etwas gegen PCU und linksextremistische Gruppierungen zu unternehmen. Sein Stellvertreter Zipitria dagegen ist ein rabiater Antikommunist, der sich mit quasifaschistischen Vorstellungen über den Ausbau repressiver Techniken herumträgt und sich von Carvajal ständig gegängelt fühlt. Gegenwärtig benutzt die CIA Zipitria als Informationsquelle über die Regierungspolitik gegenüber den Linken sowie über im Militär rumorenden Protest gegen die Zivilregierung. Bleibt zu hoffen, daß eines Tages Zipitria zum Chef des Geheimdienstes ernannt wird.

AVALANCHE: Unsere Verbindungen zur wichtigsten Sicherheitsinstanz Uruguays, der Polizei Montevideo — Tarnbezeichnung AVALANCHE —, stammen ursprünglich noch aus der Zeit vor dem Zweiten Weltkrieg, als das FBI mit der Überwachung bedenklicher Pro-Nazi-Tendenzen in Uruguay und Argentinien beschäftigt war. Als sich Ende der vierziger Jahre in Montevideo die CIA-Station niederließ, wurde eine ganze Reihe der ehemaligen FBI-Operationen, wie zum Beispiel das Abhören von Telefonen, übernommen. Obwohl es überall in Uruguay unabhängige Polizeidienststellen gibt, werden aufgrund von Erlassen der Innenminister die wichtigsten Fälle den Leuten von AVALANCHE übertragen, weil deren technische und organisatorische Überlegenheit ganz offensichtlich ist.

Wie in Ecuador ist auch hier der Innenminister oberster Dienstherr, und folgerichtig setzen dort unsere Verbindungen an. Den gegenwärtigen Minister, einen Politiker aus den Reihen der Blancos namens Felipe Gil, trifft Holman regelmäßig. Ebenso den Chef der Polizei Montevideo, Oberst Ventura Rodriguez, dessen Stellvertreter Carlos Martin, den Inspektor und Ermittlungschef Guillermo Copello, dessen Stellvertreter Juan José Braga, den Geheimdienst- und Verbindungschef Alejandro Otero, den Chef der Guardia Metropolitana (die Anti-Terror-Truppe) und den Chef der Guardia Republicana, der paramilitärischen berittenen Polizei, Oberstleutnant Mario Barbear.

Wie schon in Argentinien verbietet sich auch in Uruguay die Etablierung einer AID-Mission für öffentliche Sicherheit, weil derartige Einrichtungen politisch einfach zu anfällig sind. Deshalb sind wir für alle Aufgaben, die unsere personellen Möglichkeiten übersteigen, auf die Polizei angewiesen. Während jedoch in Argentinien schon seit Jahren ein inoffizieller CIA-Beamter bei der argentinischen Bundespolizei für Geheimoperationen unter Vertrag steht, müssen derartige Aufgaben in Uruguay von den Beamten der Station abgewickelt werden, die unter offizieller Tarnung der Botschaft stehen. Holman nahm sich dieser Aufgaben an, als sein ehemaliger Stellvertreter, Wiley Gilstrap, als Stationschef nach El Salvador versetzt wurde. Auf lange Sicht plant die Station nach wie vor die Einrichtung einer AID-Mission für öffentliche Sicherheit, bei der ein CIA-Beamter arbeiten soll, um die Station zu entlasten. Darauf müssen wir allerdings warten, solange kein starker Innenminister in Uruguay in Sicht ist, der sich entschlossen für eine derartige Mission einsetzen würde. Bis dahin schicken wir wenigstens schon einmal uruguayische Polizisten zur Ausbildung an unsere Polizeiakademie, die jetzt „Internationale Polizeiakademie" heißt und soeben von Panama nach Washington umgezogen ist.

Unter den von der Polizei im Namen der Station durchgeführten Operationen ist die AVENGEFUL-Telefonabhöroperation die wichtigste. Weitere Aktivitäten unterstützt die Station bei der Ergänzung des in eigener Regie durchgeführten Informationsbeschaffungsprogramms, von dem die Polizei nach Möglichkeit allerdings nichts erfahren soll. Außer der Telefonoperation werden all diese Aktivitäten in der Geheimdienst-und-Verbindungs-Abteilung beim Hauptquartier koordiniert.

Reisekontrolle: Jeden Tag erhält die Station von der Polizei alle Passagierlisten, sowohl Abfahrt wie Ankunft betreffend –, vom Hafen Montevideo, wo jede Nacht Passagierschiffe in Richtung Buenos Aires auslaufen, und vom Flughafen. Beigefügt ist eine spezielle Liste derjenigen Personen, die möglicherweise geheimdienstlich tätig sein könnten – sogenannte I und E (Intelligencia y Enlace)-Personen –, Leute mit Diplomatenpaß, Politiker, Kommunisten, Linke, Peronisten. Auf Anfrage erhalten wir die entsprechenden Listen aus Bolonia, einem anderen wichtigen Knotenpunkt für Transitreisende von und nach Buenos Aires. Auch die täglich zusammengestellten Besucherlisten aus Montevideos Hotels und Pensionen laufen durch unsere Hände. Wunder Punkt der Reisekontrolle ist Carrasco, der größte Zivilflughafen Montevideos, der jedoch, gerade eben außerhalb des eigentlichen Zuständigkeitsbereiches der Polizei von Montevideo gelegen, der Abteilung Canelones zugeordnet ist, mit der die Polizei Montevideo in ständiger

Fehde liegt. Tatsächlicher Angelpunkt der Schwierigkeiten am Flughafen allerdings sind die Schmuggeleien, von den Zollbeamten, die jede Verbesserung der Polizeikontrolle bislang abschmetterten, eifersüchtig als lukrative Domäne bewacht, weshalb alle Anregungen der Station, Operationen zum Abfotografieren von Dokumenten oder zur Einrichtung von Kontrollisten anzukurbeln, bislang im Sande verliefen.

Personenüberprüfung: Als ergänzende Dienstleistung für die Visaabteilung der Botschaft bitten wir die Polizei regelmäßig um Informationen über uruguayische Antragsteller für Visa in die USA. Die Daten gehen an die Visaabteilung, wo über Zustimmung oder Ablehnung entschieden wird.

Biographische Daten und Fotos: Uruguay besitzt ein nationales Wählerverzeichnis, das praktisch auf eine komplette Personalkartei fast sämtlicher Einwohner Uruguays hinausläuft. Die Leute von AVALANCHE können uns Namen, Geburtsdatum, Geburtsort, Namen der Eltern, Adresse, Beruf etc. und Fotos von praktisch jedem Uruguayer und Ausländer mit Uruguay als ständigem Wohnsitz übermitteln, wertvolles Material für Beschattungsarbeiten der AVENIN- und AVBANDY-Teams, für schwarze Listen und eine Reihe weiterer Verwendungsmöglichkeiten.

Automobilkennzeichen: Die Polizei besorgt uns Namen und Adressen jener Autobesitzer, deren Nummernschilder von den Observationsposten aus fotografiert oder notiert wurden; auch das erleichtert uns die Untersuchung von Besuchern der kubanischen oder sowjetischen Botschaft. Auch unsere beiden Beschattungsteams erhalten bei Bedarf Informationen aus dieser Quelle. Die Polizei selbst hat keine Ahnung, was wir mit ihren Informationsdaten alles anstellen.

Die Geheimdienstabteilung der Polizei von Montevideo funktioniert als wichtigste Informationsquelle der Regierung (und der CIA) im Falle von Streiks und Demonstrationen. Seit die von der PCU beherrschten Gewerkschaften während der letzten Jahre immer häufiger diese Mittel anwandten, um ihren Protesten gegen die Wirtschaftspolitik der Regierung Ausdruck zu verleihen, kommt derartigen Meldungen immer größeres Gewicht zu. Wenn Demonstrationen stattfinden oder irgendwo gestreikt wird, so telefoniert uns die U- und E-Abteilung die Anzahl der Beteiligten, das Ausmaß der Gewalttätigkeit, Regierungsmaßnahmen zur Unterdrückung sowie Einschätzung von deren Wirksamkeit durch. All diese Daten werden in den Berichten für das Hauptquartier, die atlantischen und südlichen

Militärkommandos etc. verarbeitet. An jedem Monatsende erhält die Station außerdem eine Kopie der von der Polizei erstellten zusammenfassenden Berichte über Streiks und Unruhen, die sich im jeweils vergangenen Monat ereignet haben. Für den Polizeichef sind die meisten der Kontakte zwischen seinen Beamten und der CIA-Station — die sogenannten „offiziellen" Verbindungen — kein Geheimnis. Die Station aber unterhält darüber hinaus noch heimliche Kontakte zu einem ehemaligen I- und E-Leiter, der aus dem Amt gelobt wurde und jetzt als viert- oder fünfthöchster Beamter in der Ermittlungsabteilung arbeitet. Inspektor Antonio Piriz Castagnet — so heißt der Mann — bekommt als Unterwanderungsagent bei der Polizei ein festes Gehalt von der Station; die Zusammenarbeit funktioniert ausgezeichnet, und seine Vorgesetzten wissen von nichts. Aus diesem Grunde greift die Station auf den Agenten zurück, wenn es sich um empfindliche Operationen handelt, von denen der Polizeichef nach Möglichkeit nichts erfahren soll. Außerdem verfügt Piriz über wertvolle Informationen betreffs Regierungsmaßnahmen bei Streiks und Unruhen, personelle Veränderungen innerhalb der Polizei und etwaige Kurswechsel in der Politik.

Die AVENGEFUL-Telefonoperation nicht mitgerechnet, belaufen sich die Kosten für das AVALANCHE-Projekt auf jährlich ungefähr 25 000 Dollar.

SMOTH: Der englische Geheimdienst MI-6, bei der CIA unter der Tarnbezeichnung SMOTH geführt, ist schon seit längerer Zeit in der Gegend um den Rio de la Plata aktiv, um die traditionellen politischen und wirtschaftlichen Interessen der Engländer in dieser Region Lateinamerikas zu schützen. Über das Hauptquartier erhält die Station regelmäßig Kopien der SMOTH-Berichte, die freilich nicht besonders interessant sind. Aufgrund von Kürzungen im Haushalt müssen die Engländer ihr Einmannbüro in Montevideo demnächst schließen. Bevor er nach England heimkehrt, will der SMOTH-Beamte Holman noch bei seinem Kollegen von der SMOTH-Station Buenos Aires einführen, die dann für MI-6-Aufgaben in Montevideo zuständig sein wird. Für uns ist die Verbindung mit SMOTH mehr eine Sache der Höflichkeit. Besonderes Gewicht für unsere Operationen hat sie nicht.

ODENVY: In der Botschaft Rio de Janeiro unterhält auch das FBI (ODENVY) ein Büro, dessen Leiter sich um die Interessen kümmert, die der Vorgängerin der CIA in Lateinamerika immer noch geblieben sind. Ab und zu kommt dieser Beamte nach

Montevideo, schaut bei der Polizei herein und stattet in der Regel auch der CIA-Station einen Besuch ab. Demnächst allerdings eröffnet das FBI ein Büro in der Botschaft Buenos Aires, das sich fortan um Uruguay kümmern wird.

Geheimoperationen (CA)
AVCHIP: Neben Ralph Hatry haben wir noch einen weiteren Vertragsbeamten unter inoffizieller Tarnung, einen jungen ehemaligen Angehörigen der „Marines", der in Montevideo zum Schein als Repräsentant verschiedener US-Firmen arbeitet. Die Tarnung dieses Beamten – sein Name ist Brooks Read – klappt schon seit drei bis vier Jahren reibungslos, vor allem wohl deshalb, weil er hier seine meiste Zeit zusammen mit den Engländern verbringt, die er in seiner Eigenschaft als Leiter der englischsprachigen Theatergruppe Montevideos kennenlernte. Obwohl ursprünglich mit FI-Aufgaben beschäftigt, wird Read seit letztem Jahr zunehmend bei CA-Operationen mit herangezogen, wo wir ihn als Mittelsmann und Verbindungsbeamten für Medien- und Studentenoperationen einsetzen. Obwohl Reads Angelegenheiten in der Station viel Zeit beanspruchen, nimmt sich O'Grady, der zuständige Beamte, ihrer mit Freuden an, denn Read verursacht uns nicht halb so viele Probleme wie Hatry.
AVBUZZ: Angesichts der unzähligen in Montevideo erscheinenden Morgen- und Abendzeitungen haben wir alle die Presse betreffenden Medienoperationen in die Hände von AVBUZZ-1 gelegt, der in einigen Tageszeitungen unsere Propaganda lanciert. Weil sämtliche nichtkommunistischen Zeitungen als Organe jeweils einer der vielen Fraktionen aus den beiden großen Parteien funktionieren, muß die Auswahl der für uns jeweils geeigneten Zeitungen sorgfältig getroffen werden. Inhalt und politischer Standort des Artikels sind jeweils ausschlaggebend. AVBUZZ-1 hat praktisch Zugang zur gesamten liberalen Presse, meist jedoch benutzt er die beiden Tageszeitungen der Blanco-Fraktion „Union Blanca Democratica" („El Pais" und „El Plata"), die Morgenzeitung der Colorado-Fraktion „Liste 14" („El Dia") sowie, nicht ganz so häufig, das Morgenblatt der „Union Colorada y Batllista" („La Manana"). AVBUZZ-1 bezahlt die Redakteure je nachdem, wieviel Platz die Artikel beanspruchen, die schließlich im Namen der Redaktion als ungezeichnete Leitartikel erscheinen. Über Brooks Read, der mit AVBUZZ-1 in diskretem Kontakt steht, leitet O'Grady diese Operation. Alles in allem erscheinen auf diese Weise täglich et-

wa zwei bis drei CIA-Artikel in Montevideo. Entsprechende Zeitungsausschnitte gehen ans Hauptquartier und an andere Stationen, falls sie in den dortigen Zeitungen lanciert werden sollen. Bei Gelegenheit schreibt AVBUZZ-1 auf Anweisung der Station antikommunistische Flugblätter, die er über einige Verteiler unter die Leute bringt, nachdem sie bei einer befreundeten Druckerei fertiggestellt worden sind. Fernsehen und Rundfunk benutzt AVBUZZ-1 selten, weil dort wenig Politik gesendet wird.

AVBLOOM: Unsere Studentenoperationen waren ziemlich erfolglos in der letzten Zeit, obwohl nichtkommunistische Führer der FEUU großzügig gefördert wurden. Kürzlich hat das Hauptquartier Vorschlägen der Station Montevideo zugestimmt, nach denen das Schwergewicht der Operationen von den Universitäten auf die höheren Schulen Uruguays verlagert werden soll. Dem liegt die Theorie zugrunde, daß Indoktrination auf unterer Ebene sich später, wenn die Schüler die Universität besuchen, im Ergebnis besser auszahlt. Brooks Read arbeitet mit einigen antikommunistischen Studentenführern zusammen, die er für Organisations- und Propagandamanipulationen bezahlt. Auch diese Operationen leitet O'Grady.

AVCHARM: Seit Jahren verfolgen unsere Gewerkschaftsoperationen das Ziel, die an ORIT-ICFTU angeschlossene uruguayische Gewerkschaftsunion (CSU) zu stärken, aber ihren Niedergang konnten wir damit bislang nicht aufhalten. Eine endgültige Entscheidung, ob wir die CSU überhaupt weiter stützen wollen, muß bald getroffen werden. Falls die CSU gehalten werden sollte, müßte die Station ihre unfähigen Funktionäre auswechseln. Keine angenehme Aussicht, denn man kann davon ausgehen, daß sie beträchtlichen Widerstand leisten werden und wir praktisch am Nullpunkt wieder anfangen müssen. Tatsache ist, daß die CSU den denkbar schlechtesten Ruf hat und die überwältigende Mehrheit der Arbeiter sich mehr oder weniger direkt der CTU oder den Verbänden der extremen Linken verbunden fühlen. Neben der CSU hat die CIA-Station noch einige ausgewählte Industriegewerkschaften im Visier, die sie zu beeinflussen und bei Gelegenheit, unter Einschaltung der in Lateinamerika operierenden internationalen Gewerkschaftssekretariate, wie zum Beispiel der Internationalen Transportarbeitergewerkschaft, unter Kontrolle zu bringen hofft.

Unter unseren verschiedenen Gewerkschaftsaktivitäten der vergangenen Monate war die Gründung einer Niederlassung des

American Institute for free Labour Development (AIFLD) in Montevideo noch die spektakulärste. Das Büro firmiert hier unter dem Namen „Uruguayan Institute of Trade Union Ecudation", und sein Direktor Jack Goodwyn arbeitet als Vertragsagent der CIA und gleichzeitig als Repräsentant der AIFLD in Montevideo. Alexander Zeffer, der für Gewerkschaftsoperationen zuständige Stationsbeamte, trifft sich heimlich mit Goodwyn, um Berichte auszutauschen, Pläne zu diskutieren und vieles mehr. Außer an das Institut in Montevideo schicken wir Uruguayer auch zur Ausbildung an die ORIT-Schule nach Mexiko und an die AIFLD-Schule nach Washington.

AVALON: Dieser Agent, A. Fernandez Chavez, dient schon seit längerer Zeit als unser Propagandaverteiler und als Nachrichtenquelle für Informationen aus der politischen Szene Montevideos. Falls AVBUZZ-1 einmal Pech haben sollte, und die CIA-Propaganda nicht dort unterbringen kann, wo wir sie gerne hätten, können wir immer noch auf Fernandez zurückgreifen, der viele Freunde in Politiker- und Pressekreisen hat. Er arbeitet als Korrespondent in Montevideo für die italienische Nachrichtenagentur ANSA und den von der Station Santiago kontrollierten Informationsdienst „Agencia orbe Latinoamericano". Zwar trifft sich auch Holman ab und zu mit ihm, aber für gewöhnlich handhabt Paul Burns, der CP-Beamte, den Kontakt.

AVID: Obwohl die früher über Benito Nardone laufenden politischen Operationen mehr oder weniger abgebrochen wurden, besucht Holman nach wie vor Nardone, dessen Frau, Olga Clerici Nardone, die bei den „Ruralistas" eine sehr aktive Rolle spielt, und Juan José Gari, Nardones politischen Chefsekretär. Gari, der auf die in der gegenwärtigen Blanco-Regierung sitzenden „Ruralistas" schwört, ist Präsident der Staatlichen Hypothekenbank. Sollten wir eines Tages, im Falle eines politischen Kurswechsels, wieder zu militanten politischen Aktionen zurückkehren, dann wären Nardones Frau und Gari zwei unserer wichtigsten Aktivposten – auch für den Fall, daß Nardone demnächst an seinem Krebsleiden stirbt.

AVIATOR: Erst kürzlich übertrug Holman seinem Stellvertreter O'Grady die Verantwortung für Juan Carlos Quagliotti, einen steinreichen, faschistischen Ideen zugeneigten Rechtsanwalt und Großgrundbesitzer. Dieser Mann ist Sprecher einer ganzen Gruppe ähnlich wohlhabender Uruguayer, die sich zunehmend Sorge um die in letzter Zeit schwindende Regierungsautorität und den gleichzeitigen Vormarsch der Linken macht.

Er versucht die militärische Führung zum Eingreifen zu überreden und würde mit Sicherheit eine starke Militärregierung oder doch zumindest eine von der Armee kontrollierte Regierung der gegenwärtigen schwachen und zerstrittenen Exekutive vorziehen. Obwohl die Station ihn weder bezahlt noch besonders ermutigt, wollen wir seine Aktivitäten überwachen, um über diejenigen Armeekreise etwas herauszubekommen, die nach einem „einfachen" Weg aus Uruguays Misere suchen. Sollte sich einmal die Notwendigkeit ergeben, auch von der Station aus das Militär zum Eingreifen zu bewegen, dann wäre Quagliotti unser Mann.

Hilfsagenten: Wie in anderen Ländern verfügt die Station auch in Montevideo über eine Menge Hilfsagenten, die Autos für uns anmieten oder uns eigene Fahrzeuge und Gebäude zur Verfügung stellen. Diese Agenten, in der Regel handelt es sich um Bekannte der Stationsbeamten, werden für ihre Dienste mit Whisky oder anderen teuren, in Uruguay schwer zu ergatternden Dingen abgespeist, die wir im Diplomatengepäck nach Uruguay schmuggeln. Einer unserer besten Hilfsagenten ist Tito Banks, ein Wollhändler englischer Abstammung.

Der finanzielle Aufwand für die Station Montevideo ist, wie im Fall Ecuador, beträchtlich angesichts der relativ kleinen Besetzung. Das Budget beträgt etwas über eine Million jährlich. Verbessert werden muß das Kontaktagentenprogramm gegen die Sowjets, das Anwerbungsprogramm bei den Kubanern, die Untewanderung der PCU, der polizeiliche Geheimdienst und die Studenten-Gewerkschaftsoperationen.

Mein Vorgänger Michael Berger verläßt Montevideo und wird künftig in der Dominikanischen Republik eingesetzt.

Ich soll folgende Operationen übernehmen: die AVCASK-Operation gegen die Paraguayer, die AVIDITY-Postmanipulation, Ralph Hatry und seine Probleme (leider), den Telefonprotokollanten AVENGEFUL-9, AVADANA, den Chauffeur der kubanischen Botschaft, den Observationsposten bei der kubanischen Botschaft, das AVENIN-Beschattungsteam, die AVBASK-Infiltration der MRO, den Protokollbeamten im Außenministerium, der uns mit Fotos und Daten der kommunistischen Diplomaten versorgt und den Postboten, der dem ZRKNICK-Hilfsagenten des kubanischen Geheimdienstes die Post bringt. Zeitweilig soll ich (hoffentlich) auch Holmans Kontakt mit Inspektor Piriz, dem Infiltrationsagenten in der Polizei Montevideo, und mit Alejandro Otero, dem Chef der Geheimdienstabteilung, übernehmen.

Montevideo
1. April 1964

Das Aus für Goulart ist in Brasilien sehr viel schneller und unkomplizierter zustande gekommen, als wir je zu hoffen gewagt hätten. Den letzten Vorwand lieferte Goulart den Militärs selbst, als er in einer Rede vor dem Verband der Armee-Sergeanten andeutete, er werde die Interessen der Unteroffiziere dem Offizierskorps gegenüber schützen. Diese Rede hielt Goulart unmittelbar, nachdem es auf den Kriegsschiffen und bei den Marines zu ersten Befehlsverweigerungen gekommen war; für unsere eigenen Pläne hätte er den Zeitpunkt gar nicht besser wählen können. Laut Station Rio wird er wohl zunächst in Uruguay sein Exil aufschlagen; Holmans Befürchtungen über noch mehr Scherereien mit Emigranten waren also keineswegs aus der Luft gegriffen. Die USA haben die neue Militärregierung in Brasilien sofort anerkannt; nicht gerade ein Beweis für diplomatisches Fingerspitzengefühl und ein sicheres Anzeichen für die überschäumende Euphorie in Washington darüber, daß nach zweieinhalb Jahren vergeblicher Wühlerei mit dem Ziel, Brasiliens Linkskurs unter Goulart zu stoppen, unsere Operationen doch noch so plötzlich Früchte getragen haben.

Montevideo
5. April 1964

Goulart traf gestern hier ein und wurde überraschend begeistert empfangen. Die Station Rio wird die Militärregierung selbstverständlich mit allen Mitteln unterstützen und stöbert bereits eventuellen Gegenputschs oder Aufständen hinterher; unter allen Umständen soll Leonel Brizola, Goularts linksradikaler Schwager, entweder gefangen oder ins Exil getrieben werden. Innerhalb einer sich neu formierenden Untergrundopposition käme ihm eine Schlüsselposition zu. Er war Abgeordneter für die Region Guanabara (Rio de Janeiro). Gegenwärtig hält er sich versteckt.
Im Hauptquartier kurbelt man jetzt eine in ganz Lateinamerika anlaufende Kampagne zur Unterstützung der neuen brasilianischen Regierung und gleichzeitig zur Verleumdung Goularts an. Arturo Jauregui, der Generalsekretär der ORIT, hat bereits ein Glückwunschtelegramm nach Rio abgeschickt. In Ländern wie Venezuela könnte das einigen Ärger hervorrufen, denn bislang

hat ORIT militärische Interventionen gegen freigewählte Regierungen stets verurteilt — angesichts der voraussichtlichen Entwicklung in Lateinamerika nicht gerade ein realistischer Standpunkt.

**Montevideo
18. April 1964**

Holman kehrte heute von einer gemeinsamen Tagung mit anderen Stationschefs zurück und kündigte grollend an, von jetzt ab hätten wir uns gefälligst ein wenig eingehender mit den brasilianischen Emigranten zu befassen. Ganz offensichtlich steht Präsident Johnson persönlich hinter der Entscheidung, es müsse alles getan werden, um nicht nur kurzfristig einen Gegenputsch oder Aufstände in Brasilien zu verhindern, sondern um die brasilianischen Sicherheitskräfte derart zu verstärken, daß auch auf lange Sicht in Brasilien Ruhe herrscht. Das Land darf um keinen Preis noch einmal so weit nach links abdriften, daß den Kommunisten derartige Interventions- oder doch zumindest Einflußmöglichkeiten geboten werden.

Für uns in Montevideo bedeutet dieser Kurs, daß wir künftig noch mehr Informationen über brasilianische Emigranten für die Station Rio sammeln werden. Für diese Aufgaben ziehen wir die Geheimpolizei heran, für die ich verantwortlich bin, weil Holman, wie ich vermutete, mir die Arbeit mit Otero, Piriz, de Anda und Torres zuschiebt. Seine Kontakte auf höchster Ebene mit dem Innenminister, Felipe Gil und dem Polizeichef, Ventura Rodriguez, möchte er selbst in der Hand behalten.

Hier in Montevideo ist man über die neue brasilianische Militärregierung allgemein empört, und das erschwert die Lancierung unserer Leitartikel in der Presse. Die Brasilianer beginnen jedoch jetzt schon die Behörden in Uruguay unter Druck zu setzen, um Goulart und seine Anhänger an politischer Tätigkeit im Exil zu hindern.

Ebenso schwierig gestalten sich unsere Bemühungen um einen Abbruch der Beziehungen mit Kuba. Zwar ist man in Uruguay keineswegs begeistert von Kommunismus oder kubanischer Revolution, aber strikte Nichteinmischung ist seit je ein Eckpfeiler hiesiger Politik, weil das Land Pressionen seiner mächtigen Nachbarn fürchtet. Da Sanktionen oder gar ein gemeinsames Vorgehen leicht als Einmischung in Kubas innere Angelegenheiten interpretiert werden könnte, laufen die Bemühungen der CIA Uruguays traditioneller Politik entgegen.

Montevideo
2. Mai 1964

Vom Hauptquartier erhielt ich grünes Licht für meinen Plan, den kubanischen Code-Beamten, Roberto Hernandez, anzuwerben. Hoffentlich glückt es. Ezequiel Ramirez, der Ausbildungsbeamte vom Hauptquartier, der soeben die Ausbildung des AV-BANDY-Teams abschloß, soll die ersten Kontakte herstellen. Er sieht wie ein Spanier oder Lateinamerikaner aus, weshalb, bis wir ein Geheimtreffen arrangiert haben, eine Bekanntschaft mit ihm für Hernandez weniger Risiko birgt. Prognosen für den Erfolg der Operation sind schwer zu stellen, obwohl wir über Warner, den Chauffeur der Kubaner, bereits ausgezeichnet über die Person Hernandez' unterrichtet sind. Außer daß er mit seiner Frau, die gerade ein Baby bekam, Probleme hat, scheint seine uruguayische Freundin Mirta mehr als nur ein vorübergehendes Verhältnis zu sein. Nicht zuletzt wegen Mirta werde ich versuchen, Hernandez für den Aufbau einer neuen Existenz, möglicherweise in Buenos Aires, zu interessieren. Neben seinen Aufgaben als Code-Beamter ist er in der kubanischen Botschaft auch für alles, was mit Fotografie zu tun hat, zuständig; wir wollen ihm deshalb, für den Fall, daß er zu uns überläuft, die Einrichtung eines Fotogeschäfts in Aussicht stellen. Fürs erste jedoch sollen wir ihm auf Anweisung vom Hauptquartier 30 000 Dollar für sofortige Informationen über alles, was er von kubanischen Geheimdienstoperationen in Montevideo weiß, anbieten. 50 000 Dollar ist uns der kubanische Geheimcode wert, und 3 000 Dollar pro Monat wollen wir Hernandez zahlen, wenn er auch künftig mit uns zusammenarbeiten will. Eine gesicherte Wohnung steht für ein Treffen zur Verfügung, und ich will so bald wie möglich den Fall von Ramirez übernehmen.
Gestern fing ich Holman ab, um ihm vorzuschlagen, die Operationen gegen die Paraguayer, die Postmanipulationen und Ralph Hatry einem anderen Beamten anzuvertrauen, weil ich mich dann voll auf die Geheimpolizei und die Kubaner konzentrieren könnte. Das Ganze ist eigentlich ziemlich gemein, denn ich schlug vor, Alex Zeffer, der Gewerkschaftsbeamte, solle doch für mich einspringen. Holman war einverstanden, und Zeffer spricht seitdem nicht mehr mit mir — er weiß ganz genau, wie

nervtötend Hatrys Probleme und der ganze mit der Post verbundene Kram sind. Eine weitere Operation, die ich ursprünglich übernommen hatte, erledigte sich in der Zwischenzeit von selbst. Anibal Mercader, unser Mann in der MRO, hat sich endlich doch entschlossen, einen Job in den USA anzunehmen. Die Miami-Bank hat ihn eingestellt, und er wird demnächst abreisen. Ich sorgte dafür, daß seine Mitgliedschaft in der MRO nicht auf dem Formblatt für Visabewerber erscheint.

Alex Zeffer ist um seine Gewerkschaftsoperationen wirklich nicht zu beneiden. Er muß praktisch ganz von vorn anfangen, seit wir uns schließlich doch entschieden, die CSU fallenzulassen. Auf ihrem letzten Kongreß zeigte sich die Führung unfähig, ihre persönlichen Zänkereien zu beenden, die über dem ständigen Mitgliederschwund und der mangelhaften Zahlungsmoral der beitragspflichtigen Mitglieder entstanden waren. Die Führungsschwäche ist in der Tat das Hauptproblem. Als Andrew McClellan, der interamerikanische Beauftragte der AFL-CIO und Bill Doherty, der AIFLD-Chef für Sozialprojekte (beide sind Agenten, die von dem für Geheimoperationen zuständigen Beamten am Hauptquartier dirigiert werden) letzte Woche Uruguay besuchten, eröffneten sie den CSU-Führern, daß die bislang über ISFTU, ORIT und ITS nach Montevideo geflossenen Gelder für die CSU in Zukunft gestrichen würden. Die Lage ist nun allerdings etwas peinlich, denn die CSU ist gerade dabei, eine Wohnungsbaukooperative aufzuziehen und rechnete natürlich fest mit AIFLD-Hilfsmitteln, die jetzt in die Kasse anderer nichtkommunistischer Gewerkschaftsgruppierungen fließen sollen. Nächste Woche kommt Serafino Romualdi, AIFLD-Exekutivdirektor, um die Frage zu erörtern, wie das AIFLD-Programm künftig ohne die CSU durchgeführt werden kann. Eines ist jetzt schon sicher: es wird Jahre dauern, bis sich unter den Gewerkschaftlern eine neue Führungsmannschaft herausgebildet hat, die, im Rahmen des AIFLD-Programms ausgebildet, künftig selbst Agenten anwerben und einen neuen, an ICFTU und ORIT angeschlossenen nationalen Dachverband auf die Beine stellen könnte.

Montevideo
5. Mai 1964

Wir können es selbst noch nicht ganz fassen: planmäßig verfolgten Ramirez und das Beschattungsteam Hernandez bis in die Innenstadt, wo, genau im richtigen Moment, Ramirez auf ihn zutrat, um ihm zu sagen, die US-Regierung sei daran interessiert, ihm zu helfen. Hernandez, ein blasses Nervenbündel, wollte reden, hatte aber nur fünfzehn Minuten Zeit, bis er wieder in der kubanischen Botschaft zurück sein mußte. Er ist im Prinzip einverstanden, uns etwas über den Geheimcode zu erzählen und ihn uns sogar zu besorgen. Für morgen nachmittag wurde ein weiteres Treffen angesetzt.

In einem Telegramm ans Hauptquartier erstattete ich Bericht und bat gleichzeitig um die Entsendung eines TSD-Spezialisten, der in kürzester Zeit den Geheimcode bearbeiten könnte. Wenn diese Anwerbung klappt, und im Augenblick spricht alles dafür, dann wäre das der erste Durchbruch bei Infiltrationen gegen die Kubaner in dieser Region Lateinamerikas.

Auch die antikubanische Propaganda läuft weiter. Repräsentanten des „Revolutionären Studentendirektoriums im Exil" (DRE), eine von der Station Miami finanzierte und geleitete Organisation, trafen gestern hier ein. Sie tingeln durch Südamerika und schildern überall in grellen Farben das kubanische Wirtschaftsdebakel. Weil kein ständiger Vertreter des DRE in Montevideo wohnt, arrangierten Hada Rosete, der Sprecher der in Montevideo ansässigen Exilkubaner, und AVBUZZ-1 die Auftritte. Letzterer kümmert sich zusätzlich um die Propaganda, die für uns aus dem gegenwärtig in Kuba stattfindenden Prozeß gegen Marcos Rodriguez abfällt; Rodriguez, einer der ehemaligen Führer des Revolutionären Studentendirektoriums im Kampf gegen Batista, ist angeklagt, Mitglieder der „Bewegung 26. Juli" seinerzeit an Batistas Polizei verraten zu haben. Wir behaupten, er sei in Wahrheit Kommunist und habe die Leute vom „26. Juli" im Auftrag der Kommunistischen Partei Kubas verraten. Auf diese Weise hoffen wir, einen Keil zwischen die alten, linientreuen Kommunisten und die Mitglieder der „Bewegung des 26. Juli" zu treiben.

Montevideo
10. Mai 1964

Die Anwerbung von Hernandez bereitet uns noch einige Schwierigkeiten. Bei seinem zweiten Treffen mit Ramirez weigerte er sich, über kubanische Geheimdienstoperationen in Uruguay zu reden, solange das Geld nicht dasei. Er traut uns nicht ein Stück über den Weg. Ramirez vereinbarte ein drittes Treffen, zu welchem ich 15 000 Dollar mitbringen werde; das ist praktisch alles, was wir in der Station kurzfristig zusammenkratzen konnten. Holman ist etwas besorgt, mich mit so viel Geld allein auf die Straße zu lassen, aber wenn Hernandez reden soll, dann müssen wir ihm wenigstens das Geld zeigen und das Ganze mit einer kleinen Anzahlung schmackhaft machen. O'Grady ging auf alle Fälle mit, aber wer nicht auftauchte, war Hernandez.

Mein Plan war es, Hernandez etwa 1 000 Dollar zu geben, falls er sein Schweigen bräche und ihn anschließend zu überreden, den Rest auf einem CIA-Konto anzulegen, bis wir einen sicheren Absprung für ihn arrangiert hätten. Andernfalls könnte man ihn mit riesigen Geldsummen erwischen, deren Herkunft er nicht erklären könnte. Seit vier Tagen warte ich nun schon. Wenn er sich heute abend nicht blicken läßt, müssen Ramirez und das Beschattungsteam wieder ran.

Gestern traf der von Abteilung D beim Hauptquartier entsandte Techniker ein. Er meint, er brauche den Geheimcode nur für ein paar Stunden, um ihn zu öffnen, zu fotografieren und wieder zu versiegeln. Beim TSD haben sie offenbar ein ziemlich trickreiches Verfahren gefunden, denn die Seiten des Geheimcodes sind an allen vier Ecken fest miteinander versiegelt, so daß lediglich die obere Seite sichtbar ist. Wenn wir sie aber alle fotokopieren könnten, wären wir imstande, die gesamte geheimdienstliche Kommunikation der Kubaner zu entschlüsseln; zumindest solange der Geheimcode Gültigkeit hat.

Jedenfalls sind für mich im Augenblick Informationen über kubanische Geheimdienstoperationen in Montevideo das wichtigste. Hernandez hat erzählt, er wisse über absolut alles genau Bescheid, und ich glaube ihm. Aber heute abend muß er endlich auspacken.

Montevideo
15. Mai 1964

Irgend etwas stimmt nicht mit Hernandez. Vom Observationsposten bei der kubanischen Botschaft wurde mir berichtet, daß er praktisch seit dem zweiten Treffen mit Ramirez die Botschaft nicht mehr verlassen habe. Seit vier Tagen bereits wartet das Beschattungsteam auf das Zeichen vom Observationsposten, um sich wieder an Hernandez zu hängen. Durch die Telefonabhöranlage in der Botschaft wissen wir auch, daß Hernandez keine Gespräche geführt hat, und gestern schließlich berichtete der Cheuffeur, auch er habe Hernandez in der letzten Zeit nicht mehr gesprochen. Ich kann dem Chauffeur jedoch keine genauen Anweisungen geben, weil er sonst merken könnte, daß wir dabeisind, Hernandez anzuwerben. Ich kann nichts tun, außer weiter geduldig zu warten.
Darüber hinaus sind wir augenblicklich mit einem neuen lästigen Auftrag beschäftigt. Bei der Station Santiago läuft eine große Operation, um die Wahl Salvador Allendes zum chilenischen Präsidenten zu verhindern. Schon 1958 hätte er es fast geschafft, und auch diesmal möchte sich niemand auf Prognosen einlassen. Das Dumme ist, daß das Finanzbüro am Hauptquartier nicht genügend chilenische Excudos bei den New Yorker Banken auftreiben konnte, so daß in Lima und Rio zusätzliche Ankaufsstellen eingerichtet werden mußten. Aber auch diese Büros können die Erwartungen nicht erfüllen, und deshalb sollen wir einspringen.
Als Agentur zur Beschaffung von Devisen fungiert in Südamerikas „Cono Sur" die First National City Bank; normalerweise handhabt die Station Buenos Aires − sie ist eine Station der Kategorie A − Devisenangelegenheiten. Ihr angeschlossen ist ein Finanzbüro, das zu Devisenankäufen ermächtigt ist. Als Station der Kategorie B dürfen wir nur im Notfall Dollars gegen einheimische Währung eintauschen. Trotzdem schickte uns das Hauptquartier einen Scheck, gezogen auf ein Konto der New Yorker City Bank Filiale, den ich zu Jack Hennessy, dem leitenden US-Angestellten bei der City Bank in Montevideo, brachte. Er ist vom Hauptquartier aus für Devisenaufkäufe ermächtigt, und die New York City Bank hatte ihm den Scheck bereits angekündigt. Er schickte jetzt seine Käufer nach Santiago, wo sie auf diskrete Weise das Geld beschaffen sollten.
Nach ein paar Tagen waren sie wieder zurück − laut Hennessy befindet sich das Geld in Handkoffern, deren Kontrolle beim

Zoll mit Hilfe von Bestechungsgeldern verhindert wird — und ich ging mit Paul Burns zu Hennessy, um die Ladung abzuholen. Für den Rest des Tages durften wir dann in der Station das Geld zählen; der Gegenwert beträgt über 100 000 Dollar. Das Ganze schicken wir jetzt mit Diplomatengepäck nach Santiago, wo sie für ihre Operation offenbar Millionen ausgeben. Andernfalls müßten sie nicht auf dieses merkwürdige Verfahren ausweichen, weil Lima, Rio de Janeiro und New York zusammen ihre finanziellen Wünsche nicht erfüllen können.

**Montevideo
20. Mai 1964**

Die Anwerbung von Hernandez ist fürs erste gescheitert. Heute verließ er endlich die Botschaft, und Ramirez stellte ihn prompt in der Innenstadt. Hernandez weigerte sich, mit Ramirez zu sprechen und nahm ihn überhaupt nicht zur Kenntnis. Die Frage ist jetzt, ober Hernandez mit irgend jemand in der kubanischen Botschaft von seinen Treffen mit Ramirez gesprochen hat. Aber das scheint Gott sei Dank nicht der Fall zu sein, denn heute erbleichte Hernandez sichtlich, als Ramirez auf ihn zutrat. Hätte er seinen Kollegen in der Botschaft unsere Anwerbungsversuche gebeichtet, dann wäre er bestimmt nicht so in Panik geraten. Zweifellos ist er so ängstlich, weil er die ersten Gespräche mit Ramirez für sich behalten hat, und das spricht für die Richtigkeit unseres Vorgehens beim Knüpfen der Kontakte. Ramirez kehrt morgen nach Washington zurück, und wir wollen Hernandez erst einmal Zeit lassen, sich wieder zurechtzufinden, bevor wir ihn erneut ansprechen. Nach dem zu urteilen, was er Ramirez bei den ersten Gesprächen erzählt hatte, zieht es ihn eher nach Brasilien oder Argentinien und weniger in die USA. Vielleicht könnten uns die Stationen in Buenos Aires oder Rio mit einem Agenten der dortigen Sicherheitskräfte aushelfen, der die Anwerbung im Namen der brasilianischen bzw. der argentinischen Regierung durchführt.

**Montevideo
23. Mai 1964**

Hernandez ist in Panik geraten, aber wir werden ihn schon noch kriegen: heute früh rief der Chauffeur der Kubaner an und berichtete, daß, als er heute morgen die Botschaft betrat, große Aufregung geherrscht habe. Irgendwann gestern nacht sei Hernandez aus der Botschaft, wo er mit seiner Familie lebt, verschwunden und habe seinen Ehering und einen Brief an seine Frau zurückgelassen. Die Kubaner glaubten, er sei übergelaufen und befände sich längst bei uns; entweder versteckt oder bereits auf dem Flug in die USA. Gemessen an der Angst und dem Zorn der Kubaner, bestehen gute Chancen, daß Hernandez den Geheimcode mitgenommen hat.

**Montevideo
24. Mai 1964**

Hernandez ist offenbar von allen guten Geistern verlassen: der Chauffeur bat erneut um ein Treffen und berichtete, Hernandez sei kurz vor Tagesanbruch wieder in die Botschaft zurückgekehrt; er sitze jetzt unter Bewachung irgendwo im ersten Stock. Gestern und heute begab sich der Botschafter mehrmals hinüber zu den Russen, vermutlich weil man in Havanna anfragen mußte, was denn nun mit Hernandez geschehen solle und sich dafür des sowjetischen Geheimcodes bediente. Der Mann muß völlig durchgedreht sein.

**Montevideo
26. Mai 1964**

Der Chauffeur meint, Hernandez werde unter Sonderbewachung von Ricardo Gutierrez und Eduardo Hernandez, zwei Geheimdienstleuten, nach Kuba zurückfliegen. Am Freitag nehmen sie ein Swissair-Flugzeug nach Genf, von wo sie dann nach Prag weiterfliegen werden.
Außerdem erfuhr der Chauffeur von Hernandez, dieser habe letzten Samstag, als er aus der Botschaft verschwand, seinen Freund Ruben Pazos aufgesucht und sei mit ihm zur brasilianischen Grenze gefahren. Hernandez hatte den Geheimcode bei sich und wollte im Brasilianischen Konsulat in Rivera unterschlüpfen. Der Konsul befand sich jedoch auf Wochenendurlaub, und nachdem er eine Weile gewartet hatte, entschied sich Hernandez wieder anders und beschloß nunmehr, sich den Kubanern freiwillig zu stellen. Dem Chauffeur, AVBARON-1, erzählte er, sie würden ihn auf Kuba vermutlich für fünf Jahre in ein Erziehungslager stecken.

**Montevideo
28. Mai 1964**

Die Zeitungen berichteten in großer Aufmachung von Hernandez' angeblicher Entführung, und das ist ganz in unserem Sinne. AVBUZZ-1 schickte einige Reporter zur Botschaft, wo sie sich um ein Interview mit Hernandez bemühen sollten; erwartungsgemäß wurden sie abgewiesen. Das gibt natürlich den Gerüchten Nahrung, denen zufolge Hernandez bereits eine Leiche sei. Ich habe sämtliche Stationen dort alarmiert, wo das Flugzeug mit Hernandez auf dem Flug nach Genf zwischenlandet, und sowohl in Rio, als auch in Madrid und Bern wollen sie sich etwas einfallen lassen. In Rio und Madrid soll die einheimische Polizei Hernandez verhören. In Genf sollen sich wenigstens ein paar Uniformierte am Flughafen bereithalten. Zu weiteren Aktionen ließen sich die Schweizer offenbar nicht bewegen. Wir hoffen aber, daß Hernandez gar nicht erst so weit kommt. Über den Polizeichef, Oberst Ventura Rodriguez, haben wir bereits für morgen am Flughafen ein Verhör arrangiert, ehe Hernandez überhaupt das Flugzeug besteigt. Inspektor Antonio Piriz und Kommissar Alejandro Otero sollen Hernandez erst einmal von seinen Bewachern trennen und ihm noch einmal gut zureden. Ich selbst werde mich auch für den Fall bereithalten, daß der Kubaner es sich doch noch einmal überlegen und um politisches Asyl in Uruguay bitten sollte.

**Montevideo
29. Mai 1964**

Unser Propagandakrieg läuft weiter, aber Hernandez mußten wir erst einmal ziehen lassen. Am Flughafen weigerte sich Gutierrez, einer der Bewacher, Hernandez allein zum Polizeiverhör zu lassen. Anschließend zog er, während eines kurzen Handgemenges, eine Pistole und mußte gewaltsam entwaffnet werden. Hernandez freilich blieb dabei, er wolle freiwillig nach Kuba zurückkehren, und schließlich stieg er samt Frau und Kind in Begleitung seiner Wächter in das Flugzeug. Die auf dem Wege liegenden Stationen haben sich bisher noch nicht gemeldet.
Heute morgen noch konnten die Kubaner einige Scharten wieder auswetzen, als sie in der Botschaft zu einer Pressekonferenz einluden. Hernandez war anwesend und gab an, er kehre

nach Kuba zurück, weil er Repressalien gegen seine Familie fürchte, und zwar von seiten mehrerer (unbekannter) Personen, die ihn in letzter Zeit zum Verrat an seiner Heimat zu überreden versucht hätten. Während der letzten drei Wochen seien regelmäßig einige Personen, über deren Nationalität er keine Angaben machen könne, auf offener Straße an ihn herangetreten und hätten ihm zunächst 5000, später sogar bis zu 50 000 Dollar angeboten. Trotz dieser Pressekonferenz herrscht in der Presse der Eindruck, Hernandez werde als Sicherheitsrisiko wieder nach Kuba zurückgeschickt; schon die Tatsache, daß er bewacht wurde, spreche dafür.

Die Anwerbung mag zwar gescheitert sein, aber jedenfalls haben wir den Kubanern in Montevideo eine schwere Schlappe zugefügt. Die einzigen noch anwesenden Geheimdienstleute sind der Handelsattache und seine Frau. Der Botschafter selbst ist nach unseren Informationen nicht für den Geheimdienst aktiv. Sie haben also statt fünf plötzlich nur noch zwei Beamte und müssen ihre gesamte Geheimkorrespondenz über das sowjetische Codesystem abwickeln, bis Ersatz für Hernandez eintrifft. Außerdem hat unser Propagandazirkus in der Presse ein wesentlich günstigeres Klima für einen eventuellen Abbruch der diplomatischen Beziehungen geschaffen; vor allem weil demnächst die OAS zusammentritt und Venezuelas Streit mit Kuba um die entdeckten Waffenlager verhandelt werden soll. Obwohl wir nach wie vor weder den Geheimcode, noch Informationen über kubanische Geheimdienstoperationen in Montevideo besitzen, waren die Propagandaoperationen und die ganze Aufregung über den Fall doch ein gewisser Erfolg für uns.

Möglicherweise in indirektem Zusammenhang mit der Affäre Hernandez — wir sind uns da noch nicht ganz sicher — steht der Fall zweier kubanischer Überläufer in Kanada und auf Kuba selbst. In Kanada ist Vladimir Rodriguez, ein kubanischer Geheimdienstbeamter, abgesprungen und hat bereits erste Details über den dem kubanischen Innenministerium zugeordneten Geheimdienst DGI (Direccion General de Intelligencia) verraten. Vom Hauptquartier aus hält man uns über Einzelheiten auf dem laufenden. Der Durchbruch nimmt ähnliche Dimensionen an wie damals im Fall des ersten KGB-Überläufers; bislang wußten wir über die Kubaner so gut wie nichts — nicht einmal die Existenz der DGI war uns bekannt.

In engerem Zusammenhang mit kubanischen Operationen in Uruguay steht der erneute Versuch von Earle Perez Freeman, dem ehemaligen kubanischen Geheimdienstchef in Montevideo, auf unsere Seite überzuwechseln, was er ja bereits letzten Januar in Mexiko versucht hatte, bevor er sich plötzlich anders entschied und wieder nach Kuba flog. Perez hat Asyl in der Uruguayischen Botschaft Havanna erhalten, wo drei unserer vier AMHALF-Agenten für die Station Miami arbeiten. Einer von ihnen, der ehemalige Geschäftsträger, wird demnächst versetzt, aber mit Hilfe der anderen zwei, German Roosen und Hamlet Goncalves, will Miami von Perez etwas über die kubanischen Operationen in Montevideo erfahren. Über das Wochenende werde ich auf der Basis dessen, was wir bereits wissen, eine Fragenliste für die AMHALF-Agenten zusammenstellen und nach Miami schicken.

**Montevideo
6. Juni 1964**

Die Querelen innerhalb der Blanco-Partei haben wieder einmal zu einer Krise geführt, und das zu einem Zeitpunkt, wo die Unruhe unter der Arbeiterschaft ebenfalls einem Höhepunkt zutreibt. Seit dem 21. Mai ist das gesamte Kabinett nach und nach zurückgetreten: am 30. Mai der Verteidigungsminister und heute Felipe Gil, der Innenminister. Es halten sich hartnäckig Gerüchte, daß die Blanco-Militärs einen Putsch gegen die Blanco-Zivilregierung planen. Die Gerüchte haben sich bislang zwar nicht bestätigt, aber wir berichten regelmäßig ans Hauptquartier, was wir über Gari und Oberst Ventura Rodriguez erfahren können, die in engem Kontakt mit den putschverdächtigen Offizieren stehen. Holman hofft auf einen neuen Innenminister, der stark genug sein wird, um der Eröffnung einer US-Mission für Öffentliche Sicherheit zuzustimmen, damit wir endlich der Polizei wirksam unter die Arme greifen können.
Während die Regierung zusammenbricht, nehmen die Aktionen der Gewerkschaften für die Beschäftigten der Staatsbetriebe immer militantere Formen an. Vor zwei Tagen wurde 24 Stunden lang für 46prozentige Subventionsaufstockungen für die Staatsbetriebe gestreikt, und demnächst soll aus Protest gegen die Inflation ein 24stündiger Generalstreik stattfinden, zu dem diese Gewerkschaften und die CTU bereits erste Vorbereitungen getroffen haben.
Hernandez kehrte nach Kuba zurück. In Rio bereitete sein Be-

wacher Gutierrez den Polizeiagenten, die Hernandez allein verhören wollten, denselben Ärger, den er bereits unseren Leuten am Flughafen Montevideo gemacht hatte.

Montevideo
17. Juni 1964

Die Blancos haben ihre Krise beigelegt. Neue Minister sind aus allen Fraktionen ernannt worden, die untereinander zerstritten waren. Der neue Innenminister, Adolfo Tejera, wird von Polizeichef Rodriguez günstig beurteilt. Über Rodriguez will Holman so schnell wie möglich Kontakt zu Tejera aufnehmen; zunächst unter dem Vorwand der AVENGEFUL-Telefonoperation. Später will er dann vorsichtig auf die AID-Mission für Öffentliche Sicherheit zu sprechen kommen.
Der heutige von der CTU und den Gewerkschaften für die Staatsbetriebe organisierte Generalstreik hat das Wirtschaftsleben praktisch lahmgelegt. Gestern abend, kurz vor Beginn des Ausstands, hatte Polizeichef Rodriguez in einer Erklärung sämtliche Gerüchte über einen angeblichen Militärputsch als erfunden bezeichnet.
Die brasilianische Regierung dringt weiterhin auf Maßnahmen gegen die politische Wühlarbeit Goularts, Brizolas und der anderen Emigranten. Das wird hier zwar bislang sehr übel vermerkt, aber früher oder später müssen die Uruguayer nachgeben und den Kommunisten gegenüber einen harten Kurs einschlagen, denn das Land ist einfach zu klein, um dem mächtigen Nachbarn im Norden Widerstand zu leisten. Die Station Rio hat beschlossen, zwei weitere Agenten in die hiesige Botschaft der Brasilianer zu entsenden. Neben Oberst Camara Rena, dem Militärattache, der schon länger in Montevideo ist, handelt es sich um Manuel Pio Correa, Agent auf höchster Ebene im Außenministerium, der jetzt zum Botschafter ernannt wurde. Der andere, Lyle Fontoura, wird von Pio protegiert und soll den Posten des Ersten Sekretärs übernehmen. Pio arbeitete bis letzten Monat als Botschafter in Mexiko und hat dort, Informationen der Station Rio zufolge, sehr wirkungsvoll unsere Operationen unterstützt. Weil Mexiko die neue Militärregierung in Brasilien jedoch nicht anerkennen will, wurde Pio abberufen, und die Station Rio arrangierte seine Ernennung für den Posten in Montevideo, im Augenblick der wichtigste Job, den das brasilianische Außenministerium zu vergeben hat.

**Montevideo
28. Juni 1964**

Die Station Miami hat Schwierigkeiten mit Earle Perez Freeman, dem kubanischen Geheimdienstbeamten, der Asyl in der Uruguayischen Botschaft in Havanna gefunden hat. Nachdem German Roosen einige Male versuchte, etwas aus ihm herauszulocken, sagte ihm Perez auf den Kopf zu, er wisse, daß Roosen Agent der CIA sei, und die sollte ihn, Perez, erst einmal aus Kuba herausbringen. Solange er noch in Havanna bleiben müsse, werde er nicht über kubanische Operationen in Montevideo reden. Roosens Problem ist unter anderem, daß er ohne Anweisung vom hiesigen Außenministerium Perez nur schlecht unter Druck setzen kann. Natürlich verbat er sich erst einmal, in irgendeiner Weise mit der CIA in Verbindung gebracht zu werden; ohne ausdrückliche Instruktionen aus Montevideo will er jedoch nicht weitermachen. Holman ist mit meinem Plan einverstanden, Oberst Piriz vorzuschlagen, er solle nach Miami fahren und Roosen dort instruieren, ohne freilich den Uruguayer wissen zu lassen, daß Piriz mit uns zusammenarbeitet. Ich sprach mit Piriz, und er fand die Idee ganz gut, will allerdings nur dann reisen, wenn Oberst Rodriguez und das Außenministerium ihren Segen geben. Holman machte daraufhin Rodriguez den Vorschlag, er solle doch einen seiner besten Beamten nach Miami entsenden, um mit den uruguayischen Diplomaten zusammenzuarbeiten, die in der Botschaft Havanna Perez bearbeiten; er verschwieg jedoch, daß wir über eigene Kontakte zu Piriz und Roosen verfügen. Wie erwartet, stimmte Rodriguez zu, besorgte die Zustimmung des Außenministeriums und ernannte Piriz, der in den nächsten Tagen nach Miami fliegt. Roosen und Goncalves können jetzt also mit offiziellem Auftrag den Kubaner weiterhin unter Druck setzen. Bevor die Beziehungen zwischen Havanna und Montevideo endgültig abgebrochen werden, müssen wir ihn zum Reden bringen.
Die Kampagne zur vollständigen Isolierung Kubas verzeichnete einen weiteren Erfolg: die OAS wird demnächst eine Außenministerkonferenz einberufen, auf der über die angeblichen Waffenverstecke der Kubaner in Venezuela und über Venezuelas Forderung nach Abbruch der Beziehungen zwischen Kuba und den Mitgliedsländern der OAS verhandelt werden soll. Es gibt allerdings keinerlei Anzeichen dafür, daß Uruguay den Antrag Venezuelas unterstützen, geschweige denn, im Falle seiner Billigung, ihm Folge leisten wird.

Über das AVBUZZ-Projekt lancieren wir ständig antikubanische Propaganda, unter anderem Beiträge unserer New Yorker Nachrichtenagentur „Editors Press Service", die Artikel gegen Castro und den Kommunismus im allgemeinen vertreibt. Die meisten stammen aus der Feder von Exilkubanern, zum Beispiel Guillermo Martinez Marquez.

**Montevideo
15. Juli 1964**

Die Gerüchte über einen angeblichen Militärputsch haben sich seit dem Generalstreik vom letzten Monat verflüchtigt, aber zu vereinzelten Streiks ist es dennoch immer wieder gekommen. Vom Hauptquartier haben wir eine merkwürdige Depesche bekommen, die, wie Holman meint, das Vorspiel zur Wiederaufnahme unserer politischen Operationen sein könnte. In ziemlich zweideutigen Worten werden wir darin aufgefordert, unsere Kontakte auszuweiten, um Geheiminformationen betreffs politischer Stabilität Uruguays, Regierungspolitik der Linken gegenüber und möglicher Auswege aus dem gegenwärtigen Durcheinander, zum Beispiel auf dem Wege einer Verfassungsreform, zu erhalten.
Für den Anfang bat Holman, ich solle mich um neue Kontakte und erweiterte Informationsberichte kümmern. Er selbst will jetzt wieder häufiger Nardones Witwe und Gari besuchen. Außerdem möchte er mich mit einem der führenden Leute aus den Reihen der „Ruralistas", Wilson Eso, bekannt machen, der auch in der Deputiertenkammer sitzt. Den anderen „Ruralista"-Führer, Juan Maria Bordaberry, lassen wir noch in Ruhe, denn er trifft sich bereits regelmäßig mit Botschafter Coerr, mit dem Holman jeden Ärger vermeiden möchte. Außerdem soll ich dafür sorgen, daß sich in Zukunft einer der normalen Beamten aus der politischen Abteilung der Botschaft regelmäßig mit einigen liberalen Funktionären der Colorados, nach Möglichkeit aus den Reihen der Listen 15 und 99, trifft. Diese Fraktionen werden bei den für 1966 anstehenden Wahlen eine Schlüsselposition einnehmen; außerdem gibt es unter ihnen einige po-potentielle Kontaktagenten, die wir für unser Anti-Sowjet-Programm einspannen könnten.
Um wieder besseren Einblick in die politischen Entscheidungsprozesse zu erhalten, hat Holman seine Kontakte zu Adolfo Terera, dem Innenminister, Oberst Ventura Rodriguez, dem

Polizeichef und Oberst Carvajal, dem Chef des militärischen Geheimdienstes, aktiviert. Mario Aguerrondo, Rodriguez Vorgänger und wichtiger Verbindungsmann, soll dagegen fürs erste aus dem Spiel gelassen werden, weil sein Name immer wieder in Zusammenhang mit möglichen Putschplänen der Blanco-Militärs gegen die Zivilregierung genannt wurde. Während der Gespräche über die bevorstehende Ausdehnung unserer Kontakte in Politikerkreisen mahnte Holman immer wieder, der Botschafter dürfe von der Wiederaufnahme unserer politischen Operationen unter keinen Umständen etwas erfahren. Wenn die Zeit dazu gekommen sei, würden entsprechende Beschlüsse in Washington gefällt, und der Botschafter erhielte aus dem Außenministerium Bescheid.

Das sind trübe Aussichten: die Zusammenarbeit mit führenden Politikern in Quito erbrachte im Grunde nur den Beweis ihrer Schwächen und Unfähigkeiten, was für Uruguay offenbar in gesteigertem Maße zutrifft.

Montevideo
20. Juli 1964

Die Filiale Montevideo der First National City Bank hat wieder umfangreiche Einkäufe chilenischer Devisen getätigt, um das Geld nach Santiago zu überweisen. Diesmal kam der Finanzbeamte, der die Ankäufe in Lima und Rio überwachte, persönlich, um das Geld bei Hennessy abzuholen und die Escudos zu zählen. Auch diesmal waren es wieder 100.000 Dollar, und das ist nach Auskunft des Beamten nur die Spitze des Eisbergs: wir investieren in Chile offenbar im selben Umfang wie bei den brasilianischen Wahlen vor zwei Jahren.

Montevideo
25. Juli 1964

Die OAS verabschiedete eine Resolution, der zufolge die Mitgliederstaaten sämtliche Beziehungen mit Kuba abbrechen und, außer für humanitäre Zwecke, auch jeglichen Flug- und Schiffsverkehr unterbinden sollen. Wir mußten vier Jahre auf die Verabschiedung dieses Antrags warten; nicht nur die Operationen der CIA, sondern die gesamte Politik der USA in Lateinamerika arbeitete auf dieses Ziel hin. Jene Länder, die nach

wie vor Beziehungen mit Havanna unterhalten, Mexiko, Chile und Uruguay, stimmten gegen den Antrag; Bolivien enthielt sich der Stimme. Ob Uruguay oder sonst eines dieser Länder der Aufforderung nachkommen werden, steht zwar noch in den Sternen, aber vom Hauptquartier kam bereits die Anweisung, in Propagandakampagnen auf die Einhaltung der verabschiedeten Resolution zu dringen.
Die über ORIT laufenden gewerkschaftlichen Ausbildungsprogramme sollen erweitert werden. Über den Internationalen Solidaritätsfonds der ICFTU pumpt das Hauptquartier fast 200 000 Dollar in ein ORIT-Ausbildungszentrum, das in Cuernavaca (Mexiko) entstehen soll. Die ORIT-Kurse litten bisher unter dem begrenzten Raum, den der Mexikanische Gewerkschaftsverband – neben AFL-CIO wichtigstes Mitglied der ORIT – zur Verfügung stellen konnte. Bis zur Eröffnung des Zentrums werden zwar noch ein bis zwei Jahre verstreichen, aber die ORIT-Kurse werden schon jetzt mit dem Washingtoner AIFLD-Programm koordiniert.
In Montevideo sollen wir jetzt auch noch auf Bolivianer aufpassen – als ob wir nicht schon genug mit Argentiniern, Brasilianern und Paraguayern zu tun hätten. Vor ca. einer Woche traf hier der neue bolivianische Botschafter, Jose Antonio Arce ein, und die Station in La Paz bat uns, Kontakt mit ihm aufzunehmen. Arce saß seit der bolivianischen Revolution bereits in mehreren Regierungen. Zuletzt bekleidete er den Posten des Innenministers und arbeitete eng mit der Station La Paz zusammen. Holman wird sich von Zeit zu Zeit, aber nur wenn unbedingt nötig, mit ihm treffen, damit dieser Mann, der als wichtiger Vertrauensmann des bolivianischen Präsidenten Paz Estenssoro gilt, mit der CIA in Verbindung bleibt.

Montevideo
11. August 1964

In Uruguay schert man sich offenbar wenig um die OAS-Resolution gegen Kuba. Nach seiner Rückkehr aus Washington verkündete der Außenminister, daß der Nationalrat erst einmal darüber zu entscheiden habe, ob die Resolution vor den Sicherheitsrat der Vereinten Nationen gebracht werden solle; erst dann könne über die Verbindlichkeit der Resolution gesprochen werden. Das sind natürlich Ausreden. Man will sich mit dieser schwierigen Entscheidung offenbar Zeit lassen. Viel schlimmer ist, daß Mexiko rundheraus erklärte, es werde die Resolution ignorieren; Bolivien ist unschlüssig. Uruguay steht also nicht allein da, und das macht einen gelungenen Ausgang der gesamten Operation sehr zweifelhaft. Obwohl wir über AVBUZZ-1 unsere antikubanische Propaganda verstärkt haben, kommen wir nicht gegen die extreme Linke an, die ihre Kampagne zur Aufrechterhaltung der Beziehungen mit Kuba sehr geschickt mit ihrer Propaganda gegen die Wirtschaftspolitik der Regierung verknüpft hat.

Heute führte der Nationale Arbeiterverband (CNT), erst vor einer Woche als loses Koordinationsorgan zwischen CTU und Gewerkschaften für die Staatsbetriebe gebildet, einen weiteren Generalstreik durch, der wiederum praktisch die gesamte Wirtschaft des Landes lahmlegte: Transportwesen, Bars, Restaurants, Hafen, Baugewerbe, Woll- und Textilhandel, Tankstellen, Schulen, etc.: es geht nichts mehr. Gestreikt wird für die Aufrechterhaltung der uruguayisch-kubanischen Beziehungen — nicht zum ersten Mal ist das ganz offen ein politisches Motiv.

Abgesehen vom heutigen Streik ist die Gründung der CNT für die Linke ein erheblicher Sprung nach vorn auf dem Wege zu einer kommunistisch beherrschten Gewerkschaftsbewegung, denn zum erstn Mal schließen sich die hauptsächlich in der privaten Wirtschaft angestellten CTU-Mitglieder und Angestellten aus der Zentralverwaltung (den Ministerien und Regierungsämtern) sowie den autonomen Betrieben und dezentralisierten Diensten in einer gemeinsamen Front zusammen. Bei fortschreitender Inflation und rasendem Geldwertverfall (für einen Dollar erhält man inzwischen 23 Pesos) tut sich in den nächsten Monaten für die CNT ein weites Agitationsfeld auf. Außer mit dem Thema Kuba beschäftigt sich ihre Kampagne mit Lohnerhöhungen, Sonderzulagen und dem Staatshaushalt für nächstes Jahr, der demnächst verabschiedet wird, und in dem die Gewerkschaften gern zusätzliche Schwerpunktsubventionen verankert sehen möchten.

**Montevideo
21. August 1964**

Über unsere AVBUZZ-Medienoperation lancieren wir täglich Leitartikel, in denen die Erfüllung der OAS-Resolution gefordert wird. In Chile hat Präsident Allessandri die Beziehungen zu Kuba bereits abgebrochen, ohne erst die anstehenden Wahlen abzuwarten. Auch Bolivien gab heute den Abbruch seiner Beziehungen mit Kuba bekannt. Bleiben nur noch Mexiko und Uruguay.

Während einer Zwischenlandung in Montevideo soll Juana Castro, Fidels Schwester, nächste Woche eine Erklärung für den Bruch mit Kuba abgeben. Sie lief im Juni in Mexico City zu uns über und befindet sich gegenwärtig auf einer von der Station Miami organisierten Propagandatour durch Südamerika. Die Erklärung werden wir ganz groß herausbringen. Ein paar Tage später soll dann eine weitere Agentin der Miami-Station eintreffen: Isabell Siero Perez, eine der führenden Persönlichkeiten im Internationalen Verband für Rechtsanwältinnen — noch eine der vom CA-Stab beim Hauptquartier kontrollierten internationalen Dachorganisationen. Sie wird den täglichen Horror in Havanna beschreiben und Kuba vor allem als Sprungbrett der Sowjets bei deren Unterwanderungsversuchen innerhalb des gesamten Kontinents herausstellen.

Montevideo
4. September 1964

Bei den Präsidentschaftswahlen in Chile hat Eduardo Frey haushoch gegen Allende gewonnen. Für unsere Wahloperationen können wir einen weiteren Erfolg verbuchen, und von Allende ist für die nächsten sehs Jahre nichts zu befürchten.

Montevideo
8. September 1964

Noch ein Erfolg für uns: 34 Tage nach Verabschiedung der OAS-Resolution stimmte endlich auch der Uruguayische Nationalrat zu. Bis zum letzten Augenblick war der Ausgang ungewiß, bis in letzter Minute der Nationalratspräsident seine Meinung änderte und eine weitere Stimme seiner Fraktion überreden konnte. Schließlich stimmten sechs für den Bruch mit Kuba (fünf Blancos, ein Colorado) und drei dagegen (ein Blanco, zwei Colorados). Während der Sitzung versammelten sich mehrere tausend prokubanische Demonstranten auf dem Unabhängigkeitsplatz vor dem Regierungsgebäude. Als das Abstimmungsergebnis bekanntgegeben wurde, brach ein Sturm los, und gleich darauf fluteten die Massen die Prachtstraße des

Achtzehnten Juli hinunter; Schaufenster gingen zu Bruch, und es kam zu schweren Auseinandersetzung mit den Anti-Terror-Truppen der Guardia Metropolitana und der berittenen Republikanischen Garde. Zehn Polizisten wurden verletzt und sechsundzwanzig Demonstranten festgenommen, ehe der Mob mit Hilfe von Tränengas und Wasserwerfern auseinandergetrieben werden konnte. Irgendwie aber schafften es viele der Fanatiker, zur am unteren Ende der Straße des Achtzehnten Juli gelegenen Universität zu gelangen, wo im Augenblick eine Straßenschlacht im Gange ist. Steine fliegen, und vom Dach der Universität werfen die Demonstranten Feuerwerkskörper auf die Polizisten.

**Montevideo
10. September 1964**

Die Unruhen gehen mit unverminderter Heftigkeit weiter. Zentrum ist die Universität an der Straße des Achtzehnten Juli. Obwohl einige Demonstranten auf Drängen von Polizeichef Rodriguez und Innenminister Adolfo Tejera gestern während der frühen Morgenstunden die Universität räumten, flammten die Ausschreitungen um 10 Uhr morgens wieder auf und dauern seither ununterbrochen an. Die Demonstranten werfen Steine vom Universitätsgebäude herab und zetteln darüber hinaus an den verschiedensten Enden Montevideos immer wieder neue Unruhen an, um das konzentrierte Polizeiaufgebot auseinanderzureißen. Auch vor der US-Botschaft wurden Schaufenster zertrümmert und geparkte Autos mit Steinen bombardiert.
Frühmorgens wurde dann die erste US-Niederlassung angegriffen. Vor der First National City Bank explodierte eine Bombe und zertrümmerte die riesigen Panzerglasfenster. In der Eingangshalle stürzte die Deckenverkleidung herab. Eine weitere Bombe explodierte vor der Western Telegraph Company; im Büro der Moore-McCormick Lines wurde Feuer gelegt, und auch die Büros der General Electric wurden in Mitleidenschaft gezogen.
Im Außenministerium ließen die Kubaner bestellen, sie würden am Samstag das Land in Richtung Madrid verlassen. Gestern abend noch versuchte ich über Roberto Musso, den Chef des AVENIN-Beschattungsteams, mit dem neuen kubanischen Code-Beamten zu telefonieren. Musso meldete sich unter dem

Namen einer anderen Person, von der wir wissen, daß sie bereits mit dem Code-Beamten gesprochen hat. Er bekam ihn ans Telefon und übergab mir den Hörer. Ich gab an, ich sei ein Freund seines Vorgängers Roberto Hernandez und wolle ihm ein ähnliches Angebot machen, aber er bedachte mich mit einem derben Fluch und legte auf. Wenn mir noch Zeit dazu bleibt, werde ich es noch einmal versuchen. Dasselbe Theater habe ich schon mit den drei anderen Botschaftsangehörigen durchgezogen, von denen zwei erst nach der Affäre Hernandez in Montevideo eintrafen.

Montevideo
11. September 1964

Die Universität ist immer noch von Demonstranten besetzt, und wir verzeichnen weitere Bombenanschläge: im Büro der OAS, in der Coca-Cola-Fabrik in den Zeitungen, die sich für den Bruch mit Kuba ausgesprochen hatten („El Dia", „El Pais" und „El Plata"), in den Wohnungen von vier Ratsmitgliedern, die für den Bruch stimmten und in einigen Clubs, wo regelmäßig Mitglieder der im Nationalrat vertretenen Fraktionen verkehren, aus denen die Jastimmen hervorgingen. Die Universität ist von der Polizei abgeriegelt worden. Minderjährige durften heraus, und das Rote Kreuz konnte den Besetzern Decken bringen und die hungrigen und erkälteten Studenten ärztlich versorgen. Jeder, der freiwillig herauskommt, wird erkennungsdienstlich behandelt und voraussichtlich festgenommen. Oberst Rodriguez will alle Nichtstudenten unter den 400 Besetzern herausgreifen.
Um hinter Studenten und anderen Demonstranten nicht zurückzustehen, legten heute nachmittag die Angestellten der Städtischen Verkehrsbetriebe für drei Stunden die Arbeit nieder. Die Angestellten der Autobusbetriebe und dezentralisierten Dienste organisierten eine riesige Kundgebung vor dem Parlamentsgebäude. Erneut richtete sich der Protest gegen zu niedrige Subventionsleistungen im geplanten Haushalt.
Bis auf einen habe ich jetzt mit sämtlichen Beamten in der Kubanischen Botschaft gesprochen, aber keiner wollte sich auf ein Treffen mit mir einlassen. Gestern abend wurde ich statt dessen auf eine Tasse Kaffee in die Botschaft eingeladen, aber ich habe dankend abgelehnt, obwohl ein eiskalter Wind durch meine Telefonzelle pfiff. Für alle Fälle fahre ich morgen, wenn

sie abreisen, zum Flughafen. Otero, Piriz und andere Polizeioffiziere werden ebenfalls dortsein, für den Fall, daß sich einer der Kubaner in letzter Minute doch noch zum Bleiben entschließen sollte.

Montevideo
12. September 1964

Heute morgen gaben die Universitätsbesetzer auf. Fingerabdrücke und Fotos wurden gemacht, biographische Daten festgestellt, und dann durften alle, außer 43 Nichtstudenten, die vorläufig festgenommen wurden, nach Hause gehen. Heute nachmittag kamen Tausende hinaus zum Flughafen, um die Kubaner zu verabschieden. Als die Polizei eingriff und die Demonstranten vom Flughafen-Terminal wegzudrängen versuchte, war im Nu wieder eine Straßenschlacht im Gange; diesmal allerdings hatte die Polizei, die wieder berittene Kräfte einsetzte, leichtes Spiel. Trotzdem viele Verletzte auf beiden Seiten.

Die Station Miami hat es aufgegeben, über die uruguayischen Diplomaten Roosen und Goncalves weitere Geheiminformationen aus Earle Perez Freeman herauszubekommen, weil diese Agenten jetzt nach Montevideo zurückkehren müssen. Obwohl die Schweiz die Abwicklung der Belange Uruguays in Kuba übernommen hat, bleibt der Geschäftsträger in Havanna, um eine andere Botschaft ausfindig zu machen, die alle Asylanten — unter ihnen auch Freeman — aufzunehmen bereit ist.

Kaum haben wir es geschafft, die Kubaner hinauszuwerfen, schon versuchen die chinesischen Kommunisten in Uruguay Fuß zu fassen. Gestern teilte der Außenminister einem Reporter mit, daß die ,,Schlitzaugen" angefragt hätten, ob sie eine Handelsmission in Montevideo eröffnen dürften, und daß er persönlich nichts dagegen habe. Holman trug O'Grady auf, sich um diese Angelegenheit zu kümmern, aber, wie im Falle der Brasilianer, bin ich für Einzelheiten verantwortlich, weil wir zur Informationsbeschaffung auf die Geheimpolizei angewiesen sind.

Manuel Pio Correa, neuer brasilianischer Botschafter in Montevideo, wird für Morgen erwartet. Auf seiner Reise hierher hat er demonstrativ einige brasilianische Tuppeneinheiten entlang der Grenze zu Uruguay besucht. Holman will sich schon nächste Woche mit ihm treffen.

Montevideo
16. September 1964

Obwohl unsere Operationen — sei es gegen Kubaner, sei es gegen die hiesigen Gewerkschaften oder aber die Emigranten — auf Hochtouren laufen, haben wir in der Station ein ernstes Problem, das ständig schlimmer wird. In den meisten Stationen ist man Tag für Tag derartig eingespannt in die täglich massenhaft anfallende Arbeit, daß für Rivalitäten keine Zeit und Energie bleibt. In unserem Falle aber heißt das Problem Holman, und das betrifft jeden.
Holman erwartet von allen Stationsbeamten in ihrem jeweiligen Tätigkeitsbereich hervorragende Leistungen. Er selbst allerdings strengt sich nicht gerade an, gewissermaßen als Vorbild einer derartigen Arbeitsmoral aufzutreten. Außerdem hält er sich seine Favoriten; im Augenblick hat mich dieses Schicksal getroffen: mehrmals pro Woche lädt er mich zum Mittagessen ein und besteht darauf, daß ich Samstag nachmittags mit seiner Clique im Cerro-Club Golf spiele, obwohl ich mehrfach ausdrücklich gesagt habe, derartige Vergnügungen seien nicht mein Fall. Sind wir allein, spricht er abschätzig über die anderen Stationsbeamten, insbesondere O'Grady, Phipps und Zeffer. O'Grady hat sich mit der Zeit, angesichts der dauernden Sticheleien Holmans, in ein richtiges Nervenbündel verwandelt. Er ist sich sogar sicher, daß Holman der Grund für seine sich in letzter Zeit bemerkbar machenden Allergien ist.

Montevideo
25. September 1964

Bei unseren Nachforschungen betreffs der Einrichtung einer chinesischen Handelsmission fanden wir heraus, daß die Erlaubnis nicht die Chinesen, sondern die Nordkoreaner betrifft, die soeben eintrafen und ihre Mission in derselben Straße, wo sich auch die Sowjetische Botschaft befindet, aufschlagen. Holman fragte beim Innenministerium an, was zu tun sei, um einen dauerhaften Aufenthalt der Nordkoraner in Uruguay zu verhindern, aber Tejera reagierte offenbar ausweichend. Im Hauptquartier erwartet man von uns ein Programm, um die Koreaner so schnell wie möglich wieder loszuwerden.
Bei unseren ansonsten ziemlich stagnierenden Studentenoperationen tut sich etwas. Eine neue Zeitschrift, die sich gleicher-

maßen an Studenten wie Besucher der höheren Schulen wendet, soll demnächst erscheinen: sie wird „Combate" heißen und von Alberto Roca herausgegeben werden. Am Alfredo-Vazquez-Acevedo-Institut — die wichtigste der höheren Schulen, weil sie an die Universität angeschlossen ist — hat der von der Station gelenkte Studentenverband zum fünften Male hintereinander die FEUU-Kandidaten geschlagen. Früher oder später wird sich der Erfolg dieser „Association of Preparatory Students" auch bei der FEUU auswirken.

Montevideo
29. September 1964

Heute morgen schwirrten wieder einmal Gerüchte durch Montevideo, die ranghöchsten Blanco-Militärs wollten nun doch putschen. Ursache des ganzen Geredes ist ein Abendessen, das gestern Juan Jose Gari, langjähriger Stationsagent bei den „Ruralistas" und Präsident der Hypothekenbank, zu Ehren von Mario Aguerrondo, dem ehemaligen Polizeichef von Montevideo, gab, der soeben vom Oberst zum General befördert wurde. Unter den Gästen befand sich, neben anderen führenden Ruralistas auch, vom Verteidigungsminister abwärts, die gesamte militärische Führung. Holman erkundigte sich bei Gari und Innenminister Adolfo Terera, was an den Gerüchten Wahres dran sei; ich tat dasselbe bei Roberto Ramirez, dem Chef der Guardia Metropolitana, der auch zu den geladenen Gästen zählte. Das Abendessen war schlicht eine Ehrung für Aguerrondo, aber die Gerüchte — völlig aus der Luft gegriffen, wie sie sind — offenbaren die allgemeine Nervosität, das Militär könnte angesichts des wachsenden PCU-Einflusses auf die Gewerkschaften und der gleichzeitigen Unschlüssigkeit auf seiten der Regierung, jederzeit losschlagen.

Holman meint, daß Innenminster Tejera im Prinzip mit der Einrichtung einer AID-Mission für öffentliche Sicherheit einverstanden sei. Oberst Rodriguez, der Polizeichef, drängt schon seit Monaten auf dieses Hilfsprogramm, aber Tejera zögerte bislang angesichts des delikaten Problems einer offenen Zusammenarbeit zwischen Ausländern und Polizei. Daß er jetzt plötzlich seine Meinung geändert hat, ist kein Wunder, denn vor der Budgetkommission des Abgeordnetenhauses mußte er kürzlich zugeben, daß sein Ministerium mittlerweile nicht einmal mehr über genügend Geldmittel verfüge, um Papier zu kaufen,

daß es der Polizei an Uniformen, Waffen, Fahrzeugen und Funkgeräten und der Feuerwehr an Schläuchen, Chemikalien, Löschzügen, kurz, an allem fehle.
Bei der AVALANCHE-Geheimpolizei sieht es kaum besser aus, was den Kampf gegen den politischen Terror anbetrifft. Zweifellos hatte bei den Bomben, die im Zusammenhang mit der Ausweisung der Kubaner explodierten, die Gruppe um Raul Sendic ihre Hand im Spiel. Vergangenen März kehrte Sendic aus seinem argentinischen Versteck, wohin er seit einem Waffendiebstahl in Colonia verschwunden war, wieder zurück. Er landete mit einem kleinen Flugzeug in der Nähe Montevideos, aber als die Polizei ihn entdeckte, lief er einfach davon und entkam in einem wartenden Lieferwagen. Bald darauf wurden aus einem Steinbruch 400 Dynamitstäbe und bei anderen Gelegenheiten Zündschnüre und -kappen gestohlen. Alles, was die Polizei herausfand, war, daß die Diebstähle vermutlich auf das Konto der Sendic-Bande gingen.
Mit der Polizei ist es wie mit den Gewerkschaften: wir müssen am Nullpunkt beginnen und habe n noch einen endlosen vor uns; Ausbildung, Ausrüstung, Geld und, vor allem, viel, viel Geduld.

Montevideo
17. Oktober 1964

Kommissar Otero führte einen erfolgreichen Schlag gegen die Sendic-Gruppe. Zwei führende Mitglieder, Jorge Manera, Ingenieur bei der Staatlichen Elektrizitätsgesellschaft und Julio Marenales, Professor an der Kunsthochschule, wurden verhaftet, als sie eine Bank überfallen wollten. Sie gaben zu, daß sie mit ihrer Aktion den Zuckerrohrarbeitern von Bella Union helfen wollten und daß die Kunsthochschule ihr Aktionszentrum sei. Die Polizei beschlagnahmte Waffen und sucht nach zwei weiteren Bandenmitgliedern. Otero hat mit dieser Aktion eine wichtige Spur gefunden, denn die Sendic-Bande operiert als einzige bewaffnete Gruppe dieser Art in Uruguay. Wenn er seine Verhöre schlau anfängt, dann könnten wir möglicherweise schon bald Anwerbungsoperationen gegen die Gruppe starten. Bislang blieben die Terroristen stets im Untergrund.
Die Regierung hat zugegeben, daß sie ihren Angestellten den Lohn für September nicht habe ausbezahlen können. Die Kassen seien leer. Selbst Polizei und Armee, die, was die Entloh-

nung anbetrifft, bisher stets bevorzugte Behandlung genossen, sahen keinen einzigen Peso. Dennoch hat der Nationalrat soeben einer 30 %igen Lohnerhöhung für die Angestellten der Staatlichen Telefon-, Elektrizitäts- und Erdölmonopole zugestimmt.

**Montevideo
25. Oktober 1964**

Perez Freeman ist tot. Er wurde erschossen, als er versuchte, aus der Uruguayischen Botschaft in Havanna zu entkommen. Laut Kabelbericht von heute morgen versuchte er, den uruguayischen Geschäftsträger, der immer noch Botschaften in Havanna sucht, die bereit wären, die Asylanten der Uruguayer aufzunehmen, als Geisel zu nehmen. Die Station Miami will versuchen, weitere Einzelheiten zu erfahren; hätte sich die Station Mexico City im Januar bei Freemans erstem Absprungversuch nicht so haarsträubend ungeschickt angestellt, dann hätten wir jetzt seine geheimen Informationen, und Perez könnte sich in Miami in der Sonne aalen.

**Montevideo
31. Oktober 1964**

Uber die Affäre Perez Freeman erhielt das Außenministerium ein Telegramm aus Havanna – wie es heißt das längste, das jemals eingegangen ist, nämlich ungefähr 1 300 kodierte Einheiten, die aus der ehemaligen Botschaft Uruguays nach Washington gelangten. Das Außenministerium erklärte sich aus technischen Gründen außerstande, das gigantische Schreiben zu dekodieren – es ist ihnen vermutlich einfach zu anstrengend –, und deshalb rief der Außenminister in Havanna beim ehemaligen Geschäftsträger Uruguays an, um sich die ganze Geschichte mündlich erzählen zu lassen: Perez Freeman habe – so der Geschäftsträger – ihn als Geisel genommen und versucht, an der Spitze einer aus vier weiteren Asylanten bestehenden Gruppe im Auto des Botschafters zu fliehen. Kubanische Sicherheitskräfte hätten die Verfolgung aufgenommen. Als schließlich eine Straßensperre die Weiterfahrt unmöglich gemacht habe, sei Perez Freeman aus dem Auto gesprungen und habe versucht wegzulaufen, sei dabei jedoch im Kugelhagel der Kubaner umgekommen. Die anderen habe man auf der Stelle in jene

Festung gebracht, wo gewöhnlich die Hinrichtungen stattfinden. Ich bat die Station Miami, sich um die Bestätigung dieses Berichts zu kümmern.

Hernan Siles Zuazo, ehemaliger bolivianischer Präsident, wurde als Kopf einer Verschwörung gegen den Präsidenten Victor Paz Estenssoro entlarvt und aus Bolivien ausgewiesen. Er ist jetzt wieder in Montevideo, und wir sollen seine Schritte überwachen und alles berichten, was darauf schließen läßt, daß er heimlich nach Bolivien zurückzukehren beabsichtigt. Paz Estenssoro steckt augenblicklich in erheblichen Schwierigkeiten, und die Station La Laz möchte auf jeden Fall vermeiden, daß sich auch noch Siles einmischt. Holman trifft sich weiterhin mit Arce, um Einzelheiten mitzuteilen, die wir über unsere Verbindung mit der Geheimpolizei erhalten haben. Gestern gab Arce eine Pressekonferenz und versicherte, die gegenwärtige Rebellion gegen Paz Estenssoro sei kommunistisch gesteuert und zum Scheitern verurteilt. Präsident Paz genieße das Vertrauen des bolivianischen Volkes. Die gegen Paz agitierende Minderheit sei ein winziges Häuflein. Notfalls könne man sie allesamt in einem einzigen Autobus außer Landes verfrachten.

Montevideo
6. November 1964

Präsident Paz Estenssoro wurde vom Militär gestürzt und erhielt die Erlaubnis, das Land zu verlassen. Botschafter Arce ist zurückgetreten und beabsichtigt fürs erste in Montevideo zu bleiben. Expräsident Siles dagegen packt seine Koffer und kehrt in ein paar Tagen nach Bolivien zurück. Holman ist nicht besonders glücklich, denn Gerüchten zufoge hat auch Paz Estenssoro die Absicht geäußert, künftig in Montevideo zu bleiben; die bolivianischen Emigranten geben sich die Türklinke in die Hand, aber wir sitzen hier, und müssen sie dauernd beschatten!

Montevideo
2. Dezember 1964

Bei ihrer Überprüfung der Flugreservierungen ist der National Security Agency aufgefallen, daß der Manager des SAS-Büros Montevideo, Danilo Trelles, beauftragt ist, an Reisende aus mehreren lateinamerikanischen Ländern im voraus bezahlte Tickets für SAS-Flüge auszugeben. Diese Flüge starten mehrmals wöchentlich in Santiago de Chile und enden, nach einer Reihe von Zwischenlandungen, regelmäßig in Prag. Die vorausbezahlten Tickets fordert das Prager Büro der „Cubana" für Südamerikaner an, die nach Kuba fliegen wollen. Weil auf den Tickets kein Name erscheint, kann Trelles sie den Reisenden aushändigen, ohne daß deren Identität preisgegeben wird. Wir müssen nun herausfinden, auf welchem Wege Trelles Namen und Adresse der Reisenden erhält. Eine Möglichkeit wäre entweder die sowjetische oder die tschechische Botschaft, die beide häufig von Trelles Assistentin, Flora Papo, besucht werden. Sie erledigt die Einzelheiten der Reiseerleichterungen, die die SAS den Ostblockdiplomaten gewährt. Das AVENIN-Beschattungsteam hat bereits reichlich kompromittierende Details über sie in Erfahrung gebracht.

Mit Hilfe einer neuen Leitung unserer AVENGEFUL-Lauschaktion können wir die Telefone der kubanischen Nachrichtenagentur „Prensa Latina" abhören. Unsere Vermutungen, daß seit dem Abbruch der diplomatischen Beziehungen „Prensa Latina" als Geheimdienststelle eingesprungen ist, scheinen sich zu bestätigen. Monatlich wird das Büro mit etwa 5.000 Dollar subventioniert, die der Bank of London and Montreal in Montevideo von der Bank of Canada überwiesen werden. Allerdings geben die Kubaner nur etwa die Hälfte davon für die Belange der Nachrichtenagentur aus. Beim Hauptquartier läuft augenblicklich die Überprüfung eines Assistant-Managers der Bank of London and Montreal, den ich bereits vor längerer Zeit kennenlernte und anwerben könnte. Er soll uns die Schecks besorgen, die auf das „Prensa-Latina"-Konto gezogen werden, denn wir sind sehr interessiert zu erfahren, wer die andere Hälfte der 5.000 Dollar erhält. Im Augenblick können wir lediglich vermuten, daß es sich um geheimdienstliche Operationen handelt.

Ein neuer Einsatzbeamter steht für Operationen gegen die Kommunistische Partei Uruguays bereit: Bob Riefe ist im Besitz eines Doktortitels und war bislang ausschließlich als Ausbilder tätig. Irgendwie hat er es jetzt geschafft, auf das vom Trainingsbüro ausgearbeitete „Programm für Praxiserfahrung" zu gelangen und vom DDP angefordert zu werden. Schon vor einigen Jahren sollte er in einer WH-Station eingesetzt werden, aber damals verhinderte ein Herzanfall seine Einstellung. Ich hoffe, daß ich Riefe dazu überreden kann, sich des Chauffeurs der Kubanischen Botschaft, AVBARON-1 anzunehmen, den

ich seit der Abreise der Kubaner vergeblich für eine erneute Mitarbeit in der PCU zu gewinnen versucht habe.
Riefes Vorgänger, Paul Burns, kehrt ziemlich desillusioniert nach Washington zurück. Vier Jahre hat er sich mit der PCU-Arbeit herumgeschlagen, ohne jemals einen Infiltrationsagenten in das innerparteiliche Machtzentrum eingeschleust zu haben. Während der letzten Monate war er fast pausenlos mit den AVPEARL-Wanzen im Konferenzzimmer der Parteizentrale beschäftigt. Vor einigen Monaten trafen die präparierten Steckdosen aus dem Hauptquartier ein. Als aber AVCAVE-1, unser für die Installation verantwortlicher PCU-Agent, auf seiner nächsten Wachrunde die Steckdosen vertauschen wollte, bemerkte er, daß die Farbtönung nicht ganz mit den Originalen übereinstimmte. Er nahm sie also wieder mit, und in der Station kümmerte sich Frank Sherno um ihre Ausbesserung. Sherno ist Techniker beim TSD und soll in der Station Buenos Aires ein Zweigarsenal für technische Ausrüstung aufbauen, von dem auch Uruguay, Argentinien und Chile profitieren sollen; das vereinfacht den Service enorm, denn bisher befand sich das nächste Ausrüstungslager in Panama.
Endlich fanden wir auch einen Horchposten für die AVPEARL-Operation: ein winziges Apartment in einem Wohnblock hinter der PCU-Zentrale, wo wir die über das Stromnetz gesendeten Impulse auffangen können. Vor dem nächsten Wachrundgang für AVCAVE-1 kam Sherno noch einmal von Buenos Aires herüber, und AVCAVE-1 schaffte es auch tatsächlich, unsere Steckdosen anzubringen. Sherno saß währenddessen im Horchposten und testete mit Hilfe eines Senders die Schalter in der Steckdose (zwei verschieden Frequenzen für „ein" und „aus"). AVCAVE-1 vertauschte die Steckdosen allerdings noch einmal, weil wir keinen Weg finden konnten, über den Sherno ihm an Ort und Stelle ein Zeichen hätten geben können, ob die Wanzen funktionieren oder nicht.
Der ganze Test war ziemlich riskant, sowohl für Sherno wie auch für den Agenten. Die Wachen in der PCU-Zentrale sind immer zu zweit unterwegs, und AVCAVE-1 mußte sich irgendeinen Vorwand ausdenken, um für eine Weile ungestört im Konferenzzimmer arbeiten zu können. Sherno samt Empfangsgerät und Sender zum Horchposten zu schleusen, war auch nicht ungefährlich, denn um die PCU-Zentrale herum leben fast ausschließlich Parteimitglieder, die allen Fremden gegenüber sehr mißtrauisch sind, aber irgendwie schafften es schließlich alle beide, unentdeckt zu verschwinden. Jetzt will sich

Riefe nach einer ständigen Besatzung für den Horchposten umsehen, und AVCAVE-1 muß die Steckdosen endgültig installieren. Sherno meint, die Signale seien augezeichnet zu empfangen gewesen.

**Montevideo
4. Dezember 1964**

Der brasilianische Botschafter Pio Correa hat großen Krach wegen zweier ehemaliger Goulart-Minister geschlagen, die im Augenblick in Montevideo im Exil leben: Max Da Costa und Almino Alfonso. Innenminister Tejera machte dem Nationalrat vor zehn Tagen den Vorschlag, die beiden auszuweisen, denn sie sind in der Tat illegal eingewandert. Eine Woche später freilich verkündete der Außenminister, sie könnten in Uruguay bleiben, denn laut Innenministerium seien ihre Papiere völlig in Ordnung. Pio Correa tobt und hat in einer weiteren Eingabe noch einmal ihre Ausweisung und außerdem die Internierung von Lionel Brizola gefordert. Seinen Informationen zufolge stünden Brizola für Kurierflüge von und nach Brasilien jederzeit mehrere Sportflugzeuge zur Verfügung. Holman meint, Pio werde die Uruguayer so lange mit Protestnoten bombardieren, bis Brizola entweder das Land verlassen hat oder interniert wird, und bis auch im Fall Alfonso da Costa die Regierung im brasilianischen Sinne entschieden hat.

**Montevideo
18. Dezember 1964**

Bei ihren Bemühungen, den linksnationalistischen Premier Cheddi Jagan, einen erklärten Marxisten, zu stürzen, verzeichnet die Station Georgetown in Britisch Guayana einen weiteren Erfolg. Bei den Wahlen verlor Jagans Partei, die sich vor allem auf die in Guayana lebenden Inder stützt, vor ein paar Tagen ihre parlamentarische Mehrheit, und die Koalition mit der Partei der Schwarzen und einer anderen Splittergruppe brach auseinander. Der neue Premierminister Forbes Burnham gilt als gemäßigt, und sein Amtsantritt zerstreut fürs erste alle Befürchtungen, Britisch Guayana könnte sich zu einem zweiten Kuba entwickeln. Der Sieg geht nicht zuletzt auf das Konto der während der vergangenen fünf Jahre gelaufenen CIA-Operationen.

Die Station versuchte erfolgreich den gegen Jagan eingestellten Gewerkschaften den Rücken zu stärken, und sie bediente sich dafür meist der „Public Service International", die als getarnter Fonds zur Finanzierung der Streiks im öffentlichen Dienst herangezogen wurde. Jagan hat die Wahl angefochten. Anfang des Jahres noch hatte er Gene Meakins, einen unserer wichtigsten Gewerkschaftsagenten bei den Operationen in Guayana, ausgewiesen – ohne Erfolg, wie man sieht.

Montevideo
25. Dezember 1964

Ich schaute kurz bei O'Grady herein, um ein frohes Fest zu wünschen, aber statt dessen saßen wir kurz darauf zusammen und lamentierten über Holmans neueste Eskapaden: vor einigen Tagen gab das Ehepaar O'Grady eine Cocktailparty mit kaltem Buffet als Willkommensempfang für Bob Riefe. Holman nahm ein paar Drinks zuviel und wurde schließlich ausfallend gegen O'Grady, Riefe und dessen Frau. Es war schrecklich peinlich, und O'Grady leidet seitdem wieder unter seinen Allergien, obwohl jeder weiß, daß Holman früher oder später verschwindet. Im Hauptquartier jedenfalls sind offensichtlich bestimmte Kreise mit der Station Montevideo überhaupt nicht zufrieden, vor allem was die Unterwanderung der Kommunisten anbetrifft; Holman wird in einem halben Jahr nach Guatemala versetzt; als Nachfolger steht schon jetzt John Horton fest, der aus der Fernost-Abteilung zur Western Hemisphere stieß – wie so viele nach der gescheiterten Schweinebucht-Invasion. Holman erhielt vor ein paar Tagen die offizielle Benachrichtigung, aber sein Gönner, Ray Herbert, der stellvertretende WH-Chef, hatte ihn schon länger darauf vorbereitet. Herbert ist es auch, bei dem Holman sich bedanken kann, daß er überhaupt noch einmal eine Chance erhält.

Montevideo
15. Januar 1965

Pio Correa hat sich jetzt persönlich beim Präsidenten des Nationalrats beschwert, damit, nach 14 vergeblichen Anläufen, endlich etwas gegen die brasilianischen Emigranten unternommen wird, aber trotz einiger Noten aus dem Außenministerium gibt es immer noch Widerstände auf uruguayischer Seite. In der Zwischenzeit heizt die brasilianische Presse — vermutlich auf offizielle Veranlassung — mit Spekulationen über den angeblich bevorstehenden Abbruch der Beziehungen mit Uruguay und über Boykottmaßnahmen das sowieso schon gespannte Klima weiter an, obwohl die Außenminister beider Länder sofort dementierten. Im Nationalrat forderte ein Ratsmitglied aus den Reihen der Colorados den Rücktritt des Außenministers wegen erwiesener Unfähigkeit in der diplomatischen Behandlung Brasiliens. Damit nicht genug, explodierte vor ein paar Tagen auch noch eine Bombe in der Handelsabteilung der Brasilianischen Botschaft. Der Schaden hielt sich zwar in Grenzen, weil die Bombe schlecht plaziert war, aber ganz in der Nähe stand auf einer Mauer der Name „Tupamaros", der schon im Zusammenhang mit früheren Anschlägen aufgetaucht war. Kommissar Otero von der Geheimpolizei versucht herauszufinden, um wen es sich bei diesen Leuten handelt. Seine Vermutungen kreisen um die Sendic-Gruppe. Raul Sendic, der sozialistische Revolutionär, könnte bereits wieder in Uruguay sein, nachdem er kürzlich in einer argentinischen Grenzstadt wegen Schmuggelei verhaftet, bald darauf jedoch wieder freigelassen worden war. Die Hilflosigkeit, mit der wir diesen Anschlägen zuschauen müssen, illustriert den Unterschied zwischen guter und schlechter Unterwanderung revolutionärer Gruppen. In Ecuador wäre eine derartige Bande längst aufgerieben worden. Riefe allerdings nimmt die Anschläge nicht besonders ernst und konzentriert sich ganz auf den reformistischen PCU-Flügel.

Montevideo
4. Februar 1965

Holman bat mich, die volle Verantwortung für die Botschaften der kommunistischen Satellitenstaaten zu übernehmen: Tschechoslowakei, Rumänien, Bulgarien, Polen und Jugoslawien. Wir kümmern uns nicht allzu intensiv um sie, denn die CIA verfügt über genügend Agenten, die auf höchster Ebene in diese Länder eingeschleust wurden und deren erfolgreiche Arbeit das mühsame Aussuchen und Anwerben von Kontaktagenten gegen diplomatische Vertretungen der Ostblockländer im Ausland erübrigt.

Letzte Woche besuchte ich zum ersten Mal den Horchposten für die AVENGEFUL-Telefonüberwachung im Polizeipräsidium und nahm gleich einen TSD-Techniker mit, der die Ausrüstung überprüfen und eventuell auf den neuesten Stand bringen soll. Aus den Akten ging nicht hervor, wann das letzte Mal ein Stationsbeamter dort war; es ist wahrscheinlich schon Jahre her. Der Horchposten liegt über dem Büro des stellvertretenden Polizeichefs auf derselben Etage wie die von Kommissar Otero geleitete Geheimdienst- und Verbindungsabteilung, die I- und E-Abteilung, ist aber von dieser durch eine verschlossene Stahltür getrennt. Normalerweise erreicht man den Horchposten von der Tiefgarage aus mit dem Fahrstuhl, für den man einen besonderen Schlüssel benötigt. Auf demselben Flur wie der Horchposten liegen noch ein paar Räume, wo sich angeblich der Polizeichef und seine Stellvertreter ausruhen.

De Anda, Torres, die Techniker und die Besatzung arbeiten vorbildlich, und die Ausrüstung funktioniert ausgezeichnet. Es gibt aber Probleme mit der Hitze, die von den Tonbandgeräten ausstrahlt und die Luft im Horchposten fast unerträglich macht. Ich versprach eine Klimaanlage zu besorgen, die die Horchpostenbesatzung entweder bei dem kleineren Fenster zum Flur anbringen könnte, oder aber sie müssen noch eine Öffnung in die Mauer brechen, denn das Fenster zum Flur ist das einzige – die Sicherheitsbedingungen sind optimal, aber man kann im Horchposten kaum nach Luft schnappen.

Montevideo
7. Februar 1965

Unsere Ermittlungen gegen „Prensa Latina" werden immer interessanter: die Anwerbung meines Freundes bei der Bank of London and Montreal verschob sich zwar zunächst noch etwas, weil der Geheimdienstchef seines Landes erst noch mit ihm und seinem Direktor – den ich vom Cerro-Golfclub her kenne – sprechen mußte, aber jetzt klappt die Verbindung, und ich habe damit begonnen, das Finanzgebaren der Kubaner zu überprüfen. Bisher wurde noch kein einziger Scheck präsentiert, der auf das Konto der „Presa Latina" in Uruguay gezogen wurde, und daraus ist leicht ersichtlich, daß die Kubaner nur in bar bezahlen. Die Ausgaben für die unmittelbaren Belange der Nachrichtenagentur belaufen sich nach wie vor lediglich auf die Hälfte der 5.000 Dollar, die monatlich auf das Konto überwiesen werden. Der Rest wird also ganz offensichtlich für „sachfremde" Zwecke verwendet. Als nächsten Schritt werden wir anhand von Untersuchungen der Rechenschaftsberichte der „Prensa Latina" in den Akten des Finanzministeriums überprüfen, ob wir einen Grund finden, um das Büro wegen betrügerischer Unregelmäßigkeit bei der Abwicklung seiner Finanzen zu schließen.

Montevideo
11. Februar 1965

Nachdem der Nationalrat endlich seine Zustimmung gegeben hat, kann Brizola interniert werden. Um dieses Ziel zu erreichen, mußte Pio Correa seine ganze Energie und Hartnäckigkeit in die Waagschale werfen. Trotzdem bestand der Nationalrat in seiner typischen Sturheit darauf, daß Brizola sich die Stadt, wo er interniert wird, selbst aussuchen dürfe. Außer in Montevideo kann er sich in jeder Stadt niederlassen, die mindestens 300 km von der brasilianischen Grenze entfernt liegt.
Für unsere geplante AID-Mission für Öffentliche Sicherheit hat Holman endlich die Zustimmung von Innenminister Tejera. Der Chef der Abteilung für Öffentliche Sicherheit befindet sich schon seit letztem Monat in Uruguay. Wir wollen erst einmal keinen Beamten der Station für die Mission bereitstellen, und nach wie vor erledige ich alles, was mit der Geheimpolizei zusammenhängt. Wenn das Hilfsprogramm der Mission (Fahrzeuge, Waffen, Funkausrüstung, Ausbildung) erst einmal richtig in Schwung gekommen ist, stellen wir einen Beamten zur Verfügung, der sich full time der Zusammenarbeit mit Kommissar Oteros Geheimdienstabteilung widmen kann.
Schon wieder Streiks. Montevideos Busfahrer verlangen die Zahlung ihrer Gehälter und Sozialbeihilfen, die Hafenarbeiter wollen endlich ihr Weihnachtsgeld haben, und die Angestellten der städtischen Verwaltung schließlich möchten nicht länger auf ihre rückwirkend fälligen Sondervergütungen warten. Die Inflation erreichte 1964 fast die 45%-Marge und steigt mittlerweile um monatlich 3 %. Die Blancos wollen eine weitere Abwertung des Peso durchdrücken, der inzwischen dem Dollar gegenüber in einem Verhältnis von 30 : 1 steht.

Montevideo
18. März 1965

Washington Beltran, der neue Präsident des Nationalrats, hatte trotz der Karnevalsablenkungen mit der Unruhe unter den Gewerkschaften alle Hände voll zu tun: die Eisenbahner streiken für rückwirkend für 1964 gültige Lohnerhöhungen; weder in Montevideo, noch sonst in Uruguay, fahren irgendwelche Busse, weil die Fahrer ihre fälligen Löhne und Sondervergütungen verlangen. In den öffentlichen und privaten Kliniken herrscht akuter Notstand, weil das Dienstpersonal die Ausbezahlung der Januarlöhne verlangt.
In der Station versuchen wir so gut wie es geht, unsere rebellischen Gefühle Holman gegenüber zu zügeln. Bob Riefe hat sich angewöhnt, beim Vorlesen der täglichen Hiobsbotschaften über die haarsträubende Mißwirtschaft der Regierung regelmäßig in schallendes Gelächter oder verächtliches Gewieher auszubrechen. Er hat für die Streiks und Agitationskampagnen der Zielgruppen, die er eigentlich überwachen soll, volles Verständnis, und den anderen Beamten geht es kaum anders, wenn auch aus unterschiedlichen Gründen. Wir beobachten mit Sorge, daß bei dem permanenten, gegenseitigen, egoistischen Parteiengezänk die Reformen (vor allem Steuer- und Landreformen) völlig auf der Strecke bleiben, Reformen, die dringend nötig sind, wenn sich das Land überhaupt jemals noch erholen soll.
Russ Phipps, der neben mir über seinen Beschattungs-und-Observations-Berichten, Telefonprotokollen und ähnlichem brütet, murmelt von Zeit zu Zeit, man solle nicht der PCU, sondern am besten gleich den Sowjets selbst eine Chance geben, das Land wieder in Ordnung zu bringen.

Montevideo
31. März 1965

Die AVPEARL-Operation im Konferenzzimmer der PCU-Zentrale kann demnächst anlaufen. AVCAVE-1 hat auf einer seiner Wachrunden unsere präparierten Steckdosen endgültig montiert, und der letzte Test, den Frank Sherno im Horchposten durchführte, verlief ebenfalls positiv. Jetzt müßten wir nur noch jemanden finden, der die Instrumente im Horchposten zuverlässig überwacht, die Sitzungen in der PCU-Zentrale aufzeichnet und sie am besten auch gleich protokolliert. Diese letzte Aufgabe jedoch wird erst einmal AVENGEFUL-5 übernehmen, der durch seine Arbeit als Protokollant der abgehörten Telefongespräche, die in der Parteizentrale geführt werden, bereits mit den Namen und Stimmen der Funktionäre vertraut ist.

**Montevideo
6. April 1965**

Der Aufruf zum heutigen Generalstreik wurde sehr diszipliniert befolgt. In Oteros Büro schätzt man, daß sich bis zu 90 % der organisierten Arbeiter im Ausstand befinden. Die Regierungsämter sind wie ausgestorben, Restaurants geschlossen, es gibt keine Zeitungen, Busse und Taxis fahren nicht. Der Protest richtet sich wiederum gegen die gesamte Wirtschaftspolitik der Regierung. Gewalttätige Ausschreitungen wurden bislang nicht gemeldet, obwohl riesige Demonstrationszüge durch Montevideo marschierten und die skandierten Slogans sehr aggressiv klangen. Auf Kundgebungen riefen die Redner nach radikalen Lösungen für die Probleme des Landes — Lösungen, die sich auf jeden Fall gegen die privilegierten Klassen richten würden, und in der Tat sind dort die meisten Ursachen für Uruguays Misere zu finden. Ein Blick in die Statistik macht die Empörung der Leute verständlich: aus Studien der OAS ging kürzlich hervor, daß Uruguays Inflationsrate zwischen 1962 und 1964 auf 59,7 % kletterte — damit liegt das Land hinter Chile (36,6 %), Argentinien (24,4 %) und sogar Brasilien (58,4 %) zurück.

Holman besteht darauf, ich solle meine Kontakte mit führenden Politikern ausweiten, aber ich verspüre wenig Lust dazu. Selbst einmal angenommen, unsere politischen Operationen würden denselben Wirkungsgrad wie in Ecuador erzielen, wir hätten dann lediglich ein Instrument zur Hand, um den Einfluß von PCU, CNT und anderen Linksextremisten zurückzudrängen. Was das Land aber mehr denn je benötigt, sind geeignete Maßnahmen zur besseren Nutzung des Bodens, um den Export anzukurbeln und neue Arbeitsplätze zu schaffen. Ohne eine Landreform jedoch wird es dazu niemals kommen. Wenn ein politisches Operationsprogramm erstellt würde, das sowohl die Zurückdrängung der Linken als auch Impulse für eine durchgreifende Bodenreform beinhalten würde, dann ließe sich darüber reden. Aber die einheimischen Politiker haben alles andere als durchgreifende Reformen im Kopf.

**Montevideo
25. April 1965**

Im Augenblick spricht alles über den Zusammenbruch einer der größten Banken Uruguays, die jetzt von der Staatsbank übernommen wurde. Gedämpfte Panik ist die Folge, weil allgemein erwartet wird, daß weitere Banken schließen müssen. Das wäre an sich durchaus wünschenswert, denn, obwohl die regierungseigenen Kreditinstitute etwa 65 % des Handels abwickeln, gibt es im kleinen Uruguay über 50 Privatbanken. Im Zusammenhang mit dem Bankenkrach soll Inspektor Piriz die Ermittlungen führen. Bislang wurden elf Direktoren und leitende Angestellte verhaftet. Heute mußte die Staatsbank zwei weitere bankrotte Kreditinstitute übernehmen. Weil man einen Ansturm verängstigter Kunden befürchtet, schickten alle Privatbanken ihre Angestellten erst einmal in die Ferien und schlossen.

**Montevideo
28. April 1965**

Die Argumente, mit denen die Invasion in der Dominikanischen Republik gerechtfertigt werden sollen, leuchten mir überhaupt nicht ein. Bosch wurde 1962 mit den Stimmen der Landbevölkerung gewählt, die Sacha Volmann mobilisiert hatte. Volmann hatte bereits früher in Costa Rica ein Institut für politische Bildung aufgebaut (Tarnbezeichnung ZREAGER), wo wir junge hoffnungsvolle Talente aus den Reihen des liberalen Nachwuchses hinschicken.
Bosch entstammt demselben politischen Hintergrund wie Munoz Marin, Betancourt und Haya de la Torre. Er steht für eine Politik der sozialen Integration und der Einkommensumverteilung auf dem Wege von Reformen. Nach nur sieben Monaten jagte ihn 1963 die rechte Opposition aus dem Amt. Ihr waren seine Pläne zur Landreform und zu einer nationalistischen Wirtschaftspolitik stets verhaßt. Ihr Eingreifen machte Boschs Vorstellungen von einer Integration der marginalisierten Massen und von einer allmählichen wirtschaftlichen

Schwerpunktverlagerung von Industrie und Zuckerrohrmonokultur auf Erziehungs- und Sozialprojekte zunichte. Jetzt, wo die Konstitutionalisten wieder an der Macht waren und Bosch einsetzen wollten, schickten wir die ,,Marines", um Boschs Rückkehr auf den Präsidentensessel zu verhindern. Niemand glaubt ernsthaft den Beteuerungen Johnsons, in Santo Domingo sei eine Revolution kubanischen Zuschnitts im Gange gewesen. Es waren sicherlich andere Gründe im Spiel – in Washington wollte man es vermutlich einfach nicht wahrhaben, daß Bosch eine zweite Chance erhalten sollte. Hier in Uruguay hat auch niemand Verständnis für die Invasion. Für die Leute hier repräsentierte Bosch genau jene liberale Reformpolitik, die Uruguay einst die Stabilität seiner integrierten Gesellschaft bescherte. Schon jetzt beginnen antiamerikanische Demonstrationen. Es ist zum Heulen, AVBUZZ-1 macht sich völlig lächerlich mit seinen Versuchen, Washington-freundliche Propaganda zu lancieren. Im Hauptquartier bestehen sie darauf, wir müßten die Invasion propagandistisch rechtfertigen, weil sonst Lebensgefahr für die Amerikaner und anderen Ausländer bestünde und die Bewegung der Konstitutionalisten weiter von den Kommunisten unterwandert werden könnte.

**Montevideo
4. Mai 1965**

Das Hauptquartier schickte 50 Einsatzbeamte in die Dominikanische Republik, die in den ländlichen Regionen Horchposten besetzen sollen, um von dort aus über Unterstützung, die die Caamano-Leute aus Kreisen der Bevölkerung erhalten, zu berichten. Funker und Ausrüstung werden gleich mitgeschickt, damit die Einsatzbeamten stets mit dem Hauptquartier in direkter Verbindung bleiben können. Alle WH-Stationen wurden angewiesen, Beamte bereitzustellen, die sofort reisen sollen, aber Holman will mich nicht gehen lassen, weil er dann mehr Arbeit hätte. Ich wäre gern gefahren, um mir alles aus der Nähe anzusehen. Daß die Konstitutionalisten angeblich von den Kommunisten unterwandert worden sind, ist natürlich dummes Zeug. Und dann erst diese Johnsondoktrin! ,,Revolutionen, deren Ziel die Errichtung einer kommunistischen Regierung ist, sind nicht länger als innere Angelegenheiten des jeweiligen Landes zu betrachten. Sie berühren die Interessen der gesamten westlichen Hemisphäre; entsprechende Maßnahmen sind geboten."

Welch ein aufgeblasener Quatsch! Sie fürchteten schlicht Boschs Rückkehr – und „sie", das ist niemand anders als die amerikanische Zuckerlobby.
Hier gehen die Protestdemonstrationen gegen die Invasion unvermindert weiter. Ein paarmal kam es zu Ausschreitungen. Angegriffen wurden die US-Botschaft, das OAS-Büro und US-Firmen. Heute wurden vier Demonstranten durch Schüsse verletzt, als die Polizei im Anschluß an eine Kundgebung in der Universität eine Demonstration auseinandertrieb. Seit über zwei Wochen sind die Privatbanken geschlossen, und niemand weiß, wann die Regierungsangestellten ihr Geld für April erhalten sollen. Gerüchte über einen bevorstehenden Putsch wurden sowohl vom Verteidigungs- als auch vom Innenminister dementiert.

Montevideo
7. Mai 1965

Der amerikanische Gesandte Harriman war hier, um die Invasion zu rechtfertigen und gleichzeitig um uruguayische Hilfstruppen für die interamerikanische Friedenstruppe zu werben. Gestern sprach er mit Präsident Beltran und hielt im Anschluß daran eine Pressekonferenz, auf der er die Schuld für die Invasion jenen 58 Kommunisten in die Schuhe schob, die Boschs Bewegung unter ihre Kontrolle gebracht und damit ein Eingreifen provoziert hätten. Allerdings mußte er zugeben, daß Caamano, der führende Kopf der Bewegung, nicht zu den 58 gehört. Schließlich sagte er klipp und klar, die US-Regierung werde jeden künftigen Versuch der Errichtung einer kommunistischen Regierung, egal wo in Lateinamerika, gewaltsam unterbinden.
Ich sehe die Leute der Station Santo Domingo richtig vor mir, wie sie völlig hektisch aus ihren schwarzen Listen wahllos jene 58 geschulten Kommunisten zusammensuchen. Es waren sicherlich mehr als 58, aber eben keine Kommunisten, sondern Parteigänger von Caamano und Bosch. Die US-Regierung schritt ein, nicht weil sie vor einer kommunistischen, sondern vor einer nationalistischen Regierung Angst hatte. Harriman konnte niemanden überzeugen. Nachdem er wieder abgeflogen war, stimmte der Nationalrat gegen eine uruguayische Beteiligung an der interamerikanischen Friedenstruppe, die gestern von der OAS abgesegnet wurde. Das neueste Losungswort der

Station heißt: „58 geschulte Kommunisten" und die korrekte antwort laute jedesmal „10 000 Marines".

**Montevideo
12. Mai 1965**

Die Protestdemonstrationen und Anschläge auf US-amerikanische Firmen reißen nicht ab. Meist stecken CNT, FEUU und andere kommunistisch gelenkte Organisationen hinter den Demonstrationen, aber die Empörung über die Invasion ist allgemein und reicht bis in den Nationalrat. Unter den von Bombenanschlägen betroffenen Firmen befinden sich neben IBM auch sämtliche amerikanische Telegrafenfirmen und Agenturen.

**Montevideo
20. Mai 1965**

Das Ausmaß der Finanzkorruption in Montevideo ist wirklich unvorstellbar. Gestern feuerte der Nationalrat den gesamten Vorstand der Staatsbank. 19 leitende Angestellte und die Direktoren der bankrotten Kreditinstitute befinden sich in Haft, und die Ermittlungen sind noch lange nicht abgeschlossen. Nach 26 Tagen öffneten heute die Privatbanken wieder ihre Schalter, aber bei der anhaltenden Talfahrt des Peso — gegenwärtig 40 : 1 im Verhältnis zum Dollar — ist der nächste Skandal nur eine Frage der Zeit.

**Montevideo
4. Juni 1965**

Holman wird in ein paar Wochen versetzt. Wir rätseln alle herum, warum man ihn ausgerechnet nach Guatemala schickt, wo sich die Anzeichen für einen bewaffneten Aufstand mehren. Wenn er schon nach zwei Jahren aus Montevideo abberufen wird, so ist das nicht gerade ein überzeugender Leistungsnachweis. Schon gar nicht für einen zukünftigen CIA-Chef in einem Land, das am Rande des Bürgerkriegs steht. Der einzige Erfolg, auf den er verweisen kann, ist die AID-Mission für Öffentliche Sicherheit, die jetzt allmählich feste Umrisse annimmt. Nachdem der erste AID-Beamte eingetroffen war, gab Holman mehrere Dinner-Parties, um ihn dem Innenminister und den Polizeichefs vorzustellen. Als zuständiger Stationsbeamter mußte ich stets zugegen sein. Demnächst stehen weitere Parties für den neuen Stationschef und Holmans eigene Abschiedsempfänge bevor. Holman ist schon ein seltsamer Kauz. Er müßte doch eigentlich ganz genau merken, wie sehr man ihn in der Station schneidet, aber er verlor bislang niemals ein einziges Wort darüber.

Ich soll eine weitere Operation übernehmen, die noch in den Anfängen steckt. Es handelt sich um ein paar technische Manipulationen gegen die Botschaft der Vereinigten Arabischen Republik; sie liegt eine Straße hinter unserer Botschaft und ein Stockwerk über dem geplanten AID-Büro. Phipps hat die Angelegenheit bisher ziemlich lustlos betrieben, aber im Hauptquartier sind sie jetzt ungeduldig geworden, weil wir im Falle des Erfolgs möglicherweise kodierte VAR-Korrespondent entschlüsseln könnten. Für den Anfang möchten sie einen Plan der VAR-Botschaft haben, den mir das AVENIN-Team besorgte. Demnächst kommt ein Beamter der Abteilung D und sieht sich die Umgebung an. Von meinem Büro im hinteren Trakt der Botschaft aus kann ich praktisch in die Fenster der VAR-Botschaft hineinsehen.

Nach wie vor kann ich einfach nicht glauben, was wir zur Rechtfertigung der Invasion gegen Bosch über AVBUZZ-1 in die Zeitungen bringen müssen. Holman sagt, die ganze Geschichte habe bereits mit Trujillos Ermordung durch die CIA angefangen. Er war zu jener Zeit als Chef der Karibik-Abteilung an der Planung des Attentats unmittelbar beteiligt. Die Ausführung besorgten dann Exilkubaner aus Miami, wobei sie Waffen verwendeten, die im Diplomatengepäck nach Santo Domingo geschmuggelt wurden. In die Hände der Mörder gelangten sie dann über einen US-Bürger, der in Santo Domingo einen Supermarkt besaß und als Agent für die Station arbeitete. Er mußte nach der Ermordung Trujillos aus Santo Domingo herausgeholt werden, weil sein Name bei den Ermittlungen der Polizei auftauchte.

Warum beunruhigt mich diese Invasion eigentlich so sehr? Über Interventionen dürfte ich mich eigentlich nicht besonders aufregen, denn Inhalt meines Berufs ist es praktisch andauernd, auf die eine oder andere Art und Weise sich in die inneren Angelegenheiten eines fremden Landes einzumischen. Vermutlich schockiert mich die unverhältnismäßige Größenordnung dieser

Invasion. Dazu ist allerdings zu sagen, daß bewaffnete militärische Interventionen lediglich den logischen Schlußstrich bilden, wenn alle sonstigen vorbeugenden Maßnahmen zur „Counter Insurgency" (Aufstandsbekämpfung) versagt haben, und der Station Santo Domingo waren anscheinend sämtliche Zügel aus der Hand geglitten. Was mich allerdings wirklich beunruhigt, ist die Tatsache, daß wir auf der falschen Seite eingegriffen haben. Ich glaube kein Wort von den angeblichen „58 geschulten Kommunisten", die eine Bewegung unter ihre Kontrolle gebracht haben sollen, in der erfahrene Politiker das Sagen haben, und die über eine Basis verfügen, die in die Tausende geht. Der eigentliche Grund zur Invasion liegt beim US-Kapital, das in der Dominikanischen Republik investiert und Boschs Reformprogramm nicht wollte. Aber werden denn diese Investitionen durch Landreform und ähnliche Programme ernsthaft gefährdet?

**Montevideo
24. Juni 1965**

Dem Nationalrat liegt jetzt eine Liste sämtlicher Bestechungsgelder vor, die von jener Bank gezahlt wurden, die als erste bankrott machte. Unter den Empfängern befinden sich ein einflußreicher Senator der Blancos, der Vizepräsident der Staatlichen Hypothekenbank, ein Blanco-Führer, der soeben zum neuen Botschafter Uruguays bei der UNO ernannt wurde, zwei hohe Beamte aus dem Finanzministerium, diejenige Person, die für die Ermittlungen gegen eine der bankrott gegangenen Banken verantwortlich war und schließlich eine Person, von der nur die Initialen bekannt sind: J. J. G. Es kann sich nur um Juan Jose Gari handeln, Präsident der Staatlichen Hypothekenbank und seit Nardones Tagen unser Kontaktmann bei den „Ruralistas".
Inzwischen wurden die Verbindlichkeiten der Staatsbank auf 358 Millionen Dollar beziffert, von denen 38 Millionen sofort fällig sind. Wahrscheinlich muß die Bank die Hälfte ihrer Goldreserven als Sicherheit für Refinanzierungsprojekte in die USA überführen. Diese erniedrigende Maßnahme erregt die Gemüter hier beträchtlich und wird die Blancos viel Prestige kosten.

Montevideo
7. Juli 1965

In Peru ist die Bewegung der Revolutionären Linken (MIR) offen zum Angriff übergegangen und scheint erste Erfolge bei Auseinandersetzungen mit der peruanischen Polizei zu verzeichnen. Vor drei Tagen rief die Regierung in Lima den Belagerungszustand aus, und jetzt wird auch Militär eingesetzt. Im ganzen Lande werden Linke verhaftet, aber die Guerilla operiert offenbar hauptsächlich am Ostrand der Anden in Richtung auf die brasilianische Grenze. Das Notizbuch mit Namen, Adressen, Lageplänen etc., das die Station Lima führt, seit Enrique Amaya Quintana vor zwei Jahren in Guayaquil zu uns überlief, befindet sich jetzt mit Sicherheit in Händen peruanischer Offiziere.

Montevideo
16. Juli 1965

Holman ist weg. Außer John Horton, dem neuen Stationschef, war niemand zum Flughafen gekommen, um ihn zu verabschieden. Das Stationsklima hat sich schon jetzt spürbar gebessert. O'Gradys Allergien sind fast verschwunden, obwohl er ersetzt werden soll, um einem neuen Stellvertreter Platz zu machen, der besser Spanisch spricht. Horton spricht praktisch kein Wort Spanisch und hat sich bereits an mich gewandt; ich soll mit ihm zusammen die Kontakte auf höchster Ebene – Innenminister, Polizeichef – abwickeln. Das bedeutet im Klartext vermutlich: ich soll so lange übersetzen, bis er selbst zurechtkommt. Na ja; schlimmer als unter Holman kann es gar nicht werden. Horton ist ein völlig anderer Typ. Sehr zugänglich, humorvoll; seinen anglophilen Touch verdankt er wahrscheinlich seiner Zeit als Chef der Station Hongkong.

Montevideo
23. Juli 1965

Gestern abend wurden endlich vom Senat die neuen Sonderzulagen für Regierungsangestellte verabschiedet, nachdem Post, Universitätsverwaltung, Justizverwaltung und Gesundheitssektor tagelang bestreikt worden waren. Selbst die Steuereintreiber im Finanzministerium streikten. Um die Finanzierung der Sonderzulagen sicherzustellen, mußten 1,7 Milliarden Pesos neu ausgeschüttet werden, und das ist noch sehr viel weniger als ursprünglich von den Blanco-Ratsmitgliedern gefordert. Die Fraktion des Präsidenten wollte 5 Milliarden Pesos neu drucken lassen — das ist in etwa das Doppelte der gegenwärtig in Umlauf befindlichen Geldmenge — und stimmte prompt gegen die Vorlage. Mit dem bewilligten Geld sollen auch die Juni-Gehälter ausbezahlt werden, und viele der streikenden Angestellten kehren jetzt an ihre Arbeitsplätze zurück. Die FEUU freilich organisiert weiterhin nicht genehmigte Demonstrationen, mit denen sie gegen die Weigerung der Regierung protestiert, der Universität den längst fälligen Betrag von 100 Millionen Pesos auszuzahlen. In ein paar Tagen, wenn in der Deputiertenkammer der Haushalt gelesen wird, steht uns die nächste Schlacht ins Haus. Die Gewerkschaft der Regierungsangestellten wird nämlich versuchen, Lohnerhöhungen für das kommende Jahr durchzudrücken. Zwischen Januar und Juli dieses Jahres betrug die Inflation 26,3 %, und das ist einer der Gründe, warum die Regierung in dieser Frage hart bleiben will und für den Notfall Sanktionen angedroht hat.

Horton will so schnell wie möglich den polizeilichen Geheimdienst ausbauen. Entsprechend britischer Praxis will er daraus so etwas wie eine politische Spezialabteilung machen. Ich soll mich häufiger um Otero, den Chef der Geheimpolizei und der Verbindungsabteilung, kümmern und ihm mehr Geld für Möbel, Aktenschränke und Bürobedarf zur Verfügung stellen. So bald wie möglich will Horton den Chef der Geheimpolizei an die Internationale Polizeiakademie schicken. Nach Abschluß der Akademiekurse soll er dann noch vom Hauptquartier eine Zusatzausbildung erhalten. Bevor er Washington verließ, hatte sich Horton vom AID die Zustimmung für einen CIA-Beamten geholt, der ab sofort im Rahmen des Programms für Öffentliche Sicherheit getarnt wird und später, wenn wir die Zustimmung des Polizeichefs haben und der Beamte erst einmal hier ist, full time mit den Beamten der Geheimpolizei und der Verbindungsabteilung zusammenarbeiten soll. Das Hauptquartier schickte uns Joan Humphries vorbei. Sie ist mit dem Audiotechniker der Station Mexico City verheiratet und soll uns im richtigen Einsatz von Verkleidungstechniken unterrichten: Perücken, gefärbte Haare, Spezialschuhe und Kleidung, Brillen, Bärte, Warzen, Muttermale und, nicht zu vergessen, falsche Papiere.

Montevideo
15. August 1965

Ein neuer Beamter soll Phipps ersetzen und dessen sowjetische Operationen übernehmen. Dick Conolly ist Absolvent der West-Point Militärakademie und war vorher in Kairo und Tokio tätig.
Die „Tupamaros" machen immer wieder von sich reden. Neulich legten sie eine Bombe in den Büros des Bayer-Konzerns und hinterließen eine Protesterklärung gegen die US-Intervention in Vietnam. Riefe ist immer noch nicht der Meinung, daß dieser Gruppe besondere Bedeutung zukommt, die ein Anwerbungsprogramm gegen sie rechtfertigen könnte. Ich habe mich deshalb an Otero gewandt, der sich auf diese Terroristen konzentrieren soll. Zweifellos handelt es sich um die Gruppe, die seit 1962 von Raul Sendic geführt wird, dem linksradikalen Anführer der Zuckerrohrarbeiter, der aus der Sozialistischen Partei hervorging.

Montevideo
20. August 1965

Der von der CNT getragene „Volkskongreß" hat nun doch begonnen und findet offenbar größten Widerhall. Natürlich spielt die PCU die Hauptrolle, aber auch eine Menge Nichtkommunisten nehmen am Kongreß teil. Praktisch sämtliche Organisationen von Bedeutung, die etwas mit Gewerkschaften, Studentenorganisationen, Regierungsangestellten oder Rentnerverbänden zu tun haben, sind vertreten. Außerdem Konsumentenverbände, Nachbarschaftsgruppen, Provinzkomitees und natürlich die linke Presse. In der Universität und an anderen Schauplätzen tagen Versammlungen, und die Teilnehmer diskutieren politische Auswege aus Uruguays Misere. Die Vorschläge kommen samt und sonders entweder aus der linken oder nationalistischen Ecke. Nachdem die traditionellen Parteien und die von ihnen geleitete Exekutive auf eindrucksvolle Weise ihre totale Unfähigkeit unter Beweis gestellt haben, wird dieser Kongreß zweifellos der gesamten Linken eine Menge Sympathisanten und damit eine breite propagandistische Plattform zuführen. Der Kongreß ist einfach zu erfolgreich, als daß man ihn ignorieren könnte, und deshalb versuchen wir mit Hilfe von AV-BUZZ-1 Leitartikel zu lancieren, in denen der Kongreß als klassisches Beispiel kommunistischer Einheitsfronttaktik denunziert wird. Außerdem bringen wir „schwarze" Propaganda unter die Leute: über AVBUZZ-1 ließen wir Flugblätter drukken, als deren Urheber der Volkskongreß erscheint. In ihnen werden die Uruguayer dazu aufgerufen, einen Generalstreik zum endgültigen Umsturz durchzuführen und die Firmen, in denen sie beschäftigt sind, gewaltsam zu besetzen. Heute verbreiteten wir diese Flugblätter zu Tausenden, begleitet von den wütenden Dementis der Kongreßleitung. Außerdem werden wir Leitartikel und Kommentare veröffentlichen, um nichtkommunistische Kongreßteilnehmer zu verunsichern.

Der Volkskongreß predigt unter anderem den Widerstand gegen die Stabilitätsprogramme, die der Internationale Währungsfonds in Uruguay durchziehen will. Die damit verbundenen Maßnahmen wirken sich nämlich für die Armen und Mittelschichten ungleich verheerender aus, als für die sowieso schon Reichen. Momentan bettelt eine Gruppe hoher uruguayischer Persönlichkeiten in New York um Kredite, um die mittlerweile ebenfalls praktisch bankrotte Staatsbank zu sanieren, aber die New Yorker Banker machen weitere Reformen im Sinne des IWF zur Voraussetzung eventueller Finanzspritzen – sie sollen 150 – 200 Millionen Dollar betragen.

Montevideo
10. September 1965

Nach über einem Monat relativer Ruhe wird wieder überall gestreikt. Die Finanzkommission ist aus New York zurück. Sie bringt zwar lediglich 55 Millionen Dollar mit, aber das reicht erst einmal, um die längst fälligen Staatsbankschulden – 38 Millionen – zu bezahlen. Das Gold freilich muß als Sicherheit in die USA gebracht werden. Bald sind sowieso weitere Kredite dringend nötig, will man verhindern, daß die Staatsbank demnächst wieder kurz vor dem Zusammenbruch steht. Als Ergebnis der Bedingungen, die der IWF an weitere Kredite knüpft, wird man sich in Zukunft bei der internen Ausgabenpolitik etwas zurückhalten müssen, so zum Beispiel bei den Gehältern für Regierungsangestellte und bei den Sonderzulagen und Beihilfen. Allgemein herrscht pessimistische Stimmung und die Erwartung, daß dem Lande noch härtere Zeiten bevorstehen – für 1 Dollar werden mittlerweile 68 Pesos gezahlt.

Montevideo
23. September 1965

Die Streikbewegung eskaliert. Jetzt befinden sich auch die Angestellten der Stadtwerke, der staatlichen Banken, der autonomen Betriebe und der dezentralisierten Dienste im Ausstand. Gestern entschieden sich die Nationalratsmitglieder der Blancos und die Direktoren der staatlichen Betriebe, unter Einsatz der Polizei jene Angestellten der staatlichen Banken hinauszuwerfen, die mit Dienst nach Vorschrift schon seit 10 Tagen den gesamten Betrieb lahmlegen. Jeder, der dem Aufruf zur Wiederaufnahme seiner üblichen Arbeitspflichten nicht Folge leistet, wird entlassen. Für uruguayische Verhältnisse ist das eine ziemlich drastische Maßnahme. Trotzdem ging der Bummelstreik ungerührt weiter. Allerdings kam es bei der Staatsbank und der Staatlichen Hypothekenbank zu ersten Aussperrungen, worauf die Angestellten der Privatbanken am Vor- und Nachmittag für jeweils 30 Minuten die Arbeit niederlegten, um ihre Solidarität mit den Kollegen aus den Staatsbanken zu bekunden.

Die am 20. September im US-amerikanischen Repräsentantenhaus verabschiedete Resolution hat hier, wie auch in anderen Ländern Südamerikas, wütende Proteste hervorgerufen. In der Resolution wird den USA, bzw. allen amerikanischen Staaten das Recht zugebilligt, im Falle einer kommunistischen Gefahr in einem Nachbarland einseitig intervenierende Maßnahmen zu ergreifen, um dem Vormarsch des Kommunismus in der westlichen Hemisphäre wirksam entgegenzutreten. Die Resolution wird hier in Montevideo übereinstimmend als Ermutigung der interventionslustigen Nachbarländer Argentinien und Brasilien bewertet. Wenn sie eine nachträgliche Rechtfertigung und Begründung der dominikanischen Invasion darstellen soll, dann kann ich mich nur wundern, daß so viele US-Politiker an das Märchen von den 58 geschulten Kommunisten glauben, die angeblich Boschs Bewegung unter Kontrolle gebracht haben sollen.

Montevideo
27. September 1965

John Hart, der stellvertretende Chef der WH-Abteilung für Kuba, war hier auf Besuch. Früher war er Stationschef in Bang-

kok und Rabat; er ist ein alter Freund von Horton. Als für Kuba zuständiger Stationsbeamter in Montevideo saß ich viel mit ihm zusammen, berichtete über unsere Operationen und hörte mir seine Wünsche nach intensiveren Aktionen gegen die Kubaner an.
Harts Lieblingsidee ist es, Che Guevara aufzustöbern, der vor sechs Monaten spurlos verschwand. Angeblich soll er in Afrika gesehen worden sein, aber wo er sich augenblicklich befindet, weiß niemand, auch Hart hat keine Ahnung. Er hält es für möglich, daß Guevara mit einem Nervenzusammenbruch als Folgeerscheinung schlechtgekühlter Asthmamedizin in einem sowjetischen Krankenhaus liegt. Wir sollen jedenfalls die Passagierlisten genau studieren. Außerdem versprach Hart, ein Foto von Guevara ohne Bart zu schicken — das Werk eines Künstlers, denn Fotos von Che ohne Bart konnte niemand auftreiben. Außerdem bat er uns, eine Pressekampagne anzukurbeln, die negative Mutmaßungen an Guevaras Verschwinden knüpfen soll, so daß er möglicherweise allein schon deshalb wieder auftaucht, um den Spekulationen ein Ende zu bereiten. Ähnliche Operationen sind bei anderen Stationen bereits angelaufen.
Für mich kam Harts Besuch sehr gelegen, denn erstens war er zufrieden mit meiner Arbeit gegen die Kubaner, und zweitens will ich mich in einem halben Jahr um eine Stellung im Hauptquartier bewerben — wenn ich nicht sogar die CIA ganz verlasse. Ich bin mir selbst noch nicht ganz im klaren, aber Hart erzählte ich, wenn meine beiden Pflichtjahre in Montevideo um seien, würde ich gerne nach Washington zurückkehren.
Zwei Probleme ergeben sich für mich, und beide versprechen nicht gerade rosige Zukunftsaussichten. Meine Familiensituation ist schlimmer denn je: außer den Kindern gibt es keine gemeinsamen Interessen, die meine Frau und mich verbinden könnten; wir reden nicht miteinander, und mein Widerwille gegen diese Einsamkeit wird immer größer. Ich sagte Janet, daß wir uns trennen müßten, wenn wir wieder in Washington seien — sie kann es anscheinend nicht glauben. Ich hätte ihr tatsächlich fast vorgeschlagen, sie solle doch jetzt schon abreisen, aber dann wäre ich von den Kindern getrennt, und das kommt nicht in Frage. Für uns beide ist das ein schauderhafter Zustand.
Noch gravierender ist mein zweites Problem: seit der dominikanischen Invasion frage ich mich immer häufiger, was wir eigentlich hier in Südamerika in Wahrheit anrichten. Zwar konnte sich die kubanische Revolution nicht auf andere Län-

der ausdehnen, und unsere „Counter-Insurgency"-Programme waren meist erfolgreich: die kommunistische Unterwanderung wurde gestoppt. Auf der anderen Seite freilich kommen diejenigen Reformen überhaupt nicht voran, die gerade jene Mißstände beseitigen sollen, deren Existenz den Kommunismus überhaupt erst so attraktiv macht. Sie scheitern am Widerstand einiger weniger exportierender Großgrundbesitzer, deren Interessen zumeist mit denen der überwältigenden Mehrheit der Bevölkerung kollidieren. Solange in Uruguay keine Landreform kommt, können Nutzen und Lasten der Produktion nicht gerecht verteilt werden, und so lange wird man die Grundbesitzer auch nicht zur Aufgabe ihrer illegalen Produktions- und Exportmethoden überreden können. Selbst einmal angenommen, die Exportprofite gingen spektakulär in die Höhe: der Gewinn fließt doch immer wieder letztlich denen zu, denen es selbst in diesen harten Zeiten an nichts fehlt. Hier, wie auch in anderen Ländern, werden die Grundbesitzer niemals ihren Widerstand gegen Reformen aufgeben. Wenn auch noch die anderen Mißstände auf dem Wege der Reform abgestellt werden sollen, muß die „Allianz für den Fortschritt" trotzdem zunächst einmal die Landreform durchdrücken.
Je länger ich über die dominikanische Invasion nachdenke, desto mehr frage ich mich, ob man in Washington überhaupt an irgendwelchen Reformen in Lateinamerika interessiert ist. Vielleicht sollte man sogar die Kommunisten beteiligen, man könnte sie dann viel besser im Auge behalten. Aber wenn man „58 geschulten Kommunisten" zutraut, eine breite Volksbewegung, die Reformen auf ihre Fahnen schreibt, ohne weiteres unter Kontrolle zu bringen, dann scheint es mit dem Glauben an Reformen selbst auch nicht weit her zu sein. Am schlimmsten scheint mir, daß parallel zur Schwerpunktverlagerung unserer Arbeit auf immer massivere Unterstützung der einheimischen Polizei, insbesondere der Geheimpolizei, das Interesse an grundlegenden Reformen schwindet. Was hat es denn für einen Sinn, den subversiv arbeitenden Gegner auszuschalten, wenn sich allgemein am schreienden Unrecht im ganzen Land auch nicht das mindeste ändert? Meiner Meinung nach hat die „Allianz für den Fortschritt" versagt, und ich habe immer häufiger das Gefühl, einen falschen Beruf gewählt zu haben.
Ich werde jedoch fürs erste weiterarbeiten müssen, wenn wir erst wieder in Washington sind, denn Janet braucht Geld für die Kinder; ich glaube nicht, daß sie selbst arbeiten will. Ich müßte relativ schnell einen neuen Job finden, um eine längere

finanzielle Durststrecke zu vermeiden. Hart sagte ich, daß ich nach meiner Rückkehr gern über Kuba weiterarbeiten würde. Vielleicht ist Riefes Zynismus noch die beste Methode, in der CIA zu bleiben und gleichzeitig das eigene Gewissen zu beruhigen.

**Montevideo
3. Oktober 1965**

Die Regierungsangestellten, vor allem die in den Banken beschäftigten, streiken unbeirrt weiter, und es gibt bereits erste Gerüchte, daß die Regierung den Belagerungszustand ausrufen lassen will, um den Streik zu brechen. Bislang ist es lediglich zu Aussperrungen gekommen, und die Regierung hat darüber hinaus gedroht, jeden zu entlassen, der sich an weiteren Streiks beteiligt. Dennoch haben die Gewerkschaften für die Beschäftigten der autonomen Betriebe und dezentralisierten Dienste während der letzten zwei Tage dazu aufgefordert, einfach zu Hause zu bleiben. Eine weitere derartige Aktion haben sie für die Zeit vom 13. bis 15. Oktober angekündigt.
Oberst Ventura Rodriguez, als Polizeichef von Montevideo zugleich oberster Sicherheitsbeauftragter des Landes, war schon zu einer Tagung US-amerikanischer Kollegen nach Miami gereist, als er plötzlich zurückgerufen wurde. Seine Rückkehr hatte sofort neue Gerüchte zur Folge, obwohl bekanntgegeben wurde, sie stünde in keiner Weise in Zusammenhang mit den Streiks. Uns erzählte Rodriguez, die Entscheidung über die Verhängung des Belagerungszustandes sei noch nicht gefallen. Im Hauptquartier werden sie langsam nervös. Wir sollen ständig über die jüngsten Entwicklungen berichten.
In Peru wurde der Belagerungszustand endlich aufgehoben. Die Guerilla-Bewegung der MIR ist geschlagen. Nur noch vereinzelt gibt es Widerstand. Ein Besucher, der über Lima nach Montevideo kam, erzählte uns, die CIA-Station habe einen Vorposten in dem Bergnest eingerichtet, wo sich auch das militärische Oberkommando befindet. Während der kritischen Zeit zwischen Juli und September habe der Vorposten Informationen über Erfolge und Mißerfolge des Militärs gesammelt und Informationen der Station Lima an die Militärs weitergereicht. Im Verlauf der Zerschlagung der MIR-Zellen in den Städten wurde auch unser Infiltrationsagent Enrique Amaya Quintana verhaftet. Während des Verhörs gab er zu verstehen, daß er

Agent der CIA sei. Die Station konnte ihn freibekommen, und inzwischen hat er sich in Mexiko niedergelassen — bestimmt mit einer satten Abfindung.

Die Zerschlagung der MIR kann als Paradebeispiel für erfolgreiche „Counter Insurgency" betrachtet werden, Voraussetzung war, daß uns bereits längst vor Aufnahme der tatsächlichen Guerilla-Aktivitäten wertvolles Informationsmaterial aus der Aufbau-und-Ausbildungs-Phase der Bewegung vorlag. Angesichts ihres breitgestreuten Anhangs und der Tatsache, daß die Ausbildung größtenteils in Kuba stattfand, wäre eine effektive Beschattung der MIR ohne einen Infiltrationsagenten wie Amaya trotzdem auf die Dauer problematisch geworden.

Montevideo
7. Oktober 1965

Heute nachmittag stimmte der Nationalrat der Verhängung des Belagerungszustands zu (6 Blancos dafür; 3 Colorados dagegen), der im uruguayischen Gesetz mit der Formel „unverzügliche Sicherheitsmaßnahmen" umschrieben wird. Innenminister Adolfo Tejera stellte den Antrag, den er mit den anhaltenden Unruhen unter der arbeitenden Bevölkerung begründete. Das Dekret verbietet sämtliche Streiks, sowie Streik- oder Propagandaversammlungen. Mit der Durchführung entsprechender Maßnahmen wurde neben dem Innenminister auch der Verteidigungsminister betraut.

Montevideo
8. Oktober 1965

Zwar wurden bereits über 100 Verhaftungen vorgenommen, aber sämtliche Rädelsführer sind entkommen. Die Sitzstreiks in den staatlichen Banken gingen weiter, später hagelte es jedoch Entlassungen und weitere Festnahmen. Trotz Verbots wurde in verschiedenen Stadtteilen gegen die Verhängung des Belagerungszustands demonstriert. Gemäß Vorschrift in der Verfassung wurde das Belagerungszustandsdekret heute der Legislative zur Bestätigung vorgelegt, aber in Erwartung, daß die Colorados und Splittergruppen gegen den Beschluß votieren würden, blieben die Blancos der Sitzung fern, um die Be-

schlußfähigkeit des Gremiums zu verhindern.
Die CNT hat für den 13. Oktober einen Generalstreik angekündigt; die Gewerkschaften der autonomen Betriebe und dezentalisierten Dienste haben ihre Mitglieder aufgefordert, an diesem und den folgenden drei Tagen nicht zur Arbeit zu gehen; der Regierung steht das Wasser bis zum Hals.

**Montevideo
15. Oktober 1965**

Gegen die wohlorganisierten Gewerkschaften und politischen Gruppen hat die Polizei im Grunde überhaupt keine Chance. Der Generalstreik wurde ein gewaltiger Erfolg: über 200 000 Regierungsangestellte und die meisten der in der Privatindustrie Beschäftigten blieben der Arbeit fern. Zeitungen, Verkehrsmittel, Woll- und Textilverarbeitung, Gesundheitswesen, Schulen — nichts lief mehr. Heute, am letzten Tag des dreitägigen Ausstands bei den autonomen Betrieben und dezentralisierten Diensten, fanden wieder nichtgenehmigte Demonstrationen statt, auf denen Flugblätter verteilt wurden; überall in der Stadt tauchten Wandparolen auf, in denen die Streikenden zum Durchhalten aufgefordert werden.
Die Polizei hat noch einige 100 weitere Festnahmen gemeldet, aber immer noch befinden sich die wichtigsten Rädelsführer auf freiem Fuß. Der PCU-Radiosender, der Streikmeldungen gesendet hatte, muß für eine Woche schließen, und gestern wurde die vollständige Auflage der linken Tageszeitung „Epoca" beschlagnahmt. Daraufhin freilich schlugen die Presseverbände und -Gewerkschaften zurück: heute erschienen überhaupt keine Zeitungen mehr. Tejera hat öffentlich der kommunistischen Führung innerhalb der Regierungsangestelltengewerkschaft die Schuld an der allgemeinen Unruhe zugeschoben. Die Blanco-Minister vertreten zunehmend einen kompromißlos harten Kurs.
Soweit wir von unseren Agenten unterrichtet sind, will die PCU weiter demonstrieren und agitieren, um die Regierung zum Abbruch der Entlassungsmaßnahmen und zum Verzicht auf sämtliche Sanktionen zu zwingen. Zwei unserer Agenten, AVCAVE-1 und AVOIDANCE-9, beteiligen sich aktiv in den heimlich operierenden Selbsthilfegruppen, die wilde Demonstrationen und Flugblattverteilung organisieren. Ihre Berichte sind vorbildlich, aber über die Verstecke der wichtigsten Gewerkschafts-

führer, die wir der Polizei sofort zuspielen würden, erfahren auch sie nichts.

Die Polizei hat statt dessen für einen ersten willkommenen Märtyrer der Kommunisten und anderer Unruhestifter gesorgt: heute wurde überall der Fall eines jungen Ingenieurs bei den staatlichen Wasserwerken diskutiert: Julio Arizaga wurde vor einigen Tagen verhaftet. Heute lief er Amok in seiner Zelle im AVALANCHE-Hauptquartier und mußte ins Militärhospital gebracht werden, wo er seine Bewacher angriff und mit deren eigenen Waffen verletzte, bevor er überwältigt werden konnte. Hier ist fast jeder davon überzeugt, daß für Arizagas seltsames Verhalten Folterungen der Polizei verantwortlich sind. Ich werde mich darüber mit Kommissar Otero unterhalten, denn normalerweise werden politische Gefangene von der Polizei nicht gefoltert.

Arizaga ist Mitglied der prochinesischen Linken Revolutionären Bewegung (MIR) und war früher bei der PCU. Er ist außerdem ein ehemaliger Führer der FEUU, aber bei Gewerkschaftsaktivitäten bislang noch nie groß hervorgetreten.

**Montevideo
19. Oktober 1965**

Gestern verabschiedete der Nationalrat — bei Stimmenthaltung der Colorados — ein wirtschaftliches Stabilisierungsprogramm, das den Wünschen des Internationalen Währungsfonds weitgehend entspricht. Die Regierung erhält dafür einen Kredit, der wiederum den Weg für private und öffentliche Anleihen freimachen soll. Beobachter meinen, daß der Belagerungszustand nicht nur zur Zerschlagung der Streiks verhängt wurde, sondern auch, um nicht zuletzt gewalttätigen Protestaktionen gegen diese neuen Wirtschaftsmaßnahmen, die den Zorn der Gewerkschaften hervorrufen müssen, von vornherein wirksam zu begegnen. Das neueste: der Finanzminister will dem Innenministerium 1 Million Pesos für Ausgaben im Zusammenhang mit den Belagerungszustandsmaßnahmen überweisen, aber die Banknoten sind knapp geworden, weil die englische Firma, die sie druckt, ihre Lieferungen zurückhält — die Staatsbank kann die Banknoten nicht bezahlen und steht bei den Engländern bereits mit über 1 Million Pfund in der Kreide.

**Montevideo
22. Oktober 1965**

Kommissar Otero macht über die Folter Arizagas, des MIR-Aktivisten, nur vage Andeutungen, die mehr oder weniger auf eine Bestätigung des allgemeinen Verdachts hinausliefen. Am Montag wurde Arizaga dem Richter vorgeführt, der ihn wegen der Schüsse auf seine Bewacher verhören wollte. Arizaga befand sich aber in derart jammervollem Zustand, und die Anzeichen, daß er gefoltert wurde, waren so offensichtlich, daß der Richter seine Freilassung anordnete. Die Polizei weigerte sich und ordnete seine erneute Überführung ins Hospital an; Arizaga ist nicht ansprechbar.
Ich unterhielt mich über den Fall mit Inspektor Antonio Piriz, der mir erklärte, Inspektor Juan Jose Braga, stellvertretender Ermittlungsleiter, habe die Folter angeordnet, um Informationen über MIR und Tupamaros zu erhalten, über deren genaue Organisationsstruktur und Mitgliederstamm nur wenig bekannt ist. Antonio meint, Otero habe nicht an den Folterungen teilgenommen, aber ich halte inzwischen alles für möglich. Der Raum, in dem gefoltert wird, soll wie der Horchposten in dem isolierten Trakt über den Büros des Polizeichefs und seines Stellvertreters liegen.
Seit die seinerzeit von Tom Flores aufgezogenen Anti-Terror-Operationen mit der Polizei abgebrochen wurden und General Aguerrondo als Polizeichef abgelöst wurde, ist es nur ganz selten zu Folterungen politischer Gefangener gekommen, und vielleicht ist auch der Fall Arizaga nur eine Ausnahme, die auf Bragas Wut über die Unfähigkeit seiner Leute bei der Bekämpfung der Tupamaros zurückzuführen ist.

**Montevideo
28. Oktober 1965**

Die Lage hat sich schlagartig entspannt und, obwohl der Belagerungszustand nach wie vor Gültigkeit hat, macht er sich kaum bemerkbar. Praktisch alle, die in den ersten Tagen nach seiner Verkündung verhaftet wurden, befinden sich wieder auf freiem Fuß; die CNT führte sogar eine Massenkundgebung durch, ohne daß sich auch nur ein Polizist blicken ließ. Lediglich die Angestellten der Stadtwerke sind noch nicht wieder zur Arbeit erschienen. Heute begann das Militär, den Müll zu beseitigen, der sich während der letzten Wochen in den Straßen aufgetürmt hat.

Der Belagerungszustand wurde lediglich aufrechterhalten, um Arizaga noch eine Weile im Krankenhaus behalten zu können; sein Zustand ist unverändert ernst. Jeder würde sofort erkennen, daß er gefoltert wurde, wenn man ihn jetzt schon freiließe.

Über unsere Mission für Öffentliche Sicherheit habe ich Kommissar Otero von der Geheimpolizei für einen Kurs an der Internationalen Polizeiakademie angemeldet, der im Januar in Washington beginnt. Otero soll vom Hauptquartier aus eine Spezialausbildung für Geheimdienstoperationen erhalten. Wenn Leute wie er gut geschult würden, dann wäre die Polizei vielleicht imstande, selbständig Agenten anzuwerben oder gegen Bestechung an Informationen zu gelangen, anstatt wieder auf das mittelalterliche Instrument der Folter zurückzuverfallen.

**Montevideo
4. November 1965**

Der Belagerungszustand wurde aufgehoben – Arizaga ist so weit wieder hergestellt, daß er das Krankenhaus verlassen konnte. Aus den Reihen der Colorados wird die Regierung immer wieder wegen der Folterungen angegriffen, aber Tejera behauptet, das Ministerium habe seine Ermittlungen noch nicht abgeschlossen und könne deshalb nicht zu den Vorwürfen Stellung nehmen. Natürlich wird die ganze Sache bald vergessen sein, denn der Polizeichef würde eine öffentliche Untersuchung des Falles niemals zulassen. Notfalls würde er das Armeekommando einschalten, und die Blancos möchten natürlich nicht über einen derart anrüchigen Fall stolpern und einer Militärregierung Platz machen. Das ist natürlich auch ganz und gar nicht im Sinne der Colorados, und so können sich Brega, Otero und ihre Folterknechte fürs erste in Sicherheit wiegen.

**Montevideo
19. November 1965**

Die Verhandlungen sind gescheitert, es wird wieder gestreikt, und der Belagerungszustand könnte jederzeit erneut verkündet werden. Obwohl die städtischen Angestellten wieder im ganzen Land streiken und die Angestellten der öffentlichen Verkehrsbetriebe Montevideos in den Ausstand getreten sind, um die Auszahlung ihrer Oktobergehälter zu erzwingen, liegt diesmal der Schwerpunkt bei den Gewerkschaften für die Angestellten der Zentralverwaltung. Sie haben das Angebot von Lohnerhöhungen zum nächsten Juli abgelehnt und streiken: zunächst für 48 Stunden, nächste Woche für 42 Stunden und, wenn sich dann noch nichts geändert hat, auf unabsehbare Zeit.

**Montevideo
16. November 1965**

Otero und die Polizei insgesamt lieferten erneut einen umwerfenden Beweis ihrer hoffnungslosen Unfähigkeit. Im Rahmen seines offiziellen Besuchs wollte Außenminister Rusk heute morgen auf dem Unabhängigkeitsplatz am Denkmal von Jose Artigas, dem Vater der uruguayischen Unabhängigkeit, einen Kranz niederlegen. Seit einer Woche schon beschwöre ich Otero, es seien alle erdenklichen Sicherheitsmaßnahmen geboten, um auch nur den kleinsten Zwischenfall während Rusks Besuch zu vermeiden. Heute morgen nun schirmten Otero und 300 weitere Polizisten mit einem Kordon das Denkmal ab; plötzlich jedoch schlüpfte ein junger Mann zwischen den Polizisten hindurch, lief auf Rusk zu und spuckte ihm mitten ins Gesicht. Otero stand unmittelbar neben Rusk – zur Salzsäule erstarrt. Er war dann freilich schnell wieder bei der Sache und half den anderen Polizisten bei der Festnahme des Jungen. Rusk wischte sich das Gesicht ab und legte den Kranz nieder. Oberst Rodriguez und andere Regierungsbeamte entschuldigten sich heute abend formell in der Botschaft. Der junge Mann, Mitglied der PCU-Jugendorganisation, landete im Krankenhaus, nachdem die Polizisten ihn zusammengeschlagen hatten – er liegt im Koma.

**Montevideo
19. November 1965**

Nur noch eine Woche bleibt den streikenden Regierungsangestellten, um ihre Löhne durchzudrücken, denn für den 27. November nächsten Jahres wurden Wahlen angesetzt. Weil im letz-

357

ten Jahr vor den Wahlen laut Verfassung keine Lohnerhöhungen gewährt werden dürfen, können wir uns für die kommende Woche auf einiges gefaßt machen.

**Montevideo
27. November 1965**

Die letzte Woche entwickelte sich zu einem weiteren Schandfleck für die Demokratie in Uruguay. Sie begann mit Streiks bei den Luftfahrtangestellten und endete gestern abend mit der parlamentarischen Verabschiedung von Lohnerhöhungen. Dazwischen verging nicht ein Tag, ohne daß irgendein wichtiger Zweig der staatlichen Unternehmen oder Dienstleistungsbetriebe unter Streiks zusammenbrach: Schulen, Banken, Universität, Post- und Telegrafensystem, Drucker, Hafenarbeiter, Zentralverwaltung. Am 25. November schließlich lähmte ein von der CNT organisierter Generalstreik das ganze Land: Hafen und Flughäfen blieben geschlossen. Weder am 25. noch am 26. November erschienen irgendwelche Zeitungen. Fast täglich demonstrierten die Arbeiter zu Tausenden — meist war das Regierungsgebäude ihr Ziel, wo dann auf Kundgebungen Sonderzulagen als Inflationsausgleich gefordert wurden. Gestern, am letzten Tag, an dem im Rahmen der Verfassung überhaupt noch irgendwelche Lohnerhöhungen verabschiedet werden konnten, erreichten die Demonstrationen ihren Höhepunkt.
Am frühen Abend um 19 Uhr trat schließlich der Nationalrat zusammen, um noch in buchstäblich letzter Sekunde bis Mitternacht die Lohnerhöhungen durchzudrücken. Sämtliche Blanco-Minister wurden zum Regierungsgebäude zitiert, um dort das Ergebnis der Debatte abzuwarten, die im benachbarten Konferenzzimmer des Nationalrats stattfand. Um 19.20 Uhr traf die 72seitige, aus 195 Paragraphen sich zusammensetzende Gesetzesvorlage aus der Deputiertenkammer im Nationalrat ein (sie enthält neben Lohnerhöhungen auch viele Bestimmungen über Provisionen aus Regierungseinkünften) und wurde nach flüchtiger Durchsicht abgesegnet. Die Colorado-Ratsmitglieder wurden mehr oder weniger gezwungen, dafür zu stimmen, ohne die Vorlage überhaupt gesehen zu haben. Auch die Blanco-Minister mußten Zustimmung und Unterschrift geben, ohne das Dokument zu kennen. Mit Ausnahme des Finanzministers natürlich, der um 20.55 Uhr mit dem Gesetz wieder bei den Deputierten erschien. Bis 23.34 Uhr debattierten die Abgeord-

neten und stimmten schließlich zu. Draußen wartete schon der Alterspräsident des Senats, der mit der Vorlage in den Senat eilte, wo er 17 Minuten vor Mitternacht eintraf. Obwohl eine Reihe von Senatoren sich ursprünglich zu Wort gemeldet hatten, blieb ihnen im Endeffekt nicht einmal mehr Zeit dazu, die Vorlage durchzulesen, und genau eine Minute vor Mitternacht verabschiedete der Senat das Gesetz. Darin enthalten sind beträchtliche Lohnerhöhungen für Regierungsangestellte, obwohl sie sich noch unterhalb von deren Forderungen bewegen. Außerdem wird die steuerliche Belastung für Landwirtschaft, Viehzucht, Wollexport und Kreditwesen neu geregelt. Trotzdem hat die Opposition bereits verkündet, die neuen Maßnahmen seien dazu geeignet, die Inflation gefährlich anzuheizen. Außer bezeichnenderweise bei den Wasserwerken wurden die Streiks heute jedoch überall beendet. Der Konflikt ist damit allerdings noch lange nicht aus der Welt geschafft, denn die Sanktionsdrohungen gegen die Streikenden stehen nach wie vor im Raum. Seit der Nationalrat sein Veto gegen eine Amnestie einlegte, haben die Blancos stets die Beschlußfähigkeit des Parlaments verhindert. Die Ratsmitglieder aus den Reihen der Blancos verlangen erneute Strafmaßnahmen für die letzten Streiks. Der Friede zwischen Regierung und ihren eigenen Angestellten liegt nach wie vor in weiter Ferne.

**Montevideo
6. Dezember 1965**

Der Belagerungszustand tritt morgen erneut in Kraft. Sowohl Antonio Piriz wie auch Alejandro Otero berichteten mir, die Polizei werde heute nacht im Verlauf einer Razzia versuchen, möglichst viele der Gewerkschaftsführer aufzustöbern und festzunehmen. Sie hoffen erfolgreicher zu sein, wenn sie bereits heute nacht mit der Aktion beginnen, ohne erst die morgige Entscheidung im Nationalrat abzuwarten.

**Montevideo
7. Dezember 1965**

Wie vorauszusehen, hatten sämtliche Gewerkschaftsführer längst vom erneut bevorstehenden Belagerungszustand Wind bekommen und konnten sich rechtzeitig dem Zugriff der Polizei entziehen. Vor allem Oteros Geheimpolizei hat sich einigermaßen blamiert. Lediglich 15 Festnahmen sind insgesamt zu verzeichnen, obwohl die Aktion schon so früh anlief. Schon haben sich wieder die PCU-Selbsthilfegruppen formiert, um Propagandamaterial gegen den Ausnahmezustand zu verteilen. Um Otero nicht völlig der Lächerlichkeit preiszugeben, ist Horton damit einverstanden, daß ich dem Kommissar Namen und Adresse von Oscar Bonaudi, einem der Anführer jener Selbsthilfegruppen, überlasse. Er soll vorläufig festgenommen werden. Weil nur drei dieser Trupps existieren – in zweien arbeiten unsere Agenten AVCAVE-1 bzw. AVOIDANCE-9 mit –, hoffen wir, daß die PCU Angst vor Spitzeln bekommt und die Trupps für eine Weile ihre Propagandaarbeit einstellen. Riefe sträubt sich gegen Bonaudis Verhaftung, weil er sich um seine Agenten Sorgen macht, aber Horton will unbedingt etwas für die Imagepflege von Oteros Polizei tun.

**Montevideo
10. Dezember 1965**

Große Neuigkeiten! Alberto Heber, Blanco-Mitglied im Nationalrat, dessen Vorsitz er im März übernehmen wird, machte heute den Vorschlag, Uruguay solle die diplomatischen Beziehungen mit der Sowjetunion abbrechen, und begründete dies mit angeblicher sowjetischer Einmischung bei den letzten Auseinandersetzungen mit den Gewerkschaften. Im Hauptquartier sind sie begeistert und haben uns angewiesen, diesem Plan mit allen Mitteln zum Erfolg zu verhelfen.
Meine Sorgenkinder von der Polizei haben wieder einmal in charakteristischer Weise zugeschlagen: gestern hatten sich die Zeitungsdrucker soeben per Abstimmung gegen Streikmaßnahmen entschieden, als die Polizei den Saal stürmte und über 100 Personen festnahm. Sie wurden zwar später wieder freigelassen, aber inzwischen wurde erneut abgestimmt – diesmal natürlich für Streiks. Als Ergebnis der Polizeiaktion also erscheint heute und morgen in ganz Montevideo keine einzige Zeitung.

Montevideo
11. Dezember 1965

Den ganzen Tag über saßen wir an einem Bericht für das Ratsmitglied Alberto Heber, mit dem der diplomatische Bruch mit Moskau und das Verbot der PCU gerechtfertigt werden soll. Wir arbeiteten daran schon seit gestern abend, als John Cassidy, O'Gradys Nachfolger als stellvertretender Chef, einen dringenden Anruf von einem seiner Kontaktleute im militärischen Geheimdienst erhielt. Heber hatte gestern morgen einen Bericht über die Sowjets angefordert, aber weil den uruguayischen Geheimdienstleuten keinerlei Informationen vorlagen, mußten sie die Station um Hilfe bitten. Heute morgen versammelten sich alle Stationsbeamten, um die mit der Abfassung des Berichts verbundenen Probleme zu diskutieren. Schließlich wählte Cassidy vier Russen aus, von denen wir behaupten, daß sie für Gewerkschaftsoperationen zuständig sind. Darauf sah er die Akten durch, um seine Phantasiebehauptung mit irgendwelchen Fakten zu untermauern. Genauso suchte sich Riefe ein paar Führer aus CNT und Gewerkschaften für Regierungsangestellte als angebliche Kontaktleute der Sowjets in Uruguay heraus und fügte ergänzende Hinweise und Informationen, die in den Bericht eingestreut werden können, hinzu: kürzliche Reisen von PCU-Mitgliedern nach Moskau und Prag etc. Cassidy, Riefe, Conolly und ich schrieben dann die endgültige Version, die ich gemeinsam mit Cassidy ins Spanische übertrug. Cassidy brachte den Bericht dann zu AVBUZZ-1, der sich noch ein wenig um den Stil kümmern soll, und morgen übergibt er ihn dann dem militärischen Geheimdienst (Tarnbezeichnung AV-BALSA). Dafür, daß es innerhalb von 24 Stunden entstand, ist unser 24seitiges Elaborat gar nicht so schlecht. Jedenfalls stehen genügend Hintergrundinformationen darin, um den Bericht echt erscheinen zu lassen.

Außer dem Bruch mit Moskau und dem PCU-Verbot hatten wir bei Abfassung des Berichts auch unsere Medienoperationen im Auge. Heber hat bereits öffentlich behauptet, er verfüge über belastende Informationen, die den Bruch erfordern, obwohl wir ihm Details noch überhaupt nicht zugespielt haben. Sollte es nicht zum Bruch mit Moskau kommen, dann können wir den Bericht immer noch veröffentlichen und Heber zuschreiben, der sich bestimmt nicht zieren wird. Aufsehen wird er dann bestimmt erregen, und wir können ihn auch in Buenos Aires und Rio in die Zeitungen bringen.

Montevideo
12. Dezember 1965

Bevor Cassidy den Bericht zum militärischen Geheimdienst brachte, entschied sich Horton heute morgen dafür, ihn vorher noch einmal Oberst Ventura Rodriguez, dem Polizeichef, vorzulegen. Wir gingen also hinüber in Rodriguez' Büro und saßen dort mit ihm und Roberto Ramirez, dem Chef der Guardia Metropolitana, um einen Konferenztisch herum. Ramirez hatte sein kleines Transistorradio eingeschaltet und lauschte der Übertragung eines Fußballspiels.

Während Rodriguez den Bericht las, hörte ich plötzlich ein seltsames leises Geräusch, das sich mit zunehmender Dauer wie das Stöhnen eines Menschen anhörte. Erst nahm ich an, es handele sich um einen Straßenverkäufer, der vor dem Polizeipräsidium seine Waren anpries, aber dann verlangte Rodriguez plötzlich, Ramirez solle das Radio lauter stellen. Das Stöhnen wurde immer schlimmer und ging schließlich in Schreien über. Rodriguez drängte noch ein paarmal, Ramirez solle doch die Fußballübertragung lauter stellen, aber ich wußte jetzt, was diese Schreie bedeuteten: wir waren Zeugen einer Folterung in einem der Räume neben dem AVENGEFUL-Horchposten und über Rodriguez' Büro. Als Rodriguez endlich zu Ende gelesen hatte und sich einverstanden erklärte, machten wir, daß wir zurück in die Botschaft kamen.

Auf dem Weg zurück meinte auch Horton, daß das soeben die Schreie eines gefolterten Menschen gewesen seien. Ich erklärte ihm die Räumlichkeiten neben dem AVENGEFUL-Horchposten und dachte laut darüber nach, ob es sich bei dem Opfer wohl um Bonaudi handeln könnte, dessen Namen ich Otero verraten hatte. Morgen werde ich ihn zur Rede stellen. Wenn es wirklich Bonaudi war, der da unter der Folter stöhnte, dann weiß ich einfach nicht mehr, was ich tun soll. Diese Polizisten – plump und unfähig! Schon der Fall Arizaga letzten Monat hätte mich stutzig machen müssen. Ich hätte niemals dem Polizeichef irgendwelche Namen verraten dürfen, ohne vorher genau zu erfahren, was mit den Leuten geschieht.

Wer immer das gewesen sein mag, diese Stimme ließ mich erstarren. Ich fühlte mich völlig hilflos. Mein einziger Wunsch war es, so schnell wie möglich zu verschwinden. Warum nur stellten wir Rodriguez nicht zur Rede – statt dessen blieben wir sitzen, peinlich berührt bis geschockt. Dieses Stöhnen wird mir noch sehr lange nachklingen.

Unser Botschafter berichtete Horton, der Präsident des Nationalrats habe ihn heute morgen um Hintergrundmaterial gebeten, das einen Bruch mit den Sowjets rechtfertigen könnte. Horton präsentierte ihm den Heber-Bericht und der Botschafter meinte, er wolle ihn Washington Beltran, dem Nationalratspräsidenten zeigen, schnappte sich eine Kopie und fuhr damit hinaus zu Beltrans Haus. Eine andere Kopie ging an den militärischen Geheimdienst mit der Warnung, Heber solle benachrichtigt werden, daß Beltran bereits eine Kopie besitze. Daß der Botschafter den Bericht an Beltran weitergegeben hat, könnte gewisse Vorteile mit sich bringen, aber ebensogut könnte Heber jetzt zögern, den Bericht zu benutzen. Zu dumm — immerhin ist er der Mann, der die anderen Ratsmitglieder zur erneuten Ausrufung des Belagerungszustandes überredete, der den Bruch mit der Sowjetunion in die Wege leiten wollte und der nicht zuletzt in weniger als drei Monaten zum Präsidenten des Nationalrats avancieren soll.

**Montevideo
13. Dezember 1965**

Ein Abbruch der diplomatischen Beziehungen zur Sowjetunion steht erst einmal nicht mehr zur Debatte, weil ein Ende der Konfrontation mit den Gewerkschaften abzusehen ist. Gestern abend einigten sich Regierung und Gewerkschaften für die Bankangestellten über das Problem der Sanktionen gegen Streikende. Daraufhin wurden sämtliche Angestellten freigelassen, die Ende letzter Woche festgenommen worden waren. Heute früh wurden ähnliche Vereinbarungen mit den Gewerkschaften für die Beschäftigten der Zentralverwaltung getroffen. Danach blieb den CNT-Führern und Kommunisten keine andere Wahl, als den für morgen angesetzten Generalstreik abzublasen.
Vor dem Hintergrund dieser positiven Entwicklung hat die Regierung ihre Drohung, mit Moskau zu brechen, zurückgezogen. Der Heber-Bericht verschwindet fürs erste in der Schublade — wir können ihn später immer noch benutzen. Der Belagerungszustand bleibt weiter in Kraft, bis die Regierung sich mit sämtlichen Gewerkschaften geeinigt hat. Die linke Zeitung „Epoca" bleibt wegen aufrührerischer Hetze geschlossen, und nach wie vor befinden sich 300 Personen in Haft, die im Verlauf der Unruhen verhaftet wurden.
Von Otero erfuhr ich, daß es tatsächlich Bonaudi war, dessen

Schreie Horton und ich mit anhören mußten. Braga, der stellvertretende Chef der Ermittlungsabteilung, befahl die Folterungen, die drei Tage andauerten. Trotzdem weigerte sich Bonaudi, irgendwelche Fragen zu beantworten. Braga und andere seien offenbar verblüfft über Bonaudis Durchhaltevermögen. Das war der letzte Name, den ich der Polizei verraten habe, solange Braga dort noch irgend etwas zu sagen hat.

**Montevideo
16. Dezember 1965**

Die Kette seltsamer Ereignisse reißt nicht ab. Adolfo Tejera versuchte Polizeichef Rodriguez in eine Position zu manövrieren, die diesen zum Rücktritt nötigen würde, aber am Ende war der Minister selbst der Dumme und mußte demissionieren. Das Ganze ist total kompliziert und verrückt und, obwohl Otero und Piriz mir alles erklärt haben, bin ich mir selbst noch nicht darüber im klaren, was eigentlich passiert ist. Jedenfalls haben die Blancos gleich beide Rücktrittsgesuche – Polizeichef und Innenminister – angenommen. Tejera wird künftig in Alberto Hebers Fraktion sitzen. Neuer Innenminister wird Nicolas Storace und neuer Polizeichef Rogelio Ubach, wieder ein Militäroberst, der gegenwärtig noch als uruguayischer Militärattache in Asuncion, der Hauptstadt Paraguays, weilt. Zusammen mit Rodriguez ist die gesamte Führungshierarchie der Polizei zurückgetreten oder wird das demnächst tun. Das heißt, wir bekommen einen neuen Chef der Guardia Metropolitana, der in der Polizei für die AVENGEFUL-Telefonoperationen verantwortlich ist. Für den reibungslosen Ablauf dieser Operation werden sich auch in Zukunft keine Probleme ergeben.
Jake Esterline, neuer stellvertretender WH-Direktor, schaute für einen kurzen Besuch bei uns herein. Er löst Ray Herbert ab, der in den Ruhestand geht. Horton arrangierte für Esterline und die gesamte Station ein Mittagessen mit kaltem Buffet. Im Verlauf einer hitzigen Diskussion bestätigte Esterline, daß auch das Hauptquartier seinerzeit über Holmans zunehmende Unfähigkeit in Montevideo unterrichtet gewesen sei und fügte hinzu, er und Bill Broe würden dafür sorgen, daß Holmans kritische Bemerkungen über die Stationsbeamten in den Personalakten mit einem speziellen Vermerk versehen würden.
Ich hätte mich gern einmal länger mit Esterline über einige grundsätzliche Probleme der „Counter Insurgency" unterhal-

ten. Wie zum Beispiel können wir es verantworten, daß durch unsere Unterstützung der Polizei und die Zerschlagung der PCU, FEUU und der Linken insgesamt letztlich nur dieses erbärmliche, korrupte und unfähige Regime im Sattel gehalten wird. Wenn die CIA und die anderen US-Auslandsprogramme lediglich das Ziel verfolgen, dieser und ähnlichen Regierungscliquen nur deshalb den Rücken zu stärken, weil sie Antikommunisten sind, dann heißt das im Klartext: wir sind bereit, andauernd die schlimmsten Ungerechtigkeiten in Kauf zu nehmen, um irgendwelche anderen Übel abzustellen.

Ich verschwieg dies gegenüber Jake aus denselben Gründen, deretwegen vermutlich auch der Rest der Station einer ernsthaften Aussprache über diese Fragen ausweicht. Obwohl Zynismus und Spott über die Blancos, Colorados, Militärs und wem wir sonst noch helfen, lauter denn je zu hören sind – der beste Beweis, daß im Grunde jeder über die wirklichen Probleme bescheid weiß. Aber ein ernsthaftes Hinterfragen der CIA-Prinzipien hätte ideologische Aufweichung und einen ganzen Rattenschwanz weiterer Konsequenzen zur Folge: Lügendetektor, Sicherheitsüberprüfung, Schwierigkeiten für Karriere und persönliche Sicherheit. So bewegen sich unsere Diskussionen einstweilen stets auf ironischer Ebene.

**Montevideo
24. Dezember 1965**

Gestern wurde der Belagerungszustand aufgehoben, und die Staatsbank begann mit der Ausschüttung von 500 Millionen Pesos, damit die Regierung ihren Angestellten die Weihnachtsgratifikation auszahlen kann. Heute wurden sieben Bankdirektoren freigelassen, die im Zusammenhang mit dem im vergangenen April aufgedeckten Betrug verhaftet worden waren – eine reichlich milde Bestrafung, denkt man einmal an die vielen ruinierten Sparer.

Über AVBUZZ-1 betreiben wir in den Medien weiterhin den diplomatischen Bruch mit Moskau und lassen entsprechende Erklärungen tatsächlicher oder erfundener Organisationen abdrucken. Vor einigen Tagen erschien so eine typische Erklärung namens der „Nationalen Frauenbewegung zur Verteidigung der Freiheit", die ihren Ruf nach einer „nationalen Wiedergeburt" mit der Aufforderung zum Abbruch der diplomatischen Beziehungen mit der Sowjetunion verknüpfte. Das freilich derartiges für die nächste Zukunft nicht zur Debatte steht, mußten Horton und ich bei unserem ersten Zusammentreffen mit Innenminister Storace erfahren. Storace möchte unbedingt die AVENGEFUL-Operation weiterlaufen lassen und hat dem neuen Polizeichef entsprechende Anweisungen erteilt. Er ist Chefunterhändler der Regierung bei ihren Gesprächen mit den Gewerkschaften, die er zusammen mit den Sowjets weiterhin unter Druck setzen möchte.

Deshalb bat er uns um enge Zusammenarbeit mit seinem neuen Einwanderungsdirektor, Luis Vargas, der einen neuen Plan gegen kommunistische Diplomaten in Montevideo ausheckt. Horton bat mich, diese Aufgabe zu übernehmen. Vargas trafen wir bei unserer zweiten Besprechung mit Storace.

Außerdem setzten wir uns mit Rogelio Ubach, dem neuen Polizeichef, in Verbindung, der uns mit Oberstleutnant Amaury Prantl bekannt machte. Prantl ist zum neuen Chef der Guardia Metropolitana ernannt worden und ist als solcher zuständig für den AVENGEFUL-Horchposten. Ubach möchte das AID-Programm für Öffentliche Sicherheit, das jetzt seit einem Jahr läuft, vorantreiben und vervollständigen. Noch liegt der Schwerpunkt auf Funksystemen, aber unser besonderes Augenmerk gilt zunehmend der Guardia Metropolitana, der Spezialtruppe für Einsätze bei gewalttätigen Ausschreitungen. Sie wurde bereits mit Tränengasgranaten, Helmen, Munition, Gasmasken etc. ausgerüstet. In Montevideo stehen mehrere AID-Beamte als Ausbilder zur Verfügung. Außerdem haben wir bis jetzt schon 10 Polizeioffiziere auf die Internationale Polizeiakademie nach Washington geschickt. Die bisherigen Gesamtkosten belaufen sich auf etwa 300 000 Dollar.

In einer der vergangenen Nächte ereignete sich wieder ein interessanter Waffendiebstahl, der möglicherweise auf das Konto der Tupamaros geht. Sie entkamen aus einem Waffengeschäft in Montevideo mit sechs Revolvern, 47 Kleinkalibergewehren, fünf automatischen Gewehren und Munition. Kommissar Otero fährt in drei Wochen nach Washington. Das Hauptquartier will ihn an der Internationalen Polizeischule ausbilden lassen. Dieses Institut läuft als Ausbildungsstätte der CIA unter kommerzieller Tarnung, im Gegensatz zur Internationalen Polizeiakademie, die offiziell vom AID betreut wird.

**Montevideo
3. Januar 1966**

In ganz Lateinamerika sind die CIA-Stationen mit Propagandakampagnen gegen die „Trikontinentale Konferenz" beschäftigt, die gestern in Havanna eröffnet wurde, und auf der sich 500 Delegierte aus 77 Ländern treffen — die einen repräsentieren Regierungen, die anderen linksradikale Befreiungsbewegungen und politische Organisationen. Behandelt werden die üblichen Themen: Antiimperialismus, Antikolonialismus, Antineokolonialismus, Solidarität mit den Befreiungsbewegungen in Vietnam, der Dominikanischen Republik und Rhodesien, solidarische Hilfe auf ökonomischer, sozialer und kultureller Ebene. Das Ganze ist ein großes Spektakel innerhalb des kommunistischen Blocks und soll bis zum 12. Januar andauern.
Seit einigen Monaten haben wir uns propagandistisch auf dieses Ereignis vorbereitet, und vom Hauptquartier aus haben sie schon seit langem angefragt, ob die Stationen eventuell Agenten unter die Delegierten einschmuggeln könnten. Wir haben keine Agenten anzubieten, aber AVBUZZ-1 versorgt die Medien mit reichlichem Propagandamaterial. Unsere Themen: Die Konferenz soll als vom KGB gesteuertes Instrument sowjetischer Unterwanderungstaktik entlarvt werden; als eine Gefahr, der mit politischen, diplomatischen und militärischen Gegenmaßnahmen begegnet werden müsse.
Luis Vargas, der Einwanderungsdirektor, ist einverstanden, den Fall der Nordkoreaner wiederaufzurollen, die nun schon seit eineinhalb Jahren in Montevideo sitzen. Lange Zeit glaubten wir, Tejera werde sich ihrer annehmen, aber es ist bislang nichts geschehen. Wir hoffen jetzt, daß Vargas und Storace sie hinauswerfen.

**Montevideo
13. Januar 1966**

Otero reiste heute zur Ausbildung nach Washington. Horton und ich gingen hinüber, um ihn zu verabschieden und nutzten die Gelgenheit, mit Oberst Ubach, dem Polizeichef, zu sprechen. Einer unserer Beamten soll demnächst unter Tarnung der AID-Mission für Öffentliche Sicherheit full-time mit der Geheimpolizei zusammenarbeiten. Ubach ist nicht gerade ein heller Kopf, aber er akzeptiert bereitwillig jeden unserer Vorschläge. Jetzt, wo Otero weg ist, werde ich mit seinem Stellvertreter, Kommissar Pablo Fontana, zusammenarbeiten.

**Montevideo
20. Januar 1966**

AVBUZZ-1 fuhr schwerstes Geschütz gegen die Trikontinentale Konferenz auf, hat dabei jedoch etwas zu dick aufgetragen. Er sorgte für den Abdruck einer Erklärung im Namen einer Organisation, die er „Plenum demokratischer Bürgerorganisationen Uruguays" betitelte. Im Prinzip war die Erklärung ausgezeichnet, weil sie die Konferenz in Havanna in einem Atemzug mit dem von der CNT organisierten Volkskongreß und den Unruhen vom vergangenen Dezember nennt. Problematisch ist lediglich seine etwas bunte Phantasie bei der Erfindung unterzeichnender Organisationen, um der ganzen Organisation ein möglichst breites Spektrum zu verleihen: „Nationale Frauenbewegung zur Verteidigung der Freiheit"; „Uruguayisches Komitee für Selbstbestimmung der Völker"; „Wächter der Freiheit"; „Vereinigung der Freunde Venezuelas"; „Uruguayisches Komitee zur Befreiung Kubas"; „Antitotalitäre Jugendbewegung"; „Gewerkschaftskomitee für demokratische Aktion"; „Nationales Komitee zur Verteidigung nationaler Souveränität und kontinentaler Solidarität"; „Komitee zur antitotalitären Solidarität mit dem vietnamesischen Volk"; „Antikommunistische Befreiungsbewegung"; „Organisation freies Afrika"; „Studentenbewegung für demokratische Aktion"; „Integriertes Aktionskomitee der Universitäten Uruguays".
Einwanderungsdirektor Vargas brennt darauf, gegen diplomatische und kommerzielle Ostblockmissionen in Montevideo vorzugehen. Er zeigte mir den Heber-Bericht vom letzten Monat und fragte, ob ich damit irgend etwas anfangen könnte, um ein paar sowjetische Schlüsselfiguren auszuweisen. Man brauche ja nicht gleich den vollständigen Bruch herbeizuführen. Wie der Bericht in seine Hände gekommen ist, bleibt mir ein Rätsel. Wahrscheinlich hat er ihn von Heber persönlich. Vargas und Storace (vermutlich steckt auch Heber dahinter) haben uns gebeten, einen neuen Bericht zu schreiben, in dem die Namen irgendwelcher Sowjets auftauchen sollen, die mit den uruguayischen Gewerkschaften und Studentenorganisationen in Verbindung gebracht werden sollen. Bei Gelegenheit sollen diese Leute mit Hilfe des Berichts zu unerwünschten Personen er-

klärt werden. Conolly, Cassidy, Riefe und ich haben bereits mit der Abfassung begonnen. Wir müssen uns beeilen, weil Heber die Ausweisung der Sowjets gegen die Gewerkschaften benutzen möchte. Vargas hat außerdem das nichtdiplomatische Personal der Kommunisten in den Handelsmissionen aufs Korn genommen – Sowjets, Tschechen, Ostdeutsche und Nordkoreaner, die zuerst an die Reihe kommen sollen. Er sucht bereits fieberhaft nach Vorwänden.

**Montevideo
29. Januar 1966**

Venezuela hat erklärt, es werde seine Beziehungen zu denjenigen Ländern überprüfen, die an der Trikontinentalen Konferenz teilgenommen haben. Der OAS legte Peru eine Resolution vor, in der die Konferenz verurteilt wird, und vom Hauptquartier der ORIT in Mexiko sind bereits Telegramme eingetroffen, die die Resolution begrüßen. Der US-Repräsentant bei der OAS sprach sich ebenfalls für die peruanische Resolution aus und fügte hinzu, dank der „Allianz für den Fortschritt" habe der Kommunismus in Lateinamerika nicht den Hauch einer Chance – offenbar ist er in letzter Zeit nicht gerade häufig in Lateinamerika gewesen.
Manuel Pio Correa, der von der brasilianischen Militärregierung zur Unterdrückung brasilianischer Emigrantentätigkeit nach Montevideo entsandte Botschafter, kehrte vergangene Woche nach Brasilien zurück. Für seine Leistungen in Uruguay wurde er mit dem Posten eines Generalsekretärs im brasilianischen Außenministerium belohnt – damit ist er der zweite Mann hinter dem Außenminister. Vor seiner Abreise vertraute Pio Correa unserem Stationschef Horton an, daß Brasilien der Entwicklung in Uruguay nicht mehr lange tatenlos zusehen werde und früher oder später eingreifen müsse, falls sich nichts ändert – nicht gerade militärisch, aber doch so, daß ein für allemal chergestellt ist, daß der schwache Nachbar kein Opfer kommunistischer Unterwanderung wird. Na ja – wenigstens brauchen wir dann keine Truppen zu schicken, wie im Fall der Dominikanischen Republik: die Brasilianer werden sich diesmal zu gegebener Zeit jener „58 geschulten Kommunisten" in Uruguay annehmen.

Montevideo
2. Februar 1966

Gestern stimmte Storace der Ausweisung der Nordkoreaner zu, und es ist nur noch eine Frage von Stunden, bis Vargas sie anordnen wird. Da ihre Touristenvisa schon vor langer Zeit abgelaufen sind und sie keine Handelstransaktionen vornehmen, wird ihre Ausweisung nur schwache Proteste hervorrufen. Was die Nordkoreaner die ganze Zeit getrieben haben, weiß niemand. Höchstwahrscheinlich haben sie den sowjetischen Nachrichtendienst unterstützt.

Montevideo
4. Februar 1966

Der Präsident des Nationalrats hat plötzlich das Gespenst eines Vorgehens gegen die sowjetische Botschaft wiederaufleben lassen. Heute teilte er im Regierungsgebäude den Journalisten mit, Innenminister Storace bereite einen neuen Bericht über die Infiltrierung uruguayischer Gewerkschafts- und Studentenorganisationen durch kommunistische Diplomaten vor. Außerdem habe er aufgrund des Materials aus eigenen Quellen und dessen, was Storace ihm mündlich berichtete, keinen Zweifel an der illegalen Tätigkeit kommunistischer Diplomaten; Storaces Bericht werde nächste Woche dem Nationalrat vorgelegt, und es käme in diesem Zusammenhang zu einer Erklärung von großer Bedeutung. Den ‚Storace-Bericht' schrieben wir vor zwei Wochen für Storace und Vargas, um die Ausweisung von acht sowjetischen und zwei tschechischen Diplomaten zu rechtfertigen. Storace hat diesen Bericht bereits in Händen, und wenn alles gutgeht, müßte es nächste Woche zu einigen aufsehenerregenden Ausweisungen kommen. Um die gewünschte Wirkung zu erzielen, wurden die Sowjets sehr sorgfältig ausgewählt. Unter ihnen befindet sich auch der Zavhoz (Verwaltungsbeamte) der Botschaft, da seine Abreise für die Finanzführung der sowjetischen Botschaft einige Probleme bringen wird. Ich setzte die beiden Tschechoslowaken mit auf die Liste, um zu demonstrieren, wie das KGB Diplomaten der Satellitenstaaten für seine eigenen Operationen benutzt, und um die aktivsten tschechischen Nachrichtendienstbeamten loszuwerden.

Montevideo
11. Februar 1966

Die Nordkoreaner sind fort, aber die Ausweisung der Sowjets wird noch verschoben, da Washington Beltran, dessen Amtszeit als Präsident des Nationalrats zu Ende geht, wünscht, daß Alberto Heber, der am 1. März Präsident des Nationalrats wird, die Ausweisungen vornimmt. Storace wird auch die Vorlage unseres Berichts beim Nationalrat hinausschieben, aber Vargas versichert mir, daß man früher oder später Maßnahmen ergreifen werde.

Montevideo
17. Februar 1966

Die Gewerkschaftsoperationen der Station konzentrieren sich weiterhin auf das Uruguayische Institut für Gewerkschaftserziehung, das Büro des AIFLD in Montevideo. Jack Goodwyn, der Direktor des Instituts, arbeitet eng mit Lee Smith zusammen, dem für Geheimaktionen zuständigen Beamten der Station, um durch die Schulungsprogramme des Instituts eine Reihe von neuen Anti-CNT-Gewerkschaftsführern heranzubilden. Am wirksamsten ist natürlich das Programm, bei dem die Ausgebildeten nach Beendigung des Kurses neun Monate lang ein großzügiges Gehalt vom Institut bekommen, und in dieser Zeit unter Goodwyns Anleitung ausschließlich auf dem Gebiet der gewerkschaftlichen Organisierung arbeiten. Diese organisatorische Arbeit ist der eigentliche Zweck von AIFLD, damit unsere Gewerkschaften eines Tages der CNT die nationale Führung abnehmen können. Neben dem Schulungsprogramm besteht Goodwyns Tätigkeit darin, sorgfältig nach möglichen Agenten Ausschau zu halten, die von Smith unter Vorkehrungen, die Goodwyn schützen, geworben werden können.

Es wird lange dauern, bis diese Ziele erreicht sind, und oft scheint alles sehr langsam voranzugehen. Dennoch hat Goodwyn bereits einige bemerkenswerte Erfolge im Bereich der sozialen Projekte erzielt, Paradebeispiele für Public Relations sind wie z.B. sozialer Wohnungsbau und Konsumgenossenschaften. Goodwyn nutzte für den Wohnungsbau ein Angebot über eine 4-Millionen-Dollar-Anleihe von der AFL-CIO, die vom AID-Garantiert wird, und brachte so ein paar Gewerkschaften zusammen, die das Gewerkschaftseinheitskomitee für

Wohnungsfragen bilden. Einige dieser Gewerkschaften haben auch einen sogenannten Ständigen Zusammenschluß gebildet, die Keimzelle für ein zukünftiges nationales Gewerkschaftszentrum, das sich der ORIT und der ICFTU angliedern ließe. Ein anderes Wohnungsprojekt, über ebenfalls etwa vier Millionen Dollar, wird mit der Nationalen Vereinigung der Angestelltengewerkschaften ausgehandelt, einer der beiden großen in der Zentralverwaltung. Außerdem hat Goodwyn eine Konsumgenossenschaft für die Zuckerarbeiter in Bella Union gebildet – demselben Gebiet, wo Raul Sendic über den meisten Rückhalt verfügt.

**Montevideo
25. Februar 1966**

Meine kleine technische Operation, die sich gegen die Codes der Botschaft der VAR richtet, beginnt mich völlig in Anspruch zu nehmen. Über zwei Wochen sind zwei Techniker der Abteilung D, Donald Schroeder und Alvin Benefield, hiergewesen, um die Installierung zu planen, und ich mußte mit ihnen von Geschäft zu Geschäft rennen, um spezielle Klebemittel, Kreppstreifen und ähnliches zu kaufen; alles schwer aufzutreiben. Schroeder war letztes Jahr zu einem kurzen Besuch hiergewesen, und auf seine Bitte hin schickte ich den Inspektor der Elektrizitätsgesellschaft, der zum AVENIN-Beschattungsteam gehört, für eine Überprüfung der Innenräume in die Botschaft. Nach seinem Besuch dort gab es keinen Zweifel mehr, wo der Kodierungsraum liegt – genau über dem Büro von Frank Stuart, dem Direktor der AID.

Vor einiger Zeit erhielt Stuart von der AID-Zentrale in Washington die Instruktion, so weit wie nötig mit der Station zu kooperieren – allerdings scheint er nicht genau zu wissen, was geschehen soll. Er hat Angst, irgendein schwerer Gegenstand könnte durch die moderne, mit Dämmplatten versehene Decke des AID-Büros auf seinen Tisch herabsausen. Ich habe mit ihm ausgemacht, daß ich die Schlüssel für das AID bekomme, und er seinen Wachmann fortschickt, wenn wir uns in einer der nächsten Nächte Eingang verschaffen.

Die Installation wird aus zwei speziellen Kontaktmikrophonen bestehen (wobei „Kontakt" bedeutet, daß sie, anders als bei einem normalen Mikrophon, statt Luftschwingungen direkte

Schwingungen auffangen, die mit kleinen batteriebetriebenen
FM-Sendern verbunden sind. Schroeder und Benefield werden
die Geräte direkt an der Decke anbringen, und zwar so nah wie
möglich an der Stelle, wo der Code-Beamte der VAR seinen
Tisch hat. Aus meinem Büro in der Botschaft, das auf der anderen Seite der Straße gegenüber der Botschaft der VAR und
den AID-Büros liegt, werden wir den Sender bewachen, um die
Schwingungen der Maschine aufzuzeichnen.
Die VAR benutzt eine tragbare in der Schweiz gebaute Chiffriermaschine, die einer Kombination aus einer Schreibmaschine
und einer Rechenmaschine gleicht. Im Inneren befindet sich eine
Reihe von Scheiben, die alle zwei bis drei Monate neu eingestellt
werden. Um eine geheime Botschaft zu verschlüsseln, schreibt
der Code-Beamte die Botschaft im Klartext in Gruppen zu je
fünf Buchstaben in die Maschine. Jedesmal, wenn er fünf Buchstaben geschrieben hat, zieht er einen Hebel, der die inneren
Scheiben in Drehung versetzt. Wenn sie stillstehen, stellen die
durcheinandergewürfelten Buchstaben, die sichtbar werden,
die verschlüsselte Gruppe dar. Wenn die ganze Nachricht verschlüsselt ist, werden die Gruppen zu fünf Buchstaben, die sich
ergeben haben, per Telegramm nach Kairo geschickt. Die nationale Sicherheitsbehörde NSA kann dieses Codesystem
nicht knacken, kann es aber entschlüsseln, wenn man durch die
Schwingungen der Chiffriermaschine empfindliche Aufzeichnungen darüber erhält, wie die Scheiben zum Stillstand kommen. Die Aufzeichnungen werden durch einen Oszillographen
und andere Maschinen verarbeitet, die die Einstellung der
Scheiben verraten. Wenn die NSA die Einstellung kennt, kann
sie die verschlüsselten Botschaften, die am Telegrafenamt abgefangen werden, in ihre eigenen identischen Maschinen, die genauso eingestellt werden, eingeben, und die Botschaft kommt
im Klartext heraus. Obwohl der Schweizer Hersteller beim Verkauf der Maschinen die Notwendigkeit betont, sie in einem
schalldichten Raum auf einem Tisch mit Schaumgummiunterlage zu benutzen, hoffen wir, daß der Code-Beamte, mit dem
wir es zu tun haben, nachlässig ist. Wenn wir die Einstellung
dieser Maschine in Montevideo herausfinden können, wird die
NSA in der Lage sein, die verschlüsselten Nachrichten der VAR
für den gesamten Kreis der Botschaften, zu denen auch die
Niederlassung in Montevideo gehört, zu lesen. Zu diesem Kreis
gehören auch London und Moskau, weshalb wir mit der Operation schnellstens beginnen sollten. Wenn sie Erfolg hat, werden
wir in Zukunft jedesmal, wenn die Einstellung geändert wird,

die Schwingungen der Maschine aufzeichnen. Die Politiker können, wenn sie diese geheimen Nachrichten der VAR lesen, diplomatische und militärische Schritte der VAR antizipieren und außerdem die genaue Reaktion auf Initiativen der USA erhalten.

Montevideo
1. März 1966

Die technische Installation unter dem Chiffrierraum der VAR nahm fast die ganze Nacht in Anspruch. Horton erklärte Schroeder und Benefield, daß sich die Instrumente auf keinen Fall lösen und auf Stuarts Tisch fallen dürften. Sie nahmen sich also Zeit. Wir haben bereits erste Aufzeichnungen von der Maschine, und seit wir sie durch den Oszillographen laufen ließen, sind Schroeder und Benefield sicher, daß es klappen wird. Wir schikken die Bänder mit Diplomatenpost an die Zentrale zur Weitergabe an die NSA, die uns mitteilen wird, ob sie zu gebrauchen sind. Die Empfindlichkeit der Mikrophone ist bemerkenswert. Ob die Toilette rauscht oder der Aufzug im Gange ist, selbst wenn es im Gebälk knackt, jedes Geräusch in diesem zwölfstöckigen Gebäude wird aufgefangen.

Montevideo
7. März 1966

Alberto Heber übernahm die Präsidentschaft im Nationalrat und wurde von der CNT mit der Ausrufung eines neuen Generalstreiks für den 16. März begrüßt, mit dem gegen die anhaltende Inflation und Arbeitslosigkeit protestiert werden soll. Der Streik der Transportarbeiter in Montevideo dauert inzwischen schon drei Wochen. Storace bleibt weiterhin Regierungsbevollmächtigter bei den Verhandlungen mit den Gewerkschaften, und da es nur noch neun Monate bis zu den Wahlen sind, muß der Arbeitsfrieden selbst um den Preis noch weitergehender Konzessionen erkauft werden.
So regelte Storace heute den Transportarbeiterstreik in Montevideo. Außerdem wurde der Konflikt um die Sanktionen beigelegt. Die Gewerkschaften für die autonomen Betriebe und dezentralisierten Dienste akzeptierten seine Lösungsvorschläge, nach denen alle Bußgelder, die den Arbeitern für die Streiks

im letzten Jahr abgezogen wurden, zurückgezahlt werden und alle anderen Sanktionsmaßnahmen fallengelassen werden. Daraufhin kündigte die CNT an, daß der Generalstreik, der für den 16. März ausgerufen worden war, auf den 31. März verschoben werde. Unsere Infiltrationsagenten in der PCU glauben, daß dies unter anderem Gegenstand der Verhandlungen mit Storace wegen der Sanktionen war, und daß der Streik vermutlich überhaupt nicht stattfinden wird.

Montevideo
12. März 1966

Das Hauptquartier teilte mit, daß die NSA in der Lage ist, mit den Bandaufnahmen die Einstellung der Chiffriermaschine zu bestimmen. Wir werden die Installation an ihrem Platz lassen, und wenn die Einstellung verändert wird, werden wir benachrichtigt. Dann werde ich in meinem Büro einige Aufnahmen machen und sie als Diplomatenpost verschicken. Endlich werde ich diese beiden Kerle von der Abteilung D los. Benefield geht jetzt nach Afrika zu einer Operation gegen eine neu errichtete rotchinesische Botschaft, und Schroeder geht nach Mexico City, wo er seit einiger Zeit an einer Operation gegen das französische Code-System arbeitet.

Montevideo
20. März 1966

Die Zusammenarbeit mit der Polizei geht weiter, macht aber keine rechten Fortschritte. Storace genehmigte, daß wir einen unserer Beamten kommen lassen, der als Angestellter für Öffentliche Sicherheit getarnt wird. Das Hauptquartier hat endlich einen Beamten für diesen Posten benannt: es ist Bill Cantrell, der früher im Secret Service und, nachdem er zur CIA stieß, in der Fernost-Abteilung arbeitete. Leider wird Cantrell nicht vor September kommen, da er Spanisch lernen muß, und so nehme ich an, daß ich bis zu meiner Abreise mit dem polizeilichen Nachrichtendienst zusammenarbeiten werde – wenn ich Glück habe, fahre ich Ende August.
Unsere Bemühungen, Oberst Ubach zu veranlassen, eine Nachrichtendienstabteilung auf gleicher Stufe mit oder getrennt von der regulären Abteilung für Verbrechensbekämpfung einzurich-

ten, hatten keinen Erfolg. Horton ist jedoch entschlossen, den polizeilichen Nachrichtendienst in einen „Special Branch" nach britischem Muster umzuwandeln, mit dem er es in Hongkong zu tun hatte. Ich bin mir nicht sicher, ob er das für notwendig hält, weil es besser funktioniert, oder weil es die englische Art ist — er scheint noch anglophiler als früher zu sein: Spaziergänge auf dem Land, Beobachtung von Vögeln, Tennis, Teestunde und Mengen von abgetragenem Tweed, den er auch in der größten Hitze trägt.

Frank Sherno, der technische Beamte unseres Gebiets, stationiert in Buenos Aires, schickte uns eine tragbare Recordak-Urkundenkopiermaschine, die ich auf dem Flughafen von Montevideo zur verbesserten Kontrolle von Reisenden einzusetzen hoffe. Mit dieser Maschine können wir alle Pässe aus kommunistischen Ländern und die Pässe aller anderen Personen, die auf unserer Beobachtungsliste stehen, fotografieren.

Montevideo
30. März 1966

Die Zentrale hält die Operationen gegen die Codes der VAR für so wichtig, daß sie uns aufgefordert hat, das Apartment über der Botschaft der VAR zu kaufen oder langfristig zu mieten. Der Grund dafür ist, daß wir in einigen Jahren das neue Botschaftsgebäude beziehen werden, das zur Zeit an der Rambla in Bau ist; wahrscheinlich wird auch das AID dann umziehen. Da unsere Operation aber viele Jahre dauern könnte, will sich die Zentrale den Zugang zu dem Gebäude und unmittelbare Nähe für den Horchposten sichern.

Rio de Janeiro
6. April 1966

Alle Sachbearbeiter, die sich an südamerikanischen Stationen mit Kuba befassen, haben sich hier zu einer Konferenz eingefunden. Auf ihr soll neues Interesse an der Anwerbung von Agenten geweckt werden, die nach Kuba gehen, um dort zu leben oder die an Rekrutierungsoperationen gegen kubanische Regierungsbeamte, die ins Ausland reisen, und an Operationen zur Infiltrierung der kubanischen Nachrichtendienste in den Ländern, in denen wir eingesetzt sind, teilnehmen. Tom Flores, der ehemalige Stationschef von Montevideo, ist jetzt beim Hauptquartier für kubanische Angelegenheiten zuständig und leitet die Konferenz. Letzte Woche hielt er in Mexico City eine Konferenz für Beamte ab, die für kubanische Operationen in Mittelamerika, der Karibik und Mexiko verantwortlich sind. In seinen einleitenden Worten beklagte Flores, daß die CIA praktisch immer noch keine Agenten hat, die aus Kuba selbst Bericht erstatten. Die technische Beschattung durch Schiffe, wie die „USS Oxford", mit denen Funksprüche abgefangen werden können, und durch Satelliten und Luftaufklärungsflüge ist gut, aber nicht ausreichend. Natürlich brachte er wieder das alte Thema von der Anwerbung durch in Geheimschrift abgefaßte Briefe auf. Dann beschäftigten wir uns einen ganzen Tag lang mit der Struktur und Arbeitsweise des kubanischen Nachrichtendienstes – noch einmal die gleichen Informationen, die wir vor fast zwei Jahren durch einen Überläufer nach Kanada erhielten; sehr langweilig. Gestern und heute beschrieben wir der Reihe nach unsere lokalen Operationen gegen die Kubaner. Meine sind immer noch in der Verfolgung der ewigen Fälle von Gegenspionage und dem Versuch festgefahren, die Regierung dazu zu bringen, Maßnahmen gegen das Büro der „Prensa Latina" in Montevideo zu ergreifen.

Der Vertreter der Station in Quito ist niemand anderes als mein alter Boß Warren Dean – die Konferenz ist für Operationsbeamte gedacht, aber Dean wollte ein paar Tage Urlaub in Rio machen. Er erzählte, daß Rafael Echeverria nach der Machtübernahme der Militärjunta im Jahr 1973 nach Kuba ging und sich dort wegen eines Gehirntumors einer Operation unterzog. Nach seiner Genesung wurde er als kubanischer Nachrichtendienstagent ausgebildet. Er kehrte nach Quito zurück, wo die Junta ihn in Ruhe ließ. Durch Mario Cardenas, den Infiltrationsagenten in der PCE in Quito, wurde aufgedeckt, daß Echeverria ein Geheimschriftsystem entwickelt hat, um Botschaften nach Kuba zu senden, sowie einen Funk-Signalplan, um sie zu empfangen. Das Kommunikationsbüro brachte in dem Radiogerät, das Echeverria benutzt, um Kurzwellen-Botschaften aus Kuba zu empfangen, einen Sender an, so daß die Station in der gegenüberliegenden Wohnung die Nachrichten aufzeichnen konnte. Dort hatte ich vor dem Sturz von Arosemena Luis Sandoval als kommerziellen Fotografen getarnt plaziert. Außerdem kopierte die Station Echeverrias kryptografische Bücher und war so in der Lage, seine Verbindungen zum kubanischen Geheimdienst in Havanna zu überwachen. Die beste Anwerbung der

Station in Quito in letzter Zeit ist Jorge Arellano Gallego, ein ehemaliger Funktionär der PCE, von dem man seit langem Informationen über seine wunden Punkte gesammelt hatte. Wir sind noch ein oder zwei Tage bis zum Ende der Konferenz hier. Außer den Beamten für kubanische Operationen aus dem Hauptquartier ist niemand sehr begeistert – die anderen fehlen immer häufiger und gehen zum Strand. Wenn wir fertig sind, werde ich eine Woche Urlaub nehmen, um mit meinem Vater in der Karibischen See zu angeln – dann geht es wieder zurück nach Montevideo, wo ich auf meine Versetzung warte. Ich bin mir immer noch nicht sicher, ob ich meinen Abschied nehmen soll, wenn ich nach Washington zurückkomme. Ich werde mich bestimmt von Janet trennen, aber bevor ich bei der CIA aufhöre, werde ich eine neue Stellung finden müssen.

Montevideo
18. April 1966

Gerade habe ich eine meiner unerfreulicheren Operationen in meiner kurzen Laufbahn als Spion beendet. Vor einigen Monaten antwortete das Hauptquartier auf einen meiner Berichte über die jugoslawische Botschaft – ich hatte ihnen die neuesten Informationen über das gesamte Personal der Botschaft aus den Unterlagen des Außenministers geschickt –, indem es eine Anwerbung vorschlug. Einer der Attaches in der jugoslawischen Botschaft ist ein alter persönlicher Freund von DMH-AMMER-1, einer hochgestellten Persönlichkeit, die vor einigen Jahren überlief. Der Überläufer, der jetzt in den Sechzigern ist, hatte im jugoslawischen Außenministerium eine Stellung inne, die etwa derjenigen eines Chefs der Verwaltungsabteilung entspricht, und lieferte ausgezeichnete Informationen. In den letzten Jahren war er durch die Welt gereist und hatte bei ehemaligen Kollegen Anwerbungsversuche unternommen – nicht ohne Erfolg. Die Zentrale wird ihn bald in den Ruhestand versetzen, aber man wollte ihn zu einem letzten Anwerbungsversuch nach Montevideo kommen lassen, da es sich bei dem Attache um den Code-Beamten handelt.

Horton war einverstanden, und aus der Zentrale kam der verantwortliche Beamte, um mit mir den Annäherungsversuch zu planen. Das AVENIN-Beschattungsteam stellte den Tagesablauf unserer Zielperson fest, zu dem ein Fußweg über mehrere Häuserblocks von seiner Wohnung zum Botschaftsgebäude gehört. Er macht diesen Gang am Morgen, am Mittag nach Hause und zurück und dann wieder am Abend. Der Beamte aus der Zentrale brachte den Überläufer, einen großen, gut aussehenden Mann mit wallender weißer Mähne, für ein „zufälliges Zusammentreffen" auf der Straße aus Buenos Aires herbei. Das Treffen sollte auf dem Boulevard Espana nur wenige Blocks von der sowjetischen Botschaft in Richtung auf den Strand zu stattfinden.

Das Glück wollte es, daß unsere Zielperson genau zur rechten Zeit erschien, und das Zusammentreffen verlief sehr herzlich und lebhaft, obwohl es nur eine Viertelstunde dauerte. Unser Überläufer erzählte der Zielperson, daß er Montevideo und Buenos Aires auf einer Geschäftsreise besuche und jetzt in Paris lebe, und er lud die Zielperson für denselben oder den nächsten Tag zum Dinner ein. Der Attache nahm die Einladung für den folgenden Tag an, und wir glaubten einen Treffer landen zu können. Wir beschlossen, die gleichen Sicherheitsvorkehrungen wie am ersten Tag zu treffen, d.h. der Beamte aus der Zentrale, ich als Gegenbeschattung auf der Straße und Tito Musso, der Chef des AVENIN-Teams, mit einem Fluchtauto in der Nähe.

Wie vereinbart ging der Überläufer am nächsten Abend in das elegante Restaurant „Aguila", aber der Attache erschien nicht. Obwohl wir vermuteten, die Zielperson habe beschlossen, unseren Freund nicht wieder zu treffen – die erfolglosen Anwerbungsversuche des Überläufers sind dem jugoslawischen Geheimdienst zweifellos bekannt –, entschieden wir uns, für alle Fälle ein neues Zusammentreffen auf der Straße zu arrangieren. Diesmal erklärte der Attache unserem Überläufer ganz einfach, daß er verstanden habe und von dem Plan nichts wissen wolle. Er lehnte es ab, noch etwas zu sagen und ließ unseren Mann stehen.

Es war traurig, fast erbarmungswürdig anzusehen, wie dieser vornehme Mann in den Straßen herumlungerte, bevor er sich auf unsere Zielperson stürzte. Der Beamte aus der Zentrale erzählte mir, daß sie für ihn nichts mehr zu tun haben, und daß er in seinem Alter kaum noch einen neuen Beruf lernen kann, aber bald keine Bezahlung mehr erhält. Er ist inzwischen US-Bürger und wird ein wenig Sozialhilfe bekommen, aber seine letzten Lebensjahre werden schwierig werden. Kein Wunder, daß die meisten Überläufer entweder Alkoholiker, geisteskrank oder beides werden. Wenn sie von uns erst einmal ausgepreßt worden sind, und wir alles wissen, dann werden sie wie alte Lumpen weggeworfen.

Montevideo
25. April 1966

Der Immigrationsdirektor Luis Vargas hat der ostdeutschen Handelsmission einen Schlag versetzt. Er stellte sie vor die Wahl, eine ständige Aufenthaltsgenehmigung zu beantragen oder binnen 30 Tagen abzureisen. Nach einem heftigen Wortwechsel mit von Saher, dem Leiter der Handelsmission, warf er ihn aus seinem Büro hinaus und wollte die Ausweisungsmaßnahmen so bald wie möglich einleiten, als von Saher und Spinder, ein anderer Beamter der Vertretung, plötzlich nach Ostdeutschland zurückkehrten. Die beiden anderen Ostdeutschen, Kuhne und Vogler, haben zu unserer Überraschung eine ständige Aufenthaltsgenehmigung beantragt. Sie befinden sich jedoch immer noch auf der Basis ihrer zeitweiligen Aufenthaltsgenehmigung hier, und sobald diese in einigen Monaten ausläuft, wird Vargas das Gesuch um eine ständige Aufenthaltsgenehmigung abschlägig beantworten.

Einer meiner früheren Agenten hat plötzlich in den Zeitungen große Publizität erlangt. Es ist Anibal Mercader, ehemals AVBASK-1, der für uns als Infiltrationsagent in der Revolutionären Bewegung Uruguays (MRO) arbeitete. Nur ein oder zwei Monate nach meiner Ankunft in Montevideo zog Mercader nach Miami, wo er in einer Bank angestellt wurde. Jetzt, zwei Jahre später, ist er mit 240 000 Dollar verschwunden und versteckt sich wahrscheinlich mit seiner Frau, seinen Kindern und dem Geld in Buenos Aires. Das ist eine neue Art, Geldmittel für die Revolution aufzubringen, aber vielleicht hatte er die ganze Zeit auf der Seite des MRO gestanden. Das kann das FBI klären, wir kennen ihn nicht.

Die Unterschriftenkampagne der PCU zur Verfassungsreform war ein großer Erfolg – nicht zuletzt deshalb, weil die CNT für die Aktion gewonnen werden konnte. Durch AVBUZZ-1 haben wir versucht, die PCU wegen Mißbrauch der organisierten Arbeiter für ihre politischen Zwecke anzuprangern. Sein „Plenum Demokratischer Bürgerorganisationen" veröffentlichte gestern eine „Presseerklärung", in der die linke Arbeiterbewegung in Uruguay als Agent des internationalen Kommunismus und der ausländischen Verschwörung denunziert wird, der sich auf eine Konfrontation mit den traditionellen demokratischen politischen Parteien in der Frage der Verfassungsreform eingelassen habe. Die Erklärung schließt mit der Behauptung, die Kommunisten seien in einer Situation der ‚totalen Unterwanderung' zu einem Staat im Staat geworden, da man ihnen erlaubt habe, die Arbeiterbewegung zu dominieren. Ich nehme an, daß AVBUZZ-1 sein Publikum kennt, aber manchmal ist es schon peinlich.

Kommunist Otero ist von seinem Ausbildungskurs zurück und enthusiastischer, als ich ihn jemals erlebt habe. Es war gerade gelungen, mit der Fotografieroperation am Flughafen zu beginnen, bevor er zurückkam, aber Otero wird die Verantwortung für die Entwicklung der Fotos und die Druckarbeiten übernehmen. Frank Sherno wird so bald wie möglich zurückkommen, die Dunkelkammer der Geheimpolizei neu einrichten und neue Geräte bestellen. Ich bin nicht sicher, wie bald, da Sherno momentan fast seine gesamte Zeit in Santiago, Chile, verbringt, wo er und Larry Martin ein neues Gebäude der sowjetischen Botschaft mit Wanzen spicken.

Neulich verbrachte er vier Tage auf dem Flughafen, um die Polizeibeamten auszubilden, die mit den Einwanderungsbeamten zusammenarbeiten. Normalerweise dauert es ein paar Stunden, bis man lernt, diese Geräte zu bedienen, aber diese Leute stellen einen Sonderfall dar. Außerdem richtete ich es ein, daß ein Polizeikurier das belichtete Filmmaterial in Oteros Büro bringt, und die Negative und unsere Abzüge mit den täglichen Kurieren vom Polizeipräsidium herübergeschickt werden. Solche Effizienz hat natürlich ihren Preis, und ich habe damit begonnen, an das Flughafenpersonal monatliche „Spesen" zu bezahlen, die sich auf Basis der fotografierten Pässe und anderer Reisedokumente berechnen. Ich nenne es zwar nicht Akkordarbeit, aber das ist es beinahe, und ohne das würde das Recordak nur dastehen und verstauben. Außerdem habe ich eine Beobachtungsliste der Reisenden aufgestellt – erst einmal eine einfache, um das Personal daran zu gewöhnen. Sie besteht aus allgemeinen Sparten für Dokumente, die fotografiert werden sollen, sowjetische Pässe und die der Satellitenstaaten. Schließlich gab ich jedem von ihnen eine Kopie der Fotografie des bartlosen Che Guevara und forderte sie auf, sich dieses Gesicht so genau wie möglich einzuprägen. Ich fürchte, das wird kaum ausreichen – diese Burschen würden Che selbst dann nicht erkennen, wenn er mit Bart, Barett und Maschinenpistole völlig erschöpft durch die Kontrolle ginge.

Nächste Woche werde ich Otero eine großzügige Gehaltserhöhung geben; während er fort war, setzte ich Fontana, seinen Stellvertreter, auf die Gehaltsliste, aber er will nicht, daß Otero das erfährt – und ich auch nicht. Von jetzt an müssen sich diese Leute auf die Infiltration der Tupamaros konzentrieren. Dies scheint die einzige Gruppe zu sein, die momentan die Linie des „bewaffneten Kampfes" vertritt. Otero ist bereit, das zu übernehmen, und irgendwie muß ich ihn dazu bringen, zur Informationsbeschaffung Agenten zu werben, damit die Polizei nicht auf Folterungen zurückgreifen muß.

**Montevideo
19. Mai 1966**

Wir erhielten Besuch vom Chef der Sowjet-Abteilung, Dave Murphy und seinem Stellvertreter, Peter Bagley. Sie befinden sich auf Inspektionsreise zu den Stationen, wo sich gleichzeitig Sowjetbotschaften befinden. Conolly, der hiesige Operationsbeamte für sowjetische Angelegenheiten, und Bagley konnten sich noch nie leiden, und natürlich kam es auch gleich zu einer fürchterlichen Szene. Obwohl sie Conolly drohten, ihn zurück ins Hauptquartier zu schicken, hat er wahrscheinlich nichts zu befürchten, denn Murphy und Bagley sehen sich bereits nach einem Operationsbeamten für Sowjetangelegenheiten der Station Buenos Aires um, wo sie haltmachten, bevor sie hier auftauchten. Der dortige für die Sowjets zuständige Operationsbeamte konnte die sowjetische Botschaft nicht finden, als sie ihn baten, sie doch einmal auf eine Spritztour dorthin zu fahren. Das reichte für seine Versetzung.

**Montevideo
9. Juni 1966**

Jack Goodwyn hat es arrangiert, daß für die in diesem Monat stattfindende Konferenz der Internationalen Arbeitsorganisation in Genf einer seiner AIFLD-Leute als uruguayischer Vertreter benannt wird. Die Prestigeernennung wurde von der Regierung vorgenommen, und Goodwyns Mann wird als Repräsentant der Uruguayischen Gewerkschaftsunion (CSU) auftreten. Die PCU und andere Linke schreien empört auf, weil die CSU überhaupt keine Funktion mehr hat und die CTU auf alle Fälle 90 – 95 Prozent der organisierten Arbeitskräfte repräsentiert. Die Regelung ist ein Symptom dafür, daß die Regierung zunehmend die Vorteile der Kooperation mit und der Förderung von AIFLD und ähnlichen Gewerkschaftsprogrammen erkennt. Ähnlich wohlgesonnen ist die Privatindustrie.

In Washington hat die CIA mit Joseph Beirne, dem Präsidenten der Communications Workers of America (CWA) vereinbart, die Ausbildungsschule der CWA in Fort Royal, Virginia, dem AIFLD zu unterstellen. Diese Schule wurde jahrelang als Hauptzentrum der Post, Telegraph and Telephone International (PTTI) benutzt, um Gewerkschaftsführer aus anderen Ländern auszubilden. Jetzt werden in der Schule die AIFLD-Kurse stattfinden, die bisher in Washington abgehalten worden waren. Keine üble Sache: ein Grundstück von ca. 30 Hektar am Shenandoah River, wo es die Isolation und Kontrolle ermöglichen, die Teilnehmer für einen künftigen Einsatz bei den Gewerkschaftsoperationen der CIA wirklich genau zu bewerten. Außerdem beginnt das AIFLD in diesem Jahr mit einem einjährigen Kurs in „Arbeitsökonomie", der an der Loyola University in New Orleans veranstaltet wird. Das AIFLD ist nicht gerade billig: dieses Jahr werden seine Gesamtkosten die 15-Millionen-Dollar-Grenze überschreiten. Davon werden fast 90 Prozent durch das AID von der US-Regierung finanziert und der Rest von US-Gewerkschaftsorganisationen und US-Firmen. Seit 1962 ist das jährliche Budget des AIFLD von 640 000 Dollar auf fast 5 Millionen Dollar angewachsen, während das jährliche Budget für die ORIT bei etwa 325 000 Dollar stehengeblieben ist. Weitere Millionen werden dem AIFLD in Form von Anleihen für seine Wohnungsprogramme und andere soziale Projekte zugeführt.

**Montevideo
30. Juni 1966**

Ich ließ Fred Houser von der Station in Buenos Aires kommen, der bei der VAR Coderaum-Operation als Käufer fungieren soll. Das Glück wollte es, daß ein älteres Paar sich seit einiger Zeit mit Verkaufsgedanken trug, und nach kurzen Verhandlungen einigten wir uns auf umgerechnet 35 000 Dollar. Das Apartment gehört einer Strohfirma namens Diner, S.A.; Houser erwarb einfach alle Anteile an dieser Firma, und das Apartment war unser. Ich habe die Aktien in meinem Safe eingeschlossen, wo sie wahrscheinlich bleiben werden, bis die VAR ein neues Botschaftsgebäude bekommt. Houser eignete sich ausgezeichnet für die Aufgabe, da er sowohl die nordamerikanische wie die argentinische Staatsbürgerschaft besitzt und bei der Kaufoperation mit Leichtigkeit als Argentinier auftreten konnte. Jetzt werden wir zur Tarnung Derek Jones und seine Familie einziehen lassen. Jones ist ein alter Freund von Cassidy und besitzt sowohl die englische wie die uruguayische Staatsbürgerschaft. Sobald sie einziehen und unser Zugang gesichert ist, werden Schroeder und Benefield wieder kommen, um das Mikrophon dauerhaft anzubringen – eventuell in den AID-Büroräumen mit einem Draht zu der Wohnung, aber mit größerer Wahrscheinlichkeit direkt in der Wohnung.

**Montevideo
14. Juli 1966**

Die herrschenden Fraktionen bei den Colorados und den Blancos bemühen sich jetzt um eine Verfassungsreform, mit der das Land zur Präsidialregierung zurückkehren soll, obwohl in bestimmten Kreisen beider Parteien eine ergebliche Opposition fortbesteht. Die Befürworter der Reform aus beiden Parteien treffen sich regelmäßig, um einen Plan zur Verfassungsreform auszuarbeiten, der von der Legislative gebilligt und dem Land in einem Referendum vorgelegt wird. Indem sich die traditionellen Parteien auf ein Reformbündnis einigen, sichern sie, daß ihre Reformversion die einzige sein wird, die eine Chance hat, angenommen zu werden. Falls also die Wähler, was unwahrscheinlich ist, den gemeinsamen Plan der Colorados und Blancos ablehnen, wird Uruguay bei dem gegenwärtigen Kollegialsystem bleiben. Dadurch wird jede Möglichkeit, daß ein Reformvorschlag der PCU angenommen werden könnte, vollständig ausgeschlossen; die CNT hat bereits den Blanco-Colorado-Vorschlag verurteilt, mit dem eine starke Exekutive errichtet werden soll.
Unterdes beginnen wieder die Streiks. Die Gewerkschaften der staatlichen Angestellten fordern neue Leistungen in Form von ‚Anleihen' – um das verfassungsmäßige Verbot zu umgehen, das vor den Wahlen Gehaltserhöhungen durch die Regierung untersagt.

Montevideo
27. Juli 1966

Es gelang Storace, einen Aufschub des für den 21. Juli angekündigten Streiks der Staatsangestellten und eines Streiks beim Transportsystem von Montevideo, der für heute angesetzt war, zu erreichen. Allerdings führen die städtischen Arbeiter weiterhin ihren einstündigen Sitzstreik pro Schicht durch, und wegen der ‚Anleihen' und der Frage, wie die Regierung sie finanzieren kann, wachsen die Spannungen.

In einem geheimen Treffen erörterten Storace und die Blanco-Nationalratsmitglieder den Vorschlag, für den PCU-Kongreß, der im nächsten Monat abgehalten wird, der sowjetischen Bruderdelegation die Visa zu verweigern. Man entschloß sich – wie ich glaube, richtigerweise –, die Visa nicht zu verweigern, sondern die Teilnahme der Sowjets am Kongreß als Rechtfertigung für spätere Aktionen gegen die sowjetische Vertretung zu benutzen. Hinzu kommt, daß die Regierung gerade jetzt ein sowjetisches Kreditangebot über 20 Millionen Dollar prüft, mit denen sowjetische Maschinen erworben werden sollen, die durch nichttraditionelle uruguayische Exportgüter zurückgezahlt werden können. Don Schroeder und Al Benefield sind wieder hier, um die technische Operation gegen den Coderaum der VAR zu verbessern. Zufällig traf ihre Reise mit einer neuen Veränderung in der Einstellung der Maschine zusammen. Hinter einer Zwischenwand, die sie in unserer neuen Wohnung über der VAR errichtet hatten, welche höher als der Coderaum und durch einen Lichtschacht von ihm getrennt liegt, konnten sie den Codebeamten beobachten, als er die neue Einstellung vornahm, und ihn dabei fotografieren. Nun brauchen sie nicht einmal die Bandaufnahmen. Der Codebeamte zieht keine Vorhänge vor und läßt das Rouleau nicht herab. Er könnte es uns nicht leichter machen.

Montevideo
24. August 1966

Endlich ist mein Nachfolger hier, und ich werde Ende des Monats abreisen können. Es ist Juan Noriega, ein ehemaliger Navigationsoffizier, der kürzlich seinen ersten Auftrag bei der Station von Managua erledigte, wo er die Leibwache für Präsident Somoza und seine Familie ausbildete.

Ich habe Noriega alle meine Operationen übergeben und werde in einigen Tagen nach Hause fliegen. In zweieinhalb Jahren ist das Budget unserer Station um fast eineinhalb Millionen Dollar gestiegen, während es bei den Sachbearbeitern der Station einige Neuzugänge gegeben hat. In einigen Wochen kommt Bill Cantrell, um ganztägig mit Oteros Geheimpolizei zu arbeiten. Außerdem wird in nächster Zeit ein nicht offiziell getarnter Beamter für Operationen gegen die PCU und ähnliche revolutionäre Organisationen ankommen. Seine Ankunft hat sich sehr verzögert – seine Tarnung wurde von Holman mit Alex Perry arrangiert, einer von Holmans Golfbekanntschaften und General Manager der Uruguayan Portland Cement Co., einer Tochtergesellschaft der Lone Star Cement Corporation. Die Zentrale von Lone Star erteilte letztes Jahr ihre Genehmigung, aber bei der Suche nach einem passenden Beamten kam es zu vielen Verzögerungen. Für die sowjetischen Operationen ist noch ein weiterer Beamter unter nicht offizieller Tarnung vorgesehen.

Wie anders fühle ich mich bei meiner Abreise, verglichen mit meiner Aufregung, meinem Optimismus und meinem Vertrauen, die ich an jenem Sonntag fühlte, als ich hier ankam und von O'Gradys Apartment aus das Gedränge an der Playa Pocitos betrachtete. Während ich hier war, bin ich noch einmal befördert worden, die Zeugnisse über meine körperliche Tüchtigkeit waren gut, aber meine Identifikation mit der Arbeit und den Leuten bei der CIA hat sicherlich abgenommen.

Holmans Benehmen und die Verschlechterung meiner häuslichen Situation haben eine gewisse Verhärtung, vielleicht sogar Verbitterung, verursacht, aber je mehr ich von dieser Regierung sehe, desto dringender stellt sich die Frage, warum wir solche Dinge unterstützen.

Teil IV

Washington DC
15. September 1966

Im Hauptquartier werde ich in der Abteilung Mexiko als Beamter für die Unterstützung von Operationen gegen die Sowjets eingesetzt. Doch in dieser ersten Woche mache ich Besuche, um meine Tarnung und andere Einzelheiten zu regeln. Ich werde vom Außenministeium getarnt und dem Anschein nach dem Büro für Nachrichten und Ermittlungen, dem Research Assignments Office, zugeteilt. Die zentrale Tarnungsabteilung unterhält noch immer das Telefonsystem mit den Decknummern. Mir gab sie die üblichen zwei Namen, die ich für meine fiktiven unmittelbaren Vorgesetzten benutzen werde. Wie alle Anschlüsse des Außenministeriums fängt die Telefonnummer mit DU-3 an, verbindet aber mit der Zentralen Tarnungsabteilung in Langley.
Ich habe den stellvertretenden Abteilungsleiter, Jake Esterline, nach meinen Aussichten, nach Vietnam versetzt zu werden, gefragt, denn jede Abteilung muß alle drei Monate eine bestimmte Anzahl von Beamten für Vietnam zur Verfügung stellen. Jake sagte mir, ich solle mir deswegen keine Gedanken machen, und er bestätigte die allgemeine Vermutung, daß die meisten Abteilungen nur „Entbehrliche" nach Vietnam schicken. Ich frage mich, ob ich nach Vietnam gehen würde, falls man mich auffordert. Durch Sonderzulagen können die meisten Beamten praktisch ihr gesamtes Gehalt sparen, und so könnte ich mir in diesem Fall ein Polster schaffen, bis ich einen neuen Job gefunden habe. Aber nein, ich habe genug von „Counter Insurgency".
Auch der Ausschuß für Geheimdienstkarrieren hat mich zu einem Gespräch aufgefordert. Man teilte mir mit, daß ich in das neue Pensionsprogramm der Agentur aufgenommen wurde, d. h. ich kann mich mit fünfzig Jahren mit einem hübschen Jahreseinkommen pensionieren lassen. Mit einunddreißig scheint das ja noch weit weg, aber es ist angenehm zu wissen, daß man in das großzügigste aller Programme aufgenommen wurde. Aber selbst dieses Pensionsprogramm kann mich nicht dazu bringen,

noch neunzehn Jahre diese Arbeit zu machen.
Der Beamte, dessen Stelle ich in der Abteilung Mexiko übernehme, ist derselbe, der meine Stellung antrat, als ich Quito verließ. Er wird eine unehrenhafte Entlassung bekommen, weil er am Lügendetektor nicht in der Lage war, bestimmte Fragen, die Finanzen in Quito betreffend, zu beantworten. Das ist ziemlich traurig, denn er ist über vierzig, hat eine Familie zu ernähren und keinen neuen Job. Mir wird bewußt, daß es ratsam ist, genau zu überlegen, wem ich von meinen Plänen erzähle – und daß ich schon eine neue Stelle haben sollte, bevor ich anfange zu reden.

Washington DC
4. Oktober 1966

Die organisatorische Struktur der WH-Division im Hauptquartier hat sich in den letzten sechs Jahren kaum geändert. In den Exekutivbüros gibt es außer den Chef der Abteilung, Bill Broe und Jake Esterline, noch Referenten für Personal, Ausbildung, Sicherheit und Berichterstattung. Wir haben einen Stab für Auslandsnachrichten von fünf Beamten, der von Tom Polgar geleitet wird und einen Stab für geheime Operationen mit vier Beamten unter der Leitung von Jerry Droller, dem berühmten „Mr. Bender" von der Invasion in der Schweinebucht. Diese Stäbe prüfen Projekte und Dokumente der Stationen, bei denen die Zustimmung der Abteilung nötig ist, z.B. bei der Bewilligung von Geldern. Sie koordinieren diese Angelegenheiten mit anderen Abteilungen im Hauptquartier, außerhalb der WH-Abteilung.
Die regionalen Abteilungen bestehen aus der großen Abteilung Kuba mit dreißig Beamten, geleitet von Tom Flores, und kleineren Abteilungen für Mexiko, Mittelamerika, die Karibik, die Andenstaaten, Brasilien und den cono sur (Uruguay, Paraguay, Argentinien und Chile). Insgesamt haben wir im Hauptquartier in dieser Abteilung etwa hundert, in den Stationen dagegen etwas über zweihundert Beamte. Das Budget der Abteilung liegt bei 37 Millionen Dollar für das Finanzjahr 1967 – 5,5 Millionen Dollar werden davon in Mexiko ausgegeben.
In der Abteilung Mexiko (WH/1) sind wir für die vom Hauptquartier geleistete Unterstützung der großen und komplizierten Operationen der Station Mexico City verantwortlich. Unser Chef, Walter J. Kaufman, und sein Stellvertreter, Joe Fisher,

leiten ein Team von zehn Beamten, von denen jeder für eine bestimmte Funktion bei Operationen dieser Station verantwortlich ist. Unsere Abteilung sowie die Abteilung Kuba wurden aufgrund bestimmter Veränderungen im DDP-Büro des Hauptquartiers vorübergehend im Ames-Gebäude untergebracht, einem von mehreren neuen Bürohochhäusern in Rosslyn, in denen sich die CIA niedergelassen hat. Es ist in vieler Hinsicht angenehmer, direkt gegenüber von Washington auf der anderen Seite des Potomac zu arbeiten, als in Langley, aber der Verkehr auf der Hin- und Rückfahrt ist eine Katastrophe.

Joe Fisher wies mich in die Operationen der Station Mexico City ein, und ich kann verstehen, warum die Station einen zweifelhaften Ruf genießt: ,,Zuviel Knochen und zuwenig Fleisch". Ihre Operationen stützen sich hauptsächlich auf Beziehungen (aufgrund der ungewöhnlich engen Beziehung zwischen dem mexikanischen Präsidenten Gustavo Diaz Ordaz und dem Chef der Station Winston Scott) sowie auf Unterstützung der Operationen der Mexikaner (durch Beschattung, Beobachtungsposten, Reisekontrollen, Post- und Telefonüberwachung). Es mangelt der Station sehr an guter Agenteninfiltration gegen ihre Zielobjekte: die Sowjets, Kubaner, lokale revolutionäre Organisationen, die mexikanische Regierung und der politische Apparat. Die Operationen sind schwerfällig, weil fast keine politischen Operationen laufen, wie wir sie in Ecuador und in den meisten lateinamerikanischen Staaten durchführen. Das liegt an der großen Effizienz der mexikanischen Sicherheitsdienste bei der Ausschaltung der extremen Linken, so daß wir uns keine Sorgen zu machen brauchen. Wäre die Regierung hier weniger effektiv, würden wir natürlich selbst für eine Verstärkung der Repressionen sorgen.

Im Umgang mit dem Stab für Gegenspionage (CI) löste sich mir ein altes Rätsel: 1959, als wir über die organisatorische Struktur des Hauptquartiers aufgeklärt wurden, wurde niemals die Existenz einer Sektion Israel oder eines Büros für Israel in der Nahost-Abteilung erwähnt. Als irgend jemand jedoch danach fragte, gab der Ausbilder eine jener ausweichenden Antworten, die einem klarmachen, daß die Frage indiskret ist. Jetzt kam ich dahinter, daß die Abteilung Israel im Gegenspionagestab untergebracht ist, um besser vor dem israelischen Geheimdienst abgeschirmt zu sein, als sie es wäre, gehörte sie zur Nahost-Abteilung. Einer meiner Kontakte im CI-Stab sagte, daß das leider wegen der möglicherweise geteilten Loyalität jüdischer Beamter nötig sei.

Washington DC
5. Oktober 1966

Endlich habe ich eine kleine Wohnung gefunden und bin bei Janet ausgezogen. Der Augenblick, als ich die Kinder verließ, war schlimmer, als ich erwartet hatte – aber ich werde sie regelmäßig besuchen. Ich vermute, daß ich mit Janet einen langen und erbitterten Kampf führen muß. Ihr die Kinder zu überlassen, macht mich völlig fertig – es gibt für mich einfach keine Möglichkeit, das Sorgerecht zu bekommen. Darüber hinaus möchte ich wegen meiner Privatangelegenheiten keinen Lärm machen, der die für Sicherheit und Tarnung zuständigen Leute beunruhigen könnte. Lieber opfere ich gegenwärtig eigene Interessen.

Washington DC
6. Oktober 1966

Die Arbeit im Hauptquartier ist entsetzlich langweilig – ich tue nichts, außer Papiere zur Unterschrift vorzubereiten. Es ist aber nicht allein die Langeweile. Früher oder später werden sich die Dinge verschlechtern. Wenn ich jetzt kündige, muß ich mir in dieser miesen Stadt einen neuen Job suchen, schon allein um meine Söhne sehen zu können – und jetzt sagt mir Janet, daß sie mit der Scheidung ein Jahr oder länger warten will. Am liebsten ginge ich wieder nach Kalifornien, um dort zu arbeiten, aber dann würde ich die Kinder fast nie sehen. Wenn ich nicht kündige, bleibe ich bei dieser miserablen Arbeit hängen – und werde eventuell wieder nach Lateinamerika versetzt und somit von den Jungen getrennt. Wie man es nimmt, schlechte Aussichten.

Aber ich höre bei der CIA auf. Ich glaube nicht mehr an das, was die Firma macht. Ich werde das Resümee zu Ende schreiben, Jake oder Broe mitteilen, daß ich einen anderen Job suche und kündigen, sobald sich etwas Anständiges bietet. Ich werde nicht genau begründen, warum ich kündige, denn wenn die Wahrheit herauskäme, würde man mir wahrscheinlich den Zugang zu Geheimsachen sperren und mich einfach entlassen. Statt dessen werde ich persönliche Gründe und meine familiäre Situation anführen. Anderenfalls wäre ich während der Suche nach einer neuen Arbeit ohne Einkommen.

Washington DC
7. Oktober 1966

In der Abteilung Uruguay wurde heute vormittag gefeiert. Die Regierung hat endlich einige Sowjets ausgewiesen — vier haben gestern das Land verlassen —, und jetzt gibt es in der Presse von Montevideo Spekulationen, ob der Nationalrat die vor kurzem ausgesprochene Einladung an Gromyko, Uruguay zu besuchen, zurückziehen wird. Die Ausweisungen sind das Ergebnis von Luis Vargas' zäher Arbeit. Als ich mich verabschiedete, sagte er mir noch, die Sowjets würden es ausbaden müssen, falls die Regierungsgewerkschaften vor den Wahlen wieder Unruhen anzettelten. Bevor ich Montevideo verließ, schrieb ich einen Aktenvermerk mit der Empfehlung, Vargas ein Touristenticket in die USA zu geben, sollte er am Ende doch noch rausgeschmissen werden. Das wäre das mindeste, denn schließlich habe ich ihm nie ein Gehalt gezahlt.

Die Ausweisungsverfügung kam aufgrund desselben fingierten Berichts zustande, den wir im letzten Januar für Storace zusammenstellten und der jetzt mit kleineren Veränderungen auf den neuesten Stand gebracht worden war. Darin werden die Sowjets beschuldigt, sich in Uruguay in gewerkschaftliche, kulturelle und studentische Angelegenheiten einzumischen. Nur vier Sowjets wurden sofort ausgewiesen, weil der Kulturattache und ein anderer sowieso auf Heimaturlaub in Moskau sind, und die Erneuerung ihrer Visa von Vargas unterbunden werden kann. Die beiden anderen, die nicht ausgewiesen wurden, sind Handelsattaches und sollen, laut Vargas, erst dann ausgewiesen werden, wenn die vier mit diplomatischem Status das Land verlassen haben.

Washington DC
15. Oktober 1966

Ein merkwürdiges Telegramm von der Station Mexico City machte mich wieder nachdenklich. Kaufman informierte mich streng vertraulich — denn es handelt sich um den Vorschlag, einen Beamten der CIA für den Posten eines olympischen Attachés an der US-Botschaft für die Spiele 1968 zu benennen. Das Telegramm der Station Mexico City gibt einen kürzlich vom Botschafter Fulton Freeman gemachten Vorschlag wieder. Solch ein Einsatz, meint der Botschafter, sei logisch, da der

CIA-Beamte bei den regulären Treffen der olympischen Attachés ein Auge auf die kommunistischen Geheimdienstleute haben könne, von denen sich einige als Privatpersonen in Mexico City aufhielten, während andere als Vertreter diplomatischer Missionen aufträten. Der CIA-Beamte könne auch die kommunistischen olympischen Attachés beobachten, da sich seine Arbeit im Olympischen Komitee in Mexiko mit ihrer überschneide. Falls die CIA nicht in der Lage sei, einen geeigneten Beamten als olympischen Attaché zu stellen, werde der Botschafter auf eine andere der ihm bereits vorschwebenden Maßnahmen zurückgreifen.

Die immer häufigeren Anfragen der Mexikaner an die Botschaft wegen olympischer Angelegenheiten und der zu erwartende gewaltige Zustrom von Amerikanern zu den Spielen rechtfertigen die Einstellung eines ausschließlich für die Olympiade abgestellten Beamten. Ich habe von der Aktenzentrale die Unterlagen über die letzten Olympiaden angefordert. Das wäre ein interessanter Job.

**Washington DC
25. Oktober 1966**

Ich habe die Akten über Operationen bei früheren Olympiaden durchgesehen — wir sind bei jeder Olympiade gewesen, seit die Sowjets 1952 in Helsinki in Erscheinung traten. Melbourne, Rom, Tokio — und nun Mexico City. Provokationen, Überläufer, Propaganda, Anwerbung amerikanischer Sportler für Operationen im Olympiadorf, Winterspiele, Sommerspiele — die CIA ist immer dabei.

Ich habe einen Vermerk für Bill Broe und Dave Murphy, den Chef der Abteilung Ostblock geschrieben, worin ich die Zustimmung zum Vorschlag der Station Mexico City empfehle. Außerdem schrieb ich in diesen Vermerk, daß ich mich als olympischer Botschaftsattaché qualifizieren könnte, da ich schon immer ein großer Sportler gewesen sei — wenn auch in der Phantasie. Ich meinte das nur halb ernst und dachte, daß sie darüber lachen würden, aber Murphy ist interessiert. Broe war während der Olympiade 1964 Chef der Station in Tokio, und er ist nicht allzu begeistert. Aber ich habe in einem Telegramm nach Mexico City mitgeteilt, daß der Vorschlag im Prinzip angenommen ist und daß das Hauptquartier jetzt mit dem Außenministerium verhandeln und sich nach einem Kandidaten umsehen wird. Kaufman sagt, daß meine Chancen besser als fifty-fifty stünden. Ich denke, daß ich die Kündigung verschiebe – vielleicht kann ich bei der Olympiade Kontakte für einen neuen Job herstellen. Heute abend werde ich ein paar Liegestützen machen und vielleicht einmal um den Block laufen. Mexico City soll eine phantastische Stadt sein.

Am nächsten Tag kam ein RYBAT-Telegramm aus Mexico City, das die Funktionsweise der dortigen Station erläuterte. Der Chef der Station meldete, daß Luis Echeverria, Minister für Innere Sicherheit, ihm mitgeteilt habe, er sei gerade in der geheim abgehaltenen Vorwahl zum künftigen Präsidenten von Mexiko bestimmt worden. Echeverria ist jetzt der Mann, den die Spitze der herrschenden Partei, der Institutionellen Revolutionären Partei (PRI), schon im voraus als nächsten Präsidenten aufbaut. Die Information ist streng vertraulich, nicht so sehr, weil sie eine Geheimsache enthält, sondern weil in Mexiko die Präsidentschaftsnachfolge angeblich von einer breiten Basis innerhalb der PRI bestimmt wird. Jahrelang hat die Partei abgestritten, daß über die Präsidentschaftsnachfolge geheim entschieden wird, und zwar vom amtierenden Präsidenten, den früheren Präsidenten und einigen Führern der PRI – offiziell gibt es sogar einen Konvent für die Nominierung und dem Anschein nach eine Massenbeteiligung an der Entscheidung. Der für die Berichte zuständige Beamte der Abteilung Mexiko schickte dem Weißen Haus und dem Außenministerium einen ,,blauen" Bericht (sehr beschränkter Umlauf) mit Echeverrias guten Nachrichten.

Washington DC
5. Dezember 1966

Das Lektüreprogramm, auf das ich mich eingelassen habe, macht mir klar, daß Mexiko genauso interessant ist wie Ecuador und Uruguay, vielleicht noch interessanter wegen der furchtbaren Fehlschläge seiner vielen Versuche, soziale Gerechtigkeit auf dem Weg des gewaltsamen Aufstands zu erreichen. Mexiko hat, wie Ecuador und andere lateinamerikanische Staaten, im neunzehnten Jahrhundert eine ,,liberale Revolution" erlebt, aber auch hier diente sie hauptsächlich der Machtbeschränkung der katholischen Kirche. Als im Jahre 1910 die Revolution ausbrach und fünfunddreißig Jahre Diktatur beendete, waren drei Viertel der gesamten, in Mexiko getätigten Investitionen in Händen des Auslandes, wobei der US-Anteil auf nahezu eine

Milliarde Dollar geschätzt wurde. So überrascht es nicht, daß die beiden wichtigsten Triebfedern der Revolution von 1910-20 die Agrarreform und der wirtschaftliche Nationalismus waren. Letzterer erhielt wachsende Bedeutung, nachdem die USA Vera Cruz besetzt hatten und auf diese Weise ihre Sympathie für diejenigen Kräfte unterstrichen, welche in Mexiko eine Rückkehr zu den Verhältnissen vor 1910 anstrebten. Doch die Auseinandersetzungen über Ausmaß und Tempo bei der Durchsetzung der revolutionären Ziele führten zu einem Bürgerkrieg, der über eine Million Menschenleben forderte, bis zu seinem Ende in den 20er Jahren vielleicht auch zwei Millionen. Viele Führer der Revolution waren unter den Opfern.

Die meisten der nationalistischen und agrarischen Ziele der mexikanischen Revolution sind in der Verfassung von 1917 verankert, die noch heute in Kraft ist. Allerdings blieb die Verwirklichung der Verfassungsprinzipien späteren National- und Regionalgesetzen überlassen — was auf eine eher langsame Annäherung an die Ziele der Verfassung hinauslief: d. h. kurzfristige Verzögerungen und Verhandlungen, um langfristig die sogenannte grundlegende Veränderung zu gewährleisten.

Seit Beginn der Revolution wurde die Agrarreform als Voraussetzung jeder weiteren wirtschaftlichen und sozialen Veränderung betrachtet, obwohl es große Meinungsverschiedenheiten über Ausmaß und Tempo der Umverteilung der Ländereien gab. Der wesentliche Inhalt der Reform orientierte sich nach rückwärts: Rückgabe des den Bauern im Verlauf früherer Konzentrationsprozesse geraubten Landes. Bäuerlicher Landbesitz, so dachte man, würde die Produktion steigern und vor allem die Würde wiederherstellen, eine bäuerliche Würde, die zur Grundlage eines neuen Nationalgefühls werden sollte, denn die Revolution räumte mit der Gewohnheit auf, alles Ausländische zu überschätzen und alles Mexikanische zu verachten. Obgleich seit der Umverteilung der private Landbesitz nominell stieg, blieb das Modell für die Landreform der ‚ejido': Gemeindeland im Besitz eines Dorfes, das unter die Bauern aufgeteilt wurde, die wiederum nur unter großen Schwierigkeiten ihre Parzellen weiterverkaufen konnten. So war der ‚ejido' theoretisch die Rückkehr zu jener Struktur von Landbesitz, wie sie durch die in der Verfassung von 1857 verankerte Reform abgeschafft worden war.

Die Landreform kam anfangs nur langsam voran und beschränkte sich im wesentlichen auf die „Legalisierung" der Landbesetzungen während des Bürgerkriegs. Aber in den späten 20er Jahren häuften sich Enteignungen und Umverteilungen. Ihren Höhepunkt erreichte diese Entwicklung unter der Präsidentschaft von Lazaro Cardenas (1934-40), der mehr als 40 Millionen Hektar an über zwei Millionen Menschen verteilte. Die Präsidenten nach Cardenas setzten die Umverteilung des Landes fort, wenn auch nicht mehr in diesem Umfang, während die anhaltende Massenarmut auf dem Lande Kritik hervorrief und zu der Behauptung führte, daß dieser Grundpfeiler im Revolutionsprogramm ein Fehlschlag sei. Das Regime Cardenas, das den Höhepunkt der Umverteilungspolitik markiert, gilt auch als Kulminationspunkt des zweiten Revolutionsziels, nämlich die Industrie und die natürlichen Ressourcen ausländischer Kontrolle zu entreißen. Die bekannteste Durchsetzung von Bestimmungen der Verfassung von 1917 ist die Verstaatlichung der Erdölindustrie — 1935 —, die in amerikanischem und britischem Besitz war. Der Zweite Weltkrieg ließ Mexiko und die Vereinigten Staaten wieder enger zusammenrücken, und nach Meinung vieler Beobachter enden mit dieser Periode die Bestrebungen nationalistischer Wirtschaftspolitik in Industrie und Landwirtschaft.

Während der Regierungszeit von Miguel Aleman in den Jahren 1946-52 wurde wieder ausländisches Kapital nach Mexiko geholt und nahm von da ab ständig zu, trotz der sogenannten „Mexikanisierung", die bei wichtigen Firmen eine 51%ige mexikanische Beteiligung vorschreibt. 1965 waren die ausländischen Investitionen auf 1,75 Milliarden Dollar angestiegen, davon 80 Prozent im Besitz einiger hundert in Mexiko operierender US-Firmen. Mexikos vielfältiger Export (Kaffee, Baumwolle, Zucker, Weizen, Mais, Obst, Schwefel und Edelmetalle) stieg von 1961 bis 1965 jährlich um durchschnittlich 8,5 Prozent.

Auf den ersten Blick scheint die Situation hoffnungsvoll: das Land ist in Händen der Bauern, die Zuwachsraten in Landwirtschaft und Industrie sind hoch. Doch bei näherer Betrachtung zeigt sich die Unausgewogenheit der mexikanischen Entwicklung nach dem Zweiten Weltkrieg, und die Regierungen nach Cardenas scheinen die ursprünglichen Revolutionsziele der sozialen Gerechtigkeit und gleichmäßigen Einkommensverteilung aus den Augen verloren zu haben.

Das zentrale Problem gleicht sehr demjenigen im übrigen Lateinamerika: ein moderner, kapitalintensiver Sektor, der nur einem relativ kleinen Teil der Arbeitskräfte Beschäftigung gibt — im Fall Mexikos etwa 15 %. Trotz rascher Expansion ist der moderne Sektor offensichtlich nicht in der Lage, mehr Arbeitskräfte zu absorbieren, und so bleiben die weitaus meisten arbeitslos, unterbeschäftigt oder müssen ihr Dasein als Landarbeiter oder mit niedrigsten Dienstleistungen fristen. Am deutlichsten wird die ungleiche Entwicklung in Mexiko, betrachtet man die Verteilung des durchschnittlichen Pro-Kopf-Einkommens von 475 Dollar, das etwas über dem lateinamerikanischen Durchschnitt liegt. Nach Angaben der Interamerikanischen Entwicklungsbank erhält die ärmere Hälfte der mexikanischen Bevölkerung nur 15 % des Nationaleinkommens — der monatliche Durchschnitt liegt bei 12 Dollar pro Person. Nach den Angaben der Wirtschaftskommission der Vereinten Nationen für Lateinamerika (1) ergeben die 15 % des Nationaleinkommens, die sich auf die 50 % der Bevölkerung mit niedrigem Einkommen verteilen, pro Kopf einen geringeren Betrag, als der, den die gleiche Bevölkerungsgruppe in fast allen übrigen lateinamerikanischen Staaten erhält. Die ärmsten 10 % der mexikanischen Bevölkerung, d. h. etwa 4,2 Millionen Menschen, haben ein durchschnittliches Monatseinkommen von 5 Dollar. Darüber hinaus hat sich der Einkommensanteil der ärmsten 20 % sowie der unteren 50 % der Bevölkerung zwischen 1950 und 1965 noch verringert — das Einkommen der ärmsten 20 % ist auch absolut gesunken. So sind die Armen in Mexiko eindeutig ärmer geworden, trotz der fast boomartigen Entwicklung in Industrie und Landwirtschaft. Welche gesellschaftlichen Gruppen hat die mexikanische Regierung also in der Periode nach dem Zweiten Weltkrieg begünstigt? Nach dem gleichen Zahlenmaterial der Wirtschaftskommission der Vereinten Nationen für Lateinamerika verfügen die oberen 5 % der mexikanischen Einkommensskala über fast 26 % des Nationaleinkommens — früher betrug der Anteil dieser Gruppe am Nationaleinkommen sogar 33 %. Die übrigen 45 % der oberen Einkommenshälfte verfügen jetzt über 55 % des Nationaleinkommens. Abschließend stellt die Wirtschaftskommission der Vereinten Nationen fest, daß sich in Mexiko seit 1950 wenig an der Einkommensverteilung verändert hat, es sei denn, daß die Armen noch ärmer geworden sind, und die oberen 5 % etwas von ihrem Anteil abgetreten haben, aber noch immer ein Viertel des Nationaleinkommens beziehen.

---

1 La Distribucion del Ingreso en America Latina, Naciones Unidas, New York 1970, basiert auf offiziellen mexikanischen Statistiken aus der Mitte der 60er Jahre.

Washington DC
10 Dezember 1966

Je mehr ich über Mexiko erfahre, desto häufiger erscheint mir die mexikanische Revolution als leere Rhetorik oder bestenfalls als deformierte Bewegung, die von Unternehmern und Bürokraten beerbt wurde. Denn die Entscheidungen, die eine so extrem disproportionale Einkommensverteilung ermöglichten, wurden von der einzigen politischen Organisation gefällt, die sich auf der Seite der Sieger entwickelte und zu einem Auffangbecken wurde, das die verschiedenen mexikanischen Schichten in den „revolutionären Prozeß" integrierte. Diese Organisation, die sich jetzt Institutionelle Revolutionäre Partei (PRI) nennt, übt seit den 20er Jahren eine Einparteiendiktatur aus.

Durch ihr langes Machtmonopol und ihre heterogene Zusammensetzung ist die PRI eine höchst eigenartige Institution. Theoretisch besteht sie aus drei Sektoren, zu denen jeweils eine Massenorganisation gehört: der Sektor der Bauern ist in der Nationalen Bauernvereinigung (CNC) organisiert, der Sektor der Arbeiter im Mexikanischen Gewerkschaftsbund (CTM) und der Volkssektor (die Mittelschichten) in der Nationalen Vereinigung der Volksorganisationen (CNOP). Jede dieser Organisationen hat ihren eigenen organisatorischen Apparat auf nationaler, Landes- und lokaler Ebene, der an die entsprechende nationale, Landes- und lokale PRI-Organisation angeschlossen ist, in der er als Lobby für politische Entscheidungen funktioniert, die den jeweiligen Interessen der Organisationsmitglieder entsprechen. In Wirklichkeit aber werden wichtige politische Entscheidungen, einschließlich der Benennung von Kandidaten für öffentliche Ämter, im Hauptquartier der PRI in Mexico City von einem siebenköpfigen Exekutivkomitee gefällt. Oft entscheidet es unter Mitwirkung des Ministeriums für Innere Sicherheit und des Präsidenten.

Die wirksame Nutzung dieser drei Massenorganisationen durch die PRI und ihr System des demokratischen Zentralismus machen es der Partei möglich, bei der Interpretation der Ziele und der praktischen Durchsetzung der Revolutionsprogramme das Monopol für sich zu beanspruchen. Die daraus resultierenden Vorteile sind politische Stabilität seit den 20er Jahren und ein günstiges Klima für ausländische Investitionen seit dem Zweiten Weltkrieg. Politische Stabilität ist weiterhin dadurch gewährleistet, daß sowohl Legislative als auch Justiz der Exekutive hierarchisch untergeordnet sind und von der PRI kontrolliert werden. Die Unterdrückung der politischen Opposition, besonders der Kommunisten und anderen Marxisten, funktionierte, wo immer sie nötig wurde, stets schnell und wirkungsvoll. Mit politischer Opposition, die sich von Zeit zu Zeit bemerkbar macht, verfährt die PRI gewöhnlich wie folgt: Zunächst wird der Versuch unternommen, die Oppositionsgruppe in irgendeiner Form in die PRI einzubeziehen oder sie zur Kooperation mit der PRI zu bringen. Falls das nicht gelingt, wird die Gruppe scharf beobachtet, bis der geeignete Moment für Repressalien gekommen ist. Ein neueres Beispiel für die erstere der beiden Methoden war die abweichende politische Entwicklung des ehemaligen Präsidenten Cardenas, der 1961 Führer der neugegründeten und extrem linksorientierten Nationalen Befreiungsbewegung (MLN) wurde.

Nachdem er von Führern der PRI öffentlich scharf angegriffen worden war, machte er 1964 eine Kehrtwendung und unterstützte den offiziellen Präsidentschaftskandidaten der PRI, womit er in der MLN eine folgenschwere Spaltung verursachte. Ein weiteres Beispiel war die Gründung der Unabhängigen Bauernvereinigung (CCI) Anfang der 60er Jahre als Gegenorganisation zur CNC der PRI. Die CCI wurde von Alfonso Garzon geleitet, einem ehemaligen Führer der CNC, und gewann mit einem radikalen Agrarprogramm viele Anhänger. Eine Kombination von Repressalien gegen die CCI seitens der Regierung und wiederholten Angeboten an Garzon, zur PRI zurückzukehren, hatte schließlich Erfolg und führte dazu, daß Garzon die PRI wieder unterstützte. Gleichzeitig verursachte er eine Spaltung der CCI bei dem Versuch, ihre kommunistischen Führer auszuschließen, die indessen weiterhin in dem von ihnen kontrollierten Teil der CCI aktiv blieben.

Da die PRI als Führerin der „Revolution" offensichtlich nur von der Linken in Frage gestellt werden kann, sowohl auf ideologischer Ebene als auch betreffs ihrer sozialen und wirtschaftlichen Programme, zeigt sie sich gegenüber linken Gruppen, die die Kooperation verweigern, sehr unduldsam: Repression ist die Regel, und die Strafen sind hoch. Ein neueres Beispiel war im Jahr 1964 die Einkerkerung von Ramon Danzos Palomino, dem Führer der prokommunistischen Fraktion in der CCI, der in jenem Jahr eine Propagandakampagne für seine Präsidentschaftskandidatur durchführte, obgleich seine von den Kommunisten unterstützte Wahlorganisation nicht zur offiziellen Eintragung zugelassen worden war. Seine Erfolge bei der Organisierung seiner Anhänger veranlaßten die PRI zu der Entschei-

dung, ihn für einige Zeit auszuschalten. Die übliche Anklage, die dann gegen unerwünschte Oppositionelle erhoben wird, lautet auf „soziale Zersetzung".
So hat die PRI ihre eigene Version von demokratischem Zentralismus und verfügt durch ihre Massenorganisationen über Transmissionsriemen. Kontrollierbare und integrierbare politische Opposition wird geduldet, sogar ermutigt, dagegen werden oppositionelle Gruppen, die keine Kompromißbereitschaft zeigen, durch härteste Repressalien in Schach gehalten. Bürgerliche Freiheiten existieren nur in Form der jederzeit widerrufbaren Duldung abweichender Meinungen, und die Massenmedien sind in Selbstzensur wohltrainiert. Die Vorsicht empfiehlt, in Mexiko nur innerhalb der Einheitspartei politisch zu arbeiten, und es überrascht nicht, daß sich die Parolen der PRI auf Themen wie „sozialer Friede" und „nationale Einheit" konzentrieren.
Einige scheinbar einfache Fragen lassen sich dennoch nicht vermeiden: wenn die PRI die Bauern, die Arbeiter und die Mittelschicht repräsentiert, warum hat sie dann zugelassen, daß die Spitzen von Handel, Industrie und die akademischen Berufsgruppen sich einen derart übermäßig hohen Anteil am Nationaleinkommen sichern konnten? Wollen die Führer der PRI möglicherweise selber durch ihre politischen Aktivitäten zu den obersten 5 % aufsteigen? Oder genauer gesagt, ist nicht die PRI – und früher der revolutionäre Prozeß – einfach das Instrument der Industrie- und Handelskreise sowie der Akademiker, also der Diener der obersten 5 %? Warum sind die angeblichen Nutznießer der mexikanischen Revolution 50 Jahre nach ihrem siegreich beendeten Kampf immer noch die Ärmsten?

Washington DC
15. Dezember 1966

In Mexiko hat die Regierung unseren gemeinsamen Gegner mit unserer Hilfe recht gut unter Kontrolle – und was die Regierung nicht schafft, kann die Station in der Regel selbst erledigen. Das politische Klima ist günstig für unsere Operationen, obwohl der Gegner zahlenmäßig sehr stark und aufgrund der Nähe zu den USA auch sehr sensibel ist. Unsere Gegner in Mexiko sind:
Die Sozialistische Volkspartei (PPS)
Mit schätzungsweise 40 000 Mitgliedern bildet die PPS die größ-

te der verschiedenen linksextremen Gruppen. Sie wurde Ende der 40er Jahre von Vincente Lombardo Toledano gegründet, der die mexikanische Arbeiterschaft während der Präsidentschaft von Cardenas im Mexikanischen Gewerkschaftsverband (CTM) reorganisierte. Die PPS ist die einzige kommunistische Partei, die von der mexikanischen Regierung anerkannt wird. In der Übergangsregierung nach Cardenas und vor Aleman — in den Jahren des Zweiten Weltkriegs — wurde Lombardo, damals Führer des Arbeitersektors in der PRI, allmählich verdrängt. Er machte in den folgenden Jahren die PPS zu einer der stärksten marxistischen Parteien in der westlichen Hemisphäre und war auch Präsident der Lateinamerikanischen Arbeitervereinigung (CTAL), bis zu ihrer Auflösung im Jahre 1964 der regionale Zweig des Weltgewerkschaftsbundes (WFTU).

Obwohl nach den Vorstellungen der CIA eine kommunistische Partei, ist die PPS wegen ihres lokalen Charakters und ihrer Autonomie unorthodox, beide Merkmale sind der kraftvollen, caudilloähnlichen Persönlichkeit Lombardos zu verdanken. Die Partei untersützt zwa die sowjetische Außenpolitik und vertritt marxistische Lösungen nationaler Probleme, lehnt aber eine gewaltsame Revolution ab zugunsten einer schrittweisen, friedlichen Taktik. Sie bezieht eine äußerst feindselige Haltung gegenüber US-Investitionen in Mexiko und den engen Bindungen zwischen der mexikanischen und der US-Regierung. Die seltsame Autonomie der PPS im internationalen Kontext wird noch verwirrender, wenn man sieht, daß diese Partei im eigenen Lande die PRI, wenn auch in begrenztem Umfang, unterstützt. Die PPS ist das vielleicht beste Beispiel der PRI-Politik, eine kontrollierte Opposition zuzulassen, damit Dissidenten von der gehorsamen Opposition absorbiert werden und nicht zu kompromißlosen Gruppen abwandern. Seit den Wahlen von 1958 z. B. hat die PPS die Präsidentschaftskandidaten der PRI unterstützt und nur für den Kongreß eigene Kandidaten aufgestellt.

Die PPS verfügt über eine Jugendorganisation, Juventud Popular, die mit zwei- bis dreitausend Mitgliedern einigen Einfluß auf die beiden großen mexikanischen Studentenorganisationen ausübt: die Nationale Vereinigung der Technikstudenten (FNET) und die Vereinigung der Universitätsstudenten (FEU).

Die Basisarbeit der PPS konzentriert sich in der Hauptsache auf die Generalunion der Arbeiter und Bauern (UGOCM), die von Jacinto Lopez aufgebaut wurde, einem ehemaligen Führer der CNC, der Bauernfront in der PRI. Die UGOCM hat schätzungsweise 20 000 Mitglieder, meist Bauern, und ist der WFTU angeschlossen. Am stärksten tritt sie im Staat Sonora auf; die UGOCM hatte Landbesetzungen der Bauern mitorganisiert, bei denen die Regierung kaum einschritt — ein Zeichen für die Toleranz der PRI und die Art und Weise, wie sie mit der von ihr kontrollierten Opposition umgeht. Lopez selbst wurde, obwohl Abtrünniger der PRI, 1964 in die Abgeordnetenkammer gewählt und gilt allgemein als zweiter Mann in der PPS. Auch er tritt für graduelle Veränderungen ein und ist eindeutig Nutznießer systemimmanenter Arbeit.

Trotz ihrer taktischen Erfolge hat die PPS erhebliche Schwierigkeiten mit Spaltungen in ihrer linken Fraktion. Vor kurzem trat eine ‚linksorientierte' Gruppe unter der Führung von Rafael Estrada Villa aus der PPS aus und nannte sich fortan Nationales Revolutionäres Direktorium (DNR). Estrada bleibt Abgeordneter der PPS, obwohl das DNR zur militanteren chinesischen Linie tendiert.

So ist die PPS anerkanntes Sammelbecken für Linke, denen die PRI zu gemäßigt ist. Bei Wahlen ist die Anziehungskraft der PPS gering. Die PRI wird sie dulden, solange sich die PPS an die Spielregeln hält. Dafür zeigt sich die PRI erkenntlich und belohnt die Führung der PPS, so z. B. mit 10 Abgeordnetenmandaten, und die einzige Gefahr liegt in der Eigenschaft der PPS, unfreiwilliger Geburtshelfer gefährlicher Fraktionen wie der Estrada-Gruppe zu sein.

Die Kommunistische Partei Mexikos (PCM)
Obwohl die PCM seit den 20er Jahren in Mexiko aktiv ist, konnte sie nie eine große Mitgliederzahl an sich binden; sie wird jetzt auf etwa 5 000 geschätzt, meist aus der unteren Mittelschicht und der Unterschicht. In der PCM finden sich zwar einige Akademiker, Intellektuelle und Persönlichkeiten aus dem kulturellen Bereich, von denen der Wandmaler David Alfaro Siqueiros der bedeutendste ist, aber wegen der geringen Mitgliederzahl konnte sich die PCM nie offiziell für die Wahlen eintragen lassen.

Die PCM folgt der sowjetischen Linie. Das Hauptgewicht legt sie auf legale Aktionen, der bewaffnete Kampf wird nur für besondere taktische Ziele anerkannt. Ihr innenpolitisches Programm basiert auf einem gegen die USA gerichteten Nationalismus; außenpolitisch vertritt die PCM die Positionen der Sowjetunion und die Verteidigung der kubanischen Revolution. Obwohl die Parteiarbeit durch Geldmangel stark behindert ist,

ist die PCM in der Lage, einen eigenen Buchladen zu halten und eine Wochenzeitung herauszugeben: ‚La Voz de Mexico'. Die Jugendorganisation der Partei, die Kommunistische Jugend Mexikos, zählt nur etwa 500 Mitglieder, hat aber beträchtlichen Einfluß auf die wichtige Studentenorganisation Nationales Zentrum Demokratischer Studenten (CNED). Wie die PPS hat auch die PCM in diesem Jahr studentische Protestaktionen unterstützt, sie achtet aber darauf, gewaltsame revolutionäre Strategien nicht öffentlich zu befürworten.

Bis vor kurzem hat die PCM recht erfolgreich in der Ölarbeitergewerkschaft, der Eisenbahner- und Lehrergewerkschaft gearbeitet. Doch bei den Ausständen der Ölarbeiter und Eisenbahner 1958 begann die PRI über die Regierung mit der Verfolgung der PCM-Streikführer, wodurch in diesen beiden wichtigen Gewerkschaften der Einfluß der PCM weitgehend ausgeschaltet wurde. Der Einfluß der Partei auf die Nationale Gewerkschaft der Angestellten im Erziehungssektor (SNET), die zur WFTU gehört, besteht weiter.

Auch in den Bauernorganisationen hatte die PCM Erfolg. Zusammen mit der MLN und einer Bauernorganisation, die von dem ehemaligen PRI-Führer Alfonso Garzon geleitet wird, gründete die PCM 1963 die Unabhängige Bauern-Vereinigung (CCI). Als Garzon später mit der PCM brach, behielten die PCM-Führer in der CCI unter Ramon Danzos Palomino die Kontrolle über einen Flügel der CCI.

1963 gründete die PCM mit der CCI und dem von ihr kontrollierten Flügel der MLN die Volkswahlfront (FEP), um für die Wahlen 1964 eigene Kandidaten aufstellen zu können. Obwohl die PRI die Eintragung der FEP nicht zuließ, erhielt Danzos per Briefwahl etwa 20 000 Stimmen. Danzos, dessen Einstellung gegenüber der PRI kompromißlos und feindselig war, wurde kurz nach den Wahlen verhaftet und sitzt seitdem im Gefängnis. Die Verfolgung von PCM, FEP und dem von der PCM kontrollierten Flügel der CCI geht weiter, die Regierung hat die Bewegung fest im Griff. Doch diese Repressalien zeigen auch die Beunruhigung der PRI über den Einfluß, den die PCM auf die in Armut lebenden Bauern ausübt.

Die Nationale Befreiungsbewegung (MLN)
Die MLN wurde auf der Lateinamerikanischen Konferenz für Nationale Souveränität, Wirtschaftliche Entwicklung und Frieden in Mexico City gegründet. Der ehemalige Präsident Lazaro Cardenas, der auch die Konferenz leitete, wurde einer der Füh-

rer der MLN. Die MLN wollte eine Bewegung mit extrem linker Zielsetzung gründen, mit dem Ziel, die ideologischen Unterschiede zu überwinden, die die vorhandenen Parteien wie PPS, PCM und Unabhängige voneinander trennten. Die Bewegung hatte zunächst unter Cardenas beträchtlichen Erfolg bei der Vereinigung von Marxisten verschiedener Schattierungen hinter ihrem Programm: Förderung des mexikanischen Nationalismus, Unterstützung der kubanischen Revolution, Entlarvung des US-Imperialismus, Freiheit für die politischen Gefangenen, Neuverteilung des Reichtums, Vergesellschaftung des Bodens und ähnliche Ziele. Aber Vincente Lombardo Toledano zog die PPS 1962 von der MLN zurück, da es ihm nicht gelang, die MLN in gewohnter Manier zu kontrollieren. Cardenas selbst fiel 1964 aufgrund der PRI-Angriffe um und unterstüte noch im selben Jahr den Präsidentschaftskandidaten der PRI; Danzos Palomino dagegen führte die „illegale" Wahlkampagne der Volkswahlfront mit Unterstützung von PCM und MLN. Mit Auseinandersetzungen über die Wahlkampagne der FEP begann der Verfall der MLN, doch die mexikanische Delegation auf der Trikontinentalen Konferenz in Havanna wurde noch von einem Führer der MLN geleitet.

Das halboffizielle Organ der MLN, ,,Politica", wird weiterhin unter Leitung von Manuel Pardinas herausgegeben, früher einer der intellektuellen Köpfe der PPS. Die PRI ist noch nicht ernsthaft gegen die MLN vorgegangen, was teilweise an der Mitarbeit Cardenas' in der Bewegung liegt. Einige Exponenten der MLN stehen unter regelmäßigem Beschuß der PRI; eine Folge der Repression gegen PCM, FEP und CCI.

Die Bolschewistische Kommunistische Partei Mexikos (PCBM)
Vier kommunistische Splitterparteien vertreten die chinesische Linie. Die bedeutendste von ihnen ist die PCBM, doch man nimmt an, daß sie nur ein paar hundert Mitglieder hat.

Die Revolutionäre Volksbewegung (MRP)
Von den drei trotzkistischen Gruppen ist die MRP die wichtigste, obwohl einige Führer der Gruppe, darunter Victor Rico Galan, wegen Agitation in Landgemeinden in diesem Jahr verhaftet wurden. Die MRP zerfiel nach der Verhaftung von Rico Galan.

Die Sowjetische Botschaft
Die Sowjets haben in Mexico City ihre größte Botschaft in La-

teinamerika (außer Kuba), mit fünfundzwanzig diplomatischen Vertretern und einer gleich großen Zahl von Vertretern, die in Verwaltung, Handel, Presse und anderen nichtdiplomatischen Funktionen tätig sind. Von diesen ca. fünfzig Personen sind fünfunddreißig bekannt dafür bzw. stehen unter dem Verdacht, Geheimdienstbeamte zu sein — etwa fünfundzwanzig beim KGB und zehn beim GRU, was für Lateinamerika ein relativ hoher Anteil an Geheimdienstleuten ist. Man nimmt an, daß zu den Aufgaben von KGB und GRU Projekte verschiedenster Zielrichtungen gehören, einschließlich Infiltration der US-Botschaft und der CIA-Station sowie Sammlung von Erkenntnissen über militärische Anlagen im Südwesten und Westen der USA. Ein auffallend hoher Anteil der sowjetischen Geheimdienstbeamten hat vor dem Einsatz in Mexiko schon in den sowjetischen Botschaften in Washington oder New York gearbeitet, und man nimmt an, daß sie ihre Arbeit gegen US-Objekte vom neuen Standort aus fortsetzen.

Wir gehen außerdem von der Annahme aus, daß der sowjetische Geheimdienst versucht, die PRI und die mexikanische Regierung systematisch zu infiltrieren. Dem dient auch die Zusammenarbeit mit mexikanischen und anderen lateinamerikanischen kommunistischen Parteien, die unterstützt werden, sowie die üblichen Freundschafts- und Kulturvereine.

Die Tschechoslowakische Botschaft
In der Botschaft arbeiten acht tschechoslowakische Diplomaten und vier oder fünf Mitarbeiter ohne diplomatischen Status. Davon sind drei als Geheimdienstbeamte bekannt, zwei weitere werden verdächtigt, für den Geheimdienst zu arbeiten. Man nimmt an, daß auch bei ihnen die US-Botschaft und andere US-Objekte die Hauptziele sind. Wie auch in anderen Ländern werden die Tschechen hier für Informationslieferanten der Sowjets gehalten, obgleich sie auch in eigener Sache aktiv sind, z. B. mit einem Kulturaustauschprogramm und einer Freundschaftsgesellschaft.

Die Polnische Botschaft
Die Polen sind mit sechs Diplomaten und fünf nichtdiplomatischen Mitarbeitern vertreten. Die Hälfte von ihnen sind entweder Geheimdienstbeamte, oder sie stehen doch wenigstens unter Verdacht, welche zu sein; ihre Aufgaben gleichen denen der Sowjets und der Tschechen, allerdings scheinen sie unter polni-

schen Emigranten und anderen Ausländern in Mexico City aktiver zu sein.

Die Jugoslawische Botschaft
Unter den sechs jugoslawischen Diplomaten und verschiedenen zusätzlichen Mitarbeitern der Gesandtschaft befinden sich drei Geheimdiensten unabhängig, und ihre Arbeit richtet sich vor allem gegen die jugoslawischen Emigranten. Wie bei den Sowjets, Polen und Tschechen stehen auch US-Objekte auf ihrem Programm.

Die Kubanische Botschaft
Kubas einzige diplomatische Vertretung in Lateinamerika ist die in Mexico City mit dreizehn Diplomaten und ebenso vielen Nichtdiplomaten. Mehr als die Hälfte arbeitet mehr oder weniger definitiv für den Geheimdienst. Hauptziel der Kubaner ist die Infiltration der kubanischen Exilgemeinden in Mexiko und Mittelamerika, aber auch derer in den USA, besonders in Miami.
Weitere Aufgaben des kubanischen Geheimdienstes: Propaganda und Unterstützung für die Kuba nahestehenden revolutionären Organisationen in Mexiko und Mittelamerika. Darüber hinaus unterstützt die Kubanische Botschaft in Mexico City traditionellerweise die Kubareisen von Revolutionären aus ganz Lateinamerika und den USA durch die Flüge der Cubana Airlines zwischen Mexico City und Havanna.

Die Nachrichtenagentur Neues China (NCNA)
Die chinesischen Kommunisten unterhielten mehrere Jahre lang ein Büro der NCNA in Mexico City. Doch im vergangenen Monat wurden drei chinesische Vertreter wegen politischer Aktivitäten ausgewiesen, eine Leistung der Verbindungsabteilung der Station. Die Chinesen hatten in der Tat das NCNA-Büro für Propaganda und Unterstützung prochinesischer revolutionärer Organisationen benutzt.

Im Exil lebende Mittelamerikaner
Mexiko ist der traditionelle Zufluchtsort für politische Vertriebene aus den mittelamerikanischen Staaten, auch für Kommunisten und andere Linksextremisten. Verschiedene mittelamerikanische kommunistische Parteien haben Verbindungsleute in

Mexico City, um den Kontakt mit Sowjets, Kubanern und anderen aufrechtzuerhalten. Sie arbeiten, um Repressalien seitens der mexikanischen Regierung zu vermeiden, halb im Untergrund.

Washington DC
20. Dezember 1966

Wegen der strategischen Bedeutung Mexikos für die USA, wegen seiner Größe und Nähe und der Fülle feindlicher Aktivitäten, ist die Station Mexico City die größte in dieser Hemisphäre. Auf der Station arbeiten insgesamt fünfzehn Operationsbeamte, die vom Außenministerium getarnt werden und in der politischen Abteilung der Botschaft sitzen; dazu kommen zwölf Beamte, die unter verschiedenen nichtoffiziellen Tarnungen außerhalb der Botschaften arbeiten. Mit einem umfangreichen Hilfsstab von Kommunikationsbeamten, dem technischen Dienst, Nachrichtenassistenten, Nachrichtenschreibern und Sekretärinnen beläuft sich das gesamte Personal der Station auf etwa fünfzig Personen.

Verbindungsoperationen
Wichtigstes Operationsprogramm ist das Projekt LITEMPO, das von Winston Scott, seit 1956 Chef der Station Mexico City, unter Mitarbeit der Einsatzbeamtin Annie Goodpasture geleitet wird, die auch schon seit einigen Jahren in der Station ist. Das Projekt umfaßt eine komplizierte Serie von Unterstützungsprogrammen für Operationen der verschiedenen mexikanischen Sicherheitsdienste. Dazu gehören Nachrichtenaustausch, gemeinsame Operationen und die laufende Verbesserung innenpolitischer Nachrichtenermittlung und der öffentlichen Sicherheit in Mexiko.
An der Spitze der Operation LITEMPO steht der mexikanische Präsident Gustavo Ordaz Diaz, der, seit er im Kabinett von Adolfo Lopez Mateos (1958-64) Innenminister wurde, eng mit der Station zusammengearbeitet hat. Scott hatte bereits mit Adolfo Lopez sehr gut zusammengearbeitet. Doch mit dem jetzigen Innenminister Luis Echeverria, der sich im allgemeinen gegenüber der Station ablehnend und widerwillig verhält, hat Scott Schwierigkeiten. Er fürchtet, daß Echeverria den Weisungen von Diaz Ordaz, die Operationen mit der Station weiterzuführen, nur unter Protest Folge leistet, und daß

die gegenwärtig günstige Situation 1970, wenn Echeverria Präsident wird, zu Ende sein könnte.
Doch auch Scotts kameradschaftliches Verhältnis zu Diaz Ordaz ist problematisch. 1964 ging Fulton Freeman als Botschafter nach Mexico City. Das war die Krönung seiner Laufbahn beim diplomatischen Dienst, die er in den 30er Jahren in derselben Botschaft begonnen hatte. Man nimmt an, daß er 1968, nach den Olympischen Spielen, in den Ruhestand gehen wird. Zur Zeit seiner Berufung nach Mexico City kollidierten Freemans Erwartungen bezüglich fruchtbarer diplomatischer Beziehungen zu Diaz Ordaz mit dessen Vorliebe, mit Scott zu verhandeln; Freeman konnte nichts weiter tun, als dessen Kontakte mit dem Präsidenten zu protokollieren und sein diplomatisches Talent auf den Außenminister zu konzentrieren. Schließlich besuchten Scott und der Botschafter das Weiße Haus, und Johnson brachte die Angelegenheit ins reine, entsprechend den Wünschen der CIA und seines Freundes Diaz Ordaz. Scott setzte natürlich seine Zusammenarbeit mit dem Präsidenten fort, und der Botschafter wurde nie so ausführlich informiert, wie er es verlangt hatte. Später verbesserten sich die Beziehungen zwischen Scott und dem Botschafter, aber er untersagte der Station alle gegen das mexikanische Außenministerium gerichteten Operationen.
Scott trifft sich regelmäßig mit dem Präsidenten und dem Innenminister, und zwei nichtoffizielle Sachbearbeiter übernehmen die laufenden Kontakte mit den Chefs der Sicherheitsdienste, die Echeverria unterstehen. Einer dieser Beamten ist ein ehemaliger FBI-Agent, der im Büro des Rechtsexperten an der Botschaft von Mexico City gearbeitet hat – dem Rechtsexperten untersteht für gewöhnlich das FBI-Büro in der amerikanischen Botschaft. Die beiden nichtoffiziellen Sachbearbeiter entsprechen, der Funktion nach, einer US-AID-Mission für Öffentliche Sicherheit, aber in Mexiko wird diese Funktion getarnt von der Station übernommen, mit Rücksicht auf nationalistische Empfindlichkeit – ebenso wie in Argentinien. Über das Projekt LITEMPO liefern wir Ausrüstung und Know-how für ein neues geheimes Kommunikationssystem, welches das Büro von Diaz Ordaz mit wichtigen Städten im Lande verbinden wird. Andere Operationen, die gemeinsam mit den mexikanischen Sicherheitsdiensten durchgeführt werden, betreffen Reisekontrollen, Telefonüberwachung und Repressionsmaßnahmen. Die Station stellt außerdem täglich eine Nachrichtenübersicht für Diaz Ordaz zusammen, mit einem gesonderten

Absatz über die Aktivitäten revolutionärer mexikanischer Organisationen und kommunistischer diplomatischer Vertretungen sowie einem Abschnitt über internationale Entwicklungen, der auf Informationen aus dem Hauptquartier basiert. Andere Berichte zu spezifischen Themen werden Diaz Ordaz, Echeverria und den höchsten Verantwortlichen der Sicherheitsdienste zugeleitet. Wie in der täglichen Nachrichtenübersicht sind in diesen Berichten Informationen enthalten, die von unilateralen Infiltrationsagenten stammen und so formuliert werden, daß die Identität der Informanten geschützt bleibt.

Die Station leistet viel bessere Arbiet, als die zuständigen mexikanischen Stellen und ist daher für den Staatsapparat bei der Planung von Razzien, Verhaftungen und anderen Repressionsmaßnahmen von großem Nutzen.

Die Kooperation zwischen Scott und den militärischen Geheimdiensten in Mexiko besteht hauptsächlich im Austausch von Informationen, um für den Ernstfall vorbereitet zu sein. Die US-Militärattachés sind darüber hinaus im ständigen Kontakt mit ihren Kollegen in den mexikanischen Militärgeheimdiensten, und schicken der Station regelmäßig ihre Berichte.

Stan Watson, der stellvertretende Chef der Station in Mexico City, hatte ein Treffen mit einem südkoreanischen CIA-Offizier, der kürzlich unter diplomatischer Tarnung geschickt wurde, um Pläne der Nordkoreaner über die Eröffnung von diplomatischen Vertretungen in Mexiko und Mittelamerika zu überwachen.

Operationen gegen die Kommunistische Partei
Die KP-Sektion der Station besteht aus zwei Einsatzbeamten, Wade Thomas und Ben Ramirez, beide unter Tarnung der Botschaft und zwei weiteren Sachbearbeitern außerhalb der Station mit nichtoffizieller Tarnung: Bob Driscoll, ein pensionierter Operationsbeamter, der jetzt unter Vertrag arbeitet und Julian Zambianco, der vor etwa einem Jahr von Guayaquil nach Mexico City versetzt wurde. Diese Beamten sind für die technische oder von Agenten getragene Infiltration wichtiger revolutionärer Organisationen zuständig. Die Qualität der Informationen ist gut, obwohl nicht so gut wie vor 1963. Carlos Pellecer, der wichtigste Infiltrationsagent in der Kommunistischen Partei, brach Ende 1962 über die Veröffentlichung seines Buches mit dem Kommunismus. Er war einer der Führer der Kommunistischen Partei von Guatemala (PGT) und in den 50er Jahren Arbeitsminister in der Regierung Arbenz.

Doch nach dem von der CIA unterstützten Sturz dieser Regierung ging Pellecer nach Mexico City, wo er jahrelang der beste Informant der Station (Tarnbezeichnung LINLUCK) war; er berichtete nicht nur über die im Exil lebenden Guatemalteken, sondern über alle revolutionären Bewegungen in Mexiko. Natürlich wurde sein Buch von der Station finanziert und von der CIA in ganz Lateinamerika verbreitet. Pellecer wird von der Station Mexico City noch immer als Propagandaagent eingesetzt, wie auch andere ehemalige Infiltrationsagenten, die sich öffentlich vom Kommunismus distanziert haben, ohne ihre jahrelange Spionagetätigkeit zu enthüllen. Ein ähnlicher Fall ist Eudocio Ravines, ein sehr bekannter peruanischer Überläufer. Ein weiteres Buch von Pellecer, ebenfalls von der Station finanziert, ist gerade erschienen. Darin setzt die CIA ihre Ausschlachtung von Fällen wie Marcos Rodriguez und Joaquin Ordoqui in Kuba fort. Hauptanliegen der Neuerscheinung ist die Verleumdung der kubanischen Revolution.

Die Station sammelt außerdem Infomationen über in Mexiko lebende Kommunisten aus den USA. Viele von ihnen sind während der McCarthy-Ära gekommen und haben später die mexikanische Staatsangehörigkeit angenommen. Infomationen über diesen Personenkreis sind vor allem für das FBI von Interesse, der sie als die Amerikanische Kommunistische Gruppe in Mexico City (ACGMC) bezeichnet. Die über sie gesammelten Informationen schließen auch Daten ein, die durch Telefonabhören im Rahmen der Operation LIENVOY ermittelt wurden.

Die Station erhält darüber hinaus Berichte der Infiltrationsoperationen des FBI bei revolutionären mexikanischen Organisationen. Mexiko ist neben Puerto Rico das einzige lateinamerikanische Land, wo das FBI seine Operationen gegen die lokale Linke nach der Übernahme der Arbeit durch die CIA — 1947 — fortsetzte. Die Nachrichten des FBI sind qualitativ hervorragend.

Operationen gegen die Sowjets und ihre Satellitenstaaten
Die größte Abteilung der Station ist die Sektion für Operationen gegen die Sowjets und ihre Satellitenstaaten. Dort arbeiten vier Einsatzbeamte, drei Assistenten und eine Sekretärin, alle durch die Botschaft getarnt, außer den vier Einsatzbeamten mit nichtoffizieller Tarnung. Die Sektion wird von Paul Dillon geleitet, weitere Einsatzbeamte mit offizieller Tarnung sind Donald Vogel, Cynthia Hauman und Robert Steele. Eine Reihe geheimer Operationen ist in Vorbereitung.

Die Station unterhält zwei Observierungsposten gegenüber der sowjetischen Botschaft, die die Eingänge überwachen, und einen Posten hinter der Botschaft, der die Gärten kontrolliert. Der LICALLA-Observierungsposten auf der Rückseite ist in dem der Botschaft nächstliegenden Haus einer Reihe von fünf Häusern untergebracht, die unmittelbar an das Botschaftsgelände angrenzen und alle der Station gehören. Da er nahe der Botschaft liegt, wird er gelegentlich zur elektronischen Überwachung benutzt, aber bisher blieben alle Versuche, die Wellen der sowjetischen kryptographischen Ausrüstung aufzufangen, ohne Erfolg.

Außer dem Überwachungssystem LIEMBRACE gehören zur Observierung der Sowjets noch verschiedene andere Hilfsoperationen. Mit der Operation LIENVOY werden die Telefone der Sowjets laufend überwacht und durch die Operation für Reisekontrollen LIFIRE erhalten wir Fotos von Reisedokumenten und Informationen über Ankunft und Abreise. Die Überwachung der diplomatischen Kontakte der Mexikaner liefert Informationen über Visagesuche, die von diplomatischen Vertretern der Sowjets einschließlich ihrer diplomatischen Kuriere bei den Mexikanern beantragt werden. Außerdem überwacht die NSA verschiedene Nachrichtensysteme, einschließlich „geplatzter" Nachrichten aus der UdSSR an bisher nichtidentifizierten Agenten, von denen man annimmt, daß sie sich in Mexiko aufhalten – möglicherweise handelt es sich um sowjetische Geheimdienstbeamte, die im Ausland „illegal" im Einsatz sind, mit falscher Identität und nichtoffizieller Tarnung.

Die Station verfügt über fünfzehn bis zwanzig Agenten von unterschiedlicher Effizienz und Zuverlässigkeit, die Zugang bei den Sowjets haben. Einige dieser Agenten stehen im Verdacht, von den Sowjets als Doppelagenten gegen die Station angeworben zu sein. Zwei der augenblicklich wichtigsten sind Katherine Manjarrez, die Sekretärin des Auslandspresseverbandes und ihr Ehemann – beide werden gegen den sowjetischen Presseattaché und den TASS-Korrespondenten eingesetzt. Andere sind z. B. LICOWL-1 und LIOVAL-1.

LICOWL-1 besitzt einen winzigen Gemüseladen vor der Sowjetischen Botschaft, wo die Russen Kleinigkeiten, auch die nichtalkoholischen Getränke, einkaufen – TSD untersucht, ob man Wanzen an einen hölzernen Getränkekasten oder direkt an den Flaschen anbringen könnte. Wichtiger ist, daß LICOWL-1 sich gegenwärtig mit einer Operation gegen den ‚zavhoz' (Verwaltungsbeamten) der Botschaft befaßt, der sich viel mit dem Agenten unterhält. Da Zilnikov, der Zavhoz, sich nach einer Geliebten umschaut — so hat er wenigstens LICOWL-1 gesagt —, will die Station eine junge Mexikanerin als Köder anwerben. Ein passendes Mädchen konnte durch BESABER gefunden werden, ein Agent, der normalerweise auf polnische Geheimdienstler angesetzt wird, und ein auf Souvenirs spezialisiertes Töpfereigeschäft besitzt. Als Zilnikov vor dem Laden von LIOVAL-1 herumbummelte, wurde er auf das Mädchen aufmerksam. Es entwickelte sich dann im hinteren Raum des Ladens ein heftiger Flirt, der zu mehreren heißen nachmittäglichen Rendezvous im Zimmer des Mädchens führte — es war eigens für diese Operation gemietet worden. Von Zilnikovs sexueller Energie waren sowohl das Mädchen als auch die Beamten der Station tief beeindruckt, die ohne Wissen des Mädchens diese Sitzungen fotografierten und Tonbandaufnahmen machten. Obwohl Promiskuität bei den Sowjets nicht ungewöhnlich ist, sind Verhältnisse mit einheimischen Mädchen verboten. Man wird sich entscheiden, ob man bei Zilnikov einen Erpressungsversuch macht oder aber den Abbruch des Verhältnisses provoziert, indem man die Tonbänder und Fotos an die Botschaft schickt, falls Zilnikov die Erpressung ablehnt.

LIOVAL-1 ist nicht so aufregend, dafür aber wichtiger. Der Agent ist Amerikaner, der in Mexico City Englischunterricht gibt, und ein leidenschaftlicher Angler. Durch sein Hobby machte er die Bekanntschaft von Pavel Yatskov, dem sowjetischen Konsul, einem bekannten und langjährigen KGB-Agenten, der möglicherweise ‚rezident' (KGB-Chef) in Mexico City ist. Yatskov und der Agent gehen jeden Monat ein bis zwei Wochenenden in die Berge zum Angeln, und es hat sich eine recht enge Freundschaft zwischen ihnen entwickelt. Kürzlich kam Peter Deriabin, der bekannte KGB-Überläufer aus den 50er Jahren, heute amerikanischer Staatsbürger und voll bei der CIA tätig, nach Mexico City, um die umfangreichen Berichte von LIOVAL-1 über Yatskov durchzusehen. Er kam zu dem Schluß, daß es durchaus möglich ist, daß LIOVAL-1 von Yatskov angeworben wurde und jetzt Informationen über Paul Dillon, den für die Operation zuständigen Beamten, weitergibt. Die Operation wird zwar fortgesetzt, der Aspekt der Gegenspionage wird aber weiter untersucht.

Operationen gegen Kuba

Die Sektion für Operationen gegen Kuba besteht aus den beiden Einsatzbeamten Francis Sherry und Joe Piccolo und

einer Sekretärin, die von der Botschaft getarnt wird; ein Einsatzbeamter steht unter nichtoffizieller Tarnung. Das LIEM-BRACE-Team unterhält einen Observierungsposten für fotografische Überwachung und Radiokontakt, LIENVOY, die Telefonüberwachung und LIFIRE, die Flughafen-Reisekontrolle. Durch das LIFIRE-Team kommt die Station regelmäßig an die Depeschen der Prensa Latina aus Havanna; sie bekommt außerdem Fotokopien der Korrespondenz zwischen dem Hauptquartier von Prensa Latina in Havanna und ihren Korrespondenten in dieser Hemisphäre, die den jeweiligen Stationen zugeleitet werden. Die gegenwärtig wichtigste Operation gegen die kubanische Botschaft ist der Versuch, sie über ihre Telefonanlage akustisch zu überwachen. Die Techniker der Telefongesellschaft, die bei der LIDENY-Abhöroperation mitarbeiten, wollen für die Telefone der Botschaft neue Wandanschlüsse installieren, in die das TSD vorher winzig kleine, mit Schaltern versehen Sender einbaut. Gegenwärtig verursachen die Ingenieure im Fernsprechamt mit technischen Mitteln absichtlich Störungen im Telefonnetz der Botschaft. Jedesmal, wenn die Botschaft bei der Telefongesellschaft anruft, um sich wegen der Störungen zu beschweren, antworten die Techniker, daß im Fernsprechamt alles in Ordnung sei. Da die Störung nicht aufhört, prüfen sie dann die Leitungen in der Straße und kommen schließlich zur Botschaft, um die Anschlüsse dort zu kontrollieren. Sie stellen dann fest, daß die Wandanschlüsse „defekt" sind und ersetzen sie mit den Anschlüssen, in die die TSD Wanzen eingebaut hat. Gegenwärtig befindet sich die Operation (Kryptonym: LISAMPAN) allerdings noch im Stadium „Strörung-Beschwerde-Prüfung".
Eine weitere wichtige Operation gegen die Kubaner entsteht in einer raffinierten Provokation, die dem Erfinder dieses Konzepts, dem Einsatzbeamten Stan Archenhold, die CIA-Intelligence-Medaille einbrachte. Bei dieser Operation wird eine Serie von Briefen an den kubanischen Geheimdienst in der Botschaft von Mexico City geschickt. Absender ist eine Person, die vorgibt, CIA-Beamter zu sein und den Kubanern angeblich helfen will. Die Briefe besagen, daß Joaquin Ordoqui, ein geschätzter, altgedienter Führer der Kommunistischen Partei Kubas und hoher Militär, CIA-Agent sei. Ich habe nicht alle Einzelheiten der Operation in Erfahrung gebracht, habe aber den Eindruck, daß Ordoqui in den 50er Jahren, als er in Mexiko im Exil lebte, ein Informant gewesen sein kann, später aber die Kooperation

abgelehnt hat und daraufhin von der CIA bei den Kubanern „verpfiffen" wurde. Die Briefe werden weiter an den kubanischen Geheimdienst geschickt, obwohl Ordoqui 1964 verhaftet wurde und es zu den gewünschten Unstimmigkeiten innerhalb der revolutionären Führung Kubas kam. Da Sherry, der Chef der Sektion für Operationen gegen Kuba, seine Tarnung in der konsularischen Abteilung der Botschaft hat, war er in der Lage, verschiedene konsularische Vertreter Kubas direkt kennenzulernen. Doch der Hauptagent für direkte Kontakte mit den Kubanern ist Leander Vourvoulias, der griechische Konsul und Präsident des konsularischen Korps.

Hilfsoperationen

Die gemeinsame Operation für Telefonüberwachung LIENVOY umfaßt außerdem das Anzapfen von Leitungen kommunistischer diplomatischer Vertretungen und revolutionärer mexikanischer Organisationen, auch die Bearbeitung von Einzelfällen. Seit Jahren werden die Telefone von Expräsident Cardenas und seiner Tochter abgehört, und seit kurzem auch das von Luis Quintilla, einem mexikanischen Intellektuellen, der mit dem Herausgeber der Miami News und einem Mitarbeiter in Santa Barbara eine Reise nach Hanoi plant. Berichte über den Stand der Reisepläne werden an das Weiße Haus geschickt.

Die Station führt außerdem eigene Telefonüberwachungen durch. Sie beschränkt sich auf besondere Fälle, von denen man annimmt, daß sie den Mexikanern unerwünscht sind. Die Verbindungen für diese Operationen werden außerhalb der Fernmeldeämter von Technikern der Telefongesellschaft installiert, die als Agenten der Station arbeiten; das gilt auch für die Installation der Wanzen in der Kubanischen Botschaft (LISAMPAN). Doch diese Fälle werden so weit wie möglich beschränkt, um im Fall der Aufdeckung eine Beeinträchtigung der Beziehungen zu den Mexikanern zu vermeiden.

Reisekontrollen, allgemeine Auskundschaftung und gelegentliche Observierung sind die Aufgaben eines sechsköpfigen Teams mit der Bezeichnung LIFIRE. Vom Flughafen erhält es täglich Listen aller Flugreisenden. Die Agenten fotografieren Personen, die aus kommunistischen Ländern kommen oder dorthin fliegen und, beim Passieren der Einwanderungsstellen, auch deren Pässe. LIEMBRACE, ein weiteres Team mit acht Mitarbeitern, verfügt über Autos (einschließlich eines Volkswagens mit eingebauter Fotoausrüstung) und Funkausrüstung. Es befaßt sich in der Hauptsache mit den Ostblockstaaten sowie anderen sowjetischen und kubanischen Zielobjekten. Das Team wird von Jim Anderson geleitet, dem eine weitere, ähnlich ausgerüstete Gruppe von acht Leuten untersteht (LIRICE), die sich um mexikanische Revolutionäre und verschiedene andere Zielobjekte kümmern. Die Kontrolle von Postsendungen richtet sich hauptsächlich auf Post aus den kommunistischen Ländern, wird aber auch gelegentlich bei Postsendungen ausgewählter mexikanischer Adressen durchgeführt. Wie in jeder Station leistet hier eine Reihe von Agenten Hilfsdienste, die an ihren normalen Arbeitsstellen erledigt werden. Die Bearbeitung von Einreisepapieren für Personal mit nichtoffizieller Tarnung übernimmt Judd Austin, einer der US-Anwälte bei Goodrich, Dalton, Little & Riquelme, dem bedeutendsten Anwaltsbüro für Filialen von US-Firmen in Mexiko. Der geschäftsführende Vizepräsident der Amerikanischen Handelskammer in Mexico City, Al Wichterich, versorgt die Station mit politischen Informationen, die er bei seiner Arbeit mit mexikanischen und amerikanischen Geschäftsleuten bekommt. Für technische Hilfsdienste hat die Station einen Beamten von der TSD, der von der Botschaft getarnt wird; er besitzt eine Werkstatt sowie eine Ausbildung in Funktechnik, Entriegeln und Fotografie.

Tarnoperationen (Covert Action Operations)
Die Abteilung für Tarnoperationen in der Station besteht aus Stanley Watson, dem Vize der Station und zwei von der Botschaft getarnten Beamten sowie einem Beamten mit nichtoffizieller Tarnung. Die gegenwärtig laufenden Operationen sorgen dafür, daß in den großen Tageszeitungen von Mexico City, in verschiedenen Zeitschriften und im Fernsehen Propaganda gebracht wird. Die gegen Studenten gerichteten Operationen konzentrieren sich auf die National Universität von Mexiko (UNAM), die Operationen gegen Gewerkschaften bestehen in der Unterstützung und Beratung des Hauptquartiers der ORIT in Mexico City. Bei den Gewerkschaftsoperationen werden auch Agenten in der neuen ORIT-Schule in Cuernavaca (die mit CIA-Geldern gebaut wurde) eingesetzt, um die Kursteilnehmer zu beobachten und hinsichtlich ihrer Eignung für Gewerkschaftsoperationen in ihren Heimatländern einzuschätzen. Auch die Mexiko-Programme des „American Institute for Free Labour Development" (AIFLD) stehen unter Leitung der Station.

Obwohl LITEMPO und andere Operationen laufend Informationen über die politische Situation in Mexiko liefern, verfügt die Station über einen Beamten mit offizieller Tarnung, Bob Feldman, der nur für LICOBRA arbeitet, die Operation zur Unterwanderung der PRI und der mexikanischen Regierung. Dieser Beamte arbeitet eng mit der politischen Abteilung der Botschaft zusammen und bemüht sich gegenwärtig um die Anwerbung einiger PRI-Abgeordneter. Rafael Fusoni, schon seit einiger Zeit für das Programm LICOBRA tätig, arbeitet bereits als Agent beim Olympischen Organisationskomitee für Public Relations.

Trotz der zahlreichen Operationen und des großen Personalbestands ist die Station Mexico City bekannt für ihre ausgezeichnete Verwaltung. Zwei Verwaltungsbeamte und eine Sekretärin bearbeiten Finanzen und Grundbesitz, aber auch Winston Scott, der Chef der Station, widmet den Verwaltungsproblemen ebensogroße Aufmerksamkeit wie den Operationen. Insgesamt gesehen ist die Station Mexico City selbst eine straff geführte Operation — das muß sie auch sein bei fünfzig Angestellten und einem Etat von 5,5 Millionen Dollar.

Die Bericht-Abteilung der Station besteht aus einem Referenten und einem Assistenten. Sie bearbeiten alle Informationen, die die Station bekommt und die möglicherweise für Stellen im Hauptquartier oder in anderen Stationen von Interesse sind. Die Abteilung schreibt die Berichte und führt entsprechende Akten.

Die Archiv-Abteilung ist die größte und leistungsfähigste von allen Stationen dieser Hemisphäre, und man sagt, sie sei Scotts ganzer Stolz. Sie enthält detaillierte Akten über Tausende von Mexikanern und in Mexiko lebenden Ausländern; außerdem nach Themen geordnete Informationen, Projektakten und einen umfangreichen Index. Die Abteilung besteht aus einem qualifizierten Archivbeamten mit zwei voll angestellten Assistenten und vier mitarbeitenden Ehefrauen.

Eine so große Station kann natürlich kaum mehr als die Hälfte der Beschäftigten als Angestellte des Außenministeriums tarnen. Einige der in der Station arbeitenden Sekretärinnen und Geheimdienstassistenten kommen als Touristen getarnt nach Mexiko. Auf den Gehaltsabrechnungen erscheinen sie als „örtliche Einstellungen". Andere arbeiten in der Station, ohne als Botschaftsangestellte „normalisiert" zu sein. Wieder andere benutzen als Tarnung den Touristenstatus oder kommen als Public-Relations-Vertreter, als Geschäftsleute oder gar als

Pensionäre. Passende Tarnung ist stets ein Problem, aber in der Regel finden wir immer eine Lösung. Die Nähe Mexikos zu den USA, die ausgezeichneten Beziehungen der Station zur mexikanischen Regierung und der US-Massentourismus erlauben auch recht fadenscheinige Tarnungen, die in anderen Ländern unmöglich wären.

Washington DC
15. Januar 1967

Immer noch verzögert sich die Entscheidung, ob und wann ich unter olympischer Tarnung nach Mexiko gehe. Im Augenblick konzentriert man sich in der WH-Abteilung ganz auf die Station Montevideo, wo die Vorbereitungen für die Konferenz der OAS-Präsidenten begonnen haben. Sie wird im April in Punta del Este stattfinden, und auch Präsident Johnson fährt hin. In der WH-Abteilung wurde eine Spezialgruppe gebildet, die zusätzliches Personal nach Montevideo schicken, einen besonderen Stützpunkt in Punta del Este aufbauen und Sonderverbindungen zur Geheimdienstabteilung im Weißen Haus herstellen soll. John Hanke, der zuständige Beamte der Spezialgruppe im Hauptquartier, sagte mir, die Station Montevideo möchte, daß ich wieder dorthin gehe und mit der Polizei arbeite. Ich bin nicht sonderlich begeistert von der Vorstellung, mich wieder mit Otero & Co. herumschlagen zu müssen, aber im Vergleich zur Arbeit im Hauptquartier wäre es dennoch eine Freude. Bevor ich gehe, muß ich den Papierkrieg für zwei neue Beamte erledigen, die unter nichtoffizieller Tarnung nach Mexiko gehen und an Operationen gegen die Sowjets arbeiten sollen. Der eine ist ein Vertragsagent, der früher Teams für Marine-Operationen gegen Kuba ausgebildet hat — er leitete dafür einen besonderen Stützpunkt in der Nähe von Miami. Der andere ist Jack Kindschi, ein Stabsbeamter, der von der Station in Stockholm wieder nach Mexico City versetzt wird. Günstig ist, daß seine Tarnung als PR-Spezialist der Robert Mullen Co. in Mexico die gleiche wie in Schweden sein wird. Während ich weg bin, wird Bruce Berckmans meine Arbeit übernehmen. Er hat gerade das Career-Training-Programm abgeschlossen, die neue Bezeichnung für das alte JOT-Programm. Berckman war früher bei der Marine. In ein paar Monaten wird er nach Mexiko gehen, wo er für Operationen zur Infiltration der Kommunistischen Partei zuständig sein wird; das ist auch hier in der Abteilung sein Arbeitsbereich. Er bekommt eine nichtoffizielle Tarnung als Berater für Marketing und landwirtschaftliche Produkte.

**Montevideo
1. März 1967**

Falls Johnson ermordet wird, möchte ich nicht, daß es mich wegen mangelnder Sicherheitsvorkehrungen auch erwischt. Unsere Sondergruppe hier ist auf sechzig Personen angewachsen, die vom Hauptquartier und anderen WH-Stationen kommen. Auch die letzten Ecken und Winkel in der Station sind mit Arbeits- und Schreibmaschinentischen blockiert. In Punta del Este haben wir den Stützpunkt in einem Haus eingerichtet, das nicht weit von dem Gebäude entfernt ist, in dem Johnson wohnen wird. Es liegt fast unmittelbar neben dem Hotel, wo die Konferenzen stattfinden sollen.

Die Vorhut des Geheimdienstes hat in der Station ein Büro aufgeschlagen, das für die schnelle Übermittlung der Berichte zuständig ist, die wir von vielen Stationen und aus eigenen Quellen bekommen. Alle WH-Stationen berichten über Reisen von Linksextremisten oder deren plötzliches Untertauchen. Zwei Abteilungen der Sondergruppe beschäftigen sich fast ausschließlich damit, diese Spuren zu verfolgen. Die Abteilung für die Kommunistische Partei unter Bob Riefe durchforstet die Akten jeder wichtigen in Uruguay ansässigen Person mit linksextremen Tendenzen, die eventuell in eine Aktion gegen Johnson oder andere Präsidenten verwickelt sein könnte. Unter Berücksichtigung strenger Vorsichtsmaßnahmen, um unsere Infomation ohne Gefährdung unserer Quellen zu liefern, verfassen wir für den politischen Sicherheitsdienst Berichte und Checklisten, die an den Kontrollpunkten der verschiedenen Sicherheitszonen gebraucht werden, die von Montevideo bis Punta del Este immer strenger werden. Normalerweise geben wir Infomationen, die aus besonders qualifizierten Quellen stammen, nicht an die Polizei weiter, da diese Berichte dann mit hoher Wahrscheinlichkeit an den Feind durchsickern, die Sicherheit innerhalb der Polizei läßt zu wünschen übrig — aber angesichts der Bedeutung unserer Aufgabe müssen wir etwas riskieren. Argentinier, Paraguayaner, Brasilianer und andere nicht in Uruguay Ansässige werden in diesen Berichten erfaßt, und Oteros Akten sind so dick wie noch nie. Bis Ende des

Monats wurden Hunderte von Einzelberichten zusammen mit vielen besonderen Hinweisen aus Quellen in Montevideo und aus anderen Stationen hier angekommen sein.

**Montevideo
14. April 1967**

Sowohl bei Johnsons Ankunft vor drei Tagen, als auch bei seiner Abreise hat alles perfekt geklappt. Als ich wieder in der Station war, gab mir Horton, der Stationschef, ein Telegramm vom Hauptquartier, das mich sofort zurückbeorderte, damit ich mich auf meinen Einsatz bei der Olympiade in Mexiko vorbereiten könnte. Ich will versuchen, heute abend einen Platz in einem Transportflugzeug der Luftwaffe, das nach Washington fliegt, zu bekommen.

Die Ergebnisse der Konferenz? Nun, man läßt das ursprüngliche Interesse der Allianz für den Fortschritt an Agrarreform, Einkommensumverteilung, sozialer und wirtschaftlicher Integration erst mal auf sich beruhen. Wohl deshalb, weil keine der Regierungen ernsthaft an diesen Problemen interessiert ist. Jetzt liegt der Akzent auf regionalem Wirtschaftswachstum. Vermutlich wird sich das Wirtschaftswachstum einfach selber um die marginalisierte Mehrheit kümmern, und in jedem Fall sind Reformen leichter hinzunehmen, wenn es mehr zu verteilen gibt – d. h. die Priviligierten können dann einschneidende Konsumbeschränkungen umgehen. Ausländische Hilfe soll vor allem für den Erziehungssektor und die Landwirtschaft verwendet werden, was angesichts der ausgebliebenen Agrarreform heißt, daß die Entwicklung modernster landwirtschaftlicher Betriebe gefördert wird. Die Unternehmer, die sowieso schon rationalisiert haben, können sich freuen, denn ihr steigender Anteil am Nationaleinkommen wird mit Sicherheit weiterwachsen. Vergeßt die Reformen – dank wirksamer Counter Insurgency können wir uns erst mal mit anderen Dingen beschäftigen.

**Washington DC
30. April 1967**

Während meines Aufenthalts in Montevideo wurden in der CIA und im Außenministerium verschiedene Entscheidungen über den Einsatz unter olympischer Tarnung getroffen. Bill Broe, der Chef der Abteilung, war nicht sonderlich angetan von der Idee, mich dort hinzuschicken. Während der Olympischen Spiele von 1964 war er Chef der Station in Tokio und vertritt die Ansicht, daß die mit einem solchen kulturellen Ereignis einhergehende Erwärmung des politischen Klimas Anwerbungen erschwert. Er meint, daß meine Abkommandierung nur dann einen Sinn hätte, wenn ich auch nach den Spielen in der Station Mexiko City bleibe. Andererseits meint Dave Murphy, Chef der Abteilung Ostblock, daß das freundliche politische Klima es mir erleichtern wird, mich in Kreisen zu bewegen, die sonst einem US-Vertreter nicht zugänglich sind. Übrigens hat die Station Mexico City keine Kontakte zu ihren sowjetischen Kollegen. Da ich den Sowjets von Montevideo her bekannt bin, könnte ich persönliche Kontakte mit sowjetischen und anderen Geheimdienstbeamten des Ostblocks herstellen, die anläßlich der Olympiade in ihren Botschaften eingesetzt werden. Die Station Mexico City teilt Murphys Meinung, denn sie will den olympischen Job zum Aufbau von Agenten für die Zielobjekte von LICOBRA nutzen: gegen die PRI und die mexikanische Regierung.

Die Meinungsverschiedenheiten wurden zu meinen Gunsten bereinigt, aber dann ergab sich ein weiteres Problem. Der Botschafter macht für meinen Einsatz zur Bedingung, daß ich der lateinamerikanischen Polizei nicht als CIA-Beamter bekannt sein darf. Kaufman, Chef der Abteilung Mexiko, löste das Problem, idem er mich aufforderte, dem Außenministerium eine Aktennotiz zu schreiben, in der ich versicherte, daß ich keiner Polizeidienststelle bekannt sei; das Ganze wird Broe zur Unterschrift vorgelegt. Kaufman argumentierte, daß man es in diesem Fall mit der Wahrheit nicht so genau nehmen sollte, da wir nötigenfalls immer behaupten könnten, daß alle Polizeivertreter, die mich als CIA-Beamten kennen wollen, in erster Linie bezahlte Geheimdienstagenten sind und erst an zweiter Stelle Polizisten.

Der Botschafter hat entschieden, daß er zwei olympische Attachés haben will — der andere wird Dave Carrsco sein, ein ehemaliger Basketballtrainer an der Amerikanischen Universität, der jetzt Leiter des Peace-Corps-Sportprogramms in Ecuador ist. Dem Schein nach werde ich sein Assistent sein, was mir erheblich helfen wird, da er echte sportliche Interessen hat.

**Washington DC
5. Juni 1967**

Ich habe gerade den Kurs über Operationen gegen die Sowjets abgeschlossen, der ganztags über zwei Wochen läuft und dem Schein nach der Ausbildungsabteilung untersteht, tatsächlich aber zur Abteilung Ostblock gehört. Ich sollte den Kurs schon letztes Jahr machen, konnte aber Personalmangel in der Abteilung Mexiko vorschützen. Diesmal gab es keine Ausreden.
Der Kurs Operationen gegen die Sowjets ist das Beste, was die Firma zur Anwerbung von Sowjets zu bieten hat. Er beruht in der Hauptsache auf den Ansichten und Theorien von Dave Murphy, dem Chef der Abteilung Ostblock. Sie sind wegen Murphys dogmatischer Einstellung und wegen des Mangels an sichtbaren Erfolgen sehr umstritten. Die Mehrheit der Kursteilnehmer waren Beamte aus anderen Abteilungen, also nicht aus der Abteilung Ostblock. Wir hielten uns alle zurück, um unsere Ablehnung nicht offen zu zeigen, da bekannt ist; daß die Abteilung Ostblock alle Skeptiker notiert. Durch den Einfluß dieser Abteilung innerhalb des DDP würde jede Ketzerei früher oder später Folgen für uns haben.
Bemerkenswert ist, daß der Kurs keinerlei Vorlesungen über Marx, Lenin und andere kommunistische Führer und Theoretiker bringt, obwohl in unserem Literaturpaket zum Kurs ein dicker Band über die Geschichte Rußlands steckte. Der Kurs behandelt die gegenwärtigen Verhältnisse in der Sowjetunion, und wie man damit zu unserem Vorteil umgeht – wie man Sowjets dazu bringt, durch Spionage gegen ihr Land Verrat zu begehen.
Aber wie kommt man an diese Sowjets heran, von denen am interessantesten die Mitglieder der KPdSU sind? Am ehesten erreichbar und verletzlich sind jene, die in irgendeiner Funktion in der freien Welt arbeiten – das sind über 25 000; dazu kommen diejenigen mit zeitlich begrenzten Einsätzen im Ausland.
Man geht von der Annahme aus, daß der Druck durch die strengen konformen Verhaltensvorschriften für Sowjets im Ausland – hauptsächlich aus Gründen der inneren Sicherheit – eine natürliche Abneigung hervorruft und im Kontrast zur relativ größeren Meinungs-, Bewegungs- und Kontaktfreiheit steht, die sie um sich herum sehen. So gibt es nach dieser Theorie Sowjets, die schon auf dem Weg sind, Überläufer zu werden, und das Ziel der CIA ist es, sie zu finden und vollends dazu zu bringen. Je länger man eine solche Person dazu veranlassen kann, ihre

alte Arbeit weiterzumachen (bevor sie „verschwindet" und in die USA geht), um so größer ist die mögliche Ausbeute; die Besten kehren sogar in die Sowjetunion zurück. Aber zunächst gilt es, die Kandidaten zu identifizieren.
Im allgemeinen existieren zwischen den sowjetischen Botschaften keine großen Unterschiede. Zunächst gibt es die offene diplomatische und administrative Funktion der vom Botschafter geleiteten Vertretung mit Abteilungen für politische, wirtschaftliche und kulturelle Angelegenheiten — in jeder Hinsicht normal. Die Verwaltungsabteilung unter dem ‚zavhoz' (Chef) und seinen ‚komendants' (Assistenten) ist für die Instandhaltung des Botschaftsgebäudes verantwortlich, für den Kundenverkehr sowie für bestimmte Sicherheitsfunktionen. In der Handelsabteilung arbeiten Vertreter sowjetischer Unternehmen, die mit Büchern, Filmen, Maschinen und anderen Waren handeln und die Importe von Produkten des Gastlandes abwickeln.
Wir gingen die verschiedenen Techniken durch, um den ‚rezident' (Chef des Geheimdienstes) und seine Untergebenen in allen Abteilungen zu identifizieren. Sehr interessant ist auch die Lokalisierung des engbegrenzten Bereichs, in dem alle vertraulichen Dokumente aufbewahrt sowie Chiffrierung und Funkverkehr abgewickelt werden. Die Identifizierung des Personals dieser Abteilung ist natürlich am allerwichtigsten. Für Anwerbungsoperationen sind die Aussichten allerdings beschränkt, da nur ausgewählte Personen einer sowjetischen Botschaft persönliche Beziehungen zu Ausländern haben dürfen, besonders zu nichtkommunistischen Ausländern, und jeder Kontakt mit solchen Personen erfordert einen ausführlichen schriftlichen Bericht. Die Erlaubnis für derartige Beziehungen beschränkt sich meist auf Leute des Geheimdienstes, Diplomaten und Personen wie den ‚zavhoz', bei denen durch ihren Aufgabenbereich die Notwendigkeit gegeben ist, sich mit Außenstehenden zu befassen.
Das Programm für Agentenanwerbung soll enttäuschten Sowjets Brücken schlagen, die während ihres Entscheidungsprozesses langsam aufgebaut werden. Die Anwerbungsagenten sind Personen, denen sich ein Russe anvertrauen kann, falls der innere Druck solch ein Bedürfnis hervorruft. Nach einer gewissen Zeit, Stunden, Monaten oder gar Jahren können die Anwerbungsagenten dann politische Diskussionen beginnen. Die wichtigste Spielregel ist, niemals Rußland oder etwas Russisches schlechtzumachen. Ziel ist es, im Kopf des Anzuwerbenden einen Unterschied zwischen der Heimat Rußland und dem von der

KPdSU beherrschten Rußland zu schaffen — also die Regierung von Land und Menschen zu trennen. Da man davon ausgeht, daß die meisten sowjetischen Bürokraten eine etwas zynische Haltung gegenüber der Bürokratie der KPdSU einnehmen, kann der gute Anwerbungsagent patriotische Gefühle schüren, indem er die Zweifel an der Partei nährt. Eine naheliegende und wirksame Methode besteht darin, die russische kulturelle Tradition zu loben und gleichzeitig Bestürzung über die Behandlung von oppositionellen Schriftstellern und Künstlern zu äußern.

Es gibt verschiedene Tarnoperationen gegen die Sowjets: die CIA steckt tief in den Untergrundveröffentlichungen der „samizdat", um Dissidentenliteratur zur Veröffentlichung aus der Sowjetunion herauszuschleusen und Bücher verbannter Schriftsteller in der Sowjetunion zu verbreiten. Außerdem legt man großen Wert darauf, subversive Aktivitäten der Sowjets im Ausland aufzudecken und antisowjetische Propaganda in Umlauf zu bringen, damit sich die Sowjets in ihrer Umgebung unterdrückt und von der Umwelt abgelehnt fühlen. Ausweisungen haben immer das Ziel, den „Beweis" zu erbringen, daß die Sowjets subversive Elemente sind.

Der Kurs vermittelte auch einen Überblick darüber, wie man die Überläufer-Abteilungen in den US-Botschaften in Bereitschaft hält und darüber, wie Überläufer zu behandeln sind; zuerst bemüht man sich, den Russen dazu zu bringen, seine Arbeit weiterzumachen, als ob nichts geschehen sei, um Abhörgeräte zu installieren und Akten zu stehlen; es werden sichere Orte vereinbart, an denen sich der Überläufer verstecken kann, bevor er in die USA abreist; es werden Vorkehrungen getroffen für den Fall, daß die sowjetische Botschaft heftig reagiert, z. B. den Überläufer beschuldigt, die Kasse gestohlen zu haben; es werden Verfahrensweisen für den Fall ausgearbeitet, daß der Überläufer von Vertretern der sowjetischen Botschaft verhört wird; Ausreise mit einer Maschine der US-Luftwaffe.

Die meisten von uns reagierten mit gewisser Skepsis auf den Kurs, da die Ostblock-Referenten sich weigerten, uns die Zahl der Sowjets zu nennen, die man mit diesem enormen Aufwand in die Finger bekommen hat. Sicher liegt ein Körnchen Wahrheit in dem alten Spruch, daß niemand einen Sowjet abwirbt — wenn sie rüberkommen, rekrutieren sie sich selber, und das schaffen sie ohne Kanäle, Brücken, OPS, Bewachungsteams, Ablichtung von Pässen und hinterlistige Anwerbungsagenten. Und was passiert, wenn der Traumagent kommt? Könnte nicht ein Sowjet die eigenen Sicherheitsdienste so kompromittieren, daß die KPdSU gezwungen wäre, Maßnahmen zu ergreifen? Die Referenten der Abteilung Ostblock vermieden auch Antworten auf die Frage, ob die Rekrutierung von Oberst Oleg Penkowsky mit der kubanischen Raketenkrise in Zusammenhang stand. Er war verbittert über die Führung der KPdSU und lieferte äußerst wertvolle Informationen über sowjetische Raketen: Zahl, Standort, Zielsicherheit, Megatonnage und Schnelligkeit. Die CIA erhielt wertvolle Informationen, Penkowsky wurde liquidiert: schickten die Sowjets Raketen nach Kuba, weil sie dringend einen Ausgleich für den durch dieses Leck in ihrer Geheimhaltung entstandenen Schaden brauchten? Vielleicht war der Oktober 1962 der Preis für diesen Spionageerfolg.

Wäre ich ehrlich, würde ich von dem Einsatz mit olympischer Tarnung zurücktreten und kündigen, um einen neuen Job zu suchen. Wenn ich aber im Olympia-Büro mit Carrasco arbeite, kann ich der engen Kontrolle der Station aus dem Weg gehen und mich auf meine Arbeit konzentrieren. Außerdem werde ich mich im Anschluß an die Olympiade nach Arbeitsmöglichkeiten umsehen – das ist in fast anderthalb Jahren, und da kann eine Menge geschehen. Mexiko ist einfach zu attraktiv, um abzulehnen. In der ersten Juliwoche fahre ich.

**Mexico City
15. Juli 1967**

Dieser Einsatz bei der Olympiade ist großartig. Dave und ich machen gemeinsam die Besuchsrunde bei den Leitern der verschiedenen Organisationen, die an der Vorbereitung der Olympiade beteiligt sind. Das Organisationskomitee will im Zusammenhang mit den Sportveranstaltungen der Olympiade alle möglichen Sachen in Gang setzen und wünscht die tatkräftige Hilfe der USA beim kulturellen Programm der Olympiade. Das Mexikanische Olympische Komitee, das für die Aufstellung der mexikanischen Mannschaft verantwortlich ist, braucht Hilfe bei der Suche nach zusätzlichen Trainern. Das Außenministerium hat bereits Zusagen für amerikanische Trainer und Spezialisten gegeben. Wir sind erst fünf Tage bei dieser Arbeit und haben schon Zugang zu außerordentlich vielen Leuten bekommen.

Die Beamten in der Station, angefangen bei Scott, sind alle gespannt, wieweit mein olympisches Entree ihnen in ihren jeweiligen Arbeitsbereichen helfen wird. Scott ermunterte mich, möglichst viele Leute kennenzulernen und meine olympische Tarnung gut auszubauen. Das Hauptinteresse der Abteilung für Operationen gegen die Sowjets, in deren Räume ich mir Schreibmaschine und Schreibtisch bringen ließ, ist die Identifizierung und Kontaktaufnahme mit möglichen Agenten, die Zugang bei den Sowjets haben und der Aufbau direkter Kontakte zu Geheimdienstbeamten der Sowjets und ihrer Satellitenstaaten, die für die Olympiade arbeiten. Die KP-Abteilung möchte, daß ich Personen identifiziere, die sich eventuell für die Infiltration in revolutionären Organisationen anwerben lassen. Die CA-Abteilung will meine Einschätzung der Pressevertreter des Olympischen Komitees, die als Medienagenten eingesetzt werden könnten.

Die Verbindungsabteilung verlangt Informationen über sowjetische und aus anderen Satellitenstaaten kommende Olympia-Attaches, um sie dem mexikanischen Geheimdienst zuzuspielen. Die LICOBRA-Abteilung möchte, daß ich potentielle Agenten zur Infiltration der PRI und der mexikanischen Regierung ausfindig mache. Die Abteilung für Operationen gegen Kuba, die die wenigsten Agenten hat, möchte persönliche Daten über den kubanischen Olympia-Attache und Informationen über Linke im olympischen Milieu, die eventuell nach Kuba fliegen werden und überhaupt über jeden, der für die Kubaner in irgendeiner Weise von Interesse ist. All diese Beamten verbinden mit meinem Einsatz bei der Olympiade Hoffnungen für ihre Operationsziele.

New York
13. Dezember 1967

In den letzten Monaten ist es zu unerwarteten Entwicklungen gekommen. Dave hat mich gebeten, die Verantwortung für die Unterstützung des olympischen Kulturprogramms seitens der Botschaft zu übernehmen. Die Mexikaner hoffen, daß dies Programmm fast ebenso große Bedeutung wie das Sportprogramm erhält. Es war mir nicht recht, daß Dave mich bat, die Arbeit am Kulturprogramm zu übernehmen, da sie schnell die ganze Zeit in Anspruch nehmen kann. Aber nachdem ich mir in den Akten der Station die Namen der Verantwortlichen für das Kulturprogramm angesehen hatte, sah ich gleich den Vorteil: die Kulturabteilung des Organisationskomitees ist vollgepackt mit bekannten Linken, mit denen ein amerikanischer Vertreter sonst nur schwer Kontakt aufnehmen kann, ohne Verdacht zu erregen. Aber im olympischen Klima von Frieden und Brüderlichkeit und angesichts der Tatsache, daß das Organisationskomitee dringend die Unterstützung der amerikanischen Regierung braucht, sind mir jetzt die Türen zu vielen Personen geöffnet, für die sich verschiedene Abteilungen der Station interessieren. Darüber hinaus habe ich aufgrund dieser neuen, zeitraubenden Pflichten jede nur denkbare Rechtfertigung dafür, daß ich selbst keine Anwerbungen mache. Bis jetzt ist die Station sehr zufrieden, denn ich treffe regelmäßig Provorov und Belov, die sowjetischen olympischen Vertreter, ebenso die tschechischen, polnischen und jugoslawischen. Meine einzige Schwierigkeit ist, dem koreanischen CIA-Beamten DMNEBULA-1 aus dem Weg zu gehen, der auch für die Olympiade arbeitet und mich bei jedem Treffen in Verlegenheit bringt. Im allgemeinen wahre ich der Station gegenüber den Schein, furchtbar beschäftigt zu sein, denn ich habe kein Interesse an der Einleitung von Operationen.

Die andere unerwartete Entwicklung ist eine ernste, sich vertiefende Beziehung zu einer Frau, die ich im Organisationskomitee kennengelernt habe. Ich habe etwas riskiert und ihr erzählt, daß ich früher für die CIA gearbeitet habe, aber trotz ihrer heftigen Abneigung dagegen ist sie bereit, mich wiederzusehen. Sie ist eine der vielen Linken im Kulturprogramm und – wie viele andere Leute auch – überzeugt, daß die CIA die Verantwortung für die Ermordung von Che Guevara trägt, was sie sehr erbittert.

**Mexico City
20. Juni 1968**

Eine CIA-Karriere geht ihrem Ende entgegen. Es kam etwas früher, als ich erwartet hatte, aber Paul Dillon lud mich zum Kaffee ein und erzählte mir, daß Scott ihn gebeten habe, mir einen Vorschlag zu machen. Er sagte, die Station sei mit meiner Arbeit sehr zufrieden, und Scott würde mich nach der Olympiade gern in die politische Abteilung versetzen, damit ich in den nächsten zwei oder drei Jahren Rekrutierungen mache, auf die ich mich seit meiner Ankunft im letzten Jahr vorbereitet habe. Sie wollen vor allem, daß ich mit der Anwerbung einiger PRI-Bürokraten anfange, die ich kennengelernt habe, z. B. Alejandro Ortega San Vincente, Generalsekretär des Organisationskomitees und ehemaliger Chef der Regierungsabteilung für politische und soziale Untersuchungen, der wirklich die Informationszentrale der PRI in bezug auf ihre eigenen Leute ist. Scott sagt, daß er meine Beförderung veranlassen wird und daß der Botschafter seine Zustimmung gibt.

Ich erwiderte Dillon, daß ich das Angebot zu schätzen wüßte, aber die Absicht hätte, mich nach der Olympiade zurückzuziehen, wieder zu heiraten und in Mexiko zu bleiben. Er war natürlich entsetzt, denn in der Station hatte ich das noch niemandem gegenüber erwähnt. Anschließend sprach ich mit Scott und schrieb eine Aktennotiz für das Hauptquartier, in der ich meine Absicht darlegte. Ich gab mir große Mühe, meine Entscheidung ausschließlich mit persönlichen Motiven zu begründen, damit niemand über mich herfällt und mich als Sicherheitsrisiko abstempelt.

Jedermann ist bekannt, daß sowohl das Hauptquartier als auch die Stationen gespickt sind mit Beamten, die schon vor langer Zeit aufgehört haben, an ihre Arbeit zu glauben – um bis zur Pensionierung zynisch und verbittert weiterzumachen, bemüht, Verantwortung und Anstrengungen aus dem Wege zu gehen. Auf keinen Fall will ich einer von ihnen werden.

Mexico City
1. August 1968

In der vergangenen Woche kam es zu einem Zusammenstoß zwischen Studenten, Universitätsleitung und Regierung. Es begann am 26. Juli mit ziemlichem Durcheinander, als eine Demonstration anläßlich des Jahrestages der Kubanischen Revolution mit einer Gegendemonstration zusammenstieß und sich dann zu einer Protestkundgebung gegen die mexikanische Regierung entwickelte. Zwei Tage danach drang die Polizei in die Gebäude der Nationalen Universität von Mexiko (UNAM) ein, und am darauffolgenden Tag kam es zu Tumulten, als die Polizei gegen demonstrierende Studenten vorging. Drei Tage später kam es auf den Straßen zu einer weiteren Konfrontation, die dann auf die Universitätsstädte in der Provinz, Villahermosa und Jalapa, übersprang. Heute fand in Mexico City ein friedlicher Protestmarsch statt, an dem mindestens 50 000 Menschen teilnahmen, an der Spitze der Rektor der UNAM.

Die ursprünglich verworrenen Streitpunkte haben sich zu grundlegenden politischen Forderungen verallgemeinert. Auf der Seite der Studenten steht die Bewegung unter der Führung eines nationalen Streikomitees, das von der Nationalen Befreiungsbewegung (MLN) und dem Nationalen Zentrum Demokratischer Studenten (CNED) geführt wird. Beide stehen unter dem Einfluß der Kommunistischen Partei Mexikos. Doch die Bewegung ist eine spontane Protestdemonstration des Volkes gegen die Polizeigewalt und trägt deutliche Züge von Protest gegen das Machtmonopol der PRI und ihre traditionelle Servilität gegenüber den Privilegierten. Die vom Streikkomitee formulierten Forderungen kann die Regierung unmöglich erfüllen, sie sind aber populär: Rücktritt der Polizeichefs, Auflösung der Polizei-Sondertruppe für Aufstandsbekämpfung, Abschaffung des Straftatbestandes „soziale Zersetzung" und Entschädigungen für die Verletzten und die Familien der Getöteten – seit dem 26. Juli wurden mindestens acht Studenten getötet, 400 verletzt und über 1000 verhaftet.

Die Regierung mußte mehrmals die Armee einsetzen, da die Polizei nicht mehr Herr der Lage war. Luis Echeverria, Win Scotts Verbindungsmann, ist als Innenminister für die Wiederherstellung der Ordnung verantwortlich, hat aber bisher die Dinge nur verschlimmert. Er hat die CNED und die Jugendorganisation der Gewalttätigkeit bezichtigt, was nur zum Teil stimmt – der Vorwurf muß auch anderen Demonstranten und der Polizei gemacht werden –, gleichzeitig hat er behauptet, daß fünf „Störkommandos" aus Frankreich sowie andere kommunistische Agitatoren den Aufruhr vom Ausland her angezettelt hätten. Niemand glaubt diesen Quatsch, mit dem sich die Regierung nur lächerlich macht und Kompromisse erschwert. Wenn Echeverria nicht mit diesen Überreaktionen aufhört, wird sich die Lage sogar noch weiter verschlimmern.

Letzten Monat bin ich nach Washington und New York gereist, um die letzten Einzelheiten unserer Beteiligung am Kulturprogramm zu klären, das vom Außenministerium organisiert wird. In Washington hat Janet nicht nur abgelehnt, daß ich die Jungen zur Olympiade mit nach Mexiko nehme, sie erschwert mir auch, sie überhaupt zu sehen. Ich habe beschlossen, sie trotzdem mitzunehmen, und meinen Rechtsanwalt beauftragt, Janet zu benachrichtigen, wenn wir schon auf dem Flug sind. Daraufhin gab es großes Geschrei im Hauptquartier, dem Außenministerium sowie beim Botschafter und Scott – die mir alle befohlen haben, die Jungen zurückzuschicken, weil Janet droht, meine Zugehörigkeit zur CIA bekanntzumachen.

Ich habe mich geweigert und ihnen gesagt, sie sollen mich feuern, wenn sie wollen. Ich habe ein Recht darauf, meine Kinder bei mir zu haben, ob in Mexiko oder sonstwo. Übrigens glaube ich, daß die Drohung mit der Enthüllung nur ein Bluff ist.

**Mexico City
1. September 1968**

Die Regierung hatte im August zunächst gegenüber den weiterhin stattfindenden, massiven Demonstrationen eine einigermaßen freundliche Haltung eingenommen. Am 27. August entwickelte sich dann eine gewaltige Demonstration mit über 200 000 Teilnehmern zu einem Protestmarsch gegen die Kosten der Olympiade für Mexiko, die sich auf mindestens 175 Millionen Dollar belaufen werden. Die Kehrtwende in der Politik der Regierung folgte am nächsten Morgen, als eine große Menge von Demonstranten, die auf der zentralen Plaza in der Innenstadt geblieben war, mit Gewalt auseinandergetrieben wurde. Am 29. erschienen weitere 3 000 Demonstranten, die auch auseinandergetrieben wurden. Heute hat Diaz Ordaz in seiner Jahresbotschaft an die Nation für den Einsatz der Armee plädiert, um die Durchführung der Olympiade zu sichern. Er hat zugesagt, die Veränderung des Paragraphen zur „sozialen Zersetzung" prüfen zu lassen. Das Streikkomitee hat seinen Forderungen noch die nach Freilassung aller politischen Gefangenen hinzugefügt, und Diaz Ordaz hat sich zu der Behauptung verstiegen, es gebe in Mexiko keine politischen Gefangenen – die Unwahrheit dieser Behauptung ist so allgemein bekannt, daß er sich nur lächerlich gemacht hat.
In der Station ist die KP-Abteilung sehr damit beschäftigt, Informationen über die Pläne des Streikkomitees sowie über die Haltung der Kommunisten und anderer linksextremer Gruppen zu bekommen. Die Erkenntnisse dieser Nachforschungen werden an Diaz Ordaz und Echeverria weitergegeben, damit die Sicherheitskräfte sie benutzen können. Es ist fast so, als ob man wieder in Ecuador oder Uruguay sei – aber ich bin froh, daß ich diesmal nicht auf der Regierungsseite arbeite.

Mexico City
19. September 1968

Die bisher einzige bedeutende Demonstration dieses Monats war ein Schweigemarsch an dem Tag, an dem Diaz Ordaz die neuen Sportanlagen der Olympiade einweihte. Aus Kreisen der Opposition ist zu hören, die Polizei habe aus Rache die Leichen der getöteten Studenten verbrannt und die Angehörigen durch Drohungen zum Schweigen gebracht. Gruppen von Studenten haben täglich Fabriken, Büros und Wohnungen aufgesucht, um ihren Standpunkt darzustellen und hatten dabei großen Erfolg. Daraufhin hat die Regierung vergangene Nacht die Nationale Universität besetzen lassen, womit sie die traditionelle Autonomie der Universität verletzt. Echeverria rechtfertigte die Invasion mit dem Hinweis, die Universität sei zu politischen Zwecken mißbraucht worden.

Tausende von Soldaten mit Panzern und Panzerwagen wurden bei der Aktion eingesetzt, aber obwohl Hunderte verhaftet wurden, sind alle studentischen Streikführer entkommen. Die Studentengruppen, die der Regierung vorwerfen, Politik im Interesse einer Minderheit zu betreiben, haben jetzt ihr Hauptquartier im Polytechnischen Institut aufgeschlagen, wo der Kampf zwischen Studenten und Polizei weitergeht.

Zwei der großen Ausstellungen im olympischen Kulturprogramm mußten wegen der Ausschreitungen verboten werden. Wir hatten an der Nationalen Universität eine riesige Jupiterrakete für die Weltraumausstellung aufgebaut, bauten sie aber schleunigst wieder ab, sonst hätten die Demonstranten sie noch heruntergerissen. Das Organisationskomitee sieht sich jetzt nach einem neuen Ausstellungsort um. Desgleichen mußte die Atomenergie-Ausstellung am Polytechnischen Institut wieder abgebaut werden, und man sucht nach einem neuen Ort. Die Weltraumausstellung sollte gestern von Michael Collins, einem Astronauten der Luftwaffe, eröffnet werden; ich mußte aber große Teile des Programms streichen.

Mexico City
25. September 1968

Seit der Besetzung der Universität ist es jeden Tag zu Ausschreitungen gekommen. In verschiedenen Stadtteilen von Mexico City wurden bei gewaltsamen Auseinandersetzungen zehn bis zwanzig Studenten getötet und über hundert verletzt. Die meisten Kämpfe spielen sich aber jetzt auf der Plaza der drei Kulturen im Tlatelolco-Teil ab, wo einige der wichtigsten Berufsschulen des Polytechnischen Instituts liegen. Gestern gab es einen heftigen Kampf, der zwölf Stunden dauerte. Die Studenten verteidigten das Polytechnische Institut und die Berufsschulen, die am Ende aber doch von Polizei und Armee besetzt wurden. Alle Straßendemonstrationen werden jetzt mit großer Brutalität zerschlagen.

Mexico City
3. Oktober 1968

Auf der Plaza der drei Kulturen hat die Regierung unter brutalem Einsatz von Schußwaffen die Protestbewegung erstickt und dabei wahrscheinlich mehrere hundert Menschen getötet. Das Blutbad von gestern nachmittag kam überraschend, da sowohl die Regierung als auch das Streikkomitee Konfrontationen aus dem Weg gegangen waren, und jeder glaubte, die Krise sei im Abklingen. Die Armee hatte sogar die Universität geräumt.

Doch gestern versammelten sich gegen 17 Uhr etwa 3 000 Menschen – Studenten, Lehrer, Eltern und einige Arbeiter und Bauern – auf der Plaza der drei Kulturen zu einem Protestmarsch gegen die von der Regierung noch immer aufrechterhaltene Besetzung des Polytechnischen Instituts und mehrere seiner Berufsschulen.

Der erste Sprecher der Kundgebung sagte aber den Marsch ab, weil sich etwa 1 000 Soldaten mit Panzerwagen und Jeeps mit aufmontierten Maschinengewehren entlang der vorgesehenen Marschroute konzentrierten. Die Kundgebung wurde friedlich fortgesetzt, die Plaza wurde aber von Militäreinheiten umzingelt. Kurz nach 18 Uhr eröffnete die Armee das Feuer auf die Menge und die umliegenden Gebäude, in denen Sympathisanten vermutet wurden. Erst nach einer Stunde wurde das Feuer eingestellt. Offiziell wurden 28 Tote und 200 Verwundete angegeben, aber wahrscheinlich wurden mehrere hundert getötet und noch viel mehr verwundet. Mehr als 1500 Personen wurden verhaftet. Heute kam es zu einer Massenhysterie, als Tausende von Eltern die Leichen ihrer Kinder suchten, die in Krankenhäusern und Gefängnissen nicht zu finden sind.

Mexico City
28. Oktober 1968

Plötzlich ist alles vorbei – verschluckt vom Farbenzauber des wohl spektakulärsten Feuerwerks der Geschichte. Heute können wir anfangen abzuwägen, ob dieses zweiwöchige Spektakel wirklich all das Blutvergießen wert war und ob nicht Mexiko mehr Prestige durch das Ermorden von Demonstranten verloren hat als es durch die Veranstaltung der Spiele gewann.
Meine Entlassung tritt Anfang nächsten Jahres in Kraft, obgleich meine Arbeit für die Firma aus technischen Gründen schon jetzt endet. Vielleicht war es dumm von mir, meine gesamte Zeit in den letzten Monaten der Olympiade zu widmen, statt nach einem neuen Job zu suchen. Aber ich habe Geld gespart und kann so eine gewisse Zeit überbrücken, bis ich Arbeit gefunden habe. Das wird nicht einfach werden, denn es erfordert ein hübsches Einkommen, zwei Familien zu ernähren und so weiter zu leben wie bisher.
Ich versuche, es nicht zu zeigen, aber ich glaube nicht recht daran, daß ich eine befriedigende Arbeit finden werde in dem System, das ich schon als Student vor vielen Jahren abgelehnt habe. Es fällt mir schwer einzugestehen, daß ich ein Diener des Kapitalismus geworden bin, den ich stets ablehnte. Ich wurde einer seiner Geheimpolizisten. Die CIA ist schließlich nichts anderes als die Geheimpolizei des amerikanischen Kapitalismus, die Tag und Nacht die politischen Dammbrüche zuschaufelt, damit die Aktionäre der in armen Ländern operierenden US Gesellschaften weiterhin Gewinne einstreichen können. Der Schlüssel zum Erfolg der CIA sind die zwei oder drei Prozent der Bevölkerung der armen Länder, die den Löwenanteil bekommen – und die heute fast überall mehr verdienen als 1960, während für die marginalisierten 50, 60 oder 70 % der Bevölkerung immer weniger abfällt.
Es liegt ein Widerspruch in dem, was ich tue, aber in Anbetracht meiner Pläne und des Einkommens, das ich brauche, habe ich kaum andere Möglichkeiten. Man muß es realistisch sehen: um seinen Verpflichtungen nachzukommen, muß man Kompromisse mit dem System schließen, wobei man genau wissen sollte, daß das System nicht für jeden da ist. D. h. jeder muß zusehen, daß er bekommt, was er mit Anstand bekommen kan – wenn man sich zusätzliche Sicherheiten verschaffen will, ist das ein dehnbarer Begriff. Und ich muß mir jetzt innerhalb des Systems meine Sicherheit verschaffen und vergessen, daß ich je

für die CIA gearbeitet habe. Nein, der Versuch, das System zu verändern, hat keinen Zweck. Was auf der Plaza der drei Kulturen geschehen ist, geschieht überall auf der Welt denen, die es versuchen. Das Leben ist zu kurz und hat zu viele Freuden, die man versäumen könnte. Mit einunddreißig habe ich noch ein halbes Leben vor mir, um sie zu genießen.

Teil V

Mexico City
Januar 1970

Nach einem Jahr voller Enttäuschungen und mit dem Gefühl, versagt zu haben, fange ich von vorne an. Meine Hoffnungen auf einen Neubeginn und eine Zukunft in Mexiko wurden überschattet vom Scheitern meiner Ehepläne, und ich bin unsicher, wie es weitergehen soll. Die Gründe? Eine ganze Reihe von Fehlern, vielleicht unrealistische Hoffnungen von Anfang an, mit vernichtenden Ergebnissen, die mir schwer zu schaffen machten. Im Moment sammle ich die Bruchstücke zusammen und versuche, ihnen einen stabilen Rahmen zu geben.
Ich bin unsicher, was meine Arbeit angeht, trotz der guten Gelegenheit, mich an einer neuen Firma zu beteiligen. Sie wird von Freunden geleitet, die ich bei der Olympiade kennengelernt hatte. Finanziell mußte ich mich sehr einschränken. Eine unangenehme, aber heilsame Sache. Die Aussichten in der neuen Firma, die ein vollständig neues Produkt verarbeitet und vermarktet, sind sehr vielversprechend, ich konnte auch einige Aktien erwerben. Meine Beziehungen zum Inhaber und zum Generalmanager, der mein Freund ist, sind ausgezeichnet. Trotzdem: Im Handel zu arbeiten, ist heute immer noch genauso unbefriedigend wie früher. Ich werde mich an der mexikanischen Staatsuniversität einschreiben, um einen Hochschulabschluß zu erlangen. Vielleicht gehe ich in die USA zurück, um dort zu unterrichten.
Zwischen Weihnachten und Neujahr habe ich außerdem mit dem Konzept eines Buches über die CIA angefangen. Hätte ich Erfolg mit meinen Plänen gehabt, wäre das unmöglich gewesen, aber jetzt ist der Weg klar, und er zwingt mich, vielleicht Mexiko zu verlassen.
Ein Buch über die CIA könnte dazu beitragen, die Prinzipien der Außenpolitik zu verdeutlichen, die uns nach Vietnam brachte und uns leicht in ähnliche Situationen führen kann. Geheime CIA-Operationen sind die meist unsichtbaren Anstrengungen, ungerechte und unpopuläre Minderheitsregierungen zu stützen,

immer in der Hoffnung, daß eine offene militärische Intervention (wie in Vietnam oder in der Dominikanischen Republik) nicht notwendig ist. Je erfolgreicher die CIA-Operationen sind, desto überflüssiger werden offene militärische Interventionen, desto ferner rücken aber auch Reformen. Das Lateinamerika der 60er Jahre zeigt das überdeutlich.
Ich muß darauf achten, nicht zuviel über meine Buchpläne zu sprechen. Jim Noland hat Win Scott als Stationschef abgelöst, nachdem sich Scott im vergangenen September zurückgezogen hatte und ein Büro eröffnete — in seinem alten Beruf als Versicherungsstatistiker. Ich kann mir gut vorstellen, daß er weiter für die Firma arbeitet, allerdings jetzt unter Vertrag, denn seine Kenntnisse und Erfahrungen in Mexiko und sein großer Freundeskreis sind viel zu wertvoll, als daß man sie einfach aufgeben könnte. Die Zeit ist noch nicht reif dafür, daß die CIA von meinen Plänen Wind bekommt.

Mexico City
Juni 1970

Noch ein kaum verständlicher Fehlschlag: vergangene Woche habe ich in New York mit vier Verlegern gesprochen, um einen Vertrag für die Veröffentlichung und einen Vorschuß zu bekommen, um das Buch über die CIA fertigstellen zu können. Unglücklicherweise wollten die Verleger hauptsächlich einen sensationellen Aufhänger — und möglichst nichts über die schwierigen ökonomischen und politischen Zusammenhänge, die den Operationen erst ihren Sinn geben.
Ich bin nicht sicher, was ich jetzt tun soll, außer von vorne anzufangen, das Material neu zu ordnen und zu versuchen, noch klarer und deutlicher zu schreiben. Vielleicht sollte ich bescheidener sein: ein Artikel in einer Zeitschrift über unsere Operationen zur Verhinderung von Allendes Präsidentschaft 1964 — gerade jetzt ist er dabei, noch einmal zu kandidieren, und vielleicht hilft ihm eine Darstellung der Operationen von 1964. Das Dumme ist nur, daß mir die Leute möglicherweise nicht glauben — in New York hatte ich das Gefühl, daß die Verleger sich nicht sicher waren, ob ich auch der sei, für den ich mich ausgab.
Schlimm ist, daß ich Kopien meines Materials in New York gelassen habe und trotz gegenteiliger Versicherungen der Verleger natürlich Angst habe, daß die CIA von dem Buch erfährt. Ein Wort von der Station an den mexikanischen Geheimdienst,

und ich erhalte ein Ticket ‚einfache Fahrt' nach Toluca und verschwinde dann irgendwo in den Canyons.

Mexico City
Januar 1971

Die vergangenen Monate haben neue wichtige Entscheidungen gebracht, und vielleicht finde ich endlich den richtigen Weg. Hinter diesen Entscheidungen stand die Fortführung des Krieges in Vietnam und das Vietnamisierungsprogramm. Jetzt mehr als je zuvor könnte die Darstellung der CIA-Methoden den Amerikanern zu verstehen helfen, wie wir nach Vietnam gekommen sind und wie, wo immer die CIA sich zu schaffen macht, ein neues Vietnam entstehen könnte. Ich habe mich aus der Firma meiner Freunde zurückgezogen. Meine Söhne sind wieder in Washington — trotzdem mache ich auf der Universität weiter. Ich hatte die Kinder nur über Weihnachten weggelassen, fürchtete aber, daß Janet von ihrer Zusage, sie zurückkommen zu lassen, abgehen würde. Als sie das dann auch tat, gab ich — ich hatte keine andere Wahl — nach. Auf jeden Fall werden sie eine bessere Schule besuchen und zur Abwechslung einmal Englisch lernen. Vielleicht verlasse ich, falls ich finanzielle Unterstützung bekomme, auch Mexiko, denn der Plan für mein Buch verlangt Material, das ich hier nicht bekommen kann. Ich bin jetzt entschlossen, alle Namen und Organisationen, die mit CIA-Operationen verbunden sind, zu nennen und so exakt wie möglich alle Ereignisse, an denen ich beteiligt war, zu rekonstruieren. Von jetzt ab kein Verstecken mehr hinter Theorien und hypothetischen Fällen, um die Werkzeuge von CIA-Operationen zu schützen. Das Problem ist jetzt die Dokumentation. Ich habe mich auch entschlossen, nach Wegen Ausschau zu halten, um nützliche Informationen über die CIA an revolutionäre Organisationen weiterzugeben, die sie dann dazu benutzen können, sich besser zu verteidigen. Treibende Kraft meiner Radikalisierung ist mein inzwischen verändertes Verständnis der Klassenunterschiede in der kapitalistischen Gesellschaft, die auf dem Eigentum, bzw. auf dem Mangel an ihm beruht. Natürlich waren diese Unterschiede immer da, ich sah sie auch, aber bis vor kurzem sind mir einfach ihre Bedeutung und die Konsequenzen entgangen: Ausbeutung, Arbeitskraft als Ware. Aber, indem ich hinter den liberalen Schein der Gesellschaft kam — ein Schein, der versucht, unversöhnliche Klassenkonflikte zu vertuschen —, habe ich verstanden, warum liberale Reformprogramme in Lateinamerika gescheitert sind. Ebenso habe ich die Interessenidentität der Klassen in Lateinamerika (und anderen unterentwickelten Ländern) mit den entsprechenden Klassen in den USA (und anderen entwickelten Ländern) verstanden. Diese Sicht des Klassenverhältnisses, die erkennt, daß die Klassenidentität vor der nationalen rangiert, läßt liberale Reformen, die angeblich in einem sich ständig erneuernden Prozeß, Schritt für Schritt in eine bessere Gesellschaft führen, scheitern. Reformen mögen tatsächlich eine Verbesserung bedeuten, aber im Grunde sind sie ein Manöver der herrschenden Klassen, den Kapitalisten die Fortsetzung der Ausbeutung zu ermöglichen, ein bißchen nachzugeben, um nicht alles zu verlieren. Die „Allianz für den Fortschritt" war genau diese Art von Betrug — obwohl sie als Marshallplan für Lateinamerika etikettiert wurde und ganz Lateinamerika unter der Führung von Liberalen wie Betancourt, Haya de la Torre, Kubitschek und Munoz Marin einen New Deal ermöglichen sollte. Aber als soziales Programm war die Allianz für den Fortschritt natürlich ein Fehlschlag. Es gelang auch nicht, das Pro-Kopf-Einkommen zu steigern, teils wegen des schnellen Bevölkerungswachstums und teils wegen des langsamen Exportwachstums. Diese zwei Faktoren, zusammen mit dem wachsenden Konsum der Ober- und Mittelschichten, absorbieren das, was für die Investititionen benötigt wurde, auf denen jedes wirtschaftliche Wachstum beruht. Das Resultat? Der Riß in der lateinamerikanischen Gesellschaft zwischen der modernen Oberschicht, die weitestgehend von einem externen Sektor abhängig ist, und der marginalisierten Mehrheit verbreiterte sich. Bis 1969 waren die Hälfte der arbeitsfähigen Bevölkerung arbeitslos oder unterbeschäftigt. Fortschritte im Erziehungswesen, in der Gesundheitsfürsorge oder bei den Wohnverhältnissen kamen meist den städtischen Mittelschichten zugute. Der Flucht arbeitsloser Landbewohner in die Städte entsprach das Unvermögen der Städte, sie produktiv zu integrieren. Es blieb beim Teufelskreis von kleinem Binnenmarkt und schwachen inneren Wachstumsimpulsen.

Vor allem in Ländern wie Brasilien, dessen Wirtschaftskraft schnell wuchs, tendierten Wohlstand und Einkommen zu immer größerer Konzentration. Die jüngsten Zahlen der UNO-Kommission für Lateinamerika zeigen, daß die ärmsten 20 % der lateinamerikanischen Bevölkerung nur 3,1 % und selbst 50 % nur 13,4 % des Gesamteinkommens erhalten. Andererseits erhält die Gruppe der 5 % Höchstverdiener 33,4 % des Gesamteinkommens. Der Gegensatz zwischen den oberen 5% und den 50% der Bevölkerung beruht – so die UNO-Kommission – auf dem Vorherrschen der Unternehmerschicht in der Gruppe der 5 %, deren außergewöhnlich hohes Einkommen weitgehend auf die Profite zurückzuführen ist, die sie besser reinvestieren als konsumieren sollten. In Mexiko stammen 60 % des Einkommens der oberen 3 % aus Dividenden, in El Salvador 80 %, in Argentinien 85 %. Außerdem steigt das Einkommen der oberen 5 % schneller als das der mittleren und unteren Einkommensschichten. So werden die Einkommensunterschiede noch verschlimmert. Die Annahme also, unter der „Allianz für den Fortschritt" werde das Wirtschaftswachstum zu einem höheren Lebensstandard der Armen führen, hat sich als falsch erwiesen.

Die Landreformprogramme sind ebenfalls gescheitert. In den 60er Jahren gab es praktisch in jedem Land Lateinamerikas ein Programm zur Reform der repressiven, überalterten und unwirtschaftlichen Pachtsysteme, die schon lange als entscheidende Ursache für die ökonomischen Ungleichheiten angesehen wurden. Aber mit Ausnahme von Kuba, Peru und Chile ging der Impuls zur Veränderung verloren. Die Konzentration schreitet voran: die oberen 1,8 % der ländlichen Einkommensskala besitzen mehr als 50 % des Ackerlandes, während die kleinen Landbesitzer, die etwa 25 % der Landbevölkerung ausmachen, nur 2,4 % des Ackerlandes besitzen. Ein liberales Reformprogram wie die „Allianz für den Fortschritt" ist ein Sicherheitsventil für kapitalistische Ungerechtigkeit und Ausbeutung – genau wie der Wilde Westen im vorigen Jahrhundert einen Ausweg aus den bedrückenden amerikanischen Städten bot. Ein solches Programm wird die herrschende Klasse nur dann zulassen, wenn das System als Ganzes eine Zeitlang in Gefahr ist. Die Umverteilung des Einkommens ist etwas, was gegen den allgemeinen Trend zur immer stärkeren Konzentration von Wohlstand und Macht in wenigen Händen steht. Schwächt sich die unmittelbare Gefahr erst einmal ab, dann geht auch der Druck auf das Sicherheitsventil zurück, die natürlichen Akkumulationskräfte gewinnen wieder an Boden und fegen dann die relativen Vorteile, die eine Reform den Ausgebeuteten verschaffte, vom Tisch. Reformen sind eine vorübergehende Linderung, die niemals das Ausbeutungsverhältnis, auf dem der Kapitalismus beruht, werden aufheben können. Je mehr die Unterdrückten in der kapitalistischen Gesellschaft den Mythos liberaler Reformen durchschauen, desto mehr müssen auch die regierenden Minderheiten zu

Repressalien greifen, um eine sozialistische Revolution zu verhindern. Würden die CIA-Stationen, die US-Militärmissionen, die „Hilfsprogramme für öffentliche Sicherheit" und die freien Gewerkschaftsprogramme entfernt, dann würden jene Minderheiten schneller verschwinden, als sie es für möglich halten.

**Mexico City
März 1971**

Eine kurze Reise nach Montreal, um mit dem Vertreter eines Pariser Verlags zu reden, hat mir neue Hoffnungen gemacht, sowohl was meine Finanzen als auch die Unterstützung bei Nachforschungen angeht. Obwohl mein Konzept und das schriftliche Material ganz annehmbar sind, besteht weiter das Problem, wo ich an Informationen zur Rekonstruktion der Ereignisse gelangen kann, bei denen ich beteiligt war, um genau zu demonstrieren, wie die CIA arbeitet. Wir zogen Paris und Brüssel in Betracht, nachdem wir übereingekommen waren, daß aus Sicherheitsgründen jeder Ort in den USA unklug wäre. Auch Kuba tauchte in unseren Erwägungen auf, weil dort möglicherweise das Forschungsmaterial gefunden werden könnte; vielleicht bekäme man dort sogar Unterstützung.
Ich erklärte, daß ich aus mehreren Gründen Angst davor hätte, nach Kuba zu gehen: meine ehemalige Arbeit gegen Kuba und den Kommunismus, mögliche sowjetische Pressionen, mein Widerstand, mich in Gegenspionageunternehmen verstricken zu lassen, Probleme mit der CIA nachher. Vor allem aber fürchte ich, daß die CIA, wenn sie erst einmal in Erfahrung gebracht hätte, daß ich nach Kuba gegangen sei, eine Kampagne starten würde, um mich als Verräter zu denunzieren. Da ich hoffe, sobald meine Nachforschungen abgeschlossen sind, möglichst schnell in die USA zurückzukehren, würde ich wahrscheinlich Gefahr laufen, wegen der Veröffentlichung von Geheimnissen gerichtlich belangt zu werden, falls ich nach Kuba gehen würde. Es gibt da allerdings auch ein paar Vorteile, die für Kuba sprechen: vor der CIA wäre ich dort sicherer, und wenn die Forschungsmaterialien zugänglich wären, könnte ich dort ungestörter und schneller Arbeiten. Auch könnte ich in Havanna erreichen, Material über die CIA an interessierte lateinamerikanische Organisationen mittels ihrer Vertreter zu übergeben – wirkungsvoll und sicher.
Ich hätte dann auch die Gelegenheit, aus erster Hand zu erfah-

ren, was die kubanische Revolution dem Volk bedeutet und worin ihre Probleme bestehen. Das wäre aber erst möglich nach Abschluß meiner Arbeit.

Nachdem ich die Idee überschlafen hatte, beschloß ich, nach Kuba zu gehen, wenn es sich irgendwie ermöglichen lassen würde. Vermutlich ist das Buch für die Kubaner politisch akzeptabel und das Forschungsmaterial zugänglich. Wenn ich nicht nach Kuba gehe, fahre ich nach Paris. Dort kann ich das Buch wenigstens in Sicherheit zu Ende schreiben. Zum gegenwärtigen Zeitpunkt sage ich nichts und hoffe, daß die CIA nichts von meinen Plänen erfährt.

Paris
August 1971

Große Fortschritte, aber es bleibt noch viel zu tun. Im Mai ging ich nach Havanna, um über das von mir benötigte Forschungsmaterial zu verhandeln, und man war einverstanden, mir zu helfen. Das könnte ein gutes Geschäft werden. Man lud mich auch ein, in Kuba zu bleiben, was ich annahm. Ich wollte aber auch meine Söhne in Washington besuchen, kehrte erst nach Paris zurück und fuhr dann in die USA, um zwei Wochen mit den Kindern zu verbringen. Nach wie vor suche ich weiter nach Material und werde bald wieder nach Havanna reisen. In Kuba reiste ich mehrere Wochen auf der Insel umher, besuchte eine Vielzahl von Entwicklungsprojekten in der Landwirtschaft, Viehzucht, im Wohnungsbau, Gesundheitswesen und Erziehungssektor. Stolz und Zielbewußtsein der Kubaner sind beeindruckend. Meine Vorbehalte, nach Kuba zu reisen, waren unbegründet und wurden mehr übertroffen durch die Angst, in die USA zurückzukehren, um meine Söhne zu treffen. Ich hätte nicht zurückkehren sollen, denn ich war ganz offen nach Kuba gegangen, aber seltsamerweise bin ich durch die Reisekontrolle geschlüpft – oder das System hat es nicht geschafft, mich rechtzeitig zu identifizieren. Ich bin gespannt, ob mein Glück den Kubanern verdächtig ist.

Havanna
Oktober 1971

Abgesehen von Detailinformationen zur Rekonstruktion bestimmter Ereignisse habe ich hier eine Fülle ausgezeichneter

Wirtschaftsberichte und Abhandlungen über lateinamerikanische Probleme und ihre Wurzeln in der Ausbeutung durch die USA gefunden. Eine Studie beschreibt in aller Deutlichkeit, wieso der wirkliche Nutznießer der Allianz für den Fortschritt die US-Wirtschaft und nicht die Lateinamerikas war. Diese Studie erkennt den Fehlschlag der Landreform und der Einkommensverteilung sowie den der Auslandshilfe und der Privatinvestitionen zur Beschleunigung des Wirtschaftswachstums, die als entscheidend für die Massenintegration betrachtet werden. Das Funktionieren des externen Sektors der lateinamerikanischen Volkswirtschaften (Venezuela bildet eine Ausnahme) während der letzten zehn Jahre zeigt, wie diese Volkswirtschaften den US-Lebensstandard zum Nachteil der lateinamerikanischen Völker künstlich aufrechterhalten. Mit anderen Worten: die Amerikaner können den lateinamerikanischen Arbeitern danken, daß sie zu unserem Wohlstand und unserem Komfort beigetragen haben. Der außenwirtschaftliche Sektor zählt, denn Export und Auslandshilfe bestimmen, wieviel Maschinen und Technologie für das Wirtschaftswachstum importiert werden können, und während der letzten zehn Jahre hat der Außensektor der lateinamerikanischen Volkswirtschaften es nicht geschafft, ein adäquates Wachstum zu erzeugen. Von 1961 bis 1970 zahlte Lateinamerika an andere Länder, hautsächlich an die USA, mehr als 20 Milliarden Dollar in Form von Konzessionen, exportierten Gewinnen und Zinsen. Etwa 30 % dieses Defizits wurden ausgeglichen durch Exportüberschüsse, während die übrigen 70 % durch Neuverschuldungen, neue Privatinvestitionen und andere Kapitalbewegungen beglichen wurden. Da die Neuverschuldung neue Kosten für finanzielle Dienstleistungen mit sich brachte, erhöhte sich der Anteil der Exporterlöse, der für die Bezahlung von Konzessionen, Zinsen und Gewinnen an Ausländer, hauptsächlich die USA, benötigt wurde, und somit verringerte sich der Anteil, der für neue Investitionen zur Verfügung stand. Während dieser zehn Jahre tätigte das private Auslandskapital nur für ca. 5,5 Milliarden Dollar Neuinvestitionen, während es gleichzeitig 20 Milliarden Dollar ausführte. Den Löwenanteil in die USA, die durchschnittlich für 12 Milliarden Dollar investierten, um 13 Milliarden Dollars nach Hause zu bringen. Ohne die Kredite und Garantien der USA aus dem Programm der „Allianz für den Fortschritt" hätten die laeinamerikanischen Länder 10 % mehr von ihren Exporterlösen für Zinsen etc. abführen müssen, um einen „fairen Ausgleich" bieten zu können. Andernfalls wäre ein Moratorium oder eine andere extreme Maßnahme notwendig gewesen — die kaum zu neuen Investitionen und Krediten geführt hätte. Die „Allianz für den Fortschritt" ist in der Tat ein Hilfsprogramm für US-Exporteure und private Investoren gewesen — in vielen Fällen waren es dieselben Firmen. Lateinamerika brachte sie ein Außenhandelsdefizit von über 6 Mrd. Dollar, das den Import von Investitionsgütern und Technologie, die für ein schnelleres Wachstum notwendig wären, begrenzt — ein Defizit, das durch Neuverschuldung kompensiert wurde. Für die USA hieß das: jeder Dollar eines privaten Investors, der in dieser Periode von den USA nach Lateinamerika gebracht wurde, kam fünffach zurück. Dazu eine günstige Handelsbilanz, plus Milliarden von Dollars an Darlehen, die Zinsen bringen und eines Tages zurückgezahlt werden müssen.

Mit anderen Worten: die lateinamerikanischen Länder haben über die „Allianz für den Fortschritt" zum wirtschaftlichen Wachstum der USA beigetragen und sich dafür verschuldet. Es ist also gar kein Wunder, daß wir diese Regierungen unterstützen und Revolutionäre niederhalten.

Im Gegensatz zum Mythos der „Allianz für den Fortschritt", von der nun sicher ist, daß sie die wirtschaftliche Kluft zwischen den USA und Lateinamerika noch vergrößert, geht die uns interessierende Alternative nicht davon aus, daß wirtschaftliches Wachstum die Integration der marginalisierten Mehrheit garantiert. Die revolutionäre Lösung ist begründet in der Unterscheidung zwischen wirtschaftlichem Wachstum und sozialer Entwicklung und beginnt deshalb mit der Integration. Die kubanische Position auf der diesjährigen Sitzung der ECLA, dargelegt in einem Papier mit dem Titel „Lateinamerika und die zweite UNO-Dekade für Entwicklung", sieht in der sozialen Entwicklung durch strukturelle Veränderungen der Institutionen — mehr eine revolutionäre Veränderung, als eine Reform — die Bedingung für eine positive Entwicklung überhaupt. Wirtschaftswachstum allein, dessen Ertrag sich in den Händen eines kleinen modernen Kerns konzentriert, kann nicht als nationale Entwicklung angesehen werden, weil nicht die ganze Gesellschaft daran teilhat. Institutionelle Veränderung, soziale Integration und Wirtschaftswachstum, das ist die revolutionäre Reihenfolge, die Vorrang haben muß vor wirtschaftlichem Wachstum, Reformen und möglicher Ausdehnung der Fürsorge für Randgruppen. Die institutionellen Veränderungen: zuerst müssen die Besitzverhältnisse auf dem Land geändert werden, um die Ungerechtigkeiten und die niedrige Produktivität zu beseitigen, die aus dem Gegensatz Latifundium – Minifundium resultieren. Zweitens: Die ausländischen Wirtschaftsunternehmen müssen nationalisiert werden, so daß die Arbeitserträge für die nationale Entwicklung verwendet werden können, statt an Aktienbesitzer in den hochentwickelten, kapitalexportierenden Ländern zurückzufließen. Drittens müssen die bedeutendsten nationalen wirtschaftlichen Unternehmungen in staatliche Kontrolle überführt und einem allgemeinen Entwicklungsplan untergeordnet werden, der auf neuen Kriterien für Vermarktung, allgemeine Maßnahmen und Expansion basiert. Viertens muß das Einkommen umverteilt werden, um den ehemals Marginalisierten mehr Kaufkraft zu sichern. Fünftens muß eine funktionierende Einheit zwischen Regierung und Volk hergestellt werden, so daß die oben beschriebenen Opfer ertragen werden können und die nationale Einheit gestärkt wird.

In dieser ersten Phase institutioneller Veränderungen, die aus kubanischer Sicht nur durch den bewaffneten Kampf erreichbar sind, geht es grundsätzlich um folgende Probleme: sofortiger Beginn mit langfristigen Sozialprojekten im Gesundheits- und Erziehungsbereich, Konsumausweitung für die ehemals Marginalisierten, Investitionen in die Infrastruktur. Die drei Ansätze stehen natürlich – und das macht die Sache so schwierig – in Konkurrenz zueinander. Die Einkommensumverteilung, neue Kosten für soziale Projekte und der wachsende interne Konsum lassen noch weniger Produktionskapazität für die Reinvestitionen übrig als vorher. Die starke Nachfrage verursacht inflationären Druck und das Entstehen eines Schwarzmarktes, während Rationalisierung nötig ist, um Einkommensgleichheit zu gewährleisten. Die einzige Möglichkeit, das Investitionsdefizit auszugleichen, ist aus kubanischer Sicht Hilfe aus dem Ausland. Was das Entwicklungsproblem noch verschlimmert, ist der Exodus von Managern und anderen qualifizierten Fachleuten, die zusammen mit der abgesetzten Großgrundbesitzerkaste und der oberen Mittelschicht sich der nationalen Entwicklung entziehen, indem sie in „freie" Länder fliehen. Ein weiterer Druck auf die Investitionen ergibt sich aus der offensichtlichen Notwendigkeit, einen überdimensionalen Militärapparat aufrechtzuerhalten, um heimische und ausländische konterrevolutionäre Kräfte im Zaum zu halten.

Die „romantische" Etappe der Revolution ist abgeschlossen, wenn sich die Früchte des langen Kampfes um nationale Entwicklung zeigen. Die Revolution verlangt nach immer größerer einheimischer Produktivität, besonders für den Export, um die Au-

ßenverschuldung so gering wie möglich zu halten. Trotzdem wird es Jahre dauern, bis das Wirtschaftswachstum den Punkt erreicht hat, von dem an die Abhängigkeit von ausländischer Hilfe abnimmt. Opfer und größere Anstrengungen sind die Tageslosung, und es kommt möglicherweise nichts dabei heraus, wenn die Produzenten — Arbeiter und Bauern und andere — sich nicht so stark wie irgend möglich mit der revolutionären Regierung identifizieren. Fehler werden immer gemacht, und das wird jeder Kubaner sofort zugeben, aber es kann kein Zweifel daran bestehen, daß hier eine nationale Entwicklung im Gange ist und Fortschritte macht.
In Kuba gibt es Ausbildung, Gesundheitsfürsorge und angemessene Ernährung für das Volk. Auch im Wohnbereich sind große Fortschritte erzielt worden. Zieht man nun in Betracht, daß die Hälfte der Bevölkerung Lateinamerikas, über 150 Millionen Menschen, noch nicht einmal im Besitz dieser minimalen Segnungen der modernen Zivilisation und Technologie sind, dann wird klar, daß Kuba das einzige Land ist, daß die sozialen Ziele der „Allianz für den Fortschritt" erreicht hat.

**Paris
Januar 1972**

Der Brief an „Marcha" war ein Fehler. Wenige Tage nach Weihnachten saß ich mit meinen Söhnen — sie waren über die Ferien herübergekommen — vor dem Essen ein wenig zusammen, als es an der Tür klopfte. Es war Keith Gardiner, ein alter JOT und OCS-Kollege, der während der 60er Jahre einige Zeit in Brasilien verbracht hatte. Auf einen Besuch von der CIA war ich nicht vorbereitet, willige aber ein, mit ihm zusammen zum Essen zu gehen, denn schließlich wohnen meine Kinder ganz in seiner Nähe und spielen mit seinen Kindern. Als wir unser Hotel verließen, verschwand er für ein paar Minuten, um — wie er sagte — einem Kollgen Bescheid zu sagen, der aufgepaßt hatte für den Fall, daß ich ihn unfreundlich empfangen hätte.
Nach dem Essen erklärte ich mich bereit, mit ihm privat zu sprechen. Er überraschte mich mit einer Maschinenabschrift von dem, was „Marcha" aus meinem Brief abgedruckt hatte, und fügte hinzu, Mr. Helms wolle wissen, was ich mir dabei gedacht hätte. Ich beschloß zu bluffen, um die CIA zu überzeugen, daß die Veröffentlichung des Buches von ihr nicht mehr verhindert werden könne und erzählte Keith, ich hätte

bereits einen sehr erweiterten Entwurf fertiggestellt, den ich jetzt für die Veröffentlichung nur noch kürzen müsse — in Wirklichkeit hatte ich erst weniger als ein Drittel meiner Nachforschungen zu Ende gebracht.

Gardiner gab zu, daß die Pariser Station (Dave Murphy, der ehemalige Chef der Ostblockabteilung, ist hiesiger Stationschef) mich über die französischen Verbindungsstellen ausfindig gemacht habe. Er gab mir zu verstehen, daß ich ja wohl von den Sowjets mittels meines Verlegers manipuliert worden sei, und meinte, die Sorge des Chefs der CIA gelte genau dem, was ich bereits in dem schon vorgelegten oder diskutierten Material enthüllt hätte — ich weigerte mich, darüber zu reden, versicherte Keith aber, daß ich keine vernichtenden Enthüllungen machen und den endgültigen Entwurf vor der Veröffentlichung zur Genehmigung vorlegen werde. Was den Marcha-Artikel anbelangt, so bestritt er, daß die Station in Montevideo an irgendeiner Wahloperation beteiligt gewesen sei, gab aber zu, daß die Kampagne Bordaberrys (Bordaberry, ein ehemaliger „Ruralista"-Führer, gewann die letzte Präsidentschaftswahl als Kandidat der „Colorados") von den Brasilianern großzügig unterstützt worden sei — die Rolle der brasilianischen Militärdiktatur als verlängerter Arm des US-Imperialismus in Südamerika wurde beim rechten bolivianischen Militärputsch vor einigen Monaten wieder einmal ganz offensichtlich. Gardiner erzählte, daß er im September dieses Jahres sich auf der Universität in Wisconsin einschreiben werde, um ein Master-Degree in Lateinamerikanistik zu erlangen — das erste Mal, daß ein DDP-Operationsbeamter zu einem fortgeschrittenen Universitätsstudium abkommandiert wird, soweit sich einer von uns erinnern konnte. Dann fragte er mich noch, ob ich seinen Namen nennen würde, um ihn an der Universität bloßzustellen! Ich versicherte ihm, daß ich das nicht tun werde und schlug ihm vor, während seiner Studien die Möglichkeit im Auge zu behalten, sich dem Kampf gegen die CIA und dem US-Imperialismus anzuschließen. Warum sollte man weiter den Geheimpolizisten für das US-Kapital spielen?!

Da ich nicht wußte, wie weit der französische Geheimdienst gehen würde, um der CIA gefällig zu sein, fürchtete ich, nach meinem Treffen mit Keith unter irgendeinem Vorwand in ein Flugzeug verschleppt zu werden, das sofort nach New York fliegen würde. Am nächsten Tag brachte ich die Jungen für die letzte Woche vor Schulbeginn nach Spanien, ich selbst bleibe vorerst hier, und muß sorgfältig Provokationen vermeiden, um unterdessen so schnell wie möglich zum Ende zu kommen. Ob mein Bluff funktionieren oder der französische Geheimdienst und die CIA irgend etwas gegen mich unternehmen wird, weiß ich nicht. Jedenfalls hätte ich den Brief an „Marcha" nicht schreiben sollen.

Paris
August 1972

Die Ereignisse haben in den letzten drei Monaten eine unangenehme Wende genommen, und ich fürchte, daß die CIA jetzt endgültig einhakt. Mir ist das Geld ausgegangen, und ich lebe von kleinen Unterstützungen meiner Freunde; die Beschattung auf der Straße hat mich gezwungen, versteckt zu leben, die noch in Kuba lagernden Materialien sind wertlos geworden. Die Informationen, die ich noch brauche, kann ich nicht finden, und die Leute, die sich mir gegenüber freundlich gezeigt haben, und von denen ich abhänge, entpuppen sich immer deutlicher als Spitzel.

Im Mai fahre ich nach Havanna, um über die Nachforschungen des letzten Jahres und die noch ausstehenden zu verhandeln. Aus Gründen, die mir nicht ganz einleuchten, sind die Kubaner mißtrauisch hinsichtlich des politischen Gehalts meines Buches. Die Folge davon ist, daß die Nachforschungen, die ich ihnen seit dem letzten Jahr übertragen hatte, nicht erledigt wurden, und wenn ich es selber tun muß, brauche ich gar nicht erst anzufangen. Sehr enttäuschend, wenngleich verständlich – die Kubaner wollen sich nicht durch ein politisch inakzeptables Buch in Verlegenheit bringen lassen, aber der politische Inhalt kommt eben erst am Ende, nach der Forschungsarbeit.

Im Juni war mein Vorschuß verbraucht und um einen neuen zu bekommen, hätte ich einen Zusatzvertrag abschließen müssen, der meinem Verleger die Erstveröffentlichung in Frankreich gestattet hätte. Es mag chauvinistisch klingen, aber da ich nun mal amerikanische Institutionen kritisiere, will ich unbedingt alles versuchen, um erst einmal dort zu veröffentlichen, oder wenigstens gleichzeitig mit der Veröffentlichung in irgendeinem anderen Land. Ich könnte eine Vertragsänderung nicht annehmen und bin nun abhängig von der Unterstützung durch ein paar Freunde.

Ein paar Tage, nachdem ich aus Kuba zurückgekehrt war, begann ich dann die Beschattung auf der Straße zu bemerken –

ich vermute, es ist der französische Geheimdienst, wahrscheinlich auf Ersuchen der CIA. Da ich mir im unklaren über Urheber und Zweck dieser Überwachung war, wechselte ich in das Studio einer Freundin, Catherine, um mich dort zu verstecken. Als die Beschattung begann, war ich mit mehreren Amerikanern befreundet, von denen zwei ein ungewöhnliches Interesse an meiner Arbeit bekundeten. Auch andere Hinweise deuteten darauf hin, daß es sich um CIA-Agenten handelte, die aus verschiedenen Gründen versuchen, an mich heranzukommen. Einer von ihnen, namens Sal Ferrera, ist angeblich freischaffender Journalist; er behauptet, für einen College-Nachrichtendienst, „Alternative Feature Service", und andere US-amerikanische „Underground"-Organisationen zu schreiben. Um an etwas Geld zu kommen, habe ich eingewilligt, Sal ein kleines Interview über meine Arbeit bei der CIA zu geben. Er will es dann verkaufen. Inzwischen gibt er mir kleinere Darlehen und versucht herauszufinden, wo ich wohne.

Durch Sal lernte ich Leslie Donegan kennen, die vorgibt, gebürtige Venezolanerin zu sein, mit einem Abschluß an der Boston University und jetzt angeblich in Genf studiert. Auf Sals Vorschlag habe ich das Buch und meine finanzielle Situation mit Leslie besprochen und ihr erlaubt, Kopien des Manuskripts über ein Wochenende zum Lesen zu behalten. Sie erklärte sich bereit, mich zu finanzieren, bis ich fertig bin – jetzt bereite ich gerade vor, was ich bisher geschrieben habe, um es einem amerikanischen Verleger zu zeigen, der Anfang Oktober hierherkommt. Auch Sal hilft mir – er besorgte eine Schreibmaschine, als ich die geliehene zurückgeben mußte. Seltsamerweise wollte er mir nicht sagen, woher er sie hat – nur, daß er sie geliehen hat und daß ich sie, sobald der Besitzer aus London zurück ist, wieder abgeben muß.

Ich hätte Leslie nicht erlauben sollen, das Manuskript zu lesen, noch hätte ich den Kontakt zu ihr und Sal aufrechterhalten sollen. Ich brauche aber ihr Geld zum Überleben, bis ich im Oktober den Vertrag von dem amerikanischen Verleger bekomme. Wenn die beiden wirklich für die CIA arbeiten, ist das auch nicht weiter schlimm, denn die Pseudonyme, die ich benutzt habe, werden sie verwirrend, und ich habe ihnen versichert, daß ich nicht die Absicht habe, die echten Namen preiszugeben – genauso wie ich es Gardiner gegenüber getan habe. Ich habe außerdem die Kopien versteckt und meine Notizen aufbewahrt, so daß die unfertigen Teile notfalls von jemand anders zu Ende gebracht werden können. Leslie wollte mich dazu überreden, mit ihr nach Spanien zu fahren, aber ich habe abgewinkt, um mit Therese arbeiten zu können – einer Freundin, die das Manuskript tippt; sie wird auch von Leslie bezahlt. Auf Leslies Einladung hin würde ich bestimmt nicht mit nach Spanien gehen. Wenn sie nämlich für die CIA arbeitet, haben sie vielleicht in Zusammenarbeit mit dem spanischen Geheimdienst einen faulen Trick geplant, um mich über untergeschobenes Rauschgift oder ähnliches ein paar Jahre auf Eis zu legen. In spanischen Gefängnissen könnten Häftlinge möglicherweise daran gehindert werden, Bücher zu schreiben. Sollte sich mein Verdacht über die beiden je als richtig erweisen, so wäre es eine schöne Ironie, daß mich die CIA in der schwierigsten Phase tatsächlich finanziert hat, während sie versuchte, meine Arbeit zu überwachen und mir eine Falle zu stellen.

Das schlimmste war jedoch, daß ich kein Geld hatte, um die Jungen den Sommer über hierherkommen zu lassen. Sie können erst wieder über Weihnachten kommen, und dann habe ich sie genau ein Jahr lang nicht mehr gesehen. Ich bin sicher, im Oktober neue finanzielle Unterstützung zu bekommen, so daß sie im Dezember kommen können. Auf keinen Fall kann ich in die USA zurückkehren, ohne das Buch abgeschlossen zu haben. Nach dem Treffen mit dem Verleger im Oktober fahre ich nach London, um abschließende Nachforschungen in der Zeitschriftenabteilung des British Museum anzustellen – dort liegen alle Zeitungen aus Quito, Montevideo und Mexico City aus der Zeit, als ich dort stationiert war, und ich werde dann die wichtigsten Operationen genau nachkonstruieren.

Paris
6. Oktober 1972

Wie ist das möglich? Ich kann einfach nicht glauben, daß die fünf- bis sechshundert Seiten, die ich geschrieben habe, für diesen Verleger noch kein Buch darstellen. Oder, wenn er doch der Ansicht ist, glaubt er vielleicht, daß das Risiko zu groß ist. Er will ein Drama, eine Romanze und eine Glorifizierung dessen, was ich gemacht habe. Als er vor zwei Tagen in Orly abflog, hatte er kaum noch Interesse. Eine Zeitlang kann man gute Miene zum bösen Spiel machen, aber drei Jahre lang, das ist schon sehr mühsam. Trotzdem mache ich weiter. Gestern begann ich die für das Buch wesentlichen Tatsachen, an die ich mich noch erinnern kann, auf Band zu sprechen. Es sind Operationen, von denen ich Näheres wußte oder bei denen ich mitgemacht habe. Sie bilden die Beispiele. Das wird der wichtigste Teil des Buches: voraussichtlich 80 bis 90 Vorfälle, die ich aus Presseberichten in London rekonstruieren werde. Ende nächster Woche sind die Bänder fertig, und die Kopien bewahre ich dann an einem sicheren Ort auf.

Nächste Woche mache ich mit meinem Vater, der auf der Durchreise hier ist, einen kurzen Ausflug nach Brüssel; von dort dann nach London.

Die CIA war in den letzen Monaten sehr aktiv und hat versucht, mich unter Druck zu setzen. Im September hat jemand aus der CIA-Spitze meinen Vater und auch Janet aufgesucht, um Helms Besorgnis über das Buch und die Aufenthalte in Kuba zu unterstreichen. Er hat auch Kopien der jüngsten Gerichtsentscheidungen zurückgelassen, die ehemalige CIA-Bedienstete unter die Geheimklausel stellen und sie zwingen, Manuskripte vor ihrer Veröffentlichung zur Überprüfung vorzulegen. Leider bedeutet nationale Sicherheit für mich inzwischen Sozialismus und nicht Unterstützung von CIA-Operationen und Agenten.

Gleich nach dem Besuch der CIA-Chefs bei Janet erhielt ich einen Brief von meinem nun fast elf Jahre alten Sohn, der mir über diesen Besuch berichtete: „Ich wollte Dir nur erzählen, daß da ein Mann von der Regierung zu Mami gekomken ist, um über Dich zu reden, aber sie hat ihm nichts gesagt. Nur Deine Adresse. Sie haben ihr gesagt, daß sie Dir Geld geben wollen, damit Du aufhörst, und sie wollen Dir einen anderen Job anbieten (ich weiß aber nicht, was für ein Job das ist)."

Ich ging zum Telefon in der Sorbonne, wo alle nach Übersee telefonieren, ohne zu bezahlen. Mein Sohn erzählte, daß er das Gespräch mitgehört habe; er hatte sich versteckt, nachdem er weggeschickt worden war. Das mit der Adresse ist nicht schlimm, denn es ist die von Sal – seit Mai bekommt er meine Post, so daß ich Catherines Studio geheimhalten kann.

Um weiter das Geld von Sal und Leslie zu bekommen, tue ich so, als wäre ich auch in London auf ihre Mitarbeit angewiesen. Sie wären beide einverstanden, mich zu begleiten – Sal wird die Bänder abschreiben und Leslie bei der Zeitungsauswertung im British Museum helfen. Sobald ich in London Unterstützung habe, breche ich den Kontakt zu ihnen ab. Im Augenblick aber brauche ich noch ihre Hilfe. Heute hat mir Leslie bei einem schon lange ausgemachten Treffen eine gebrauchte Schreibmaschine mitgebracht, die sie ein paar Minuten vorher erstanden hatte, als Ersatz für die, welche mir Sal vergangenen Juli gelie-

hen hatte. Offenbar hatte der Eigentümer der Schreibmaschine Sal die Maschine zu geben. Die von Leslie brauche ich erst mal nicht, weil ich auf Band spreche. Deshalb habe ich sie in There-Sal die Maschine zu geben. Die von Leslie brauche ich erstmal nicht, weil ich auf Band spreche. Deshalb habe ich sie in Thereses Wohnung im Quartier Latin gelassen, wo mir Leslie die Maschine gegeben hatte.
Ein paar Kleinigkeiten bei Sal und Leslie sind mir immer noch verdächtig. Oft werde ich, nachdem ich mich mit ihnen getroffen habe, wieder beschattet, und sie wollen unbedingt wissen, wo ich wohne. Ich muß mich mit den Bändern beeilen — dann kann jeder die Nachforschungen und das Buch zu Ende bringen. Von jetzt ab kann eigentlich alles nur noch besser werden.

Paris
14. Oktober 1972

Heute wurden meine Vermutungen über Leslie und Sal bestätigt — bei Leslie vollständig und bei Sal weitgehend. Vor ein paar Tagen, ich saß gerade bei einer Pizza, erschien Leslie, um mir das Geld für die Reise nach Brüssel und London zu geben. Als sie fragte, wie mir denn die Schreibmaschine gefalle, die sie mir gekauft hatte, antwortete ich ihr, daß ich sie noch nicht benutzt hätte, da ich auf Band spreche und fügte noch hinzu, ich hätte sie bei Therese gelassen. Sie schien sehr verärgert darüber, vor allem, weil Therese nie ihre Wohnung verschließt. Als ich später mit Sal allein war, sagte er, Leslie sei sehr böse, daß ich die Maschine bei Therese gelassen hatte; falls die Maschine verschwinde, bekäme ich kein Geld mehr (Therese ist schon mehrmals belästigt worden).
Ohne viel zu überlegen, brachte ich die Maschine aus Thereses Wohnung in Catherines. Natürlich ergriff ich, wie gewöhnlich, auf dem Weg dorthin, die routinemäßigen Gegenbeschattungsmaßnahmen. Ich stellte die Maschine unter meinen Schreibtisch und ging am Nachmittag, nachdem ich das letzte Band besprochen hatte, kurz hinaus, um mir ein paar Flaschen Bier zu besorgen. Als ich zurückkehrte, standen ein Mann und eine Frau vor Catherines Tür und taten, als ob sie gerade angeklopft hätten. Als ich mich der Tür näherte, traten sie jedoch einen Schritt zurück und fingen an sich zu küssen. Ich klopfte, Catherine öffnete und lachte, als sie die Knutscherei auf dem dunklen Flur sah. Ich aber bemerkte plötzlich, was los war, als ich mich

nach dem Paar umdrehte und die vollen Mantel- und Reisetaschen sah. Nachdem ich die Tür geschlossen hatte, nahm ich Catherine folgte dem Paar die Treppe hinunter, um nachzusehen, wo sie hingingen. In ihrer Verwirrung gingen sie ganz hingriff", die herausbekommen sollten, wo ich wohne. Sie sagte, sie hätte ein Hörgerät im Ohr des Mannes gesehen, ein Indiz dafür, daß die Störgeräusche in meinem Radio während der letzten zwei Tage bedeuteten, daß ich überwacht werde. Catherine folgte dem Paar die Treppe hinunter, um nachzusehen, wo sie hin gingen. In ihrer Verwirrung gingen sie ganz hinunter, wo der Ausgang immer verschlossen ist. Das Haus, das nur einen Block von der Seine entfernt ist, hat seinen eigentlichen Eingang auf der dem Fluß abgewandten Seite, den Hügel hinauf – und dieser liegt drei oder vier Stockwerke über dem Parterre, wohin die Abhörspezialisten gegangen waren. Da sie keinen Schlüssel besaßen, standen sie einen Moment lang herum, küßten sich wieder, als Catherine vorbeikam, sagten kein Wort und gingen die Treppe wieder hinauf. Catherine, die die beiden von der Abstellkammer aus beobachtet hatte, kam in das Studio zurück und berichtete, sie schienen tragbare Radiogeräte oder Boxen unter ihren Mänteln zu tragen. Jetzt war alles klar. Seit ich die Schreibmaschine, die Leslie mir gekauft hatte, in Catherines Studio gebracht hatte, gab es einen Piepston in meinem Radio. Da jedoch die ORTF so nahe ist und ich oft Störungen empfange, hatte ich dem Geräusch wenig Aufmerksamkeit geschenkt. Ich griff unter den Schreibtisch, zog die Maschine hervor und drehte sie um. Als ich sie drehte, wurde der Piepston im Radio lauter, bzw. schwächer, je nach veränderter Position der Maschine. Catherine ging mit der Maschine weg, und der Ton verschwand vollkommen.
Kaum war sie zurück, ging es wieder los. Als ich dann später die Innenseite des Deckels löste, fand ich eine komplett eingerichtete Transistoranlage, mit Batterien, Sperrkreisen, Drähten und Antennen, auch ein kleines Mikrophon. Die Einzelteile waren alle sehr klein und insgesamt nicht größer als ein Sperrholzstück. Alles genau in den Deckel eingepaßt. Es ging also nicht nur darum, herauszufinden, wo ich wohnte, sondern gleichzeitig sollten auch noch Gespräche übermittelt werden.
In drei Tagen fahre ich nach Brüssel, und Catherine geht für ein paar Tage aufs Land – dort kann ihr sicher nichts passieren. Vor der Fahrt werde ich in billigen Hotels auf dem Montmartre wohnen und jeden Tag umziehen, so daß die Polizei mich nicht über ihre Meldezettel ausfindig machen kann. Von London aus

werde ich Sal und Leslie schreiben, daß ich in Zukunft lieber allein weiterarbeite. Für die letzten zwei, drei Monate werde ich schon irgendwelche Unterstützung bekommen.
Leslie ist Agentin, und über Sal verschaffe ich mir Klarheit, wenn ich ihn frage, wo er die erste Schreibmaschine herbekommen hat. Offenbar war die erste Maschine ein Provisorium, bis die Maschine mit der Wanze einsatzbereit war. Leslies fingiertes Verletztsein darüber, daß ich die Schreibmaschine in Thereses Wohnung gelassen hatte, war ein Trick, sie dorthin zu kriegen, wo ich wohne. Der Schaden ist nicht besonders groß, aber ich habe mich sehr tollpatschig angestellt. Damit ist jetzt Schluß.

London
24. Oktober 1972

Heute, Dienstag, traf ich mit dem Zug aus Paris in London ein. Um das Manuskript und die anderen Materialien nicht mit nach Brüssel nehmen zu müssen – die CIA hätte versuchen können, mit mir in Gegenwart meines Vaters zu reden – , bin ich noch einmal nach Paris zurückgefahren, um es zu holen und hierher mitzunehmen.
Heute abend erzählte mir Sal am Telefon, daß Leslie in Panik geraten und am Samstag nach Spanien gefahren sei. Ich tat so, als sei ich damit einverstanden, daß sie nicht wie geplant hierherkam, aber Sal sagte, daß auch er nach Spanien wolle. Ich will nicht, daß sie dahinterkommen, daß ich mit ihnen Schluß machen will, jedenfalls noch nicht. Deshalb redete ich auf Sal ein, er müsse nun doch kommen und wie vereinbart mithelfen. Er wollte aber unbedingt nach Spanien fahren, um Leslie dazu zu überreden, nach London zu kommen. Er will anrufen, wenn er sie getroffen hat.
Der britische Geheimdienst war bestens auf meine Ankunft vorbereitet. Mein Name stand auf den Einwanderungslisten des Schiffes, und das hat mich ein langes Verhör und viel Zeit gekostet. Ich darf auf keinen Fall meinen Status hier aufs Spiel setzen. Morgen muß ich mich nach Unterstützung umsehen, da mein Geld nur noch für ein paar Tage reicht.

London
7. Dezember 1973

Endlich geht es aufwärts. Nachdem ich bei einer internationalen Kommission für Frieden und Abrüstung angerufen hatte, einer Gruppe, die den Protest gegen die US-Verbrechen in Vietnam organisiert, gab man mir verschiedene Adressen, darunter die eines Verlegers, der mir helfen will, meine Arbeit zu beenden. Ich habe jetzt einen Vertrag für die Veröffentlichung hier, dazu einen Vorschuß, der wohl reichen wird, Unterstützung bei der Abschrift und andere wichtige Hilfen zu finden.

Im British Museum begann ich mit der Zeitungslektüre und stellte fest, daß sich hier genau die Goldgrube auftut, nach der ich in den letzten Jahren gesucht habe. In einer knappen Woche stieß ich auf so vieles, bei dem wir mitgemacht haben, daß ich jetzt alle Zeitungen von dem Tag an durchgehe, an dem ich nach Ecuador ging, bis zu dem, an welchem ich Uruguay verließ und nach Washington zurückkehrte. Für ein paar Sachen werden auch die mexikanischen Zeitungen nützlich sein. Der Verleger ist mit dem zusätzlichen Aufschub einverstanden – das bedeutet, daß ich bis zum Schluß noch mindestens ein paar Monate, wenn nicht ein Jahr oder länger brauche –, aber die Anstrengung wird sich lohnen. Manchmal kommt es mir vor, als ob ich im CIA-Archiv selber lese, so viel von dem, was die „Firma" tut, schlägt sich in aktuellen Ereignissen nieder. Vielleicht könnte ich alles in die Form von Tagebuchaufzeichnungen bringen, damit die Operationen lesbarer werden.

Bei einem Telefongespräch mit Sal und Leslie in Spanien versuchte sie mich wieder zu überreden, zu ihr zu kommen. Sie wollte mir aber kein Geld mehr schicken. Schließlich kam Sal nach London, um mir zu helfen – vielleicht wußte er noch nicht, daß ich das Problem mit der Unterstützung geregelt hatte –, aber bei unsrem ersten Treffen machte ich ihm klar, daß ich seine Hilfe nicht annehmen würde, wenn er mir nicht eine klare Auskunft gibt. Ich sagte ihm auf den Kopf zu, ich hielte Leslie für eine Agentin, ohne zu erklären, wie ich darauf gekommen bin und stellte ihm dann eine Reihe von Fragen über die Verhältnisse an seiner Universität und seine Verbindungen zur Untergrundpresse in den USA. Dann kamen wir auf die Schreibmaschine zu sprechen, die er mir geborgt hatte, und als er sich dann immer noch weigerte, mir zu verraten, wer sie ihm gegeben hatte (wie er es schon im Juli getan hatte), sagte ich ihm, daß wir nicht länger zusammenarbeiten könnten. Ich kann daraus nur schließen, daß die CIA es nicht geschafft hat, eine handfeste Erklärung für die erste Schreibmaschine zurechtzulegen, da Sal weder erklären konnte, woher sie kam, noch, warum er es mir nicht erklären wollte. Es gibt noch immer die Möglichkeit, daß Sal Opfer einer merkwürdigen Kette von Zufällen ist, aber ich darf mit ihm nichts mehr zu tun haben.

**London
Oktober 1973**

Ich beeile mich mit der Arbeit, und bin sicherer denn je, daß ich dieses Projekt zu Ende bringen werde. Der Putsch in Chile, so schrecklich er auch ist, war für mich ein Antrieb, noch schneller zu arbeiten. Lange vorher schon gab es klare Anzeichen für den Coup. Während die wirtschaftliche Unterstützung für Chile nach der Wahl Allendes schlagartig gedrosselt wurde, ging die militärische weiter: die militärische Hilfe, die 1972 chilenischen Generälen und Admirälen gewährt wurde, war in der Tat die höchste in ganz Lateinamerika; die Ausdehnung der CIA-Station, seit 1970 unter Ray Warren; der Mord an General Schneider; die Militanz finanzkräftiger patriotischer Organisationen wie „Patria y Libertad"; die Wirtschaftssabotage; der Streik der Lastwagenfahrer 1972 mit dem berühmten „Dollar pro Tag", um die Fahrer von der Arbeit abzuhalten; und der Streik im vergangenen Juni — beide Streiks waren möglicherweise von der CIA finanziert, vielleicht durch die Internationale Transportarbeiter Föderation (ITF), vielleicht durch die AIFLD, die schon 9 000 chilenische Arbeiter ausgebildet hatte; vielleicht durch Brasilien. Wege gibt es genug. Schließlich der Plan Z: so ähnlich unserem Flores-Dokument in Quito, unserem „Beweis" gegen die Sowjets in Montevideo, typische CIA-Fälschungen. Wurde er durch einen Agenten im Ministerium in das Ministerbüro geschleust? Wahrscheinlicher ist, daß die chilenischen Generäle einfach unsere Station aufforderten, den Plan zu konzipieren, genauso wie uns unsere uruguayischen Verbindungsagenten baten, die Beweise für sowjetische Interventionen bei den Gewerkschaften 1965 und 1966 zu fabrizieren. Die brasilianische Beteiligung am Putsch und den nachfolgenden Repressionsmaßnahmen bestätigt die Schlüsselrolle Brasiliens bei den Bemühungen der US-Regierung, die kapitalistische Hegemonie in Lateinamerika aufrechtzuerhalten. Die in Chile verhafteten Exilbrasilianer erkennen ihre ehemaligen Folterer aus brasilianischen Gefängnissen wieder, deren schrecklicher Willkür sie nun schon wieder ausgesetzt werden. Was wir jetzt in Chile beobachten können, ist eine weitere Blüte des brasilianischen Faschismus. Es ist jetzt fast zehn Jahre her, daß am 31. März die Telegramme aus Montevideo mit der Meldung eintrafen, Goulart sei gestürzt. Jetzt herrscht in Brasilien ein Regime, unter dem die hilflose und marginalisierte Hälfte eines Volkes – etwa 50 Millionen Menschen – immer ärmer wird, während eine kleine regierende Elite und ihre militärischen Marionetten einen immer größeren Anteil des Volkseinkommens an sich reißen. Ein Regime, das in der ganzen Welt für sein inhumanes und barbarisches Vorgehen gegen Tausende von politischen Gefangenen berüchtigt ist. Verhaftet werden Priester, Nonnen und viele Nichtmarxisten, von denen viele die Folter nicht überleben und regelrecht ermordet werden. Repression in Brasilien, das heißt: auch Kinder werden vor den Augen ihrer Eltern gefoltert, um diese zum Reden zu bringen. Das haben die CIA, ihre Unterstützung der lokalen Polizei, militärisches Training und Wirtschaftshilfeprogramme dem brasilianischen Volk beschert. Und das brasiliansiche Modell breitet sich aus: Bolivien 1971, Uruguay im Februar dieses Jahres und jetzt Chile.

In Ecuador ist seit meiner Abreise auch einiges passiert. Über das Reformprogramm, mit dem sie seinerzeit angetreten waren, stolperten die Militärs schließlich 1966 selbst. Die anfängliche Erleichterung der herrschenden Klasse über die Unterdrückung der Linken durch die Junta wich dem Schrecken über die Wirtschaftsreformen und führte dann zu einer vereinigten Opposition der Linken und der Rechten, ähnlich der Konstellation, die 1961 zu Velascos Sturz geführt hatte. Nach einigen Monaten provisorischer Regierung einigte sich eine verfassunggebende Versammlung darauf, eine Regierung zu bilden und eine neue Verfassung auszuarbeiten – die 17. in Ecuador –, die dann 1967 verabschiedet wurde. Die für 1968 in der Verfassung vorgesehenen Wahlen mündeten in einen Kampf zwischen Camilo Ponce auf der rechten und – Velasco auf der ... nun ja, wo immer er zufällig stehen mag. Velasco wurde zum fünften Mal zum Präsident gewählt, aber hauptsächlich deshalb, weil er von Carlos Julio Arosemena unterstützt wurde, dem es gelungen war, nach seinem Sturz eine beachtenswerte politische Anhängerschaft hinter sich zu bringen. Velascos fünfte Präsidentschaft begann mit der üblichen Entlassungswelle von Regierungsbeamten, um den Weg für seine eigenen Anhänger freizumachen. Dem folgte dann 1970 die Auflösung des Kongresses.

Ecuadors 17. Verfassung war nur ein kurzes Leben gegönnt, obwohl Velasco Wahlen für 1972 versprach. Das Ärgerliche war, daß Assad Bucaram, der Präsidentschaftskandidat, von dem jeder wußte, daß er gewinnen werde, zu ehrlich und für seine Sympathien mit dem einfachen Volk bekannt war (Carlos Arizaga Vega war Kandidat der konservativen Partei). Nachdem es Velasco nicht gelungen war, Bucaram zu zwingen, im Exil zu bleiben, oder mit einer ausgeklügelten Kampagne zu beweisen, daß Bucaram kein gebürtiger Ecuadorianer sei (beide Kampagnen stärkten nur Bucarams Ansehen), taten sich alle traditionellen Parteien, die Wirtschaftsführer und der 80jährige Velasco selbst zusammen, um wieder einmal für Chaos und die unausbleibliche Intervention des Militärs zu sorgen. Im Februar 1972, wenige Monate vor den Wahlen, übernahmen die ecuadorianischen Obristen das Ruder, und Velasco wurde zum vierten Mal im Verlauf seiner fünf Präsidentschaften gestürzt. In den Jahren, seit ich dort weggegangen bin, hat es keine einzige ernsthafte Reform gegeben, um die schreienden Ungerechtigkeiten auch nur ein wenig zu mildern, die die Regel waren, als ich in Quito begann.

Dennoch ist Ecuador nach all diesen Jahren politischer Tragikomödien plötzlich ein Brennpunkt internationaler Interessen geworden: Erdöl! Ecuador entwickelte sich in diesem Jahr zu einem der führenden Ölexporteure, dank der Bohrungen in den Urwäldern des Amazonas östlich der Anden. Bis 1971 wurden für die ganze östliche Region, das Küstengebiet und die der Küste vorgelagerten Gebiete Schürf- bzw. Ausbeutungsverträge abgeschlossen – in fast allen Fällen zu äußerst nachteiligen Bedingungen für Ecuador, aber zweifellos lukrativ für die daran beteiligten Regierungsvertreter. Alle sieben großen Gesellschaften, dazu eine Anzahl kleinerer und sogar japanische Konzerne bekamen Verträge.

Die reaktionären Kräfte in der ecuadorianischen Regierung waren weitgehend in der Lage, eine Agrarreform zu umgehen; das Militär wird die eine Hälfte der Erdölerträge verschlingen, die andere für die Elektrifizierung ausgeben. Die Segnungen des Erdöls werden am besten von AID beschrieben:

„Anfangs wurde der Nutzen des Erdöls hauptsächlich in den wohlhabenden Schichten der ecuadorianischen Gesellschaft spürbar, während die ärmere Hälfte der Bevölkerung praktisch leer ausging. Die Armen in den Städten und auf dem Land mit einem jährlichen Pro-Kopf-Einkommen von weniger als 80 Dollar bilden keinen adäquaten Markt, der das Wachstum des mo-

dernen Sektors stimulieren könnte."
Von US-Seite aus geht das Programm für öffentliche Sicherheit weiter — etwa vier Millionen Dollar für Organisation, Training und Ausrüstung —, während die militärische Hilfe wegen des Thunfischkrieges abgebrochen wurde. Die CIA-Station läuft auch weiter — stärker denn je: mit wenigstens sieben Operationsbeamten in Quito (Paul Harwood) ist jetzt Chef der Station) und vier Operationsbeamten im Konsulat von Guayaquil (Chef der Basis ist Keith Schofield). Bis zu diesem Jahr hat die AIFLD nahezu 21 000 ecuadorianische Arbeiter ausgebildet, und die CEOSL setzt ihre Angriffe gegen die CTE-Dominanz in der Gewerkschaftsbewegung fort. 1971 gründeten die CEOSL und die Internationale Föderation der Erdöl- und Chemiearbeiter einen nationalen Verband der Erdöl- und Chemiearbeiter, mit niemand anders als dem alten Agenten Matias Ulloa Coppiano als einem der Hauptorganisatoren.
Die Ereignisse in Uruguay seit 1966 waren nicht weniger interessant als die in Ecuador und zeigen noch deutlicher die Bereitschaft der brasilianischen Militärs, in Lateinamerika die Rolle einer subimperialistischen Macht zu übernehmen, kontrolliert und geleitet von den USA. Im März 1967 kehrte Uruguay zum Präsidialregime zurück, entsprechend den Wahlen vom November 1966. Neun Monate später starb jedoch der gemäßigte Präsident aus den Reihen der „Colorados". Er wurde durch den rechtsgerichteten Vizepräsidenten Jorge Pacheco Areco ersetzt.
Pachecos vierjährige Amtszeit war geprägt durch Korruption, das Ausbleiben sämtlicher Reformen und den vergeblichen Versuch, die Tupamarobewegung zu zerschlagen. Trotz zunehmendem Einsatz von Folter und rechtsgerichteten paramilitärischen Terrororganisationen (von der Sorte, die die Station in Montevideo in den frühen 60er Jahren finanziert hatte), trotz der Todesschwadronen der Polizei nach bekanntem brasilianischen Muster. Die Erfolge der Tupamarobewegung während der Präsidentschaft Pachecos führte zu einem langen Ausnahmezustand und der Unterdrückung verfassungsmäßiger Freiheiten, jedoch ohne viel Erfolg. Die offizielle brasilianische Politik, die konservativen Kräfte Uruguays zu unterstützen — sie begann 1965 unter Manuel Pio Correa —, führte unter der Präsidentschaft von Pacheco zur Bildung probrasilianischer Gruppierungen im Militär und bei den politischen Parteien. Bei den Wahlen im November 1971 unterlag Pacheco zwar bei dem Versuch, sich via Verfassungsänderung wiederwählen zu lassen, aber der Gewinner war Juan Maria Bordaberry, der Pacheco am nächsten

stand. Man war allgemein davon ausgegangen, der Spitzenkandidat der Blancos werde die Wahl gewinnen, aber durch Schiebereien wurde die Präsidentschaft Bordaberry übertragen, einem prominenten Großgrundbesitzer und anerkannten Vertreter ,,brasilianischer Lösungen". (In den frühen 60er Jahren war Bordaberry Führer der von Benito Nardone beherrschten ,,Ruralistas".) 1965 verzichtete er auf seinen Senatssitz und kandidierte 1971 als ,,Colorado".
Als Bordaberry 1972 sein Amt antrat, verschärfte er die Folter gefangener Tupamaros, was, zusammen mit den Fehlern, die die Tupamaros selbst begangen hatten, zu schweren Rückschlägen für die Bewegung führte. Bis September 1972 wurden die Tupamaros gezwungen, sich zu reorganisieren. Aber die Erfolge gegen die Tupamaros machten den uruguayischen Militärs die Ungerechtigkeiten und die Korruption, gegen die die Tupamaros ankämpften, bewußter. Bei den Verhören der Tupamaros kamen die Militärs Schiebereien ungeahnten Ausmaßes auf die Spur, und diese führte durch das ganze Pacheco-Regime schließlich zu Pacheco selbst und zu Bordaberry, einem seiner ehemaligen Minister. Die Nachforschungen führten dann Ende 1972 zur Verhaftung von ungefähr 80 prominenten Geschäftsleuten und bestärkten die Militärs in ihren Putschneigungen.
Im Februar übernahmen sie dann die Macht, beließen aber Bordaberry im Amt des Regierungschefs und bildeten einen nationalen Sicherheitsrat zur Überwachung der Regierung. Das uruguayische Militär spaltete sich in drei Strömungen: eine unter brasilianischem Einfluß, eine, die mit einem linken Nationalismus peruanischer Provenienz sympathisierte, und eine, die sich für stärkere Beziehungen zu Argentinien ausspracht, um die Unabhängigkeit von Brasilien zu wahren. Im Juni wurde der Kongreß aufgelöst und die Führer der brasilianischen Linie brachten alles unter ihre Kontrolle. Mit dem Anwachsen des brasilianischen Einflusses in Uruguay hat die Verfolgung und Unterdrückung der Linken nie gekannte Ausmaße erreicht. Alle linken Parteien wurden verboten, die CNT für ungesetzlich erklärt, die Gefängnisse füllten sich mit politischen Gefangenen, die Pressefreiheit wurde abgeschafft, und alle Linken wurden aus den Bildungseinrichtungen hinausgesäubert. Die Folter politischer Gefangener, schon unter Pacheco weit verbreitet, scheint nun brasilianische Dimensionen erreicht zu haben. Seit ich Uruguay 1966 verließ, hat sich die Wirtschaftskrise ste-

tig verschärft. Das Wachstum des Pro-Kopf-Einkommens zwischen 1960 und 1971 war gleich Null. Laut Regierungsangaben belief sich die Inflationsrate 1971 auf 47 %, 1972 auf 96 %; sie wird dieses Jahr 100 % erreichen — von 1962 bis 1972 betrug die Inflationsrate 6 500 %. Die Kaufkraft der einfachen Uruguayer fiel um 60 — 80 % in den vergangenen sechs Jahren. Kein Wunder, daß den jüngsten Meinungsumfragen zufolge 40 % der Bevölkerung auswandern würden, wenn sie könnten. Im März dieses Jahres wurde bekannt, daß Bordaberry heimlich 20 % der Goldreserven des Landes verkauft hat, um ausländische Gläubiger zu bezahlen, und er verfolgt weiter ganz offen sein Ziel der Integration in die brasilianische Wirtschaft. Natürlich ließ die US-Regierung es nicht an Unterstützung für Pacheco und das Bordaberry-Militärregime fehlen. Von 1967 bis 1971 wurden Uruguay 10,3 Millionen Militärhilfe gewährt, in Form von Garantien, Ausrüstung und Krediten, 1972 allein über vier Millionen Dollar. Die Trainingsprogramme für das uruguayische Militär gehen weiter: seit 1950 wurden 2000 Mann ausgebildet. Die wirtschaftliche Unterstützung durch AID und andere offizielle US-Agenturen stieg von 6,5 Millionen Dollar 1971 auf 10 Millionen im vergangenen Jahr. Das Programm für öffentliche Sicherheit läuft auch weiter: im vergangenen Jahr waren es 225 000 Dollars. Die Gesamtsumme seit 1964, als Ned Homan mit der Arbeit begann, liegt jetzt bei 2,5 Millionen Dollar. Über 120 uruguayische Polizisten wurden in den USA geschult und über 700 in Uruguay im Niederschlagen von Aufständen, Nachrichtentechnik und „Verhörverfahren" ausgebildet. Hilfe von der CIA? Die Zahl der Stationsbeamten in Montevideo, die als Botschaftsangehörige firmierten, stieg von 6 auf 8 zwischen 1966 und 1973. Ganz zu schweigen von den nichtoffiziellen oder denen bei der Sektion für Öffentliche Sicherheit der AID. Bezeichnenderweise arbeitete Gardner Hathaway, der seit diesem Frühjahr Stationschef ist, an der Station von Rio de Janeiro, zwischen 1960 und 1965, als die Goulart-Regierung gestürzt wurde und das herrschende Militärregime seine Macht errichtete. Der stellvertretende Stationschef Fisher Ames war während der Repressionswelle, die auf die US-Invasion erfolgte, in der Dominikanischen Republik. Der prominenteste unter den Führern der Bordaberry-Militärregierung ist Juan Jose Gari; der ehemalige Agent bei den „Ruralistas" fungiert mittlerweile als einer von Bordaberrys Chefberatern. Wichtig ist auch Mario Aguerrondo, seinerzeit, als er Polizeichef in Montevideo war, enger Verbindungsagent der Station. Er war führender Kopf des Militärputsches im Februar und ist jetzt Armeegeneral im Ruhestand. Auch die CIA-Unterwanderung der Arbeiterbewegung machte Fortschritte: seit die AIFLD 1963 ihre Operationen in Uruguay aufnahm, wurden 7 500 Arbeiter ausgebildet. Dieses Programm ermöglichte es der Station, eine Gewerkschaftsföderation auf nationaler Ebene aufzubauen, die dann schließlich 1967 die alte CSU-Arbeitergewerkschaft Uruguays ablöste. Die neue Organisation, die sich Uruguayische Arbeitervereinigung nennt (CUT), wurde 1970 gegründet und ORIT, IFCTU und der ITS angeschlossen. Das Muster, nach dem die CUT aufgebaut wurde, ist eine Kopie des CEOSL-Konzepts in Ecuador.

Die Ereignisse in Mexiko waren weniger spektakulär als die in Ecuador und Uruguay — die Einparteiendiktatur kommt ohne das Auf und Ab einer Politik mit freiem Eintritt und ohne Militärputsch aus —, aber dennoch wuchs das revolutionäre Bewußtsein. Das nationale Pro-Kopf-Einkommen stieg zwar im letzten Jahr auf knapp 800 Dollar (zwischen 1960 und 1971 durchschnittlich 3,2 % pro Jahr), aber die Erträge kommen nur wenigen zugute. Die ärmere Hälfte der Bevölkerung erhält weniger als 15 % des Gesamteinkommens, und nach Berichten der Bank von Mexiko besitzt die Hälfte der Bevölkerung keinen sicheren Arbeitsplatz und verdient weniger als 80 Dollar pro Monat. Nach einer Studie der Staatlichen Universität von Mexiko sind von den 24,5 Millionen arbeitsfähigen Mexikanern 9,6 Millionen (= 40 %) ohne Arbeit. Wie in Brasilien hat das Fehlen eines Binnenmarktes in Mexiko wegen der Einkommenskonzentration in den Händen einer privilegierten Minderheit dazu geführt, daß sich alle um Arbeitsmärkte im Ausland reißen, um das Wirtschaftswachstum zu sichern und um die enorme Auslandsverschuldung abzutragen, die das Land zur Finanzierung von Entwicklungsprojekten eingegangen ist.

Angesichts der anhaltenden Ungerechtigkeiten und dem Ausbleiben von Reformen gehen immer mehr Mexikaner zu revolutionären Aktionen über — und mit der Herausbildung revolutonären Bewußtseins und der Ausbreitung revolutionärer Aktionen ist auch der Grad der Repression gewachsen. Die Guerillabewegung in den Bergen von Guerero operiert weiter erfolgreich gegen die mexikanische Armee, trotz des Todes ihres Führers Genaro Rojas. Bankaneignungen, Exekutionen, Entführungen und andere direkte Aktionen häuften sich seit dem Auftauchen von Stadtguerilleros in den wichtigsten mexikanischen Städten. Auch die Studentenbewegung gewinnt wieder an Stärke trotz der regelmäßigen Übergriffe der Rechten. Gerade zwei Monate, nachdem ich Mexiko verlassen hatte, gab es ein Massaker wie in Tlatelolco, als 8 000 friedlich demonstrierende Studenten von etwa 500 unauffällig gekleideten, paramilitärisch augerüsteten Leuten mit Maschinenpistolen, Ketten, Schlagstöcken und anderen Waffen überfallen wurden. Die Zahl der Ermordeten wurde geheimgehalten. Die reguläre Polizei wurde daran gehindert, einzugreifen, sogar als die Rowdys in die Krankenhäuser eindrangen, um die Behandlung der verletzten Studenten zu verhindern; sie griffen die Ärzte tätlich an und drangen in die Operationssäle ein. Die Reaktionen auf die sorgfältig geplanten und offiziell unterstützten Angriffe führten zum Rücktritt des Polizeipräsidenten von Mexico City, aber Echeverrias Untersuchung fand, wie vorauszusehen war, die Verantwortlichen nicht. Ein Jahr darauf wurden Dutzende Studenten verletzt, als Polizisten eine Demonstration zur Erinnerung an die Opfer des Corpus-Christi-Massakers angriffen. Seitdem wechseln sich Polizei und rechtsgerichtete, von der Regierung unterstützte Terrorgruppen mit Repressalien gegen die Studenten ab, dabei wurden im August 1972 und im Februar, Mai und August dieses Jahres immer wieder Studenten umgebracht. Vor zwei Monaten forderte der neue, rechtsstehende Rektor der Staatlichen Universität von Mexico City die Polizei auf, den Campus zu besetzen, um sein Programm der Entpolitisierung der Universität zu unterstützen. Fortwährende Protestaktionen der Studenten führten auch in anderen Universitätsstädten zu Zusammenstößen. Inzwischen geht die offizielle Unterstützung der USA für die mexikanische Regierung und ihr Militär weiter. Die CIA-Station in Mexiko bleibt weiter die größte in Lateinamerika. Eigenartig allerdings, daß Jim Noland nur ein Jahr als Stationschef dort blieb (hat Echeverria schließlich doch mit der CIA gebrochen?) und John Horton nur zwei Jahre, er wurde dann von Richard Sampson abgelöst (der Horton 1968 in Montevideo abgelöst hatte und dann, nicht lange nach der Exekution Mitriones, nach Washington zurückversetzt wurde. ORIT, mit Hauptquartier in Mexico City, und das Interamerikanische Arbeiter-College laufen weiter, ebenso die Programme der AIFLD in Mexiko, und es ist anzunehmen, daß sich auch an der Unterstützung der mexikanischen Sicherheitsdienste nichts geändert hat.

**London
Januar 1974**

Sechs Monate für die Beendigung der Forschungen und sechs Monate, um dieses Tagebuch zu schreiben. Wenn ich Erfolg habe, werde ich andere noch arbeitende oder ehemalige CIA-Agenten unterstützen können, die ihre Erfahrungen niederschreiben wollen. Es müssen noch viel mehr CIA-Tagebücher geschrieben werden, und ich werde ihr Zustandekommen, wo nötig, mit meiner Erfahrung unterstützen. Wenn ich den Rat und die Hilfe, die ich anfangs so dringend brauchte, sofort gefunden hätte, dann wäre ich in zwei statt in vier Jahren fertig geworden, und viele Probleme wären gar nicht aufgetaucht.
Die CIA hofft noch immer, mich vor der Veröffentlichung des Tagebuchs in die USA locken zu können. Sie wollen die Kinder wirklich als Köder benutzen, um mich zurückzuholen. Janet gibt jetzt zu, daß die CIA sie schon vor langer Zeit gebeten hatte, die Kinder nicht wegzulassen, damit ich in die Staaten kommen müßte, um sie wiederzusehen. Obwohl sie die Mitarbeit verweigerte und die Kinder im letzten Sommer fahren ließ, hat sie sich gesträubt, sie über die Weihnachtsferien zu mir zu schicken und statt dessen vorgeschlagen, ich sollte doch in die USA kommen. Wahrscheinlich werde ich die Kinder erst wiedersehen können, wenn sie erwachsen sind, ohne daß die CIA dauernd dazwischenfunkt.
Denen, die sich bisher über die geheimen Werkzeuge der Außenpolitik der USA nicht im klaren waren, wird dieses Tagebuch vielleicht helfen, einige Fragen bezüglich der innenpolitischen Motivationen und Praktiken zu beantworten, die seit den ersten Verhaftungen von Watergate aufgeworfen wurden. In der CIA haben wir unsere Einmischung, Unterwanderung und Sabotage in der lateinamerikanischen Linken und in der ganzen Welt mit dem Argument gerechtfertigt, im Ausland würden andere moralische Grundsätze gelten. Wir hätten nicht im Traum daran gedacht, diese Methoden auch im eigenen Land anzuwenden. Jetzt aber wissen wir, daß das FBI nach genau denselben Methoden gegen die amerikanische Linke vorgegangen ist: nach einem wohlabgestimmten Plan, um die links von den Liberalen in der Demokratischen und Republikanischen Partei angesiedelten politischen Organisationen zu spalten, zu sabotieren und zu unterdrücken.
Die Morde von Kent und Jackson, Aktivitäten des US-Militärnachrichtendienstes im Inland und jetzt der Geheimplan des

Präsidenten belegen anschaulich genug, daß die CIA-Methoden reimportiert wurden. Einstige Bedenken, diese Methoden gegen eine „respektable" Opposition anzuwenden, sind inzwischen gänzlich vom Tisch. Als die CIA Anfang 1960 ihr Hauptquartier nach Virginia verlegte, wurden die Watergatemethoden zu einer festen Institution. Bezeichnenderweise wurde das neue Gebäude, das auf den Trümmern des alten ehemaligen provisorischen Gebäudes der CIA in Washington errichtet wurde, Watergate genannt.

Wenn die Watergateprozesse beendet sind, und aus der ganzen Affäre erst einmal der Dampf heraus ist, entsteht sicher eine Bewegung für nationale Erneuerung, für die Reform der Wahlpraktiken und vielleicht sogar für die Reform von FBI und CIA. Aber die Rückkehr zu unseren verlogenen, selbstgerechten Traditionen sollte niemand glauben lassen, das Problem sei gelöst. Reformen greifen nur die Symptome an und nicht die Krankheit, und der Vietnamkrieg und Watergate beweisen hinlänglich, daß unser Wirtschaftssystem und die ihm zugrundeliegenden Mechanismen selbst die Krankheit sind.

Reformen von FBI und CIA und sogar die Absetzung des Präsidenten können das Problem nicht beseitigen. Der amerikanische Kapitalismus, der auf der Ausbeutung der Armen und seiner grundlegenden Antriebskraft, der persönlichen Gier, beruht, kann einfach nicht ohne Gewalt überleben – nicht ohne eine Geheimpolizei. Was zur Debatte steht, ist der Kapitalismus, und gegen ihn muß vorgegangen werden. Gegen CIA, FBI und seine übrigen Sicherheitsorgane, die nichts als die logisch notwendigen Konsequenzen des Willens der herrschenden Klasse sind, sich ihre Privilegien zu erhalten.

Weniger denn je ist heute Gleichgültigkeit gegenüber Unterdrückung im eigenen Land oder sonst irgendwo in der Welt erlaubt. Der Gegensatz zwischen arm und reich – heute extremer denn je – zeigt die Unversöhnlichkeit der Klassengegensätze, die eine sozialistische Revolution beseitigen kann.

Jeder von uns muß sich heute entscheiden, ob er ein System unterstützen will, das mit Militär- und Polizeigewalt einer Minderheit Annehmlichkeiten und Privilegien garantiert oder ob er es vorzieht, für wirkliche Chancengleichheit und gerechte Verteilung der Güter in jedem Land und zwischen den Ländern zu kämpfen. Man kann nicht mehr die Augen davor verschließen, daß es zwei Seiten gibt, daß wir, ob wir wollen oder nicht, Tag für Tag entweder die eine oder die andere unterstützen.

Anhang 1

Alphabetisches Verzeichnis der Angestellten, Agenten, Verbindungs- und Kontaktpersonen, die bei CIA-Operationen beteiligt waren sowie der Organisationen, die von der CIA entweder gesteuert, finanziert oder beeinflußt wurden. In einigen Fällen ist anzunehmen, daß die betreffenden Personen ihren tatsächlichen Auftraggeber – die CIA – nicht kannten. Die Infiltration der im folgenden aufgelisteten Organisationen erfolgte im allgemeinen über führende Mitglieder dieser Organisationen oder aber über Organisationen, die bereits von der CIA kontrolliert wurden. Aus diesem Grunde wußten über Verbindungen zur CIA in den betreffenden Organisationen nur sehr wenige (in einigen Fällen niemand) Bescheid. Von einigen der aufgeführten Organisationen und Verbände wurde später öffentlich bekannt, daß Verbindungen mit der CIA existierten. Als ein Ergebnis dieser Enthüllungen brachen daraufhin einige unter ihnen ihre Kontakte zur CIA vollständig ab. So hat etwa die Internationale Juristenkommission (ICJ) 1967 dafür gesorgt, daß keine weiteren CIA-Gelder in ihre Kassen flossen, nachdem bekanntgeworden war, daß der US-Geheimdienst in einigen Fällen den Verband finanziell subventioniert hat. Der Autor legt daher Wert auf die Feststellung, daß sämtliche im Anhang und im Text mitgeteilten Einzelheiten sich nicht unbedingt auf den gegenwärtigen Status der betreffenden Personen bzw. Organisationen beziehen.

ACOSTA VELASCO; JORGE:
Neffe des ecuadorianischen Präsidenten Jose Maria Velasco. Finanz- und Innenminister, Informant und politischer Agent der Stadt Quito.
AGENCIA ORBE LATINOAMERICANO:
Nachrichtendienst für Lateinamerika. Von der CIA über die Station Santiago de Chile finanziert und kontrolliert.
AGRIBUSINESS DEVELOPMENT INC.:
Unternehmen zur Tarnung des CIA-Beamten Bruce Berkmans.
AGUERRONDO; MARIO:
Uruguayischer Armeeoberst und ehemaliger Chef der Polizei Montevideo. Verbindungsmann.

AIR AMERICA:
CIA-eigene Luftlinie für paramilitärische Aktionen, insbesondere im Fernen Osten.

ALARCON; ALBERTO:
Geschäftsmann in Guayaquil und aktives Mitglied der Liberalen Partei Ecuadors. Hauptagent für Studentenoperationen der CIA in Ecuador. Tarnbezeichnung ECLOSE.

ALBORNOZ; ALFREDO:
Ecuadorianischer Innenminister (Innere Sicherheit). Verbindungsmann der Station Quito.

ALLEN; JOHN:
CIA-Einsatzbeamter im Ausbildungslager Camp Peary; früher im Nahen Osten tätig.

ALLIANCE FOR ANTI-TOTALITARIAN EDUCATION:
Propagandaerfindung der Station Montevideo.

ALMEIDA; WILSON:
Verleger und Herausgeber der Studentenzeitung ,,VOZ UNIVERSITARIA''. Propagandaagent der Station Quito.

ALONZO OLIVE, RAUL:
Kubanischer Ingenieur in der Zuckerrohrindustrie. Mitglied einer Handelsdelegation in Brasilien und Uruguay. Von der CIA kurz vor seiner Rückkehr nach Kuba angeworben.

AMADOR MARQUEZ; ENRIQUE:
Gewerkschaftsagent und politischer Agent der Basis Guayaquil. Wirtschaftsminister.

AMAYA QUINTANA; ENRIQUE:
Führer der Peruanischen Revolutionären Linken (MIR). Angeworben in Guayaquil (Ecuador) als Infiltrationsagent. Ließ sich später mit Hilfe der CIA in Mexiko nieder.

AMERICAN FEDERATION OF STATE, COUNTY AND MUNICIPAL EMPLOYEES:
US-Mitglied der Public Service International (PSI), dem Internationalen Gewerkschaftssekretariat (ITS) für Regierungsangestellte. Die CIA bedient sich dieser Organisation, um die PSI zu beeinflussen.

AMERICAN INSTITUTE FOR FREE LABOR DEVELOPMENT (AIFLD):
Von der CIA kontrolliertes und über die AIF finanziertes Gewerkschaftszentrum. Programme für Erwachsenenbildung und Sozialprojekte werden zur Tarnung gewerkschaftlicher Aktivitäten der CIA benutzt. Präsident: GEORGE MEANY.

AMERICAN NEWSPAPER GUILD:
Tarnmechanismus zur Finanzierung des Interamerikanischen Verbands der Zeitungsarbeiter (IFWN).
AMES; FISHER:
Stellvertretender CIA-Chef der Station Uruguay.
AMPIG-1:
Schwiegervater von ALDO RODRIQUEZ CAMPS, dem kubanischen Geschäftsträger in Montevideo. CIA-Agent zur Anwerbung von Rodriguez Camps. Familienname: CHINEA.
ANDERSON, JAMES E.:
Für die Beschattungsteams in Mexico City zuständiger CIA-Einsatzbeamter.
ANDINO; JORGE:
Hotelmanager in Quito und Hilfsagent der Station Quito.
ANTIKOMMUNISTISCHE CHRISTLICHE FRONT:
CIA-Organisation für politische Operationen und Propaganda in Cuenca, Ecuador. Von der Station Quito über RAFAEL ARIZAGA finanziert.
ANTIKOMMUNISTISCHE FRONT:
Von der CIA Station Quito über JORGE GORTAIRE finanzierte Organisation in Ambato, Ecuador.
ANTIKOMMUNISTISCHE BEFREIUNGSBEWEGUNG:
Propagandaerfindung der Station Montevideo.
ANTITOTALITÄRES KOMITEE ZUR SOLIDARITÄT MIT DEM VOLK VON VIETNAM:
Propagandaerfindung der Station Montevideo.
ANTITOTALITÄRE JUGENDBEWEGUNG:
Propagandaerfindung der Station Montevideo.
ARCE; JOSE ANTONIO:
Bolivianischer Botschafter in Montevideo und ehemaliger Innenminister. Verbindungsmann der Station La Paz; Routinekontakt der Station Montevideo.
ARCHENHOLD; STANLEY:
Beamter im CIA Hauptquartier; zuständig für Geheimoperationen gegen Kuba; wurde mit der Geheimdienstmedaille ausgezeichnet.
ARELLANO GALLEGOS; JORGE:
Infiltrationsagent der Station Quito gegen die Kommunistische Partei Ecuadors.
ARGENTINISCHE BUNDESPOLIZEI:
Wichtigste Geheimdienstverbindung der Station Buenos Aires

zum Abhören von Telefonen sowie für andere gemeinsame Operationen. Tarnbezeichnung: BIOGENESIS.

ARIZAGA TORAL; CARLOS RAFAEL:
Führer der Konservativen Partei in Cuenca. Politischer Agent der Station Quito und Vater von CARLOS ARIZAGA VEGA.

ARIZAGA VEGA; CARLOS:
Konservativer Abgeordneter aus Cuenca. Politischer Agent der Station Quito.

ASSOZIATION DER HÖHEREN SCHÜLER:
Schülerorganisation in Montevideo; von der Station bei Studentenoperationen eingesetzt.

AUSTIN; JUDD:
US-Bürger; Rechtsanwalt in Mexico City. Bearbeitete die Einwanderungspapiere der Einsatzbeamten an der Station Mexico City, die unter nichtoffizieller Tarnung standen.

AVAILABLE-1:
Chauffeur der Handelsabteilung an der Sowjetischen Botschaft in Montevideo. Angeworben von der Station Montevideo. Name vergessen.

AVANDANA:
Wichtigster Agent der Station Montevideo bei Postmanipulationen. Name vergessen.

AVBANDY-1:
Uruguayischer Armeemajor, der für die Station Montevideo als Chef des auf sowjetische Zielpersonen angesetzten AVBANDY-Überwachungsteams arbeitete.

AVBANDY-4:
Mitglied des AVBANDY-Überwachungstems in Montevideo und Vater des Teamchefs; auch bei Agentenanwerbungen eingesetzt. Name vergessen.

AVBLIMP-1 und 2:
Ehepaar, das als Besatzung des Observationspostens für die Sowjetische Botschaft in Montevideo arbeitete. Namen vergessen.

AVBLINKER-1 und 2:
Amerikanischer Geschäftsmann und seine Frau, die in Montevideo im Observationsposten gegenüber der Kubanischen Botschaft wohnten. Namen und korrekte Tarnbezeichnung vergessen.

AVBUSY-1:
Briefträger in Montevideo: CIA-Agent für Postmanipulationen gegen kubanische Geheimdienstagenten. Name vergessen.

AVBUZZ-1:
Wichtigster Agent der Station Montevideo für Propagandaoperationen. Name vergessen.

AVCASK-1:
Infiltrationsagent der Station Montevideo gegen die linke Paraguayische Emigrantenkolonie in Montevideo. Name vergessen.

AVCASK-2:
Infiltrationsagent der Station Montevideo gegen die Paraguayische Einheitsfront zur Nationalen Befreiung (FULNA). Name vergessen.

AVCASK-3:
Infiltrationsagent der Station Montevideo gegen die Kommunistische Partei Uruguays. Name vergessen.

AVCAVE-1:
Infiltrationsagent der Station Montevideo gegen die Kommunistische Parte Uruguays. Name vergessen.

AVDANDY-1:
Agent der Station Montevideo im uruguayischen Außenministerium. Name und korrekte Tarnbezeichnung vergessen.

AVENGEFUL-5:
Protokollant im Rahmen der AVENGEFUL-Telefonabhöroperation der Station Montevideo und Schwester von Frau THOMAS ZAFIRIADIS. Name vergessen.

AVENGEFUL-7:
Ehefrau von AVANDANA und Agentin der Station Montevideo im Observationsposten gegenüber der Kubanischen Botschaft. US-Bürgerin, die ehemals im Office of Strategic Services arbeitete. Name vergessen.

AVENGFUL-9:
Protokollant der Telefonabhöroperation in Montevideo. Vorname HANNA.

AVERT-1:
Hilfsagent der Station Montevideo; Besitzer des Hauses neben sowjetischer Botschaft und sowjetischem Konsulat. Name und korrekte Tarnbezeichnung unbekannt.

AVIDITY-9:
Angestellter im Postamt Montevideo. CIA-Agent für Postmanipulationen. Name vergessen.

AVIDITY-16:
Angestellter im Postamt Montevideo. CIA-Agent für Postmanipulationen. Name vergessen.

AVOIDANCE:
Kurier im Rahmen der Telefonabhöroperation der Station Montevideo. Name vergessen.
AVOIDANCE-9:
Infiltrationsagent der Station Montevideo gegen die Kommunistische Partei in Uruguay. Name vergessen.
AYALA CABEDA; ZULEIK:
Ministerrat; Beamter in der Uruguayischen Botschaft Havanna; zeitweilig auch Geschäftsträger. CIA-Agent gegen die Kubanische Regierung.
BACON; JOHN:
Nachrichtenbeamter der Station Quito; außerdem zuständig für die Infiltrationsagenten gegen die kommunistische Partei und für Propagandaoperationen.
BAGLEY; TENNANT (PETE):
Stellvertretender Chef der Ostblockabteilung; später Stationschef in Brüssel.
BAIRD; COLONEL MATT.:
CIA-Ausbildungsleiter.
BANK OF BOSTON:
Von der CIA zu Finanzierungsprojekten in Brasilien herangezogen.
BANKS; TITO:
Wollhändler in Montevideo und Hilfsagent der Station Montevideo.
BAQUERO DE LA CALLE; JOSE:
Rechtsgerichteter Velasquistenführer; Arbeits- und Wohlfahrtsminister. Agent der Station Quito für Informationsbeschaffung und politische Operationen.
BARBE; MARIO:
Uruguayischer Armeeoberstleutnant und Chef der Republikanischen Garde (berittene Polizei). Verbindungsmann der Station Montevideo.
BASANTES LARREA; ATAHUALPA:
Infiltrationsagent der Station Quito gegen die Kommunistische Partei Ecuadors. Tarnbezeichnung: ECFONE-3.
BEIRNE; JOSEPH:
Präsident der Communications Workers of America (CWA) und Direktor des American Institute for Free Labor Development. Wichtiger Mitarbeiter der CIA bei Gewerkschaftsoperationen, die über AIFLD und die Post, Telegraph and Telephone Workers International (PTTI) liefen.

BENEFIELD; ALVIN:
CIA-Techniker; Spezialist für Operationen gegen diplomatische Codeeinrichtungen.
BERCKMANS; BRUCE:
CIA-Einsatzbeamter in Mexico City unter nichtoffizieller Tarnung.
BERGER; MICHAEL:
CIA-Einsatzbeamter in Montevideo.
BESABER:
Agent der Station Mexico City; angesetzt auf polnische Geheimdienstoffiziere unter diplomatischer Tarnung. Besitzer eines Keramik- und Souvenierladens in Cuernavaca; polnischer Abstammung; Name vergessen.
BIDAFFY-1:
Infiltrationsagent der Station Buenos Aires; angesetzt auf die Revolutionäre Gruppe um John William Cooke; Name und Tarnbezeichnung vergessen.
BRAGA; JUAN JOSE:
Stellvertretender Ermittlungschef der Polizei Montevideo; enger Mitarbeiter der Station Montevideo; verantwortlich für Folterungen.
BRAZILIAN INSTITUTE FOR DEMOCRATIC ACTION (IBAD):
Antikommunistische, von der Station Rio de Janeiro gesteuerte politische Organisation. Eingesetzt als Finanzfonds und Kontrollorgan für Politiker.
BRESLIN; ED:
US-Major und Geheimdienstberater der ecuadorianischen Armee. Enger Mitarbeiter der Station Quito.
BROE; WILLIAM V.:
Chef der WH (Westliche Hemisphäre)-Abteilung. Früher Stationschef in Tokio.
BROWN; BILL:
CIA-Einsatzbeamter; Spezialist für Gewerkschaftsoperationen; arbeitete für die Station Panama in Fort Amador, Kanalzone.
BROWN; IRVING:
Europäischer Repräsentant der „American Federation of Labor" und wichtigster CIA-Agent bei der Kontrolle der „International Confederation of Free Trade Unions" (ICFTU).
BUCHELI; RAFAEL:
Telefoningenieur beim Telegrafenamt in Quito: Agent der Station Quito; verantwortlich für das Anzapfen von Telefonen.

Tarnbezeichnung: ECWHEAT-1.
BURBANO DE LARA; MIGUEL (MIKE):
Flughafenmanager der Pan American-Grace Airways; arbeitete für die Sation Quito als Verbindungsmann für LUIS VARGAS; Tarnbezeichnung: ECACCENT.
BURKE; JOHN:
Beamter der Station Quito; getarnt als Beamter der AID-Mission für Öffentliche Sicherheit.
BURNS; PAUL:
CIA-Einsatzbeamter in Montevideo; Spezialist für KP-Infiltrationsoperationen.
BUSTOS; CHARLOTTE:
CIA-Beamtin; verantwortlich für Unterstützung aus dem Hauptquartier bei Verbindungs- und Unterstützungsoperationen in Mexico City.
CABEZA DE VACA; MARIO:
Milchproduzent in Quito; nebenbei als Agent der Station Quito tätig; Verbindungsmann für MARIO CARDENAS; später auch eingesetzt zur Finanzierung und Kontrolle des Zentrums für ökonomische und soziale Reformstudien (CERES).
CAMACHO; EDGAR:
Stiefsohn von Oberst OSVALDO LUGO von der Ecuadorianischen Nationalpolizei; Agent der Station Quito; eingesetzt als Verbindungsmann für LUGO; später auch tätig als Protokollant bei Telefonabhöroperationen.
CAMARA SENA:
Brasilianischer Armeeoberst; als Militärattaché an die Brasilianische Botschaft Montevideo entsandt; Kontaktperson.
CANTRELL; WILLIAM:
CIA-Einsatzbeamter in Montevideo; getarnt als Beamter des AID-Büros für Öffentliche Sicherheit.
CARDENAS; MARIO:
Infiltrationsagent der Station Quito gegen die Kommunistische Partei Ecuadors; Tarnbezeichnung: ECSIGIL-1.
CARVAJAL:
Uruguayischer Armeeoberst und Chef des Militärischen Geheimdienstes; Kontaktperson.
CASSIDY; JOHN:
Stellvertretender Chef der Station Montevideo.
CASTRO; JUANA:
Schwester von FIDEL CASTRO; von der CIA für Propagandaoperationen benutzt.

CHIRIBOGA; OSVALDO:
Velasquistenführer, der Atahualpa BASANTES unter „falscher Flagge" anwarb. Tarnbezeichnung: ECFONE. Später ecuadorianischer Geschäftsträger in Den Haag.
CIVIL AIR TRANSPORT (CAT):
CIA-kontrollierte Fluggesellschaft; Einsatz hauptsächlich bei paramilitärischen Operationen im Fernen Osten.
CLERICI DE NARDONE; OLGA:
Ehefrau des uruguayischen Präsidenten BENITO NARDONE. Nach NARDONES Tod Führerin der „Ruralistas"; politischer Kontakt der Station Montevideo.
COMBATE:
Studentenzeitung der Station Montevideo; finanziert und kontrolliert über ALBERTO ROCA.
COMMITTEE FOR LIBERTY OF PEOPLES:
Propagandaerfindung der Station Quito.
COMMUNICATIONS WORKERS OF AMERICA (CWA):
US-Gewerkschaft; von der CIA über die Post, Telegraph and Telephone Workers International (PTTI) für Operationen benutzt.
CONOLLY; RICHARD L. JR.:
CIA-Einsatzbeamter; Spezialist für Operationen gegen die Sowjets.
CONTRERAS ZUNIGA; VICTOR:
Gewerkschaftsagent und politischer Agent der Basis Guayaquil. Erster Präsident der CEOSL (Ecuadorianischer Bund freier Gewerkschaften).
COSEC (KOORDINATIONSSEKRETARIAT NATIONALER STUDENTENVERBÄNDE):
CIAkontrollierte und -finanzierte internationale Studentenorganisationen; Konkurrenzgründung gegen die Internationale Studentenunion (IUS); Zentrale: Leyden.
COPELLO; GUILLERMO:
Ermittlungschef der Polizei Montevideo; Verbindungsmann der Station Montevideo.
CORDOVA GALARZA; MANUEL:
Führer der Radikalen Liberalen Partei und ecuadorianischer Unterstaatssekretär für Innere Sicherheit. Verbindungsmann der Station Quito.
COURAGE; BURT:
CIA-Ausbildungsbeamter; Spezialist für Judo, Karate und un-

bewaffnete Selbstverteidigung.
DAVALOS:
Agent der Station Quito für Propaganda und politische Aktionen in Riobamba. Finanziert über das ECACTOR-Projekt.
DAVALOS; ERNESTO:
Ecuadorianischer Regierungsangestellter und Agent der Station Quito.
DAVILA CAJAS; AURELIO:
Konservativer Parteiführer. Präsident der Deputiertenkammer. Politischer Agent der Station Quito. Tarnbezeichnung: ECACTOR.
DAVIS; ROBERT:
Stationschef in Lima.
DE ANDA; JACOBO:
Techniker in Montevideo; zuständig für die AVENGEFUL-Telefonabhöroperationen der Station Montevideo.
DEAN; WARREN L.:
Stellvertretender Stationschef in Mexico City; später Stationschef in Quito und Oslo.
DEL HIERRO; JAIME:
Nationaler Führer der Radikalen Liberalen Partei und ecuadorianischer Innenminister. Verbindungsmann der Station Quito.
DE LOS REYES; PACIFICO:
Major in der ecuadorianischen Nationalpolizei; Chef der Geheimpolizei und später Emittlungschef für die Provinz Pinchincha (Quito). Agent der Station Quito.
DEMOKRATISCH-REVOLUTIONÄRE FRONT (FRD):
Exilkubanische Organisation; von der CIA finanziert und kontrolliert.
DERIABIN, PETER:
KGB-Überläufer aus den 50er Jahren, der US-Bürger und CIA-Angestellter wurde.
DIAZ ORDAZ; GUSTAVO:
Mexikanischer Präsident und Verbindungsmann der Station Mexico City. Tarnbezeichnung: LITEMPO-8.
DILLON; PAUL:
CIA-Beamter; in Mexico City verantwortlich für die Sowjets.
DMDIAMOND-1:
Schreibsekretärin in der Jugoslawischen Botschaft Mexiko City; CIA-Agentin; Name und Tarnbezeichnung vergessen.

DMHAMMER-1:
Jugoslawischer Regierungsbeamter, der überlief und später versuchte ehemalige Kollegen unter Anleitung der CIA anzuwerben. Name und Tarnbezeichnung vergessen.

DMSLASH-1:
Codebeamter der Jugoslawischen Botschaft in Mexico City; CIA-Agent; Name und Tarnbezeichnung unbekannt.

DNNEBULA-1:
Repräsentant der koreanischen CIA in Mexico City; getarnt als Angestellter der Koreanischen Botschaft. Name vergessen. Verbindungsmann der Station Mexico City.

DOHERTY; WILLIAM:
Interamerikanischer Repräsentant der Post, Telegraphe and Telephone Workers International (PTTI) und CIA-Agent für Gewerkschaftoperationen. Exekutivdirektor des American Institute for Free Labor Development (AIFLD).

DONEGAN; LESLIE:
Bot dem Autor in Paris Geld an, um dafür das Manuskript begutachten zu können. Vermutlich von der CIA angeheuert.

DRISCOLL; BOB:
CIA-Einsatzbeamter, der nach Eintritt in den Ruhestand weiterhin für die Station Mexico City unter Vertrag arbeitete.

DROLLER; GARY:
Chef des Stabs für Geheimoperationen in der Western-Hemisphere-Abteilung.

DUFFIN; C. HARLOW:
Chef der venezolanischen Filiale in der Western-Hemisphere-Abteilung. Spezialist für Brasilien.

DUHAN-1:
Führer der Peruanischen Revolutionären Linken (MIR). Angeworben in Guayaquil als Infiltrationsagent. Ließ sich später mit Hilfe der CIA in Mexiko nieder.

DULLES; ALLEN:
CIA-Direktor.

ECALIBY-1:
Chauffeur der Kubanischen Botschaft in Quito. Agent der Station Quito. Name und korrekte Tarnbezeichnung vergessen.

ECBLISS-1:
Manager der Braniff Airways in Guayaquil und Hilfsagent der Basis Guayaquil. Name und eigentliche Tarnbezeichnung vergessen.

ECCLES, DR.:
Chef des Junior Officer Trainig Program (JOT).
ECELDER:
Druckerei der Station Quito für Propagandaoperationen. Siehe auch: JORGE, PATRICIO, MARCELO, RODRIGO und RAMIRO RIVADENEIRA. Tarnbezeichnung vergessen.
ECHEVERRIA; LUIS:
Mexikanischer Innenminister und späterer Präsident. Verbindungsmann der Station Mexico City. Tarnbezeichnung LITEMPO-14.
ECHINOCARUS-1:
Infiltrationsagent der Basis Guayaquil gegen die Kommunistische Partei Ecuadors. Name unbekannt.
ECJOB:
Anführer des von der Station Quito aufgebauten Teams zur Verteilung von Flugblättern, Handzetteln und zum Anbringen von Mauerslogans. Name vergessen.
ECLAT:
Ecuadorianischer Armeeoffizier im Ruhestand; Anführer des Beschattungs- und Ermittlungsteams der Basis Guayaquil. Name vergessen.
ECOLIVE-1:
Infiltrationsagent der Station Quito gegen die Revolutionäre Jugend Ecuadors (URJE). Name vergessen. Sollte später auch auf die Kommunistische Partei Ecuadors angesetzt werden.
ECOTTER-1 und ECOTTER-2:
Agenten der Station Quito; zuständig für Reisekontrollen. Namen vergessen.
ECSIGH-1:
Geliebte von RICARDO VAZQUEZ DIAZ; Chefstenographin der ecuadorianischen Militärjunta. Von der Station Quito angeworben, um über VAZQUEZ an politische Informationen aus den Kabinettssitzungen der Junta zu gelangen. Name und korrekte Tarnbezeichnung vergessen.
ECSTACY-1 und ECSTACY-2:
Agenten der Station Quito. Sie spielten uns verdächtige Briefe zu, die wir überprüften.
ECUADORIANISCHE ANTIKOMMUNISTISCHE AKTION:
Name einer fiktiven Organisation, von der Station Quito als Urheber CIA-eigener Propaganda vorgeschoben.
ECUADORIANISCHE ANTIKOMMUNISTISCHE FRONT:
Name einer fiktiven Organisation; von der Station Quito als

Urheber eigener Propaganda vorgeschoben.
ECUADORIANISCHER BUND FREIER GEWERKSCHAFTEN (CEOSL):
Nationaler Gewerkschaftsdachverband, von der Station Quito gegründet und kontrolliert.
EDITORS PRESS SERVICE:
CIA-kontrollierte Propagandaagentur mit Sitz in New York.
EGAZ; JOSE MARIA:
Führer der Christlich-Sozialen Bewegung; Agent der Station Quito.
ELSO; WILSON:
Uruguayischer Abgeordneter; Ruralista-Führer; von der Station Montevideo als potentieller Agent aufgebaut.
ENSAYOS:
Intelligenzblatt; von der Station Quito über CARLOS VALLEJO BAEZ und JUAN YEPEZ DEL POZO finanziert und kontrolliert.
ESTERLINE; JAKE:
Stellvertretender Chef der Western-Hemisphere-Abteilung.
ESTRADA ICAZA; EMILIO:
Generaldirektor einer der größten Banken Ecuadors; Sammler präkolonialer Kunstwerke; politischer Agent der Basis Guayaquil.
EUROPEAN ASSEMBLY OF CAPTIVE NATIONS:
CIA-Propagandaoperation.
FANNIN (oder FANNON); LES:
Für den Lügendetektor (Polygraph) zuständiger CIA-Beamter. 1960 in Singapore von der Polizei verhaftet. Von der CIA für seine Freilassung angebotene Bestechungsgelder lehnte der Premierminister von Singapore ab.
FELDMAN; ROBERT:
Beamter der CIA-Station Mexico City; zuständig für Infiltrationsoperationen gegen die Institutionalisierte Revolutionäre Partei (PRI) und das mexikanische Außenministerium.
FENETEL:
Nationaler ecuadorianischer Dachverband der Angestellten im Telegrafenbereich; mit der PTTI liiert und von der Station Quito finanziell unterstützt.
FERGUSON; JIM:
Ausbildungsbeamter im CIA-JOT-Ausbildungsprogramm (JOTP; später umbenannt in CAREER TRAINING PROGRAM).

FERNANDEZ CHAVEZ; A.:
In Montevideo tätiger Korrespondent der AGENCIA ORBE LATINOAMERICANO und ANSA (italienische Nachrichtenagentur). Propagandaagent der Station Montevideo.
FERNANDEZ; GONZALO:
Ecuadorianischer Luftwaffenoberst im Ruhestand; ehemaliger Attache in London; Agent der Station Quito; als Verbindungsmann für KP-Infiltrationsagenten tätig.
FERREA; SAL:
Versuchte sich mit dem Autor in Paris anzufreunden. Vermutlich von der CIA angeworben.
FIGUERES; JOSE:
Präsident von Costa Rica. Unterstützte CIA-Operationen wie beispielsweise das American Institute for Free Labor Development und das Institute of Political Education.
FIRST NATIONAL CITY BANK
Von der CIA bei heimlichen Finanzierungen und Devisenankäufen eingeschaltet.
FISHER; JOSIAH (JOE):
Stellvertretender Chef der Mexiko-Filiale in der Western-Hemisphere-Abteilung.
FITZGERALD; DESMOND:
Chef der Western-Hemisphere-Abteilung. Später DDP-Chef.
FLORES; TOM:
Stationschef in Montevideo. Später Chef der Kuba-Abteilung im Hauptquartier.
FONTANA; PABLO:
Kommissar bei der Polizei Montevideo und Verbindungsagent der Station Montevideo.
FONTOURA; LYLE:
Erster Sekretär der Brasilianischen Botschaft Montevideo.
FREE AFRICA ORGANIZATION OF COLORED PEOPLE (ORGANISATION FREIES AFRIKA):
Propagandaerfindung der Station Montevideo.
FREIER GEWERKSCHAFTSVERBAND GUAYAS (FETLIG)
Provinzableger des Ecuadorianischen Bunds freier Gewerkschaften (CEOSL); von der Station Quito kontrolliert.
FUSONI; RAFAEL:
Assistenzdirektor für Public Relation beim Olympischen Organisationskomitee Mexico City. CIA-Agent.

GANDARA; MARCOS:
Ecuadorianischer Armeeoberst und Mitglied der herrschenden Militärjunta. Verbindungsmann der Station Quito.
GARDINER; KEITH:
CIA-Ausbildungsbeamter.
GARI; JUAN JOSE:
Ruralista-Führer und politischer Ratgeber von BENITO NARDONE. Politischer Agent der Station Montevideo.
GARZA; EMILIO:
Repräsentant des American Institute for Free Labor Development (AIFLD) in Bogota. Agent für CIA-Gewerkschaftsoperationen.
GIL; FELIPE:
Uruguayischer Innenminister. Verbindungsmann der Station Montevideo.
GILSTRAP; COMER (WILEY):
Stellvertretender Chef der Station Montevideo; Stationschef in San Salvador.
GOMEZ; RUDOLPH:
Stellvertretender Chef der Western-Hemisphere-Abteilung; Anfang der 60er Jahre Stationschef in Santiago de Chile. Später Stationschef in Lissabon.
GONCALVES; HAMLET:
Erster Sekretär der Uruguayischen Botschaft in Havanna. CIA-Agent; angesetzt auf die kubanische Regierung.
GOODPASTURE; ANNIE:
Einsatzbeamtin der Station Mexico City und Assistentin des Stationschefs bei Verbindungsoperationen.
GOODWYN; JACK:
Direktor des Uruguayischen Instituts für gewerkschaftliche Ausbildung (IUES) und Repräsentant des American Institute for Free Labor Development (AIFLD). CIA-Agent.
GORTAIRE; FEDERICO:
Ecuadorianischer Armeeoberstleutnant. Von der Station Quito über seinen Bruder JORGE GORTAIRE angeworbener Verbindungsmann.
GORTAIRE; JORGE:
Uruguayischer Armeeoberst im Ruhestand. Ratgeber des ehemaligen Präsidenten PONCE und ehemaliger ecuadorianischer Repräsentant beim Inter-American Defense Board in Washington. Agent der Station Quito für politische Operationen in Ambato.

GRACE; J. PETER:
Vorsitzender der W. R. Grace und Co., einer multinationalen Gesellschaft mit umfangreichen Investitionen in Lateinamerika. Vorsitzender des American Institute for Free Labor Development (ALFLD).
GEWERKSCHAFTSVERBAND GUAYAS (COG):
Von der Basis Guayaquil benutzte Gewerkschaft. Wurde später fallengelassen, als ein neuer Verband (CROCLE) gegründet wurde.
GUS:
Zum Personalbüro am Hauptquartier gehöriger CIA-Werber. Griechischer Abstammung. Nachname vergessen. Überredete den Autor zum Eintritt in die CIA.
HANKE; JOHN:
CIA-Einsatzbeamter. Im April 1967 vom Hauptquartier als Sicherheitsbeamter nach Punta del Este geschickt.
HARD; JOHN:
Chef der gegen Kuba gerichteten Operationen im CIA-Hauptquartier. Ehemaliger Stationschef in Rabat.
HARWOOD; PAUL:
CIA-Stationschef in Quito.
HASKINS; LLOYD:
Leitender Funktionär der International Federation of Petroleum and Chemical Workers (IFPCW). Als CIA-Agent für diese Gewerkschaft zuständig.
HATRY; RALPH:
CIA-Einsatzbeamter unter Vertrag in Montevideo. Nichtoffizielle Tarnung: THOMAS H. MINER ASSOCIATES, eine Marketingfirma mit Sitz in Chicago.
HAUSMAN; CYNTHIA:
CIA-Einsatzbeamtin bei der Abteilung für sowjetische Satellitenstaaten in der Station Mexico City.
HELMS; RICHARD:
DDP-Direktor. Später CIA-Direktor.
HENNESSY; JACK:
Assistant-Manager der First National City Bank in Montevideo. Von der CIA zur Beschaffung von Devisen herangezogen.
HERBERT; RAY:
Stellvertretender Chef der Western-Hemisphere-Abteilung.
HISTADRUT:
Israelischer Gewerkschaftsverband; von der CIA für Gewerkschaftsoperationen benutzt.

HOLMAN; NED:
Stationschef in Montevideo; später Stationschef in Guatemala City.
HOOD; WILLIAM J.:
Operationschef in der Western-Hemisphere-Abteilung.
HORTON; JOHN:
Stationschef in Montevideo; später Stationschef in Mexico City.
HOUSER; FRED:
CIA-Agent mit doppelter Staatsbürgerschaft (USA/Argentinien); angestellt bei der Station Buenos Aires; für Operationen der Station Montevideo gegen die Botschaft der Vereinigten Arabischen Republik (VAR) eingesetzt.
HUMPHRIES; JOAN:
CIA-Verkleidungstechnikerin.
INSTITUTE OF POLITICAL EDUCATION:
Von der Station San Jose (Costa Rica) betriebene politische Akademie für junge hoffnungsvolle liberale Politiker Lateinamerikas. Siehe: Sacha VOLMAN und Jose FIGUERES.
INTER-AMERICAN FEDERATION OF WORKING NEWSPAPERMEN (IFWN):
Journalistengewerkschaft; von der CIA über die American Newspaper Guild kontrolliert und finanziert.
INTER-AMERICAN LABOR COLLEGE:
Ausbildungsinstitut des interamerikanischen gewerkschaftlichen Regionalverbands (ORIT) in Cuernavaca, Mexiko. Von der CIA finanziert und kontrolliert.
INTERAMERIKANISCHE POLIZEIAKADEMIE:
Polizeischule in Fort Davis, Kanalzone Panama. Von der Station Panama gegründet. Später unter der neuen Bezeichnung INTERNATIONALE POLIZEIAKADEMIE nach Washington DC verlegt. Von der AID finanziert, von der CIA kontrolliert.
INTERAMERIKANISCHER GEWERKSCHAFTLICHER REGIONALVERBAND (ORIT):
Regionalverband der ICFTU für die westliche Hemisphere mit Hauptquartier in Mexico City. Von serafino ROMUALDI gegründet. Wichtigster überregionaler Verband für CIA-Gewerkschaftsoperationen in Lateinamerika.
INTERNATIONAL CATHOLIC YOUTH FEDERATION:
Jugendorganisation der katholischen Kirche. Von der CIA für Jugend- und Studentenorganisationen benutzt.

INTERNATIONAL COMMISSION OF JURISTS (ICJ; INTERNATIONALE JURISTENKOMMISSION):
Internationaler Verband für Rechtsanwälte. Während der ersten zehn Jahre indirekt von der CIA finanziert, die den Verband gegen die International Association of Democratic Lawyers einzuspannen versuchte.

INTERNATIONAL CONFEDERATION OF FREE TRADE UNIONS (ICFTU; FREIER INTERNATIONALER GEWERKSCHAFTSVERBAND):
CIA-Gewerkschaftszentrum. Gegründet als Konkurrenzverband zur WORLD FEDERATION OF TRADE UNIONS (WFTU; WELTGEWERKSCHAFTSVERBAND). Hauptquartier: Brüssel.

INTERNATIONAL FEDERATION OF CHRISTIAN TRADE UNIONS (IFCTU; später umbenannt in WORLD CONFEDERATION OF LABOR):
Internationaler Katholischer Gewerkschaftsverband; von der CIA für Gewerkschaftsoperationen benutzt.

INTERNATIONAL FEDERATION OF CLERICAL AND TECHNICAL EMPLOYEES (IFCTE):
ITS-Gewerkschaftssekretariat für Angestellte im Unternehmensbereich. Von der CIA für Gewerkschaftsoperationen benutzt.

INTERNATIONAL FEDERATION OF JOURNALISTS (IFJ):
Von der CIA beeinflußte und für Propagandaoperationen benutzte Organisation. Hauptquartier: Brüssel. Gegründet als Konkurrenzverband zur INTERNATIONAL ORGANIZATION OF JOURNALISTS (IOJ).

INTERNATIONAL FEDERATION OF PETROLEUM AND CHEMICAL WORKERS (IFPCW):
ITS-Gewerkschaftssekretariat für Öl- und Chemiearbeiter; von der CIA über die US-Oil Workers International Union gebildet.

INTERNATIONAL FEDERATION OF WOMEN LAWYERS:
Von der CIA zu Propagandazwecken benutzte Organisation.

INTERNATIONAL POLICE ACADEMY:
CIA-kontrollierte Polizeischule unter AID-Tarnung in Washington DC. Ursprünglich von der Station Panama unter der Bezeichnung INTER-AMERICAN POLICE ACADEMY in Panama gegründet.

INTERNATIONAL POLICE SERVICES SCHOOL:
CIA-Polizeischule in Washington unter privatwirtschaftlicher Tarnung.

INTERNATIONAL STUDENT CONFERENCE (ISC):
siehe COSEC.
INTERNATIONAL TRADE SECRETARIATS (INTERNATIONALE GEWERKSCHAFTSSEKRETARIATE):
Allgemeine Bezeichnung für internationale Gewerkschaftsorganisationen für Arbeiter in verschiedenen Industriezweigen. Es gibt etwa 15 — 20 internationale Gewerkschaftssekretariate, von denen die meisten für Gewerkschaftsoperationen der CIA herangezogen wurden. Obwohl sich ihre Zentralen sowohl in Europa als auch in den USA befinden, unterhalten die Sekrettariate enge Beziehungen zur ICFTU-Zentrale in Brüssel.
INTERNATIONAL TRANSPORT WORKERS FEDERATION (ITF):
Internationales Gewerkschaftssekretariat für Transportarbeiter. Von der CIA für Gewerkschaftsoperationen benutzt. Siehe auch JOAQUIN (JACK) OTERO.
JACOME; FRANCINE:
Mit einem Ecuadorianer verheiratete Amerikanerin. Agentin der Station Quito, die Tarnbriefe an LUIS TOROELLA schrieb und daneben als Protokollantin für Telefonabhöroperationen tätig war. Tarnbezeichnung: ECDOXY.
JARAMILLO; JAIME:
Velasquistenführer und Infiltrationsagent der Station Quito.
JAUREGUI; ARTURO:
Generalsekretär des Interamerikanischen Gewerkschaftlichen Regionalverbands (ORIT) in Mexico City. CIA-Agent.
JAUREGUIZA; -:
Kommissar der Polizei Montevideo; zuständig für die Überwachung der obdachlosen Bevölkerung. Verbindungsmann der Station Montevideo.
JONES; DEREK:
Von der Station Montevideo eingesetzt, um das Codesystem der Botschaft der Vereinigten Arabischen Republik (VAR) zu dechiffrieren.
KARAMESSINES; THOMAS:
Stellvertretender DDP-Direktor; später DDP-Direktor.
KATHOLISCHES GEWERKSCHAFTSZENTRUM (CEDOC):
Gewerkschaftszentrum in Ecuador; von der CIA-Station Quito unterstützt. Siehe JOSE BAQUERO DE LA CALLE, AURELIO DAVILA CAJAS und ISABEL ROBALINO BOLLO.
KATHOLISCHE UNIVERSITÄTSJUGEND:
Von der CIA über AURELIO DAVILA CJAS für Propaganda-

zwecke benutzte Organisation.
KAUFMAN; WALTER J.:
Chef der Mexiko-Filiale in der Western-Hemisphere-Abteilung.
KINDSCHI; JACK:
CIA-Einsatzbeamter in Stockholm unter nichtoffizieller Tarnung der Washingtoner Public-Relations-Firma ROBERT MULLEN & CO. Unter derselben Tarnbezeichnung in Mexico City tätig.
KING; OBERST J. C.:
Chef der Western-Hemisphere-Abteilung beim DDP.
KLADENSKY; OTTO:
Oldsmobile-Vertreter in Quito und CIA-Agent für Geheiminformationen aus der Tschechischen Botschaft. Außerdem Verbindungsmann zu REINALDO VAREA DONOSO, dem ecuadorianischen Vizepräsidenten. Tarnbezeichnung: ECTOSOME; später DICTOSOME.
LABOR COMMITTEE FOR DEMOCRATIC ACTION (GEWERKSCHAFTSKOMITEE FÜR DEMOKRATISCHE AKTION):
Propagandaerfindung der Station Montevideo.
LADD; RAYMOND:
Verwaltungsbeamter der Station Quito; verantwortlich für eine Reihe von CIA-Operationen.
LADENBURG; ARTHUR:
CIA-Einsatzbeamter unter nichtoffizieller Tarnung in Mexico City. Später in Santiago de Chile tätig.
LIBIDINAL:
Operation der Station Mexico City zur heimlichen Postüberwachung. Tarnbezeichnung und Namen der Agenten unbekannt.
LICALLA:
Einer von drei Observationsposten gegen die Sowjetische Botschaft in Mexico City. Namen der Agenten vergessen.
LICOBRA:
Tarnbezeichnung für Operationen der Station Mexico City gegen die herrschende Institutionalisierte Revolutionäre Partei (PRI) sowie gegen das mexikanische Außen- und Innenministerium.
LICOWL-1:
Besitzer eines kleinen Krämerladens in der Nähe der Sowjetischen Botschaft in Mexico City. CIA-Agent. Name vergessen.
LICOZY-1:
Doppelagent der Station Mexico City gegen das KGB. Name

vergessen.
LICOZY-3:
Doppelagent der Station Mexico City gegen das KGB. Name vergessen.
LICOZY-5:
Doppelagent der Station Mexico City gegen das KGB. Name vergessen.
LIDENY:
Selbständige Telefonabhöroperation der Station Mexico City. Korrekte Tarnbezeichnung und Namen der Agenten unbekannt.
LIEMBRACE:
Beschattungsteam der Station Mexico City. Namen der Agenten unbekannt.
LIENVOY:
Gemeinsame Telefonabhöroperation der Station Mexico City in Zusammenarbeit mit dem mexikanischen Sicherheitsdienst. Namen der Agenten unbekannt.
LIFIRE:
Von der Station Mexico City geleitetes Team zur Kontrolle von Reisenden und für allgemeine Ermittlungen. Namen der Team-Mitglieder unbekannt.
LILINK:
Operation der Station Mexiko City zur Sicherstellung nichtoffizieller Tarnung der mit dem Infrarot-Kommunikationssystem der CIA-Station in der Botschaft Mexico City beschäftigten CIA-Beamten. Name der Tarnfirma vergessen.
LIOVAL-1:
Englischlehrer in Mexico City. US-Bürger. CIA-Agent. Name vergessen.
LIRICE:
Beschattungsteam der Station Mexico City. Namen der Team-Mitglieder unbekannt.
LISAMPAN:
Lauschoperation der Station Mexico City gegen die Kubanische Botschaft.
LITEMPO:
Tarnbezeichnung der Verbindungsoperationen mit der mexikanischen Regierung. Siehe: ADOLFO LOPEZ MATEOS, GUSTAVO DIAZ ORDAZ und LUIS ECHEVERRIA. Namen der übrigen mexikanischen Partner unbekannt.

LONE STAR CEMENT CORPORATION:
US-Unternehmen, dessen uruguayische Tochterfirma die Tarnung für CIA-Einsatzbeamte in Montevideo sicherstellte.
LOPEZ MATEOS; ADOLFO:
Mexikanischer Präsident und enger Mitarbeiter der Station Mexico City. Tarnbezeichnung: LIENVOY-2.
LOPEZ MICHELSON; ALFONSO:
Führer der Revolutionären Liberalen Partei Kolumbiens, von der Station Bogota unterstützt. 1974 zum kolumbianischen Präsidenten gewählt.
LOVESTONE; JAY:
Chef der AFL für auswärtige Angelegenheiten und wichtigster CIA-Agent für internationale Gewerkschaftsoperationen.
LOWE; GABE:
Einsatzbeamter der Station Quito.
LUGO; WILFEDO OSVALDO:
Oberst der ecuadorianischen Nationalpolizei. Personalchef, militärischer Chef der südlichen (Cuenca) und an der Küste gelegenen Provinzen. Agent der Station Quito.
MALDONADO; PABLO:
Ecuadorianischer Einwanderungsdirektor. Agent der Station Quito zur Kontrolle von Reisenden und für politische Operationen.
MANJARREZ; KATHERINE:
Sekretärin der FOREIGN PRESS ASSOCIATION in Mexico City. Agentin der Station Mexico City.
MARTIN; CARLOS:
Uruguayischer Armeeoberst und stellvertretender Chef der Polizei Montevideo. Enger Verbindungsagent der Station Montevideo.
MARTIN; LARRY:
CIA-Spezialist für technische Operationen, vor allem Lauschoperationen. Stationiert auf der technischen Unterstützungsbasis in Fort Amador, Kanalzone (Panama).
MARTINEZ MARQUEZ; GUILLERMO:
Exilkubaner. Mitarbeiter des EDITORS PRESS SERVICE und CIA-Propagandaagent.
MC. CABE; WILLIAM:
Internationaler Repräsentant der PUBLIC SERVICE INTERNATIONAL (PSI); CIA-Agent für Gewerkschaftsoperationen.
MC. CLELLAN; ANDREW:
Interamerikanischer Repräsentant der AFL-CIO und enger

Mitarbeiter der CIA bei Gewerkschaftoperationen.
MC. CONE; JOHN:
CIA-Direktor.
MC. CAY; CHARLES:
CIA-Operationsbeamter.
MC. CLEAN; DAVE:
Spezialassistenz von Oberst J. C. KING, dem Chef der Western-Hemisphere-Abteilung. Vorübergehend als Chef der Station Quito beschäftigt.
MEAKINS; GENE:
Einer der wichtigsten Agenten für Gewerkschaftoperationen in Britisch Guayana, 1963-64, die letztlich zum Sturz des marxistischen Premierministers CHEDDI JAGAN führten. Siehe: PUBLIC SERVICE INTERNATIONAL (PSI).
MEANY; GEORGE:
Präsident der AMERICAN FEDERATION OF LABOR (AFL). Wichtigster CIA-Agent innerhalb der amerikanischen Gewerkschaftsbewegung für internationale Gewerkschaftoperationen der CIA.
MEDINA; ENRIQUE:
Führer der Revolutionären Jugend Ecuadors (URJE) und Infiltrationsagent der Basis Guayaquil.
MENDEZ FLEITAS; EPIFANIO:
Führer der Liberalen Partei Paraguays im Exil. CIA-Agent der Station Montevideo.
MERCADER; ANIBAL:
Infiltrationsagent der Station Montevideo gegen die Uruguayische Revolutionäre Bewegung (MRO).
MEXIKANISCHER GEWERKSCHAFTSVERBAND (CTM):
Gewerkschaftsabteilung der herrschenden Institutionellen Revolutionären Partei (PRI) und Teilnehmer bei CIA-Gewerkschaftoperationen.
MEYER; CORD:
CIA-Einsatzbeamter; zuständig für die internationale Organisationsabteilung. 1974 Chef der CIA-Station London.
MINER AND ASSOCIATES; THOMAS H.:
Marketing-Firma mit Sitz in Chicago, die nichtoffizielle Tarnungen für CIA-Einsatzbeamte besorgte.
MIRANDA GIRON; ADALBERTO:
CIA-Agent der Basis Guayaquil für Gewerkschafts- und politische Operationen. Gewählter Gewerkschaftssenator der Küstenprovinz Ecuadors.

MIRO CARDONA; JOSE:
Exilkubanischer Führer. Agent der Station Miami.
MOELLER; JUAN:
Agent der Station Quito zur Kontrolle und Unterstützung der ecuadorianischen Zweigstelle des Weltjugendverbandes (WAY; WORLD ASSEMBLY OF YOUTH).
MOFFET; BLAIR:
Chef der Basis Guayaquil; besondere Auszeichnung vom Hauptquartier für eine erfolgreiche Gewerkschaftsoperation mit dem Ziel, PEDRO SAAD, den Generalsekretär der Kommunistischen Partei Ecuador bei den Wahlen zum Gewerkschaftssenator für die Küstenprovinz Ecuadors zu besiegen.
MOGROVEJO; CRISTOBAL:
Agent der Station Quito in Loja.
MOLESTINA; JOSE:
Tankstellenbesitzer und Gebrauchtwagenhändler in Quito. Hilfsagent der Station Quito.
MOLINA; ENRIQUE:
Führer der Jugendorganisation der Konservativen Partei in Tulcan, Ecuador. Agent der Station für Propagnda- und politische Operationen.
MORA BOWEN; LUIS AUGUSTIN:
Ecuadorianischer Armeeoberst und enger Verbindungsmann der Station Quito. Innenminister.
MOREHOUSE; FRED:
Chef des Funküberwachungsteams der Station Montevideo.
MOVEMENT FOR INTEGRAL UNIVERSITY ACTION (INTEGRIERTES AKTIONSKOMITEE DER UNIVERSITÄT):
Propagandaerfindung der Station Montevideo.
MULLEN & CO.; ROBERT:
Public-Relations-Firma mit Sitz in Washington. Von der CIA zur Tarnung für CIA-Beamte in Übersee benutzt.
MURPHY; DAVID E.:
Chef der Ostblock-Abteilung. Später Chef der CIA-Station in Paris.
MUSSO; ROBERTO (TITO):
Chef des AVENIN-Überwachungsteams in Montevideo. Tarnbezeichnung: AVENIN-7.
NARANJO; AURELIO:
Ecuadorianischer Armeeoberst und Verteidigungsminister. Verbindungsmann der Station Quito.

NARANJO; MANUEL:
Generalsekretär der Sozialistischen Partei Ecuadors, Finanzminister; ecuadorianischer Botschafter bei den Vereinten Nationen. Agent der Station Quito für politische Operationen.
NARDONE; BENITO:
Uruguayischer Präsident. Verbindungsmann der Station Montevideo.
NATIONAL BOARD FOR DEFENSE OF SOVEREIGNTY AND CONTINENTAL SOLIDARITY (NATIONALES KOMITEE ZUR VERTEIDIGUNG NATIONALER SOUVERÄNITÄT UND KONTINENTALER SOLIDARITÄT):
Propagandaerfindung der Station Montevideo.
NATIONAL CATHOLIC ACTION BOARD:
Katholische Organisation in Ecuador; von der Station Quito über AURELIO DAVILA CAJAS beeinflußt.
NATIONAL DEFENSE FRONT (NATIONALE VERTEIDIGUNGSFRONT):
Antikommunistische politische Aktionsfront; von der Station Quito über AURELIO DAVILA CAJAS und RENATO PEREZ DROUET finanziert und kontrolliert.
NATIONAL FEMINIST MOVEMENT FOR THE DEFENSE OF LIBERTY (NATIONALE FRAUENBEWEGUNG ZUR VERTEIDIGUNG DER FREIHEIT):
Propagandaerfindung der Station Montevideo.
NATIONAL STUDENTS ASSOCIATIONS (NSA):
Nationaler US-Studentenverband, mit dessen Hilfe die CIA COSEC und ISC finanzierte und kontrollierte. Zentrale in Washington DC.
NATIONAL UNION OF JOURNALISTS:
Ecuadorianischer Presseverband; von der Station Quito für Propagandaoperationen benutzt.
NATIONAL YOUTH COUNCIL:
Ecuadorianische Zweigstelle des WELTJUGENDVERBANDS (WAY; WORLD ASSEMBLY OF YOUTH).
NOLAND, JAMES B.:
CIA-Stationschef in Quito, Ecuador; Santiago, Chile; und Mexico City. Chef der Brasilien-Filiale in der Western-Hemisphere-Abteilung.
NORIEGA; JUAN:
CIA-Operationsbeamter in Managua, später in Montevideo.
O'GRADY; GERALD:
Stellvertretender Stationschef in Montevideo.

OIL WORKERS INTERNATIONAL UNION:
US-Ölarbeitergewerkschaft, mit deren Hilfe die CIA auf internationaler Ebene die INTERNATIONAL FEDERATION OF PETROLEUM AND CHEMICAL WORKERS (IFPCW) etablierte.

OTERO; ALEJANDRO:
Kommissar der Polizei Montevideo; Chef der Geheimpolizei; Agent der Station Montevideo.

OTERO; JOAQUIN (JACK):
Interamerikanischer Repräsentant der INTERNATIONAL TRANSPORT WORKERS FEDERATION (ITF) und CIA-Agent für Gewerkschaftsoperationen. US-Bürger.

OVALLE; DR. FELIPE:
Leibarzt des ecuadorianischen Präsidenten Velasco und Agent der Station Quito für Geheiminformationen über Velasco. Außerdem Verbindungsmann für ATAHUALPA BASANTES. Tarnbezeichnung: ECCENTRIC.

PALADINO; MORRIS:
Wichtigster CIA-Agent zur Kontrolle des Interamerikanischen Regionalen Gewerkschaftsverbandes (ORIT). ORIT-Ausbildungsdirektor; Organisationsdirektor und stellvertretender Generalsekretär. Seit Juli 1964 Exekutivdirektor des AMERICAN INSTITUTE FOR FREE LABOR DEVELOPMENT (AIFLD).

PALMER; MORTON (PETE):
Operationsbeamter der Station Quito.

PAREDES; ROGER:
Ecuadorianischer Armeeoberstleutnant und Chef des Militärischen Geheimdienstes.

PARKER; FRED:
US-Bürger in Quito; Möbelfabrikant; Hilfsagent der Station Quito.

PAX ROMANA:
Internationale Jugendorganisation der katholischen Kirche; von der CIA für Studenten- und Jugendoperationen benutzt.

PELLECER; CARLOS MANUEL:
CIA-Infiltrationsagent gegen die guatemaltekische Kommunistische Partei Partei sowie gegen Kommunisten und verwandte Organisationen in Mexico City. Tarnbezeichnung: LINLUCK.

PENKOVSKY; OLEG:
Sowjetischer Armeeoberst, der für die CIA und den englischen Geheimdienst spionierte.

PEREZ DROUET; RENATO:
Reiseunternehmer in Quito und Generalsekretär der PONCE-Verwaltung. Führer der Christlich-Sozialen Bewegung. Politischer Agent der Station Quito.

PEREZ FREEMAN; EARLE:
Chef des kubanischen Geheimdienstes in Montevideo. Lief in Mexico City zur CIA über, entschied sich dann jedoch, wieder nach Kuba zu fahren. Kam bei seinem zweiten Versuch, zur CIA überzulaufen, ums Leben.

PERRY; ALEX (oder ALEC):
Generaldirektor der URUGUAYAN PORTLAND CEMENT COMPANY (Zweigfirma der LONE STAR CEMENT CORP.) in Montevideo. Sorgte für die Tarnung von CIA-Beamten durch seine Firma.

PHIPPS; RUSSELL:
Operationsbeamter der Station Montevideo; hauptsächlich mit Operationen gegen die Sowjets beschäftigt.

PICCOLO; JOSEPH:
CIA-Beamter der Station Mexico City; zuständig für Operationen gegen die Kubaner.

PILGRIM; VIRGINIA:
Freundin der Familie AGEE, die den Autor bei der CIA empfahl. Selbst für die CIA tätig.

PIO CORREA; MANUEL:
Brasilianischer Botschafter in Mexiko und Uruguay; später Unterstaatssekretär im brasilianischen Außenministerium. CIA-Agent.

PIRIZ CASTAGNET; ANTONIO:
Polizeiinspektor in Montevideo. Agent der Station Montevideo. Tarnbezeichnung: AVALANCHE-6.

PLENUM DER DEMOKRATISCHEN BÜRGERORGANISATIONEN URUGUAYS:
Propagandaerfindung der Station Montevideo.

POLGAR; TOM:
Leiter des FOREIGN-INTELLIGENCE-Stabs bei der Western-Heimisphere-Abteilung. Später als Stationschef in Buenos Aires und Saigon tätig.

PONCE YEPEZ; JAIME:
Verteilungschef der SHELL in Quito. Agent der Station Quito zur Kontrolle und Finanzierung des CENTER FOR ECONOMIC AND SOCIAL REFORM STUDIES (CERES).

PONCE; MODESTO:
Chef der ecuadorianischen Post und Agent der Station Quito für Postkontrollen.
PONCE; PATRICIO:
Agent der Station Quito für Reisekontrollen.
POPULAR DEMOCRATIC ACTION (DEMOKRATISCHE VOLKSAKTION; ADEP):
Von der CIA-Station Rio de Janeiro aufgebaute Organisation zur Manipulation der brasilianischen Wahlen 1962.
POST, TELEGRAPH AND TELEPHONE WORKERS INTERNATIONAL (PTTI):
Internationales Gewerkschaftssekretariat für Angestellte im Telegrafenbereich. Von der CIA für Gewerkschaftsoperationen benutzt. Wichtigste Agenten der PTTI: JOSEPH BEIRNE; Präsident der COMMUNICATIONS WORKERS OF AMERICA und WILLIAM DOHERTY.
PRANTL; AMAURY:
Uruguayischer Armeeoberstleutnant und Verbindungsmann der Station Montevideo. Chef der GUARDIA METROPOLITANA innerhalb der Polizei Montevideo.
PUBLIC SERVICE INTERNATIONAL (PSI):
Internationales Gewerkschaftssekretariat für Regierungsangestellte; von der CIA für Gewerkschaftsoperationen benutzt. Siehe: AMERICAN FEDERATION OF STATE COUNTY AND MUNICIPAL EMPLOYEES).
QUAGLIOTTI AMEGLIO; JUAN CARLOS:
Wohlhabender uruguayischer Rechtsanwalt und Farmer. Politischer Kontakt der Station Montevideo.
RADIO FREE EUROPE (RFE):
CIA-Propagandaoperation gegen Osteuropa.
RADIO LIBERTY:
CIA-Propagandaoperation gegen die Sowjetunion.
RAMIREZ; BEN:
Operationsbeamter der Station Mexico City; zuständig für Unterwanderungsoperationen gegen die kommunistische Partei.
RAMIREZ; EZEQUIEL:
CIA-Ausbildungsbeamter; spezialisiert auf Beschattungsteams.
RAMIREZ; ROBERTO:
Uruguayischer Armeeoberst und CHEF der GUARDIA METROPOLITANA innerhalb der Polizei Montevideo. Verbindungsmann der Station Montevideo.

RAVINES; EUDOCIO:
Peruanischer Kommunist, der dem Kommunismus den Rücken kehrte, um ein Buch zu veröffentlichen. CIA-Agent.
READ; BROOKS:
Operationsbeamter der Station Montevideo unter nichtoffizieller Tarnung. Vertragsbeamter.
REED; EARL:
US-Bürger; Geschäftsmann in Guayaquil; Agent der Basis Guayaquil.
REGIONALVERBAND DER ECUADORIANISCHEN KÜSTENGEWERKSCHAFTEN (CROCLE):
Von der Basis Guayaquil aufgebauter und kontrollierter Gewerkschaftsverband.
RENDON CHIRIBAGA; CARLOS:
Privatsekretär von JUAN SEVILLA, dem ecuadorianischen Finanzminister; in wichtige politische Operationen der Station Quito verwickelt.
RETAIL CLERKS INTERNATIONAL ASSOCIATION:
US-Zweigstelle der INTERNATIONAL FEDERATION OF CLERICAL AND TECHNICAL EMPLOYEES; Internationales Gewerkschaftssekretariat für CIA-Gewerkschaftsoperationen im Bereich der Angestellten in der privaten Wirtschaft.
REVOLUTIONÄRE DEMOKRATISCHE FRONT (FRD):
Exilkubanische Organisation; kontrolliert von der Station Miami.
REVOLUTIONÄRE LIBERALE BEWEGUNG (MLR):
Reformistische Abspaltung der kolumbianischen Liberalen Partei; geführt von ALFONSO LOPEZ MICHELSON; von der Station Bogota unterstützt.
REVOLUTIONÄRES STUDENTENDIREKTORAT IM EXIL (DRE):
Exilkubanische Studentenorganisation mit Repräsentanten in verschiedenen lateinamerikanischen Ländern; kontrolliert und finanziert von der Station Miami.
REVOLUTIONÄRE LIBERALE VOLKSPARTEI (PLPR):
Linksgerichtete Abspaltung, hervorgegangen aus der Jugendorganisation der Radikalen Liberalen Partei in Ecuador. Kontrolliert von der Station Quito über Agenten wie JUAN YEPEZ DEL POZO.
RIEFE; ROBERT:
CIA-Operationsbeamter der Station Montevideo; Spezialist für

Unterwanderungsoperationen gegen die kommunistische Partei.

RIVADENEIRA; JORGE:
Agent der Station Quito zur heimlichen Herstellung von Druckschriften; schrieb außerdem für die Zeitung EL COMERCIO und wurde bei Gelegenheit zur Lancierung von Propagandamaterial benutzt.

RIVADENEIRA; MARCELLO:
Agent der Station Quito zur heimlichen Herstellung von Druckschriften.

RIVADENEIRA; PATRICIO:
Agent der Station Quito zur heimlichen Herstellung von Druckschriften.

RIVADENEIRA; RAMIRO:
Agent der Station Quito zur heimlichen Herstellung von Druckschriften.

RIVADENEIRA; RODRIGO:
Agent der Station Quito zur heimlichen Herstellung von Druckschriften; außerdem als Protokollant bei Telefonabhöroperationen beschäftigt.

ROBALINO BOLLO; ISABEL:
Agentin der Station Quito für Gewerkschaftsoperationen innerhalb des Katholischen Gewerkschaftszentrums (CEDOC) sowie für Propagandaoperationen über das Komitee zur Freiheit der Völker.

ROCA; ALBERTO:
Propagandaagent der Station Montevideo und Herausgeber der Zeitschrift COMBATE, einer Studentenzeitung.

RODRIGUEZ; ALFONSO:
Ingenieur einer Telefongesellschaft in QUITO; zuständig für das Telefonnetz Quito. Agent der Station Quito bei Telefonabhöroperationen. Tarnbezeichnung: ECWHEAT-2.

RODRIGUEZ; VENTURA:
Uruguayischer Armeeoberst; Chef der Polizei Montevideo; Verbindungsmann der Station Montevideo.

RODRIGUEZ; VLADIMIR LATTERA:
Erster Überläufer von Bedeutung aus dem kubanischen Geheimdienst (DGI). Tarnbezeichnung: AMMUG-1.

ROGGIERO; CARLOS:
Ecuadorianischer Armeehauptmann in Ruhestand; Führer der Christlich-Sozialen Bewegung; Agent der Station Quito; Leiter der militanten Schlägertrupps.

ROMUALDI; SERAFINO:
AFL-Repräsentant für Lateinamerika und wichtigster CIA-Agent bei Gewerkschaftsoperationen in Lateinamerika.
ROOSEN; GERMAN:
Zweiter Sekretär der Uruguayischen Botschaft Havanna; CIA-Agent, angesetzt auf die kubanische Regierung.
ROSETE; HADA:
Führer der exilkubanischen Gemeinde in Montevideo und Agent der Station Montevideo.
ROYAL BANK OF CANADA:
Von der CIA für Finanzierungsoperationen in Brasilien benutzt.
SALGADO; GUSTAVO:
Ecuadorianischer Journalist und wichtigster Propagandaagent der Station Quito. Regelmäßiger Kolumnist der Zeitung EL COMERCIO und verschiedener Provinzblätter. Korrekte Tarnbezeichnung vergessen; taucht bei der Beschreibung der Propagandaoperationen der Station Quito unter der Tarnbezeichnung ECURGE auf.
SALGUERO; CARLOS:
Hilfsagent der Station Montevideo.
SAMPSON; RICHARD:
CIA-Stationschef Mexico City.
SANDOVAL; LUIS:
Leutnant in der ecuadorianischen Nationalpolizei und Cheftechniker des polizeilichen Geheimdienstes. Agent der Station Quito.
SANTANA; ROLANDO:
Kubanischer Diplomat in Montevideo; lief zur CIA über.
SAUDADE; GIL:
Stellvertretender Stationschef in Quito.
SCHOFIELD; KEITH:
Chef der CIA-Basis in Guayaquil.
SCHROEDER; DONALD:
CIA-Operationsbeamter; Spezialist für Operationen gegen ausländische diplomatische Codeeinrichtungen.
SCOTT; WINSTON:
Chef der Station Mexico City.
SEEHAFER; RALPH:
Chef der CIA-Basis Guayaquil.
SEVILLA; JUAN:
Ecuadorianischer Arbeitsminister; dann Finanzminister und

schließlich Botschafter in der Bundesrepublik Deutschland. Agent der Station Quito für politische und Propagandaoperationen.

SHANNON; TED:
Chef der Station Panama; später im polizeilichen Ausbildungsprogramm der CIA tätig.

SHAW; ROBERT:
CIA-Operationsbeamter.

SHERNO; FRANK:
Spezialist für technische CIA-Operationen; Experte für Lauschangriffe. Für die Station Buenos Aires tätig.

SHERRY; FRANCIS:
CIA-Beamter; zuständig für Operationen der Station Mexiko gegen die Kubaner.

SIERO PEREZ; ISABEL:
Exilkubanerin; Vorsitzende des Internationalen Verbandes für Rechtsanwältinnen (IFWL). CIA-Propagandaagentin.

SIMMONS; CLARK:
Stellvertretender Chef der CIA-Station in Lima.

SINCLAIR; WILLIAM:
Interamerikanischer Repräsentant der PUBLIC SERVICE INTERNATIONAL (PSI); CIA-Agent für Gewerkschaftsoperationen.

SMITH; WILLIAM L.:
CIA-Operationsbeamter der Station Montevideo.

SNYDER; JOHN:
Stellvertretender Repräsentant der POST, TELEGRAPH AND TELEPHONE WORKERS INTERNATIONAL (PTTI); Agent der Station Quito für Gewerkschaftsoperationen.

STEELE; ROBERT:
CIA-Operationsbeamter der Abteilung für sowjetische Satellitenstaaten innerhalb der Station Mexico City.

STORACE; NICOLAS:
Uruguayischer Innenminister und Verbindungsmann der Station Montevideo.

STUART; FRANK:
AID-Direktor in Montevideo.

STUDENTENBEWEGUNG FÜR DEMOKRATISCHE AKTION:
Propagandaerfindung der Station Montevideo.

SVEGLE; BARBARA:
Schreibsekretärin der Station Quito während der frühen 60er

Jahre. Eingesetzt als Kurier für AURELIO DAVILA CAJAS.
TEJERA; ADOLFO:
Uruguayischer Innenminister; zuständig für Innere Sicherheit; Verbindungsmann der Station Montevideo.
TERRELL; EDWIN:
Chef der Bolivien-Abteilung in der Western-Hemisphere-Abteilung.
THOMAS; WADE:
CIA-Operationsbeamter; Spezialist für Unterwanderungsoperationen gegen kommunistische Parteien.
THOREN; CHRISTOPHER:
Vom Außenministerium getarnter CIA-Operationsbeamter bei der UNO zwischen 1960 und 1965. Blieb bis 1969 unter Tarnung des Außenministeriums. Später zum Präsidenten der Amerikanischen Universität Kairo – vermutlich ebenfalls CIA-Tarnposition – ernannt.
TORO; MEDARDO:
Infiltrationsagent der Station Quito gegen die Velasquistenbewegung.
TOROELLA; LUIS:
Kubaner; wegen Attentatsversuch auf FIDEL CASTRO verhaftet und später hingerichtet. Agent der Miami-Operationsbasis der CIA; in geheimschriftlicher Korrespondenz mit der Station Quito; im vorliegenden Buch unter der Tarnbezeichnung: AMBLOOD-1 geführt.
TORRES; JUAN:
Kurier und Techniker im Horchposten der AVENGEFUL-Telefonabhöroperation Montevideo.
UBACH; ROGELIO:
Uruguayischer Armeeoberst und Chef der Polizei Montevideo. Verbindungsmann.
ULLOA COPPIANO; ANTONIO:
Politischer Agent der Station Quito; Führer der Revolutionären Liberalen Volkspartei.
ULLOA COPPIANO; MATIAS:
Gewerkschaftsagent der Station Quito; Generalsekretär des Ecuadorianischen Bundes freier Gewerkschaften (CEOSL).
URUGUAYISCHES KOMITEE ZUR FREIEN SELBSTBESTIMMUNG DER VÖLKER:
Propagandaerfindung der Station Montevideo.
URUGUAYISCHES KOMITEE ZUR BEFREIUNG KUBAS:
Propagandaerfindung der Station Montevideo.

URUGUAYISCHER GEWERKSCHAFTSVERBAND (CUT):
Nationaler Gewerkschaftsdachverband; gegründet 1970; angeschlossen an ORIT, ICFTU und ITS.
URUGUAYISCHES INSTITUT ZUR GEWERKSCHAFTLICHEN AUSBILDUNG (IUES):
Büro Montevideo des AMERICAN INSTITUTE FOR FREE LABOR DEVELOPMENT (AIFLD). Von der Station Montevideo kontrolliert.
URUGUAYISCHE GEWERKSCHAFTSUNION (CSU):
Nationaler Gewerkschaftsdachverband; von der Station Montevideo kontrolliert und finanziert.
URUGUAYAN PORTLAND CEMENT CO.:
Tochterfirma der LONE STAR CEMENT CORPORATION; von der CIA zur nichtoffiziellen Tarnung von CIA-Beamten in Montevideo benutzt.
VALLEJO BAEZ; CARLOS:
Rechtsanwalt und Schriftsteller; von der Station Quito für Propaganda- und Gewerkschaftsoperationen benutzt.
VAREA DONOSO; REINALDO:
Ecuadorianischer Armeeoberstleutnant im Ruhestand und Agent der Station Quito. Senator und Vizepräsident. Tarnbezeichnung: ECOXBOW-1.
VARGAS GARMENDIA; LUIS:
Uruguayischer Einwanderungsdirektor und Verbindungsmann der Station Montevideo.
VARGAS; LUIS:
Infiltrationsagent der Station Quito gegen die Kommunistische Partei Ecuadors. Tarnbezeichnung: ECSIGIL-2.
VARGAS VACACELA; JOSE:
Hauptmann der ecuadorianischen Nationalpolizei und Chef des polizeilichen Geheimdienstes. Verbindungsagent der Station Quito. Tarnbezeichnung: ECAMOROUS-2.
VARONA; MANUEL DE:
Exilkubanischer Führer; Agent der Station Miami.
VAZQUEZ DIAZ; RICARDO:
Agent der Station Quito für Gewerkschaftsoperationen und Direktor des ecuadorianischen Büros des AMERICAN INSTITUTE FOR FREE LABOR DEVELOPMENT (AIFLD).
VELEZ MORAN; PEDRO:
Ecuadorianischer Armeeoberstleutnant und Verbindungsagent der Basis Guayaquil.

VEREINIGUNG DER FREUNDE VENEZUELAS:
Propagandaerfindung der Station Montevideo.
VILLACRES; ALFREDO:
Kontaktmann der BASIS Guayaquil für einen PCE-Infiltrationsagenten.
VOGEL; DONALD:
CIA-Operationsbeamter der Abteilung für sowjetische Satellitenstaaten innerhalb der Station Mexico City.
VOLMAN; SACHA:
Von der CIA unter Vertrag beschäftigter Operationsbeamter, der das Institut für politische Erziehung, angeschlossen an die Station San Jose / Costa Rica organisierte.
VOURVOULIAS; LEANDER:
Griechischer Konsul und Präsident des mexikanischen Corps Consulaire. CIA-Agent.
VOZ UNIVERSITARIA:
Propagandaorgan der Station Quito für Universitätsstudenten.
WALL; JIM:
Operationsbeamter der Station Quito; früher als Student in Santiago, Chile, eingesetzt.
WALSH; LOREN (BEN):
Stellvertretender Chef der Station Quito.
WARREN; RAYMOND:
Chef der „Cono-Sur"-Filiale in der Western-Hemisphere-Abteilung. Chef der Station Santiago de Chile während der Regierung Allende.
WATSON; STANLEY:
Für Geheimoperationen der Station Mexico City zuständiger Beamter; später stellvertretender Stationschef.
WEATHERWAX; ROBERT:
CIA-Operationsbeamter in Quito unter ICA (Vorgänger der AID)-Tarnung für Öffentliche Sicherheit.
WHEELER; RICHARD:
Chef der Basis Guayaquil.
WICHTRICH; AL:
Vizepräsident der Amerikanischen Handelskammer in Mexico City. CIA-Agent.
WORLD ASSEMBLY OF YOUTH (WELTJUGENDVERBAND WAY):
Von der CIA finanzierter und kontrollierter internationaler Jugendverband; als Konkurrenzorganisation zur World Federation

of Democratic Youth (WFDY) konzipiert. Hauptquartier in Brüssel.
WORLD CONFEDERATION OF LABOR:
Siehe: INTERNATIONALER VERBAND CHRISTLICHER GEWERKSCHAFTEN (ICFTU).
YEPEZ DEL POZO jr.; JUAN:
Politischer Agent der Station Quito; Führer der Revolutionären Liberalen Volkspartei.
YEPEZ DEL POZO, sr.; JUAN:
Politischer und für Propaganda zuständiger Agent der Station Quito. Führer der Revolutionären Liberalen Volkspartei (PLPR) und der ecuadorianischen Zweigstelle der INTERNATIONALEN JURISTENKOMMISSION (ICJ).
YOUNG MEN'S CHRISTIAN ASSOCIATION (YMCA):
Während der frühen 60er Jahre in Quito gebildet und von der Station Quito zur Selektion potentieller Agenten und Kontaktleute benutzt. Beamte der Station Quito fungierten als Mitglieder des Vorstands.
ZENTRUM FÜR ÖKONOMISCHE UND SOZIALE REFORMSTUDIEN (CERES):
Organisation reformfreudiger Geschäftsleute; finanziert und kontrolliert durch die Station Quito.
ZAFIRIADIS; MRS. TOMAS:
Zusammen mit ihrer Schwester Protokollantin im Rahmen der AVENGEFUL-Telefonabhöroperation der Station Montevideo. Ihr Ehemann war bei der US-Botschaft angestellt und diente bei Gelegenheit als Kurier.
ZAFIRIADIS; TOMAS:
Angestellter der Handelsabteilung der US-Botschaft in Montevideo. Als Kurier für die AVENGEFUL-Telefonabhöroperation der Station Montevideo tätig.
ZAMBIANCO; JULIAN:
US-Bürger; in Kuba angeworbener Agent; entkam nach dem Schweinebucht-Desaster in einem Fischerboot. Als Operationsbeamter bei der Basis Guayaquil unter nichtoffizieller Tarnung tätig. Später nach Mexico City versetzt.
ZEFFER; ALEXANDER:
Operationsbeamter der Station Montevideo; zuständig für Gewerkschaftsoperationen.
ZIPITRIA; – :
Uruguayischer Armeeoberstleutnant und Agent der Station Montevideo für gemeinsame Operationen zwischen CIA und

Uruguayischem Militärgeheimdienst. Tarnbezeichnung: AV-BALSA-10.

Anhang 2

ALPHABETISCHES VERZEICHNIS DER ABKÜRZUNGEN:

A and E:
Assessment and Evaluation Staff of office of Training.
ACGMC:
American Communist Group in Mexico City (Gruppe amerikanischer Kommunisten in Mexico City).
ADEP:
Popular Democratic Action (Demokratische Volksaktion; für Wahlmanipulationen in Brasilien von der CIA aufgebaute Organisation).
AEC:
Atomenergiekommission
AF:
Afrikaabteilung
AFL:
American Federation of Labor
AID:
Agency for International Development
AIFLD:
American Institute for Free Labor Development
ANCAP:
National Administration of Petroleum, Alcohol and Cement
ANSA:
Italienische Nachrichtenagentur
ARNE:
National-Revolutionäre Aktion Ecuadors. Faschistische Organisation. Von der CIA für politische Operationen herangezogen.
CA:
Covert Action; allgemeine Bezeichnung für Geheimoperationen der CIA.
CCI:
Unabhängiger Bauernverband, Mexiko
CEAS:
Center of Studies and Social Action
CEDOC:
Catholic Labor Center (Katholischer ecuadorianischer Gewerk-

schaftsverband)
CEOSL:
Freier Dachverband ecuadorianischer Gewerkschaften
CERES:
Center for economic and social Reform studies
CFP:
Sammlungsbewegung der Kräfte des Volkes; Ecuador
CI:
Counter-Intelligence (Gegenspionage)
CIA:
Central Intelligence Agency
CI/ICD:
Counter-Intelligence-Stab; Abteilung Internationaler Kommunismus.
CI/OA:
Counter-Intelligence-Stab; Operational Approval Branch (Abteilung zur abschließenden Genehmigung für CIA-Operationen)
CIO:
Congress of Industrial Organizations
CNC:
Nationaler Bauernverband; Mexiko
CNED:
National Center of Democratic Studies
CNOP:
National Confederation of popular Organizations; Mexiko
CNT:
Nationaler Arbeiterverband (linker Gewerkschaftsdachverband in Uruguay)
COG:
Arbeiterverband Guayas (ecuadorianische Küstengewerkschaft)
COS:
Chief of Station (CIA-Stationschef)
COSEC:
Coordinating Secretariat of National Unions of Students (Koordinationssekretariat nationaler Studentenverbände)
CPSU:
Communist Party of the Soviet Union (Kommunistische Partei der Sowjetunion; KPdSU)
CP;
Communist Party (kommunistische Partei)

CROCLE:
Regional Confederation of Ecuadorian Coastal Trade Unions (Regionalverband ecuadorianischer Küstengewerkschaften)
CS:
Clandestine Services (entspricht dem Deputy Directorate, Plans-DDP)
CSU:
Uruguayischer Gewerkschaftsverband; von der CIA kontrolliert
CT:
Career Training Program (Ausbildungsprogramm der CIA)
CTAL:
Lateinamerikanischer Gewerkschaftsverband
CTE:
Ecuadorianischer Gewerkschaftsverband
CTM:
Mexikanischer Gewerkschaftsverband
CTU:
Uruguayischer Gewerkschaftsverband
CUT:
Uruguayischer Gewerkschaftsverband; von der CIA aufgebaut und kontrolliert.
CWA:
Communications Workers of America
DCI:
Director of Central Intelligence (CIA-Direktor)
DCID:
Director of Central Intelligence Directive
DDC:
Deputy Directorate, Coordination
DDI:
Deputy Directorate, Intelligence
DDP:
Deputy Directorate, Plans (identisch mit Clandestine Services – CS)
DDS:
Deputy Directorate, Support
DDS and T:
Deputy Directorate, Science and Technology
DOD:
Domestic Operations Division

DRE:
Revolutionäres Studentendirektoriat im Exil; exilkubanische organisation
ECLA:
United Nations economic commission for Latinamerica (Kommission der Vereinten Nationen für Lateinamerika)
EE:
Eastern Europa Division (Osteuropa-Abteilung)
FBI:
Federal Bureau of Investigation
FBIS:
Foreign Boradcast Information Service
FE:
Far East Division (Fernost-Abteilung)
FENETEL:
Ecuadorianischer Gewerkschaftsverband für Angestellte im Telegrafenbereich
FEP:
People's Electoral Front; Volksfrontvereinigung in Mexiko
FETLIG:
Federation of free Workers of the Guayas Coast (Freier Gewerkschaftsverband für die Provinz Guayas)
FEU:
Studentendachverband; Mexiko
FEUE:
Ecuadorianischer Studentenverband
FEUU:
Uruguayischer Studentenverband
FI:
Foreign Intelligence
FIDEL:
Linke Befreiungsfront in Uruguay
FIR:
Field Information Report
FNET:
Nationaler Verband der Technikstudenten; Mexiko
FRD:
Revolutionäre Demokratische Front
F and S:
Flaps and Seals, abgekürzte Bezeichnung der Techniken zum heimlichen Öffnen und Wiederverschließen von Briefen.

FULNA:
Einheitsfront zur Nationalen Befreiung; politischer Kampfverband der paraguayischen Emigranten in Montevideo.
GRU:
Geheimdienstabteilung beim sowjetischen Generalstab (sowjetischer Militärgeheimdienst)
IAC:
Intelligence Advisory Committee
IADL:
International Association of Democratic Lawyers (internationale Vereinigung demokratischer Rechtsanwälte)
IBAD:
Brazilian Institute for Democratic Action (Brasilianisches Institut für demokratische Aktion; zur Funktion des Instituts siehe ADEP)
ICA:
International Cooperation Administration (Vorläufer der AGENCY FOR INTERNATIONAL DEVELOPMENT)
ICFTU:
Freier internationaler Gewerkschaftsverband
ICJ:
Internationale Juristenkommission
I und E:
Geheimdienst- und Verbindungsabteilung bei der Polizei Montevideo (Inteligencia y Enlace)
IFCTU:
Internationaler Christlicher Gewerkschaftsverband
IFJ:
Internationaler Juristenverband
IFPAAW:
International Federation of Plantation, Agricultural and Allied Workers (Internationale Gewerkschaft für Arbeiter auf Pflanzungen und in der Landwirtschaft)
IFPCW:
International Federation of Petroleum and Chemical Workers (Internationale Gewerkschaft für Öl- und Chemiearbeiter)
IFWN:
Inter-american Federation of working Newspapermen (Interamerikanische Gewerkschaft für Zeitungsarbeiter)
INF:
International Monetary Fund (Siehe: IWF)

INR:
Bureau of Intelligence and Research; Department of State
IO:
International Organizations Division (Internationale Organisationsabteilung)
IOJ:
International Organization of Journalists (Internationale Juristenorganisation)
ISC:
International Student Conference
ITF:
International Transport Workers Federation (Internationale Transportarbeitergewerkschaft)
ITS:
International Trade Secretaries (Internationale Gwerkschaftssekretariate)
IUS:
International Union of Students (Internationale Studentenunion)
IWF:
Internationaler Währungsfonds (siehe: IMF)
JCE:
Kommunistische Jugend Ecuadors
JCS:
Joint Chiefs of Staff
JOT:
Junior Officer Trainee (gleichnamiges Ausbildungsprogramm der CIA)
KGB:
Komitee für Staatssicherheit; sowjetischer Geheim- und Sicherheitsdienst
LP:
Listening Post (Horchposten für Lauschangriffe)
MAAG:
Military Assistance Advisory Group
MIR:
Bewegung der Revolutionären Linken; Peru
MLN:
Nationale Befreiungsbewegung; Mexiko
MRL:
Revolutionäre Liberale Bewegung (in Kolumbien)

MRO:
Uruguayische Revolutionäre Bewegung
MRP:
Revolutionäre Volksbewegung; Mexiko
NCG:
National Council of Government
NCNA:
New China News Agency (Hsinhua)
NE:
Near East Division (Nahost-Abteilung)
NIS:
National Intelligence Survey
NPIC:
National Photografic Interpretation Center
NSA:
National Security Agency
NSA:
National Students Association (US-Studentenverband)
NSC:
National Security Council
NSCID:
National Security Council Intelligence Directive
NSD:
National Security Directorate
OA:
Operational Approval (Operationsgenehmigung vom Hauptquartier der CIA)
OAS:
Organization of American States (Organisation amerikanischer Staaten)
OBI:
Office of Basic Intelligence
OC:
Office of Communications (dem DDS angegliedert)
OCB:
Operations Coordination Board
OCI:
Office of Current Intelligence
OCR:
Office of Central Reference

OCS:
Officer Candidate School
OF:
Officer of Finance (beim DDS)
OL:
Office of Logistics (beim DDS)
ONE:
Office of National Estimates
OO:
Office of Operations
OP:
Office of Operations
OP:
Office of Personnel (beim DDS)
OP:
Observation Post (Observationsposten)
ORIT:
Interamerican Regional Labor Organization of the ICFTU (Interamerikanischer Gewerkschaftlicher Regionalverband; der ICFTU angegliedert; Hauptquartier Mexico City)
ORR:
Office of Research and Reports
ORTF:
Staatliche französische Rundfunkanstalt
OS:
Office of Security (beim DDS)
OSI:
Office of Scientific Intelligence
OSS:
Office of Strategic Services
OTR:
Office of Training (beim DDS)
OWVL:
One Way Voice Link (Spezialbegriff beim Funkverkehr)
PCBM:
Bolschewistische Kommunistische Partei Mexikos
PCE:
Kommunistische Partei Ecuadors
PCM:
Kommunistische Partei Mexikos

PCP:
Kommunistische Partei Paraguays
PCU:
Kommunistische Partei Uruguays
PLPR:
Revolutionäre Liberale Volkspartei (Ecuador)
POA:
Provisional Operational Approval (provisorische Genehmigung zur Durchführung von Operationen)
POR:
Revolutionäre Arbeiterpartei; trotzkistische Partei in Uruguay
PP:
Abkürzung für psychologische und paramilitärische Operationen.
PPS:
Sozialistische Volkspartei; Mexiko
PRI:
Institutionelle Revolutionäre Partei; Regierungspartei in Mexiko
PRQ;
Personal Record Questionnaire
PSE:
Sozialistische Partei Ecuadors
PSI:
Public Service International
PSR:
Revolutionäre Sozialistische Partei Ecuadors
PSU:
Sozialistische Partei Uruguays
PTTI:
Post, Telegraph and Telephone Workers International; Internationales Gewerkschaftssekretariat für Angestellte bei Post- und Telefonämtern
RFE:
Radio Free Europe
RF:
Radio Frequency (Funkfrequenz)
RID:
Records Integration Division
RMD:
Related Missions Directive (zentral ausgearbeitete Richtlinien

für die jeweiligen CIA-Stationen)
SAS:
Scandinavian Airlines System
SATT:
Strategic Analysis Targeting Team
SB:
Soviet Bloc Division (Ostblock-Abteilung)
SCWL:
Subversive Control Watch List (schwarze Liste der CIA zur Kontrolle subversiver Elemente)
SIME:
Ecuadorianischer Militärgeheimdienst
SK:
Abgekürzte Bezeichnung für den Sicherheitsbeamten einer sowjetischen Gemeinde im Ausland
SNET:
National Union of Education Workers (Lehrergewerkschaft in Mexiko)
SPR:
Soviet Personality Record
SR:
Soviet Russia Division (Sowjetrußland-Abteilung)
SW:
Secret Writing (Geheimschrift)
TASS:
Sowjetische Nachrichtenagentur
TSD:
Technical Services Division (Technikabteilung am Hauptquartier der CIA)
TUC:
Trade Unions Council (englischer Gewerkschaftsdachverband)
UAR:
United Arab Republic; Vereinigte Arabische Republik; VAR
UGOCM:
General Union of Workers and Peasants (von der PPS dominierter Gewerkschaftsverband in Mexiko)
UNAM:
Autonome Nationaluniversität von Mexiko, Mexico City
UNESCO:
United Nations Educational, Scientific Cultural Organization

UPI:
United Press International
URJE:
Revolutionäre Jugend Ecuadors
USIA:
United States Information Agency
USIS:
United States Information Service (Überseebüro der USIA)
USOC:
United States Olympic Committee (Olympisches Komitee der Vereinigten Staaten)
USOM:
United States Operations Mission (der CIA angegliedert)
WAY:
World Assembly of Youth (Weltjugendverband)
WE:
Western Europe Division (Westeuropa-Abteilung)
WFDY:
World Federation of Democratic Youth (Weltverband der Demokratischen Jugend)
WFTU:
World Federation of Trade Unions (Weltgewerkschaftsverband)
WH:
Western Hemisphere Division (Abteilung Westliche Hemisphäre; CIA-Abteilung, zuständig für Nord-, Mittel-, Südamerika und die gesamte Karibik)
WPC:
World Peace Council (Weltfriedensrat)
YMCA:
Young Men's Christian Association (Christlicher Verein Junger Männer)

Philip Agee
CIA Intern
Tagebuch 1956-1974
mit einem Vorwort von 1993
übersetzt von Heinrich Berenberg-Gossler
und Thomas Schmid
Broschur, 540 S.
ISBN 3-434-50016-2

Zygmunt Bauman
Dialektik der Ordnung
Die Moderne und der Holocaust
übersetzt von Uwe Ahrens
gebunden, 253 S.
ISBN 3-434-50015-4

Iring Fetcher
Terrorismus und Reaktion
Broschur, 288 S.
ISBN 3-434-20062-2

Josef Grässle-Münscher
Kriminelle Vereinigung
*Von den Burschenschaften
bis zur RAF*
Broschur, 200 S.
ISBN 3-434-50001-4

Karl Griewank
**Der neuzeitliche
Revolutionsbegriff**
Entstehung und Entwicklung
Broschur, 288 S.
ISBN 3-434-50010-3

Edward Peters
**Folter – Geschichte der
Peinlichen Befragung**
Übersetzt von
Jobst-Christian Rojahn
Broschur, 256 S.
ISBN 3-434-50004-9

Ulrich Sonnemann
Negative Anthropologie
*Vorstudien zur Sabotage
des Schicksals*
gebunden, 396 S.
ISBN 3-8108-0181-x

Brave New World

eva

Europäische Verlagsanstalt

*Europäische Verlagsanstalt
Parkallee 2
2000 Hamburg 13
Telefon 040/44 72 83
Telefax 040/44 86 18*